中华人民共和国劳动争议调解仲裁法

注释本

法律出版社法规中心　编

法律出版社
LAW PRESS CHINA
—— 北京 ——

图书在版编目（CIP）数据

中华人民共和国劳动争议调解仲裁法注释本 / 法律出版社法规中心编. -- 3版. -- 北京 ：法律出版社，2025（2025.12重印）. --（法律单行本注释本系列）.

ISBN 978-7-5197-9795-9

Ⅰ. D922.591.5

中国国家版本馆CIP数据核字第20247Y0H53号

中华人民共和国劳动争议调解仲裁法注释本
ZHONGHUA RENMIN GONGHEGUO LAODONG ZHENGYI TIAOJIE ZHONGCAIFA ZHUSHIBEN

法律出版社法规中心 编

责任编辑 李争春
装帧设计 李 瞻

出版发行 法律出版社
编辑统筹 法规出版分社
责任校对 裴 黎
责任印制 耿润瑜
经　　销 新华书店

开本 850毫米×1168毫米 1/32
印张 4.25　**字数** 122千
版本 2025年1月第3版
印次 2025年12月第4次印刷
印刷 三河市兴达印务有限公司

地址：北京市丰台区莲花池西里7号（100073）
网址：www.lawpress.com.cn
投稿邮箱：info@lawpress.com.cn
举报盗版邮箱：jbwq@lawpress.com.cn
销售电话：010-83938349
客服电话：010-83938350
咨询电话：010-63939796

书号：ISBN 978-7-5197-9795-9　**定价**：18.00元

凡购买本社图书，如有印装错误，我社负责退换。电话：010-83938349

编辑出版说明

现代社会是法治社会，社会发展离不开法治护航，百姓福祉少不了法律保障。遇到问题依法解决，已经成为人们处理矛盾、解决纠纷的不二之选。然而，面对纷繁复杂的法律问题，如何精准、高效地找到法律依据，如何完整、准确地理解和运用法律，日益成为人们“学法、用法”的关键所在。

为了帮助读者快速准确地掌握“学法、用法”的本领，我社开创性地推出了“法律单行本注释本系列”丛书，至今已十余年。本丛书历经多次修订完善，现已出版近百个品种，涵盖了社会生活的重要领域，已经成为广大读者学习法律、应用法律之必选图书。

本丛书具有以下特点：

1. 出版机构权威。成立于1954年的法律出版社，是全国首家法律专业出版机构，始终秉承“为人民传播法律”的宗旨，完整记录了中国法治建设发展的全过程，享有“社会科学类全国一级出版社”等荣誉称号，入选“全国百佳图书出版单位”。

2. 编写人员专业。本丛书皆由相关法律领域内的专业人士编写，确保图书内容始终紧跟法治进程，反映最新立法动态，体现条文本义内涵。

3. 法律文本标准。作为专业的法律出版机构，多年来，我社始终使用全国人民代表大会常务委员会公报刊登的法律文本，积淀了丰富的标准法律文本资源，并根据立法进度及时更新相关内容。

4. 条文注解精准。本丛书以立法机关的解读为蓝本，给每个条文提炼出条文主旨，并对重点条文进行注释，使读者能精准掌握立法意图，轻松理解条文内容。

5. 关联规定全面。本丛书收录与法条关联的法律法规，帮助读者快速构建立体化知识体系。

6. 案例指引以案释法。本丛书收录与法条相关的典型案例精准以案释法。读者可扫描相应的“有章”二维码获取案例原文。

7. 配套附录实用。书末“附录”部分收录的均为重要的相关法律、法规和司法解释，使读者在使用中更为便捷，使全书更为实用。

需要说明的是，本丛书中“适用提要”“条文主旨”“条文注释”等内容皆是编者为方便读者阅读、理解而编写，不同于国家正式通过、颁布的法律文本，不具有法律效力。本丛书不足之处，恳请读者批评指正。

我们用心打磨本丛书，以期待为法律相关专业的学生释法解疑，致力于为每个公民的合法权益撑起法律的保护伞。

法律出版社法规中心

2024年12月

目　　录

《中华人民共和国劳动争议调解仲裁法》适用提要 …………… 1

中华人民共和国劳动争议调解仲裁法

第一章　总　　则……………………………………………… 5
　第一条　立法目的……………………………………………… 5
　第二条　适用范围……………………………………………… 6
　第三条　解决劳动争议的原则………………………………… 9
　第四条　劳动争议当事人的协商和解 ……………………… 10
　第五条　劳动争议处理制度 ………………………………… 11
　第六条　举证责任 …………………………………………… 12
　第七条　代表人制度 ………………………………………… 14
　第八条　协调劳动关系三方机制 …………………………… 15
　第九条　投诉 ………………………………………………… 15
第二章　调　　解 ……………………………………………… 16
　第十条　调解组织 …………………………………………… 16
　第十一条　担任调解员的条件 ……………………………… 18
　第十二条　调解申请 ………………………………………… 18
　第十三条　调解方式 ………………………………………… 19
　第十四条　调解协议 ………………………………………… 19
　第十五条　申请仲裁 ………………………………………… 20
　第十六条　支付令 …………………………………………… 20
第三章　仲　　裁 ……………………………………………… 22
　第一节　一般规定 …………………………………………… 22

第十七条　劳动争议仲裁委员会的设立 …………………… 22
第十八条　制定仲裁规则及指导劳动争议仲裁工作 …… 22
第十九条　劳动争议仲裁委员会的组成及职责 ………… 23
第二十条　仲裁员任职条件 ……………………………… 24
第二十一条　仲裁管辖 …………………………………… 25
第二十二条　仲裁案件当事人 …………………………… 26
第二十三条　仲裁案件第三人 …………………………… 28
第二十四条　委托代理 …………………………………… 29
第二十五条　法定代理和指定代理 ……………………… 30
第二十六条　仲裁公开进行及例外 ……………………… 31
第二节　申请和受理 ………………………………………… 32
第二十七条　仲裁时效 …………………………………… 32
第二十八条　仲裁申请 …………………………………… 35
第二十九条　仲裁申请的受理和不予受理 ……………… 36
第三十条　送达仲裁申请书与提交仲裁答辩书 ………… 37
第三节　开庭和裁决 ………………………………………… 37
第三十一条　仲裁庭组成 ………………………………… 37
第三十二条　书面通知仲裁庭组成情况 ………………… 38
第三十三条　仲裁员回避 ………………………………… 38
第三十四条　仲裁员的法律责任 ………………………… 39
第三十五条　开庭通知与延期开庭 ……………………… 39
第三十六条　视为撤回仲裁申请和缺席裁决 …………… 40
第三十七条　鉴定 ………………………………………… 41
第三十八条　质证、辩论 …………………………………… 42
第三十九条　证据及举证责任 …………………………… 42
第四十条　仲裁开庭笔录 ………………………………… 43
第四十一条　当事人自行和解 …………………………… 43
第四十二条　仲裁庭调解 ………………………………… 44

第四十三条 仲裁审理期限及先行裁决 …………………… 45
第四十四条 先予执行 ……………………………………… 46
第四十五条 作出裁决 ……………………………………… 47
第四十六条 裁决书 ………………………………………… 48
第四十七条 终局裁决 ……………………………………… 48
第四十八条 劳动者提起诉讼 ……………………………… 50
第四十九条 用人单位申请撤销终局裁决 ………………… 51
第五十条 不服仲裁裁决提起诉讼 ………………………… 52
第五十一条 生效调解书、裁决书的执行…………………… 53
第四章 附 则 …………………………………………………… 54
第五十二条 事业单位劳动争议的处理 …………………… 54
第五十三条 仲裁不收费 …………………………………… 54
第五十四条 生效时间 ……………………………………… 55

附 录

中华人民共和国劳动法(2018 年 12 月 29 日修正)…………… 56
中华人民共和国劳动合同法(2012 年 12 月 28 日修正)……… 69
劳动人事争议仲裁组织规则(2017 年 5 月 8 日)……………… 86
劳动人事争议仲裁办案规则(2017 年 5 月 8 日)……………… 91
最高人民法院关于审理劳动争议案件适用法律
问题的解释(一)(2020 年 12 月 29 日) …………………… 105
最高人民法院关于审理劳动争议案件适用法律
问题的解释(二)(2025 年 7 月 31 日) …………………… 115
工会参与劳动争议处理办法(2023 年 12 月 28 日) ………… 119

《中华人民共和国劳动争议调解仲裁法》适用提要

2007年12月29日,第十届全国人民代表大会常务委员会第三十一次会议通过了《劳动争议调解仲裁法》①,该法共4章54条,对以下制度作出了规定和明确。

一、部分劳动争议实行一裁终局

以"一调一裁两审"为主要内容的劳动争议处理制度在我国已延续了多年,烦琐的程序导致劳动争议处理周期过长,劳动者维权成本加大,所以一直以来备受诟病。

《劳动争议调解仲裁法》在起草之初,曾有专家建议,采取"或裁或审制"来解决劳动争议处理周期过长的问题。法律起草者经认真考量后认为,现行的劳动争议处理程序经过了二十多年的实践,已被社会所接受,现有的"一调一裁两审"制度能够充分发挥调解和仲裁的作用,使劳动争议尽可能地在比较平和的气氛中得到解决,尽量少打官司。此外,劳动行政部门也有责任在劳动争议的处理过程中发挥作用。这也是一些国家的通行做法。为此,《劳动争议调解仲裁法》保留了劳动争议仲裁这一必经的前置程序,但同时规定对部分劳动争议实行一裁终局,以此保证利益受损的劳动者尽快获得经济补偿。

---

① 为方便阅读,本书中法律法规名称均使用简称。——编者注

《劳动争议调解仲裁法》第 47 条规定，下列劳动争议，除本法另有规定的外，仲裁裁决为终局裁决，裁决书自作出之日起发生法律效力：一是追索劳动报酬、工伤医疗费、经济补偿或者赔偿金，不超过当地月最低工资标准 12 个月金额的争议；二是因执行国家的劳动标准在工作时间、休息休假、社会保险等方面发生的争议。同时，为使劳动者不丧失对一裁终局劳动争议的诉讼救济权利，《劳动争议调解仲裁法》第 48 条规定，劳动者对本法第 47 条规定的仲裁裁决不服的，可以自收到仲裁裁决书之日起 15 日内向人民法院提起诉讼。

二、劳动争议申请仲裁的时效为 1 年

《劳动法》规定，当事人申请劳动仲裁的时效为 60 日。为更好地保护当事人的合法权益，《劳动争议调解仲裁法》延长了劳动争议申请仲裁的时效期间，规定劳动争议申请仲裁的时效期间为 1 年，仲裁时效期间从当事人知道或者应当知道其权利被侵害之日起计算，并完善了时效中断、中止制度。

此外，《劳动争议调解仲裁法》还规定，劳动关系存续期间因拖欠劳动报酬发生争议的，劳动者申请仲裁不受 1 年的仲裁时效期间的限制；但是，劳动关系终止的，应当自劳动关系终止之日起 1 年内提出。

三、明确劳动行政部门责任

在《劳动争议调解仲裁法》草案审议修改的过程中，有些专家提出，目前拖欠劳动报酬等不少问题是由于用人单位违法而造成的，劳动行政部门加强劳动监察，对一些明显的违法行为依法及时处理，可以预防和减少相当一部分劳动争议，从而降低劳动者维权成本。最终出台的《劳动争议调解仲裁法》采纳了这一建议，规定用人单位违反国家规定，拖欠或未足额支付劳动报酬，或者拖欠工伤医疗费、经济补偿或赔偿金的，劳动者可以向劳动行政部门投诉，劳动行政部门应当依法处理。

四、完善当事人司法救济渠道

根据《劳动法》第 79 条规定,劳动争议案件经劳动争议仲裁委员会仲裁是提起诉讼的必经程序。《劳动争议调解仲裁法》第 29 条规定,劳动争议仲裁委员会收到仲裁申请之日起 5 日内,认为符合受理条件的,应当受理,并通知申请人;认为不符合受理条件的,应当书面通知申请人不予受理,并说明理由。对劳动争议仲裁委员会不予受理或者逾期未作出决定的,申请人可以就该劳动争议事项向人民法院提起诉讼。

五、举证责任倒置助劳动者维权

为了切实维护劳动者的合法权益,《劳动争议调解仲裁法》规定,发生劳动争议,当事人对自己提出的主张,有责任提供证据。与争议事项有关的证据属于用人单位掌握管理的,用人单位应当提供;用人单位不提供的,应当承担不利后果。

劳动者无法提供由用人单位掌握管理的与仲裁请求有关的证据,仲裁庭可以要求用人单位在指定期限内提供。用人单位在指定期限内不提供的,应当承担不利后果。

六、关于劳动争议诉讼制度

劳动争议诉讼是劳动争议处理的一个重要环节,也是当事人最终的司法救济渠道。《劳动争议调解仲裁法》对劳动争议诉讼作了与诉讼法衔接性的规定:一是规定劳动争议仲裁委员会对当事人的仲裁申请不予受理的,申请人可以自收到不予受理通知书之日起 15 日内向人民法院提起诉讼。二是规定对《劳动争议调解仲裁法》第 47 条规定的终局裁决案件,当事人可以依法申请人民法院撤销仲裁裁决。三是规定当事人对《劳动争议调解仲裁法》第 47 条规定以外的其他劳动争议案件的仲裁裁决不服的,可以自收到仲裁裁决书之日起 15 日内向人民法院提起诉讼。至于具体诉讼程序,适用《民事诉讼法》的有关规定。

中华人民共和国
劳动争议调解仲裁法

（2007年12月29日第十届全国人民代表大会常务委员会第三十一次会议通过　2007年12月29日中华人民共和国主席令第80号公布　自2008年5月1日起施行）

第一章　总　　则

第一条　【立法目的】[①]为了公正及时解决劳动争议，保护当事人合法权益，促进劳动关系和谐稳定，制定本法。

条文注释[②]

本条是关于本法立法目的的规定。

劳动争议，也称"劳动纠纷""劳资争议"，是指用人单位与劳动者在执行劳动方面的法律、法规和劳动合同、集体合同的过程中，因劳动的权利义务发生分歧而引起的争议。

劳动争议的特点是：第一，劳动争议的主体是劳动关系双方，即发生在用人单位和劳动者之间，二者之间形成了劳动关系，因而所发生的争议称为劳动争议；第二，劳动争议必须是因为执行劳动法律、法规或者订立、履行、变更、解除和终止劳动合同而引起的争议。

①② 条文主旨、条文注释为编者所加，仅供参考，下同。——编者注

有的争议虽然发生在用人单位和劳动者之间，但争议的内容不涉及劳动合同和其他执行劳动方面的法律、法规问题，如劳动者与用人单位发生买卖合同方面的纠纷，属于民事争议，而不是劳动争议。

第二条　【适用范围】中华人民共和国境内的用人单位与劳动者发生的下列劳动争议，适用本法：

（一）因确认劳动关系发生的争议；

（二）因订立、履行、变更、解除和终止劳动合同发生的争议；

（三）因除名、辞退和辞职、离职发生的争议；

（四）因工作时间、休息休假、社会保险、福利、培训以及劳动保护发生的争议；

（五）因劳动报酬、工伤医疗费、经济补偿或者赔偿金等发生的争议；

（六）法律、法规规定的其他劳动争议。

条文注释

本条是关于本法适用范围的规定。

本法适用于下列劳动争议事项的处理：

（一）因确认劳动关系发生的争议

劳动关系，是指用人单位招用劳动者为其成员，劳动者在用人单位的管理下提供有报酬的劳动而产生的权利义务关系。因确认劳动关系是否存在而产生的争议属于劳动争议，适用《劳动争议调解仲裁法》。在实践中，一些用人单位不与劳动者签订劳动合同，一旦发生纠纷，劳动者往往因为拿不出劳动合同这一确定劳动关系存在的凭证而难以维权。为了更好地维护劳动者的合法权益，《劳动争议调解仲裁法》将因确认劳动关系发生的争议纳入了劳动争议的处理范围，劳动者可以就确认劳动关系是否存在这一事由，依法向劳动争议调解仲裁机构申请权利救济。

（二）因订立、履行、变更、解除和终止劳动合同发生的争议

劳动合同，是指劳动者与用人单位确立劳动关系、明确双方权

利和义务的协议。用人单位与劳动者的劳动关系,涉及订立、履行、变更、解除和终止劳动合同的全过程。对于这一过程中任何一个环节发生的争议,都可以适用《劳动争议调解仲裁法》来解决。根据《劳动合同法》的规定,用人单位应当自用工之日起即与劳动者建立劳动关系,同时订立书面劳动合同。劳动合同的履行,是指劳动合同在依法订立生效后,双方当事人按照劳动合同约定的条款,完成劳动合同规定的义务,实现劳动合同规定的权利的活动。变更劳动合同,是指用人单位和劳动者双方对依法订立的劳动合同的条款所作的修改和增减,这是在履行劳动合同中发生的一种特殊情况。劳动合同的解除,是指用人单位和劳动者双方在合同期满前,提前终止劳动合同的法律效力,解除双方的权利义务关系的行为。劳动合同的终止,是指劳动合同规定的劳动合同履行期限届满,或者因为双方或者一方当事人出现法定的情形而使劳动合同无法履行,因而双方的劳动合同权利义务关系结束的情形。

(三)因除名、辞退和辞职、离职发生的争议

这一类劳动争议由于用人单位和劳动者解除和终止劳动关系而引发。根据《事业单位人事管理条例》规定,事业单位工作人员连续旷工超过15个工作日,或者1年内累计旷工超过30个工作日的,事业单位可以解除聘用合同。辞退,是指用人单位依照法律规定的条件和程序,解除与其工作人员的工作关系。辞职,是指劳动者根据本人意愿,请求辞去所担任的职务,解除与所在单位的工作关系的行为。离职,是指劳动者离开工作岗位,解除与所在单位的劳动关系的行为。因除名、辞退和辞职、离职发生的争议涉及解除和终止劳动关系,适用《劳动争议调解仲裁法》。

《劳动合同法》规定了过失性辞退和无过失性辞退的情形。《劳动合同法》第39条规定,劳动者有下列情形之一的,用人单位可以解除劳动合同:(1)在试用期间被证明不符合录用条件的;(2)严重违反用人单位的规章制度的;(3)严重失职,营私舞弊,给用人单位造成重大损害的;(4)劳动者同时与其他用人单位建立劳动关系,对完成本单位的工作任务造成严重影响,或者经用人单位提出,拒不

改正的;(5)因以欺诈、胁迫的手段或者乘人之危,使对方在违背真实意思的情况下订立或者变更劳动合同,致使劳动合同无效的;(6)被依法追究刑事责任的。《劳动合同法》第40条规定,有下列情形之一的,用人单位提前30日以书面形式通知劳动者本人或者额外支付劳动者1个月工资后,可以解除劳动合同:(1)劳动者患病或者非因工负伤,在规定的医疗期满后不能从事原工作,也不能从事由用人单位另行安排的工作的;(2)劳动者不能胜任工作,经过培训或者调整工作岗位,仍不能胜任工作的;(3)劳动合同订立时所依据的客观情况发生重大变化,致使劳动合同无法履行,经用人单位与劳动者协商,未能就变更劳动合同内容达成协议的。

(四)因工作时间、休息休假、社会保险、福利、培训以及劳动保护发生的争议

因工作时间、休息休假发生的争议,主要涉及用人单位规定的工作时间是否符合有关法律的规定,劳动者是否能够享受到国家规定的法定节假日和带薪休假的权利等而引起的争议。因社会保险发生的劳动争议,主要涉及用人单位是否依照有关法律、法规的规定为劳动者缴纳养老、工伤、医疗、失业、生育等社会保险费用而引起的争议。因福利、培训发生的劳动争议,主要涉及用人单位与劳动者因劳动合同中规定的有关福利待遇、培训等约定事项的履行而产生的争议。因劳动保护发生的劳动争议,主要涉及用人单位是否为劳动者提供符合法律规定的劳动安全、卫生条件等标准而产生的争议。

(五)因劳动报酬、工伤医疗费、经济补偿或者赔偿金等发生的争议

经济补偿,是指根据《劳动合同法》的规定,用人单位解除和终止劳动合同时,应给予劳动者的补偿。根据《劳动合同法》的规定,劳动者因用人单位的过错而单方提出与用人单位解除劳动合同的;或者用人单位因为劳动者存在过错之外的原因而单方决定与劳动者解除劳动合同的;或者用人单位提出动议,与劳动者协商一致解除劳动合同的,应当向劳动者支付经济补偿。同时,在用人单位与劳动者终止固定期限劳动合同或者发生企业破产、责令关闭、吊销

执照、提前解散等情形时，也应当向劳动者支付经济补偿。

赔偿金，是指根据《劳动合同法》的规定，用人单位应当向劳动者支付的赔偿金和劳动者应当向用人单位支付的赔偿金。

（六）法律、法规规定的其他劳动争议

这是一项兜底的规定。除了上述劳动争议事项外，法律、行政法规或者地方性法规规定的其他劳动争议，也要纳入《劳动争议调解仲裁法》的调整范围。

关联法规

《劳动法》第24~28条

《劳动合同法》第39、40条

《最高人民法院关于审理劳动争议案件适用法律问题的解释（一）》第1条

第三条 【解决劳动争议的原则】解决劳动争议，应当根据事实，遵循合法、公正、及时、着重调解的原则，依法保护当事人的合法权益。

条文注释

本条是关于解决劳动争议应当遵循的原则的规定。

解决劳动争议必须根据事实、从实际出发。认清事实，是处理和解决各种争议案件的前提和基础。解决劳动争议必须以依法保护当事人的合法权益为归宿。劳动争议处理制度为双方当事人开通了权利救济渠道，使争议能够依照法律途径解决。解决劳动争议应当遵循合法、公正、及时的原则。坚持公正原则是正确处理劳动争议的基本前提。劳动争议与其他争议的一个重要区别在于，劳动争议与劳动者的生活、企业生产密切相关，一旦发生争议，不仅影响生产、工作的正常进行，而且直接影响劳动者及其家人的生活，甚至影响社会的稳定。因此对劳动争议必须及时处理，及时保护权利受侵害一方的合法权益，以协调劳动关系，维护社会和生产的正常秩序。解决劳动争议应当遵循着重调解的原则。《劳动法》第77条规定："用人单位与劳动者发生劳动争议，当事人可以依法申请调解、仲裁、提起诉讼,也可以协商解决。调解原则适用于仲裁和诉讼程序。”由此可见,着重调解原则包含两方面的内容:一是调解作为解决劳动争议的基本手段贯穿于劳动争议的全过程。即使进入仲裁和诉讼程序,劳动争议仲裁委员会和人民法院在处理劳动争议时,也要先进行调解,调解不成的,才能作出裁决和判决。二是调解必须遵循自愿原则,在双方当事人自愿的基础上进行,不能勉强和强制,否则即使达成协议或者作出调解书,也不能发生法律效力。

关联法规

《劳动法》第77、78条

第四条 【劳动争议当事人的协商和解】发生劳动争议,劳动者可以与用人单位协商,也可以请工会或者第三方共同与用人单位协商,达成和解协议。

条文注释

本条是关于发生劳动争议,劳动者可以与用人单位进行协商和解的规定。

劳动争议的协商,是指劳动者和用人单位因行使劳动权利、履行劳动义务发生争议后,双方就解决争议、化解矛盾,达成和解协议而共同进行商谈的行为。这是解决劳动争议的一个环节。

考虑到劳动者与用人单位相比,通常处于弱势地位,如果单纯由劳动者与用人单位进行协商和解,由于双方存在地位上的不平衡,通常很难达成和解协议,因此本法规定劳动者可以请工会或者第三方共同与用人单位进行协商,目的是通过工会和第三方的介入,促成用人单位与劳动者的协商,进而达成和解协议,充分发挥“协商”这一方式在处理劳动争议方面的作用。这里的“第三方”可以是本单位的人员,也可以是本单位以外的双方都信任的人员。

协商和解成功后,当事人双方应当签订和解协议。这里应当指出的是,协商这一程序,完全是建立在双方当事人自愿的基础上,任何一方,或者第三方都不得强迫另一方当事人进行协商。如果一方当事人不愿协商、协商不成或者达成和解协议后不履行的,另一方当事人仍然可以向劳动争议调解组织申请调解,或者向劳动争议仲裁机构申请仲裁。

关联法规

《劳动法》第77条

《工会参与劳动争议处理办法》第8~11条

《企业劳动争议协商调解规定》第9条

第五条 【劳动争议处理制度】发生劳动争议,当事人不愿协商、协商不成或者达成和解协议后不履行的,可以向调解组织申请调解;不愿调解、调解不成或者达成调解协议后不履行的,可以向劳动争议仲裁委员会申请仲裁;对仲裁裁决不服的,除本法另有规定的外,可以向人民法院提起诉讼。

条文注释

本条是关于劳动争议处理制度的规定。

我国目前的劳动争议处理制度可以用"一调一裁两审"来概括,即发生劳动争议后,当事人除可以进行协商外,也可以申请劳动调解;调解不成,或者不愿意调解的,当事人可以向劳动争议仲裁委员会申请仲裁;对仲裁裁决不服的,当事人可以向人民法院提起诉讼,其诉讼程序按照《民事诉讼法》的规定,实行两审终审制。"一调一裁两审"制度将仲裁作为诉讼的一个前置程序,不经仲裁,当事人不能直接向人民法院提起诉讼。

(一)申请调解

劳动争议的调解,是指在劳动争议调解委员会的主持下,在双方当事人自愿的基础上,通过宣传法律、法规、规章和政策,劝导当事人化解矛盾,自愿就争议事项达成协议,使劳动争议及时得到解决的一种活动。发生劳动争议,当事人不愿协商、协商不成或者达成和解协议后不履行的,可以向劳动调解组织申请调解。

(二)申请仲裁

发生劳动争议,当事人不愿调解、调解不成或者达成调解协议后不履行的，可以向劳动争议仲裁委员会申请仲裁。劳动仲裁，是指劳动争议仲裁机构对劳动争议当事人争议的事项，根据劳动方面的法律、法规、规章和政策的规定，依法作出裁决，从而解决劳动争议的一项劳动法律制度。劳动仲裁不同于《仲裁法》规定的一般经济纠纷的仲裁，二者的不同点在于：(1)申请程序不同。一般经济纠纷的仲裁，要求双方当事人在事先或事后达成仲裁协议，然后才能据此向仲裁机构提出仲裁申请；而劳动争议的仲裁，则不要求当事人事先或事后达成仲裁协议，只要当事人一方提出申请，有关仲裁机构即可受理。(2)仲裁机构设置不同。《仲裁法》规定的仲裁机构，主要在直辖市、省会城市及根据需要在其他设区的市设立；而劳动争议仲裁机构，主要是在省、自治区的市、县设立，或者在直辖市的区、县设立。(3)裁决的效力不同。《仲裁法》规定一般经济纠纷的仲裁，"实行一裁终局制度"，即仲裁裁决作出后，当事人就同一纠纷再次申请仲裁或者向人民法院起诉的，仲裁机构或者人民法院不予受理；劳动争议仲裁，当事人对裁决不服的，除《劳动争议调解仲裁法》规定的几类特殊劳动争议外，可以向人民法院提起诉讼。

（三）向人民法院提起诉讼

如果当事人对劳动争议仲裁委员会的仲裁裁决不服，除本法另有规定的外，可以向人民法院提起诉讼。这里的"除本法另有规定的外"，是指本法第47条规定的一裁终局的情形。

关联法规

《劳动法》第79条

《最高人民法院关于审理劳动争议案件适用法律问题的解释（一）》第4~12条

第六条　【举证责任】发生劳动争议，当事人对自己提出的主张，有责任提供证据。与争议事项有关的证据属于用人单位掌握管理的，用人单位应当提供；用人单位不提供的，应当承担不利后果。

条文注释

本条是关于当事人在劳动争议发生后的举证责任的规定。

举证责任，又称证明责任，是指当事人对自己提出的主张，有提出证据并加以证明的责任。如果当事人未能尽到上述责任，则有可能承担对其不利的法律后果。

举证责任的基本含义包括以下三层：第一，当事人对自己提出的主张，应当提出证据；第二，当事人对自己提供的证据，应当予以证明，以表明所提供的证据能够证明其主张；第三，若当事人对自己的主张不能提供证据或者提供证据后不能证明自己的主张，将可能导致对自己不利的法律后果。

（一）"谁主张，谁举证"

我国《民事诉讼法》第67条规定，当事人对自己提出的主张，有责任提供证据。劳动争议发生以后，调解、仲裁作为非诉讼程序，与诉讼活动一样首先应当查清事实真相，对于双方当事人主张的事实辨明真伪，才能进一步解决劳动争议，满足或者保护当事人合理的利益主张。在劳动争议的调解、仲裁阶段，当事人应当像参加诉讼活动一样，积极举证，提供证据证明自己所主张的事实。

（二）用人单位的特殊举证责任

举证责任分配的基础是公平原则和当事人提供证据的可能性、现实性。公平原则要求举证责任在原告、被告之间的分配应当符合各自的能力要求，符合权利义务要求，并给予弱者一定的保护。

关联法规

《民事诉讼法》第67条

《最高人民法院关于审理劳动争议案件适用法律问题的解释（一）》第42、44条

案例指引

林某与某教育咨询公司追索劳动报酬纠纷案
——处理加班费争议,如何分配举证责任①

裁判要旨:我国劳动法律将保护劳动者的合法权益作为立法宗旨之一,在实体和程序方面都作出了相应规定。在加班费争议处理中,要充分考虑劳动者举证能力不足的实际情况,根据"谁主张,谁举证"原则、证明妨碍规则,结合具体案情合理分配用人单位与劳动者的举证责任。

第七条 【代表人制度】发生劳动争议的劳动者一方在十人以上,并有共同请求的,可以推举代表参加调解、仲裁或者诉讼活动。

条文注释

本条是关于推举代表参加调解、仲裁或者诉讼活动的规定。

关于代表人的推选,本条规定10名以上的劳动者可以推举代表参加调解、仲裁或者诉讼活动。当事人必须推举他们之中的人做代表,而不能选当事人之外的人。关于劳动者推举出的代表人行为的效力,《劳动争议调解仲裁法》没有明确规定。作为一般的民事活动,推举代表人是当事人的意思表示,因此代表人一旦产生,其参加调解、仲裁、诉讼的行为对其所代表的当事人发生效力。但是在某些方面,代表人的行为对其所代表的当事人是无效的,可以参照《民事诉讼法》第56、57条的规定执行。

关联法规

《民事诉讼法》第56、57条

① 人力资源和社会保障部、最高人民法院联合发布10起第二批劳动人事争议典型案例之六。

《劳动人事争议仲裁办案规则》第5条

第八条 【协调劳动关系三方机制】县级以上人民政府劳动行政部门会同工会和企业方面代表建立协调劳动关系三方机制，共同研究解决劳动争议的重大问题。

条文注释

本条是关于协调劳动关系三方机制的规定。

协调劳动关系三方机制，通常也称劳动关系三方原则。具体来说，处理劳动争议的三方协商机制中的“三方”，是指以下三方：(1)政府代表。《工会法》和《劳动法》中都明确规定三方协商机制中的政府代表是劳动行政部门。(2)职工代表。由于三方机制协商劳动关系方面的重大问题，如处理劳动争议的重大共性问题，往往会超出具体企业的范围，在这种情况下，代表职工参加三方协商机制的是中华全国总工会和地方各级总工会。(3)企业组织代表。目前，在中央层面，由中国企业联合会或者中华全国工商业联合会作为企业方代表。三方协商机制从建立之初就着眼于协调劳动关系，促进各方利益主体的一致性，最大限度地追求、实现三方共同利益和共同目标。

关联法规

《劳动合同法》第5条

《工会法》第35条

第九条 【投诉】用人单位违反国家规定，拖欠或者未足额支付劳动报酬，或者拖欠工伤医疗费、经济补偿或者赔偿金的，劳动者可以向劳动行政部门投诉，劳动行政部门应当依法处理。

条文注释

本条是关于用人单位违反国家规定，拖欠或者未足额支付劳动报酬，或者拖欠工伤医疗费、经济补偿或者赔偿金的，劳动者可以向劳动行政部门进行投诉的规定。

用人单位违反国家规定，拖欠或者未足额支付劳动报酬，或者拖欠工伤医疗费、经济补偿或者赔偿金的,劳动者均可以依法向劳动行政部门举报、投诉,劳动行政部门在查清事实后应当依法处理。这里应当指出的是,劳动争议调解组织、劳动争议仲裁委员会在受理劳动争议案件时,如果发现案件属于上述用人单位违反国家规定,拖欠或者未足额支付劳动报酬,拖欠工伤医疗费、经济补偿或者赔偿金,可以建议劳动者直接向劳动行政部门投诉,由劳动行政部门处理,以节省劳动者维权的时间和成本,使劳动者能在一个相对短的时间内拿到被拖欠的劳动报酬、工伤医疗费、经济补偿或者赔偿金,从而解决其个人和家庭的生计等问题。但是,如果劳动者对上述案件不愿意向劳动行政部门进行投诉,仍坚持走调解、仲裁等劳动争议处理程序,劳动争议调解组织、劳动争议仲裁委员会应当依法予以受理,不能推诿。

关联法规

《劳动合同法》第73、74条

《劳动保障监察条例》第9、11、26条

第二章　调　　解

第十条　【调解组织】发生劳动争议,当事人可以到下列调解组织申请调解:

(一)企业劳动争议调解委员会;

(二)依法设立的基层人民调解组织;

(三)在乡镇、街道设立的具有劳动争议调解职能的组织。

企业劳动争议调解委员会由职工代表和企业代表组成。职工代表由工会成员担任或者由全体职工推举产生,企业代表由企业负责人指定。企业劳动争议调解委员会主任由工会成员或者双方推举的人员担任。

条文注释

本条是关于劳动争议调解组织的规定。

(一)企业劳动争议调解委员会

企业劳动争议调解委员会是企业内部解决劳动争议的组织。由企业劳动争议调解委员会调解劳动争议,有利于将劳动争议解决在企业内部,使劳动关系得以维持,是一种非常好的解决劳动争议的方式。企业劳动争议调解委员会由职工代表和企业代表组成。职工代表由工会成员担任或者由全体职工推举产生,企业代表由企业负责人指定。企业劳动争议调解委员会主任由工会成员或者双方推举的人员担任。

(二)基层人民调解组织

基层人民调解组织是我国解决民间纠纷的组织。人民调解委员会由委员3~9人组成,设主任1人,必要时可以设副主任。人民调解委员会委员每3年改选一次,可以连选连任。人民调解委员会的任务为调解民间纠纷,通过调解工作宣传法律、法规、规章和政策,教育公民遵纪守法,尊重社会公德。

(三)在乡镇、街道设立的具有劳动争议调解职能的组织

区域性的劳动争议调解组织一般由地方政府部门或者地方工会参与,与企业劳动争议调解委员会相比,调解员与企业没有利害关系,调解更有权威性。从实践来看,区域性、行业性劳动争议调解组织作用发挥较好,成效明显。

发生劳动争议,当事人可以向法律规定的三类调解组织申请调解。企业有劳动争议调解委员会的,劳动者可以向其申请调解,也可以向其他调解组织申请调解。

关联法规

《劳动法》第80、81条

《工会法》第29条

《工会参与劳动争议处理办法》第12~17条

第十一条　【担任调解员的条件】劳动争议调解组织的调解员应当由公道正派、联系群众、热心调解工作，并具有一定法律知识、政策水平和文化水平的成年公民担任。

条文注释

本条是关于担任劳动争议调解组织调解员的规定。

公民担任调解员，首先自己应当是成年人，具有独立的民事行为能力。根据《民法典》第17条的规定，18周岁以上的自然人为成年人，具有完全民事行为能力。因此，调解员必须年满18周岁，这是担任调解员的最低年龄要求。一般情况下，调解员是年长的、社会阅历丰富的公民。

第十二条　【调解申请】当事人申请劳动争议调解可以书面申请，也可以口头申请。口头申请的，调解组织应当当场记录申请人基本情况、申请调解的争议事项、理由和时间。

条文注释

本条是关于劳动争议调解申请的形式的规定。

调解是解决劳动争议的法定形式之一。书面申请就是采取书写调解申请书的方式，提出调解申请。本法对调解申请书的内容没有作明确规定，实践中，调解申请书应当包括以下内容：(1)申请人的姓名、住址、身份证件号码以及联系方式；被申请人的名称、地址以及法定代表人或者主要负责人的姓名、职务等。(2)发生争议的事实、申请人的主张和理由等。口头申请调解是一种比较灵活的处理劳动争议的形式。口头申请的，调解组织应当当场记录申请人的基本情况，申请调解的争议事项、理由和时间。由于调解程序有时限要求，根据本法第14条第3款的规定，自劳动争议调解组织收到调解申请之日起15日内未达成调解协议的，当事人可以依法申请仲裁。因此，口头申请需要记录申请时间，作为调解组织收到调解申请的时间依据。

第十三条 【调解方式】调解劳动争议，应当充分听取双方当事人对事实和理由的陈述，耐心疏导，帮助其达成协议。

条文注释

本条是关于劳动争议调解方式的规定。

调解劳动争议，就是要做双方当事人的思想工作，以事实为依据，根据法律、法规和政策，陈述利害，晓之以理，动之以情，帮助双方当事人解决分歧，就争议事项达成共识。

第十四条 【调解协议】经调解达成协议的，应当制作调解协议书。

调解协议书由双方当事人签名或者盖章，经调解员签名并加盖调解组织印章后生效，对双方当事人具有约束力，当事人应当履行。

自劳动争议调解组织收到调解申请之日起十五日内未达成调解协议的，当事人可以依法申请仲裁。

条文注释

本条是关于调解协议书和调解协议效力的规定。

调解协议书是劳动争议双方达成调解的书面证明，是一项重要的法律文书。调解协议书主要应当载明争议双方达成的权利和义务的内容、履行协议的期限等。

调解的期限是15日，在15日内未达成协议的视为调解不成，双方当事人都可以向劳动争议仲裁委员会申请仲裁。

关联法规

《最高人民法院关于审理劳动争议案件适用法律问题的解释（一）》第51、52条

《人民调解法》第31条

第十五条　【申请仲裁】达成调解协议后，一方当事人在协议约定期限内不履行调解协议的，另一方当事人可以依法申请仲裁。

条文注释

本条是关于一方当事人不履行调解协议，另一方当事人可以申请仲裁的规定。

达成调解协议后，如果一方当事人不履行调解协议，另一方当事人可以依法申请仲裁，以便使劳动争议尽快得以解决。达成调解协议后，一方当事人在协议约定期限内不履行调解协议的，另一方当事人既可以以原劳动争议申请仲裁，也可以以调解协议申请仲裁。

第十六条　【支付令】因支付拖欠劳动报酬、工伤医疗费、经济补偿或者赔偿金事项达成调解协议，用人单位在协议约定期限内不履行的，劳动者可以持调解协议书依法向人民法院申请支付令。人民法院应当依法发出支付令。

条文注释

本条是关于劳动者可以向人民法院申请支付令的规定。

支付令是人民法院根据债权人的申请，督促债务人履行债务的程序，是《民事诉讼法》规定的一种法律制度。

本法没有规定申请支付令的程序，只规定"人民法院应当依法发出支付令"。劳动者申请支付令适用《民事诉讼法》的有关规定。根据《民事诉讼法》的规定，申请支付令的程序是：

1. 向人民法院提交申请书。劳动者向人民法院提交的申请书应当写明请求给付劳动报酬、工伤医疗费、经济补偿或者赔偿金的数额和所根据的事实、证据。由于劳动者申请支付令的前提是达成了调解协议，因此，劳动者一般只需要提供调解协议书即可。

2. 向有管辖权的基层人民法院申请。《民事诉讼法》第 24 条规定:“因合同纠纷提起的诉讼,由被告住所地或者合同履行地人民法院管辖。”调解协议具有合同的性质,因此,劳动者可以按照《民事诉讼法》第24条的规定确定申请支付令的管辖法院,选择用人单位所在地或者合同履行地基层人民法院管辖。如果两个以上人民法院都有管辖权,根据《民事诉讼法》第36条的规定,劳动者可以向其中一个人民法院申请支付令,劳动者向两个以上有管辖权的人民法院申请支付令的,由最先立案的人民法院管辖。

3. 受理。一般来说,申请支付令属于本法列举的因支付拖欠劳动报酬、工伤医疗费、经济补偿或者赔偿金事项达成调解协议范围的,人民法院都应当受理。

4. 审查和决定。劳动者申请支付令的依据是劳动者与用人单位达成的调解协议,双方权利义务关系比较明确,因此,人民法院只要审查调解协议是否合法就可以了,一般只进行书面审查,不需要询问当事人和开庭审查。如果人民法院经过书面审查,认为调解协议合法,应当在15日内向用人单位发出支付令;如果调解协议不合法,就裁定予以驳回。

5. 清偿或者提出书面异议。支付令发出后,用人单位要么按照支付令的要求向劳动者支付拖欠劳动报酬、工伤医疗费、经济补偿或者赔偿金,要么提出书面异议。如果异议成立,人民法院就会裁定终结督促程序,支付令自行失效。

6. 申请执行。用人单位在收到人民法院发出的支付令之日起15日内不提出书面异议,又不履行支付令的,劳动者可以向人民法院申请执行,人民法院应当按照《民事诉讼法》规定的执行程序强制执行。

关联法规

《最高人民法院关于审理劳动争议案件适用法律问题的解释(一)》第13条

《民事诉讼法》第221~224条

《劳动合同法》第30条

第三章 仲 裁

第一节 一般规定

第十七条 【劳动争议仲裁委员会的设立】劳动争议仲裁委员会按照统筹规划、合理布局和适应实际需要的原则设立。省、自治区人民政府可以决定在市、县设立;直辖市人民政府可以决定在区、县设立。直辖市、设区的市也可以设立一个或者若干个劳动争议仲裁委员会。劳动争议仲裁委员会不按行政区划层层设立。

条文注释

本条对劳动争议仲裁委员会的设立作了规定。

劳动争议仲裁委员会,是指依法设立,由法律授权依法独立对劳动争议案件进行仲裁的专门机构。劳动争议仲裁委员会是由人民政府依照本法的有关规定决定设立的代表国家行使仲裁权的国家仲裁机构。

关联法规

《劳动人事争议仲裁组织规则》第 2 条

第十八条 【制定仲裁规则及指导劳动争议仲裁工作】国务院劳动行政部门依照本法有关规定制定仲裁规则。省、自治区、直辖市人民政府劳动行政部门对本行政区域的劳动争议仲裁工作进行指导。

条文注释

本条是关于国务院劳动行政部门和省、自治区、直辖市人民政府劳动行政部门的职责的规定。

劳动争议仲裁的仲裁规则，是指规范劳动争议仲裁进行的具体程序以及此程序中相应的劳动争议仲裁法律关系的规则。劳动争议仲裁的仲裁规则不是由劳动争议仲裁委员会自行制定或者当事人另外选定，而是由国务院劳动行政部门依照本法的有关规定制定，且其不得违反相关法律对劳动争议仲裁程序方面的强制性规定。劳动争议仲裁的仲裁规则为具体的劳动争议仲裁活动提供了行为规则，直接影响着劳动争议仲裁活动的顺利进行，任何不遵守仲裁规则的行为，均会影响仲裁裁决的效力。

劳动争议仲裁的仲裁规则主要规定当事人和劳动争议仲裁委员会在仲裁程序进行过程中的权利和义务，以及行使这些权利和履行这些义务的方式。其主要内容包括：仲裁管辖，仲裁组织，仲裁申请和答辩，反请求程序，仲裁庭组成程序，审理程序，裁决程序，以及在相应程序中劳动争议仲裁委员会、仲裁员、当事人和其他劳动争议仲裁参加人的相关权利和义务，等等。

第十九条　【劳动争议仲裁委员会的组成及职责】劳动争议仲裁委员会由劳动行政部门代表、工会代表和企业方面代表组成。劳动争议仲裁委员会组成人员应当是单数。

劳动争议仲裁委员会依法履行下列职责：

（一）聘任、解聘专职或者兼职仲裁员；

（二）受理劳动争议案件；

（三）讨论重大或者疑难的劳动争议案件；

（四）对仲裁活动进行监督。

劳动争议仲裁委员会下设办事机构，负责办理劳动争议仲裁委员会的日常工作。

条文注释

本条是关于劳动争议仲裁委员会的组成、职责和办事机构的规定。

本条第1款明确规定了劳动争议仲裁委员会由三方代表组成。《劳动法》第81条明确规定了劳动争议仲裁委员会由劳动行政部门代表、同级工会代表、用人单位方面的代表组成。本法在《劳动法》的基础上，进一步规定了劳动争议仲裁委员会由劳动行政部门代表、工会代表和企业方面代表组成。从《劳动法》到本法，都规定了劳动争议仲裁委员会由三方组成。

1. 劳动行政部门代表。在我国，劳动行政部门代表政府主管全国的劳动和社会保障事务。

2. 工会代表。工会代表作为工会一方的代表，代表了广大职工的利益，工会的参与有利于保护弱势一方劳动者的合法权益。

3. 企业方面代表。即雇主代表组织，在我国主要是指各种形式的企业联合组织，其中主要有中国企业联合会，但在有些地方则可能是各种形式的商会或者其他企业联合组织。企业方面代表参与，有利于对相关法律、法规的充分理解和对当事人的说服、调解。

鉴于劳动争议仲裁委员会由三方代表组成，三方代表的权利和义务相同。仲裁委员会作决定时应当按照少数服从多数的原则进行，故劳动争议仲裁委员会的组成人员应当是单数。

对于一些重大、复杂、敏感的群体性劳资纠纷，由劳动争议仲裁委员会出面集体讨论，更容易发挥劳动关系三方原则的作用，从而促进劳资双方增进了解，尽快达成和解协议。所谓重大案件，是指案情复杂、涉及范围广、争议标的金额较大，案发后案件处理结果的影响较大的案件。所谓疑难案件，是指案件的处理依据不明确，法律适用问题存在争议的案件。

关联法规

《劳动法》第 81 条

《工会参与劳动争议处理办法》第 19 条

《劳动人事争议仲裁组织规则》第 5~7 条

第二十条　【仲裁员任职条件】劳动争议仲裁委员会应当设仲裁员名册。

仲裁员应当公道正派并符合下列条件之一：

（一）曾任审判员的；

（二）从事法律研究、教学工作并具有中级以上职称的；

（三）具有法律知识、从事人力资源管理或者工会等专业工作满五年的；

（四）律师执业满三年的。

条文注释

本条是关于劳动争议仲裁员名册和仲裁员任职条件的规定。

劳动争议仲裁的仲裁员，是指由劳动争议仲裁委员会依法聘任后，从事劳动争议裁决工作的人员，包括兼职仲裁员和专职仲裁员。劳动争议仲裁员的任职条件，主要包括道德素养和业务素质两个方面。

关联法规

《劳动人事争议仲裁组织规则》第18～19条

第二十一条　【仲裁管辖】劳动争议仲裁委员会负责管辖本区域内发生的劳动争议。

劳动争议由劳动合同履行地或者用人单位所在地的劳动争议仲裁委员会管辖。双方当事人分别向劳动合同履行地和用人单位所在地的劳动争议仲裁委员会申请仲裁的，由劳动合同履行地的劳动争议仲裁委员会管辖。

条文注释

本条是关于劳动争议仲裁管辖的规定。

劳动争议仲裁管辖，是指确定各个劳动争议仲裁委员会审理劳动争议案件的分工和权限，明确当事人应当到哪一个劳动争议仲裁委员会申请劳动争议仲裁，由哪一个劳动争议仲裁委员会受理的法律制度。

根据本条第2款的规定，劳动争议由劳动合同履行地或者用人单位所在地的劳动争议仲裁委员会管辖。这里的用人单位所在地一般是指用人单位的注册地,用人单位的注册地与经常营业地不一致的,用人单位所在地指用人单位经常营业地。

我国的劳动争议仲裁实行的是特殊地域管辖,不实行级别管辖或者协定管辖。特殊地域管辖,是指依照当事人之间的某一个特殊的联结点确定的管辖。本法以劳动合同履行地和用人单位所在地作为联结点确定劳动争议仲裁管辖,因此是特殊地域管辖。同时,本法不允许双方当事人协议选择劳动合同履行地或者用人单位所在地以外的其他劳动争议仲裁委员会进行管辖。

劳动争议仲裁不实行级别管辖。在出现管辖权争议时,法律明确规定由劳动合同履行地的劳动争议仲裁委员会管辖。

劳动争议的管辖还存在移送管辖情形。移送管辖,是指劳动争议仲裁委员会将已经受理的无管辖权的劳动争议案件移送给有管辖权的劳动争议仲裁委员会。当劳动争议仲裁委员会发现受理的劳动争议案件不属于本仲裁委员会管辖时,应当及时移送给有管辖权的劳动争议仲裁委员会。

关联法规

《劳动人事争议仲裁办案规则》第8、9条

第二十二条　【仲裁案件当事人】发生劳动争议的劳动者和用人单位为劳动争议仲裁案件的双方当事人。

劳务派遣单位或者用工单位与劳动者发生劳动争议的,劳务派遣单位和用工单位为共同当事人。

条文注释

本条对劳动争议仲裁的当事人作了规定。

劳动争议仲裁当事人,是指因劳动权益纠纷,以自己的名义参加劳动争议仲裁活动,请求保护自己的合法权益,并受劳动争议仲裁委员会仲裁裁决约束的直接利害关系人。

劳动争议仲裁当事人具有以下特点:(1)为劳动争议的一方。(2)以自己的名义参加劳动争议仲裁活动。如果不是以自己的名义而是以他人的名义参加劳动争议仲裁活动,如仲裁代理人等,不是劳动争议仲裁的当事人。(3)与案件有直接利害关系。与案件有直接利害关系,是指劳动争议仲裁当事人是劳动权益纠纷的法律关系的主体,是权利的享有者和义务的承担者。与案件没有直接利害关系的第三方,如支持劳动者一方的工会等,不是劳动争议仲裁的当事人。(4)受劳动争议仲裁委员会裁决的约束。劳动争议仲裁委员会作出的裁决,对当事人具有法律上的约束力。虽然以自己的名义参加劳动争议仲裁,但不受劳动争议仲裁委员会的仲裁裁决直接约束的人,如证人、鉴定人,不是劳动争议仲裁的当事人。

在劳动争议仲裁案件中,当事人只能是发生劳动争议的劳动者和用人单位。用人单位是法人的,由其法定代表人参加劳动争议仲裁活动;用人单位是非法人组织的,由其主要负责人参加劳动争议仲裁活动。在因履行集体合同发生的劳动争议仲裁案件中,由工会作为一方当事人,属于特殊情形。

在认定被申请人资格时应注意以下几个问题:

第一,用人单位发生变更的,应以变更后的用人单位作为被申请人。用人单位与其他用人单位合并的,合并前发生的劳动争议,由合并后的用人单位作为当事人;用人单位分立为若干用人单位的,其分立前发生的劳动争议,由分立后承继其劳动权利和义务的实际用人单位作为当事人。用人单位分立为若干单位后,承继其劳动权利和义务的单位不明确的,分立后的单位均为当事人。

第二,用人单位终止的,应区分情况以用人单位的主管部门、开办单位或者依法成立的清算组作为被申请人。

第三,劳动者在其用人单位与其他平等主体之间的承包经营期间,与发包方和承包方双方或者一方发生劳动争议,发包方和承包方为劳动争议的共同当事人。

当事人申请劳动争议仲裁应当具备以下条件:(1)当事人必须是与申请仲裁的劳动争议有直接利害关系的劳动者或者用人单位;(2)申请仲裁的争议必须是劳动争议;(3)申请仲裁的劳动争议必须属于本法第2条规定的劳动争议仲裁的受案范围;(4)当事人必须向有管辖权的劳动争议仲裁委员会申请仲裁;(5)有明确的被申请

人、具体的仲裁请求及事实依据;(6)除非遇到不可抗力或者有其他正当理由,申请仲裁必须在本法规定的时效期限内提出。

本条第2款明确规定了劳务派遣单位或者用工单位与劳动者发生劳动争议的,劳务派遣单位和用工单位为共同当事人。劳务派遣的最大特点是劳动力雇佣与劳动力使用相分离,形成“有关系没劳动,有劳动没关系”的特殊用工形态。为了最大限度地保护劳动者的合法权益,《劳动合同法》对劳务派遣问题作出了严格的规范,其中第92条规定,用工单位给被派遣劳动者造成损害的,劳务派遣单位与用工单位承担连带赔偿责任。

关联法规

《劳动合同法》第92条

《劳动人事争议仲裁办案规则》第6、7条

《最高人民法院关于审理劳动争议案件适用法律问题的解释(一)》第26、28~30条

第二十三条 【仲裁案件第三人】与劳动争议案件的处理结果有利害关系的第三人,可以申请参加仲裁活动或者由劳动争议仲裁委员会通知其参加仲裁活动。

条文注释

本条是关于劳动争议仲裁第三人的规定。

劳动争议仲裁中的第三人,是指与劳动争议案件的处理结果有法律上的利害关系,仲裁程序开始后参加进来以维护自己的合法权益的人。

一般来说,劳动争议必须有申请人和被申请人两方当事人,但在个别情况下,也可能出现第三人参加劳动争议仲裁活动的情形。在第三人参加劳动争议仲裁活动时应注意以下几个方面的问题:(1)第三人与案件处理结果有法律上的利害关系。(2)第三人参加仲裁活动有两种方式,即第三人申请参加仲裁,或者由劳动争议仲裁委员会通知第三人参加仲裁。(3)第三人参加仲裁的时间应在劳动争议仲裁程序开始后且尚未作出仲裁裁决之前。(4)凡是涉及第

三人利益的劳动争议仲裁案件，第三人未参加仲裁的，仲裁裁决对其不发生法律效力。(5)参加仲裁活动的第三人，如对仲裁裁决其承担责任不服，可以依法向人民法院提起诉讼。(6)在仲裁中，第三人的具体权利义务主要表现为：①有权了解申请人申诉、被申请人答辩的事实和理由；②有权要求查阅和复制案卷的有关材料，了解仲裁的进展情况；③有权陈述自己的意见，并向劳动争议仲裁委员会递交自己对该争议的意见书；④无权对案件的管辖权提出异议；⑤无权放弃或者变更申请人或者被申请人的仲裁请求；⑥无权撤回仲裁申请等。

另外，根据《劳动合同法》第91条的规定，用人单位招用与其他用人单位尚未解除或者终止劳动合同的劳动者，给其他用人单位造成损失的，应当承担连带赔偿责任。在这种情形下，原用人单位与劳动者发生劳动争议的，可以列新用人单位为第三人。

关联法规

《劳动合同法》第91条

《最高人民法院关于审理劳动争议案件适用法律问题的解释(一)》第27条

第二十四条 【委托代理】当事人可以委托代理人参加仲裁活动。委托他人参加仲裁活动，应当向劳动争议仲裁委员会提交有委托人签名或者盖章的委托书，委托书应当载明委托事项和权限。

条文注释

本条是关于委托代理的规定。

代理是代理人在代理权的范围内，以被代理人的名义或者以自己的名义独立与第三人为民事行为，由此产生的法律效果直接或者间接归属于被代理人的法律制度。在代理制度中，以他人名义或者自己名义为他人实施民事行为的人，称为代理人。由他人代为实施民事行为的人，称为被代理人。

代理包括委托代理和法定代理。委托代理，是指基于被代理人的委托授权而发生的代理。委托代理人按照被代理人的委托行使代理权。法定代理人依照法律的规定行使代理权。委托代理权的产生通常以委托合同和委托授权行为两个法律行为同时有效存在为前提。法定代理,是指基于法律的直接规定而发生的代理。法定代理主要适用于被代理人为无民事行为能力或限制行为能力人的情况。

仲裁代理,是指根据法律规定或者当事人的委托,代理人以被代理人的名义代为参加仲裁活动。仲裁代理制度使当事人可以利用他人的能力参加仲裁,更好地通过仲裁维护自己的合法权益。仲裁代理同样也可以分为委托仲裁代理、法定仲裁代理和指定仲裁代理。本条是关于委托仲裁代理制度的规定。委托仲裁代理,是指受当事人的委托,代理人以被代理人的名义代为参加仲裁活动的制度。委托仲裁代理具有以下特征:(1)代理权的发生基于当事人的意思表示,即代理权基于当事人的授权而发生,而非法律的规定或者仲裁委员会的指定。(2)代理权限由当事人决定,而非法律规定。(3)当事人委托他人参加仲裁活动,应当向劳动争议仲裁委员会提交委托书。

关联法规

《民法典》第165~172条

第二十五条　【法定代理和指定代理】丧失或者部分丧失民事行为能力的劳动者,由其法定代理人代为参加仲裁活动;无法定代理人的,由劳动争议仲裁委员会为其指定代理人。劳动者死亡的,由其近亲属或者代理人参加仲裁活动。

条文注释

本条是关于法定代理和指定代理的规定。

本条对法定代理和指定代理进行规定的目的是保护丧失或者部分丧失民事行为能力的劳动者的利益。本条所指的法定代理人,是指根据法律的规定行使代理权,代理当事人参加仲裁活动的人,适用于被代理人虽为成年人,但因疾病、伤害等情况丧失或者部分丧失民事行为能力的人。一般认为,在劳动争议仲裁中,丧失或者部分丧失民事行为能力的劳动者的监护人是他的法定代理人。法定代理是法律为保护被代理人合法权益而设立的一项法律制度。法定代理人没有充分理由,不得拒绝代理。在仲裁程序中,法定代理人的代理权因下列情形之一而终止:(1)被代理人恢复了行为能力;(2)被代理人死亡;(3)法定代理人死亡或者丧失行为能力;(4)法定代理人失去对被代理人的亲权或者监护权。

关联法规

《民事诉讼法》第60条

《民法典》第175条

第二十六条 【仲裁公开进行及例外】劳动争议仲裁公开进行,但当事人协议不公开进行或者涉及国家秘密、商业秘密和个人隐私的除外。

条文注释

本条是关于劳动争议仲裁公开进行及其例外情形的规定。

劳动争议仲裁公开进行,是指仲裁庭公开开庭审理劳动争议。仲裁公开是劳动争议仲裁的一项重要制度。但是,一些特殊案件如果公开进行,可能不利于对当事人权益的保护,带来消极的社会影响,甚至给国家利益、社会利益造成巨大损失。因此,本条规定劳动争议双方当事人协议不公开,或者劳动争议涉及国家秘密、商业秘密和个人隐私的,仲裁不公开进行。

根据《保守国家秘密法》第2条的规定,"国家秘密是关系国家安全和利益,依照法定程序确定,在一定时间内只限一定范围的人员知悉的事项。"《保守国家秘密法》第13条规定:"下列涉及国家安全和利益的事项,泄露后可能损害国家在政治、经济、国防、外交等领域的安全和利益的,应当确定为国家秘密:(一)国家事务重大决策中的秘密事项;(二)国防建设和武装力量活动中的秘密事项;(三)外交和外事活动中的秘密事项以及对外承担保密义务的秘密事项;(四)国民经济和社会发展中的秘密事项;(五)科学技术中的秘密事项;(六)维护国家安全活动和追查刑事犯罪中的秘密事项;(七)经国家保密行政管理部门确定的其他秘密事项。政党的秘密事项中符合前款规定的,属于国家秘密。"

商业秘密,是指构成一个企业竞争优势的任何不为他人所知悉的商业信息。除持有人以外的任何人未经许可使用这些信息,便是一种失去商业信誉的侵权行为。

个人隐私,是指个人不愿意为他人所知晓和干预的私人生活,包括私人生活不受他人非法干扰,私人信息不受他人非法收集、公开等。规定涉及个人隐私的案件不进行公开裁决,有利于对当事人合法权益的保护,是对个人隐私权的尊重。

仲裁作为解决争议的一种重要方式,具有尊重双方当事人的意思自治的特点。因此,劳动争议仲裁中,除上述涉及国家秘密、商业秘密以及个人隐私的情况外,双方当事人达成不公开审理的协议的,也不进行公开审理。

关联法规

《保守国家秘密法》第2、13条

第二节　申请和受理

第二十七条　【仲裁时效】劳动争议申请仲裁的时效期间为一年。仲裁时效期间从当事人知道或者应当知道其权利被侵害之日起计算。

前款规定的仲裁时效,因当事人一方向对方当事人主张权利,或者向有关部门请求权利救济,或者对方当事人同意履行义务而中断。从中断时起,仲裁时效期间重新计算。

因不可抗力或者有其他正当理由,当事人不能在本条第一款规定的仲裁时效期间申请仲裁的,仲裁时效中止。从中止时效的原因消除之日起，仲裁时效期间继续计算。

劳动关系存续期间因拖欠劳动报酬发生争议的，劳动者申请仲裁不受本条第一款规定的仲裁时效期间的限制；但是，劳动关系终止的，应当自劳动关系终止之日起一年内提出。

条文注释

本条是关于申请仲裁的时效期间的规定。

仲裁时效，是指权利人于一定期间内不行使请求劳动争议仲裁机构保护其民事权利的请求权，就丧失该请求权的法律制度。

仲裁时效期间从当事人知道或者应当知道其权利被侵害之日起计算。权利人知道自己的权利遭到了侵害，这是其请求劳动争议仲裁机构保护其权利的基础。从这一时间点开始计算仲裁时效期间，符合仲裁时效是权利人请求仲裁机构保护其权利的法定期间的本意。知道权利遭受了侵害，指权利人主观上已了解自己的权利被侵害的事实；应当知道权利遭受了侵害，指权利人尽管主观上不了解自己的权利已被侵害的事实，但根据他所处的环境，有理由认为他已了解自己的权利被侵害的事实，他对侵害的不知情，出于对自己的权利未尽到必要的注意义务或将其作为推延仲裁时效期间起算点的借口的情况。仲裁时效的起算，以权利人的权利客观上受到了侵害且权利人主观上已知晓自己的权利被侵害的事实为构成要件。权利人主观上认为自己的权利受到了侵害，而事实上其权利并未受到侵害的，不能计算仲裁时效期间。

仲裁时效的中断，是指在仲裁时效进行期间，因发生法定事由致使已经经过的仲裁时效期间统归无效，待时效中断事由消除后，重新开始计算仲裁时效期间。仲裁时效中断的法定事由有三种情形：(1)向对方当事人主张权利。例如，劳动者向用人单位讨要被拖欠的工资或者经济补偿。(2)向有关部门请求权利救济。例如，劳动者向劳动监察部门或者工会反映用人单位违法要求加班，请求保护休息权利；又如，劳动者或用人单位向劳动争议调解组织申请调解。(3)对方当事人同意履行义务。例如,劳动者向用人单位讨要被拖欠的工资,用人单位同意支付。需要注意的是,认定时效是否中断,需要由请求确认仲裁时效中断的一方当事人提供有上述三种情形之一的证据。因此,需要当事人有证据意识,注意保留和收集证据。

仲裁时效的中止,是指在仲裁时效进行中的某一阶段,因发生法定事由致使权利人不能行使请求权,暂停计算仲裁时效,待阻碍时效进行的事由消除后,继续进行仲裁时效期间的计算。仲裁时效的中止是因权利人不能行使请求权而发生,因而发生仲裁时效中止的事由应是阻碍权利人行使权利的客观事实及无法预知的客观障碍。在发生仲裁时效中止时,已经进行的诉讼时效仍然有效,而仲裁时效中止的时间不计入仲裁时效期间。也就是说,将仲裁时效中止前后仲裁时效进行的时间合并计算仲裁时效期间。

案例指引

张某与某建筑公司追索劳动报酬纠纷案
——加班费的仲裁时效应当如何认定①

裁判要旨:时效是指权利人不行使权利的事实状态持续经过法定期间,其权利即发生效力减损的制度。作为权利行使尤其是救济权行使期间的一种,时效既与当事人的实体权利密切相关,又与当事人通过相应的程序救济其权益密不可分。获取劳动报酬权是劳动权益中最基本、最重要的权益,考虑劳动者在劳动关系存续期间的弱势地位,法律对于拖欠劳动报酬争议设置了特别仲裁时效,对于有效保护劳动者权益具有重要意义。

① 人力资源和社会保障部、最高人民法院联合发布10起第二批劳动人事争议典型案例之十。

第二十八条 【仲裁申请】申请人申请仲裁应当提交书面仲裁申请,并按照被申请人人数提交副本。

仲裁申请书应当载明下列事项:

(一)劳动者的姓名、性别、年龄、职业、工作单位和住所,用人单位的名称、住所和法定代表人或者主要负责人的姓名、职务;

(二)仲裁请求和所根据的事实、理由;

(三)证据和证据来源、证人姓名和住所。

书写仲裁申请确有困难的,可以口头申请,由劳动争议仲裁委员会记入笔录,并告知对方当事人。

条文注释

本条是关于仲裁申请书的规定。

以书面形式申请仲裁,不仅有利于明确表达申请人的仲裁请求及其所根据的事实和理由,也有利于劳动争议仲裁委员会进行审查,决定是否受理该仲裁申请,以及在决定受理该仲裁申请后,向被申请人转达申请人的仲裁请求及其依据,方便被申请人行使答辩的权利,便于仲裁活动的进行。因此,当事人申请仲裁,应当以书面方式向劳动争议仲裁委员会提交仲裁申请书。申请人提交书面仲裁申请,应按照被申请人人数递交相应份数的仲裁申请书副本。劳动争议仲裁委员会保留的一份为正本,送达被申请人的各份为副本。

仲裁请求所根据的事实和理由包括:当事人之间纠纷形成的事实,双方当事人争执的焦点,仲裁请求的依据和理由,适用的法律,等等。

在通常情况下,申请人申请仲裁应当向劳动争议仲裁委员会提交书面申请,只有在书写仲裁申请确实有困难的情况下,才可以以口头方式向劳动争议仲裁委员会提出仲裁申请。此处所说的"书写仲裁申请确有困难",一般是指申请人本人因文化水平低或法律知识欠缺而造成的自行书写仲裁申请确有困难的情形。申请人以口头方式提起仲裁申请,由劳动争议仲裁委员会记入笔录。笔录应由申请人签名或盖章,与书面仲裁申请具有同等效力。劳动争议仲裁委员会既可以将抄录的申请人口述笔录送给被申请人,也可以将申请人口述笔录的主要内容口头告知被申请人。

第二十九条 【仲裁申请的受理和不予受理】劳动争议仲裁委员会收到仲裁申请之日起五日内,认为符合受理条件的,应当受理,并通知申请人;认为不符合受理条件的,应当书面通知申请人不予受理,并说明理由。对劳动争议仲裁委员会不予受理或者逾期未作出决定的,申请人可以就该劳动争议事项向人民法院提起诉讼。

条文注释

本条是关于仲裁申请的受理与不受理的规定。

劳动争议仲裁委员会受理当事人的仲裁申请后,应当从以下几个方面对仲裁申请进行审查:(1)是否属于劳动争议。(2)是否属于受理的劳动争议仲裁委员会管辖。(3)申请人与申请仲裁的事项是否有直接利害关系。(4)是否有明确的被申请人。(5)是否有具体的仲裁请求和事实、理由。劳动争议仲裁委员会经过审查,认为符合上述条件的,应当在收到仲裁申请之日起5日内受理。本条规定的“五日”,是指工作日,不含法定节假日。

本法未对劳动争议仲裁委员会对仲裁申请不予受理或者逾期未作出受理决定时,申请人向人民法院提出诉讼的期间作出规定。因此,提起诉讼的期间适用民事诉讼时效的规定。

关联法规

《最高人民法院关于审理劳动争议案件适用法律问题的解释(一)》第5~12条

《劳动人事争议仲裁办案规则》第75条

第三十条 【送达仲裁申请书与提交仲裁答辩书】劳动争议仲裁委员会受理仲裁申请后,应当在五日内将仲裁申请书副本送达被申请人。

被申请人收到仲裁申请书副本后,应当在十日内向劳动争议仲裁委员会提交答辩书。劳动争议仲裁委员会收到答辩书后,应当在五日内将答辩书副本送达申请人。被申请人未提交答辩书的,不影响仲裁程序的进行。

条文注释

本条是关于受理后的仲裁准备工作的规定。

答辩既可以针对实体方面的内容,也可以针对程序方面的内容。在实体方面重点是要针对申请人的仲裁请求及其所依据的事实和理由进行反驳和辩解,阐明自己的主张和根据,并可以提出反请求。在程序方面主要是申请人无权提起仲裁,劳动争议仲裁委员会无权管辖等。在实践中,被申请人不作答辩的现象比较普遍,被申请人未提交答辩书的,不影响劳动争议仲裁委员会对案件的审理,也不影响仲裁程序的进行,这是保证开庭审理顺利进行的必要规定。

第三节　开庭和裁决

第三十一条 【仲裁庭组成】劳动争议仲裁委员会裁决劳动争议案件实行仲裁庭制。仲裁庭由三名仲裁员组成,设首席仲裁员。简单劳动争议案件可以由一名仲裁员独任仲裁。

条文注释

本条是关于劳动争议仲裁案件实行仲裁庭制的规定。

劳动争议仲裁委员会受理劳动争议案件后,根据案件的不同情况，在已聘任的仲裁员中选择一名或者三名仲裁员组成临时性的仲裁庭，对该案件进行仲裁。仲裁庭在仲裁委员会领导下处理劳动争议案件，实行一案一庭制。

第三十二条　【书面通知仲裁庭组成情况】劳动争议仲裁委员会应当在受理仲裁申请之日起五日内将仲裁庭的组成情况书面通知当事人。

条文注释

本条是关于劳动争议仲裁委员会通知当事人仲裁庭组成情况的规定。

劳动争议仲裁委员会将仲裁庭的组成情况告知双方当事人，有利于双方当事人了解仲裁员的背景情况，增加当事人对仲裁庭及其裁决的认可和信任，同时也是双方当事人行使回避申请权的前提，便于当事人对仲裁员的监督，保障双方当事人的合法权益。

第三十三条　【仲裁员回避】仲裁员有下列情形之一，应当回避，当事人也有权以口头或者书面方式提出回避申请：

（一）是本案当事人或者当事人、代理人的近亲属的；

（二）与本案有利害关系的；

（三）与本案当事人、代理人有其他关系，可能影响公正裁决的；

（四）私自会见当事人、代理人，或者接受当事人、代理人的请客送礼的。

劳动争议仲裁委员会对回避申请应当及时作出决定，并以口头或者书面方式通知当事人。

条文注释

本条是关于仲裁员回避制度的规定。

仲裁员回避，是指仲裁委员会在仲裁劳动争议案件时，仲裁庭成员认为自己不适宜参加本案审理的，依照法律的规定，自行申请退出仲裁,或者当事人认为由于某种原因仲裁庭成员可能存在裁决不公的情形,申请要求其退出仲裁活动。回避方式主要有两种:一是自行回避,二是当事人提出回避。自行回避,是指仲裁庭成员知道自己具有应当回避的情形,主动向劳动争议仲裁委员会提出回避的申请,即主动说明情况,提出不参加案件的审理。当事人提出回避,是指仲裁庭成员明知自己应当回避而不自行回避或者不知道、不认为自己具有应当回避的情形,因而没有自行回避的,仲裁案件的双方当事人(劳动者和用人单位以及他们的法定代理人)有权向劳动争议仲裁委员会提出申请,要求仲裁庭成员回避。

关联法规

《劳动人事争议仲裁办案规则》第12条

第三十四条 【仲裁员的法律责任】仲裁员有本法第三十三条第四项规定情形,或者有索贿受贿、徇私舞弊、枉法裁决行为的,应当依法承担法律责任。劳动争议仲裁委员会应当将其解聘。

条文注释

本条是关于仲裁员法律责任的规定。

法律责任分为民事责任、刑事责任、行政责任和违宪责任。《刑法》第399条之一规定,依法承担仲裁职责的人员,在仲裁活动中故意违背事实和法律作枉法裁决,情节严重的,处3年以下有期徒刑或者拘役;情节特别严重的,处3年以上7年以下有期徒刑。

第三十五条 【开庭通知与延期开庭】仲裁庭应当在开庭五日前,将开庭日期、地点书面通知双方当事人。当事人有正当理由的,可以在开庭三日前请求延期开庭。是否延期,由劳动争议仲裁委员会决定。

条文注释

本条是关于开庭日期的规定。

在确定开庭日期后,仲裁庭应当在开庭5日前,将开庭日期、地点书面通知双方当事人。

延期开庭,是指在仲裁庭通知当事人开庭审理日期后且开庭3日前,由于出现法定事由,导致仲裁审理程序无法按期进行的,当事人提出延期审理的请求,经仲裁委员会同意,将仲裁审理推延到另一日期进行的行为。延期开庭由当事人提出请求后,仲裁庭作出决定,这里的当事人指双方当事人,既可以是申请人,也可以是被申请人。

《民事诉讼法》第149条规定:“有下列情形之一的,可以延期开庭审理:(一)必须到庭的当事人和其他诉讼参与人有正当理由没有到庭的;(二)当事人临时提出回避申请的;(三)需要通知新的证人到庭,调取新的证据,重新鉴定、勘验,或者需要补充调查的;(四)其他应当延期的情形。”正当理由主要包括以下几种情形:(1)当事人由于不可抗力的事由或其他特殊情况不能到庭的,如当事人患重大疾病或遭受其他身体伤害影响其行使权利的。(2)当事人在仲裁审理中临时提出回避申请的。申请回避是当事人的一项重要权利,一般来说当事人应当在知道仲裁庭成员名单后开庭之前提出回避申请。但是,当事人事先并不知道仲裁员存在应当回避的情形,或者当事人可以申请回避的情形,如仲裁员接受另一方当事人的贿赂等,发生在仲裁审理过程中的,当事人仍有权提出回避申请。(3)需要调取新的证据进行重新鉴定、勘验的。实践中,劳动争议仲裁委员会应当参照有关法律、法规的规定,结合实际情况,判断当事人的申请是否有正当理由。

关联法规

《民事诉讼法》第149条

第三十六条 【视为撤回仲裁申请和缺席裁决】申请人收到书面通知,无正当理由拒不到庭或者未经仲裁庭同意中途退庭的,可以视为撤回仲裁申请。

被申请人收到书面通知,无正当理由拒不到庭或者未经仲裁庭同意中途退庭的,可以缺席裁决。

条文注释

本条是关于当事人无正当理由拒不到庭或者未经仲裁庭同意中途退庭如何处理的规定。

视为撤回仲裁申请,是指劳动争议仲裁的申请人虽然未主动提出撤回仲裁的申请,但是,申请人出现法律规定的情形用行动已经表明其不愿意继续进行仲裁的,可以按照申请人撤回仲裁申请处理,从而终结对劳动争议案件的仲裁。这里需要注意的是,申请人必须收到书面的开庭通知,无正当理由拒不到庭,或者申请人未经仲裁庭同意中途退庭的,才可视为撤回仲裁申请。否则,可能导致延期开庭,而不是视为撤回仲裁申请。

缺席裁决,是指只有申请人到庭参与仲裁审理时,仲裁庭仅就到庭人的申请进行调查,审查核实证据,听取意见,并对未到庭的被申请人提供的书面资料进行审查后,即作出仲裁裁决的仲裁活动。同样需要注意的是,被申请人必须是经仲裁庭书面通知,无正当理由拒不到庭或者未经仲裁庭同意中途退庭的,才可以进行缺席裁决,否则也可能导致延期开庭。

关联法规

《劳动人事争议仲裁办案规则》第 39 条

第三十七条 【鉴定】仲裁庭对专门性问题认为需要鉴定的,可以交由当事人约定的鉴定机构鉴定;当事人没有约定或者无法达成约定的,由仲裁庭指定的鉴定机构鉴定。

根据当事人的请求或者仲裁庭的要求,鉴定机构应当派鉴定人参加开庭。当事人经仲裁庭许可,可以向鉴定人提问。

条文注释

本条是关于劳动争议仲裁中鉴定问题的规定。

劳动争议仲裁案件经常涉及的鉴定包括劳动能力鉴定、职业病鉴定等。本条就鉴定程序的启动、鉴定机构的确定、鉴定人参加开庭作了一般规定。

第三十八条　【质证、辩论】当事人在仲裁过程中有权进行质证和辩论。质证和辩论终结时，首席仲裁员或者独任仲裁员应当征询当事人的最后意见。

条文注释

本条是关于劳动争议仲裁中质证和辩论问题的规定。

证据应当在法庭上出示，由当事人质证。这里的质证，是指当事人在仲裁庭的主持下，对对方当事人提供的证据的真实性、关联性和合法性提出质疑，否定其证明力的活动。质证时，当事人应当围绕证据的真实性、关联性、合法性，针对证据证明力的有无以及证明力的大小，进行质疑、说明与辩驳。

当事人在仲裁过程中有权进行辩论。这里的辩论，是指在仲裁庭的主持下，双方当事人就争议的事实认定问题和法律适用问题，各自陈述己方的主张和根据，挑战对方的主张和根据，并对对方的挑战进行反驳，以维护己方合法权益的活动。通过双方当事人的辩论，仲裁庭可以进一步查清事实，确定定案的根据，正确适用法律，最终作出公正的裁决。

第三十九条　【证据及举证责任】当事人提供的证据经查证属实的，仲裁庭应当将其作为认定事实的根据。

劳动者无法提供由用人单位掌握管理的与仲裁请求有关的证据，仲裁庭可以要求用人单位在指定期限内提供。用人单位在指定期限内不提供的，应当承担不利后果。

条文注释

本条是关于劳动争议仲裁中证据问题的规定。

证据，是指证明主体提供的用来证明案件事实的材料。证据经查证属实的，才能作为仲裁庭认定事实的根据。所谓查证属实，是指证据在仲裁庭的主持下，经当事人出示、对方质证和仲裁庭认证，认为证据具有真实性、关联性和合法性。

下列证据不能单独作为认定案件事实的依据:(1)未成年人所作的与其年龄和智力状况不相当的证言;(2)与一方当事人或者其代理人有利害关系的证人出具的证言;(3)存有疑点的视听资料;(4)无法与原件、原物核对的复印件、复制品;(5)无正当理由未出庭作证的证人证言。当事人对自己的主张,只有本人陈述而不能提出其他相关证据的,其主张不予支持。但对方当事人认可的除外。

因证据的证明力无法判断导致争议事实难以认定的,劳动争议仲裁委员会应当依据举证责任分配原则作出裁决。

劳动争议仲裁涉及的证据种类包括当事人的陈述、书证、物证、视听资料、电子数据、证人证言、鉴定意见、勘验笔录等。

关联法规

《民事诉讼法》第66~76条

第四十条 【仲裁开庭笔录】仲裁庭应当将开庭情况记入笔录。当事人和其他仲裁参加人认为对自己陈述的记录有遗漏或者差错的,有权申请补正。如果不予补正,应当记录该申请。

笔录由仲裁员、记录人员、当事人和其他仲裁参加人签名或者盖章。

条文注释

本条是关于劳动争议仲裁开庭笔录的规定。

劳动争议仲裁开庭笔录,是指劳动争议仲裁庭记录人员制作的,如实反映劳动争议仲裁庭开庭审理劳动争议案件过程中仲裁员、当事人以及其他仲裁参加人陈述意见、互相质证、进行辩论、变更请求、庭前调解等活动的书面记录。劳动争议仲裁开庭笔录必须全面、准确、真实、清楚。记录人员必须忠实于庭审过程的实际情况,对仲裁员和当事人的言论,均应尽量记录原话,不得随意引申、发挥。

第四十一条 【当事人自行和解】当事人申请劳动争议仲裁后,可以自行和解。达成和解协议的,可以撤回仲裁申请。

条文注释

本条是关于劳动争议仲裁中当事人自行和解的规定。

劳动争议仲裁当事人自行和解,是指在劳动争议案件中,一方当事人申请劳动争议仲裁后,当事人之间通过协商就已经提交仲裁的劳动争议自行达成解决方案的行为。当事人申请劳动争议仲裁庭根据和解协议制作调解书的,仲裁庭在对和解协议依法进行审查,确认意思真实、合法有效后,可以根据和解协议制作调解书。仲裁庭对和解协议审查确认后制作的调解书,应当由仲裁员签名,并加盖劳动争议仲裁委员会的印章。调解书应当写明仲裁请求和当事人协议的结果。

当事人撤回仲裁申请后,如果一方当事人逾期不履行和解协议,另一方当事人可以向劳动争议仲裁机构重新申请仲裁。由于和解协议不具有强制执行力,因此当事人不能直接向人民法院申请强制执行。但是,仲裁庭根据当事人的申请,对和解协议进行审查确认后制作的调解书具有强制执行力,一方当事人逾期不履行的,另一方当事人可以依照《民事诉讼法》的有关规定直接向人民法院申请强制执行。

第四十二条 【仲裁庭调解】仲裁庭在作出裁决前,应当先行调解。

调解达成协议的,仲裁庭应当制作调解书。

调解书应当写明仲裁请求和当事人协议的结果。调解书由仲裁员签名,加盖劳动争议仲裁委员会印章,送达双方当事人。调解书经双方当事人签收后,发生法律效力。

调解不成或者调解书送达前,一方当事人反悔的,仲裁庭应当及时作出裁决。

条文注释

本条是关于在仲裁程序中进行调解的规定。

调解既是一种审理活动,又是一种结案方式。通过仲裁调解的形式解决纠纷,既有利于增强当事人之间的团结,减少当事人之间的隔阂,防止矛盾的激化;也有利于彻底解决纠纷和提高办案效率,避免仲裁案件的拖延,从而节省人力、物力、财力,提高仲裁效率。

调解书,是指仲裁庭制作的对当事人劳动争议进行调解的过程和结果进行记载的具有约束力的法律文书,是经双方当事人协商并经仲裁庭批准的协议。与裁决书一经作出就发生法律效力不同,调解书不是作出后马上生效,而是要由双方当事人签收后才生效。

调解书的法律效力主要表现在:(1)使仲裁程序终结。调解书一经生效,仲裁程序即告结束,仲裁机构不再对该案进行审理。这是调解书在程序上的法律后果。(2)纠纷当事人的权利义务关系被确定。这是调解书在实体上的法律后果。(3)任何机关或组织都要受调解书约束。也就是说,对于仲裁机构出具了调解书的争议,任何机关或组织都不得再作处理。

调解不成或调解书送达前一方当事人反悔的,仲裁庭应及时作出裁决。这是因为达成调解协议的过程就是仲裁庭的审理过程,制作调解书就意味着仲裁庭的审理已经完毕。若当事人拒绝签收调解书,仲裁庭没有必要再经过仲裁程序重复已经完成的审理,直接裁决即可。因当事人拒绝签收调解书而使调解无效时,仲裁庭可以直接作出裁决,以免久调不决,使当事人的权利义务关系长期处于不确定状态。

关联法规

《劳动人事争议仲裁办案规则》第68~73条

第四十三条 【仲裁审理期限及先行裁决】仲裁庭裁决劳动争议案件,应当自劳动争议仲裁委员会受理仲裁申请之日起四十五日内结束。案情复杂需要延期的,经劳动争议仲裁委员会主任批准,可以延期并书面通知当事人,但是延长期限不得超过十五日。逾期未作出仲裁裁决的,当事人可以就该劳动争议事项向人民法院提起诉讼。

仲裁庭裁决劳动争议案件时,其中一部分事实已经清楚,可以就该部分先行裁决。

条文注释

本条是关于仲裁庭裁决劳动争议案件审理期限和先行裁决的规定。

本法规定，仲裁庭逾期未作出仲裁裁决的，当事人可以向人民法院提起诉讼。逾期的期限，根据是否需要延期区分为两种情况：(1)案情不复杂、不需要延期的，期限为45日；(2)案情复杂需要延期并经劳动争议仲裁委员会主任批准的，期限为60日。仲裁庭逾期未作出仲裁裁决的，当事人可以就该劳动争议事项向人民法院提起诉讼，不仅有利于防止案件在仲裁阶段久拖不决，也有利于更好地维护当事人的合法权益。

先行裁决是通过行使部分裁决权作出的裁决，从性质上来说与最终裁决具有同样的法律效力。先行裁决是在仲裁权行使过程中先行作出的，因此，仲裁庭在以后的裁决中不得对该先行裁决部分的结果进行变更，也不得对先行裁决部分的事项再进行裁决。另外，先行裁决与最后裁决的内容不能相互矛盾，而应保持一致。

关联法规

《劳动法》第82条

第四十四条　【先予执行】仲裁庭对追索劳动报酬、工伤医疗费、经济补偿或者赔偿金的案件，根据当事人的申请，可以裁决先予执行，移送人民法院执行。

仲裁庭裁决先予执行的，应当符合下列条件：

(一)当事人之间权利义务关系明确；

(二)不先予执行将严重影响申请人的生活。

劳动者申请先予执行的，可以不提供担保。

条文注释

本条是关于先予执行的适用情形的规定。

先予执行的着眼点是满足申请人的迫切需要。仲裁庭审理劳动争议案件，从受理到作出仲裁裁决，从裁决生效到当事人主动履行或强制执行需要一个过程。在这段时间里，个别劳动者可能因为经济困难，难以维持正常的生活或者生产经营活动。先予执行制度就是为了解决当事人的燃眉之急，在最终裁决前由仲裁庭裁决被申请人先给付申请人一定数额的款项或者财物，以维持原告正常的生活或者生产。

《民事诉讼法》第109条规定："人民法院对下列案件，根据当事人的申请，可以裁定先予执行：（一）追索赡养费、扶养费、抚养费、抚恤金、医疗费用的；（二）追索劳动报酬的；（三）因情况紧急需要先予执行的。"追索劳动报酬案件被列入可以裁定先予执行的案件之中，可见先予执行制度在处理劳动争议程序中的必要性。

本法所规定的先予执行，有以下几点需要注意：(1)仅对特定类型案件可以申请先予执行。这些特定类型案件，是指追索劳动报酬、工伤医疗费、经济补偿或者赔偿金的案件。其他类型的案件不适用先予执行。(2)必须根据当事人的申请。只有当事人进行了申请，仲裁庭才能作出先予执行的裁决。如果当事人不申请，仲裁庭不能主动作出先予执行的裁决。

一般来说，在劳动争议仲裁案件中，劳动者生活会面临暂时性困难，这时候再让劳动者提供担保对其来说无异于雪上加霜，考虑到这种实际情况，本条规定："劳动者申请先予执行的，可以不提供担保。"

关联法规

《民事诉讼法》第109～111条

《劳动人事争议仲裁办案规则》第51条

第四十五条　【作出裁决】裁决应当按照多数仲裁员的意见作出，少数仲裁员的不同意见应当记入笔录。仲裁庭不能形成多数意见时，裁决应当按照首席仲裁员的意见作出。

条文注释

本条是关于仲裁裁决如何作出的规定。

根据本条规定，当仲裁员在仲裁劳动争议案件出现分歧时，应当按照如下方式进行裁决。首先,按多数仲裁员的意见作出。其次,按首席仲裁员的意见作出。首席仲裁员是合议庭的主持者,负责整个仲裁庭的审理工作,但对于仲裁裁决的表决权,他与其他仲裁员是平等的,只有投票的权力,没有特权。在实践中,当无法形成多数意见时,首席仲裁员首先应当组织仲裁员重新对案件进行表决,以形成多数意见。当无法形成多数意见时,可按法律规定由首席仲裁员决定。另外,如果形成的多数意见是两名仲裁员的意见一致,首席仲裁员也应服从多数意见,不同意见应当记入笔录。

第四十六条 【裁决书】裁决书应当载明仲裁请求、争议事实、裁决理由、裁决结果和裁决日期。裁决书由仲裁员签名,加盖劳动争议仲裁委员会印章。对裁决持不同意见的仲裁员,可以签名,也可以不签名。

条文注释

本条是关于裁决书内容和形式的规定。

裁决书的内容,是指对仲裁案件程序事项和实体事项所作决定的书面陈述。仲裁庭行使裁决权的结果是作出仲裁裁决。裁决书由仲裁员签名,加盖劳动争议仲裁委员会的印章,这就意味着仲裁庭虽然是案件的具体审理者,但裁决书却不能以仲裁庭的名义作出,而是统一以劳动争议仲裁委员会的名义作出。

对裁决持不同意见的仲裁员,可以签名,也可以不签名。一旦有仲裁员不签名,仲裁庭应在裁决书中对这一情况作适当的说明,以此证明该仲裁员参加了审理工作。

关联法规

《劳动人事争议仲裁办案规则》第53条

第四十七条 【终局裁决】下列劳动争议,除本法另有规定的外,仲裁裁决为终局裁决,裁决书自作出之日起发生法律效力:

（一）追索劳动报酬、工伤医疗费、经济补偿或者赔偿金，不超过当地月最低工资标准十二个月金额的争议；

（二）因执行国家的劳动标准在工作时间、休息休假、社会保险等方面发生的争议。

条文注释

本条是关于一裁终局的规定。

一裁终局可以使大量的劳动争议案件在仲裁阶段得到解决，不用再拖延到诉讼阶段，能够有效地缩短劳动争议案件的处理时间，提高劳动争议仲裁的效率，保护双方当事人的合法权益。

适用一裁终局的劳动争议仲裁案件有两类：一是小额仲裁案件；二是标准明确的仲裁案件。这两类案件在全部劳动争议案件总数中所占比例较大，因此，一裁终局可以解决多数劳动争议案件处理周期长的问题。

1. 小额仲裁案件。小额仲裁案件包括以下几种：（1）追索劳动报酬的案件。劳动报酬，是指劳动者从用人单位得到的全部工资收入。这类案件具有案件频发、涉及人数众多、社会影响大等特点，因此能否及时高效地解决这类案件直接关系到社会的和谐稳定。（2）追索工伤医疗费的案件。工伤医疗费是工伤保险待遇的一项，主要包括以下内容：①工伤职工治疗工伤或者治疗职业病所需的挂号费、住院费、医疗费、药费、就医路费全额报销。②工伤职工需要住院治疗的，按照当地因公出差伙食补助标准的2/3发给住院伙食补助费；经批准转外地治疗的，所需交通、食宿费用按照本企业职工因公出差标准报销。（3）追索经济补偿的案件。参见《劳动合同法》第46、47条。（4）追索赔偿金的案件。参见《劳动合同法》第48、83、85、87条。

2. 标准明确的仲裁案件。国家劳动标准，是指国家对劳动领域内规律性出现的事物或行为进行规范，以定量或定性形式所作出的统一规定。我国对劳动标准建设一直相当重视，形成了以《劳动法》

为核心的劳动标准体系，基本涵盖了劳动领域的主要方面。国家劳动标准包括工作时间、休息休假、社会保险等方面。国家劳动标准具有以下特点：(1)通过规范性文件加以规定。(2)标准明确。往往用定量的方式对国家劳动标准加以规定。(3)适用范围广泛。国家劳动标准涵盖了劳动领域的主要方面。

关联法规

《最高人民法院关于审理劳动争议案件适用法律问题的解释(一)》第45~48条

第四十八条　【劳动者提起诉讼】劳动者对本法第四十七条规定的仲裁裁决不服的，可以自收到仲裁裁决书之日起十五日内向人民法院提起诉讼。

条文注释

本条是关于劳动者对一裁终局的仲裁裁决不服的，可以向人民法院提起诉讼的规定。

理解本条，应注意以下几个方面：(1)诉讼申请人只能是劳动者，用人单位不能直接提起诉讼。(2)本条对劳动者提起诉讼没有法定条件的限制，只规定了劳动者对本法第47条规定的仲裁裁决不服的，就可以提起诉讼。劳动者对诉与不诉有选择权。劳动者认为仲裁裁决对其有利，可以选择仲裁生效；劳动者认为仲裁裁决对其不利，可以继续提起诉讼。(3)本条规定的诉讼期间是自收到仲裁裁决书之日起15日内。(4)劳动者期满不起诉的，视为放弃诉权，裁决书对劳动者发生法律效力。

关联法规

《劳动法》第83条

《最高人民法院关于审理劳动争议案件适用法律问题的解释(一)》第19条

第四十九条　【用人单位申请撤销终局裁决】用人单位有证据证明本法第四十七条规定的仲裁裁决有下列情形之一，可以自收到仲裁裁决书之日起三十日内向劳动争议仲裁委员会所在地的中级人民法院申请撤销裁决：

（一）适用法律、法规确有错误的；

（二）劳动争议仲裁委员会无管辖权的；

（三）违反法定程序的；

（四）裁决所根据的证据是伪造的；

（五）对方当事人隐瞒了足以影响公正裁决的证据的；

（六）仲裁员在仲裁该案时有索贿受贿、徇私舞弊、枉法裁决行为的。

人民法院经组成合议庭审查核实裁决有前款规定情形之一的，应当裁定撤销。

仲裁裁决被人民法院裁定撤销的，当事人可以自收到裁定书之日起十五日内就该劳动争议事项向人民法院提起诉讼。

条文注释

本条是关于用人单位可以向人民法院申请撤销仲裁裁决的规定。

一裁终局的裁决发生法律效力后，用人单位不得就同一争议事项再次向仲裁委员会申请仲裁或向人民法院起诉。为了保护用人单位的救济权利，本条规定用人单位可以向人民法院申请撤销仲裁裁决。

申请撤销仲裁裁决的情形如下：

1. 适用法律、法规确有错误的。主要是指：(1)适用已失效或尚未生效的法律、法规的；(2)援引法条错误的；(3)违反法律关于溯及力规定的。

2. 劳动争议仲裁委员会无管辖权的。本法第21条规定，劳动争议仲裁委员会负责管辖本区域内发生的劳动争议。劳动争议由劳动合同履行地或者用人单位所在地的劳动争议仲裁委员会管辖。双方当事人分别向劳动合同履行地和用人单位所在地的劳动争议仲裁委员会申请仲裁的，由劳动合同履行地的劳动争议仲裁委员会管辖。

3. 违反法定程序的。主要是指：(1)仲裁庭的组成不合法的；(2)违反了有关回避规定的；(3)违反了有关期间规定的；(4)审理程序违法的，等等。

4. 裁决所根据的证据是伪造的。伪造证据，是指制造虚假的证据，对证据内容进行篡改，使其与真实情况不符。例如，制造虚假的书证、物证、鉴定意见等。

5. 对方当事人隐瞒了足以影响公正裁决的证据的。足以影响公正裁决的证据包括证明案件基本事实的证据、证明主体之间权利义务关系的证据等。

6. 仲裁员在仲裁该案时有索贿受贿、徇私舞弊、枉法裁决行为的。索贿是受贿人以公开或暗示的方法，主动向行贿人索取贿赂，有的甚至公然以要挟的方式迫使当事人行贿。受贿，是指仲裁员利用职务上的便利，收受他人财物并为他人谋取利益的行为。徇私舞弊，是指仲裁员利用职务上的便利为他人谋取利益。枉法裁决，是指依法承担仲裁职责的人员，在仲裁活动中故意违背事实和法律作枉法裁决。

关联法规

《最高人民法院关于审理劳动争议案件适用法律问题的解释(一)》第21~25条

第五十条　【不服仲裁裁决提起诉讼】当事人对本法第四十七条规定以外的其他劳动争议案件的仲裁裁决不服的，可以自收到仲裁裁决书之日起十五日内向人民法院提起诉讼；期满不起诉的，裁决书发生法律效力。

条文注释

本条是关于当事人可以对一裁终局以外的其他劳动争议案件提起诉讼的规定。

对一裁终局以外的其他劳动争议，当事人不愿协商、协商不成或者达成和解协议后不履行的，可以向调解组织申请调解；不愿调解、调解不成或者达成调解协议后不履行的，可以向劳动争议仲裁委员会申请仲裁；对仲裁裁决不服的，可以向人民法院提起诉讼。也就是说，对一裁终局以外的其他劳动争议，采用“一调一裁两审，仲裁前置”的模式。

仲裁裁决作出后，当事人对仲裁裁决不服的，可以自收到裁决书之日起15日内向人民法院提起诉讼；期满不起诉的，裁决书发生法律效力。裁决书发生法律效力后的法律后果表现在两个方面：(1)裁决书具有既判力。裁决书发生法律效力后，当事人不能就同一争议事项再向人民法院起诉，也不能再申请仲裁机构仲裁。(2)裁决书具有执行力。当事人对发生法律效力的裁决书，应当依照规定的期限履行。一方当事人逾期不履行的，另一方当事人可以依照《民事诉讼法》的有关规定向人民法院申请执行。

关联法规

《劳动法》第83条

《最高人民法院关于审理劳动争议案件适用法律问题的解释(一)》第16~20条

第五十一条 【生效调解书、裁决书的执行】当事人对发生法律效力的调解书、裁决书，应当依照规定的期限履行。一方当事人逾期不履行的，另一方当事人可以依照民事诉讼法的有关规定向人民法院申请执行。受理申请的人民法院应当依法执行。

条文注释

本条是关于当事人对发生法律效力的调解书、裁决书的履行和申请执行的规定。

发生法律效力的调解书、裁决书具有执行力，当事人应当依照其规定的期限履行。履行的基本原则是全面履行。

根据《民事诉讼法》的规定，由人民法院执行的调解书、裁决书，由被执行人住所地或者被执行的财产所在地人民法院执行。执行员接到申请执行书或者移交执行书，应当向被执行人发出执行通知，责令其在指定的期间履行，逾期不履行的，强制执行。被执行人不履行法律文书确定的义务，且有可能隐匿、转移财产的，执行员可以立即采取强制执行措施。

关联法规

《民事诉讼法》第3编

第四章　附　　则

第五十二条　【事业单位劳动争议的处理】事业单位实行聘用制的工作人员与本单位发生劳动争议的，依照本法执行；法律、行政法规或者国务院另有规定的，依照其规定。

条文注释

本条是关于事业单位聘用制工作人员适用本法的规定。

事业单位，是指为了社会公益目的，由国家机关举办或者其他组织利用国有资产举办的，从事教育、科技、文化、卫生等活动的社会服务组织。国家对事业单位实行编制管理，按照编制核算拨款的数额。

第五十三条　【仲裁不收费】劳动争议仲裁不收费。劳动争议仲裁委员会的经费由财政予以保障。

条文注释

本条是关于劳动争议仲裁不收费制度的规定。

劳动争议仲裁是为了维护弱势群体的合法权益。本条明确规定劳动争议仲裁不收费,劳动争议仲裁机构的办案和日常经费由财政予以保障。

第五十四条　【生效时间】本法自 2008 年 5 月 1 日起施行。

附　录

中华人民共和国劳动法

（1994年7月5日第八届全国人民代表大会常务委员会第八次会议通过　根据2009年8月27日第十一届全国人民代表大会常务委员会第十次会议《关于修改部分法律的决定》第一次修正　根据2018年12月29日第十三届全国人民代表大会常务委员会第七次会议《关于修改〈中华人民共和国劳动法〉等七部法律的决定》第二次修正）

目　录

第一章　总　　则
第二章　促进就业
第三章　劳动合同和集体合同
第四章　工作时间和休息休假
第五章　工　　资
第六章　劳动安全卫生
第七章　女职工和未成年工特殊保护
第八章　职业培训
第九章　社会保险和福利
第十章　劳动争议
第十一章　监督检查
第十二章　法律责任
第十三章　附　　则

第一章 总 则

第一条 为了保护劳动者的合法权益,调整劳动关系,建立和维护适应社会主义市场经济的劳动制度,促进经济发展和社会进步,根据宪法,制定本法。

第二条 在中华人民共和国境内的企业、个体经济组织(以下统称用人单位)和与之形成劳动关系的劳动者,适用本法。

国家机关、事业组织、社会团体和与之建立劳动合同关系的劳动者,依照本法执行。

第三条 劳动者享有平等就业和选择职业的权利、取得劳动报酬的权利、休息休假的权利、获得劳动安全卫生保护的权利、接受职业技能培训的权利、享受社会保险和福利的权利、提请劳动争议处理的权利以及法律规定的其他劳动权利。

劳动者应当完成劳动任务,提高职业技能,执行劳动安全卫生规程,遵守劳动纪律和职业道德。

第四条 用人单位应当依法建立和完善规章制度,保障劳动者享有劳动权利和履行劳动义务。

第五条 国家采取各种措施,促进劳动就业,发展职业教育,制定劳动标准,调节社会收入,完善社会保险,协调劳动关系,逐步提高劳动者的生活水平。

第六条 国家提倡劳动者参加社会义务劳动,开展劳动竞赛和合理化建议活动,鼓励和保护劳动者进行科学研究、技术革新和发明创造,表彰和奖励劳动模范和先进工作者。

第七条 劳动者有权依法参加和组织工会。

工会代表和维护劳动者的合法权益,依法独立自主地开展活动。

第八条 劳动者依照法律规定,通过职工大会、职工代表大会或者其他形式,参与民主管理或者就保护劳动者合法权益与用人单位进行平等协商。

第九条 国务院劳动行政部门主管全国劳动工作。

县级以上地方人民政府劳动行政部门主管本行政区域内的劳动工作。

第二章 促进就业

第十条 国家通过促进经济和社会发展，创造就业条件，扩大就业机会。

国家鼓励企业、事业组织、社会团体在法律、行政法规规定的范围内兴办产业或者拓展经营，增加就业。

国家支持劳动者自愿组织起来就业和从事个体经营实现就业。

第十一条 地方各级人民政府应当采取措施，发展多种类型的职业介绍机构，提供就业服务。

第十二条 劳动者就业，不因民族、种族、性别、宗教信仰不同而受歧视。

第十三条 妇女享有与男子平等的就业权利。在录用职工时，除国家规定的不适合妇女的工种或者岗位外，不得以性别为由拒绝录用妇女或者提高对妇女的录用标准。

第十四条 残疾人、少数民族人员、退出现役的军人的就业，法律、法规有特别规定的，从其规定。

第十五条 禁止用人单位招用未满十六周岁的未成年人。

文艺、体育和特种工艺单位招用未满十六周岁的未成年人，必须遵守国家有关规定，并保障其接受义务教育的权利。

第三章 劳动合同和集体合同

第十六条 劳动合同是劳动者与用人单位确立劳动关系、明确双方权利和义务的协议。

建立劳动关系应当订立劳动合同。

第十七条 订立和变更劳动合同，应当遵循平等自愿、协商一致的原则，不得违反法律、行政法规的规定。

劳动合同依法订立即具有法律约束力，当事人必须履行劳动合同规定的义务。

第十八条 下列劳动合同无效：

（一）违反法律、行政法规的劳动合同；

（二）采取欺诈、威胁等手段订立的劳动合同。

无效的劳动合同,从订立的时候起,就没有法律约束力。确认劳动合同部分无效的,如果不影响其余部分的效力,其余部分仍然有效。

劳动合同的无效,由劳动争议仲裁委员会或者人民法院确认。

第十九条 劳动合同应当以书面形式订立,并具备以下条款:

(一)劳动合同期限;

(二)工作内容;

(三)劳动保护和劳动条件;

(四)劳动报酬;

(五)劳动纪律;

(六)劳动合同终止的条件;

(七)违反劳动合同的责任。

劳动合同除前款规定的必备条款外,当事人可以协商约定其他内容。

第二十条 劳动合同的期限分为有固定期限、无固定期限和以完成一定的工作为期限。

劳动者在同一用人单位连续工作满十年以上,当事人双方同意续延劳动合同的,如果劳动者提出订立无固定期限的劳动合同,应当订立无固定期限的劳动合同。

第二十一条 劳动合同可以约定试用期。试用期最长不得超过六个月。

第二十二条 劳动合同当事人可以在劳动合同中约定保守用人单位商业秘密的有关事项。

第二十三条 劳动合同期满或者当事人约定的劳动合同终止条件出现,劳动合同即行终止。

第二十四条 经劳动合同当事人协商一致,劳动合同可以解除。

第二十五条 劳动者有下列情形之一的,用人单位可以解除劳动合同:

(一)在试用期间被证明不符合录用条件的;

(二)严重违反劳动纪律或者用人单位规章制度的;

(三)严重失职,营私舞弊,对用人单位利益造成重大损害的;

(四)被依法追究刑事责任的。

第二十六条 有下列情形之一的,用人单位可以解除劳动合同,但是应当提前三十日以书面形式通知劳动者本人:

(一)劳动者患病或者非因工负伤,医疗期满后,不能从事原工作也不能从事由用人单位另行安排的工作的；

（二）劳动者不能胜任工作，经过培训或者调整工作岗位，仍不能胜任工作的；

（三）劳动合同订立时所依据的客观情况发生重大变化，致使原劳动合同无法履行，经当事人协商不能就变更劳动合同达成协议的。

第二十七条 用人单位濒临破产进行法定整顿期间或者生产经营状况发生严重困难，确需裁减人员的，应当提前三十日向工会或者全体职工说明情况，听取工会或者职工的意见，经向劳动行政部门报告后，可以裁减人员。

用人单位依据本条规定裁减人员，在六个月内录用人员的，应当优先录用被裁减的人员。

第二十八条 用人单位依据本法第二十四条、第二十六条、第二十七条的规定解除劳动合同的，应当依照国家有关规定给予经济补偿。

第二十九条 劳动者有下列情形之一的，用人单位不得依据本法第二十六条、第二十七条的规定解除劳动合同：

（一）患职业病或者因工负伤并被确认丧失或者部分丧失劳动能力的；

（二）患病或者负伤，在规定的医疗期内的；

（三）女职工在孕期、产期、哺乳期内的；

（四）法律、行政法规规定的其他情形。

第三十条 用人单位解除劳动合同，工会认为不适当的，有权提出意见。如果用人单位违反法律、法规或者劳动合同，工会有权要求重新处理；劳动者申请仲裁或者提起诉讼的，工会应当依法给予支持和帮助。

第三十一条 劳动者解除劳动合同，应当提前三十日以书面形式通知用人单位。

第三十二条 有下列情形之一的，劳动者可以随时通知用人单位解除劳动合同：

（一）在试用期内的；

（二）用人单位以暴力、威胁或者非法限制人身自由的手段强迫劳动的；

（三）用人单位未按照劳动合同约定支付劳动报酬或者提供劳动条件的。

第三十三条 企业职工一方与企业可以就劳动报酬、工作时间、休息休假、劳动安全卫生、保险福利等事项，签订集体合同。集体合同草案应当提交职工代表大会或者全体职工讨论通过。

集体合同由工会代表职工与企业签订;没有建立工会的企业,由职工推举的代表与企业签订。

第三十四条 集体合同签订后应当报送劳动行政部门;劳动行政部门自收到集体合同文本之日起十五日内未提出异议的,集体合同即行生效。

第三十五条 依法签订的集体合同对企业和企业全体职工具有约束力。职工个人与企业订立的劳动合同中劳动条件和劳动报酬等标准不得低于集体合同的规定。

第四章 工作时间和休息休假

第三十六条 国家实行劳动者每日工作时间不超过八小时、平均每周工作时间不超过四十四小时的工时制度。

第三十七条 对实行计件工作的劳动者,用人单位应当根据本法第三十六条规定的工时制度合理确定其劳动定额和计件报酬标准。

第三十八条 用人单位应当保证劳动者每周至少休息一日。

第三十九条 企业因生产特点不能实行本法第三十六条、第三十八条规定的,经劳动行政部门批准,可以实行其他工作和休息办法。

第四十条 用人单位在下列节日期间应当依法安排劳动者休假:

(一)元旦;

(二)春节;

(三)国际劳动节;

(四)国庆节;

(五)法律、法规规定的其他休假节日。

第四十一条 用人单位由于生产经营需要,经与工会和劳动者协商后可以延长工作时间,一般每日不得超过一小时;因特殊原因需要延长工作时间的,在保障劳动者身体健康的条件下延长工作时间每日不得超过三小时,但是每月不得超过三十六小时。

第四十二条 有下列情形之一的,延长工作时间不受本法第四十一条规定的限制:

(一)发生自然灾害、事故或者因其他原因,威胁劳动者生命健康和财产安全，需要紧急处理的；

（二）生产设备、交通运输线路、公共设施发生故障，影响生产和公众利益，必须及时抢修的；

（三）法律、行政法规规定的其他情形。

第四十三条　用人单位不得违反本法规定延长劳动者的工作时间。

第四十四条　有下列情形之一的，用人单位应当按照下列标准支付高于劳动者正常工作时间工资的工资报酬：

（一）安排劳动者延长工作时间的，支付不低于工资的百分之一百五十的工资报酬；

（二）休息日安排劳动者工作又不能安排补休的，支付不低于工资的百分之二百的工资报酬；

（三）法定休假日安排劳动者工作的，支付不低于工资的百分之三百的工资报酬。

第四十五条　国家实行带薪年休假制度。

劳动者连续工作一年以上的，享受带薪年休假。具体办法由国务院规定。

第五章　工　　资

第四十六条　工资分配应当遵循按劳分配原则，实行同工同酬。

工资水平在经济发展的基础上逐步提高。国家对工资总量实行宏观调控。

第四十七条　用人单位根据本单位的生产经营特点和经济效益，依法自主确定本单位的工资分配方式和工资水平。

第四十八条　国家实行最低工资保障制度。最低工资的具体标准由省、自治区、直辖市人民政府规定，报国务院备案。

用人单位支付劳动者的工资不得低于当地最低工资标准。

第四十九条　确定和调整最低工资标准应当综合参考下列因素：

（一）劳动者本人及平均赡养人口的最低生活费用；

（二）社会平均工资水平；

（三）劳动生产率；

（四）就业状况；

（五）地区之间经济发展水平的差异。

第五十条　工资应当以货币形式按月支付给劳动者本人。不得克扣或者无故拖欠劳动者的工资。

第五十一条　劳动者在法定休假日和婚丧假期间以及依法参加社会活动期间，用人单位应当依法支付工资。

第六章　劳动安全卫生

第五十二条　用人单位必须建立、健全劳动安全卫生制度，严格执行国家劳动安全卫生规程和标准，对劳动者进行劳动安全卫生教育，防止劳动过程中的事故，减少职业危害。

第五十三条　劳动安全卫生设施必须符合国家规定的标准。

新建、改建、扩建工程的劳动安全卫生设施必须与主体工程同时设计、同时施工、同时投入生产和使用。

第五十四条　用人单位必须为劳动者提供符合国家规定的劳动安全卫生条件和必要的劳动防护用品，对从事有职业危害作业的劳动者应当定期进行健康检查。

第五十五条　从事特种作业的劳动者必须经过专门培训并取得特种作业资格。

第五十六条　劳动者在劳动过程中必须严格遵守安全操作规程。

劳动者对用人单位管理人员违章指挥、强令冒险作业，有权拒绝执行；对危害生命安全和身体健康的行为，有权提出批评、检举和控告。

第五十七条　国家建立伤亡事故和职业病统计报告和处理制度。县级以上各级人民政府劳动行政部门、有关部门和用人单位应当依法对劳动者在劳动过程中发生的伤亡事故和劳动者的职业病状况，进行统计、报告和处理。

第七章　女职工和未成年工特殊保护

第五十八条　国家对女职工和未成年工实行特殊劳动保护。

未成年工是指年满十六周岁未满十八周岁的劳动者。

第五十九条 禁止安排女职工从事矿山井下、国家规定的第四级体力劳动强度的劳动和其他禁忌从事的劳动。

第六十条 不得安排女职工在经期从事高处、低温、冷水作业和国家规定的第三级体力劳动强度的劳动。

第六十一条 不得安排女职工在怀孕期间从事国家规定的第三级体力劳动强度的劳动和孕期禁忌从事的劳动。对怀孕七个月以上的女职工,不得安排其延长工作时间和夜班劳动。

第六十二条 女职工生育享受不少于九十天的产假。

第六十三条 不得安排女职工在哺乳未满一周岁的婴儿期间从事国家规定的第三级体力劳动强度的劳动和哺乳期禁忌从事的其他劳动,不得安排其延长工作时间和夜班劳动。

第六十四条 不得安排未成年工从事矿山井下、有毒有害、国家规定的第四级体力劳动强度的劳动和其他禁忌从事的劳动。

第六十五条 用人单位应当对未成年工定期进行健康检查。

第八章 职业培训

第六十六条 国家通过各种途径,采取各种措施,发展职业培训事业,开发劳动者的职业技能,提高劳动者素质,增强劳动者的就业能力和工作能力。

第六十七条 各级人民政府应当把发展职业培训纳入社会经济发展的规划,鼓励和支持有条件的企业、事业组织、社会团体和个人进行各种形式的职业培训。

第六十八条 用人单位应当建立职业培训制度,按照国家规定提取和使用职业培训经费,根据本单位实际,有计划地对劳动者进行职业培训。

从事技术工种的劳动者,上岗前必须经过培训。

第六十九条 国家确定职业分类,对规定的职业制定职业技能标准,实行职业资格证书制度,由经备案的考核鉴定机构负责对劳动者实施职业技能考核鉴定。

第九章 社会保险和福利

第七十条 国家发展社会保险事业,建立社会保险制度,设立社会保险基金,使劳动者在年老、患病、工伤、失业、生育等情况下获得帮助和补偿。

第七十一条 社会保险水平应当与社会经济发展水平和社会承受能力相适应。

第七十二条 社会保险基金按照保险类型确定资金来源,逐步实行社会统筹。用人单位和劳动者必须依法参加社会保险,缴纳社会保险费。

第七十三条 劳动者在下列情形下,依法享受社会保险待遇:

(一)退休;

(二)患病、负伤;

(三)因工伤残或者患职业病;

(四)失业;

(五)生育。

劳动者死亡后,其遗属依法享受遗属津贴。

劳动者享受社会保险待遇的条件和标准由法律、法规规定。

劳动者享受的社会保险金必须按时足额支付。

第七十四条 社会保险基金经办机构依照法律规定收支、管理和运营社会保险基金,并负有使社会保险基金保值增值的责任。

社会保险基金监督机构依照法律规定,对社会保险基金的收支、管理和运营实施监督。

社会保险基金经办机构和社会保险基金监督机构的设立和职能由法律规定。

任何组织和个人不得挪用社会保险基金。

第七十五条 国家鼓励用人单位根据本单位实际情况为劳动者建立补充保险。

国家提倡劳动者个人进行储蓄性保险。

第七十六条 国家发展社会福利事业,兴建公共福利设施,为劳动者休息、休养和疗养提供条件。

用人单位应当创造条件,改善集体福利,提高劳动者的福利待遇。

第十章 劳动争议

第七十七条 用人单位与劳动者发生劳动争议,当事人可以依法申请调解、仲裁、提起诉讼,也可以协商解决。

调解原则适用于仲裁和诉讼程序。

第七十八条 解决劳动争议,应当根据合法、公正、及时处理的原则,依法维护劳动争议当事人的合法权益。

第七十九条 劳动争议发生后,当事人可以向本单位劳动争议调解委员会申请调解;调解不成,当事人一方要求仲裁的,可以向劳动争议仲裁委员会申请仲裁。当事人一方也可以直接向劳动争议仲裁委员会申请仲裁。对仲裁裁决不服的,可以向人民法院提起诉讼。

第八十条 在用人单位内,可以设立劳动争议调解委员会。劳动争议调解委员会由职工代表、用人单位代表和工会代表组成。劳动争议调解委员会主任由工会代表担任。

劳动争议经调解达成协议的,当事人应当履行。

第八十一条 劳动争议仲裁委员会由劳动行政部门代表、同级工会代表、用人单位方面的代表组成。劳动争议仲裁委员会主任由劳动行政部门代表担任。

第八十二条 提出仲裁要求的一方应当自劳动争议发生之日起六十日内向劳动争议仲裁委员会提出书面申请。仲裁裁决一般应在收到仲裁申请的六十日内作出。对仲裁裁决无异议的,当事人必须履行。

第八十三条 劳动争议当事人对仲裁裁决不服的,可以自收到仲裁裁决书之日起十五日内向人民法院提起诉讼。一方当事人在法定期限内不起诉又不履行仲裁裁决的,另一方当事人可以申请人民法院强制执行。

第八十四条 因签订集体合同发生争议,当事人协商解决不成的,当地人民政府劳动行政部门可以组织有关各方协调处理。

因履行集体合同发生争议,当事人协商解决不成的,可以向劳动争议仲裁委员会申请仲裁;对仲裁裁决不服的,可以自收到仲裁裁决书之日起十五日内向人民法院提起诉讼。

第十一章 监督检查

第八十五条 县级以上各级人民政府劳动行政部门依法对用人单位遵守劳动法律、法规的情况进行监督检查,对违反劳动法律、法规的行为有权制止，并责令改正。

第八十六条 县级以上各级人民政府劳动行政部门监督检查人员执行公务，有权进入用人单位了解执行劳动法律、法规的情况，查阅必要的资料，并对劳动场所进行检查。

县级以上各级人民政府劳动行政部门监督检查人员执行公务，必须出示证件，秉公执法并遵守有关规定。

第八十七条 县级以上各级人民政府有关部门在各自职责范围内，对用人单位遵守劳动法律、法规的情况进行监督。

第八十八条 各级工会依法维护劳动者的合法权益，对用人单位遵守劳动法律、法规的情况进行监督。

任何组织和个人对于违反劳动法律、法规的行为有权检举和控告。

第十二章 法律责任

第八十九条 用人单位制定的劳动规章制度违反法律、法规规定的，由劳动行政部门给予警告，责令改正；对劳动者造成损害的，应当承担赔偿责任。

第九十条 用人单位违反本法规定，延长劳动者工作时间的，由劳动行政部门给予警告，责令改正，并可以处以罚款。

第九十一条 用人单位有下列侵害劳动者合法权益情形之一的，由劳动行政部门责令支付劳动者的工资报酬、经济补偿，并可以责令支付赔偿金：

（一）克扣或者无故拖欠劳动者工资的；

（二）拒不支付劳动者延长工作时间工资报酬的；

（三）低于当地最低工资标准支付劳动者工资的；

（四）解除劳动合同后，未依照本法规定给予劳动者经济补偿的。

第九十二条 用人单位的劳动安全设施和劳动卫生条件不符合国家规定或者未向劳动者提供必要的劳动防护用品和劳动保护设施的，由劳动行政部门或者有关部门责令改正，可以处以罚款；情节严重的，提请县级以上人民政府决定责令停产整顿；对事故隐患不采取措施，致使发生重大事故，造成劳动者生命和财产损失的，对责任人员依照刑法有关规定追究刑事责任。

第九十三条 用人单位强令劳动者违章冒险作业，发生重大伤亡事故，造成严重后果的，对责任人员依法追究刑事责任。

第九十四条　用人单位非法招用未满十六周岁的未成年人的，由劳动行政部门责令改正，处以罚款；情节严重的，由市场监督管理部门吊销营业执照。

第九十五条　用人单位违反本法对女职工和未成年工的保护规定，侵害其合法权益的，由劳动行政部门责令改正，处以罚款；对女职工或者未成年工造成损害的，应当承担赔偿责任。

第九十六条　用人单位有下列行为之一，由公安机关对责任人员处以十五日以下拘留、罚款或者警告；构成犯罪的，对责任人员依法追究刑事责任：

（一）以暴力、威胁或者非法限制人身自由的手段强迫劳动的；

（二）侮辱、体罚、殴打、非法搜查和拘禁劳动者的。

第九十七条　由于用人单位的原因订立的无效合同，对劳动者造成损害的，应当承担赔偿责任。

第九十八条　用人单位违反本法规定的条件解除劳动合同或者故意拖延不订立劳动合同的，由劳动行政部门责令改正；对劳动者造成损害的，应当承担赔偿责任。

第九十九条　用人单位招用尚未解除劳动合同的劳动者，对原用人单位造成经济损失的，该用人单位应当依法承担连带赔偿责任。

第一百条　用人单位无故不缴纳社会保险费的，由劳动行政部门责令其限期缴纳；逾期不缴的，可以加收滞纳金。

第一百零一条　用人单位无理阻挠劳动行政部门、有关部门及其工作人员行使监督检查权，打击报复举报人员的，由劳动行政部门或者有关部门处以罚款；构成犯罪的，对责任人员依法追究刑事责任。

第一百零二条　劳动者违反本法规定的条件解除劳动合同或者违反劳动合同中约定的保密事项，对用人单位造成经济损失的，应当依法承担赔偿责任。

第一百零三条　劳动行政部门或者有关部门的工作人员滥用职权、玩忽职守、徇私舞弊，构成犯罪的，依法追究刑事责任；不构成犯罪的，给予行政处分。

第一百零四条　国家工作人员和社会保险基金经办机构的工作人员挪用社会保险基金，构成犯罪的，依法追究刑事责任。

第一百零五条 违反本法规定侵害劳动者合法权益,其他法律、行政法规已规定处罚的,依照该法律、行政法规的规定处罚。

第十三章 附 则

第一百零六条 省、自治区、直辖市人民政府根据本法和本地区的实际情况,规定劳动合同制度的实施步骤,报国务院备案。

第一百零七条 本法自 1995 年 1 月 1 日起施行。

中华人民共和国劳动合同法

(2007 年 6 月 29 日第十届全国人民代表大会常务委员会第二十八次会议通过 根据 2012 年 12 月 28 日第十一届全国人民代表大会常务委员会第三十次会议《关于修改〈中华人民共和国劳动合同法〉的决定》修正)

目 录

第一章 总 则
第二章 劳动合同的订立
第三章 劳动合同的履行和变更
第四章 劳动合同的解除和终止
第五章 特别规定
　第一节 集体合同
　第二节 劳务派遣
　第三节 非全日制用工
第六章 监督检查
第七章 法律责任

第八章 附 则

第一章 总 则

第一条 为了完善劳动合同制度,明确劳动合同双方当事人的权利和义务,保护劳动者的合法权益,构建和发展和谐稳定的劳动关系,制定本法。

第二条 中华人民共和国境内的企业、个体经济组织、民办非企业单位等组织(以下称用人单位)与劳动者建立劳动关系,订立、履行、变更、解除或者终止劳动合同,适用本法。

国家机关、事业单位、社会团体和与其建立劳动关系的劳动者,订立、履行、变更、解除或者终止劳动合同,依照本法执行。

第三条 订立劳动合同,应当遵循合法、公平、平等自愿、协商一致、诚实信用的原则。

依法订立的劳动合同具有约束力,用人单位与劳动者应当履行劳动合同约定的义务。

第四条 用人单位应当依法建立和完善劳动规章制度,保障劳动者享有劳动权利、履行劳动义务。

用人单位在制定、修改或者决定有关劳动报酬、工作时间、休息休假、劳动安全卫生、保险福利、职工培训、劳动纪律以及劳动定额管理等直接涉及劳动者切身利益的规章制度或者重大事项时,应当经职工代表大会或者全体职工讨论,提出方案和意见,与工会或者职工代表平等协商确定。

在规章制度和重大事项决定实施过程中,工会或者职工认为不适当的,有权向用人单位提出,通过协商予以修改完善。

用人单位应当将直接涉及劳动者切身利益的规章制度和重大事项决定公示,或者告知劳动者。

第五条 县级以上人民政府劳动行政部门会同工会和企业方面代表,建立健全协调劳动关系三方机制,共同研究解决有关劳动关系的重大问题。

第六条 工会应当帮助、指导劳动者与用人单位依法订立和履行劳动合同,并与用人单位建立集体协商机制,维护劳动者的合法权益。

第二章　劳动合同的订立

第七条　用人单位自用工之日起即与劳动者建立劳动关系。用人单位应当建立职工名册备查。

第八条　用人单位招用劳动者时,应当如实告知劳动者工作内容、工作条件、工作地点、职业危害、安全生产状况、劳动报酬,以及劳动者要求了解的其他情况;用人单位有权了解劳动者与劳动合同直接相关的基本情况,劳动者应当如实说明。

第九条　用人单位招用劳动者,不得扣押劳动者的居民身份证和其他证件,不得要求劳动者提供担保或者以其他名义向劳动者收取财物。

第十条　建立劳动关系,应当订立书面劳动合同。

已建立劳动关系,未同时订立书面劳动合同的,应当自用工之日起一个月内订立书面劳动合同。

用人单位与劳动者在用工前订立劳动合同的,劳动关系自用工之日起建立。

第十一条　用人单位未在用工的同时订立书面劳动合同,与劳动者约定的劳动报酬不明确的,新招用的劳动者的劳动报酬按照集体合同规定的标准执行;没有集体合同或者集体合同未规定的,实行同工同酬。

第十二条　劳动合同分为固定期限劳动合同、无固定期限劳动合同和以完成一定工作任务为期限的劳动合同。

第十三条　固定期限劳动合同,是指用人单位与劳动者约定合同终止时间的劳动合同。

用人单位与劳动者协商一致,可以订立固定期限劳动合同。

第十四条　无固定期限劳动合同,是指用人单位与劳动者约定无确定终止时间的劳动合同。

用人单位与劳动者协商一致,可以订立无固定期限劳动合同。有下列情形之一,劳动者提出或者同意续订、订立劳动合同的,除劳动者提出订立固定期限劳动合同外,应当订立无固定期限劳动合同:

(一)劳动者在该用人单位连续工作满十年的;

(二)用人单位初次实行劳动合同制度或者国有企业改制重新订立劳动

合同时，劳动者在该用人单位连续工作满十年且距法定退休年龄不足十年的；

（三）连续订立二次固定期限劳动合同，且劳动者没有本法第三十九条和第四十条第一项、第二项规定的情形，续订劳动合同的。

用人单位自用工之日起满一年不与劳动者订立书面劳动合同的，视为用人单位与劳动者已订立无固定期限劳动合同。

第十五条 以完成一定工作任务为期限的劳动合同，是指用人单位与劳动者约定以某项工作的完成为合同期限的劳动合同。

用人单位与劳动者协商一致，可以订立以完成一定工作任务为期限的劳动合同。

第十六条 劳动合同由用人单位与劳动者协商一致，并经用人单位与劳动者在劳动合同文本上签字或者盖章生效。

劳动合同文本由用人单位和劳动者各执一份。

第十七条 劳动合同应当具备以下条款：

（一）用人单位的名称、住所和法定代表人或者主要负责人；

（二）劳动者的姓名、住址和居民身份证或者其他有效身份证件号码；

（三）劳动合同期限；

（四）工作内容和工作地点；

（五）工作时间和休息休假；

（六）劳动报酬；

（七）社会保险；

（八）劳动保护、劳动条件和职业危害防护；

（九）法律、法规规定应当纳入劳动合同的其他事项。

劳动合同除前款规定的必备条款外，用人单位与劳动者可以约定试用期、培训、保守秘密、补充保险和福利待遇等其他事项。

第十八条 劳动合同对劳动报酬和劳动条件等标准约定不明确，引发争议的，用人单位与劳动者可以重新协商；协商不成的，适用集体合同规定；没有集体合同或者集体合同未规定劳动报酬的，实行同工同酬；没有集体合同或者集体合同未规定劳动条件等标准的，适用国家有关规定。

第十九条 劳动合同期限三个月以上不满一年的，试用期不得超过一个月；劳动合同期限一年以上不满三年的，试用期不得超过二个月；三年以上固定期限和无固定期限的劳动合同,试用期不得超过六个月。

同一用人单位与同一劳动者只能约定一次试用期。

以完成一定工作任务为期限的劳动合同或者劳动合同期限不满三个月的,不得约定试用期。

试用期包含在劳动合同期限内。劳动合同仅约定试用期的,试用期不成立,该期限为劳动合同期限。

第二十条 劳动者在试用期的工资不得低于本单位相同岗位最低档工资或者劳动合同约定工资的百分之八十,并不得低于用人单位所在地的最低工资标准。

第二十一条 在试用期中,除劳动者有本法第三十九条和第四十条第一项、第二项规定的情形外,用人单位不得解除劳动合同。用人单位在试用期解除劳动合同的,应当向劳动者说明理由。

第二十二条 用人单位为劳动者提供专项培训费用,对其进行专业技术培训的,可以与该劳动者订立协议,约定服务期。

劳动者违反服务期约定的,应当按照约定向用人单位支付违约金。违约金的数额不得超过用人单位提供的培训费用。用人单位要求劳动者支付的违约金不得超过服务期尚未履行部分所应分摊的培训费用。

用人单位与劳动者约定服务期的,不影响按照正常的工资调整机制提高劳动者在服务期期间的劳动报酬。

第二十三条 用人单位与劳动者可以在劳动合同中约定保守用人单位的商业秘密和与知识产权相关的保密事项。

对负有保密义务的劳动者,用人单位可以在劳动合同或者保密协议中与劳动者约定竞业限制条款,并约定在解除或者终止劳动合同后,在竞业限制期限内按月给予劳动者经济补偿。劳动者违反竞业限制约定的,应当按照约定向用人单位支付违约金。

第二十四条 竞业限制的人员限于用人单位的高级管理人员、高级技术人员和其他负有保密义务的人员。竞业限制的范围、地域、期限由用人单位与劳动者约定,竞业限制的约定不得违反法律、法规的规定。

在解除或者终止劳动合同后,前款规定的人员到与本单位生产或者经营同类产品、从事同类业务的有竞争关系的其他用人单位,或者自己开业生产或者经营同类产品、从事同类业务的竞业限制期限,不得超过二年。

第二十五条 除本法第二十二条和第二十三条规定的情形外,用人单位不得与劳动者约定由劳动者承担违约金。

第二十六条 下列劳动合同无效或者部分无效:

(一)以欺诈、胁迫的手段或者乘人之危,使对方在违背真实意思的情况下订立或者变更劳动合同的;

(二)用人单位免除自己的法定责任、排除劳动者权利的;

(三)违反法律、行政法规强制性规定的。

对劳动合同的无效或者部分无效有争议的,由劳动争议仲裁机构或者人民法院确认。

第二十七条 劳动合同部分无效,不影响其他部分效力的,其他部分仍然有效。

第二十八条 劳动合同被确认无效,劳动者已付出劳动的,用人单位应当向劳动者支付劳动报酬。劳动报酬的数额,参照本单位相同或者相近岗位劳动者的劳动报酬确定。

第三章 劳动合同的履行和变更

第二十九条 用人单位与劳动者应当按照劳动合同的约定,全面履行各自的义务。

第三十条 用人单位应当按照劳动合同约定和国家规定,向劳动者及时足额支付劳动报酬。

用人单位拖欠或者未足额支付劳动报酬的,劳动者可以依法向当地人民法院申请支付令,人民法院应当依法发出支付令。

第三十一条 用人单位应当严格执行劳动定额标准,不得强迫或者变相强迫劳动者加班。用人单位安排加班的,应当按照国家有关规定向劳动者支付加班费。

第三十二条 劳动者拒绝用人单位管理人员违章指挥、强令冒险作业的,不视为违反劳动合同。

劳动者对危害生命安全和身体健康的劳动条件,有权对用人单位提出批评、检举和控告。

第三十三条 用人单位变更名称、法定代表人、主要负责人或者投资人等事项,不影响劳动合同的履行。

第三十四条 用人单位发生合并或者分立等情况,原劳动合同继续有效,劳动合同由承继其权利和义务的用人单位继续履行。

第三十五条 用人单位与劳动者协商一致,可以变更劳动合同约定的内容。变更劳动合同,应当采用书面形式。

变更后的劳动合同文本由用人单位和劳动者各执一份。

第四章 劳动合同的解除和终止

第三十六条 用人单位与劳动者协商一致,可以解除劳动合同。

第三十七条 劳动者提前三十日以书面形式通知用人单位,可以解除劳动合同。劳动者在试用期内提前三日通知用人单位,可以解除劳动合同。

第三十八条 用人单位有下列情形之一的,劳动者可以解除劳动合同:

(一)未按照劳动合同约定提供劳动保护或者劳动条件的;

(二)未及时足额支付劳动报酬的;

(三)未依法为劳动者缴纳社会保险费的;

(四)用人单位的规章制度违反法律、法规的规定,损害劳动者权益的;

(五)因本法第二十六条第一款规定的情形致使劳动合同无效的;

(六)法律、行政法规规定劳动者可以解除劳动合同的其他情形。

用人单位以暴力、威胁或者非法限制人身自由的手段强迫劳动者劳动的,或者用人单位违章指挥、强令冒险作业危及劳动者人身安全的,劳动者可以立即解除劳动合同,不需事先告知用人单位。

第三十九条 劳动者有下列情形之一的,用人单位可以解除劳动合同:

(一)在试用期间被证明不符合录用条件的;

(二)严重违反用人单位的规章制度的;

(三)严重失职,营私舞弊,给用人单位造成重大损害的;

(四)劳动者同时与其他用人单位建立劳动关系,对完成本单位的工作任务造成严重影响,或者经用人单位提出,拒不改正的;

(五)因本法第二十六条第一款第一项规定的情形致使劳动合同无效的;

(六)被依法追究刑事责任的。

第四十条 有下列情形之一的，用人单位提前三十日以书面形式通知劳动者本人或者额外支付劳动者一个月工资后，可以解除劳动合同：

（一）劳动者患病或者非因工负伤，在规定的医疗期满后不能从事原工作，也不能从事由用人单位另行安排的工作的；

（二）劳动者不能胜任工作，经过培训或者调整工作岗位，仍不能胜任工作的；

（三）劳动合同订立时所依据的客观情况发生重大变化，致使劳动合同无法履行，经用人单位与劳动者协商，未能就变更劳动合同内容达成协议的。

第四十一条 有下列情形之一，需要裁减人员二十人以上或者裁减不足二十人但占企业职工总数百分之十以上的，用人单位提前三十日向工会或者全体职工说明情况，听取工会或者职工的意见后，裁减人员方案经向劳动行政部门报告，可以裁减人员：

（一）依照企业破产法规定进行重整的；

（二）生产经营发生严重困难的；

（三）企业转产、重大技术革新或者经营方式调整，经变更劳动合同后，仍需裁减人员的；

（四）其他因劳动合同订立时所依据的客观经济情况发生重大变化，致使劳动合同无法履行的。

裁减人员时，应当优先留用下列人员：

（一）与本单位订立较长期限的固定期限劳动合同的；

（二）与本单位订立无固定期限劳动合同的；

（三）家庭无其他就业人员，有需要扶养的老人或者未成年人的。

用人单位依照本条第一款规定裁减人员，在六个月内重新招用人员的，应当通知被裁减的人员，并在同等条件下优先招用被裁减的人员。

第四十二条 劳动者有下列情形之一的，用人单位不得依照本法第四十条、第四十一条的规定解除劳动合同：

（一）从事接触职业病危害作业的劳动者未进行离岗前职业健康检查，或者疑似职业病病人在诊断或者医学观察期间的；

（二）在本单位患职业病或者因工负伤并被确认丧失或者部分丧失劳动能力的；

（三）患病或者非因工负伤，在规定的医疗期内的；

（四）女职工在孕期、产期、哺乳期的；

（五）在本单位连续工作满十五年，且距法定退休年龄不足五年的；

（六）法律、行政法规规定的其他情形。

第四十三条　用人单位单方解除劳动合同，应当事先将理由通知工会。用人单位违反法律、行政法规规定或者劳动合同约定的，工会有权要求用人单位纠正。用人单位应当研究工会的意见，并将处理结果书面通知工会。

第四十四条　有下列情形之一的，劳动合同终止：

（一）劳动合同期满的；

（二）劳动者开始依法享受基本养老保险待遇的；

（三）劳动者死亡，或者被人民法院宣告死亡或者宣告失踪的；

（四）用人单位被依法宣告破产的；

（五）用人单位被吊销营业执照、责令关闭、撤销或者用人单位决定提前解散的；

（六）法律、行政法规规定的其他情形。

第四十五条　劳动合同期满，有本法第四十二条规定情形之一的，劳动合同应当续延至相应的情形消失时终止。但是，本法第四十二条第二项规定丧失或者部分丧失劳动能力劳动者的劳动合同的终止，按照国家有关工伤保险的规定执行。

第四十六条　有下列情形之一的，用人单位应当向劳动者支付经济补偿：

（一）劳动者依照本法第三十八条规定解除劳动合同的；

（二）用人单位依照本法第三十六条规定向劳动者提出解除劳动合同并与劳动者协商一致解除劳动合同的；

（三）用人单位依照本法第四十条规定解除劳动合同的；

（四）用人单位依照本法第四十一条第一款规定解除劳动合同的；

（五）除用人单位维持或者提高劳动合同约定条件续订劳动合同，劳动者不同意续订的情形外，依照本法第四十四条第一项规定终止固定期限劳动合同的；

（六）依照本法第四十四条第四项、第五项规定终止劳动合同的；

（七）法律、行政法规规定的其他情形。

第四十七条　经济补偿按劳动者在本单位工作的年限，每满一年支付一个月工资的标准向劳动者支付。六个月以上不满一年的,按一年计算;不满六个月的,向劳动者支付半个月工资的经济补偿。

劳动者月工资高于用人单位所在直辖市、设区的市级人民政府公布的本地区上年度职工月平均工资三倍的,向其支付经济补偿的标准按职工月平均工资三倍的数额支付,向其支付经济补偿的年限最高不超过十二年。

本条所称月工资是指劳动者在劳动合同解除或者终止前十二个月的平均工资。

第四十八条 用人单位违反本法规定解除或者终止劳动合同,劳动者要求继续履行劳动合同的,用人单位应当继续履行;劳动者不要求继续履行劳动合同或者劳动合同已经不能继续履行的,用人单位应当依照本法第八十七条规定支付赔偿金。

第四十九条 国家采取措施,建立健全劳动者社会保险关系跨地区转移接续制度。

第五十条 用人单位应当在解除或者终止劳动合同时出具解除或者终止劳动合同的证明,并在十五日内为劳动者办理档案和社会保险关系转移手续。

劳动者应当按照双方约定,办理工作交接。用人单位依照本法有关规定应当向劳动者支付经济补偿的,在办结工作交接时支付。

用人单位对已经解除或者终止的劳动合同的文本,至少保存二年备查。

第五章 特别规定

第一节 集体合同

第五十一条 企业职工一方与用人单位通过平等协商,可以就劳动报酬、工作时间、休息休假、劳动安全卫生、保险福利等事项订立集体合同。集体合同草案应当提交职工代表大会或者全体职工讨论通过。

集体合同由工会代表企业职工一方与用人单位订立;尚未建立工会的用人单位,由上级工会指导劳动者推举的代表与用人单位订立。

第五十二条 企业职工一方与用人单位可以订立劳动安全卫生、女职工权益保护、工资调整机制等专项集体合同。

第五十三条 在县级以下区域内，建筑业、采矿业、餐饮服务业等行业可以由工会与企业方面代表订立行业性集体合同，或者订立区域性集体合同。

第五十四条 集体合同订立后，应当报送劳动行政部门；劳动行政部门自收到集体合同文本之日起十五日内未提出异议的，集体合同即行生效。

依法订立的集体合同对用人单位和劳动者具有约束力。行业性、区域性集体合同对当地本行业、本区域的用人单位和劳动者具有约束力。

第五十五条 集体合同中劳动报酬和劳动条件等标准不得低于当地人民政府规定的最低标准；用人单位与劳动者订立的劳动合同中劳动报酬和劳动条件等标准不得低于集体合同规定的标准。

第五十六条 用人单位违反集体合同，侵犯职工劳动权益的，工会可以依法要求用人单位承担责任；因履行集体合同发生争议，经协商解决不成的，工会可以依法申请仲裁、提起诉讼。

第二节 劳务派遣

第五十七条 经营劳务派遣业务应当具备下列条件：

(一)注册资本不得少于人民币二百万元；

(二)有与开展业务相适应的固定的经营场所和设施；

(三)有符合法律、行政法规规定的劳务派遣管理制度；

(四)法律、行政法规规定的其他条件。

经营劳务派遣业务，应当向劳动行政部门依法申请行政许可；经许可的，依法办理相应的公司登记。未经许可，任何单位和个人不得经营劳务派遣业务。

第五十八条 劳务派遣单位是本法所称用人单位，应当履行用人单位对劳动者的义务。劳务派遣单位与被派遣劳动者订立的劳动合同，除应当载明本法第十七条规定的事项外，还应当载明被派遣劳动者的用工单位以及派遣期限、工作岗位等情况。

劳务派遣单位应当与被派遣劳动者订立二年以上的固定期限劳动合同，按月支付劳动报酬；被派遣劳动者在无工作期间，劳务派遣单位应当按照所在地人民政府规定的最低工资标准,向其按月支付报酬。

第五十九条 劳务派遣单位派遣劳动者应当与接受以劳务派遣形式用工的单位(以下称用工单位)订立劳务派遣协议。劳务派遣协议应当约定派遣岗位和人员数量、派遣期限、劳动报酬和社会保险费的数额与支付方式以及违反协议的责任。

用工单位应当根据工作岗位的实际需要与劳务派遣单位确定派遣期限,不得将连续用工期限分割订立数个短期劳务派遣协议。

第六十条 劳务派遣单位应当将劳务派遣协议的内容告知被派遣劳动者。

劳务派遣单位不得克扣用工单位按照劳务派遣协议支付给被派遣劳动者的劳动报酬。

劳务派遣单位和用工单位不得向被派遣劳动者收取费用。

第六十一条 劳务派遣单位跨地区派遣劳动者的,被派遣劳动者享有的劳动报酬和劳动条件,按照用工单位所在地的标准执行。

第六十二条 用工单位应当履行下列义务:

(一)执行国家劳动标准,提供相应的劳动条件和劳动保护;

(二)告知被派遣劳动者的工作要求和劳动报酬;

(三)支付加班费、绩效奖金,提供与工作岗位相关的福利待遇;

(四)对在岗被派遣劳动者进行工作岗位所必需的培训;

(五)连续用工的,实行正常的工资调整机制。

用工单位不得将被派遣劳动者再派遣到其他用人单位。

第六十三条 被派遣劳动者享有与用工单位的劳动者同工同酬的权利。用工单位应当按照同工同酬原则,对被派遣劳动者与本单位同类岗位的劳动者实行相同的劳动报酬分配办法。用工单位无同类岗位劳动者的,参照用工单位所在地相同或者相近岗位劳动者的劳动报酬确定。

劳务派遣单位与被派遣劳动者订立的劳动合同和与用工单位订立的劳务派遣协议,载明或者约定的向被派遣劳动者支付的劳动报酬应当符合前款规定。

第六十四条 被派遣劳动者有权在劳务派遣单位或者用工单位依法参加或者组织工会,维护自身的合法权益。

第六十五条 被派遣劳动者可以依照本法第三十六条、第三十八条的规定与劳务派遣单位解除劳动合同。

被派遣劳动者有本法第三十九条和第四十条第一项、第二项规定情形的，用工单位可以将劳动者退回劳务派遣单位，劳务派遣单位依照本法有关规定，可以与劳动者解除劳动合同。

第六十六条 劳动合同用工是我国的企业基本用工形式。劳务派遣用工是补充形式，只能在临时性、辅助性或者替代性的工作岗位上实施。

前款规定的临时性工作岗位是指存续时间不超过六个月的岗位；辅助性工作岗位是指为主营业务岗位提供服务的非主营业务岗位；替代性工作岗位是指用工单位的劳动者因脱产学习、休假等原因无法工作的一定期间内，可以由其他劳动者替代工作的岗位。

用工单位应当严格控制劳务派遣用工数量，不得超过其用工总量的一定比例，具体比例由国务院劳动行政部门规定。

第六十七条 用人单位不得设立劳务派遣单位向本单位或者所属单位派遣劳动者。

第三节 非全日制用工

第六十八条 非全日制用工，是指以小时计酬为主，劳动者在同一用人单位一般平均每日工作时间不超过四小时，每周工作时间累计不超过二十四小时的用工形式。

第六十九条 非全日制用工双方当事人可以订立口头协议。

从事非全日制用工的劳动者可以与一个或者一个以上用人单位订立劳动合同；但是，后订立的劳动合同不得影响先订立的劳动合同的履行。

第七十条 非全日制用工双方当事人不得约定试用期。

第七十一条 非全日制用工双方当事人任何一方都可以随时通知对方终止用工。终止用工，用人单位不向劳动者支付经济补偿。

第七十二条 非全日制用工小时计酬标准不得低于用人单位所在地人民政府规定的最低小时工资标准。

非全日制用工劳动报酬结算支付周期最长不得超过十五日。

第六章 监督检查

第七十三条 国务院劳动行政部门负责全国劳动合同制度实施的监督管理。

县级以上地方人民政府劳动行政部门负责本行政区域内劳动合同制度实施的监督管理。

县级以上各级人民政府劳动行政部门在劳动合同制度实施的监督管理工作中,应当听取工会、企业方面代表以及有关行业主管部门的意见。

第七十四条 县级以上地方人民政府劳动行政部门依法对下列实施劳动合同制度的情况进行监督检查:

(一)用人单位制定直接涉及劳动者切身利益的规章制度及其执行的情况;

(二)用人单位与劳动者订立和解除劳动合同的情况;

(三)劳务派遣单位和用工单位遵守劳务派遣有关规定的情况;

(四)用人单位遵守国家关于劳动者工作时间和休息休假规定的情况;

(五)用人单位支付劳动合同约定的劳动报酬和执行最低工资标准的情况;

(六)用人单位参加各项社会保险和缴纳社会保险费的情况;

(七)法律、法规规定的其他劳动监察事项。

第七十五条 县级以上地方人民政府劳动行政部门实施监督检查时,有权查阅与劳动合同、集体合同有关的材料,有权对劳动场所进行实地检查,用人单位和劳动者都应当如实提供有关情况和材料。

劳动行政部门的工作人员进行监督检查,应当出示证件,依法行使职权,文明执法。

第七十六条 县级以上人民政府建设、卫生、安全生产监督管理等有关主管部门在各自职责范围内,对用人单位执行劳动合同制度的情况进行监督管理。

第七十七条 劳动者合法权益受到侵害的,有权要求有关部门依法处理,或者依法申请仲裁、提起诉讼。

第七十八条 工会依法维护劳动者的合法权益,对用人单位履行劳动合同、集体合同的情况进行监督。用人单位违反劳动法律、法规和劳动合同、集体合同的，工会有权提出意见或者要求纠正；劳动者申请仲裁、提起诉讼的，工会依法给予支持和帮助。

第七十九条 任何组织或者个人对违反本法的行为都有权举报，县级以上人民政府劳动行政部门应当及时核实、处理，并对举报有功人员给予奖励。

第七章 法律责任

第八十条 用人单位直接涉及劳动者切身利益的规章制度违反法律、法规规定的，由劳动行政部门责令改正，给予警告；给劳动者造成损害的，应当承担赔偿责任。

第八十一条 用人单位提供的劳动合同文本未载明本法规定的劳动合同必备条款或者用人单位未将劳动合同文本交付劳动者的，由劳动行政部门责令改正；给劳动者造成损害的，应当承担赔偿责任。

第八十二条 用人单位自用工之日起超过一个月不满一年未与劳动者订立书面劳动合同的，应当向劳动者每月支付二倍的工资。

用人单位违反本法规定不与劳动者订立无固定期限劳动合同的，自应当订立无固定期限劳动合同之日起向劳动者每月支付二倍的工资。

第八十三条 用人单位违反本法规定与劳动者约定试用期的，由劳动行政部门责令改正；违法约定的试用期已经履行的，由用人单位以劳动者试用期满月工资为标准，按已经履行的超过法定试用期的期间向劳动者支付赔偿金。

第八十四条 用人单位违反本法规定，扣押劳动者居民身份证等证件的，由劳动行政部门责令限期退还劳动者本人，并依照有关法律规定给予处罚。

用人单位违反本法规定，以担保或者其他名义向劳动者收取财物的，由劳动行政部门责令限期退还劳动者本人，并以每人五百元以上二千元以下的标准处以罚款；给劳动者造成损害的，应当承担赔偿责任。

劳动者依法解除或者终止劳动合同，用人单位扣押劳动者档案或者其他物品的，依照前款规定处罚。

第八十五条 用人单位有下列情形之一的，由劳动行政部门责令限期支付劳动报酬、加班费或者经济补偿;劳动报酬低于当地最低工资标准的,应当支付其差额部分;逾期不支付的,责令用人单位按应付金额百分之五十以上百分之一百以下的标准向劳动者加付赔偿金:

(一)未按照劳动合同的约定或者国家规定及时足额支付劳动者劳动报酬的;

(二)低于当地最低工资标准支付劳动者工资的;

(三)安排加班不支付加班费的;

(四)解除或者终止劳动合同,未依照本法规定向劳动者支付经济补偿的。

第八十六条　劳动合同依照本法第二十六条规定被确认无效,给对方造成损害的,有过错的一方应当承担赔偿责任。

第八十七条　用人单位违反本法规定解除或者终止劳动合同的,应当依照本法第四十七条规定的经济补偿标准的二倍向劳动者支付赔偿金。

第八十八条　用人单位有下列情形之一的,依法给予行政处罚;构成犯罪的,依法追究刑事责任;给劳动者造成损害的,应当承担赔偿责任:

(一)以暴力、威胁或者非法限制人身自由的手段强迫劳动的;

(二)违章指挥或者强令冒险作业危及劳动者人身安全的;

(三)侮辱、体罚、殴打、非法搜查或者拘禁劳动者的;

(四)劳动条件恶劣、环境污染严重,给劳动者身心健康造成严重损害的。

第八十九条　用人单位违反本法规定未向劳动者出具解除或者终止劳动合同的书面证明,由劳动行政部门责令改正;给劳动者造成损害的,应当承担赔偿责任。

第九十条　劳动者违反本法规定解除劳动合同,或者违反劳动合同中约定的保密义务或者竞业限制,给用人单位造成损失的,应当承担赔偿责任。

第九十一条　用人单位招用与其他用人单位尚未解除或者终止劳动合同的劳动者,给其他用人单位造成损失的,应当承担连带赔偿责任。

第九十二条　违反本法规定,未经许可,擅自经营劳务派遣业务的,由劳动行政部门责令停止违法行为,没收违法所得,并处违法所得一倍以上五倍以下的罚款;没有违法所得的,可以处五万元以下的罚款。

劳务派遣单位、用工单位违反本法有关劳务派遣规定的,由劳动行政部门责令限期改正;逾期不改正的,以每人五千元以上一万元以下的标准处以罚款,对劳务派遣单位,吊销其劳务派遣业务经营许可证。用工单位给被派遣劳动者造成损害的,劳务派遣单位与用工单位承担连带赔偿责任。

第九十三条 对不具备合法经营资格的用人单位的违法犯罪行为,依法追究法律责任;劳动者已经付出劳动的,该单位或者其出资人应当依照本法有关规定向劳动者支付劳动报酬、经济补偿、赔偿金;给劳动者造成损害的,应当承担赔偿责任。

第九十四条 个人承包经营违反本法规定招用劳动者,给劳动者造成损害的,发包的组织与个人承包经营者承担连带赔偿责任。

第九十五条 劳动行政部门和其他有关主管部门及其工作人员玩忽职守、不履行法定职责,或者违法行使职权,给劳动者或者用人单位造成损害的,应当承担赔偿责任;对直接负责的主管人员和其他直接责任人员,依法给予行政处分;构成犯罪的,依法追究刑事责任。

第八章 附　则

第九十六条 事业单位与实行聘用制的工作人员订立、履行、变更、解除或者终止劳动合同,法律、行政法规或者国务院另有规定的,依照其规定;未作规定的,依照本法有关规定执行。

第九十七条 本法施行前已依法订立且在本法施行之日存续的劳动合同,继续履行;本法第十四条第二款第三项规定连续订立固定期限劳动合同的次数,自本法施行后续订固定期限劳动合同时开始计算。

本法施行前已建立劳动关系,尚未订立书面劳动合同的,应当自本法施行之日起一个月内订立。

本法施行之日存续的劳动合同在本法施行后解除或者终止,依照本法第四十六条规定应当支付经济补偿的,经济补偿年限自本法施行之日起计算;本法施行前按照当时有关规定,用人单位应当向劳动者支付经济补偿的,按照当时有关规定执行。

第九十八条 本法自2008年1月1日起施行。

劳动人事争议仲裁组织规则

（2017年5月8日人力资源和社会保障部令第34号
公布　自2017年7月1日起施行）

第一章　总　　则

第一条　为公正及时处理劳动人事争议（以下简称争议），根据《中华人民共和国劳动争议调解仲裁法》（以下简称调解仲裁法）和《中华人民共和国公务员法》、《事业单位人事管理条例》、《中国人民解放军文职人员条例》等有关法律、法规，制定本规则。

第二条　劳动人事争议仲裁委员会（以下简称仲裁委员会）由人民政府依法设立，专门处理争议案件。

第三条　人力资源社会保障行政部门负责指导本行政区域的争议调解仲裁工作，组织协调处理跨地区、有影响的重大争议，负责仲裁员的管理、培训等工作。

第二章　仲裁委员会及其办事机构

第四条　仲裁委员会按照统筹规划、合理布局和适应实际需要的原则设立，由省、自治区、直辖市人民政府依法决定。

第五条　仲裁委员会由干部主管部门代表、人力资源社会保障等相关行政部门代表、军队文职人员工作管理部门代表、工会代表和用人单位方面代表等组成。

仲裁委员会组成人员应当是单数。

第六条 仲裁委员会设主任一名,副主任和委员若干名。

仲裁委员会主任由政府负责人或者人力资源社会保障行政部门主要负责人担任。

第七条 仲裁委员会依法履行下列职责:

(一)聘任、解聘专职或者兼职仲裁员;

(二)受理争议案件;

(三)讨论重大或者疑难的争议案件;

(四)监督本仲裁委员会的仲裁活动;

(五)制定本仲裁委员会的工作规则;

(六)其他依法应当履行的职责。

第八条 仲裁委员会应当每年至少召开两次全体会议,研究本仲裁委员会职责履行情况和重要工作事项。

仲裁委员会主任或者三分之一以上的仲裁委员会组成人员提议召开仲裁委员会会议的,应当召开。

仲裁委员会的决定实行少数服从多数原则。

第九条 仲裁委员会下设实体化的办事机构,具体承担争议调解仲裁等日常工作。办事机构称为劳动人事争议仲裁院(以下简称仲裁院),设在人力资源社会保障行政部门。

仲裁院对仲裁委员会负责并报告工作。

第十条 仲裁委员会的经费依法由财政予以保障。仲裁经费包括人员经费、公用经费、仲裁专项经费等。

仲裁院可以通过政府购买服务等方式聘用记录人员、安保人员等办案辅助人员。

第十一条 仲裁委员会组成单位可以派兼职仲裁员常驻仲裁院,参与争议调解仲裁活动。

第三章 仲 裁 庭

第十二条 仲裁委员会处理争议案件实行仲裁庭制度,实行一案一庭制。

仲裁委员会可以根据案件处理实际需要设立派驻仲裁庭、巡回仲裁庭、流动仲裁庭,就近就地处理争议案件。

第十三条　处理下列争议案件应当由三名仲裁员组成仲裁庭,设首席仲裁员:

(一)十人以上并有共同请求的争议案件;

(二)履行集体合同发生的争议案件;

(三)有重大影响或者疑难复杂的争议案件;

(四)仲裁委员会认为应当由三名仲裁员组庭处理的其他争议案件。

简单争议案件可以由一名仲裁员独任仲裁。

第十四条　记录人员负责案件庭审记录等相关工作。

记录人员不得由本庭仲裁员兼任。

第十五条　仲裁庭组成不符合规定的,仲裁委员会应当予以撤销并重新组庭。

第十六条　仲裁委员会应当有专门的仲裁场所。仲裁场所应当悬挂仲裁徽章,张贴仲裁庭纪律及注意事项等,并配备仲裁庭专业设备、档案储存设备、安全监控设备和安检设施等。

第十七条　仲裁工作人员在仲裁活动中应当统一着装,佩戴仲裁徽章。

第四章　仲　裁　员

第十八条　仲裁员是由仲裁委员会聘任、依法调解和仲裁争议案件的专业工作人员。

仲裁员分为专职仲裁员和兼职仲裁员。专职仲裁员和兼职仲裁员在调解仲裁活动中享有同等权利,履行同等义务。

兼职仲裁员进行仲裁活动,所在单位应当予以支持。

第十九条　仲裁委员会应当依法聘任一定数量的专职仲裁员,也可以根据办案工作需要,依法从干部主管部门、人力资源社会保障行政部门、军队文职人员工作管理部门、工会、企业组织等相关机构的人员以及专家学者、律师中聘任兼职仲裁员。

第二十条　仲裁员享有以下权利:

(一)履行职责应当具有的职权和工作条件;

(二)处理争议案件不受干涉;

（三）人身、财产安全受到保护；

（四）参加聘前培训和在职培训；

（五）法律、法规规定的其他权利。

第二十一条 仲裁员应当履行以下义务：

（一）依法处理争议案件；

（二）维护国家利益和公共利益，保护当事人合法权益；

（三）严格执行廉政规定，恪守职业道德；

（四）自觉接受监督；

（五）法律、法规规定的其他义务。

第二十二条 仲裁委员会聘任仲裁员时，应当从符合调解仲裁法第二十条规定的仲裁员条件的人员中选聘。

仲裁委员会应当根据工作需要，合理配备专职仲裁员和办案辅助人员。专职仲裁员数量不得少于三名，办案辅助人员不得少于一名。

第二十三条 仲裁委员会应当设仲裁员名册，并予以公告。

省、自治区、直辖市人力资源社会保障行政部门应当将本行政区域内仲裁委员会聘任的仲裁员名单报送人力资源社会保障部备案。

第二十四条 仲裁员聘期一般为五年。仲裁委员会负责仲裁员考核，考核结果作为解聘和续聘仲裁员的依据。

第二十五条 仲裁委员会应当制定仲裁员工作绩效考核标准，重点考核办案质量和效率、工作作风、遵纪守法情况等。考核结果分为优秀、合格、不合格。

第二十六条 仲裁员有下列情形之一的，仲裁委员会应当予以解聘：

（一）聘期届满不再续聘的；

（二）在聘期内因工作岗位变动或者其他原因不再履行仲裁员职责的；

（三）年度考核不合格的；

（四）因违纪、违法犯罪不能继续履行仲裁员职责的；

（五）其他应当解聘的情形。

第二十七条 人力资源社会保障行政部门负责对拟聘任的仲裁员进行聘前培训。

拟聘为省、自治区、直辖市仲裁委员会仲裁员及副省级市仲裁委员会仲裁员的，参加人力资源社会保障部组织的聘前培训；拟聘为地（市）、县（区）

仲裁委员会仲裁员的,参加省、自治区、直辖市人力资源社会保障行政部门组织的仲裁员聘前培训。

第二十八条 人力资源社会保障行政部门负责每年对本行政区域内的仲裁员进行政治思想、职业道德、业务能力和作风建设培训。

仲裁员每年脱产培训的时间累计不少于四十学时。

第二十九条 仲裁委员会应当加强仲裁员作风建设,培育和弘扬具有行业特色的仲裁文化。

第三十条 人力资源社会保障部负责组织制定仲裁员培训大纲,开发培训教材,建立师资库和考试题库。

第三十一条 建立仲裁员职业保障机制,拓展仲裁员职业发展空间。

第五章 仲裁监督

第三十二条 仲裁委员会应当建立仲裁监督制度,对申请受理、办案程序、处理结果、仲裁工作人员行为等进行监督。

第三十三条 仲裁员不得有下列行为:

(一)徇私枉法,偏袒一方当事人;

(二)滥用职权,侵犯当事人合法权益;

(三)利用职权为自己或者他人谋取私利;

(四)隐瞒证据或者伪造证据;

(五)私自会见当事人及其代理人,接受当事人及其代理人的请客送礼;

(六)故意拖延办案、玩忽职守;

(七)泄露案件涉及的国家秘密、商业秘密和个人隐私或者擅自透露案件处理情况;

(八)在受聘期间担任所在仲裁委员会受理案件的代理人;

(九)其他违法违纪的行为。

第三十四条 仲裁员有本规则第三十三条规定情形的,仲裁委员会视情节轻重,给予批评教育、解聘等处理;被解聘的,五年内不得再次被聘为仲裁员。仲裁员所在单位根据国家有关规定对其给予处分;构成犯罪的,依法追究刑事责任。

第三十五条 记录人员等办案辅助人员应当认真履行职责,严守工作纪律，不得有玩忽职守、偏袒一方当事人、泄露案件涉及的国家秘密、商业秘密和个人隐私或者擅自透露案件处理情况等行为。

办案辅助人员违反前款规定的，应当按照有关法律法规和本规则第三十四条的规定处理。

第六章　附　　则

第三十六条　被聘任为仲裁员的，由人力资源社会保障部统一免费发放仲裁员证和仲裁徽章。

第三十七条　仲裁委员会对被解聘、辞职以及其他原因不再聘任的仲裁员，应当及时收回仲裁员证和仲裁徽章，并予以公告。

第三十八条　本规则自2017年7月1日起施行。2010年1月20日人力资源社会保障部公布的《劳动人事争议仲裁组织规则》（人力资源和社会保障部令第5号）同时废止。

劳动人事争议仲裁办案规则

（2017年5月8日人力资源和社会保障部令第33号
公布　自2017年7月1日起施行）

第一章　总　　则

第一条　为公正及时处理劳动人事争议（以下简称争议），规范仲裁办案程序，根据《中华人民共和国劳动争议调解仲裁法》（以下简称调解仲裁法）以及《中华人民共和国公务员法》（以下简称公务员法）、《事业单位人事管理条例》、《中国人民解放军文职人员条例》和有关法律、法规、国务院有关规定，制定本规则。

第二条　本规则适用下列争议的仲裁：

（一）企业、个体经济组织、民办非企业单位等组织与劳动者之间，以及机关、事业单位、社会团体与其建立劳动关系的劳动者之间，因确认劳动关系，订立、履行、变更、解除和终止劳动合同，工作时间、休息休假、社会保险、福利、培训以及劳动保护，劳动报酬、工伤医疗费、经济补偿或者赔偿金等发生的争议；

（二）实施公务员法的机关与聘任制公务员之间、参照公务员法管理的机关（单位）与聘任工作人员之间因履行聘任合同发生的争议；

（三）事业单位与其建立人事关系的工作人员之间因终止人事关系以及履行聘用合同发生的争议；

（四）社会团体与其建立人事关系的工作人员之间因终止人事关系以及履行聘用合同发生的争议；

（五）军队文职人员用人单位与聘用制文职人员之间因履行聘用合同发生的争议；

（六）法律、法规规定由劳动人事争议仲裁委员会（以下简称仲裁委员会）处理的其他争议。

第三条　仲裁委员会处理争议案件，应当遵循合法、公正的原则，先行调解，及时裁决。

第四条　仲裁委员会下设实体化的办事机构，称为劳动人事争议仲裁院（以下简称仲裁院）。

第五条　劳动者一方在十人以上并有共同请求的争议，或者因履行集体合同发生的劳动争议，仲裁委员会应当优先立案，优先审理。

第二章　一 般 规 定

第六条　发生争议的用人单位未办理营业执照、被吊销营业执照、营业执照到期继续经营、被责令关闭、被撤销以及用人单位解散、歇业，不能承担相关责任的，应当将用人单位和其出资人、开办单位或者主管部门作为共同当事人。

第七条　劳动者与个人承包经营者发生争议，依法向仲裁委员会申请仲裁的，应当将发包的组织和个人承包经营者作为共同当事人。

第八条 劳动合同履行地为劳动者实际工作场所地,用人单位所在地为用人单位注册、登记地或者主要办事机构所在地。用人单位未经注册、登记的,其出资人、开办单位或者主管部门所在地为用人单位所在地。

双方当事人分别向劳动合同履行地和用人单位所在地的仲裁委员会申请仲裁的,由劳动合同履行地的仲裁委员会管辖。有多个劳动合同履行地的,由最先受理的仲裁委员会管辖。劳动合同履行地不明确的,由用人单位所在地的仲裁委员会管辖。

案件受理后,劳动合同履行地或者用人单位所在地发生变化的,不改变争议仲裁的管辖。

第九条 仲裁委员会发现已受理案件不属于其管辖范围的,应当移送至有管辖权的仲裁委员会,并书面通知当事人。

对上述移送案件,受移送的仲裁委员会应当依法受理。受移送的仲裁委员会认为移送的案件按照规定不属于其管辖,或者仲裁委员会之间因管辖争议协商不成的,应当报请共同的上一级仲裁委员会主管部门指定管辖。

第十条 当事人提出管辖异议的,应当在答辩期满前书面提出。仲裁委员会应当审查当事人提出的管辖异议,异议成立的,将案件移送至有管辖权的仲裁委员会并书面通知当事人;异议不成立的,应当书面决定驳回。

当事人逾期提出的,不影响仲裁程序的进行。

第十一条 当事人申请回避,应当在案件开庭审理前提出,并说明理由。回避事由在案件开庭审理后知晓的,也可以在庭审辩论终结前提出。

当事人在庭审辩论终结后提出回避申请的,不影响仲裁程序的进行。

仲裁委员会应当在回避申请提出的三日内,以口头或者书面形式作出决定。以口头形式作出的,应当记入笔录。

第十二条 仲裁员、记录人员是否回避,由仲裁委员会主任或者其委托的仲裁院负责人决定。仲裁委员会主任担任案件仲裁员是否回避,由仲裁委员会决定。

在回避决定作出前,被申请回避的人员应当暂停参与该案处理,但因案件需要采取紧急措施的除外。

第十三条 当事人对自己提出的主张有责任提供证据。与争议事项有关的证据属于用人单位掌握管理的,用人单位应当提供;用人单位不提供的,应当承担不利后果。

第十四条 法律没有具体规定、按照本规则第十三条规定无法确定举证责任承担的,仲裁庭可以根据公平原则和诚实信用原则,综合当事人举证能力等因素确定举证责任的承担。

第十五条 承担举证责任的当事人应当在仲裁委员会指定的期限内提供有关证据。当事人在该期限内提供证据确有困难的,可以向仲裁委员会申请延长期限,仲裁委员会根据当事人的申请适当延长。当事人逾期提供证据的,仲裁委员会应当责令其说明理由;拒不说明理由或者理由不成立的,仲裁委员会可以根据不同情形不予采纳该证据,或者采纳该证据但予以训诫。

第十六条 当事人因客观原因不能自行收集的证据,仲裁委员会可以根据当事人的申请,参照民事诉讼有关规定予以收集;仲裁委员会认为有必要的,也可以决定参照民事诉讼有关规定予以收集。

第十七条 仲裁委员会依法调查取证时,有关单位和个人应当协助配合。

仲裁委员会调查取证时,不得少于两人,并应当向被调查对象出示工作证件和仲裁委员会出具的介绍信。

第十八条 争议处理中涉及证据形式、证据提交、证据交换、证据质证、证据认定等事项,本规则未规定的,可以参照民事诉讼证据规则的有关规定执行。

第十九条 仲裁期间包括法定期间和仲裁委员会指定期间。

仲裁期间的计算,本规则未规定的,仲裁委员会可以参照民事诉讼关于期间计算的有关规定执行。

第二十条 仲裁委员会送达仲裁文书必须有送达回证,由受送达人在送达回证上记明收到日期,并签名或者盖章。受送达人在送达回证上的签收日期为送达日期。

因企业停业等原因导致无法送达且劳动者一方在十人以上的,或者受送达人拒绝签收仲裁文书的,通过在受送达人住所留置、张贴仲裁文书,并采用拍照、录像等方式记录的,自留置、张贴之日起经过三日即视为送达,不受本条第一款的限制。

仲裁文书的送达方式,本规则未规定的,仲裁委员会可以参照民事诉讼关于送达方式的有关规定执行。

第二十一条 案件处理终结后,仲裁委员会应当将处理过程中形成的全部材料立卷归档。

第二十二条 仲裁案卷分正卷和副卷装订。

正卷包括：仲裁申请书、受理（不予受理）通知书、答辩书、当事人及其他仲裁参加人的身份证明材料、授权委托书、调查证据、勘验笔录、当事人提供的证据材料、委托鉴定材料、开庭通知、庭审笔录、延期通知书、撤回仲裁申请书、调解书、裁决书、决定书、案件移送函、送达回证等。

副卷包括：立案审批表、延期审理审批表、中止审理审批表、调查提纲、阅卷笔录、会议笔录、评议记录、结案审批表等。

第二十三条 仲裁委员会应当建立案卷查阅制度。对案卷正卷材料，应当允许当事人及其代理人依法查阅、复制。

第二十四条 仲裁裁决结案的案卷，保存期不少于十年；仲裁调解和其他方式结案的案卷，保存期不少于五年；国家另有规定的，从其规定。

保存期满后的案卷，应当按照国家有关档案管理的规定处理。

第二十五条 在仲裁活动中涉及国家秘密或者军事秘密的，按照国家或者军队有关保密规定执行。

当事人协议不公开或者涉及商业秘密和个人隐私的，经相关当事人书面申请，仲裁委员会应当不公开审理。

第三章 仲裁程序

第一节 申请和受理

第二十六条 本规则第二条第（一）、（三）、（四）、（五）项规定的争议，申请仲裁的时效期间为一年。仲裁时效期间从当事人知道或者应当知道其权利被侵害之日起计算。

本规则第二条第（二）项规定的争议，申请仲裁的时效期间适用公务员法有关规定。

劳动人事关系存续期间因拖欠劳动报酬发生争议的，劳动者申请仲裁不受本条第一款规定的仲裁时效期间的限制；但是，劳动人事关系终止的，应当自劳动人事关系终止之日起一年内提出。

第二十七条 在申请仲裁的时效期间内，有下列情形之一的，仲裁时效中断：

（一）一方当事人通过协商、申请调解等方式向对方当事人主张权利的；

（二）一方当事人通过向有关部门投诉，向仲裁委员会申请仲裁，向人民法院起诉或者申请支付令等方式请求权利救济的；

（三）对方当事人同意履行义务的。

从中断时起，仲裁时效期间重新计算。

第二十八条 因不可抗力，或者有无民事行为能力或者限制民事行为能力劳动者的法定代理人未确定等其他正当理由，当事人不能在规定的仲裁时效期间申请仲裁的，仲裁时效中止。从中止时效的原因消除之日起，仲裁时效期间继续计算。

第二十九条 申请人申请仲裁应当提交书面仲裁申请，并按照被申请人人数提交副本。

仲裁申请书应当载明下列事项：

（一）劳动者的姓名、性别、出生日期、身份证件号码、住所、通讯地址和联系电话，用人单位的名称、住所、通讯地址、联系电话和法定代表人或者主要负责人的姓名、职务；

（二）仲裁请求和所根据的事实、理由；

（三）证据和证据来源，证人姓名和住所。

书写仲裁申请确有困难的，可以口头申请，由仲裁委员会记入笔录，经申请人签名、盖章或者捺印确认。

对于仲裁申请书不规范或者材料不齐备的，仲裁委员会应当当场或者在五日内一次性告知申请人需要补正的全部材料。

仲裁委员会收取当事人提交的材料应当出具收件回执。

第三十条 仲裁委员会对符合下列条件的仲裁申请应当予以受理，并在收到仲裁申请之日起五日内向申请人出具受理通知书：

（一）属于本规则第二条规定的争议范围；

（二）有明确的仲裁请求和事实理由；

（三）申请人是与本案有直接利害关系的自然人、法人或者其他组织，有明确的被申请人；

（四）属于本仲裁委员会管辖范围。

第三十一条 对不符合本规则第三十条第(一)、(二)、(三)项规定之一的仲裁申请,仲裁委员会不予受理,并在收到仲裁申请之日起五日内向申请人出具不予受理通知书;对不符合本规则第三十条第(四)项规定的仲裁申请,仲裁委员会应当在收到仲裁申请之日起五日内,向申请人作出书面说明并告知申请人向有管辖权的仲裁委员会申请仲裁。

对仲裁委员会逾期未作出决定或者决定不予受理的,申请人可以就该争议事项向人民法院提起诉讼。

第三十二条 仲裁委员会受理案件后,发现不应当受理的,除本规则第九条规定外,应当撤销案件,并自决定撤销案件后五日内,以决定书的形式通知当事人。

第三十三条 仲裁委员会受理仲裁申请后,应当在五日内将仲裁申请书副本送达被申请人。

被申请人收到仲裁申请书副本后,应当在十日内向仲裁委员会提交答辩书。仲裁委员会收到答辩书后,应当在五日内将答辩书副本送达申请人。被申请人逾期未提交答辩书的,不影响仲裁程序的进行。

第三十四条 符合下列情形之一,申请人基于同一事实、理由和仲裁请求又申请仲裁的,仲裁委员会不予受理:

(一)仲裁委员会已经依法出具不予受理通知书的;

(二)案件已在仲裁、诉讼过程中或者调解书、裁决书、判决书已经发生法律效力的。

第三十五条 仲裁处理结果作出前,申请人可以自行撤回仲裁申请。申请人再次申请仲裁的,仲裁委员会应当受理。

第三十六条 被申请人可以在答辩期间提出反申请,仲裁委员会应当自收到被申请人反申请之日起五日内决定是否受理并通知被申请人。

决定受理的,仲裁委员会可以将反申请和申请合并处理。

反申请应当另行申请仲裁的,仲裁委员会应当书面告知被申请人另行申请仲裁;反申请不属于本规则规定应当受理的,仲裁委员会应当向被申请人出具不予受理通知书。

被申请人答辩期满后对申请人提出反申请的,应当另行申请仲裁。

第二节 开庭和裁决

第三十七条 仲裁委员会应当在受理仲裁申请之日起五日内组成仲裁庭并将仲裁庭的组成情况书面通知当事人。

第三十八条 仲裁庭应当在开庭五日前,将开庭日期、地点书面通知双方当事人。当事人有正当理由的,可以在开庭三日前请求延期开庭。是否延期,由仲裁委员会根据实际情况决定。

第三十九条 申请人收到书面开庭通知,无正当理由拒不到庭或者未经仲裁庭同意中途退庭的,可以按撤回仲裁申请处理;申请人重新申请仲裁的,仲裁委员会不予受理。被申请人收到书面开庭通知,无正当理由拒不到庭或者未经仲裁庭同意中途退庭的,仲裁庭可以继续开庭审理,并缺席裁决。

第四十条 当事人申请鉴定的,鉴定费由申请鉴定方先行垫付,案件处理终结后,由鉴定结果对其不利方负担。鉴定结果不明确的,由申请鉴定方负担。

第四十一条 开庭审理前,记录人员应当查明当事人和其他仲裁参与人是否到庭,宣布仲裁庭纪律。

开庭审理时,由仲裁员宣布开庭、案由和仲裁员、记录人员名单,核对当事人,告知当事人有关的权利义务,询问当事人是否提出回避申请。

开庭审理中,仲裁员应当听取申请人的陈述和被申请人的答辩,主持庭审调查、质证和辩论、征询当事人最后意见,并进行调解。

第四十二条 仲裁庭应当将开庭情况记入笔录。当事人或者其他仲裁参与人认为对自己陈述的记录有遗漏或者差错的,有权当庭申请补正。仲裁庭认为申请无理由或者无必要的,可以不予补正,但是应当记录该申请。

仲裁员、记录人员、当事人和其他仲裁参与人应当在庭审笔录上签名或者盖章。当事人或者其他仲裁参与人拒绝在庭审笔录上签名或者盖章的,仲裁庭应当记明情况附卷。

第四十三条 仲裁参与人和其他人应当遵守仲裁庭纪律,不得有下列行为:

(一)未经准许进行录音、录像、摄影;

（二）未经准许以移动通信等方式现场传播庭审活动；

（三）其他扰乱仲裁庭秩序、妨害审理活动进行的行为。

仲裁参与人或者其他人有前款规定的情形之一的，仲裁庭可以训诫、责令退出仲裁庭，也可以暂扣进行录音、录像、摄影、传播庭审活动的器材，并责令其删除有关内容。拒不删除的，可以采取必要手段强制删除，并将上述事实记入庭审笔录。

第四十四条 申请人在举证期限届满前可以提出增加或者变更仲裁请求；仲裁庭对申请人增加或者变更的仲裁请求审查后认为应当受理的，应当通知被申请人并给予答辩期，被申请人明确表示放弃答辩期的除外。

申请人在举证期限届满后提出增加或者变更仲裁请求的，应当另行申请仲裁。

第四十五条 仲裁庭裁决案件，应当自仲裁委员会受理仲裁申请之日起四十五日内结束。案情复杂需要延期的，经仲裁委员会主任或者其委托的仲裁院负责人书面批准，可以延期并书面通知当事人，但延长期限不得超过十五日。

第四十六条 有下列情形的，仲裁期限按照下列规定计算：

（一）仲裁庭追加当事人或者第三人的，仲裁期限从决定追加之日起重新计算；

（二）申请人需要补正材料的，仲裁委员会收到仲裁申请的时间从材料补正之日起重新计算；

（三）增加、变更仲裁请求的，仲裁期限从受理增加、变更仲裁请求之日起重新计算；

（四）仲裁申请和反申请合并处理的，仲裁期限从受理反申请之日起重新计算；

（五）案件移送管辖的，仲裁期限从接受移送之日起重新计算；

（六）中止审理期间、公告送达期间不计入仲裁期限内；

（七）法律、法规规定应当另行计算的其他情形。

第四十七条 有下列情形之一的，经仲裁委员会主任或者其委托的仲裁院负责人批准，可以中止案件审理，并书面通知当事人：

（一）劳动者一方当事人死亡，需要等待继承人表明是否参加仲裁的；

（二）劳动者一方当事人丧失民事行为能力，尚未确定法定代理人参加仲裁的；

（三）用人单位终止，尚未确定权利义务承继者的；

（四）一方当事人因不可抗拒的事由，不能参加仲裁的；

（五）案件审理需要以其他案件的审理结果为依据，且其他案件尚未审结的；

（六）案件处理需要等待工伤认定、伤残等级鉴定以及其他鉴定结论的；

（七）其他应当中止仲裁审理的情形。

中止审理的情形消除后，仲裁庭应当恢复审理。

第四十八条 当事人因仲裁庭逾期未作出仲裁裁决而向人民法院提起诉讼并立案受理的，仲裁委员会应当决定该案件终止审理；当事人未就该争议事项向人民法院提起诉讼的，仲裁委员会应当继续处理。

第四十九条 仲裁庭裁决案件时，其中一部分事实已经清楚的，可以就该部分先行裁决。当事人对先行裁决不服的，可以按照调解仲裁法有关规定处理。

第五十条 仲裁庭裁决案件时，申请人根据调解仲裁法第四十七条第（一）项规定，追索劳动报酬、工伤医疗费、经济补偿或者赔偿金，如果仲裁裁决涉及数项，对单项裁决数额不超过当地月最低工资标准十二个月金额的事项，应当适用终局裁决。

前款经济补偿包括《中华人民共和国劳动合同法》（以下简称劳动合同法）规定的竞业限制期限内给予的经济补偿、解除或者终止劳动合同的经济补偿等；赔偿金包括劳动合同法规定的未签订书面劳动合同第二倍工资、违法约定试用期的赔偿金、违法解除或者终止劳动合同的赔偿金等。

根据调解仲裁法第四十七条第（二）项的规定，因执行国家的劳动标准在工作时间、休息休假、社会保险等方面发生的争议，应当适用终局裁决。

仲裁庭裁决案件时，裁决内容同时涉及终局裁决和非终局裁决的，应当分别制作裁决书，并告知当事人相应的救济权利。

第五十一条 仲裁庭对追索劳动报酬、工伤医疗费、经济补偿或者赔偿金的案件，根据当事人的申请，可以裁决先予执行，移送人民法院执行。

仲裁庭裁决先予执行的，应当符合下列条件：

（一）当事人之间权利义务关系明确；

（二）不先予执行将严重影响申请人的生活。

劳动者申请先予执行的,可以不提供担保。

第五十二条 裁决应当按照多数仲裁员的意见作出,少数仲裁员的不同意见应当记入笔录。仲裁庭不能形成多数意见时,裁决应当按照首席仲裁员的意见作出。

第五十三条 裁决书应当载明仲裁请求、争议事实、裁决理由、裁决结果、当事人权利和裁决日期。裁决书由仲裁员签名,加盖仲裁委员会印章。对裁决持不同意见的仲裁员,可以签名,也可以不签名。

第五十四条 对裁决书中的文字、计算错误或者仲裁庭已经裁决但在裁决书中遗漏的事项,仲裁庭应当及时制作决定书予以补正并送达当事人。

第五十五条 当事人对裁决不服向人民法院提起诉讼的,按照调解仲裁法有关规定处理。

第三节　简 易 处 理

第五十六条 争议案件符合下列情形之一的,可以简易处理:

(一)事实清楚、权利义务关系明确、争议不大的;

(二)标的额不超过本省、自治区、直辖市上年度职工年平均工资的;

(三)双方当事人同意简易处理的。

仲裁委员会决定简易处理的,可以指定一名仲裁员独任仲裁,并应当告知当事人。

第五十七条 争议案件有下列情形之一的,不得简易处理:

(一)涉及国家利益、社会公共利益的;

(二)有重大社会影响的;

(三)被申请人下落不明的;

(四)仲裁委员会认为不宜简易处理的。

第五十八条 简易处理的案件,经与被申请人协商同意,仲裁庭可以缩短或者取消答辩期。

第五十九条 简易处理的案件,仲裁庭可以用电话、短信、传真、电子邮件等简便方式送达仲裁文书,但送达调解书、裁决书除外。

以简便方式送达的开庭通知,未经当事人确认或者没有其他证据证明当事人已经收到的,仲裁庭不得按撤回仲裁申请处理或者缺席裁决。

第六十条 简易处理的案件,仲裁庭可以根据案件情况确定举证期限、开庭日期、审理程序、文书制作等事项,但应当保障当事人陈述意见的权利。

第六十一条 仲裁庭在审理过程中,发现案件不宜简易处理的,应当在仲裁期限届满前决定转为按照一般程序处理,并告知当事人。

案件转为按照一般程序处理的,仲裁期限自仲裁委员会受理仲裁申请之日起计算,双方当事人已经确认的事实,可以不再进行举证、质证。

第四节 集体劳动人事争议处理

第六十二条 处理劳动者一方在十人以上并有共同请求的争议案件,或者因履行集体合同发生的劳动争议案件,适用本节规定。

符合本规则第五十六条第一款规定情形之一的集体劳动人事争议案件,可以简易处理,不受本节规定的限制。

第六十三条 发生劳动者一方在十人以上并有共同请求的争议的,劳动者可以推举三至五名代表参加仲裁活动。代表人参加仲裁的行为对其所代表的当事人发生效力,但代表人变更、放弃仲裁请求或者承认对方当事人的仲裁请求,进行和解,必须经被代表的当事人同意。

因履行集体合同发生的劳动争议,经协商解决不成的,工会可以依法申请仲裁;尚未建立工会的,由上级工会指导劳动者推举产生的代表依法申请仲裁。

第六十四条 仲裁委员会应当自收到当事人集体劳动人事争议仲裁申请之日起五日内作出受理或者不予受理的决定。决定受理的,应当自受理之日起五日内将仲裁庭组成人员、答辩期限、举证期限、开庭日期和地点等事项一次性通知当事人。

第六十五条 仲裁委员会处理集体劳动人事争议案件,应当由三名仲裁员组成仲裁庭,设首席仲裁员。

仲裁委员会处理因履行集体合同发生的劳动争议,应当按照三方原则组成仲裁庭处理。

第六十六条 仲裁庭处理集体劳动人事争议,开庭前应当引导当事人自行协商,或者先行调解。

仲裁庭处理集体劳动人事争议案件,可以邀请法律工作者、律师、专家学者等第三方共同参与调解。

协商或者调解未能达成协议的,仲裁庭应当及时裁决。

第六十七条　仲裁庭开庭场所可以设在发生争议的用人单位或者其他便于及时处理争议的地点。

第四章　调解程序

第一节　仲裁调解

第六十八条　仲裁委员会处理争议案件,应当坚持调解优先,引导当事人通过协商、调解方式解决争议,给予必要的法律释明以及风险提示。

第六十九条　对未经调解、当事人直接申请仲裁的争议,仲裁委员会可以向当事人发出调解建议书,引导其到调解组织进行调解。当事人同意先行调解的,应当暂缓受理;当事人不同意先行调解的,应当依法受理。

第七十条　开庭之前,经双方当事人同意,仲裁庭可以委托调解组织或者其他具有调解能力的组织、个人进行调解。

自当事人同意之日起十日内未达成调解协议的,应当开庭审理。

第七十一条　仲裁庭审理争议案件时,应当进行调解。必要时可以邀请有关单位、组织或者个人参与调解。

第七十二条　仲裁调解达成协议的,仲裁庭应当制作调解书。

调解书应当写明仲裁请求和当事人协议的结果。调解书由仲裁员签名,加盖仲裁委员会印章,送达双方当事人。调解书经双方当事人签收后,发生法律效力。

调解不成或者调解书送达前,一方当事人反悔的,仲裁庭应当及时作出裁决。

第七十三条　当事人就部分仲裁请求达成调解协议的,仲裁庭可以就该部分先行出具调解书。

第二节　调解协议的仲裁审查

第七十四条　经调解组织调解达成调解协议的,双方当事人可以自调解协议生效之日起十五日内,共同向有管辖权的仲裁委员会提出仲裁审查申请。

当事人申请审查调解协议,应当向仲裁委员会提交仲裁审查申请书、调解协议和身份证明、资格证明以及其他与调解协议相关的证明材料,并提供双方当事人的送达地址、电话号码等联系方式。

第七十五条　仲裁委员会收到当事人仲裁审查申请,应当及时决定是否受理。决定受理的,应当出具受理通知书。

有下列情形之一的,仲裁委员会不予受理:

(一)不属于仲裁委员会受理争议范围的;

(二)不属于本仲裁委员会管辖的;

(三)超出规定的仲裁审查申请期间的;

(四)确认劳动关系的;

(五)调解协议已经人民法院司法确认的。

第七十六条　仲裁委员会审查调解协议,应当自受理仲裁审查申请之日起五日内结束。因特殊情况需要延期的,经仲裁委员会主任或者其委托的仲裁院负责人批准,可以延长五日。

调解书送达前,一方或者双方当事人撤回仲裁审查申请的,仲裁委员会应当准许。

第七十七条　仲裁委员会受理仲裁审查申请后,应当指定仲裁员对调解协议进行审查。

仲裁委员会经审查认为调解协议的形式和内容合法有效的,应当制作调解书。调解书的内容应当与调解协议的内容相一致。调解书经双方当事人签收后,发生法律效力。

第七十八条　调解协议具有下列情形之一的,仲裁委员会不予制作调解书:

(一)违反法律、行政法规强制性规定的;

(二)损害国家利益、社会公共利益或者公民、法人、其他组织合法权益的;

(三)当事人提供证据材料有弄虚作假嫌疑的;

(四)违反自愿原则的;

(五)内容不明确的;

(六)其他不能制作调解书的情形。

仲裁委员会决定不予制作调解书的,应当书面通知当事人。

第七十九条　当事人撤回仲裁审查申请或者仲裁委员会决定不予制作调解书的,应当终止仲裁审查。

第五章　附　　则

第八十条　本规则规定的"三日"、"五日"、"十日"指工作日,"十五日"、"四十五日"指自然日。

第八十一条　本规则自2017年7月1日起施行。2009年1月1日人力资源社会保障部公布的《劳动人事争议仲裁办案规则》(人力资源和社会保障部令第2号)同时废止。

最高人民法院关于审理劳动争议案件适用法律问题的解释(一)

(2020年12月25日最高人民法院审判委员会第1825次会议通过
2020年12月29日公布　法释〔2020〕26号
自2021年1月1日起施行)

为正确审理劳动争议案件,根据《中华人民共和国民法典》《中华人民共和国劳动法》《中华人民共和国劳动合同法》《中华人民共和国劳动争议调解仲裁法》《中华人民共和国民事诉讼法》等相关法律规定,结合审判实践,制定本解释。

第一条 劳动者与用人单位之间发生的下列纠纷，属于劳动争议，当事人不服劳动争议仲裁机构作出的裁决，依法提起诉讼的，人民法院应予受理：

（一）劳动者与用人单位在履行劳动合同过程中发生的纠纷；

（二）劳动者与用人单位之间没有订立书面劳动合同，但已形成劳动关系后发生的纠纷；

（三）劳动者与用人单位因劳动关系是否已经解除或者终止，以及应否支付解除或者终止劳动关系经济补偿金发生的纠纷；

（四）劳动者与用人单位解除或者终止劳动关系后，请求用人单位返还其收取的劳动合同定金、保证金、抵押金、抵押物发生的纠纷，或者办理劳动者的人事档案、社会保险关系等移转手续发生的纠纷；

（五）劳动者以用人单位未为其办理社会保险手续，且社会保险经办机构不能补办导致其无法享受社会保险待遇为由，要求用人单位赔偿损失发生的纠纷；

（六）劳动者退休后，与尚未参加社会保险统筹的原用人单位因追索养老金、医疗费、工伤保险待遇和其他社会保险待遇而发生的纠纷；

（七）劳动者因为工伤、职业病，请求用人单位依法给予工伤保险待遇发生的纠纷；

（八）劳动者依据劳动合同法第八十五条规定，要求用人单位支付加付赔偿金发生的纠纷；

（九）因企业自主进行改制发生的纠纷。

第二条 下列纠纷不属于劳动争议：

（一）劳动者请求社会保险经办机构发放社会保险金的纠纷；

（二）劳动者与用人单位因住房制度改革产生的公有住房转让纠纷；

（三）劳动者对劳动能力鉴定委员会的伤残等级鉴定结论或者对职业病诊断鉴定委员会的职业病诊断鉴定结论的异议纠纷；

（四）家庭或者个人与家政服务人员之间的纠纷；

（五）个体工匠与帮工、学徒之间的纠纷；

（六）农村承包经营户与受雇人之间的纠纷。

第三条 劳动争议案件由用人单位所在地或者劳动合同履行地的基层人民法院管辖。

劳动合同履行地不明确的,由用人单位所在地的基层人民法院管辖。

法律另有规定的,依照其规定。

第四条　劳动者与用人单位均不服劳动争议仲裁机构的同一裁决,向同一人民法院起诉的,人民法院应当并案审理,双方当事人互为原告和被告,对双方的诉讼请求,人民法院应当一并作出裁决。在诉讼过程中,一方当事人撤诉的,人民法院应当根据另一方当事人的诉讼请求继续审理。双方当事人就同一仲裁裁决分别向有管辖权的人民法院起诉的,后受理的人民法院应当将案件移送给先受理的人民法院。

第五条　劳动争议仲裁机构以无管辖权为由对劳动争议案件不予受理,当事人提起诉讼的,人民法院按照以下情形分别处理:

(一)经审查认为该劳动争议仲裁机构对案件确无管辖权的,应当告知当事人向有管辖权的劳动争议仲裁机构申请仲裁;

(二)经审查认为该劳动争议仲裁机构有管辖权的,应当告知当事人申请仲裁,并将审查意见书面通知该劳动争议仲裁机构;劳动争议仲裁机构仍不受理,当事人就该劳动争议事项提起诉讼的,人民法院应予受理。

第六条　劳动争议仲裁机构以当事人申请仲裁的事项不属于劳动争议为由,作出不予受理的书面裁决、决定或者通知,当事人不服依法提起诉讼的,人民法院应当分别情况予以处理:

(一)属于劳动争议案件的,应当受理;

(二)虽不属于劳动争议案件,但属于人民法院主管的其他案件,应当依法受理。

第七条　劳动争议仲裁机构以申请仲裁的主体不适格为由,作出不予受理的书面裁决、决定或者通知,当事人不服依法提起诉讼,经审查确属主体不适格的,人民法院不予受理;已经受理的,裁定驳回起诉。

第八条　劳动争议仲裁机构为纠正原仲裁裁决错误重新作出裁决,当事人不服依法提起诉讼的,人民法院应当受理。

第九条　劳动争议仲裁机构仲裁的事项不属于人民法院受理的案件范围,当事人不服依法提起诉讼的,人民法院不予受理;已经受理的,裁定驳回起诉。

第十条　当事人不服劳动争议仲裁机构作出的预先支付劳动者劳动报酬、工伤医疗费、经济补偿或者赔偿金的裁决,依法提起诉讼的,人民法院不予受理。

用人单位不履行上述裁决中的给付义务，劳动者依法申请强制执行的，人民法院应予受理。

第十一条 劳动争议仲裁机构作出的调解书已经发生法律效力，一方当事人反悔提起诉讼的，人民法院不予受理；已经受理的，裁定驳回起诉。

第十二条 劳动争议仲裁机构逾期未作出受理决定或仲裁裁决，当事人直接提起诉讼的，人民法院应予受理，但申请仲裁的案件存在下列事由的除外：

（一）移送管辖的；

（二）正在送达或者送达延误的；

（三）等待另案诉讼结果、评残结论的；

（四）正在等待劳动争议仲裁机构开庭的；

（五）启动鉴定程序或者委托其他部门调查取证的；

（六）其他正当事由。

当事人以劳动争议仲裁机构逾期未作出仲裁裁决为由提起诉讼的，应当提交该仲裁机构出具的受理通知书或者其他已接受仲裁申请的凭证、证明。

第十三条 劳动者依据劳动合同法第三十条第二款和调解仲裁法第十六条规定向人民法院申请支付令，符合民事诉讼法第十七章督促程序规定的，人民法院应予受理。

依据劳动合同法第三十条第二款规定申请支付令被人民法院裁定终结督促程序后，劳动者就劳动争议事项直接提起诉讼的，人民法院应当告知其先向劳动争议仲裁机构申请仲裁。

依据调解仲裁法第十六条规定申请支付令被人民法院裁定终结督促程序后，劳动者依据调解协议直接提起诉讼的，人民法院应予受理。

第十四条 人民法院受理劳动争议案件后，当事人增加诉讼请求的，如该诉讼请求与讼争的劳动争议具有不可分性，应当合并审理；如属独立的劳动争议，应当告知当事人向劳动争议仲裁机构申请仲裁。

第十五条 劳动者以用人单位的工资欠条为证据直接提起诉讼，诉讼请求不涉及劳动关系其他争议的，视为拖欠劳动报酬争议，人民法院按照普通民事纠纷受理。

第十六条 劳动争议仲裁机构作出仲裁裁决后，当事人对裁决中的部分事项不服,依法提起诉讼的,劳动争议仲裁裁决不发生法律效力。

第十七条　劳动争议仲裁机构对多个劳动者的劳动争议作出仲裁裁决后,部分劳动者对仲裁裁决不服,依法提起诉讼的,仲裁裁决对提起诉讼的劳动者不发生法律效力;对未提起诉讼的部分劳动者,发生法律效力,如其申请执行的,人民法院应当受理。

第十八条　仲裁裁决的类型以仲裁裁决书确定为准。仲裁裁决书未载明该裁决为终局裁决或者非终局裁决,用人单位不服该仲裁裁决向基层人民法院提起诉讼的,应当按照以下情形分别处理:

(一)经审查认为该仲裁裁决为非终局裁决的,基层人民法院应予受理;

(二)经审查认为该仲裁裁决为终局裁决的,基层人民法院不予受理,但应告知用人单位可以自收到不予受理裁定书之日起三十日内向劳动争议仲裁机构所在地的中级人民法院申请撤销该仲裁裁决;已经受理的,裁定驳回起诉。

第十九条　仲裁裁决书未载明该裁决为终局裁决或者非终局裁决,劳动者依据调解仲裁法第四十七条第一项规定,追索劳动报酬、工伤医疗费、经济补偿或者赔偿金,如果仲裁裁决涉及数项,每项确定的数额均不超过当地月最低工资标准十二个月金额的,应当按照终局裁决处理。

第二十条　劳动争议仲裁机构作出的同一仲裁裁决同时包含终局裁决事项和非终局裁决事项,当事人不服该仲裁裁决向人民法院提起诉讼的,应当按照非终局裁决处理。

第二十一条　劳动者依据调解仲裁法第四十八条规定向基层人民法院提起诉讼,用人单位依据调解仲裁法第四十九条规定向劳动争议仲裁机构所在地的中级人民法院申请撤销仲裁裁决的,中级人民法院应当不予受理;已经受理的,应当裁定驳回申请。

被人民法院驳回起诉或者劳动者撤诉的,用人单位可以自收到裁定书之日起三十日内,向劳动争议仲裁机构所在地的中级人民法院申请撤销仲裁裁决。

第二十二条　用人单位依据调解仲裁法第四十九条规定向中级人民法院申请撤销仲裁裁决,中级人民法院作出的驳回申请或者撤销仲裁裁决的裁定为终审裁定。

第二十三条　中级人民法院审理用人单位申请撤销终局裁决的案件,应当组成合议庭开庭审理。经过阅卷、调查和询问当事人，对没有新的事实、证据或者理由，合议庭认为不需要开庭审理的，可以不开庭审理。

中级人民法院可以组织双方当事人调解。达成调解协议的，可以制作调解书。一方当事人逾期不履行调解协议的，另一方可以申请人民法院强制执行。

第二十四条 当事人申请人民法院执行劳动争议仲裁机构作出的发生法律效力的裁决书、调解书，被申请人提出证据证明劳动争议仲裁裁决书、调解书有下列情形之一，并经审查核实的，人民法院可以根据民事诉讼法第二百三十七条规定，裁定不予执行：

（一）裁决的事项不属于劳动争议仲裁范围，或者劳动争议仲裁机构无权仲裁的；

（二）适用法律、法规确有错误的；

（三）违反法定程序的；

（四）裁决所根据的证据是伪造的；

（五）对方当事人隐瞒了足以影响公正裁决的证据的；

（六）仲裁员在仲裁该案时有索贿受贿、徇私舞弊、枉法裁决行为的；

（七）人民法院认定执行该劳动争议仲裁裁决违背社会公共利益的。

人民法院在不予执行的裁定书中，应当告知当事人在收到裁定书之次日起三十日内，可以就该劳动争议事项向人民法院提起诉讼。

第二十五条 劳动争议仲裁机构作出终局裁决，劳动者向人民法院申请执行，用人单位向劳动争议仲裁机构所在地的中级人民法院申请撤销的，人民法院应当裁定中止执行。

用人单位撤回撤销终局裁决申请或者其申请被驳回的，人民法院应当裁定恢复执行。仲裁裁决被撤销的，人民法院应当裁定终结执行。

用人单位向人民法院申请撤销仲裁裁决被驳回后，又在执行程序中以相同理由提出不予执行抗辩的，人民法院不予支持。

第二十六条 用人单位与其它单位合并的，合并前发生的劳动争议，由合并后的单位为当事人；用人单位分立为若干单位的，其分立前发生的劳动争议，由分立后的实际用人单位为当事人。

用人单位分立为若干单位后，具体承受劳动权利义务的单位不明确的，分立后的单位均为当事人。

第二十七条　用人单位招用尚未解除劳动合同的劳动者,原用人单位与劳动者发生的劳动争议,可以列新的用人单位为第三人。

原用人单位以新的用人单位侵权为由提起诉讼的,可以列劳动者为第三人。

原用人单位以新的用人单位和劳动者共同侵权为由提起诉讼的,新的用人单位和劳动者列为共同被告。

第二十八条　劳动者在用人单位与其他平等主体之间的承包经营期间,与发包方和承包方双方或者一方发生劳动争议,依法提起诉讼的,应当将承包方和发包方作为当事人。

第二十九条　劳动者与未办理营业执照、营业执照被吊销或者营业期限届满仍继续经营的用人单位发生争议的,应当将用人单位或者其出资人列为当事人。

第三十条　未办理营业执照、营业执照被吊销或者营业期限届满仍继续经营的用人单位,以挂靠等方式借用他人营业执照经营的,应当将用人单位和营业执照出借方列为当事人。

第三十一条　当事人不服劳动争议仲裁机构作出的仲裁裁决,依法提起诉讼,人民法院审查认为仲裁裁决遗漏了必须共同参加仲裁的当事人的,应当依法追加遗漏的人为诉讼当事人。

被追加的当事人应当承担责任的,人民法院应当一并处理。

第三十二条　用人单位与其招用的已经依法享受养老保险待遇或者领取退休金的人员发生用工争议而提起诉讼的,人民法院应当按劳务关系处理。

企业停薪留职人员、未达到法定退休年龄的内退人员、下岗待岗人员以及企业经营性停产放长假人员,因与新的用人单位发生用工争议而提起诉讼的,人民法院应当按劳动关系处理。

第三十三条　外国人、无国籍人未依法取得就业证件即与中华人民共和国境内的用人单位签订劳动合同,当事人请求确认与用人单位存在劳动关系的,人民法院不予支持。

持有《外国专家证》并取得《外国人来华工作许可证》的外国人,与中华人民共和国境内的用人单位建立用工关系的,可以认定为劳动关系。

第三十四条　劳动合同期满后,劳动者仍在原用人单位工作,原用人单位未表示异议的,视为双方同意以原条件继续履行劳动合同。一方提出终止劳动关系的,人民法院应予支持。

根据劳动合同法第十四条规定,用人单位应当与劳动者签订无固定期限劳动合同而未签订的,人民法院可以视为双方之间存在无固定期限劳动合同关系,并以原劳动合同确定双方的权利义务关系。

第三十五条　劳动者与用人单位就解除或者终止劳动合同办理相关手续、支付工资报酬、加班费、经济补偿或者赔偿金等达成的协议,不违反法律、行政法规的强制性规定,且不存在欺诈、胁迫或者乘人之危情形的,应当认定有效。

前款协议存在重大误解或者显失公平情形,当事人请求撤销的,人民法院应予支持。

第三十六条　当事人在劳动合同或者保密协议中约定了竞业限制,但未约定解除或者终止劳动合同后给予劳动者经济补偿,劳动者履行了竞业限制义务,要求用人单位按照劳动者在劳动合同解除或者终止前十二个月平均工资的30%按月支付经济补偿的,人民法院应予支持。

前款规定的月平均工资的30%低于劳动合同履行地最低工资标准的,按照劳动合同履行地最低工资标准支付。

第三十七条　当事人在劳动合同或者保密协议中约定了竞业限制和经济补偿,当事人解除劳动合同时,除另有约定外,用人单位要求劳动者履行竞业限制义务,或者劳动者履行了竞业限制义务后要求用人单位支付经济补偿的,人民法院应予支持。

第三十八条　当事人在劳动合同或者保密协议中约定了竞业限制和经济补偿,劳动合同解除或者终止后,因用人单位的原因导致三个月未支付经济补偿,劳动者请求解除竞业限制约定的,人民法院应予支持。

第三十九条　在竞业限制期限内,用人单位请求解除竞业限制协议的,人民法院应予支持。

在解除竞业限制协议时,劳动者请求用人单位额外支付劳动者三个月的竞业限制经济补偿的,人民法院应予支持。

第四十条　劳动者违反竞业限制约定,向用人单位支付违约金后,用人单位要求劳动者按照约定继续履行竞业限制义务的,人民法院应予支持。

第四十一条　劳动合同被确认为无效,劳动者已付出劳动的,用人单位应当按照劳动合同法第二十八条、第四十六条、第四十七条的规定向劳动者支付劳动报酬和经济补偿。

由于用人单位原因订立无效劳动合同,给劳动者造成损害的,用人单位应当赔偿劳动者因合同无效所造成的经济损失。

第四十二条　劳动者主张加班费的,应当就加班事实的存在承担举证责任。但劳动者有证据证明用人单位掌握加班事实存在的证据,用人单位不提供的,由用人单位承担不利后果。

第四十三条　用人单位与劳动者协商一致变更劳动合同,虽未采用书面形式,但已经实际履行了口头变更的劳动合同超过一个月,变更后的劳动合同内容不违反法律、行政法规且不违背公序良俗,当事人以未采用书面形式为由主张劳动合同变更无效的,人民法院不予支持。

第四十四条　因用人单位作出的开除、除名、辞退、解除劳动合同、减少劳动报酬、计算劳动者工作年限等决定而发生的劳动争议,用人单位负举证责任。

第四十五条　用人单位有下列情形之一,迫使劳动者提出解除劳动合同的,用人单位应当支付劳动者的劳动报酬和经济补偿,并可支付赔偿金:

(一)以暴力、威胁或者非法限制人身自由的手段强迫劳动的;

(二)未按照劳动合同约定支付劳动报酬或者提供劳动条件的;

(三)克扣或者无故拖欠劳动者工资的;

(四)拒不支付劳动者延长工作时间工资报酬的;

(五)低于当地最低工资标准支付劳动者工资的。

第四十六条　劳动者非因本人原因从原用人单位被安排到新用人单位工作,原用人单位未支付经济补偿,劳动者依据劳动合同法第三十八条规定与新用人单位解除劳动合同,或者新用人单位向劳动者提出解除、终止劳动合同,在计算支付经济补偿或赔偿金的工作年限时,劳动者请求把在原用人单位的工作年限合并计算为新用人单位工作年限的,人民法院应予支持。

用人单位符合下列情形之一的,应当认定属于“劳动者非因本人原因从原用人单位被安排到新用人单位工作”:

(一)劳动者仍在原工作场所、工作岗位工作,劳动合同主体由原用人单位变更为新用人单位;

(二)用人单位以组织委派或任命形式对劳动者进行工作调动;

（三）因用人单位合并、分立等原因导致劳动者工作调动；

（四）用人单位及其关联企业与劳动者轮流订立劳动合同；

（五）其他合理情形。

第四十七条　建立了工会组织的用人单位解除劳动合同符合劳动合同法第三十九条、第四十条规定，但未按照劳动合同法第四十三条规定事先通知工会，劳动者以用人单位违法解除劳动合同为由请求用人单位支付赔偿金的，人民法院应予支持，但起诉前用人单位已经补正有关程序的除外。

第四十八条　劳动合同法施行后，因用人单位经营期限届满不再继续经营导致劳动合同不能继续履行，劳动者请求用人单位支付经济补偿的，人民法院应予支持。

第四十九条　在诉讼过程中，劳动者向人民法院申请采取财产保全措施，人民法院经审查认为申请人经济确有困难，或者有证据证明用人单位存在欠薪逃匿可能的，应当减轻或者免除劳动者提供担保的义务，及时采取保全措施。

人民法院作出的财产保全裁定中，应当告知当事人在劳动争议仲裁机构的裁决书或者在人民法院的裁判文书生效后三个月内申请强制执行。逾期不申请的，人民法院应当裁定解除保全措施。

第五十条　用人单位根据劳动合同法第四条规定，通过民主程序制定的规章制度，不违反国家法律、行政法规及政策规定，并已向劳动者公示的，可以作为确定双方权利义务的依据。

用人单位制定的内部规章制度与集体合同或者劳动合同约定的内容不一致，劳动者请求优先适用合同约定的，人民法院应予支持。

第五十一条　当事人在调解仲裁法第十条规定的调解组织主持下达成的具有劳动权利义务内容的调解协议，具有劳动合同的约束力，可以作为人民法院裁判的根据。

当事人在调解仲裁法第十条规定的调解组织主持下仅就劳动报酬争议达成调解协议，用人单位不履行调解协议确定的给付义务，劳动者直接提起诉讼的，人民法院可以按照普通民事纠纷受理。

第五十二条　当事人在人民调解委员会主持下仅就给付义务达成的调解协议，双方认为有必要的，可以共同向人民调解委员会所在地的基层人民法院申请司法确认。

第五十三条　用人单位对劳动者作出的开除、除名、辞退等处理,或者因其他原因解除劳动合同确有错误的,人民法院可以依法判决予以撤销。

对于追索劳动报酬、养老金、医疗费以及工伤保险待遇、经济补偿金、培训费及其他相关费用等案件,给付数额不当的,人民法院可以予以变更。

第五十四条　本解释自2021年1月1日起施行。

最高人民法院关于审理劳动争议案件适用法律问题的解释(二)

(2025年2月17日最高人民法院审判委员会第1942次会议通过
2025年7月31日公布　法释〔2025〕12号
自2025年9月1日起施行)

为正确审理劳动争议案件,根据《中华人民共和国民法典》《中华人民共和国劳动法》《中华人民共和国劳动合同法》《中华人民共和国民事诉讼法》《中华人民共和国劳动争议调解仲裁法》等相关法律规定,结合审判实践,制定本解释。

第一条　具备合法经营资格的承包人将承包业务转包或者分包给不具备合法经营资格的组织或者个人,该组织或者个人招用的劳动者请求确认承包人为承担用工主体责任单位,承担支付劳动报酬、认定工伤后的工伤保险待遇等责任的,人民法院依法予以支持。

第二条　不具备合法经营资格的组织或者个人挂靠具备合法经营资格的单位对外经营,该组织或者个人招用的劳动者请求确认被挂靠单位为承担用工主体责任单位,承担支付劳动报酬、认定工伤后的工伤保险待遇等责任的,人民法院依法予以支持。

第三条　劳动者被多个存在关联关系的单位交替或者同时用工,其请求确认劳动关系的,人民法院按照下列情形分别处理:

(一)已订立书面劳动合同,劳动者请求按照劳动合同确认劳动关系的,人民法院依法予以支持；

（二）未订立书面劳动合同的，根据用工管理行为，综合考虑工作时间、工作内容、劳动报酬支付、社会保险费缴纳等因素确认劳动关系。

劳动者请求符合前款第二项规定情形的关联单位共同承担支付劳动报酬、福利待遇等责任的，人民法院依法予以支持，但关联单位之间依法对劳动者的劳动报酬、福利待遇等作出约定且经劳动者同意的除外。

第四条　外国人与中华人民共和国境内的用人单位建立用工关系，有下列情形之一，外国人请求确认与用人单位存在劳动关系的，人民法院依法予以支持：

（一）已取得永久居留资格的；

（二）已取得工作许可且在中国境内合法停留居留的；

（三）按照国家有关规定办理相关手续的。

第五条　依法设立的外国企业常驻代表机构可以作为劳动争议案件的当事人。当事人申请追加外国企业参加诉讼的，人民法院依法予以支持。

第六条　用人单位未依法与劳动者订立书面劳动合同，应当支付劳动者的二倍工资按月计算；不满一个月的，按该月实际工作日计算。

第七条　劳动者以用人单位未订立书面劳动合同为由，请求用人单位支付二倍工资的，人民法院依法予以支持，但用人单位举证证明存在下列情形之一的除外：

（一）因不可抗力导致未订立的；

（二）因劳动者本人故意或者重大过失未订立的；

（三）法律、行政法规规定的其他情形。

第八条　劳动合同期满，有下列情形之一的，人民法院认定劳动合同期限依法自动续延，不属于用人单位未订立书面劳动合同的情形：

（一）劳动合同法第四十二条规定的用人单位不得解除劳动合同的；

（二）劳动合同法实施条例第十七条规定的服务期尚未到期的；

（三）工会法第十九条规定的任期未届满的。

第九条　有证据证明存在劳动合同法第十四条第三款规定的“视为用人单位与劳动者已订立无固定期限劳动合同”情形，劳动者请求与用人单位订立书面劳动合同的，人民法院依法予以支持；劳动者以用人单位未及时补订书面劳动合同为由，请求用人单位支付视为已与劳动者订立无固定期限劳动合同期间二倍工资的,人民法院不予支持。

第十条　有下列情形之一的,人民法院应认定为符合劳动合同法第十四条第二款第三项“连续订立二次固定期限劳动合同”的规定:

(一)用人单位与劳动者协商延长劳动合同期限累计达到一年以上,延长期限届满的;

(二)用人单位与劳动者约定劳动合同期满后自动续延,续延期限届满的;

(三)劳动者非因本人原因仍在原工作场所、工作岗位工作,用人单位变换劳动合同订立主体,但继续对劳动者进行劳动管理,合同期限届满的;

(四)以其他违反诚信原则的规避行为再次订立劳动合同,期限届满的。

第十一条　劳动合同期满后,劳动者仍在用人单位工作,用人单位未表示异议超过一个月,劳动者请求用人单位以原条件续订劳动合同的,人民法院依法予以支持。

符合订立无固定期限劳动合同情形,劳动者请求用人单位以原条件订立无固定期限劳动合同的,人民法院依法予以支持。

用人单位解除劳动合同,劳动者请求用人单位依法承担解除劳动合同法律后果的,人民法院依法予以支持。

第十二条　除向劳动者支付正常劳动报酬外,用人单位与劳动者约定服务期限并提供特殊待遇,劳动者违反约定提前解除劳动合同且不符合劳动合同法第三十八条规定的单方解除劳动合同情形时,用人单位请求劳动者承担赔偿损失责任的,人民法院可以综合考虑实际损失、当事人的过错程度、已经履行的年限等因素确定劳动者应当承担的赔偿责任。

第十三条　劳动者未知悉、接触用人单位的商业秘密和与知识产权相关的保密事项,劳动者请求确认竞业限制条款不生效的,人民法院依法予以支持。

竞业限制条款约定的竞业限制范围、地域、期限等内容与劳动者知悉、接触的商业秘密和与知识产权相关的保密事项不相适应,劳动者请求确认竞业限制条款超过合理比例部分无效的,人民法院依法予以支持。

第十四条　用人单位与高级管理人员、高级技术人员和其他负有保密义务的人员约定在职期间竞业限制条款,劳动者以不得约定在职期间竞业限制、未支付经济补偿为由请求确认竞业限制条款无效的,人民法院不予支持。

第十五条　劳动者违反有效的竞业限制约定,用人单位请求劳动者按照约定返还已经支付的经济补偿并支付违约金的,人民法院依法予以支持。

第十六条　用人单位违法解除或者终止劳动合同后,有下列情形之一的,人民法院可以认定为劳动合同法第四十八条规定的“劳动合同已经不能继续履行”:

(一)劳动合同在仲裁或者诉讼过程中期满且不存在应当依法续订、续延劳动合同情形的;

(二)劳动者开始依法享受基本养老保险待遇的;

(三)用人单位被宣告破产的;

(四)用人单位解散的,但因合并或者分立需要解散的除外;

(五)劳动者已经与其他用人单位建立劳动关系,对完成用人单位的工作任务造成严重影响,或者经用人单位提出,不与其他用人单位解除劳动合同的;

(六)存在劳动合同客观不能履行的其他情形的。

第十七条　用人单位未按照国务院安全生产监督管理部门、卫生行政部门的规定组织从事接触职业病危害作业的劳动者进行离岗前的职业健康检查,劳动者在双方解除劳动合同后请求继续履行劳动合同的,人民法院依法予以支持,但有下列情形之一的除外:

(一)一审法庭辩论终结前,用人单位已经组织劳动者进行职业健康检查且经检查劳动者未患职业病的;

(二)一审法庭辩论终结前,用人单位组织劳动者进行职业健康检查,劳动者无正当理由拒绝检查的。

第十八条　用人单位违法解除、终止可以继续履行的劳动合同,劳动者请求用人单位支付违法解除、终止决定作出后至劳动合同继续履行前一日工资的,用人单位应当按照劳动者提供正常劳动时的工资标准向劳动者支付上述期间的工资。

用人单位、劳动者对于劳动合同解除、终止都有过错的,应当各自承担相应的责任。

第十九条　用人单位与劳动者约定或者劳动者向用人单位承诺无需缴纳社会保险费的,人民法院应当认定该约定或者承诺无效。用人单位未依法缴纳社会保险费,劳动者根据劳动合同法第三十八条第三项规定请求解除劳动合同、由用人单位支付经济补偿的,人民法院依法予以支持。

有前款规定情形,用人单位依法补缴社会保险费后,请求劳动者返还已支付的社会保险费补偿的,人民法院依法予以支持。

第二十条　当事人在仲裁期间因自身原因未提出仲裁时效抗辩,在一审或者二审诉讼期间提出仲裁时效抗辩的,人民法院不予支持。当事人基于新的证据能够证明对方当事人请求权的仲裁时效期间届满的,人民法院应予支持。

当事人未按照前款规定提出仲裁时效抗辩,以仲裁时效期间届满为由申请再审或者提出再审抗辩的,人民法院不予支持。

第二十一条　本解释自2025年9月1日起施行。《最高人民法院关于审理劳动争议案件适用法律问题的解释(一)》(法释〔2020〕26号)第三十二条第一款同时废止。最高人民法院此前发布的司法解释与本解释不一致的,以本解释为准。

工会参与劳动争议处理办法

(2023年12月28日中华全国总工会第十八届书记处第4次会议审议通过　总工发〔2023〕23号)

第一章　总　　则

第一条　为深入贯彻习近平法治思想,坚持和发展新时代"枫桥经验",进一步规范和加强工会参与劳动争议处理工作,更好履行维护职工合法权益、竭诚服务职工群众基本职责,推动构建和谐劳动关系,根据《中华人民共和国工会法》《中华人民共和国劳动法》《中华人民共和国劳动合同法》《中华人民共和国劳动争议调解仲裁法》及《中国工会章程》等有关规定,制定本办法。

第二条　工会参与劳动争议处理，应当坚持中国共产党的领导，坚持以职工为本，坚持立足预防、立足调解、立足法治、立足基层，坚持公平、正义，最大限度将劳动争议矛盾化解在基层，化解在萌芽状态。

第三条　县级以上总工会应当将工会参与劳动争议处理工作纳入服务职工工作体系，健全工会参与劳动争议处理保障机制，促进工会参与劳动争议处理工作高质量发展。

全国总工会法律工作部门负责指导、协调全国工会参与劳动争议处理工作。县级以上地方总工会法律工作部门负责指导、协调并组织实施本地区工会参与劳动争议处理工作。

各级工会加强与同级人力资源社会保障、人民法院、人民检察院、司法行政、公安、工商业联合会、企业联合会/企业家协会、律师协会等部门的沟通，推动建立健全劳动争议处理协作联动机制，协力做好劳动争议处理工作。

第四条　本办法适用于工会参与处理下列劳动争议：

（一）因确认劳动关系发生的争议；

（二）因订立、履行、变更、解除和终止劳动合同发生的争议；

（三）因订立或履行集体合同发生的争议；

（四）因工作时间、休息休假、社会保险、福利、培训以及劳动保护、女职工和未成年工、残疾职工等特殊劳动保护发生的争议；

（五）因劳动报酬、工伤保险待遇、经济补偿或者赔偿金等发生的争议；

（六）法律、法规规定的其他劳动争议。

第五条　工会依法参与劳动争议协商、调解、仲裁、诉讼等工作。县级以上总工会依法为所属工会和职工提供法律援助等法律服务。

职工因用人单位侵犯其劳动权益而申请劳动争议仲裁或者向人民法院起诉的，工会依法给予支持和帮助。

第六条　工会积极参与涉及货车司机、网约车驾驶员、快递员、外卖配送员等新就业形态劳动者劳动争议处理工作，依法维护新就业形态劳动者的劳动保障权益。

第七条　工会工作者参与劳动争议处理工作，应当依照法律和有关规定履行职责，做到遵纪守法、公正廉洁，不得滥用职权、徇私舞弊、收受贿赂，不得泄露国家秘密、商业秘密和个人隐私。

第二章　参与劳动争议协商

第八条　劳动争议协商是指劳动者和用人单位因行使劳动权利、履行劳动义务发生争议后，双方就解决争议、化解矛盾，达成和解协议而共同进行商谈的行为。

第九条　各级工会应当积极推进用人单位建立健全劳动关系协商调处机制，完善内部协商规则。发生劳动争议，职工可以要求用人单位工会参与或者协助其与用人单位进行协商；用人单位尚未建立工会的，职工可以请求用人单位所在地的各级地方工会参与或者协助其与用人单位进行协商，推动达成和解协议。

第十条　工会在参与劳动争议协商过程中，应当依法维护职工合法权益，代表或者协助职工提出切实可行的和解方案。

职工与用人单位就劳动争议协商达成一致的，工会应当主动引导签订书面和解协议并推动和解协议及时履行。

第十一条　劳动争议双方当事人不愿协商、协商不成或者达成和解协议后在约定的期限内不履行的，工会应当主动做好引导申请调解或仲裁等工作。

第三章　参与劳动争议调解

第十二条　工会应当积极参与劳动争议多元化解机制建设，充分发挥工会在调解工作中的职能作用，推动构建党委领导、政府负责、人力资源社会保障部门牵头、工会等有关部门参与、司法保障、科技支撑的劳动争议多元化解工作格局。

第十三条　劳动争议双方当事人经调解达成调解协议的，工会应当引导和督促当事人主动、及时、充分履行调解协议。依照法律规定可以申请仲裁审查或者司法确认的，工会可以引导当事人依法提出申请。

第十四条　企业劳动争议调解委员会依照有关规定由劳动者代表和企业代表组成，人数由双方协商确定，双方人数应当对等。劳动者代表由工会委员会成员担任或者由全体劳动者推举产生，企业代表由企业负责人指定。

企业劳动争议调解委员会主任依照有关规定由工会委员会成员或者双方推举的人员担任。

企业劳动争议调解委员会的办事机构可以依照有关规定设在企业工会委员会。

第十五条 企业劳动争议调解委员会履行下列职责：

（一）宣传劳动保障法律、法规和政策；

（二）对本企业发生的劳动争议进行调解；

（三）监督和推动和解协议、调解协议的履行；

（四）聘任、解聘和管理调解员；

（五）参与协调履行劳动合同、集体合同、执行企业劳动规章制度等方面出现的问题；

（六）参与研究涉及劳动者切身利益的重大方案；

（七）协助企业建立劳动争议预防预警机制；

（八）法律、法规规定的其他事项。

第十六条 工会工作者担任劳动争议调解员主要履行以下职责：

（一）关注用人单位或者行业劳动关系状况，及时向劳动争议调解委员会报告；

（二）接受劳动争议调解委员会指派，调解劳动争议案件；

（三）保障当事人实现自愿调解、申请回避和申请仲裁的权利；

（四）自调解组织收到调解申请之日起 15 日内结束调解，到期未结束的或者当事人明确表示不愿意接受调解的，视为调解不成，告知当事人可以申请仲裁；

（五）监督和解协议、调解协议的履行；

（六）及时做好调解文书及案卷的整理归档工作；

（七）完成调解委员会交办的其他工作。

第十七条 劳动争议调解委员会委员因工作或者职务变动等原因需要调整时，由原推选单位在 30 日内依法推举或者指定人员补齐。劳动争议调解委员会委员需调整人数超过半数的，按有关规定重新组建。

第四章 参加劳动争议仲裁

第十八条 工会依照劳动争议调解仲裁法规定参加同级劳动人事争议

仲裁委员会,履行有关职责。

第十九条 工会工作者作为劳动人事争议仲裁委员会组成人员,依法履行下列职责:

(一)参与处理所辖范围内的劳动争议案件;

(二)参加仲裁委员会会议,遇特殊情况不能到会的,应出具委托书,委托本组织其他人员出席会议;

(三)参与研究处理有重大影响和仲裁庭提交的重大疑难案件;

(四)参与对办案程序违法违规、工作人员违法违纪等问题线索的核查处理;

(五)对受理的集体劳动争议及本地区有影响的个人劳动争议案件,及时向本级及上级工会书面报告。

第二十条 工会工作者符合法律规定的仲裁员条件,由劳动人事争议仲裁委员会聘为兼职仲裁员的,依法履行仲裁员职责。

工会兼职仲裁员所在单位对其参加劳动争议仲裁活动应当给予支持。

第五章 参与劳动争议诉讼

第二十一条 工会在劳动争议诉讼中主要履行以下职责:

(一)支持帮助职工当事人起诉;

(二)接受职工当事人委托,指派或者委派诉讼代理人;

(三)推动生效法律文书的诚信履行;

(四)代表劳动者参加集体合同争议诉讼。

第二十二条 依法设立的工会法律服务机构可以接受职工的委托,指派或者委派诉讼代理人,代理其参加劳动争议诉讼活动。职工应当向人民法院提交由其本人签名或者盖章的授权委托书,指派或者委派的诉讼代理人在授权范围内代理诉讼。

第二十三条 依法设立的工会法律服务机构指派或者委派的诉讼代理人代理职工参与诉讼,主要有以下方式:

(一)为职工当事人提供法律咨询,代写起诉状、上诉状、申诉状等法律文书;

(二)在诉讼过程中为职工当事人代写应诉相关文本;

（三）调查案件有关事实，搜集对职工当事人有利的证据；

（四）代理职工当事人参加法院组织的立案前或者诉讼中调解，提出有利于职工当事人的调解意见和主张，促成双方当事人和解；

（五）代理职工当事人出庭应诉；

（六）为职工当事人实施法律法规规定或者当事人授权的其他代理行为。

第六章 参与处理集体劳动争议

第二十四条 发生集体劳动争议，用人单位工会应当及时向上级工会报告，依法参与处理。需要上级工会支持和帮助的，上级工会应当提供法律帮助。

工会参与处理集体劳动争议，应当积极反映职工的正当要求，维护职工合法权益。

第二十五条 因集体劳动争议导致停工、怠工事件，工会应当代表职工同企业、事业单位、社会组织或者有关方面协商，反映职工的意见和要求并提出解决意见。协商不成的，按集体劳动争议处理程序解决。

第二十六条 因订立集体合同发生争议，当事人双方协商解决不成的，用人单位工会应当提请上级工会协同人力资源社会保障等有关部门协调处理。

第二十七条 因履行集体合同发生争议，经协商解决不成的，用人单位工会可以依法申请仲裁；用人单位尚未建立工会的，由上级工会指导劳动者推举产生的代表依法申请仲裁。仲裁机构不予受理或者对仲裁裁决不服的，工会或者劳动者代表可以依法向人民法院提起诉讼。

第七章 组织保障

第二十八条 工会参与劳动争议处理工作应当积极争取地方政府的支持，通过政府联席（联系）会议、协调劳动关系三方机制等形式，定期与同级政府沟通交流工作情况，研究解决工作中的重大问题。

县级以上总工会应当加强对工会参与劳动争议处理工作的组织领导。

下级工会应当定期向上级工会报告参与劳动争议处理工作。

第二十九条 各地工会应当根据工作实际,加强工会参与劳动争议处理工作数字化建设。工会可以依托职工服务线上平台,建立网上劳动争议调解室。

第三十条 具备条件的工会驿站等工会服务站点可以设立流动工会劳动争议调解室,为户外劳动者、新就业形态劳动者等提供便捷式法律服务。

具备条件的地方工会可以在劳动人事争议仲裁院、人民法院设立工会法律服务工作站(点)或者窗口,接受仲裁委员会或者人民法院委派委托,调解劳动争议。

第三十一条 工会应当积极推动用人单位依法建立劳动争议调解委员会,推动工业园区和劳动密集型行业等建立区域性、行业性劳动争议调解组织,实现劳动争议调解组织应建尽建。

工会指导建立基层工会时,同步建立工会劳动法律监督委员会,同步推进企业建立劳动争议调解委员会。

第三十二条 工会应当积极推动平台企业及其关联企业建立劳动争议调解委员会,加快在新就业形态劳动者集中的行业、区域建立劳动争议调解组织。

第三十二条 各级工会应当将参与劳动争议处理工作业务纳入本级工会培训主体班次,定期对工会劳动争议调解员、兼职仲裁员等从事劳动争议处理工作的人员进行培训,提高劳动争议处理工作的能力和水平。

第三十四条 县级以上地方总工会应当将工会参与劳动争议处理工作经费列入本级工会经费预算。

第八章 附　　则

第三十五条 各省、自治区、直辖市总工会可以根据本办法,结合本地实际,制定具体实施办法。

第三十六条 本办法由全国总工会法律工作部负责解释。

第三十七条 本办法自印发之日起施行。全国总工会 1995 年 8 月 17 日印发的《工会参与劳动争议处理试行办法》(总工发〔1995〕12 号)同时废止。

中国年鉴精品工程
High Quality Project of China's Yearbook

九台年鉴

JIUTAI YEARBOOK

2020

长春市九台区地方志编纂委员会 编

方志出版社
Publishing House of Local Records

图书在版编目(CIP)数据

九台年鉴. 2020 / 长春市九台区地方志编纂委员会编. -- 北京:方志出版社, 2020.9
ISBN 978-7-5144-4531-2

Ⅰ. ①九… Ⅱ. ①九… Ⅲ. ①九台-2020-年鉴
Ⅳ. ①Z523.44

中国版本图书馆 CIP 数据核字(2020)第 252070 号

九台年鉴(2020)

编　　者:长春市九台区地方志编纂委员会
责任编辑:陈　菁

出 版 者:方志出版社
地址　北京市朝阳区潘家园东里 9 号(国家方志馆 4 层)
邮编　100021
网址　http://www.zgfzcb.cn
发　　行:方志出版社图书经销中心
电话:(010)67110500
经　　销:各地新华书店
印　　刷:吉林省优视印务有限公司

开　　本:889×1194　1/16
印　　张:23
字　　数:529 千字
版　　次:2020 年 9 月第 1 版　2020 年 9 月第 1 次印刷
印　　数:0001~1000 册

ISBN 978-7-5144-4531-2　定　　价:280.00 元

九台年鉴编纂委员会

主　　任：宋长者（九台区人民政府区长）

副 主 任：李国辉（九台区人民政府常务副区长）

　　　　　张新天（九台区人民政府办公室主任）

　　　　　王春才（九台区人民政府办公室副主任）

委　　员：王晓东（九台区委办公室主任）

　　　　　徐忠利（九台区人大常委会办公室主任）

　　　　　王丽娜（九台区政协办公室主任）

　　　　　尹庆敏（九台区纪委副书记、监委副主任）

　　　　　周　皞（九台区委宣传部副部长）

九台年鉴编纂人员

主　　　编：张新天

副　主　编：王春才　马丽超

执行副主编：于　永

特 邀 编 辑：韩志君

编　　　辑：赵红艳　郭淑华　赵海玲　雒子慧　王　兵

长春市地方志编纂委员会指导人员

战国立　丁丽君　乔玮晏　王玉宁

九台年鉴供稿人员（按姓氏笔画排序）

马立军	马艳楠	马海力	马激光	王　强	王　媛	王九龙
王士强	王公宇	王正贤	王占波	王立志	王安琪	王若愚
王剑秋	王洪英	王宪春	王浩然	车　月	孔繁一	石韫琪
付铁成	白青力	丛　月	冯　莹	冯克红	冯新然	邢　栋
巩　雪	巩庆春	曲守军	吕　奇	朱　杰	朱云峰	伊　然
刘　涛	刘　琦	刘小楠	刘连庆	刘欣悦	刘宗利	刘孟昌
刘起君	刘晓娟	刘景元	刘博达	刘靖宇	江国彪	孙　伟
孙　阳	孙立欣	孙志远	孙丽影	孙洪刚	杨松青	杨佳英
李　响	李　镁	李志韬	李沐欣	吴身义	吴昆明	何景阳
何慧洁	张　帆	张　宇	张　启	张　磊	张久春	张天鸽
张云英	张印哲	张立志	张洪军	张晓宇	张景祥	陈　红
陈光宇	邵忠文	武　君	范宏君	罗　丹	单莹莹	周雪东
郑　超	郎守邑	赵春月	赵晨曦	拱润涛	侯海霞	姜　超
姜欣佐	姜继超	袁　野	徐胜男	徐嘉慧	高　颖	郭凤敏
唐一晶	陶建功	曹桂华	梁立和	董　辉	塔晓丽	彭秀明
韩　俊	韩在柱	韩希辉	韩静怡	温洪林	窦丽萍	潘明辉

序一

国务院办公厅2015年8月印发的《全国地方志事业发展规划纲要（2015—2020年）》（以下简称《规划纲要》）要求，到2020年要做到地方综合年鉴一年一鉴，公开出版，实现省、市、县三级综合年鉴全覆盖。《规划纲要》还要求，坚持存真求实，正确处理质量与进度的关系，将精品意识贯穿于年鉴编纂出版工作全过程。2015年12月，中国地方志指导小组办公室启动中国年鉴精品工程，将其与先期实施的中国志书精品工程视为姊妹工程，一道作为加强地方志质量建设的重要抓手。

实施中国年鉴精品工程有助于推动中华优秀传统文化传承发展。近年来，在党中央、国务院的高度重视和关心支持下，全国地方志事业发展迎来最好的发展时期。年鉴编纂发端于欧洲，鸦片战争后被引入我国，在我国走过了100多年的发展历史。在长期的编纂中，年鉴在内容和形式上不断发展，逐渐演变成为适合反映中国国情、具有鲜明中国特色的一种文化载体，并在改革开放后出现了快速发展的局面。2006年5月，国务院《地方志工作条例》颁布施行，明确将地方综合年鉴纳入地方志工作范畴，年鉴工作走上了有法可依的轨道。《规划纲要》出台，为从依法编鉴转变到依法治鉴指明了方向。2016年12月，中国地方志指导小组印发《全国年鉴事业发展规划（2016—2020年）》，更进一步明确了到2020年全国年鉴事业的任务书、时间表、路线图。经过多年的发展，年鉴工作已经成为地方志工作的重要组成部分，成为中华民族优秀文化传统的有机组成部分，其存史、育人、资政作用日益彰显。实施中国年鉴精品工程，是年鉴工作者紧扣时代脉搏、坚持创新发展的一项重要举措，对于坚定文化自信，传承弘扬好中华优秀传统文化意义重大。

实施中国年鉴精品工程有助于为全面建成小康社会提供更多智力支持和历史借鉴。党的十八大作出全面建成小康社会的战略部署。党的十八届五中全会提出到2020年如期实现全面建成小康社会的目标要求。完成《规划纲要》确定的目标任务是年鉴工作者的神圣使命，更是年鉴工作者以自身力量为全面建成小康社会献上的厚礼。一方面，可以更好地利用年鉴这种年度资料性文献，及时记录各地区在全面建成小康社会伟大征程中每年取得的新成绩和新经验、出现的新情况和新问题、涌现的优秀人物和典型事迹等；另一方面，可以更好地积累地情、国情资料，为推动经济社会发展和深化改革提供智力支持，为推进国家治理体系和治理能力现代化提供历史借鉴。

实施中国年鉴精品工程有助于全面推进地方志事业转型升级。地方志不是单纯修志编鉴工作，而是全体方志人“修志问道，以启未来”的一项事业，这项事业包含着巨大的时代担当与使命追求。地方志工作要在“五大建设”总体布局和“四个全面”战略布局中发挥与其自身价值、功能相匹配的作用，就要因时而谋、乘势而上、顺势而为，全面推进地方志事业转型升级。转型升级，当下最重要的目标就是完成“两全”目标，包括“年鉴全覆盖”目标；长远的目标就是基本形成地方志编修体系、理论研究和学科建设体系、质量保障体系、资源开发利用体系、工作保障体系“五位一体”的地方志事业发展综合体系，包括“五位一体”的年鉴事业发展综合体系。中国年鉴精品工程是一项探索工程，也是一项创新工程，是推进地方志事业转型升级的重要内容。通过实施中国年鉴精品工程，不仅有助于确保年鉴质量，不断编纂出版具有鲜明时代特征、年度特点和地域特色的精品年鉴，也有助于推动年鉴工作适应经济社会发展形势和时代需要，不断改革创新，与时俱进。

多年来，在中国地方志指导小组办公室的指导和全国各级地方志工作机构的共同努力下，年鉴种类数量快速增长，年鉴成果粲然可观，为实施中国年鉴精品工程奠定了坚实的基础。实施中国年鉴精品工程，就是要在全国地方志系统起到示范作用，进一步培育精品意识，打造精品年鉴，以点带面，在提高年鉴质量方面探索出一条切实可行之路，使这项探索工程和创新工程能够积累经验，发挥引领作用。

“万山磅礴，必有主峰；龙衮九章，但挈一领。”实施中国年鉴精品工程，是筑牢地方志事业特别是年鉴事业发展根基之举，其意义与价值不言而喻。但编修出年鉴精品佳作，绝非朝夕之功，需要付出长期艰辛的努力。希望通过实施中国年鉴精品工程，能够进一步推进年鉴质量建设，使年鉴真正成为传承中华民族优秀传统文化的重要载体，成为展示中国国情、地情的重要窗口，成为“为当代提供资政辅治之参考、为后世留下堪存堪鉴之记述”的资源宝库，在全面建成小康社会过程中作出更大贡献。

是为序。

中国社会科学院原副院长
中国地方志指导小组原常务副组长 李培林

序二

地方志是中华优秀传统文化的根与魂，积淀着中华优秀传统文化最深层的精神追求，代表着中华民族独特的精神标识。新时代坚持和发展中国特色社会主义，更加需要深刻把握人类发展历史规律，更加需要编修出传承不辍的精品志鉴，才能使后代在对历史的深入思考中汲取智慧、走向未来。伟大的时代，为地方志发展提供了取之不尽、用之不竭的源泉，同时也为全国年鉴工作提供了极大的机遇。

党的十九大报告中明确提出“质量强国”，“努力实现更高质量、更有效率、更加公平、更可持续的发展”，这为年鉴事业高质量发展指明了方向。按时、保质完成《全国地方志事业发展规划纲要（2015—2020年）》规定的“两全目标”任务，打造一批资辅当前、存鉴后世、经得起历史检验的精品佳作，不仅是一种法定职责，而且具有重要的政治意义、现实意义和历史意义。中国特色社会主义进入新时代，年鉴事业也进入新时代，呈现快速、稳步发展态势，在各方面都取得了新的显著成绩，包括年鉴编纂进度大大加快，年鉴编纂范围不断扩大，年鉴资源优势得到充分发挥，年鉴开发利用水平全面提升，而且年鉴质量保障机制逐步完善、质量持续提升。因此，在全社会关注质量发展的黄金时期，尤其是在完成“两全目标”任务的关键期，在狠抓进度的时候，实施中国年鉴精品工程更是恰当其时。年鉴工作者要投身于时代，为时代放歌，书写复兴华章，把出品更多的精品年鉴使命落实在实现中国梦的恢宏大业中。

习近平总书记说，精品之所以“精”，就在于其思想精深、艺术精湛、制作精良。中国年鉴精品工程紧扣时代脉搏，拓宽视野，围绕人民群众的美好生活，用精品记录新时代，为新时代新气象新作为留下真实、鲜活、生动、翔实的记录。实施中国年鉴精品工程，既是全面贯彻落实《全国地方志事业发展规划纲要（2015—2020年）》的重要举措，也是培育精品意识和精品年鉴、提高年鉴质量的重要手段；既是发挥年鉴存史、资治、教化功能的根基所在，也是年鉴工作者坚持创新发展、传承弘扬中华优秀传统文化的关键步骤。这不仅有助于坚定文化自信，讲述好中国故事，传播好中国声音，更有助于为决胜全面建成小康社会提供更多智力支持和更大精神动力。

实施中国年鉴精品工程顺应地方志进入新时代的历史潮流。“充实之谓美，充实而有光辉之谓大。” 党的十九大报告指出，我国的社会主要矛盾已经转化为人民日益增长的美好生活需要和不平衡不充分的发展之间的矛盾。党章修正案、宪法修正案把习近平新时代中国特色社会主义思想确立为我们党和国家的行动指南，我国的发展进入到新的历史方位。为适应这些重大变化，党和国家随之出台更多重大的举措、推出更多有力的措施。年鉴如何全方位地、开创性地记述这些历史性变化，如何充分记述我们党领导人民进行的伟大斗争、建设的伟大工程、推进的伟大事业、实现的伟大梦想，是新时代地方志工作需要深入思考探究的问题。中国年鉴精品工程正是呼应新时代新变化新要求，致力于在全国地方志系统进一步培育精品意识、打造精品年鉴，从而以点带面，在提高年鉴质量方面探索出一条切实可行之路，充分发挥中国精品年鉴的辐射效应，引领带动全国范围内年鉴质量的全面提高，切实推动年鉴事业转型升级。

实施中国年鉴精品工程要全面把握以人民为中心的发展理念。以人民为中心，贯穿于改革开放以来我们党推进中国特色社会主义文化建设的全过程。新时代把握新机遇，年鉴作为记录新时代地方年度历史的重要载体，应当以习近平新时代中国特色社会主义思想为指导，牢固确立以人民为中心的理念。中国年鉴精品工程始终坚持人民是历史的创造者和改革开放事业的实践主体，始终坚持文化发展为人民服务、为社会主义服务，充分记录人民的首创精神，凸显人民在文化建设中的主体作用，不断满足人民的精神文化需求。年鉴工作要深深扎根于人民之中，坚持以事系人，记载人民群众中的先进典型，内容充分体现社会民生和为民服务的举措。在此基础上，实施中国年鉴精品工程还要建立精品长效机制，逐步推进精品年鉴传播最优化和效益最大化，使精品年鉴能够不断满足人民群众对美好生活的新需要新期待，在铸就中华文化新辉煌的过程中更好地构筑中国精神、中国价值、中国力量的方向上不断努力。

实施中国年鉴精品工程是坚定文化自信的体现。习近平总书记说，文化兴国运兴，文化强民族强。没有高度的文化自信，没有文化的繁荣兴盛，就没有中华民族的伟大复兴。中华优秀传统文化是中华民族的文化根脉，其蕴含的思想观念、人文精神、道德规范，不仅是我们中国人思想和精神的内核，对解决人类问题也有重要价值。地方志是中华优秀传统文化的精神之脉，是中华优秀传统文化基因的真正传承者和发展者。精品年鉴正是从中华民族世世代代形成和积累的优秀传统文化中汲取营养和智慧，记录传承的文化基因，记录思想精华，展现精神魅力。实施中国年鉴精品工程，以时代精神激活中华优秀传统文化的生命力，推进中华优秀传统文化创造性转化、创新性发展，把传承和弘扬中华优秀传统文化同坚定文化自信统一起来，有助于引导人民树立和坚持正确的历史观、民族观、国家观、文化观，不断增强中华民族的归属感、认同感、尊严感、荣誉感。

用精品记录新时代，用奋斗铸就新辉煌。地方志植根于历史，内涵于历史，镌刻于历史之上，是中华民族在漫长历史中形成的区别于其他民族的独特精神标识,精品年鉴是地方志的“守护者”“传承者”，是地方志成果创造性转化创新性发展的“探路者”“先行者”。习近平总书记强调，凡是传世之作、千古名篇，必然是笃定恒心、倾注心血的作品。希望全国年鉴工作者齐心协力，坚持历史唯物主义立场、观点、方法，立足中国、放眼世界，立时代之潮头，通古今之变化，发思想之先声，推出一批有思想穿透力的精品力作，培养一批年鉴专家，充分发挥存史、育人、资政作用，为推动全国年鉴事业转型升级作出新的更大贡献。

是为序。

中国地方志指导小组秘书长
中国地方志指导小组办公室主任

精彩九台

九台吉祥物

九台区歌

九台名片

数字九台

公园城市

经济发展

乡村振兴

生态文明

幸福生活

文化掠影

体育盛事

旅游胜景

九台吉祥物

多彩山水 醉美九台

吉祥物“九宝”

以中国龙作为外形，彰显九台历史文化。“九宝”意为“九台宝贝”，契合其活泼可爱的形象，富有极强亲和力。

九台区歌

来了就不想走的地方

南歌子 大平 词
大　平 曲

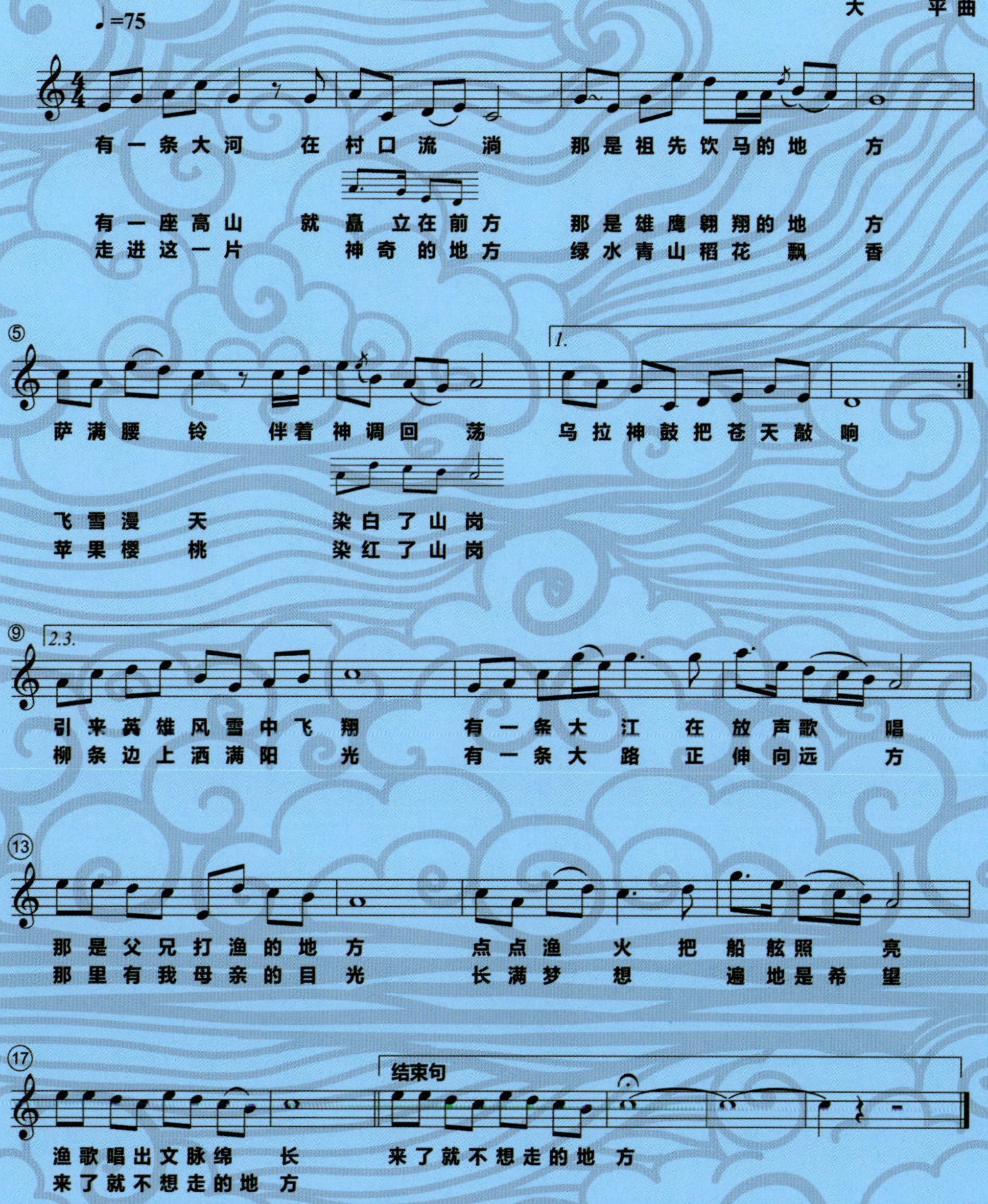

九台名片

- 国家农村金融改革实验区
- 国家可持续发展实验区
- 国家知识产权强县工程示范区
- 国家重点商品粮基地县
- 国家全域旅游示范区
- 全国全程机械化示范县（市、区）
- 全国新时代文明实践中心试点工作先行试验区
- 全国休闲农业与乡村旅游示范县（市、区）
- 全国县域数字农业农村发展水平评价先进县
- 全国科普实验示范县（市、区）
- 全国绿化模范单位
- 全国“三块地”改革试点县
- 全国“两权”抵押贷款试点县
- 全国经营性建设用地入市制度改革试点县
- 中国民间文化艺术之乡
- 中国萨满文化之乡
- 中国满族剪纸艺术之乡
- 中国鹰猎文化之乡
- 中国北方苗木花卉之乡
- 中国皇粮贡米之乡
- 吉林省文明城区
- 吉林省森林城市

数字九台

总面积	3375 平方千米
耕地面积	217559 公顷
全区户籍总人口	78.7 万人
农村人口	58.3 万人
地区生产总值	229.8 亿元
一般预算全口径财政收入	28.8 亿元
地方级财政收入	11.5 亿元
一般预算财政支出	75.9 亿元
规模以上工业总产值	122.7 亿元
全社会固定资产投资	69.6 亿元
城镇常住居民人均可支配收入	26832 元
农村常住居民人均可支配收入	15474 元
全口径社会消费品零售总额	161.9 亿元
农作物播种面积	19.3 万公顷
规模以上工业企业	103 家
普通中学	33 所
小学	86 所
普通中学在校学生	29671 人
小学在校学生	31355 人
医疗卫生机构	978 家

精彩九台 公园城市

2019年，九台区依托生态资源优势，实施“百园之城”建设，打造吉林省首个“公园城市”。建成徐鼐霖主题文化公园、边台文化生态公园，完成南山公园和花溪公园品质提升工程建设，城市绿化美化建设再上台阶。

曙光广场（2019年） （区委宣传部 供图）

九台区文体活动中心（2019年） （魏芳芳 摄）

九台公铁立交桥（2019年） （张 程 摄）

徐鼐霖主题文化公园 （王绍禹 摄）

南山公园（2019 年）　　（张　程　摄）

沿河公园（2019 年）　　（张津玮　摄）

边台生态文化公园（2019 年）　　（王绍禹　摄）

新州公园（2019 年）　　（曲　波　摄）

精彩九台

经济发展

2019年，九台区抢抓战略机遇，实现经济高质量发展。地区生产总值完成229.8亿元；全口径和地方级财政收入分别完成28.8亿元和11.5亿元。在县域综合发展水平考核中获得全省第四名、长春地区第一名，连续三年在全省位居前列。

2019年，长春市朱老六食品有限公司被品牌网评为中国腐乳品牌第二名。图为公司生产车间 （张津玮 摄）

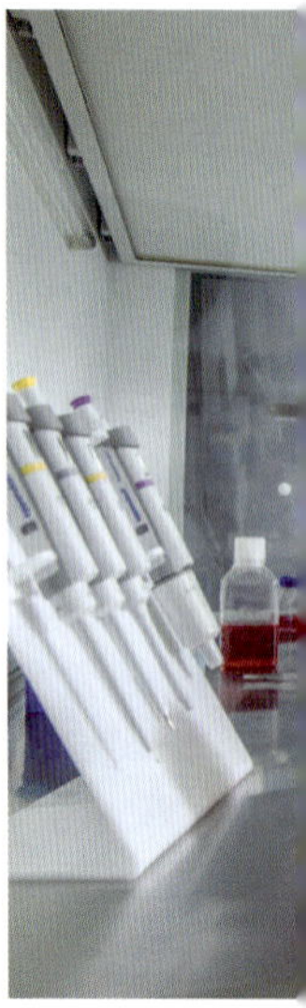

长春钻智制
验室研发现场（

2019年，吉林省田野泉酿造有限公司被省农业农村厅评为吉林省农业产业化重点龙头企业。图为公司自动化包装车间 （刘国彦 摄）

兰舍硅藻新材料有限公司产品为

2019年，九台区被农业农村部评为全国全程机械化示范县（市、区）。图为红光村水稻秋收现场

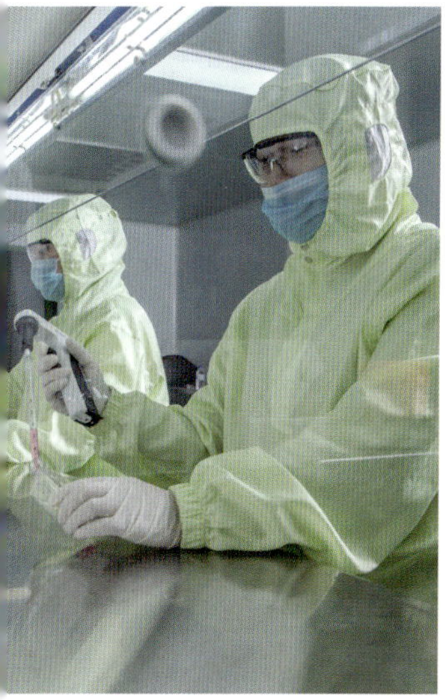

从事药品研发生产制药。图为公司实
（长春钻智制药有限公司 供图）

长春中誉集团有限公司系规模型以上机械加工、有色金属铸造企业，数控加工中心处于东北领先水平。图为公司数控加工生产线（2019 年）
（王绍禹　摄）

图为工人进行作业操作（2019 年）
（衣 朋 摄）

（张 程 摄）

九台大学生创业园是人力资源和社会保障部公布的第三批全国创业孵化示范基地。图为创业园智能制造创客工厂产品展台（2019 年）
（吴想宇　摄）

精彩九台

乡村振兴

2019年，九台区推进乡村振兴战略，结合农村发展实际，因地制宜探索“五种模式”，打造省市区级美丽乡村17个。长春市农村人居环境整治现场会在九台区召开。九台区农村人居环境集中整治、创新发展文旅产业的经验做法在全省学习推广。

2019年，清水村采取“双领多平台”模式，打造了全省第一个以镇域为单位的集体经济联合总社，大力发展苗木产业。图为清水村村景（张津玮

2019年，九台区采取“双低换双高”模式推进“千顷地、万栋棚”项目。图为樱桃种植基地 （张津玮

2019 年，红光村采取“宅基地换楼房、土地经营权入股合作社换分红、集体资产使用权换民生保障”三换和“分散居住的村民向楼房集中，分散地经营权向合作社和企业集中”两集中模式，推进高标准农田项目建设，发展新型农业经营主体。图为红光村合作社（张津玮 摄）

2019 年，马鞍山村采取“改革聚资本”模式，探索出“三块地”改革经验，最大限度释放土地改革红利。图为马鞍山村村貌（王绍禹 摄）

2019 年，九台区采取“一得变多得”模式建设樱花大道，引入社会资源为集体租地，以地入股实现苗木产业提效增收目标。图为樱花大道一段（王绍禹 摄）

精彩九台 生态文明

九台区深入践行“两山”理论，推进蓝天、碧水、净土三大保卫战，生态环境持续改善。2019 年优良天数比例 93.1%，全区水污染防治网格化监管实现全覆盖。九台区被全国绿化委员会表彰为全国绿化模范单位；被吉林省林业和草原局评为吉林省森林城市。

3 月 20 日至 4 月 20 日，2000 余只白头鹤在九台湿地停歇

马鞍山林中骑行（2019 年）　　（区委宣传部　供图）

美丽乡村——九台区上河湾镇石羊村（2019 年）　　（王绍宇

九台区被誉为中国北方苗木花卉之乡。图为波泥河街道苗木花卉基地（2019 年）

（区委宣传部　供图）

综合治理后的小南河（2019年）　（祖占勇　摄）

庙香山度假区滑雪场（2019年）　（区委宣传部　供图）

（张津玮　摄）

精彩九台 幸福生活

2019年，九台区持续保障和改善民生，推动“普惠共享”，着力做实事增福祉，投资33.6亿元，全面落实涵盖教育发展、医疗救助、社会保障、创业就业、扶贫助困、道路交通、文化基础设施建设等10个方面40件实事的“幸福九台”行动计划，人民群众幸福指数显著提升。

2019年，九台区医疗队志愿者为村民检查身体 （张岩松 提

2019年，九台区依托“善满家园”品牌，打造残疾人脱贫新模式，成为全国残疾人脱贫攻坚典型。图为“善满家园”残障人士在游戏（王绍禹

2019年，九台区推进社区文明建设，市民文明风尚日益提升。图为福星社区群众表演广场舞

2019 年，九台区探索推出“八字工作法”，统筹 448 支志愿服务队伍，让更多群众参与实践。图为农民能人奚占玉（左三）带动群众参与活动（区委宣传部 供图）

2019 年，九台区开展“春风行动”等各类招聘会 11 场次，开发城镇用工岗位 6800 个。图为“春风行动”农民工专场招聘会现场（区人社局 供图）

（区文化广播电视和旅游局 供图）

精彩九台 文化掠影

2019年，九台区推进文化设施建设，开展丰富多彩的文化活动，文化软实力显著提升。区文体活动中心建成并投入使用，争取省市专项资金390万元，建设农村文化小广场39个，文化设施建设迈入全省先进行列。承办第二届全民艺术节，举办各类活动、培训20场次，送戏下乡39场次。

关东剪纸艺术家王挺起表演剪纸艺术（2019年）　　（区委宣传部　供

九台被誉为中国萨满文化之乡。图为萨满民俗舞蹈表演（2019年）　　（王东升　摄）

2019年，九台区政府组织策划电视剧《鲜花盛开的山村》的拍摄。图为拍摄
（张津玮　摄

九台素有“中国鹰猎文化之乡”之称。图为训鹰表演（2019年）
（区文化广播电视和旅游局　供图）

9月27日，九台区全民艺术节在区文体活动中心举办。图为演出现场

8月9日，第六届吉林省农民文化节长春市系列活动暨文艺志愿者走进新时代文明实践中心启动仪式在九台区土们岭街道马鞍山村举行。 图为演现场

（区文学艺术界联合会　供图）

（魏芳芳　摄）

精彩九台 体育盛事

2019 年，九台区大力发展体育事业，推进全民健身运动，全民身体素质明显提升。举办第一届全国农民冰雪项目运动会、九台区第二届农民冰上龙舟大赛、冬季冰雪徒步大会、健身操舞大赛、“篮协杯”县（区）篮球俱乐部邀请赛九台赛区比赛、九台区第二届全民运动会等大型活动 60 余场次。

1 月 23 日，九台区第二届农民冰上龙舟大赛在碧水庄园举办

2 月 27 日，第一届全国农民冰雪项目运动会在九台区庙香山举办。图为开幕式现场　　（魏芳芳　摄）

9 月 28 日，九台区第二届全民运动会在区文体活动中心举办。图为开幕式现场

（张津玮　摄）

月 1 日，九台区在马鞍山举办 2019 年冬季冰雪徒步大会　（张津玮　摄）

12 月 25 日，2019 — 2020 赛季 CBA 联赛第二十一轮在区文体活动中心篮球馆举办。图为比赛现场　（张津玮　摄）

（魏芳芳　摄）

精彩九台 旅游胜景

2019 年，九台区重点打造三下江南战役纪念馆、庙香山滑雪场等大型文旅项目；开发“红色教育、关东民俗、乡村民宿、冰雪运动、山水生态”系列特色旅游产品，被农业农村部、国家旅游局评为全国休闲农业与乡村旅游示范县（市、区）。

城子街街道大贝村花海基地（2019 年）（孙 悦

八台岭远眺（2019 年）（徐云龙

卡伦湖全景（2019 年）

庙香山滑雪场（2019 年）　（区委宣传部　供图）

三下江南战役纪念馆（2019 年）　（郭志辉　摄）

（区委宣传部　供图）

JIUTAI·CHINA
中国·九台

编辑说明

一、《九台年鉴（2020）》坚持以马克思列宁主义、毛泽东思想、邓小平理论、“三个代表”重要思想、科学发展观、习近平新时代中国特色社会主义思想为指导，坚持辩证唯物主义、历史唯物主义的立场、观点和方法，记述2019年九台区经济、政治、文化、社会、生态文明建设取得的重大成就，突出反映九台区深化改革、促进发展、脱贫攻坚、乡村振兴等方面的新举措、新进展、新成效，突出体现九台特色、年度特点和时代特征。

二、《九台年鉴》由长春市九台区人民政府主管、长春市九台区地方志编纂委员会主办，是系统记述九台区经济、政治、文化、社会、生态文明建设等方面情况的年度资料性文献。

三、《九台年鉴（2020）》记述时限为2019年1月1日至12月31日，区情概览部分内容和数据例外。

四、《九台年鉴（2020）》结构采用类目、分目、条目层次，设特载、专文、大事记、区情概览、中国共产党九台区委员会、九台区人民代表大会、九台区人民政府、中国人民政治协商会议九台区委员会、中国共产党九台区纪律检查委员会　九台区监察委员会、民主党派　工商联、人民团体、法治、军事、经济管理、农业、工业、商贸服务业、旅游业、金融、交通运输、邮政　通信、招商引资、开发区、城乡建设、公用事业、生态环境、科技、教育、文化、卫生　体育、社会生活、乡镇　街道、人物与荣誉、附录34个类目，212个分目，1109个条目，随文图表22个，使用图片163幅。

五、《九台年鉴（2020）》所载资料由全区各机关、企事业单位及驻九台区单位提供，书中所用数据、资料均经供稿单位审核。所用统计资料由统计局九台分局提供。因供稿单位统计口径不同，个别数据与统计资料的数据不尽一致，应用时以统计资料为准。

六、《九台年鉴（2020）》配备双重检索系统，书前设有目录，书后备有索引。索引分为文字索引和图表索引。索引采用内容分析法，款目按汉语拼音字母顺序排列。

JIUTAI·CHINA
中国·九台

总目

特载 …… 1
专文 …… 15
大事记 …… 18
区情概览 …… 25
中国共产党九台区委员会 …… 32
九台区人民代表大会 …… 52
九台区人民政府 …… 57
中国人民政治协商会议九台区委员会 …… 68
中国共产党九台区纪律检查委员会 九台区监察委员会 …… 72
民主党派　工商联 …… 77
人民团体 …… 81
法治 …… 86
军事 …… 98
经济管理 …… 101
农业 …… 115
工业 …… 126
商贸服务业 …… 130
旅游业 …… 134
金融 …… 138
交通运输 …… 142
邮政　通信 …… 145
招商引资 …… 148
开发区 …… 151
城乡建设 …… 154
公用事业 …… 161
生态环境 …… 165
科技 …… 170
教育 …… 177
文化 …… 184
卫生　体育 …… 193
社会生活 …… 201
乡镇　街道 …… 212
人物与荣誉 …… 238
附录 …… 243
索引 …… 257

JIUTAI · CHINA
中国·九台

TABLE OF CONTENTS

Special Features 1
Special Articles 15
Chronicle of Events 18
Overview of the District 25
Jiutai District Committee of the Communist Party of China 32
People's Congress of Jiutai District 52
Jiutai District People's Government 57
Jiutai District Committee of the Chinese People's Political Consultative Conference 68
Jiutai District Commission for Discipline Inspection of the Communist Party of China Jiutai District Supervisory Committee 72
Democratic Parties Federation of Industry and Commerce 77
People's Organizations 81
Rule of Law 86
Military 98
Economic Management 101
Agriculture 115
Industry 126
Business and Trade Service 130
Tourism 134
Finance 138
Transportation 142
Post and Communication 145
Investment Promotion 148
Development Zones 151
Urban and Rural Development 154
Public Utilities 161
Ecological Environment 165
Science and Technology 170
Education 177
Culture 184
Health and Physical Education 193
Social Life 201
Towns, Townships and Sub-districts 212
Characters and Honorary Titles 238
Appendix 243
Index 257

目　录

特　载

深入贯彻落实党的十九届四中全会精神
全力推动九台全面振兴发展 …… 1
政府工作报告 …… 7

专　文

深化土地制度改革　实现乡村振兴发展 …… 15
激发要素资源　打造活力九台 …… 16
2019年九台区直党政机构改革综述 …… 17
表1　2019年九台区党政机构改革后
九台区委机构设置一览表 …… 17
表2　2019年九台区党政机构改革后
九台区人民政府机构设置一览表 …… 17

大事记

1月 …… 18
2月 …… 18
3月 …… 19
4月 …… 19
5月 …… 20
6月 …… 21
7月 …… 21
8月 …… 22
9月 …… 22
10月 …… 23
11月 …… 23
12月 …… 24

区情概览

自然地理 …… 25
位置面积 …… 25
地形地貌 …… 25
自然资源 …… 25
气候条件 …… 25
水文 …… 26
表3　2019年九台区主要河流特征值
一览表 …… 26
建置区划 …… 26
建置沿革 …… 26
区划 …… 27
区位优势 …… 27
地理优势 …… 27
自然优势 …… 27
矿产优势 …… 27
交通优势 …… 28
人文优势 …… 28
历史文化 …… 28

人口民族 …… 29
人口 …… 29
表4 2019年九台区户籍人口统计表 …… 29
民族 …… 30
表5 2019年九台区少数民族人口统计表 …… 30
经济社会发展 …… 30
经济建设 …… 30
政治建设 …… 30
文化建设 …… 31
社会建设 …… 31
生态文明建设 …… 31

中国共产党九台区委员会

综述 …… 32
概况 …… 32
党的建设 …… 32
经济发展 …… 32
深化改革 …… 32
宜居城市建设 …… 33
乡村振兴 …… 33
改善民生 …… 33
“平安九台”建设 …… 34
“三大攻坚战” …… 34
重大决策 …… 34
长春城市副中心建设 …… 34
“五区联动”实施 …… 34
“五大集群”构建 …… 35
“五大板块”培育 …… 35
重要文件 …… 35
区委重要文件 …… 35
表6 2019年中共九台区委重要文件一览表 …… 35
区委办重要文件 …… 36
表7 2019年中共九台区委办公室重要文件（部分）一览表 …… 36
重要会议 …… 37
区委全体会议 …… 37
区委常委会议 …… 38
区委议事协调会议 …… 39
组织 …… 40
概况 …… 40
基层党建 …… 40
非公企业党建 …… 40
党员学习活动 …… 41
干部教育培训 …… 41
干部监督 …… 41
人才建设 …… 42
“不忘初心、牢记使命”主题教育 …… 42
宣传 …… 42
概况 …… 42
区新闻出版局职能划转 …… 42
专题专栏宣传 …… 42
宣传推介 …… 42
宣传文化建设 …… 43
网络安全管理 …… 43
农家书屋建设 …… 43
“边台学堂”理论学习阵地建设 …… 43
“理响边台”系列宣讲活动 …… 44
“学习强国”平台使用 …… 44
全国文明城市创建 …… 44
“九台好人”暨寻找“最美九台人”评选 …… 44
“我和我的祖国”主题宣传教育活动 …… 44
新时代文明实践中心升级为国家试点 …… 44
董宏达被中央网信办评为优秀网评员 …… 45
统一战线 …… 45
概况 …… 45
全区统战工作会议 …… 45
三级统战平台建设 …… 45
大统战新格局构建 …… 45
服务区域经济发展 …… 45
民主党派“1+5”同心共建 …… 46
农村产业扶贫联盟打造 …… 46

党外知识分子工作 …… 46
"民族团结进步"创建 …… 46
民族乡村发展 …… 46
机构编制管理 …… 46
概况 …… 46
党政机构改革 …… 46
综合执法改革 …… 46
行政机关事业单位机构编制统计 …… 47
机关、群团、事业单位统一社会信用代码赋码 …… 47
"吉林省机构编制综合管理系统"信息维护 …… 47
区直机关党建 …… 47
概况 …… 47
机关作风建设 …… 47
机关党组织服务社会 …… 47
机关党员干部义务植树活动 …… 47
机关文化活动 …… 48
"不忘初心、牢记使命"党性教育培训 …… 48
老干部工作 …… 48
概况 …… 48
老干部支部建设 …… 48
老干部待遇落实 …… 49
老干部文化生活 …… 49
党校（行政学校）教育 …… 49
概况 …… 49
教育培训 …… 49
表8 2019年九台区委党校各类培训班一览表 …… 50
课题调研 …… 50
理论宣讲 …… 50
党史研究 …… 50
概况 …… 50
党史编研 …… 50
党史资料搜集 …… 51
党史宣教 …… 51

九台区人民代表大会

重要会议 …… 52
区人民代表大会会议 …… 52
区十八届人大常委会会议 …… 52
表9 2019年九台区十八届人大常委会会议一览表 …… 53
区十八届人大常委会主任会议 …… 53
表10 2019年九台区十八届人大常委会主任会议一览表 …… 54
人事任免 …… 54
概况 …… 54
任免事项 …… 54
人大监督 …… 55
概况 …… 55
经济运行监督 …… 55
项目建设意见建议 …… 55
依法治区意见建议 …… 55
民生改善意见建议 …… 55
开发区重点项目建设视察 …… 55
农村村屯环境整治视察 …… 55
城市规划建设视察 …… 55
代表工作 …… 56
概况 …… 56
代表履职能力提升 …… 56
议案意见建议办理 …… 56
代表活动 …… 56
专委会工作 …… 56
财政经济委员会 …… 56
法制委员会 …… 56

九台区人民政府

综述 …… 57
概况 …… 57
改革创新 …… 57
区长公开电话 …… 58
政务督查 …… 58

政务信息报送 …… 58
集约化政府网站上线运行 …… 58
人大代表议案、建议办理 …… 58
政协意见、建议办理 …… 58
因公出国（境）管理 …… 59
对外友好交流 …… 59
重要文件 …… 59
区政府文件 …… 59
区政府办公室文件 …… 59
表11 2019年九台区人民政府文件（部分）一览表 …… 60
表12 2019年九台区人民政府办公室文件（部分）一览表 …… 60
重要会议 …… 60
区政府综合会议 …… 60
区政府常务会议 …… 61
表13 2019年九台区人民政府常务会议一览表 …… 61
幸福九台建设 …… 62
概况 …… 62
民生10个方面行动 …… 62
政务服务 …… 63
概况 …… 63
“一门式、一张网”服务平台建设 …… 63
“放管服”改革 …… 63
“最多跑一次”改革 …… 64
政务公开 …… 64
“数字九台”建设 …… 64
政务服务优化 …… 64
信访 …… 64
概况 …… 64
来信来访 …… 64
问题排查 …… 65
积案化解 …… 65
重要会事期间信访工作 …… 65
应急管理 …… 65
概况 …… 65
隐患排查治理 …… 65
重点领域安全专项整治 …… 65
应急处置 …… 65
能源安全监管 …… 66
安全生产主题宣传活动 …… 66
安全生产工作通过国家安委会考核 …… 66
脱贫攻坚 …… 66
概况 …… 66
危房改造 …… 66
基础设施建设 …… 66
教育扶贫 …… 67
医疗扶贫 …… 67
金融扶贫 …… 67
产业扶贫 …… 67
就业扶贫 …… 67
残疾人救助 …… 67
社会扶贫 …… 67

中国人民政治协商会议九台区委员会

重要会议 …… 68
政协全委会议 …… 68
政协常委会议 …… 68
协商议政 …… 69
会议协商 …… 69
专题协商 …… 69
对口协商 …… 69
视察调研 …… 69
概况 …… 69
“五大功能区”课题调研 …… 70
委员工作 …… 70
概况 …… 70
提案撰写安排 …… 70
提案办理 …… 70
专门委员会工作 …… 70
经济科技委员会 …… 70
文化教育卫生委员会 …… 71
港澳台侨联络委员会 …… 71
社会法制委员会 …… 71
农业和农村委员会 …… 71

中国共产党九台区纪律检查委员会 九台区监察委员会

综述 …… 72
概况 …… 72
纪委监察体制改革 …… 72
纪检监察干部队伍建设 …… 72
重要会议 …… 73
区纪委二届五次全体会议 …… 73
区纪委常委会议 …… 73
党风廉政建设 …… 74
惩治腐败 …… 74
廉政宣传 …… 74
廉洁文化建设活动 …… 74
纪律检查 …… 74
监督执纪 …… 74
专项整治行动 …… 74
“四个一”警示教育活动 …… 74
监察管理 …… 75
政治监督 …… 75
作风建设 …… 75
巡察工作 …… 75
巡察制度建设 …… 75
二届区委第七轮常规巡察“回头看”暨人防专项巡察工作动员会 …… 76
二届区委第八轮常规巡察工作动员会 …… 76
常规巡察 …… 76
专项巡察 …… 76
提级巡察 …… 76

民主党派 工商联

中国国民党革命委员会九台区委员会 …… 77
概况 …… 77
参政议政 …… 77
组织活动 …… 77
爱心捐助 …… 77
中国民主建国会九台区委员会 …… 77
概况 …… 77
参政议政 …… 77
会员学习 …… 77
会员活动 …… 78
中国民主促进会九台区委员会 …… 78
概况 …… 78
参政议政 …… 78
会员学习 …… 78
会员活动 …… 78
中国农工民主党九台区委员会 …… 78
概况 …… 78
参政议政 …… 78
组织活动 …… 78
爱心捐助 …… 78
九三学社九台区委员会 …… 79
概况 …… 79
参政议政 …… 79
会员学习 …… 79
扶贫活动 …… 79
九台区工商业联合会（总商会） …… 79
概况 …… 79
参政议政 …… 79
培训工作 …… 79
银企对接 …… 79
会员工作 …… 79
专题教育活动 …… 79
区工商联第十三届三次执委会议 …… 80
“光彩事业” …… 80
商会交流 …… 80

人民团体

九台区总工会 …… 81
概况 …… 81
工会组织及会员基本信息采集 …… 81
工会经费管理 …… 81

下岗职工、农民工再就业 …… 81
送关爱、送温暖活动 …… 81
互助保障 …… 82
女职工特殊权益保护 …… 82
劳模工作 …… 82
劳动技能竞赛 …… 82
集体合同签订 …… 82
职工文化生活 …… 82
中国共产主义青年团九台区委员会 …… 82
概况 …… 82
团区委一届六次全委扩大会议 …… 82
主题教育实践活动开展 …… 82
青年志愿服务活动 …… 83
青年创业就业扶持 …… 83
新兴青年群体创业分享会召开 …… 83
指导少先队活动 …… 83
九台区妇女联合会 …… 83
概况 …… 83
区妇联换届 …… 83
“巾帼心向党·建功新时代”主题活动 …… 83
妇女创业就业 …… 84
家庭文明建设 …… 84
妇女儿童权益维护 …… 84
九台区科学技术协会 …… 84
概况 …… 84
送科技下乡 …… 84
科技咨询 …… 84
科普进社区 …… 84
科普进校园 …… 85
科普报告会 …… 85
全国科普日活动 …… 85
“科技之冬”展示活动 …… 85

法　治

政法委工作 …… 86
概况 …… 86
全区政法工作会议 …… 86
维护社会稳定 …… 86
“智慧政法”打造 …… 87
服务域内经济发展 …… 87
国家安全教育日活动 …… 87
区公共法律中心成立 …… 87
法治政府建设 …… 87
概况 …… 87
行政执法“三项制度”改革 …… 87
行政执法主体资格确认 …… 88
行政执法监督 …… 88
行政复议应诉 …… 88
九台区全面依法治区委员会成立 …… 88
扫黑除恶专项斗争 …… 88
概况 …… 88
扫黑除恶体系建设 …… 88
扫黑除恶宣传活动 …… 89
线索摸排行动 …… 89
重点行业领域乱象综合治理 …… 89
公安 …… 89
概况 …… 89
打击刑事犯罪 …… 90
安全保卫 …… 90
治安管理 …… 90
交通安全管理 …… 90
服务域内经济发展 …… 91
监所管理 …… 91
扫黑除恶专项斗争宣传活动 …… 91
“清网”行动 …… 91
检察 …… 92
概况 …… 92
刑事犯罪检察 …… 92
未成年人检察 …… 92
刑事诉讼监督 …… 92
行政诉讼监督 …… 92
检察责任制改革 …… 92
服务域内经济社会发展 …… 93
矛盾纠纷多元化解平台搭建 …… 93
“阳光雨露润边台”未成年人检察品牌打造 …… 93

“携手关爱，共护明天”检察开放日活动 …… 93
法院 …… 93
概况 …… 93
刑事案件审理 …… 94
民商事案件审理 …… 94
行政案件审理 …… 94
案件执行 …… 94
法院体制改革 …… 94
司法服务 …… 94
“送法进军营”活动 …… 95
“防范化解金融风险”专题讲座 …… 95
法官做客“889新说法”直播间 …… 95
安检专区建成 …… 95
司法行政 …… 95
概况 …… 95
公共法律服务 …… 95
矛盾纠纷排查化解 …… 96
公证服务 …… 96
法律援助 …… 96
刑满释放人员帮教安置 …… 96
社区矫正人员监管 …… 96
社区戒毒人员管理 …… 96
普法宣传教育活动 …… 97
人民陪审员任命 …… 97
公共法律服务平台建设 …… 97
“枫桥经验”新样板打造 …… 97

军　事

人民武装部 …… 98
概况 …… 98
应急能力建设 …… 98
国防动员 …… 98
征兵工作 …… 99
“双拥共建” …… 99
省军区深化民兵调整改革检查组到九台区检查验收 …… 99
武警九台中队 …… 99
概况 …… 99
执勤工作 …… 99
军事训练 …… 99
安全管理 …… 99
后勤保障 …… 100
人民防空 …… 100
概况 …… 100
人防知识宣传 …… 100
防空警报器管理 …… 100
人防工程管理 …… 100
铭记“九一八”防空警报紧急疏散掩蔽演练活动 …… 100

经济管理

经济发展调控 …… 101
经济发展规划 …… 101
经济运行监测 …… 101
价格调控 …… 101
资源枯竭城市转型发展 …… 101
“三涉”物品价格认证管理 …… 102
助企工作 …… 102
经济体制改革 …… 102
财政监管体系建设 …… 102
税收执法“三项制度”改革 …… 102
商事制度改革 …… 103
登记便利化改革 …… 103
国有资产监督管理 …… 103
概况 …… 103
国有资产监管体系建设 …… 103
公车管理 …… 103
土地资源管理 …… 103
概况 …… 103
耕地保护管理 …… 103
土地利用 …… 103
土地资源总体规划 …… 104
矿产资源管理 …… 104
村庄建设规划 …… 104
土地资源执法监察 …… 104

参与第三次全国国土调查工作成果位居全省第一 …… 104
"三块地"改革 …… 104
拆违治乱攻坚月行动 …… 104
财政 …… 105
概况 …… 105
债务风险防范化解 …… 105
财政预算绩效管理 …… 105
保工资、保运转、保民生政策落实 …… 105
保护生态环境项目资金支持 …… 105
脱贫攻坚资金支持 …… 105
助力域内产业项目 …… 105
村容村貌改造资金支持 …… 105
政府采购 …… 105
财政评审 …… 106
税务 …… 106
概况 …… 106
图1 2019年九台区税收收入分级次情况示意图 …… 106
图2 2019年九台区税收收入分行业情况示意图 …… 106
依法治税 …… 106
税收征管 …… 106
税法宣传活动 …… 106
减税降费政策落实 …… 107
城乡居民养老保险征收 …… 107
绿色通道堵点、难点典型办理事件 …… 107
绿色通道分类集中典型办理事件 …… 107
绿色通道非工作日全天候典型办理事件 …… 108
金融监管 …… 108
概况 …… 108
监管执纪 …… 108
金融支持实体经济 …… 108
金融风险防范 …… 108
征信监管 …… 108
人民币管理 …… 108
反洗钱工作 …… 109
国库资金管理 …… 109
征信知识宣传 …… 109
龙嘉村镇银行信用风险化解 …… 109
政担银企合作签约仪式 …… 109
审计 …… 110
概况 …… 110
同级财政预算执行审计 …… 110
重大政策措施落实跟踪审计 …… 110
领导干部自然资源资产离任审计 …… 110
党政领导干部经济责任审计 …… 110
审计委员会筹备 …… 110
统计 …… 110
概况 …… 110
统计服务 …… 110
统计法治建设 …… 111
基层统计工作站建设 …… 111
承担第四次全国经济普查工作 …… 111
"四上"企业基础数据修正核查 …… 111
市场监督管理 …… 112
概况 …… 112
价格监管 …… 112
计量标准化监管 …… 112
食品安全监管 …… 112
药械安全监管 …… 112
特种设备安全监管 …… 113
产品质量安全监管 …… 113
信用监管 …… 113
国际商标申请 …… 113
地理标志培育 …… 113
品牌示范企业培育 …… 113
反不正当竞争整治行动 …… 113
直销、传销专项整治 …… 114
知识产权监管格局创建 …… 114
"放心消费"创建 …… 114

农　业

综述 …… 115
概况 …… 115

国家惠农政策落实 …… 115
农用耕地产地环境划分 …… 115
中央级农业生产发展新项目 …… 115
中央级生产发展资金适度规模经营资金项目 …… 115
国家减肥增效示范补贴项目 …… 116
省级农民专业合作社发展项目 …… 116
农产品质量安全检测 …… 116
农产品质量安全监督 …… 116
秸秆综合利用 …… 116
高标准农田建设 …… 116
率先实现农业现代化示范县建设 …… 116
种植业 …… 117
概况 …… 117
种植结构优化 …… 117
玉米种植 …… 117
水稻种植 …… 117
大豆种植 …… 117
蔬菜种植 …… 117
园艺特色产业 …… 117
绿色食品认证 …… 117
国家水稻绿色食品基地建设 …… 117
林业 …… 117
概况 …… 117
“绿满九台”行动 …… 117
林业科技产业 …… 118
森林资源保护 …… 118
畜牧业 …… 118
概况 …… 118
动物防疫 …… 118
无害化处理 …… 118
畜禽粪污资源化利用 …… 119
畜产品质量安全监督 …… 119
兽药饲料监督 …… 119
动物卫生监督 …… 119
畜牧业项目建设 …… 119
渔业 …… 119
概况 …… 119
水产养殖绿色发展 …… 120
渔业水域生态修复 …… 120
水产品质量安全监管 …… 120
农机 …… 120
农业机械购置补贴 …… 120
农机惠农资金使用 …… 120
农机化技术推广 …… 121
农机安全监理 …… 121
入选全国第三批率先基本实现主要农作物生产全程机械化示范县 …… 121
水利 …… 121
概况 …… 121
工程项目建设 …… 121
防汛抗旱 …… 122
农田灌溉 …… 122
水资源管理 …… 122
河道堤防管理 …… 122
水土保持 …… 122
农业科技教育与服务 …… 122
农业科技推广 …… 122
土肥技术推广 …… 122
植物保护技术推广 …… 123
畜牧技术推广 …… 123
水产技术推广 …… 123
新型职业农民培训 …… 123
农业信息化进村入户 …… 123
入选全国县域数字农业农村发展水平评价先进县 …… 123
农业产业化 …… 123
龙头企业 …… 123
重大项目专班 …… 123
“一村一品”示范村建设 …… 124
农村三产融合发展 …… 124
休闲农业发展 …… 124
农业产业园建设 …… 124
农产品品牌建设 …… 124
“九台贡米”品牌走向国际 …… 125

绿野家源农场成为国家级示范典型 …… 125
农村经济管理 …… 125
农村新型经营主体建设 …… 125
农村土地承包经营权确权登记 …… 125
农村集体产权制度改革 …… 125
农村“三资”管理 …… 125
农业保险 …… 125

工　业

综述 …… 126
概况 …… 126
项目建设 …… 126
产业转型 …… 126
工业企业智能改造 …… 126
“万人助万企”行动 …… 126
现代装备制造产业 …… 127
概况 …… 127
长春中誉集团有限公司 …… 127
长春恒拓模具有限公司 …… 127
吉林省华奥汽车部件有限公司 …… 127
吉林省泰浩轨道客车装备有限公司 …… 127
长春聚德龙铁塔集团有限公司 …… 127
建筑新材料产业 …… 128
概况 …… 128
杰森石膏板（长春）有限公司 …… 128
兰舍硅藻新材料有限公司 …… 128
精优农产品加工业 …… 128
概况 …… 128
长春市朱老六食品股份有限公司 …… 128
长春伊利冷冻食品有限责任公司 …… 128
矿产能源产业 …… 129
概况 …… 129
华能吉林发电有限公司九台电厂 …… 129
长春羊草煤业股份有限公司 …… 129
生物医药产业 …… 129
概况 …… 129
长春钻智制药有限公司 …… 129
康宁杰瑞（吉林）生物科技有限公司 …… 129

商贸服务业

综述 …… 130
对外贸易 …… 130
展会活动 …… 130
促消费活动 …… 130
市场管理 …… 130
安全管理 …… 130
供销合作 …… 130
供销社综合改革 …… 130
新网工程建设 …… 131
新型农民社员培训 …… 131
电子商务 …… 131
概况 …… 131
电商扶贫 …… 131
粮食流通 …… 131
落实收储政策 …… 131
“网格化”监管 …… 131
国家临储粮检验清查 …… 131
应急粮油储备建设项目 …… 131
粮食产后服务中心建设 …… 131
“中国好粮油示范县”项目 …… 132
粮食安全检查 …… 132
石油购销 …… 132
概况 …… 132
加油站管理 …… 132
《安全环保责任书》签订 …… 132
烟草专卖 …… 132
产品销售 …… 132
品牌培育 …… 132
专项整顿 …… 132
盐务管理 …… 133
概况 …… 133
食盐储备 …… 133
市场营销 …… 133
产品质量检测 …… 133
食盐市场大排查行动 …… 133

宣传教育 …… 133

旅游业

综述 …… 134
概况 …… 134
旅游业发展重点 …… 134
乡村旅游 …… 134
景区景点建设 …… 134
旅游宣传营销 …… 135
安全运营监管 …… 135
旅游资源 …… 135
八台岭古驿村落自然景观 …… 135
庙香山冰雪旅游资源 …… 135
温泉旅游资源 …… 136
旅游开发项目 …… 136
马鞍山田园综合体项目 …… 136
长吉游客服务中心项目 …… 136
三下江南战役纪念馆项目 …… 136
中国北方寒冷地区大樱桃项目 …… 136
碧水庄园度假村项目 …… 137
特色美食 …… 137
土们岭山野菜包子 …… 137
九台区“田野泉”大豆酱 …… 137
九台贡米 …… 137
九台热面 …… 137

金 融

综述 …… 138
概况 …… 138
优化信贷结构 …… 138
打击非法集资 …… 138
金融机构惠民惠企政策 …… 138
农村金融改革 …… 138
农村承包土地经营权抵押贷款试点工作 …… 138
银行 …… 139
中国工商银行股份有限公司九台支行 …… 139
中国建设银行股份有限公司九台支行 …… 139
中国农业银行股份有限公司九台支行 …… 139
中国银行股份有限公司九台支行 …… 139
中国农业发展银行九台支行 …… 140
吉林九台农村商业银行股份有限公司 …… 140
中国邮政储蓄银行股份有限公司九台支行 …… 141
保险 证券 …… 141
中国人民财产保险股份有限公司九台支公司 …… 141
中国人寿保险股份有限公司九台支公司 …… 141
东北证券股份有限公司九台站前路证券营业部 …… 141

交通运输

公路运输 …… 142
概况 …… 142
“畅返不畅”养护工程 …… 142
危桥改造 …… 142
4条乡道建成通车 …… 142
生命防护工程项目实施 …… 142
公路养护 …… 142
安全生产 …… 142
客运服务 …… 143
交通运输管理 …… 143
铁路运输 …… 143
九台站 …… 143
九台南站 …… 143
卡伦站 …… 143
龙家堡站 …… 144
营城站 …… 144
土们岭站 …… 144
水路运输 …… 144
水上交通安全 …… 144
九舒松花江浮桥管理 …… 144

邮政 通信

中国邮政集团公司九台区分公司 …… 145
概况 …… 145

业务发展 …… 145
通信建设 …… 145
经营管理 …… 145
中国移动公司九台分公司 …… 145
概况 …… 145
市场拓展 …… 145
网络建设 …… 146
中国联合网络通信有限公司九台区分公司 …… 146
概况 …… 146
市场经营 …… 146
网络通信能力 …… 147
中国电信股份有限公司九台分公司 …… 147
概况 …… 147
市场经营 …… 147
网络通信能力 …… 147
客户服务 …… 147

招商引资

综述 …… 148
概况 …… 148
建立健全工作制度 …… 148
专项会议 …… 148
招商引资推进大会 …… 148
招商引资工作动员部署大会 …… 148
招商路径 …… 148
“走出去”招商 …… 148
政策招商 …… 148
平台招商 …… 148
以商招商 …… 149
项目招商 …… 149
表14　2019年九台区重点招商引资活动一览表 …… 149
表15　2019年九台区招商引资签约项目一览表 …… 150

开发区

长春九台经济开发区 …… 151
概况 …… 151
项目储备 …… 152
卡伦湖国际生态新城建设 …… 152
中古生物技术国际合作区建设 …… 152
基础设施建设 …… 152
园区管理 …… 153
土地征拆“百日攻坚”专项行动 …… 153
九台工业集中区 …… 153
概况 …… 153
项目建设 …… 153
区域绿化 …… 153
国有土地集中整治 …… 153

城乡建设

城乡规划 …… 154
概况 …… 154
规划许可 …… 154
城市棚户区改造规划 …… 154
村镇规划 …… 154
基础测绘 …… 154
九溪新区规划 …… 154
卡伦湖开发区规划 …… 155
城乡房屋管理 …… 155
概况 …… 155
房屋权属登记 …… 155
工程档案接收 …… 155
消防审批验收 …… 156
房地产开发 …… 156
概况 …… 156
房地产去库存 …… 156
物业专项维修资金 …… 156
保障性住房 …… 156
概况 …… 156
公租房管理 …… 156
回迁安置 …… 156
房屋经营管理 …… 156
农村危房改造 …… 156
市政公用设施建设 …… 157
基础设施建设 …… 157

城市道路、桥梁维修养护 …… 157
排水设施维修养护 …… 157
路灯维修养护 …… 158
交通设施巡查、维护 …… 158
城市污水处理 …… 158
城区绿化 …… 158
概况 …… 158
公园绿化 …… 158
街路绿化 …… 158
养护管理 …… 158
植物保护 …… 159
设施设备的维修、维护 …… 159
执法宣传 …… 159
城市管理 …… 159
清理占道经营 …… 159
露天烧烤整治 …… 159
户外牌匾整治 …… 159
渣土车治理 …… 159
环境保洁 …… 159
垃圾清收清运 …… 159
公厕管理 …… 159
“智慧城管”体系建设 …… 159
美丽乡村建设 …… 160
农村人居环境整治 …… 160
垃圾收集转运处置 …… 160
美丽乡村创建 …… 160
村镇建设 …… 160
“森林九台”行动 …… 160

公用事业

公共交通 …… 161
公交车营运 …… 161
出租汽车管理 …… 161
399路城际公交车开通运营 …… 161
九台至龙嘉机场客运直达班线开通 …… 161
供水 …… 162
概况 …… 162
供水保障 …… 162
经营服务 …… 162
水费价格调整 …… 162
供热 …… 162
概况 …… 162
供热质量专项整治 …… 163
供热投诉办理 …… 163
燃气 …… 163
概况 …… 163
燃气质量专项整治 …… 163
燃气安全宣传 …… 163
供电 …… 163
概况 …… 163
农网建设 …… 164
用电安全管理 …… 164
用电服务 …… 164

生态环境

综述 …… 165
概况 …… 165
工程建设 …… 165
中央、省环保督察问题整改 …… 165
环境准入 …… 165
服务优化 …… 166
排污许可 …… 166
环境质量监测 …… 166
水环境质量监测 …… 166
声环境质量监测 …… 166
环境空气质量监测 …… 166
监督性监测 …… 166
监测站建设 …… 166
大气污染防治 …… 167
燃煤锅炉治理 …… 167
涉气企业管理 …… 167
油烟污染治理 …… 167
尾气检测管理 …… 167
扬尘污染防治 …… 167

秸秆禁燃 …… 167
环境应急管控 …… 167
水污染防治 …… 168
清源查污行动 …… 168
“河长制”落实 …… 168
饮用水源管理 …… 168
畜禽污染治理 …… 168
涉水企业监管 …… 168
油罐防渗改造 …… 168
流域水质监测 …… 168
土壤污染防治 …… 168
土壤污染调查 …… 168
土壤污染防控 …… 169
防治体系建设 …… 169
固体废物处置 …… 169
工业固体废物管理 …… 169
危险废物处置 …… 169
环境执法监察 …… 169
概况 …… 169
“散乱污”整治 …… 169
信访案件办理 …… 169

科　技

科技创新 …… 170
概况 …… 170
科技创新引领 …… 170
科技型企业培育 …… 170
表16　2019年九台区国家高新技术企业一览表 …… 171
表17　2019年长春市级“小巨人”企业一览表 …… 171
科技普及 …… 172
科普学堂 …… 172
科普学堂进乡村 …… 172
科普学堂进企业 …… 172
科普学堂进社区 …… 173
科普学堂进学校 …… 173
科技活动周举办 …… 173
科技知识进广场 …… 173
科技知识进社区 …… 173
科技知识进乡村 …… 173
科技知识进企业 …… 173
科技成果推广 …… 174
秸秆研发利用 …… 174
九台大学生创业园打造“吉林匠谷” …… 174
五官屯贡米栽培 …… 175
减肥增效现场观摩活动 …… 175
设施园艺建设 …… 175
气象服务 …… 175
概况 …… 175
气象保障 …… 175
灾害防御 …… 176
气象设施现代化 …… 176
防震减灾 …… 176
概况 …… 176
地震监测预报 …… 176
地震应急演练 …… 176
防震减灾宣传 …… 176

教　育

综述 …… 177
概况 …… 177
教育治理督导 …… 177
基础设施建设 …… 177
学校卫生健康管理 …… 178
平安校园建设 …… 178
教师队伍建设 …… 178
民办教育机构管理 …… 178
教育资助 …… 178
“互联网+教育”2.0行动计划实施 …… 178
“雨露计划”实施 …… 178
学前教育 …… 179
概况 …… 179
民办幼儿园审批 …… 179
幼儿园建设 …… 179

幼儿教师集中培训 …………………… 179
义务教育 …………………… 179
概况 …………………… 179
素质教育活动 …………………… 179
学科设置 …………………… 179
教育科研成果 …………………… 179
教育教学开放活动 …………………… 180
控辍保学 …………………… 180
温馨村小学校创建 …………………… 180
“一校一品”格局创建 …………………… 180
九台区中小学第二届校园足球比赛 …… 180
“手拉手公益课程进校园”宣讲团活动 …… 180
“赏冰乐雪　健康九台”九台区中小学冰雪主题日活动 …………………… 180
高中教育 …………………… 180
概况 …………………… 180
教学联盟活动 …………………… 180
高考工作 …………………… 181
重点高中简介 …………………… 181
成人教育 …………………… 181
概况 …………………… 181
长春全民终身学习品牌打造 …………… 181
“扶贫学习超市”项目被评为国家终身学习品牌项目 …………………… 181
特殊教育 …………………… 181
未入学残疾儿童少年普查 …………… 181
残疾儿童随班学习安置体系建设 ……… 182
送教上门服务 …………………… 182
教育部领导到九台区调研特殊教育工作 …………………… 182
中央、省直媒体“记者走基层”活动走进九台区 …………………… 182
特殊教育资源中心成立 …………………… 182
善满家园残疾人特殊教育 …………… 182
特殊教育学校简介 …………………… 183
职业教育 …………………… 183
教师职业技能提升 …………………… 183
社会职业培训 …………………… 183
“中高职衔接”教育体系建设 ………… 183
校企合作“学徒制”打造产教融合新名片 …………………… 183
九台区职业技术教育中心简介 ………… 183

文　化

综述 …………………… 184
概况 …………………… 184
文体活动中心项目 …………………… 184
农村文化小广场建设 …………………… 184
文化惠民工程 …………………… 184
文联活动 …………………… 184
文化活动 …………………… 185
“松风荷韵　丹墨飘香”主题文化艺术节 …………………… 185
第二届全民艺术节系列活动 …………… 185
音乐舞蹈史诗《边台放歌》上演 ……… 185
九台区新诗沙龙活动 …………………… 185
自创诗歌朗诵大会 …………………… 185
第三届“优学派”杯古诗词大赛 ……… 185
“正脉传承　彩墨九台”牛连和师生美术作品展 …………………… 186
九台彩墨画参加世博会 …………………… 186
九台彩墨画国际研讨会 …………………… 186
九台区农民画参展 …………………… 186
“不忘初心　同心奋进”书画展 ……… 186
美丽乡村摄影展 …………………… 186
非物质文化遗产满族丰收祭活动 ……… 186
“我们的中国梦——文化进万家”活动 …… 187
“文化服务基层行”活动 …………………… 187
“文化志愿走基层，助力乡村在行动”活动 …………………… 187
文化遗产保护 …………………… 187
非物质文化遗产保护 …………………… 187
非遗展览馆投入使用 …………………… 188
地方志编纂 …………………… 188
概况 …………………… 188
《九台年鉴（2019）》编纂 …………… 188

续志资料长编编辑工作 …… 188
文化市场监管 …… 189
文化市场日常监管 …… 189
“扫黄打非”专项活动 …… 189
文化法治教育活动 …… 189
档案管理 …… 189
机构改革 …… 189
档案资源建设 …… 189
档案数字化管理 …… 189
综合档案馆建设 …… 189
档案保护与开发利用 …… 189
档案执法检查 …… 190
档案服务 …… 190
广播　电视 …… 190
概况 …… 190
新闻主题宣传 …… 190
精品节目创作 …… 191
电台节目 …… 191
融媒体中心大厅及制作室建成 …… 191
公众号推送 …… 191
广播电视信息网络传输 …… 191
吉视传媒九台分公司 …… 192

卫生　体育

医疗机构建设 …… 193
概况 …… 193
卫生应急能力建设 …… 193
信息化系统建设 …… 193
医疗救助 …… 193
健康扶贫工程建设 …… 193
尿毒症患者医疗救助 …… 194
艾滋病患者医疗救助 …… 194
医疗卫生体制改革 …… 194
公立医院改革 …… 194
医疗联合体建设 …… 194
家庭医生签约服务 …… 194
基本公共卫生服务 …… 195
概况 …… 195
基本公共卫生服务业务培训 …… 195
食品安全管理 …… 195
计划生育服务 …… 195
医疗保障 …… 195
爱国卫生集中清洁日活动 …… 195
医疗技术 …… 196
抗菌药物整治 …… 196
医疗机构预防感染 …… 196
医疗技术培训 …… 196
九台区人民医院胸痛中心通过中国基层胸痛中心认证 …… 196
九台区人民医院被评为国家PCCM科规范化建设二级医院优秀单位 …… 196
疾病预防控制 …… 196
疾病防控体系建设 …… 196
传染病防治 …… 196
地方病防治 …… 197
疫苗接种 …… 197
饮用水水质卫生监测 …… 197
贫困妇女“两癌”筛查 …… 197
全国儿童预防接种日宣传活动 …… 197
省级慢性病综合防控示范区创建 …… 197
妇幼保健 …… 197
母婴安全保障 …… 197
出生缺陷防治 …… 197
全国避孕药具不良反应监测工作先进监测点创建 …… 197
卫生监督 …… 198
医疗机构监督管理 …… 198
医疗机构年检校验 …… 198
医疗机构行风建设 …… 198
公共卫生监督 …… 198
学校卫生监督 …… 198
放射卫生监督 …… 198
中医药管理 …… 199
中药饮片质量检查 …… 199
中医药健康管理服务 …… 199

中医行业乱象整治百日行动 …………… 199
体育 …………………………………… 199
群众体育 ………………………………… 199
竞技体育 ………………………………… 200
第一届全国农民冰雪项目运动会
在九台区召开 ………………………… 200
九台区第二届全民运动会召开 ………… 200
CBA联赛九台分赛区比赛首次举办 …… 200

社会生活

收入与消费 ………………………… 201
人均收入 ………………………………… 201
城镇消费水平 …………………………… 201
图3 2019年九台区城镇居民人均收入
构成图 …………………………… 201
图4 2019年九台区城镇居民人均消费
支出构成图 ……………………… 201
农村消费水平 …………………………… 202
消费结构 ………………………………… 202
社会保障 …………………………… 202
养老保险 ………………………………… 202
失业保险 ………………………………… 202
医疗保险 ………………………………… 202
工伤保险 ………………………………… 202
生育保险 ………………………………… 202
红十字会活动 ……………………… 203
无偿献血 ………………………………… 203
贫困病患人员救助 ……………………… 203
红十字志愿者服务 ……………………… 203
宣传活动 ………………………………… 203
人力资源 …………………………… 203
人事人才管理 …………………………… 203
大学生创业园被评为国家级高技能
人才培训基地 ………………………… 203
“暖流计划”行动 ……………………… 204
就业扶贫 ………………………………… 204
劳动就业 ………………………………… 204
劳动监察 ………………………………… 204
社会事务管理 ……………………… 204
社区建设 ………………………………… 204
社会组织管理 …………………………… 204
社会救助 ………………………………… 205
慈善救助 ………………………………… 205
殡葬管理 ………………………………… 205
婚姻登记 ………………………………… 205
消防安全管理 ……………………… 205
概况 ……………………………………… 205
消防宣传 ………………………………… 205
火灾隐患整治 …………………………… 206
执勤训练 ………………………………… 206
抢险救援 ………………………………… 206
退役军人事务 ……………………… 206
概况 ……………………………………… 206
退役军人安置 …………………………… 206
退役士兵接续保险 ……………………… 207
退役军人信息采集 ……………………… 207
“双拥”工作 …………………………… 207
烈士陵园管理 …………………………… 207
九台区被定为退役军人事务部政策的
“试验田” ……………………………… 207
残疾人事业 ………………………… 207
精准扶贫 ………………………………… 207
善满家园残障人综合服务中心建设 …… 207
残疾人信访接待 ………………………… 207
“零距离”服务 ………………………… 208
老龄事业 …………………………… 208
概况 ……………………………………… 208
老年人生活津贴发放 …………………… 208
养老服务能力建设 ……………………… 208
医养结合 ………………………………… 208
老年人健康管理 ………………………… 208
老年人优待 ……………………………… 209
老年人文体活动 ………………………… 209
表18 2019年九台区老年文体活动(部分)
一览表 …………………………… 209
老年人意外伤害保险 …………………… 209
走访慰问高龄困难老人 ………………… 209

老年人维权 …… 210
消费者权益保护 …… 210
消费者权益保护网络直报 …… 210
消费者权益宣传活动 …… 210
消费者协会联合检查 …… 210
线下七日无理由退货制度推进 …… 210
关心下一代工作 …… 211
概况 …… 211
党建带动关工委建设 …… 211
专题教育 …… 211
帮扶关爱行动 …… 211

乡镇　街道

九台街道 …… 212
概况 …… 212
“两城”联创 …… 212
前进村、东风村土地征收 …… 213
政府为社区购买服务治理小区 …… 213
民乐社区打造全国综合减灾示范社区 …… 213
“吉林大姐”培训 …… 213
九郊街道 …… 213
概况 …… 213
美丽乡村建设典型 …… 214
“微雨众惠”家庭农场 …… 214
适度规模经营 …… 214
机乡三宝米业项目 …… 214
营城街道 …… 215
概况 …… 215
营城村标准村屯建设 …… 215
“安全生产月”咨询日活动 …… 215
“中国梦　劳动美”文艺演出 …… 216
卡伦湖街道 …… 216
概况 …… 216
城市“菜篮子”工程 …… 216
生物菌型复合肥代替传统型复合肥施用 …… 217
新时代文明实践成果 …… 217
农村人居环境集中整治工作 …… 217
东湖街道 …… 217
概况 …… 217
农业结构调整 …… 218
街区整治工程 …… 218
吉林省“科技之冬”集中示范活动在东湖街道启动 …… 218
波泥河街道 …… 218
概况 …… 218
大健康产业园项目建设 …… 219
庙香山度假区建设 …… 219
污水厂一体化建设 …… 219
苗木花卉产业 …… 220
人居环境精品线路 …… 220
城子街街道 …… 220
概况 …… 220
产业扶贫项目 …… 221
电商培训 …… 221
七台村农业产业园区建设 …… 221
30兆瓦生物质热电厂建设 …… 221
大贝花海被评为全国森林康养基地试点建设单位 …… 221
土们岭街道 …… 221
概况 …… 221
人居环境示范村建设 …… 222
长吉经济带全域旅游核心区建设 …… 222
电视剧《鲜花盛开的山村》拍摄 …… 223
马鞍山“三产”整合 …… 223
氿遇山居影视基地建成 …… 223
兴隆街道 …… 223
概况 …… 223
“两园一带”种植 …… 224
农机具规模化经营 …… 224
中沼生物质气化热电联产项目建设 …… 224
“鸿燊”“万华”大米品牌 …… 224
纪家街道 …… 224
概况 …… 224
免耕播种 …… 225
扶贫项目 …… 225

马铃薯之乡建设 …………………………… 225
绿野家源家庭农场被评为全国家庭农场典型 …………………………… 225
疆宁肉业绿色循环项目 …………………… 226
龙嘉街道 …………………………………… 226
概况 …………………………………………… 226
农业产业发展 ……………………………… 227
品牌建设 …………………………………… 227
集中供热项目投入使用 …………………… 227
龙嘉街道与高校合作交流 ………………… 227
新时代文明实践所创建 …………………… 227
苇子沟街道 ………………………………… 227
概况 …………………………………………… 227
环境整治“1350”工程 …………………… 228
村屯基础设施建设 ………………………… 228
西地村田园综合体项目建设 ……………… 228
晴天环保科技项目建设 …………………… 228
沐石河街道 ………………………………… 229
概况 …………………………………………… 229
扶贫项目建设 ……………………………… 230
五福星公司棚膜经济 ……………………… 230
八台岭旅游区建设 ………………………… 230
上河湾镇 …………………………………… 230
概况 …………………………………………… 230
“四个一”工程创建 ……………………… 231
九翔肉鸡全产业链加工项目建设 ………… 231
“金红苹果”吉林省特色农产品优势区建设 …………………………………………… 231
全国农业产业强镇建设 …………………… 231
其塔木镇 …………………………………… 232
概况 …………………………………………… 232
“一河带六长”工作制 …………………… 233
五官屯皇粮贡米 …………………………… 233
污水厂一体化建设 ………………………… 233
其塔木烈士陵园 …………………………… 233
四棱山省级森林公园 ……………………… 233
莽卡满族乡 ………………………………… 233
概况 …………………………………………… 233
农业园区建设 ……………………………… 234
冬瓜、马铃薯种植 ………………………… 234
莽卡满族中心学校被评为国家优秀传统文化传承校 ……………………………… 235
满族文化旅游资源 ………………………… 235
胡家回族乡 ………………………………… 235
概况 …………………………………………… 235
红石村美丽乡村示范村建设 ……………… 236
科技农业产业示范区建设 ………………… 236
扶贫项目建设 ……………………………… 236
“一山两馆三寺” ………………………… 236

人物与荣誉

先进个人 …………………………………… 238
国家级先进个人 …………………………… 238
省级先进个人 ……………………………… 238
市级先进个人 ……………………………… 238
“长春好人”名单 ………………………… 240
先进集体 …………………………………… 240
国家级先进集体 …………………………… 240
省级先进集体 ……………………………… 240
市级先进集体 ……………………………… 241

附 录

2019年九台区国民经济和社会发展统计公报 …………………………………… 243
2019年九台区组织机构及负责人名录 ……… 245

索 引

文字索引 …………………………………… 257
图表索引 …………………………………… 266

JIUTAI · CHINA
中国·九台

CONTENTS

Special Features

Thoroughly Implement the Spirit of the 4th Plenary Session of the 19th CPC Central Committee and Push forward the Comprehensive Revitalization and Development of Jiutai ······ 1
Government Work Report ······ 7

Special Articles

Deepening the Reform of the Land System to Achieve the Revitalization and Development of Rural Areas ······ 15
Stimulating Factor Resources to Build Dynamic Jiutai ······ 16
The Reform of the Party and Government Organizations Directly under Jiutai District Committee in 2019 ······ 17

Chronicle of Events

Chronicle of Events ······ 18

Overview of the District

Nature and Geography ······ 25
Establishment and Administration ······ 26
Location Advantages ······ 27
Population and Ethnicities ······ 29
Economic and Social Development ······ 30

Jiutai District Committee of the Communist Party of China

Overview ······ 32
Major Decisions ······ 34
Important Documents ······ 35
Important Meetings ······ 37
Organization ······ 40
Publicity ······ 42
United Front ······ 45
Organizational Establishment Management ······ 46
Party Construction of the Organizations Directly under the District Committee ······ 47
Work for Veteran Cadres ······ 48
Party School (Administrative School) Education ······ 49
Study of the Party History ······ 50

People's Congress of Jiutai District

Important Meetings ······ 52
Appointment and Removal of Personnel ······ 54
Supervision by the People's Congress ······ 55
Delegates' Work ······ 56

Work of the Special Committee ………………… 56

Jiutai District People's Government

Overview ……………………………………… 57
Important Documents ………………………… 59
Important Meetings …………………………… 60
Construction of Happy Jiutai ………………… 62
Government Service …………………………… 63
Letters and Visits ……………………………… 64
Contingency Management …………………… 65
Poverty Alleviation …………………………… 66

Jiutai District Committee of the Chinese People's Political Consultative Conference

Important Meetings …………………………… 68
Political Discussion through Consultation ……… 69
Inspection and Investigation ………………… 69
Committee Members' Work …………………… 70
Special Committees' Work …………………… 70

Jiutai District Commission for Discipline Inspection of the Communist Party of China Jiutai District Supervisory Committee

Overview ……………………………………… 72
Important Meetings …………………………… 73
Improving Party Conduct and Building a Clean and Honest Government ………………………… 74
Discipline Inspection ………………………… 74
Supervision and Management ……………… 75
Inspection Work ……………………………… 75

Democratic Parties· Federation of Industry and Commerce

Jiutai District Committee of the Revolutionary Committee of the Chinese Kuomintang ……… 77
Jiutai District Committee of China National Democratic Construction Association ……… 77
Jiutai District Committee of China Association for the Promotion of Democracy ………………… 78
Jiutai District Committee of Chinese Peasants and Workers Democratic Party ……………… 78
Jiutai District Committee of Jiu San Society …… 79
Jiutai District Federation of Industry and Commerce (General Chamber of Commerce) …………… 79

People's Organizations

Jiutai District Federation of Trade Unions …… 81
Jiutai District Committee of the Communist Youth League of China ……………………… 82
Women's Federation of Jiutai District ………… 83
Jiutai Science and Technology Association …… 84

Rule of Law

Work of the Political and Legal Commission …… 86
The Construction of a Government Ruled by Law ……………………………………… 87
Special Combat against Gangs Crime ………… 88
Public Security ………………………………… 89
Procuratorial Work …………………………… 92
Court …………………………………………… 94
Judicial Administration ……………………… 95

Military

People's Armed Forces Department ………… 98
Jiutai Squadron of the Armed Police Force …… 99

Civil Air Defense ······························ 100

Economic Management

Economic Development and Regulation ········ 101
Economic System Reform ························ 102
Supervision and Management of State-owned Assets ······························ 103
Land Resource Management ··················· 103
Fiscal Affairs ···································· 105
Taxation ··· 106
Financial Regulation ···························· 108
Auditing ··· 110
Statistics ·· 110
Market Supervision and Management ········ 112

Agriculture

Overview ·· 115
Planting ··· 117
Forestry ··· 117
Animal Husbandry ······························ 118
Fishery ·· 119
Agricultural Machinery ························ 120
Water Conservancy ····························· 121
Agricultural Science and Technology Education and Service ································· 122
Agricultural Industrialization ················· 123
Rural Economic Management ················· 125

Industry

Overview ·· 126
Modern Equipment Manufacturing Industry ····· 127
New Building Materials Industry ·············· 128
Fine Agricultural Products Processing Industry ·· 128
Mineral Energy Industry ······················· 129
Biomedical Industry ···························· 129

Business and Trade Service

Overview ·· 130
Supply and Marketing Cooperation ············· 130
E-commerce ····································· 131
Grain Circulation ······························· 131
Oil Purchase and Sale ·························· 132
Tobacco Monopoly ······························ 132
Salt Management ······························· 132

Tourism

Overview ·· 134
Tourism Resources ······························ 135
Tourism Development Projects ················· 136
Special Delicacies ······························ 137

Finance

Overview ·· 138
Banks ·· 139
Insurance and Securities ······················· 141

Transportation

Highway Transportation ························ 142
Railway Transportation ························· 143
Water Transportation ··························· 144

Post and Communication

Changchun Jiutai Branch of China Post Group ··· 145
China Mobile Jiutai Branch ···················· 145
China Unicom Jiutai Branch ··················· 146
China Telecom Jiutai Branch ·················· 147

Investment Promotion

Overview ·· 148
Special Meetings ································ 148

Investment Promotion Paths …… 148

Development Zones

Changchun Jiutai Economic Development Zone …… 151
Jiutai Industrial Concentration Area …… 153

Urban and Rural Development

Urban and Rural Planning …… 154
Urban and Rural Housing Management …… 155
Real Estate Development …… 156
Indemnificatory Housing …… 156
Construction of Municipal Public Facilities …… 157
Urban Greening …… 158
Urban Management …… 159
Beautiful Rural Construction …… 160

Public Utilities

Public Transportation …… 161
Water Supply …… 162
Heating …… 162
Gas …… 163
Power Supply …… 163

Ecological Environment

Overview …… 165
Environmental Quality Monitoring …… 166
Air Pollution Prevention and Control …… 167
Water Pollution Prevention and Control …… 168
Soil Pollution Prevention and Control …… 168
Solid Waste Disposa …… 169
Environmental Law Enforcement and Supervision …… 169

Science and Technology

Technological Innovation …… 170
Popularization of Science and Technology …… 172
Promotion of Scientific and Technological Achievements …… 174
Meteorological Services …… 175
Earthquake Prevention and Disaster Mitigation …… 176

Education

Overview …… 177
Preschool Education …… 179
Compulsory Education …… 179
High School Education …… 180
Adult Education …… 181
Special Education …… 181
Vocational Education …… 183

Culture

Overview …… 184
Cultural Activities …… 185
Cultural Heritage Protection …… 187
Compilation of Local Records …… 188
Cultural Market Supervision …… 189
Archives Administration …… 189
Radio and Television …… 190

Health and Physical Education

Medical Institutions …… 193
Medical Assistance …… 193
Medical and Health System Reform …… 194
Basic Public Health Services …… 195
Medical Technology …… 196
Disease Prevention and Control …… 196
Maternal and Child Health Care …… 197
Health Supervision …… 198
Management of Traditional Chinese Medicine …… 199
Physical Education …… 199

Social Life

Income and Consumption ······ 201
Social Security ······ 202
Red Cross Activities ······ 203
Human Resources ······ 203
Social Affairs Management ······ 204
Fire Safety Management ······ 205
Veterans Affairs ······ 206
The Cause of the Disabled ······ 207
The Cause of the Aged ······ 208
Protection of Consumers' Rights and Interests ······ 210
Care for Children ······ 211

Towns, Townships and Sub-districts

Jiutai Sub-district ······ 212
Jiujiao Sub-district ······ 213
Yingcheng Sub-district ······ 215
Kalunhu Sub-district ······ 216
Donghu Sub-district ······ 217
Bonihe Sub-district ······ 218
Chengzijie Sub-district ······ 220
Tumenling Sub-district ······ 221
Xinglong Sub-district ······ 223
Jijia Sub-district ······ 224
Longjia Sub-district ······ 226
Weizigou Sub-district ······ 227
Mushihe Sub-district ······ 229
Shanghewan Town ······ 230
Qitamu Town ······ 232
Mangka Manchu Township ······ 233
Hujia Hui Township ······ 235

Characters and Honorary Titles

Advanced Individuals ······ 238
Advanced Collectives ······ 240

Appendix

Statistical Communique of National Economic and Social Development of Jiutai District in 2019 ······ 243
Directory of Organizations and Persons in Charge of Jiutai District in 2019 ······ 245

Index

Text Index ······ 257
Table Index ······ 266

JIUTAI · CHINA
中国·九台

特　　载

Special Features

深入贯彻落实党的十九届四中全会精神 全力推动九台全面振兴发展

——在区委二届十次全体（扩大）会议上的报告

区委书记　李洪亮

（12月3日）

这次全会的主要任务是：坚持以习近平新时代中国特色社会主义思想为指引，深入学习贯彻党的十九届四中全会和习近平总书记关于东北振兴工作的重要指示精神，认真落实省委十一届六次全会和市委十三届八次全会精神，回顾总结今年以来的各项工作，全力推动九台全面振兴发展。下面，受区委常委会委托，我向全委会做报告，请予审议。

今年以来，面对严峻复杂的经济形势、前所未有的困难挑战、艰巨繁重的工作任务，在省、市委的正确领导下，区委团结带领全区广大干部群众，坚持稳中求进工作总基调，认真贯彻新发展理念，不断强化“打先锋、站排头”的工作导向，全力做好稳增长、促改革、调结构、惠民生、防风险、保稳定，攻坚克难、真抓实干，全力打造长春城市副中心，加快融入长春现代化都市圈，推动九台各项事业不断取得新的突破。

一、坚定不移推动党的十九届四中全会和习近平总书记关于东北振兴工作的重要指示精神落地生根

党的十九届四中全会，是在中华人民共和国成立70周年之际、“两个一百年”奋斗目标历史交汇点上，我们党召开的一次具有开创性、里程碑意义的重要会议。区委第一时间召开区委常委扩大会议进行传达学习，要求全区上下把学习宣传贯彻党的十九届四中全会精神作为当前和今后一个时期的一项重要政治任务，与深入贯彻落实习近平总书记关于东北振兴工作的重要指示批示精神结合起来，与“不忘初心、牢记使命”主题教育结合起来，召开区委理论学习中心组学习会进行专题研讨，迅速掀起学习宣传贯彻的热潮，把全会精神传达到每一个基层党组织、每一名党员干部，确保实现全覆盖。做到在政治上提高站位，通过学习，全区上下进一步增强“四个意识”、坚定“四个自信”、做到“两个维护”，坚决把党的领导落实到具体工作的全过程、各方面，坚决落实好党中央决策部署的重点工作任务，切实把国家制度优势转化为国家治理效能，提高运用制度威力应对各种风险冲击的能力。做到在思想上增强自觉，结合贯彻落实习近平总书记关于东北振兴工作的重要指示精神，做到决胜信心更加坚定、贯彻举措更加精细、工作作风更

加务实，齐心协力推动中央决策、省市委安排部署在九台落地生根、开花结果。做到在行动上坚定坚决，坚持把学习贯彻四中全会精神特别是习近平总书记的系列重要讲话精神，与做好九台改革发展各项工作结合起来，努力构建系统完备、科学规范、运行高效的制度体系，加强系统治理、依法治理、综合治理、源头治理，推动学习贯彻走深、走实；增强制度自信，健全制度机制，强化制度执行，最大限度发挥制度效能。做到在落实上一抓到底，全面融入四中全会部署任务，带动全区各领域的改革。通过改革创新完善治理体系，通过改革提升治理能力，特别是解决具体问题、推动具体工作的能力。深入实施创新驱动发展战略，加快构建推动经济高质量发展的体制机制。聚焦城市品质内涵提升，完善城市规划建设管理体系。深入推进精神文明建设，巩固团结奋斗的共同思想基础。扎实推进平安九台、法治九台建设，营造共建共治共享社会治理格局。践行以人民为中心的发展思想，切实增强群众获得感、幸福感、安全感。践行绿水青山就是金山银山的理念，坚决打赢污染防治攻坚战。

同时，围绕贯彻落实习近平总书记关于东北振兴工作的重要指示精神，坚持站在政治和全局的高度，主动接受国家脱贫攻坚成效考核、省市脱贫攻坚督导考核、中央扫黑除恶第13督导组督导及“回头看”、中央办公厅贯彻总书记东北振兴重要讲话精神回访调研、国务院第6次大督查等巡视巡察检验，全面推进“基层减负年”活动，全力以赴抓好整改落实，确保党中央各项决策部署在九台落到实处。

二、认真开展“不忘初心、牢记使命”主题教育

区委坚持把“不忘初心、牢记使命”作为永恒主题、终身课题，以强烈的政治责任感和历史使命感，推动主题教育走深、走实，切实凝聚起振兴发展的强大力量。

一是坚持以上率下，强化学习教育。把学习贯彻习近平新时代中国特色社会主义思想作为根本任务，把深入学习贯彻党的十九届四中全会精神贯穿于主题教育中，发挥区级领导班子带头作用，采取理论中心组学习、主题教育读书班、专题学习研讨等多种方式，引领广大党员干部读原著、学原文、悟原理，推动学习教育任务落实。各区管班子集中学习交流研讨时间普遍达到5天以上，各基层支部运用“三会一课”主题党日的形式，每月开展1次学习交流。采取书记领学、干部助学、上门送学、网上共学等方式，实现主题教育全覆盖。深入学习黄大年、孟祥民、梁树昌等先进事迹，以身边典型激活干部动力，不断筑牢守初心、担使命的思想根基。

二是坚持问题导向，强化调研整改。围绕区委二届九次全会确定的目标任务，对标中央、省市各项要求部署，坚持高标准、高起点、高质量，同步推进调研和整改工作。区委常委认领10个调研课题，带头深入基层一线走访调研，不遗余力推进问题解决。坚持改字当头，区委常委会专题研究整治整改工作，制定1个总方案，17个具体方案，列出问题91个，提出整改措施118个，取得阶段性整治成效。坚持把检视问题贯穿始终，梳理各类问题1700多条，立行立改1090条，广大群众切身感受到主题教育带来的根本性变化。

三是坚持统筹联动，推进任务落实。坚决贯彻中央、省市委部署，认真落实市委第四指导组要求，着力推进主题教育深入开展。将学习教育、调查研究、检视问题、整改落实4个方面作为有机整体，统筹谋划部署、一体推进落实，突出重点抓指导，深入基层搞调研，加强审核保质量，把“四个到位”的要求落到实处。突出抓好领导班子和领导干部，以“关键少数”示范带动“绝大多数”。把主题教育与深入贯彻落实习近平总书记重要指示批示精神结合起来，与中华人民共和国成立70周年各项庆典活动结合起来，与“专班抓项目”“万人助万企”“城市乱象集中整治”“农村人居环境集中整治”4项重点工作和九台各项攻坚任务结合起来，创新工作举措，加大工作力度，在取得实效上实现新突破，不断激发广大干部群众的爱国热情与推进九台全面振兴发展的信心。

三、全力以赴打好“三大攻坚战”

我们把打好打赢“三大攻坚战”作为决胜全面建成小康社会的内在要求，强化问题导向，狠抓责任落实，拿出一往无前的魄力和决战决胜的勇气，坚持打赢攻坚战役不动摇。

一是全面防范化解重大风险。认真贯彻落实中央和省市委关于防范化解重大风险的决策部署，制定“区委防范化解重大风险任务分解表”，落实48项任务，明确137项化解措施，全领域风险得到有效管控；坚决守住不发生系统性风险的底线，成立防范和打击金融诈骗领导小组，开展4轮非法集资风险专项排查，有效防范治理金融乱象；坚持主动防范、系统应对，防风险与促发展并重，今年累计化解政府性债务1.76亿元，一批重点风险隐患得以化解。

二是深入落实脱贫攻坚任务。认真抓好脱贫攻坚反馈问题整改，有序推进危房改造、安全饮水等整改任务，有效落实行业扶贫和包保帮扶责任，主动认领国家和省扶贫成效考核问题42个，所有问题均整改完成。精心谋划扶贫项目，全年共投入资金2590万元，建设产业扶贫项目17个，基础设施项目6个。扎实推进行业扶贫，其中，改造农村危房353户，解决166户建档立卡贫困户饮水安全问题，其他行业扶贫均按计划有序推进。全年精准脱贫283户、566人，1个贫困村出列，顺利完成年初既定的目标。

三是全力推进生态环境保护。秸秆禁烧工作取得阶段性胜利，综合利用率达到92%。截至目前，未发现一处火点。秸秆综合利用获得国务院大督查专项奖励500万元。督察反馈整改按照序时进度全力推进，加快20吨以下燃煤锅炉淘汰、机动车尾气、扬尘等污染治理，域内现有6家污水处理厂均达到国家排放标准，全年空气质量优良天数达到93.1%。持续开展“绿满九台”行动，我区被评为全国绿化模范单位。系统推进生态环境保护和修复，加快编制矿山石场修复治理规划，域内21家采石场全部停产整顿。大力实施山水林田路系统治理，全面落实河长制，投入23.2亿元，实施松花江、饮马河流域水污染防治工程19项，完成广泽沟、官地河河底清淤工作，小南河综合治理初见成效。

四、积极推动经济高质量发展

一年来，我们积极抢抓各类战略机遇，以高质量发展为主题，以发展实体经济为重点，不断强化忧患意识、责任意识，在经济下行中稳住定力，在转型升级中增强动力，全力以赴推动经济高质量发展。预计到年末，地区生产总值完成229.8亿元；全口径和地方级财政收入分别完成28.8亿元和11.5亿元；城乡居民人均可支配收入分别达到26832元和15474元；社会消费品零售总额完成64.46亿元。2018年度县域综合发展水平考核获得全省第四名、长春地区第一名的优异成绩。

一是实施招商攻坚行动。瞄准“一带一路”经济带，制定《九台区招商引资产业链项目树》《九台区重点产业招商地图》和“五百强企业信息库”。结合推动“万人助万企”行动，设立招商引资引荐人专项资金1000万元，从奖励原则、条件、标准、兑现等方面进行明确，激发招商引资工作动力，投资50亿元的上海复兴集团商业综合体、投资4亿元的浙江中财管道等24个项目签订协议。预计到年末，招引内资125亿元，不断开创“大开放、大招商、大发展”的新格局。

二是全力加快项目建设。务实开展“专班抓项目”，五大项目专班推进破解项目建设难题87个。今年完成投资65亿元新建、续建5000万元以上项目86个，10个“三早”项目全部如期开工，投资5亿元的阜元医药、投资2亿元的博涵医疗器械等38个项目开工建设，助推康宁杰瑞、钻智生物、绿森林硅藻泥等21个项目投产运营。通过增资扩股、重组嫁接等途径，将14个“僵尸”项目纳入“专班抓项目”中予以推动盘活。

三是推动产业提质增效。鼓励宇光能源、龙嘉煤田、华能电厂等矿产能源企业，延伸产业链条，走多元发展之路；帮助金锣肉制品、朱老六食品等精优农产品加工业，拓展深加工能力，抢占国际市场份额；引导中誉集团、正多科技等机械加工企业，加快技术改造，提高装备水平；培育兰舍硅藻泥、中财管道等新型建材产业发展壮大，推广连锁化、品牌化、规模化经营；扶持康宁杰瑞、钻智生物等生物医药企业，加快技术创新，推进成果转化。全区工业企业突破1100家，规模以上工业总产值预计实现117亿元。

五、持续深化改革和扩大开放

一年来，我们全力实施创新驱动战略，坚持科技创新与经济发展紧密结合，自主创新与就地转型相互促进，以成果转化促进内生增长，各项改革在全面深化中释放新动能。

一是广聚资源增动力。抓好国家知识产权强

县工程示范区建设，完善区域科技创新体系，进一步提升自主创新能力。通过与联通公司、云粒智慧科技的签约合作，“数字九台”建设迈出实质性关键一步。加大创新主体培育力度，深入实施科技型“小巨人”企业和国家高新技术企业“双千户”培育工程，全区发展高新技术企业26家、长春市级科技型“小巨人”企业19家，居长春外县区第一。获取专利授权151件，居全省前列。

二是广纳人才增活力。进一步加强党对人才工作的领导，创新党管人才方式方法，大力引进高层次创新创业人才、高技能实用人才和高素质管理人才。坚持以企业、学校创新平台吸引人才，以优惠政策吸纳人才，以创业孵化基地培育人才，新增国家级领军人才1人，省市级领军人才30人，2个团队进入全省13个第二批重大科技项目研发人才团队，2人通过全市第七批突出贡献专家人选考核。整合各类人才扶持政策，推进人才新政奖励政策落实，努力营造人才引得进、留得住、用得好、出成果的政策环境、工作环境和生活环境。

三是广搭平台增潜力。借助长春新区发展引擎效应，全力推动九溪新区规划建设，着力谋划综合配套、健康颐养、创智服务三大组团，先期规划完成档案馆、图书馆等6个项目，文体大街等10条道路，金溪路、福临大街西段开工建设，新区框架拉开。推动中古生物技术合作区上升为国家战略，建立产业发展基金，吸引社会资本参与合作区开发建设。与吉林省信用担保投资集团有限公司、吉林九台农村商业银行股份有限公司签订政担银企三方合作协议，为37家中小微企业成功办理担保、贷款。高标准建设九台大学生创业园“国家级高技能人才培训基地”，与吉林中工技师学院深度融合合作，强力构建“知识型、技能型、创新型”产教融合示范基地，打造“吉林匠谷”试验区。

四是广推改革增红利。发挥先行先试创新发展优势，积极推广“三块地”改革试点经验，今年累计入市地块165宗，超过前四年总和。集体经营性建设用地入市改革情况通过内参上报中央，改革成效即将在全国改革年会上代表吉林省做经验交流。全面完成土地承包经营权确权登记颁证，确权面积237万亩。减税降费政策得到有效落实，累计新增减税2.66亿元。“放管服”改革向纵深推进，市场监管、税务部门对企业开办业务达到30分钟联办。

六、扎实推动农业农村工作

我们大力实施乡村振兴战略，持续深化农业供给侧结构性改革，务实开展“农村人居环境集中整治”，着力提高农业产业质量、效益和竞争力，农村面貌实现质的飞越。

一是夯实现代农业发展基础。全区粮食总产量突破18亿千克。围绕巩固提升农业基础设施建设，投资1.57亿元的12万亩高标准农田完成设计，投资2.2亿元的16个农田水利工程开工建设，主要农作物耕种收综合机械化水平达到92%，被国家认定为全程机械化示范县。村级信息服务站实现行政村全覆盖，获得“全国县域数字农业农村发展水平评价先进县”殊荣。

二是构建现代农业产业体系。以率先实现农业现代化为目标，全力打造现代农业升级版。全区市级以上农产品加工企业发展到63家。“三品一标”农产品认证达到45个，总面积达到6.1万亩。广泽、开心农业、东北亚苗木文化产业园、中国北方大樱桃产业园等新（续）建项目完成年度建设任务并投产达效。朱老六食品、田野泉酱菜、向宇果仁、林江米业获得2019年长春神农杯名牌农产品称号。上河湾镇被评为省级特色农产品优势区、全国农业产业强镇。“九台贡米”品牌纳入国家申报评选全球重要农业文化遗产名录，九台品牌将走出吉林、享誉全国。

三是加快美丽乡村建设。按照乡村振兴战略总要求，坚决打赢人居环境整治攻坚战。以农村生活垃圾治理为突破口，以“户分离、村收集、镇转运、区处理”为治理模式，以“九清一推进”为治理核心，在全区283个村全面推进生活垃圾治理、厕所改造、水环境治理、村容村貌改善等重点整治任务，形成马鞍山村三产融合型、平安堡村旅游拉动型等6个整治模式，打造17个省市区级美丽乡村。长春市农村人居环境整治现场会在九台召开，九台区结合农村人居环境集中整治创新发展文旅产业的经验做法在长春市推广学习。

七、提升保障和改善民生水平

我们秉持为民情怀，全面落实以人民为中心

的发展理念，不遗余力推进民生改善，竭力办好各项民生实事，让人民群众在共建共享中拥有更多获得感。

一是完善城乡基础设施。规划启动国道饶盖公路、四家子出口改造等道路建设，畅通城区外循环。完成前进路立交桥、规划四道街、沿河街东段等6条道路，拓展城市发展空间。打通新华大街西段、规划甲路南段等7条断头路，让城区道路“血脉畅通”。南山公园和花溪公园改造工程建设完成，城市宜居品质进一步提升。

二是提升城乡管理水平。以全省文明城区创建工作验收为契机，深入开展“城市管理推进年”活动，巩固全国文明城市创建成果。推进“智慧城管”建设，依托大数据平台、实时监控系统，开展城市管理执法。深入开展“城市乱象集中整治”，解决市容、交通、违建等一批复杂难题，塑造文明城市新形象。对福星、福临2个小区进行升级改造，将其打造成老旧改造样板小区，通过典型示范，真正让城乡环境美起来、靓起来、好起来。

三是全力实现民生承诺。投资33.6亿元实施涵盖10个方面40件实事的幸福九台计划，人民群众幸福感显著提升。区医院扩建和妇幼保健计划生育中心项目内部装修基本完成，文体活动中心主体投入运营，即将承办国家级体育赛事。深入推进广电系统改革，全新的融媒体中心挂牌成立。依托“善满家园”品牌，推动全链条融合发展，打造残疾人脱贫新模式，成为全省残疾人脱贫攻坚典型。

四是切实提高治理能力。扎实开展“听民声、解民忧”大走访活动，越级非访量明显下降，圆满完成重大会事安保工作。稳步推进“平安九台”建设，强力开展扫黑除恶专项斗争，今年共立案涉黑涉恶类（九类）刑事案件179起，破获121起，打处涉黑涉恶类罪犯共计335名，治安环境得到较大改善。安全生产形势稳定向好，全年未发生较大以上安全事故，人民群众安全感不断增强。

八、纵深推进全面从严治党

我们深入贯彻习近平总书记对新时代党的建设总要求，切实扛起管党治党政治责任，把提升党的建设质量作为党建工作的主线，坚定不移推进全面从严治党，以高质量党建引领保障高质量发展。

一是“四个意识”更加牢固。以深入学习贯彻习近平新时代中国特色社会主义思想为引领，广大党员的政治意识、大局意识、核心意识、看齐意识不断增强。坚持不懈用习近平新时代中国特色社会主义思想武装头脑，切实把学习成果转化为加快“五区”建设、全力打造长春城市副中心的使命担当，转化为打好“三大攻坚战”、推动振兴发展的具体行动。持续巩固意识形态主阵地，牢牢把握舆论主导权。进一步严肃党内政治生活，严格执行“三会一课”等制度，发展积极健康的党内政治文化。

二是干部队伍更具活力。认真落实新时代好干部标准，锤炼各级干部真情怀、真担当、真本领，当好改革发展主心骨。注重干部能力建设，把更多有潜力的干部放到项目建设、招商引资、脱贫攻坚、信访工作等最前沿，在一线工作中迅速成长、脱颖而出。全面完成党政机构改革，适时推进执法机构和乡镇街道机构改革；着眼振兴发展，及时调整选拔各级干部。完善年轻干部“选育管用”机制，加快培养有专业背景的复合型干部，干部队伍结构进一步优化。树立先锋排头意识，激励更多的干部敢于攻坚克难、敢于担当负责、敢于冲锋陷阵，不断提高驾驭复杂局面、处理复杂问题、应对复杂事件的能力和水平。

三是基层基础更为坚实。坚持以组织体系建设为重点，实施基层党支部标准化建设三年提升行动，全面落实“新时代吉林基层党组织建设提升工程”任务，在服务中心大局中实现基层党组织全面进步。扎实推进软弱涣散基层党组织排查整顿，集中整顿软弱涣散党组织28个，选优配强驻村第一书记，推动村级党组织全面过硬。成立发展壮大村级集体经济领导小组，采取乡村申报、专家评审、部门审批、常委会研究的方式，累计成功申报集体经济示范村30个，争取上级扶持资金1500万元。建设区级党史展览馆，区非公党建指导服务中心投入使用，成为全区基层党建的公共服务平台和“城市党建联盟”的主阵地。

四是从政环境更显清明。驰而不息整治“四风”，严格落实中央八项规定精神，今年以来，对违反中央八项规定问题立案53件、处分49人。扎实开展“基层减负年”活动，大力精简文件、压缩会议、规范督察检查考核，“三多”问题得到有效遏制。保持反腐败高压态势，以“零容忍”态度惩治腐败，全区纪检监察机关共处置问题线索891件，立案416件，处分394人，反腐败压倒性胜利进一步巩固。

五是文明实践更有亮点。在全区培树出卡伦湖、马鞍山、清水等文明实践典型；全力打造善满家园扶贫助残、八台岭国际彩墨画等文明实践基地；统筹起全区448支志愿服务队伍，积极投入到“人居环境集中整治”“城市乱象集中整治”等攻坚战役中。九台新时代文明实践工作上升为国家级试点，全市新时代文明实践现场会将在我区召开。

此外，人大及其常委会的职能作用充分发挥，人民政协的政治协商、民主监督、参政议政水平进一步提高，爱国统一战线日益壮大，群团、民族、宗教、老干部、关心下一代、国防动员和后备力量建设等工作也都取得新进展。

在形势错综复杂、困难挑战增多的情况下，取得这样的成绩实属不易。这是党中央和省市委坚强领导的结果，是全区上下团结奋斗的结果。在肯定成绩的同时，我们也要清醒看到存在的困难和问题，主要是：发展不平衡不充分问题依然突出，发展质量和效益还需进一步提升；制约发展的体制机制问题仍然存在，改革落实的力度还需进一步加强；民生领域还有不少短板，脱贫攻坚还需精准提升，社会治理水平还需进一步提高；少数党员干部能力素质不适应发展需要，全面从严管党治党责任还需进一步落实。对于这些问题，我们必须高度重视，在今后的工作中持续用力加以解决。

以上是对今年以来区委常委会各项工作的总结，对于下步全面抓好党的十九届四中全会精神的学习宣传贯彻，我们将在市委贯彻党的十九届四中全会精神宣讲团到九台宣讲会议上进行重点强调；对于明年全区工作的安排，我们将结合中央、省市委的部署要求，在2020年初召开的专题会议上进行系统部署。

<<名词解释

创新驱动发展战略：中共十八大明确提出要坚持走中国特色自主创新道路、实施创新驱动发展战略。“创新驱动发展战略”有两层含义：一是中国未来的发展要靠科技创新驱动，而不是传统的劳动力以及资源能源驱动；二是创新的目的是为了驱动发展，而不是为了发表高水平论文。

基层减负年：2019年中共中央办公厅印发了《关于解决形式主义突出问题为基层减负的通知》，强调2019年要解决一些困扰基层的形式主义问题，切实为基层减负。明确提出将2019年作为“基层减负年”。

四个到位：习近平总书记在内蒙古自治区考察并指导开展“不忘初心、牢记使命”主题教育时强调，各地区各部门在开展主题教育中要注意抓“四个到位”：一是抓思想认识到位，二是抓检视问题到位，三是抓整改落实到位，四是抓组织领导到位。

“三块地”改革：是指农村土地征收、集体经营性建设用地入市、宅基地制度改革。根据方案，将探索宅基地有偿使用制度和自愿有偿退出机制，探索农民住房财产权抵押、担保、转让的有效途径。

三品一标：无公害农产品、绿色食品、有机食品（农产品），三者简称“三品”，农产品地理标志称“一标”，以上通常称“三品一标”，是农产品质量安全工作的重要环节。

五区建设：九台区依托区位、交通、资源、产业等优势，着力打造“一带一路”对外开放的功能区、哈长城市群长吉发展带的核心区、长春新区的服务业保障区、东北亚精优农产品的供给区、创新转型发展的示范区。

政府工作报告

——在九台区第十八届人民代表大会第五次会议上

区长　宋长者

（12月19日）

各位代表：

现在，我代表区政府向大会做工作报告，请予审议，并请列席会议的同志提出意见。

一、奋斗2019，真抓实干、创造佳绩

过去一年，区政府坚持以习近平新时代中国特色社会主义思想为指导，在市委、市政府和区委的坚强领导下，统筹稳增长、促改革、调结构、惠民生、防风险，经济持续健康发展，社会大局和谐稳定，圆满完成区第十八届人大三次会议确定的各项目标任务。

我们咬定目标加油干，经济实力迈上新台阶。在全省经济普遍下行的背景下，我们坚毅笃行、稳中求进，预计到年末，地区生产总值完成229.8亿元；全口径和地方级财政收入分别完成28.8亿元、11.5亿元，同比增长17.2%、45.7%；城乡居民人均可支配收入分别达到26832元、15474元，同比增长8.8%和8.7%；社会消费品零售总额完成64.46亿元，同比增长3.1%。2018年度县域综合发展水平考核获得全省第4名、长春地区第1名的好成绩。

我们解放思想创新干，改革发展实现新突破。我们巩固推进“两城”联创，顺利通过国家卫生城、全国文明城复审。我们聚焦示范试点创新，“三块地”改革在全省现场会介绍经验，新华社刊登九台创新做法。我们推出政担银企合作新模式，解决中小企业融资难题。我们纵深推进农村人居环境整治，全市现场会在我区成功召开。我区农村人居环境集中整治创新发展文旅产业的经验做法在全市学习推广。

我们甩开膀子奋力干，民生福祉得到新提升。我们精准施策、靶向攻坚，完成283户、566人脱贫，最后1个贫困村出列的目标。投资2.17亿元，实施农村饮水安全工程，解决14万人口饮水安全问题。我们动真碰硬，打赢城乡治乱攻坚战，拆除违章建筑2100处、37000平方米。我们迎难而上，打赢棚户区改造攻坚战，累计完成投资8.78亿元，实施8个棚改项目。我们全力以赴，打赢民生改善攻坚战，区文体中心项目建成使用，成功举办第二届全民运动会和全民艺术节，承诺办好的12件民生实事全部兑现。

一年来，我们着力抓投资兴产业，“进”的动能更加强劲。

坚持质效导向，开展“专班抓项目”“万人助万企”行动，为经济社会发展集聚强大动能。

招商引资精准高效。明确引资方向。编制《招商引资产业链项目树》，改编《重点产业招商地图》和“五百强企业信息库”，在范围上更明确、在目标上更精准。打造政策洼地。在长春地区率先出台《促进招商引资企业发展实施意见》和《招商引资引荐人奖励实施办法》，破解政策瓶颈，增强招商引资竞争力。招商成果显著。投资50亿元的上海复星集团商业综合体、投资4亿元的浙江中财管道PPR管材等24个项目签订协议。招商引资引进内资125亿元，新资本注入动能更加强劲。

项目建设卓有成效。投资5亿元的阜元医药、投资2亿元的博涵医疗器械等38个项目开工建设，新建项目开工率达85%。投资2亿元的吉林华奥汽车配件制造、投资2亿元的新诺达轨道客车配件制造等48个项目复工建设，续建项目复工率达100%。投资48亿元的长春龙嘉国际机场二期扩建工程、投资2亿元的吉林泰禾装配式建筑等24个项目投产达效，建成项目投产率达50%。全年共实施5000万元以上新建、续建项目86个，完成投资65亿元，可持续发展动能更加强劲。

产业转型提质增效。工业产业迅猛发展。构

建装备制造、农产品加工、生物医药、新材料、矿产能源等产业集群，工业企业突破1100家，规模以上工业总产值有望实现117亿元。第三产业茁壮成长。总投资64亿元的11个重点服务业项目开复工，营业收入实现22.5亿元。全区接待游客达到450万人次，旅游综合收入实现23亿元，同比分别增长12.5%和15%。创新驱动活力迸发。大学生创业园在孵企业36家。吉林省中工技师学院一期项目建设完成，中央重大项目专项2栋实训中心投入使用。全区发展高新技术企业26家、长春市级科技型“小巨人”企业19家，居长春外县（市）区第一。获专利权151件，其中发明专利权5件，居全省前列，创新促转型动能更加强劲。

一年来，我们着力抓重点补短板，“好”的局面更加显现。

围绕乡村振兴战略，农业供给侧结构性改革蹄疾步稳，率先实现农业现代化成效显著，农村人居环境明显改善，乡村振兴迈上高质量发展快车道。

农业基础更加牢固。基础设施日趋完善，总投资1.57亿元的12万亩高标准农田设计工作完成，划定粮食生产功能区和重要农产品保护区241万亩，开工建设水利工程16个，完成投资2.2亿元。加快秸秆“五化”（肥料化、饲料化、基质化、能源化、原料化）利用步伐，综合利用率达92%，落实农机购置补贴资金4000万元，主要农作物耕种收综合机械化水平达92%。农业信息化进村入户，村级信息服务站实现行政村全覆盖，获得“全国县域数字农业农村发展水平评价先进县”殊荣。

农业经济稳中向好。种植结构持续优化。全区粮食播种面积18.5万公顷，调减籽粒玉米10%，新增经济作物1.5万公顷，全区粮食总产量突破18亿千克。园区经济持续发展。广泽现代农业、开心农业等10个农业产业园区发展态势良好；家庭农场发展到1750家，绿野家源农场成为国家级示范典型；新增标准化棚室2400亩，园艺特色产业总产值达到66亿元。品牌农业持续壮大。市级以上农业产业化龙头企业发展到63家，销售收入实现240亿元。“三品一标”农产品认证45个，总面积达6.1万亩。上河湾镇被评为全国农业产业强镇、全省金红苹果特色农产品优势区。“九台贡米”品牌纳入申报评选全球重要农业文化遗产名录，成为中国农产品区域公共品牌。

农村环境显著改善。美丽乡村亮点纷呈。投资2.2亿元，打造省市区三级美丽乡村17个，创建美丽庭院3000个、干净人家6000户。建成长春地区第一家村史馆。其塔木镇新鲜村、戢家村和波泥河街道清水村、龙嘉街道草城子村分别获得省市“一村一品”示范村称号。三大行动深入实施。投资4566万元，开展“垃圾清理专项行动”，区镇村户四级垃圾治理模式运行良好；投资3026万元，实施“粪污治理专项行动”，粪污资源化综合利用率达75%；投资7500万元，推进“厕所革命”，实施改造农村户用厕所2.7万户。镇容村貌明显改善。改造“畅返不畅”农村公路411千米、农村公路危桥5座，乡道卢家至莽卡段竣工通车；拆除违章建筑、危旧房屋2000余个，清理柴草垛、建筑垃圾等村屯乱象8万余处；打造马鞍山三产融合型、平安堡村旅游拉动型、大贝村村民自治型等6个农村人居环境专项整治典型模式。

一年来，我们着力抓建设强管理，“精”的品质更加提升。

致力建管并重，创建新区、改造老城，市容市貌焕然一新，城市更加靓丽宜居。

城市格局全面拉开。城区规划面积达38平方公里，涵盖九台老城区、工业集中区、九溪新区三大板块，城市发展新框架初步形成。规划四道街、前进路立交桥续建、沿河街东段等6个项目深入实施，老城区路网向南延伸至规划3号路。九溪新区确定文旅综合配套、健康颐养、创智服务三大组团，中医院等6个项目完成规划，金溪路、福临大街西段开工建设。

承载能力显著提升。投资36.8亿元的“5684”户棚改项目启动建设。投资1.6亿元的煤矿沉陷区安置避险项目一、二期交付使用。投资3569万元的南山公园和花溪公园品质提升工程建设完成。投资4900万元的城区净水厂扩建项目竣工投运，日供水能力由2.5万立方米提升至5.5万立方米。基础设施建设成效明显，城市功能日趋完善。

城市管理更加精细。深入实施城市治乱行动，清理违章占道3700余处，整治露天烧烤304处，拆除违建196处、5135平方米。新建标准化厕所9座，中心城区垃圾分类设施覆盖率达30%。68条主街路实现机械化洗扫，150个弃管小区纳入清扫范围。九台至长春城际客运公交399路正式上线运营。构建集政务服务、精细管理、产业创新、惠民服务为一体的“智慧城管”体系，服务功能全面提升。

一年来，我们着力抓环保优生态，“绿”的底色更加厚重。

深入践行“两山”理论，全面推进蓝天、碧水、净土三大保卫战，严格落实环保督察整改，生态环境持续改善。

打赢蓝天保卫战。严控烟尘污染源，落实秸秆禁烧责任制，推广秸秆综合利用，实现全区“无黑斑、无火点”。重拳治理涉尘企业，关停域内全部21家采石场，整改商砼站15家，整治取缔“散乱污”企业228家，累计淘汰燃煤锅炉554台，全年优良天数比例达到93.1%。

打好净土保卫战。启动生态功能区划定，制定土壤污染治理与修复规划，确定土壤环境保护优先区域。完成275个农业面源污染点位调查，地膜覆盖面积比上年减少45%。饮马河流域104家畜禽养殖场全部关闭，258家规模化养殖场建成粪污处理设施。开展“绿满九台”行动，全年栽植苗木300万株，完成清收还林6500亩，迹地更新造林1400亩，农田林网修复2223亩，“三北”防护林补植1533亩。我区被全国绿化委员会表彰为全国绿化模范单位。

打响碧水保卫战。严格落实“河长制”，开展河湖“清四乱”专项行动，2465个河湖重点问题全部销号，清理河道垃圾500余吨。投资23.2亿元，实施松花江流域、饮马河流域水污染防治工程19项。龙嘉、东湖、其塔木污水厂建成投运，土们岭、兴隆、纪家污水收集设施投入使用。投资4600万元铺设管网6.7千米，城市南区实现雨污分流。小南河综合治理完成广泽沟、官地河河底清淤。全区水污染防治网格化监管实现全覆盖。

一年来，我们着力抓民生增福祉，“惠”的广度更加拓展。

投资33.6亿元，实施涵盖10个方面、40件实事的“幸福九台”行动计划，人民群众幸福感显著提升。

社会事业协调发展。投资2.65亿元，实施城子街、鸡鸣山、加工河中心校教学楼等13个教育基建项目，办学条件持续改善。新建区医院胸痛中心，完成妇幼保健中心内部装修，区乡远程会诊系统投入使用。城乡文体设施逐步完善，顺利承办第一届全国农民冰雪项目运动会，49个农村文化小广场全部建成。电视剧《鲜花盛开的山村》顺利杀青。依托“善满家园”品牌，推动全链融合发展，打造残疾人脱贫新模式，成为全国残疾人脱贫攻坚典型。

社会保障广泛覆盖。全年开展“春风行动”等各类招聘会11场次，开发城镇用工岗位6800个，城镇新增就业4200人。全口径劳务输出转移22万人次，零就业家庭就业援助率达100%。农村危房改造353户，其中建档立卡贫困户277户。社会救助更加完善，城乡低保救助标准分别提高4.6%和2.5%。投入1700万元，设立长春市外县区首家工会职工经费。新建新华、公园、新洲3个养老服务中心，居家、社区、服务机构一体化养老服务体系建设稳步推进。社会保障卡持卡率达到74.3%，率先在长春地区实现综合服务窗口全覆盖。开展双拥工作，依法维护退役军人合法权益，连续九年被评为长春市“双拥模范城”。

社会治理更富成效。全区工矿商贸、道路交通、消防火灾三类事故死亡率同比下降71%，全年未发生较大以上安全生产事故，代表吉林省接受国务院考核，取得全国第三名的好成绩。圆满完成全国两会、中华人民共和国成立70周年庆祝活动等重大会事期间安保任务，实现零非访、零集体访、零滋事闹访“三零”目标。稳步推进“平安九台”建设，铁腕扫黑、重拳除恶，打处涉黑涉恶类（九类）人员335名，社会大局保持和谐稳定。

一年来，我们着力抓作风提效能，“干”的氛围更加浓厚。

深入开展“不忘初心、牢记使命”主题教育活动，征求群众意见建议600余条，立行立改530多条，有效解决私搭乱建、农村饮水、危房改造等群众关心的各类问题，真正使主题教育活动往深里走、往心里走、往实里走。自觉接受区人大、区政协的监督指导，全年办理人大议案1件、建议20件，政协提案70件，办复率、办结率和满意率均达到100%。坚持深化“放管服”改革，“最多跑一次”办理事项912项，占比达到98.8%。持续加强营商环境建设，开展“专班抓项目”“万人助万企”行动，服务企业404家，解决各类问题545个，解决率达80%以上。推进党风廉政建设，严格依法行政，加强审计监督，查办涉软案件13起，正风肃纪常态化机制逐步形成。全面推进基层减负年活动，全力抓好问题整改，真正使中央各项决策部署落到实处。

此外，人民武装、妇幼老龄、消防通信、防震减灾、档案方志等工作也都取得可喜成绩。

一年的努力，高度凝聚着九台人民的智慧和汗水，取得的成绩来之不易。这是市委、市政府和区委科学决策、正确领导的结果！是区人大、区政协有效监督、鼎力支持的结果！是广大干部群众奋发图强、努力拼搏的结果！在此，我代表区政府，向全区人民以及所有关心支持九台发展的社会各界人士，表示最崇高的敬意和最诚挚的感谢！

在总结成绩和经验的同时，我们也清醒地认识到，面对人民日益增长的美好生活需要，我区仍然存在发展不平衡不充分的问题。从经济转型来看，经济总量还不大，支柱产业还不强，科技创新与龙头企业带动还不够明显。从城市转型来看，都市经济圈战略势在必行，产城融合发展不同步、不均衡、不充分仍然凸显。从社会发展来看，教育、卫生、就业、居住等优质公共服务供给与人民期待还有差距，安全生产、社会治安、历史遗留问题仍然存在。对此，我们一定高度重视，采取有效措施，切实加以解决。

二、奋进2020，加速赶超、追求卓越

2020年，是“十三五”规划的收官之年，也是推进高质量发展的攻坚之年，更是全面建成小康社会的决胜之年。站在新的历史起点，我们面临经济爬坡过坎、资源要素制约、风险矛盾叠加等多重挑战，更迎来东北老工业基地全面振兴、融入“一主、六双”产业空间布局、加快长春现代化都市圈建设等难得机遇。与此同时，九台也进入产城融合、动能转换、改革创新、破难突围的重要时期。我们要坚定转型跨越、绿色崛起的决心，不断汇聚推动九台高质量发展的强大动力！2020年政府工作的总体要求是：以习近平新时代中国特色社会主义思想为指引，深入贯彻党的十九届四中全会精神，认真落实省市全会和区委二届九次、十次全会精神，紧紧围绕“三个五”发展战略，进一步解放思想，以人民对美好生活的新期待为奋斗目标，以推动高质量发展为根本要求，以“三大攻坚”为突破重点，强化产城融合，突出改革创新，加快乡村振兴，补齐发展短板，努力实现更强实力、更富活力、更高品质、更加平安、更具幸福，奋力夺取决胜全面建成小康社会新胜利！

2020年政府工作的基本原则是坚持党的领导，这是做好政府工作的根本保证。我们将认真贯彻区委各项决策部署，做到一个目标引领，一个调子发声，一个标准落实。坚持稳中求进，这是政府工作的总基调。我们将全面落实“六个稳”的总体要求，全力优化营商环境，着力激发主体活力，不断增强经济增长的内生动力。坚持统筹统揽，这是抓好落实的重要方法。我们将推进政策措施集成、资源要素集合、各方力量集聚，确保工作忙而不乱，富有章法，件件落实，全面推进经济社会协调发展。坚持改革创新，这是推动九台高质量发展的动力源泉。我们将全力推进政府改革和各项示范试点创新，努力突破瓶颈、攻克难关、补齐短板，加快形成九台特色、九台经验、九台样板。坚持民生为本，这是政府工作的根本追求。我们将把百姓的事记在心头、抓在手上、落到实处，努力把政府工作做到群众心坎上，让九台人民在共建共享中有更多的获得感、幸福感、安全感。

2020年政府工作的预期目标是：力争实现地区生产总值增长4.5%以上，全社会固定资产投资增长6%以上，规模以上工业增加值增长4.7%以上，社会消费品零售总额增长4%以上，城乡居民人均可支配收入增长5%以上，财政收入与经济发展保持同步增长，社会事业全面进步，人民生活更加美好。

围绕上述总体要求，必须做好以下六个方面工作。

（一）把握“转型升级”的时代要求，全力推动产业强区新突破

围绕打造“一带一路”对外功能区，全力推动项目投入大突破、载体功能大提升、产业结构大优化，尽快向高质量发展迈进。

坚持以项目集聚企业，推动企业总量扩张。建立招商机制。实施定期通报制度，完善奖励考核办法，建立税源分成机制，形成区级领导包保，招商部门统筹，园区、镇街及各部门共同参与的一体化招商格局。强化精准招商。围绕全区主导产业，完善在谈企业信息，组建招商搜索、专业谈判、项目服务三支“专业团队”，开展“飞地”招商、产业链招商、能人招商、以商招商。破解招商难题。健全区级领导和部门挂钩联系重点项目制度，强化全程跟踪服务，帮助企业争取政策、协调矛盾、破解问题。全年储备亿元以上项目100个，落地亿元以上项目15个，实现引进内资130亿元。

坚持以项目培植产业，推动产业链式发展。新能源产业。扩大宇光能源、中泽煤层气项目产能，建设生活垃圾焚烧发电项目，力争打造全省清洁能源基地。新医药产业。推动钻智生物、新华通制药等企业扩大产能，促进博涵医疗、晟隆生物等项目投产达效，力争北华药业、沃鸿医疗器械等医药项目落地开工，努力将中古医药产业园打造成全省医药产业基地。新材料产业。重点支持兰舍新材料、绿森林硅藻泥、开顺新材料等项目，打造长春近郊新材料产业基地。食品加工业。做好2.6平方千米东北亚精优农产品产业园规划设计，三晋老陈醋食品项目投入运营，南街村宏源方便面食品项目批量生产，北京新农利合集团投资的东北亚国际农博城项目力争落位，建成全国首家精优农产品陈列馆。

坚持以项目支撑园区，推动园区转型升级。加快建设，增强园区实力。深入开展“专班抓项目”“万人助万企”行动，抓好“三早”项目，盯住未开工项目，解决停缓建项目，全年开复工5000万元以上项目100个以上，完成固定资产投资70亿元，其中“三早”项目11个以上。提升标准，增强承载功能。卡伦开发区，投资6.8亿元，加强水电路气等基础设施建设。工业集中区，加速推进搬迁收尾及土地整理，实现整体规划连片开发，为打造循环产业集聚区奠定基础。做优服务，增强要素支撑。完成土地征转用报批470公顷，为项目建设提供空间。制定出台加工型企业水、电、燃气价格补贴和物流补贴政策，降低企业生产成本。承贷资金2亿元以上，切实解决企业融资难、用地难、审批难。

（二）把握“都市经济”的时代趋势，全力构建产城融合新格局

围绕打造哈长城市群长吉发展带核心区，在产城空间配置、产城协调发展、产城形态融合等方面加强创新实践，尽快成为长春城市副中心。

优化空间布局，开创产城融合发展新局面。以一流标准打造九溪新区。投资11.8亿元，全力推进九溪新区10条道路工程建设，拉开新区路网框架。启动实施九溪新区中医院等6个重点工程建设，为建设宜居新城奠定基础。以国际眼光建设卡伦新城。立足“世界眼光、国际标准、九台特色和高点定位”打造卡伦新城，启动投资50亿元的卡伦湖生态新城和投资20亿元的吴中集团吴桐小镇项目，将卡伦湖“一潭碧水”变成撬动九台产城融合发展的“源头活水”。

强化基础设施，夯实产城融合发展新支撑。加快建设功能完善的配套设施。投资2.6亿元，建设完成规划四道街、文体中心配套、健康路南段、中央大街南段等6个项目，打通城市循环节点。完成福星南门、平安市场、军民路等农贸市场标准化改造，整治市场乱象。加快启动老旧小区改造试点。投资2100万元，以益民小区为试点进行老旧小区改造，探索老旧小区改造新模式，确保有人建、有人管。加快完善功能合理的配套服务。建设精品水冲厕所6座。强化曙光大街、健康路、前进路等主街路牌匾规划设计。完成7个小区、1589户无籍房产权办理。投资1亿元，将污水厂日处理规模由3万吨提升至4.5万吨。打好垃圾分类攻坚战，解决好百姓关心的“关键小事”。

提升城市品质，满足产城融合发展新需求。系统治理河道，让水灵秀起来。对小南河及其支流进行综合治理，力争实现河清水畅、碧水润城。全面植绿造景，让绿通透起来。实施九台南出口综合治理，完成排水、绿化、照明等工程建设。

实施新洲公园扩建、南山公园护坡、花溪公园家庭主题建设等绿植补植。强化智慧城管，让城靓丽起来。新开通公交线路4条，推进公交水平升级。对城区环境实施网格化管理，机械化洗扫率达到95%以上。完成“一中心、两平台”及部分创新应用建设，不断完善“12319”城市管理服务热线，实现城市管理精细化、网格化、便民化。

（三）把握“乡村振兴”的时代战略，全力打造融合发展新局面

围绕打造东北亚精优农产品供给区，凝心聚力扎实推进率先实现农业现代化，为农业农村创新发展注入新动能。

围绕“农业强”，加快农业转型升级，努力提高现代农业发展水平。稳步夯实农业基础。建设高标准农田4.8万亩。实施饮马河、沐石河重点段治理等4项水利工程。全力做好动物疫情防控、气象灾害防御等助农服务。调减籽粒玉米1.4万公顷，调增大豆0.26万公顷。全面做好粮食安全省长责任制相关工作，粮食产量稳定在15亿千克以上水平。落实农机购置补贴资金4000万元，新增农业机械1500台套，耕种收综合机械化水平达到92%以上。加快发展特色农业。围绕绿色水稻、棚膜经济、苗木花卉等十大特色产业，盯紧抓实特色农业园区建设。农产品加工企业发展到410家，规上农产品加工企业发展到95家。联合“拼多多”等互联网销售平台，推介“九台贡米”、“波泥河牌”苗木花卉、“纪家牌”马铃薯等20个特色农产品，实现小农户直连消费大市场，推进九台农产品由“身份”向“身价”转变。努力打造农业品牌。实施品牌兴农战略，争创省级以上名牌企业5家，新获得有机食品认证5个，申报地理标志证明商标3个。累计创建农业品牌997个，开创九台农业高质量发展新局面。

围绕“农民富”，构建多元增收体系，努力提高农民收入水平。以典型带动促增收。培养挖掘“农民工匠、乡村能人”等农民致富典型，全年实现培育创业主体501个。落实惠农资金2.34亿元，新发展区级种粮大户、特色种植、粮食高产、特色加工等典型200户。以产业辐射促增收。支持开心农业、雍达等企业扩大产能，启动实施上河湾九翔牧业产加销全链条产业项目，培育新型农业经营主体300个。以农村改革促增收。全面开展农村集体资产清产核资，全力推进农业保险改革、银政合作改革，持续拓宽增收渠道，开创具有九台特色的“三资”管理新模式。

围绕“农村美”，巩固优化发展环境，努力提高美丽乡村建设水平。高标准建设美丽乡村。通过企业参与、项目带动，以新村带产业，以产业促新村，全面提升村容村貌，着力加快土们岭、上河湾特色小镇创建，抓好3个省级美丽乡村和3个市级最美乡村建设。高效率推进环境整治。深入实施农村人居环境整治八大攻坚战，建设15处磁脉冲矿化垃圾处理站，实现垃圾就地处理，打造美丽庭院5000个、干净人家1万户。高质量打造示范亮点。加快推进美丽乡村地景示范路工程，建设完成波泥河—土们岭段樱花大道，提升龙家堡等10个老典型，打造桦树等10个新典型。发挥清水、锦绣等典型村的示范引领作用，持续推进农业展现新质态，农村展现新面貌，农民展现新风采。

（四）把握“生态文明”的时代内涵，全力塑优绿色示范新品质

牢固树立“绿水青山就是金山银山”的发展理念，统筹推进生态保护、生态建设和生态发展，展现“生态九台”的现实样本。

坚守生态本底，守护“自然美”。做好“显山露水”文章，继续推进“绿满九台”行动，完成村屯绿化90个，清收林地造林和补植2500亩，采伐迹地更新1200亩，农田林网修复完善1380亩，扎实开展生态修复，持续加大采石场综合整治力度，启动绿色矿山创建，推进矿山地质环境和湿地保护，提升自然生态系统稳定性。

强化生态治理，塑造“环境美”。蓝天保卫战。坚持“降煤、控排、禁烧”三管齐下，秸秆综合利用率达到92%以上，全面淘汰燃煤小锅炉，做好重污染天气应对和区域联防联控，推动空气质量持续好转，切实减轻群众“心肺之患”。碧水澄清战。以“河长制”为抓手，深入开展河湖“清四乱”行动，盯牢乡、镇、街污水处理厂“排查、顺接、排污”三大关键，确保污水达标排放，为水体“清污除害”。净土开拓战。以严控重金属污染物排放为关键，加快规模化养殖场

粪污治理化设施建设，实施化肥农药零增长行动，为土壤“排毒去脏”。

做强生态旅游，展现“家乡美”。全力推进冰雪温泉小镇项目建设，加快庙香山、碧水庄园等景区改造升级，波泥河九商茂林田园综合体启动实施，马鞍山氿遇田园综合体二期主体完工，九台区国防教育展览馆投入使用。全年接待游客500万人次、旅游综合收入实现25亿元，同比分别增长11%和9%。力争把九台打造成为吉林省中部休闲康体文化集中区，创建“行人在旅途、十里一景观”的全域旅游新示范。

（五）把握“改革创新”的时代脉搏，全力培育创新发展新动能

围绕打造创新转型发展示范区，深入推进各项改革试点，全面激发创新创业活力，谱写加快发展新篇章。

全面深化改革，激发发展潜力。纵深推进财税、金融、农村等领域改革攻坚。以“领跑者”的姿态，抓“最多跑一次”改革，推进减时限、减环节、减材料“三减”行动，全面提高办结效率。以“监管者”的姿态，抓“双随机一公开”（随机抽取检查对象、随机选派执法检查人员、查处结果及时向社会公开）改革，深化商事制度改革，完善监管体制，创新监管方式，着力构建高效有序的市场环境。以“开拓者”的姿态，抓宅基地（所有权、资格权、使用权）“三权分置”改革，通过调整入市方式及增减挂钩政策，盘活农村废弃闲置的农房和宅基地，优化农村集体建设用地配置，拓宽农民财产性收益渠道。

加快科技创新，增强发展动力。培育活力迸发的创新主体。鼓励企业加大研发投入，创新自主知识产权，形成一批具有影响力的创新成果。创建市级公共产业研发中心2个，市级企业技术中心3个。构建智慧涌动的创新平台。以大学生创业园为载体，投资1.5亿元，建成吉林省中工技师学院二期项目，承办全省工业机器人大赛及赛前集训，全年孵化企业40家以上，全力打造“吉林匠谷”试验区。构筑英才集聚的人才高地。实施人才强区战略，制定人才引进优惠政策，大力开展招商引才、招才引智、双招双引行动，为高质量发展提供人才保障。

推动全面创业，释放增长活力。激活创业主体。全年培育个体工商户5000家，完成“个转企”90家、“小升规”20家，壮大中小企业群体。完善创业载体。推动各乡（镇）街开设创业孵化咨询窗口，健全创业孵化功能，让创业者实现拎包创业。提升创业环境。全面构建民营企业八大服务平台体系，在政策咨询、银企对接、法律维权等方面高效服务，让有创见、能创举、敢创新成为主流。

（六）把握“普惠共享”的时代追求，全力彰显全面小康新成效

从群众反映最强烈、最突出、最紧迫的问题着手，履行好保基本、保底线、保民生的兜底责任，真正让发展成果惠及九台百姓。

以精准施策为抓手，打赢脱贫攻坚这个最大硬仗。我们将继续紧盯精准扶贫，切实把危房改造、安全饮水、教育医疗等各项政策落实到位，确保扶贫政策不落一人。坚持做好产业扶贫，新建16个带动力强的扶贫项目，做到产业全覆盖，努力实现贫困群众持续增收。统筹抓好社会扶贫、专项扶贫和生态扶贫，巩固扩大脱贫攻坚成果，为贫困户稳定脱贫提供有力保障。扎实做好“两不愁、三保障”，确保剩余贫困人口81户、186人全部脱贫，坚决打好打赢脱贫攻坚战。

以群众满意为标准，扛起改善民生这个最大责任。做好就业创业。全年开发城镇工作岗位6500个，新增就业4000人，劳动力转移输出17万人次。提供创业担保贷款2500万元，发展创业促就业成功项目50个，带动就业1000人。优先发展教育。投资2.5亿元，实施桃山中心学校和龙嘉珠心算幼儿园等7个教育重点基建项目。改善就医条件。深入推进公立医院改革，区医院扩建项目和计划生育服务中心项目投入使用。丰富文化供给。举办各类文体活动60场次以上，群众文体活动中心投入运营，全面满足群众文体活动需求。强化社会保障。提高城乡低保救助比例，全面做好困难群体、受灾群众的救助工作，统筹推进公益慈善和扶老、助残、救孤、优抚等事业发展，让人民群众基本生活得到最大限度保障。

以实现善治为目标，抓好平安法治这个最大重器。推进依法治区。广泛宣传“七五”普法精

神，学习借鉴“枫桥经验”，建立完善访调对接、诉调对接、调裁对接机制，力争“小事不出村屯、大事不出镇区”。创新社会管理。深化信访积案化解，建立访调结合体系。高标准推进“雪亮工程”，扎实开展扫黑除恶专项斗争，稳步提升治安防控能力，确保全区大局稳定。筑牢安全防线。强化风险意识和底线思维，努力提高防范化解重大风险能力，努力把各类风险隐患化解在源头，消灭于萌芽，落实到每个领域、每个岗位、每个环节，坚决打好打胜防范化解重大风险攻坚战。

三、奋勇担当，全面建设人民满意政府

坚持推动十九届四中全会精神落地生根，全面优化政府职责体系，自觉尊崇制度、严格执行制度、坚决维护制度，用制度管理人、约束人、鼓舞人，加快建设人民满意的服务型政府。

建设担当政府。树牢“四个意识”、坚定“四个自信”、做到“两个维护”，坚决同以习近平同志为核心的党中央保持高度一致，坚持把党对一切工作的领导贯穿政府工作的各个领域、各个方面，以制度化巩固“不忘初心、牢记使命”主题教育成果，不折不扣地贯彻落实中央、省、市和区委的各项决策部署，带着初心与使命干好政府各项工作。

建设效能政府。确定把2020年作为“政府效能提升年”，构建完善考核评价体系、政务服务体系、政府治理体系等，全面推进治理体系和治理能力现代化。构筑比位次、比质量、比项目、比环境、比创新、比效率“六大比拼”体系，大力倡导“靠前站、马上办、讲实效”的扎实作风，掀起大干快干、迎头赶上的工作热潮。

建设法治政府。深入贯彻全面依法治国要求，遵守宪法，尊崇法治，依法行政。自觉接受区人大及其常委会法律监督、区政协民主监督，主动接受社会和舆论监督。坚持科学、民主、依法决策，政府所有工作都要为人民服务、对人民负责、受人民监督。善于运用法治思维、法治方式和现代科技解决问题，增强政府公信力与执行力。

建设廉政政府。认真落实中央八项规定精神，严格执行党风廉政建设各项规定。紧盯重大工程、重点领域、重要岗位，强化廉政监督和廉政风险防控。深入推进政务公开，加大督查审计力度。巩固发展反腐败斗争压倒性胜利，坚决惩治腐败行为，严肃整治群众身边的腐败现象，永葆为民务实清廉的政治本色。

政府在做好以上工作的同时，承诺办好以下10件民生实事。

1.加快九溪新区道路建设，投资11.8亿元，全面启动实施新区内10条道路建设工程。

2.继续实施小南河生态综合整治项目，投资2亿元，完成小南河环境修复、河道治理等工程，真正让小南河水清岸绿，河畅景美。

3.实施农村饮水安全工程。投资1.45亿元，建设48个行政村集中供水工程，受益人口8.9万人，解决农村群众饮水安全问题。

4.实施乡村路网畅通工程，投资1.4亿元，完成波泥河、土们岭等7个乡（镇）街农村“老旧路”改造69千米，养护九台至其塔木段公路42.7千米，改造农村公路危桥2座，让百姓出行更便利。

5.加快推进“数字九台”建设，投资1亿元，完成数字城市指挥运营中心建设，年内实现调试运行，为打造智慧城市奠定基础。

6.完成农村校舍新建工程，投资5350万元，新建龙嘉幼儿园、卢家中心校幼儿园、桃山中心学校、第八中学4个工程项目，推进义务教育均衡发展。

7.实施九台区南出口综合治理建设项目，投资3500万元，改造道路全长1866米，提升城市出入口形象。

8.实施乡镇卫生院新扩建项目，投资570万元，完成胡家回族乡和城子街六台2个卫生院项目建设，改善农村居民就医环境。

9.继续推进“厕所革命”，投资350万元，实施283个行政村村部新型卫生公用厕所改造工程，让群众生活更有质量。

10.实施税务一体化办事大厅整体迁移改造工程，投资300万元，实现税务部门集中到政务中心大厅办理业务，全面优化政务服务效能。

JIUTAI · CHINA
中国·九台

专　文

Special Articles

深化土地制度改革　实现乡村振兴发展

九台区作为全国33个农村集体经营性建设用地入市、土地征收和宅基地制度三项改革试点县（市、区）之一，经过5年的不懈努力，共实施入市地块222宗，征收土地1350公顷，有效利用闲置宅基地816户。探索形成相对完备的政策体系，最大限度地释放改革红利，为九台区发展提供新的支撑。

变“沉睡资源”为“优质资产”，增加了村集体和农民的财产性收入。制定规范性文件33个，促进农民稳定增收。通过征收制度改革，促进征地补偿标准和入市收益向村集体与农民倾斜，旱田、水田价格分别提高42%、55%，切实增加了被征地农民收入；通过集体土地入市改革，盘活土地面积102公顷，切实增加集体土地价值，农村集体和农民收益达5618万元，其中卡伦湖魏家砖厂经营性建设用地的集体收益，比按国有土地出让收益增加16%；通过宅基地制度改革，总结出有偿退出、长期租赁、增减挂钩与宅改政策融合和复耕腾退四种模式，农民通过宅基地有偿退出收益4800万元。

变“闲置土地”为“发展空间”，增强了乡村振兴的要素保障。促进了城乡要素流动，通过集体土地入市、放活宅基地和农民房屋使用权，促进了城乡要素平等交换、自由流动。化解了指标紧缺难题，以建设指标异地调整等方式，降低购买指标费用，已实施入市地块共节省指标费用近亿元。降低了企业经营成本，其塔木镇忆江南旅游度假村项目，采取弹性年期出让方式入市交易，短期出让15年、入市价款70多万元，大幅降低了制度性交易成本。

变“粗放使用”为“高效开发”，提升了农村土地阵地利用水平。通过改革，进一步优化土地利用结构、提高土地利用效率。推动土地利用规划编制，进一步规范农村土地利用和管理秩序，耕地得到更好保护。创新点状供地方法，马鞍山氿遇山居文旅项目，创新采取点状供地方式，简化报批流程，以更少的成本做活更大的项目。高效利用农村闲置资源，利用城乡建设用地增减挂钩或调整入市方式，把节余的建设用地指标统筹使用，使农村闲置宅基地发挥资源价值。

变“二元结构”为“统一市场”，形成了城乡一体化建设用地市场。深度挖掘农村土地利用潜能，促进城乡建设用地供需平衡。健全了城乡统一的地价体系，建立了覆盖全域、与国有土地相衔接的集体建设用地基准地价体系，显化了农村土地价值。形成了城乡同一交易平台，实现农村集体经营性建设用地与国有建设用地同价同权同等入市。完善了集体土地权能，通过政策引领，核发产权证书，保障了租赁双方合法权益。

（区政府办公室）

激发要素资源 打造活力九台

九台区以建设长吉协同发展区域性中心城市为目标，全面实施“五区联动”，积极构建“五大集群”，精心培育“五大板块”，抢抓机遇、乘势而上，经济社会发展突飞猛进，成功跻身全省县域发展第一方阵。2019年，在乡村振兴的生动实践中，九台区认真落实“产业兴旺、生态宜居、乡风文明、治理有效、生活富裕”的总要求，在省市的坚强领导下，用实干和担当在广袤的田野上潜心书写乡村振兴的时代答卷。

以业为根，产业发展变“一维”为“多维”。坚持把产业作为乡村振兴的重要根基，通过抓园区筑巢引凤、抓项目龙头带动、抓改革吸引资本，推动农业产业与二、三产业融合发展，形成了以金锣公司为代表的肉制品加工系列、以朱老六食品为代表的大豆加工系列、以康宁杰瑞为代表的生物医药系列等十大产业，农业产业化龙头企业发展到65家、特色园区发展到115个、“三品一标”农产品认证达到56个。吉林九台贡米栽培系统，成功获得“第四批中国农业文化遗产”称号。“九台贡米”已经成为特色品牌、朝阳产业。

以人为本，人才队伍变“单一”为“多元”。坚持把人才作为乡村振兴的重要基础，大力实施能人回乡、工商兴乡、社会助乡“三乡”工程，激发存量人才活力，打通增量人才路径。广开门路“引”，聘用“大学生村官”43人，创建“返乡创业基地”3个，为乡村振兴提供“源头活水”。多措并举“育”，培训培育农村实用人才50946人、技能人才12948人，培育新型职业农民1000人以上。不拘一格“用”，选派58名年轻干部到村任“第一书记”，鼓励更多年轻人投身到农村广阔天地。

以文为魂，文化涵养变“乡土”为“乡韵”。坚持把文化作为乡村振兴的重要内涵，用“仁爱友善、恬淡务实、坚韧担当、协作创新”的九台精神为乡村振兴塑形铸魂。坚持文明引领，以九台被确定为全国新时代文明实践中心试点工作先行试验区为契机，巩固善满家园扶贫助残、八台岭彩墨画等文明实践基地建设。大力推动文化下乡，办好全民艺术节和农民（市民）文化节，让百姓生活绚烂多姿。坚持文旅融合，以村史馆、博物馆为载体，丰富马鞍山乡村旅游、清水苗木观光旅游内涵，打造美丽庭院6000个，真正让一座座美丽庭院，记住一首首乡愁乡韵。

以绿为美，农村环境变“田野”为“田园”。坚持把生态作为乡村振兴的重要保障，擦亮生态本底，推动绿色发展。让青山更青，关停域内34家采石场，推动绿色矿山建设，深入开展“绿满九台”行动，2019年，九台区被评为全国绿化模范单位。让碧水更净，全面落实“河长制”，推进小南河综合整治和石头口门水源地综合治理，真正让水清岸绿、河畅景美。让蓝天更蓝，秸秆禁烧，秸秆“五化”利用率达到76%，受到国务院奖励。持续的生态保护，九台已经成为长春生态后花园、长吉度假休闲地。

以民为重，基层组织变“盼富”为“领富”。坚持把党建作为乡村振兴的重要统领，推行“一建五抓五有”工作法，为乡村振兴提供坚强组织保障。建立“1+3”制度体系，使党建引领乡村振兴制度机制更健全。“三链一核”抓组织，把支部建在生产链、销售链和服务链上，实现党员有“家”。“三位一体”抓队伍，实施人才兴业、党员先锋、书记领航工程，确保干部有“责”。“三个统一”抓村部，打造一个新地标、融入一个村史馆、建设一个新时代文明实践站，推动乡村有“样”。“三治融合”抓管理，围绕“自治有力、法治有序、德治有效”，引领群众有“梦”。“三创模式”抓项目，探索创新土地改革推进、龙头企业联村带乡、村集体置业三种经济发展模式，做到集体有“产”。

（区政府办公室）

2019年九台区直党政机构改革综述

九台区直党政机构改革自2019年进入实际推进阶段。

《吉林省机构改革方案》下发后，九台区进行摸底调查，研究提出区党政机构改革方案框架。在省市编制部门指导下研究起草方案，提交区协调小组、区委常委会审议审定。1月18日，经长春市委、市政府批准下发执行。2月15日，区委常委会讨论通过《〈长春市九台区机构改革方案〉的实施意见》。2月18日，召开区机构改革动员大会。6月，根据改革方案要求，对16个需要调整隶属关系、27个需要名称调整、2个新成立的事业单位按程序上报省委编办，得到批复。

改革后，区委设置工作机关1个，工作部门10个，减少副处级机构1个，精减8.3%；区政府设置工作部门22个，减少正处级部门2个、副处级部门1个，精减12%。全区核定领导职数105名，减少10名，精减8.7%。区委、区政府工作部门设置内设机构202个，减少7个，精减3.3%。核定科级领导职数210名，与改革前持平；核定行政编制576名，减少8名，精减1.4%。

表1　2019年九台区党政机构改革后九台区委机构设置一览表

序号	机构	序号	机构
1	区纪律检查委员会、监察委员会	7	区委机构编制委员会办公室
2	区委办公室	8	区委直属机关工作委员会
3	区委组织部	9	区委区政府信访局
4	区委宣传部	10	区委巡察工作办公室
5	区委统一战线工作部	11	区委老干部局
6	区委政法委员会		

（区委机构编制委员会办公室）

表2　2019年九台区党政机构改革后九台区人民政府机构设置一览表

序号	机构	序号	机构
1	区政府办公室	12	区城市管理行政执法局
2	区发展和改革局	13	区交通运输局
3	区教育局	14	区水利局
4	区科学技术局	15	区农业农村局
5	区工业和信息化局	16	区文化广播电视和旅游局
6	区民政局	17	区卫生健康局
7	区司法局	18	区退役军人事务局
8	区财政局	19	区应急管理局
9	区人力资源和社会保障局	20	区审计局
10	区自然资源局	21	区粮食和物资储备局
11	区住房和城乡建设局	22	区政务服务和数字化建设管理局

（区委机构编制委员会办公室）

JIUTAI·CHINA
中国·九台

大事记

Chronicle of Events

1月

3日　九台区被列入农业农村部办公厅公布的全国第三批率先基本实现主要农作物生产全程机械化示范县（市、区）。

7日　中共九台区委常委会议在区委党校召开。会议传达习近平总书记在庆祝改革开放四十周年大会和中央政治局第十次学习会议上的讲话精神以及中央经济工作会、吉林省经济工作会、长春市委第十三届六次全会、长春经济工作会、全省宣传思想工作会议等会议精神；审议《长春市九台区关于打赢脱贫攻坚三年行动的实施意见》；研究部署退役军人工作及其他相关事宜。

同日　中共九台区委理论学习中心组专题研讨会在区委党校召开。主题是：强化创新理论武装，树牢“四个意识”，坚定“四个自信”，勇于担当作为，以求真务实的作风坚决把党中央决策部署落到实处。

同日　九台区开展“我们的中国梦”文化进万家活动。

同日　九台区农村假冒伪劣食品专项整治行动推进工作会议在区政府召开。

10日　商务部副部长王炳南带领国家农村假冒伪劣食品专项整治督查组到龙嘉街道美珠超市、汇百亿粥道、沈老头包子铺、京华超市等企业检查并听取工作汇报，对九台区农村假冒伪劣食品专项整治工作给予充分肯定。

12日　北京九台企业商会新春联谊会暨“政企产学研融”经济论坛在北京举行。

23日　九台区第二届农民冰上龙舟大赛在波泥河街道碧水庄园度假村举办。大赛由九台区波泥河街道、文广新局主办，区体育总会、碧水庄园度假村协办。

30日　长春市副市长贾晓东到九台区调研食品专项整治工作。

31日　2019年九台区安全生产委员会第一次（扩大）会议在区政府召开。

2月

13日　九台区当前农村重点工作部署会议在区政府召开。

14日　吉林省委政策研究室会同省生态环境厅到九台区调研秸秆禁烧和综合利用工作。

15日　区委常委会通过《长春市九台区机构改革方案的实施意见》。

同日　2019年全市纪检监察系统干部警示教育会、全区纪检监察系统干部培训会、全区纪委监委机关全体党员大会在区委党校报告厅召开。

18日　九台区机构改革动员大会在区委党校召开。

同日　中共长春市九台区第二届纪律检查委员会第五次全体会议在区委党校召开。

19日　九台区召开机构改革人员转隶和“三定”（定机构、定职能、定编制）规定培训会。

23日　九台区委二届八次全体（扩大）会议在区委党校召开。会议主题是学习贯彻中共十九大精神和习近平新时代中国特色社会主义思想，落实省市经济工作会议与市委十三届六次全会精神，总结2018年工作，安排部署2019年当前和后期工作任务，要求解放思想，坚定信心，强化措施，扎实做好各项工作。

25日　九台区冬春安全生产及锅炉隐患排查整治紧急部署会议在区政府召开。会议对冬春安全生产及锅炉隐患排查整治工作进行再安排、再部署、再落实。

25日至26日　吉林省残联“走转改”专项改革和“学听跟”专项活动日在九台举行，来自全省各级残联组织的代表参加活动。全省首个“新时代残疾人文体活动示范点”揭牌。

26日　2019年“春风行动”就业扶贫专场招聘会在城子街街道举行。省内96家知名企业提供2000余个就业岗位。

27日至28日　全国农民冰雪文化交流活动——第一届全国农民冰雪项目运动会在九台区庙香山温泉滑雪度假区举行。运动会由中国农民体育协会主办、九台区人民政府承办。运动会以“农民上冰雪、展示新风采、健康奔小康”为主题。

28日　九台区农业农村局、九台区政务服务和数字化建设管理局、九台区粮食和物资储备局、九台区应急管理局、九台区文化广播电视和旅游局、九台区卫生健康局、九台区城市管理行政执法局、九台区自然资源局、九台区退役军人事务局、九台区工业和信息化局挂牌成立。九台区政务服务和数字化建设管理局加挂九台区营商环境建设局牌子。九台区文化广播电视和旅游局加挂九台区体育局牌子。九台区自然资源局加挂九台区林业局牌子。

3月

1日　九台区扫黑除恶专项斗争推进会暨述职述责会议在区委会议室召开。

19日　在新华社客户端“中国聚焦”栏目发表九台区“三块地”改革工作文章《中国加快农村土地改革　为乡村振兴增添活力》。

同日　九台区第四次全国经济普查推进工作会议在区政府召开。

20日　九台区扫黑除恶专项斗争领导小组（扩大）会议在区委党校召开。

同日　全国国土调查办督导组到九台区调研督导第三次国土调查工作。

同日　发展改革委地区振兴司副司长王冬欣一行到九台区，对采煤沉陷区项目进展情况进行督导调研。

22日　民革吉林省副主任委员、民革长春市委主任委员杜剑带队到九台区开展脱贫攻坚民主监督。

同日　长春市2018年度实行最严格水资源管理制度考核工作组到九台区检查工作。

同日　电影《庙香山传奇》筹备工作会议在区政府召开。

23日　由长春市体育总会、长春市健身操舞协会、九台区体育总会共同举办的“送舞进社区”走进九台区广场舞培训班，在九台体校训练馆开班。

26日　九台区“放心消费在长春”创建工作会议在区政府召开。会议对2018年工作进行总结，并坚持继续推进落实“放心消费在长春”创建工作。

同日　长春市公安局九台区分局开展道路交通领域乱象专项整治百日行动宣传活动，组织370名警力，分别在区政府门前、火车站、客运南站等12处人员车流密集、交通秩序混乱场所，卢家、龙嘉、上河湾、土们岭治超站及主要公路沿线科学布警。

27日　九台区政府第二次常务会议在区政府召开，对生态环境保护、经开区三项推进（固本强基、服务领航与品牌打造）等工作进行安排部署。

4月

3日　中共九台区委常委会议暨九台区配合中央扫黑除恶督导工作领导小组第一次全体(扩大) 会议在区委召开。

4日　吉林省人大常委会副主任张焕秋带领检查组到九台区，实地检查《吉林省人大常委会关于农作物秸秆露天禁烧和综合利用的决定》贯彻实施情况。

8日　九台区安全生产委员会第二次全体（扩大）会议在区政府召开。会议贯彻习近平总书记、李克强总理的重要指示批示要求，落实吉林省和长春市第二次安全生产委员会会议精神，总结安全生产工作存在的突出问题，对安全生产工作进行安排部署。

9日　九台区新时代文明实践农民骨干（带头人）培训班开班仪式暨第一期培训活动在九台区新时代文明实践志愿服务培训基地（九台区特殊教育学校）开班。在开班仪式上对九台区新时代文明实践优秀实践项目和优秀农民骨干（带头人）进行表彰。

12日　九台区生态环境专题会议在区委党校南三楼会议室召开，会议就落实中央和省关于加强环境保护的决策部署，加快推进九台区中央环境保护督察组反馈问题的整改落实进行安排。

15日　吉林省率先实现农业现代化督导组到九台区督导检查工作，并在区委党校召开座谈会。

17日　九台区开展项目集中开工活动。开复工项目46个，总投资179亿元。2019年度投资53.3亿元，其中，新开工项目13个，总投资29亿元。

同日　九台区直机关工委落实“绿满九台”行动总体部署，组织机关党员干部开展义务植树活动，在公路沿线植树1000米，植杨树2000株。

20日　九台获评“全国县域数字农业农村发展水平评价先进县”称号。

22日　国务院安全生产委员会办公室到九台区检查安全生产工作。九台区代表吉林省县（区）接受国务院安全生产委员会办公室综合考评。考核组一行深入企业进行实地考核，对相关内业材料进行检查。

23日　九台区重点行业领域乱象整治百日行动动员部署会议在区委召开。

同日　国务院安全生产委员会第一考核巡查组到九台区对安全生产和消防工作进行考核巡查。

24日　吉林省人大常委会副主任彭永林带领省人大常委会第六调研组到九台区，开展项目调研检查监督工作。

25日　长春市委副书记徐晗一行到九台区，就“河长制”、农村人居环境整治、备春耕等农村重点工作进行调研。

26日　2018年“九台好人发布厅”暨2019年“寻找最美九台人”主题活动启动仪式在九台广播电视台演播大厅举行。

同日　九台区第五届“致敬祖国·筑梦同心”中小学艺术节在九台区师范附属小学开幕。

29日　九台至龙嘉机场客运直达班线开通。

5月

5日　九台区脱贫攻坚领导小组2019年第四次全体（扩大）会议在区政府召开。会议贯彻落实习近平总书记在重庆解决“两不愁三保障”突出问题座谈会上的重要讲话精神和中央、省、市有关脱贫攻坚会议精神，确保全区脱贫攻坚任务完成。

7日　九台区特殊教育资源中心和九台区特殊教育专家委员会在特殊教育学校新校区成立。

9日　长春市副市长周贺一行到九台区调研水质提升工作。

11日　农业农村部党组副书记、副部长余欣荣一行深入龙嘉街道龙家堡村梨树园子屯就农村人居环境整治工作进行调研。

15日　九台区2019年招商引资和项目建设推进大会在公安局九台分局召开。会议贯彻落实长春市项目推进大会精神，分析九台区招商引资和项目的严峻形势，对全区招商引资与项目建设工作做出安排部署。

同日　九台区“防风险保平安迎大庆”消防安全执法检查专项行动工作联席会议在公安局九台分局召开。会议贯彻落实国务院安委会办公室关于开展“防风险、保平安、迎大庆”消防安全执法检查专项行动的通知要求，以更大的决心、更硬的措施、更严的手段，有效防范、化解重大火灾风险，预防和遏制群死群伤火灾事故发生，为中华人民共和国成立70周年营造安全稳定的社会环境。

17日　九台区城市管理效能提升三年行动推进会议在区政府召开。会议主要任务是补齐城市管理短板，提升全区城市管理高标准、精细化水平，落实《九台区城市管理效能提升三年行动实施方案》。

18日　九台区农村人居环境整治研讨会议在区政府召开。会议就九台区农村人居环境整治工作如何深入推进进行研讨。

20日　九台区纪念抗日英雄罗明星烈士牺牲八十周年座谈会暨事迹展览馆项目建设协调会在区政府召开。

同日　以中共长春市委宣

传部副部长、长春市文明办主任姚丽为组长的长春市文明县（市）区考核组到九台区，通过听取汇报、材料审核、实地考察方式对九台区文明县（市）区创建工作进行考核。

22日　长春市人大常委会调研组到九台区，就农村人居环境治理总体情况进行调研，并征求《长春市农村环境治理条例（草案）》的立法工作意见和建议。

24日　九台区新任人民陪审员颁发证书暨就职宣誓仪式在九台区人民法院举行。

25日　由农业农村部首席兽医师李金祥为领队的督导组到九台区，开展政策性粮食库存大清查督导和粮食安全省长责任制考核抽查工作。

同日　九台区选手郭浩获“中国好声音”吉林赛区总冠军。

27日　九台区开展以“庆祝中华人民共和国成立70周年·中直涉外媒体九台行”为主题的集中采访活动。

28日　九台区重大项目专班领导小组督查考核办公室工作会议在区委召开。会议贯彻落实全市及全区项目建设推进大会精神，听取重大项目专班督查考核办前期工作情况，安排部署下一步工作任务。

同日　九台至长春火车站399路城际公交开通。

30日　九台区推进新时代文明实践中心试点工作推进会在九台区特殊教育学校召开。学习贯彻中央、省、市关于新时代文明实践中心建设工作要求，总结前期文明实践工作成果，动员全区认清形势、明确目标、完善措施、狠抓落实，全面推进九台区新时代文明实践试点工作稳步实施、提质升级。

6月

3日　全区危房改造暨农村改厕工作专题会在区政府召开。

4日　九台区红色文化研学基地暨抗日英雄罗明星事迹展览馆规划设计及启动群众文化广场建设设计方案汇报会在卡伦湖街道召开。

6日　九台区信访工作联席会议在区政府召开。会议通报九台区信访工作情况，并对下一步工作进行安排部署。

12日　九台区高标准农田建设工作会议在区植保站召开。会议要求贯彻中央1号文件精神，推进高标准农田建设。

13日　2019年度九台区脱贫攻坚工作专题培训班在区委党校报告厅开班，长春市委党校哲学教研部教授房永壮对参会人员进行培训。

同日　九台区驻村工作领导小组2019年第二次会议在区委党校召开。会议总结前期脱贫攻坚和驻村帮扶工作，查找存在问题，并对下一步工作进行再部署、再强调、再落实。

14日　九台区水污染治理推进会议在区政府会议室召开。

19日　哈尔滨市文明办考察团一行到九台区就新时代文明实践中心建设工作情况进行调研考察。

同日　九台区“安全生产入企一线行”安全生产活动月宣传教育活动在兰舍硅藻泥新材料有限公司举行。

27日　九台区人民医院获得“国家PCCM科规范化建设二级医院优秀单位”称号。

28日　九台区集中整治“四无”车辆动员部署会在区会议中心召开。会议贯彻落实省市精神，安排部署“四无”车辆整治工作，动员全区统一思想，强化举措，加大“四无”车辆整治工作力度，推动整治工作获得实效。

7月

3日　九台区散乱污企业治理、燃煤锅炉治理工作调度会在区政府召开。

4日　长春市建委副主任李铁生一行到九台区，对农村建档立卡贫困户危房改造情况及农村水冲厕所改造工作推进情况进行调研。

5日　国务院退役军人事务部调研组到九台区调研退役军人就业创业工作开展情况。

同日　吉林省民政厅调研组到九台区，对殡葬管理工作情况进行调研。

11日　全区扫黑除恶专项斗争工作推进会议在区政府召开。会议主要内容是：学习贯彻市委书记王凯扫黑除恶有关批示精神和市扫黑除恶专项斗争工作推进会议精神，落实中央扫黑除恶督导反馈问题整改工作以及配合做好长春市扫黑除恶专项斗争第四轮调研指导工作。

同日　长春市委督查室、长春市“万人助万企”领导小组督导组对九台区“万人助万企”工作开展联合督导调研。

12日　长春市市场监督管理局九台分局挂牌成立。

16日　中共吉林省委组织部副部长、吉林省人社厅党组书记、厅长吴兰一行到九台区大学生创业园，现场了解九台区大学生创业园和筹建省级公共实训基地选址、筹建省中工技师学院情况。

同日　长春市政府副秘书长郑广慧一行到九台区调研农业农村相关工作，并在龙嘉街道会议室召开座谈会。

22日　九台区精准扶贫暨清产核资、“两区”划定工作验收培训会在区政府召开。会议对全区产业精准扶贫工作再部署、再落实，对清产核资、“两区”划定验收工作进行专题部署、培训。

25日　中国地方志指导小组办公室党组书记高京斋带领调研组到九台区调研指导地方志工作。

8月

7日至9日　吉林省委组织部2019年选调生培训班在波泥河街道开展“四同”（同学习、同吃、同住、同劳动）教育实践活动。该批选调生学员共144人，是吉林省直机关2019年招录的清华、北大等重点高校博士研究生和硕士研究生。

9日　第六届吉林省农民文化节长春系列活动暨文艺志愿者走进新时代文明实践中心启动仪式在土们岭街道马鞍山村举行。

16日　吉林省副省长安立佳一行到九台区，对深化医药卫生体制改革、健康扶贫等相关工作进行专题调研。

21日　九台区人民检察院在上河湾镇南甸子村举行国家司法救助金发放仪式。

22日　南非非国大党经济发展论坛主席达瑞尔·斯瓦尼普带领南非经贸代表团到九台区，开展经贸交流活动。

23日　新农利合控股集团有限公司就农产品交易市场项目到九台区考察。

25日　九台区农村人居环境整治重点项目推进和拆违治乱调度会在区政府召开。

26日　全国卫生城市创建工作调度会在区政府四楼常务会议室召开。

28日　九台区九台热面协会成立。

29日　吉林省委政策研究室领导就深化农村金融改革助力乡村振兴到九台区专题调研，并在区委党校会议室召开座谈会。

9月

2日　吉林省农业农村厅农村社会事业促进处处长董国权一行到九台区，就2018年农村户用厕所改造任务完成情况，包括农村卫生厕所产品质量、施工要求、技术指标、验收手续等落实和达标情况进行验收抽检，并在区委党校召开2018年长春市农村厕所改造竣工验收省级抽查工作会议。

4日　长春市农业农村局局长谭景坤一行到九台区调研乡村产业发展与农村人居环境整治工作。

7日　九台区“国土三调”工作被长春市第三次土地调查领导小组办公室通报表彰，九台区初始调查成果位居全省第一。

9日　九台区产业精准扶贫和集体资产清查工作推进会在区政府召开。会议总结前段产业精准扶贫和集体资产清查工作，并对下一步产业精准扶贫和集体资产清查工作进行安排部署。

同日　长春市委、市政府政策研究室调研组到九台区，就重大项目建设和园区建设情况进行调研。

12日　长春市委宣传部副部长宋学兵到九台区，就舆情信息等宣传思想重点工作项目化建设情况开展专题调研。

17日　九台区环保督察整改工作推进会在区政府召开，就相关工作进行再安排、再部署。

同日　九台区大学生创业园再次被人力资源和社会保障部评为高技能人才培训基地。

18日　“喜迎国庆暨九台区社区戒毒工作指导中心成立五周年成果汇报会”在吉林省九台戒毒康复所举行。会议对社区禁毒、社区康复工作进行总结，对全区禁毒戒毒工作进行安排部署。

同日　吉林省退役军人事务厅副厅长李轩到九台区考评

烈士纪念设施和作用发挥情况，并在其塔木镇召开座谈会。

22日　九台区在其塔木镇举办“满风满韵行秋祭，贡米之乡贺丰年”中国萨满文化之乡——九台区非物质文化遗产满族丰收节活动。经央视网络直播，实现三亚、南京、九台三地广播连线直播。

24日　九台区在区委召开乡村振兴战略暨农村人居环境集中整治工作调度会议，安排部署拟于10月在九台区召开长春市实施乡村振兴战略暨农村人居环境集中整治现场推进会现场观摩活动。

26日　吉林省地方志编纂委员会市县指导处处长马艾民一行到九台区检查指导地方志资料工作，并召开座谈会。

27日　长春市政府副市长贾丽娜到九台区就旅游产业项目、沐石河街道“河长制”落实情况等工作开展调研。

27日至29日　九台区第二届全民运动会在区文体活动中心举行。

10月

8日　九台区2019年度扶贫对象动态管理工作部署会议在区政府召开。

10日　吉林省委第一巡回指导组到九台区就“不忘初心、牢记使命”主题教育活动开展情况进行实地指导调研。

15日　吉林省委政策研究室领导到九台区调研农村土地制度改革试点情况，并在区委党校会议室召开座谈会。

17日　中国教育学会特殊教育分会理事长唐淑芬到九台区调研特殊教育工作，并召开座谈会。

22日　九台区政担银企对接合作模式启动。

23日　九台区落实区委依法治区委员会工作任务部署会议在区委召开。会议学习习近平总书记全面依法治国新理念新思想新战略和重要讲话精神，传达中央、省委、市委依法治国（市、区）会议精神，部署落实2019年全面依法治区重点任务。

25日　宁波市政策研究室考察组到九台区，就农业产业发展、美丽乡村建设、农村人居环境整治和乡村旅游项目发展等乡村振兴工作情况进行实地考察。

同日　吉林省政务服务和数字化建设管理局副局长毕克千一行到九台区，对政务大厅“一窗受理、集成服务”改革情况进行专项督导。

28日　“正脉传承　彩墨九台”牛连和师生美术作品展，在区文体活动中心综合馆一楼展厅启幕。日本、韩国的艺术界国际友人，中国亚洲非遗工作委员会领导，国内著名艺术家，省内部分高校艺术院系专家、学者，以及九台区领导和社会各界人士200余人参加开幕式。

同日　乌鲁木齐市委宣传部考察团到九台区，就新时代文明实践中心建设情况进行参观考察。

29日　农业农村部法规司司长宗锦耀到九台区，督察农业综合执法改革工作进展情况。

31日　九台区庆祝中华人民共和国成立70周年“我和我的祖国”演讲比赛决赛在区师范附属小学举行。

11月

4日　九台区学习习近平新时代中国特色社会主义思想培训班在区会议中心开班，对领导干部全面系统学习习近平新时代中国特色社会主义思想进行培训，推动九台区“不忘初心、牢记使命”主题教育工作深入开展。

5日　中共长春市委全面深化改革委员会印发《关于转发〈九台区结合农村人居环境集中整治创新发展文旅产业的情况报告〉的通知》，对九台区经验做法给予充分肯定，要求全市各县（市）区、开发区学习借鉴九台区经验。

8日　2018年度吉林省县域经济振兴发展考核结果公示，九台区在全省县域经济考核中名列第四。

9日　长春市九台区“万人助万企”人才专场招聘暨职业技能提升对接会在九台大学生创业园举行。活动旨在贯彻落实国务院职业技能提升行动方案，推进九台区职业技能提升行动，完成全区企业产业升级、人才升级、效能升级，为提升企业盈利能力构建平台。

12日　吉林省委督察组到

九台区，就《中共吉林省委、吉林省人民政府关于加快全省县域经济振兴发展的意见》落实情况进行督导检查。

13日 九台庙香山滑雪度假区“2019—2020雪季开板暨助力冬奥九台冰雪直通车”开通剪彩仪式举办。

14日 吉林省产业精准扶贫工作调研指导服务工作组到九台区，就巡视、考核整改情况，产业扶贫重点任务推进情况，产业扶贫工作存在的问题开展调研指导服务工作。

15日 九台广播电视台更名为九台区融媒体中心，并挂牌。

17日 九台区被中央宣传部、中央文明办确定为“全国新时代文明实践中心试点工作先行试验区”。

22日 九台区“不忘初心、牢记使命”主题教育工作推进会暨整治整改专题会在区委党校报告厅召开。会议学习传达中央第7巡回督导组组长薛延忠关于推进主题教育的指导意见，听取全区专项整治工作情况汇报，安排部署全区主题教育特别是整治整改工作。

29日 九台区召开学习宣传党的十九届四中全会精神区委宣讲团、一线宣讲小分队成立暨宣讲工作动员会。按照中央、省、市、区委安排部署，在全区掀起学习宣传贯彻党的十九届四中全会精神的热潮，并对学习贯彻党的十九届四中全会精神的宣讲工作进行集中动员部署。

12月

1日 九台区2019冬季冰雪徒步大会在土们岭街道马鞍山村举行。

2日 “深入学习贯彻党的十九届四中全会精神，坚决打赢残疾人脱贫攻坚战”活动在长春市九台区善满家园残障人综合服务中心举办。活动由中国智力残疾人及亲友协会主办，吉林省智力残疾人及亲友协会、长春智力残疾人及亲友协会、九台区残疾人联合会承办。旨在探索建立解决残疾人相对贫困的长效机制，坚决打赢残疾人脱贫攻坚战。残疾人工作者以及文化传媒和爱心企业志愿者等100余人参加活动。

3日 中国残联在九台区召开现场会，推广“离土不离乡，离田不离农，离家不离业”为残疾人创造就业的成功模式。

同日 九台区文体活动中心项目建设完成，进入运营期。

同日 九台区工商联（总商会）民营企业法律维权基地揭牌仪式举行。

5日 长春市新时代文明实践中心建设推进工作现场会在九台区召开，九台区的“八字工作法”受到认可。

11日 九台区被农业农村部评为“全国农民合作社质量提升整区推进试点单位”。

12日 波泥河街道清水村建成长春地区第一家村史馆。

15日 以“玩冰踏雪 助力冬奥 全民运动 奔向小康”为主题的2019“九台农商行”扶贫杯庙香山乡村国际雪地马拉松在九台区庙香山滑雪度假区开赛。

16日至18日 政协九台区第十五届委员会第四次会议召开。

18日至21日 九台区第十八届人民代表大会第五次会议召开。

25日 九台区在区文体活动中心篮球馆，承办CBA联赛吉林东北虎对阵青岛国信双星的比赛。

27日 九台区中小学“赏冰乐雪·健康九台”“百万学子上冰雪”主题日活动在九台区庙香山滑雪场举行，师生近1000人参加。

同日 中央组织部公务员一局、吉林省委组织部、长春市委组织部、公务员局调研组一行到九台区，对公务员信息采集和统计工作进行督导检查，并在区委党校召开座谈会。

28日 九台区在区文体活动中心篮球馆，承办CBA联赛吉林东北虎对阵山东西王队的比赛。

（韩志君、徐嘉慧）

JIUTAI·CHINA
中国·九台

区情概览

Overview of the District

自然地理

【位置面积】 九台区位于吉林省中部，北纬43°50′30″~44°31′30″，东经125°24′50″~126°29′50″，属长白山与松辽平原过渡地带。东及东北与吉林市舒兰市、长春市榆树市为界，南及东南同吉林市永吉县接壤，西与长春市二道区为邻，西南同长春市双阳区毗连，北及西北均与长春市德惠市搭界，总面积3375平方千米。

【地形地貌】 九台区西部、中部为冲积平原二级阶地（台地），东部、南部、西南部多为低山丘陵（半山区），地形呈西南东北狭长形状，东西长87.75千米，南北宽75千米。

地势由西南向东倾斜，形成西南高、东北低、中间岗川不等的自然格局。区内山岭均系长白山系哈达岭山脉之余脉，山岭多分布在东南、南部、西南和东北部，八台岭海拔580.1米，为全区最高峰。

域内有松花江、饮马河、沐石河、雾开河4条主要江河，随着地势走向，均由南向北，流入长春市德惠市境内，由此四大流域，形成广阔的冲积平原。地形最低点是苇子沟街道新开村马家营子屯，海拔160.5米。地表结构大体呈现“三山一水六分田”的状况。

【自然资源】 九台区耕地面积217559公顷，占总土地面积64.53%。

森林及林地集中在3个区域，南部分布在庙香山、马虎头山等山脉，东部分布在八台岭、马达山等山脉，东北部分布在桃山、四棱山等山脉。全区林地面积62033公顷，有林地面积51376公顷，占全区林地总面积的82.82%以上。天然林主要树种有柞树、黑桦、椴树、花曲柳、山杨、山榆等，人工林主要树种以落叶松、樟子松、黑松、杨树和柳树为主。有野生经济植物400余种，野生动物26种。

矿产资源丰富，探明的矿产资源有原煤、膨润土、珍珠岩、陶粒页岩、伊利石黏土、石灰石、石英石、萤石、矿泉水、沸石、金等矿藏31种。

【气候条件】 九台区在温带大陆性季风气候区，年平均气温偏高，年总降水量多,年日照时数偏多。

2019年，降水、气温的阶段性变化明显，空间分布不均，出现春旱、汛期洪涝、暴雪等气象灾害。全年平均气温6.8℃，比历年5.8℃偏高1.0℃，居1959年以后高温第四位。全年降水量811.4毫米，比历年560.8毫米偏多250.6毫米。8月13日至21日和9月7日至8日，先后受台风“利奇马”“罗莎”和“玲玲”影响，出现大范围暴雨、局部大暴雨天气。8月13日至21日，降水量122.0毫米，造成区域性洪涝。

全年出现10次降雪过程。11月1日至12月31日，降雪量38.4毫米，约为常年降雪量19.3毫米的2倍，居1959年以后同期多雪第六位。

日照时数比常年3085.9小时偏多651.3小时。

表3　　2019年九台区主要河流特征值一览表

河流名称	汇　入		域内流域面积（平方千米）	河流长度（千米）
	河　流	岸　别		
松花江	松花江	左	997	82.5
饮马河	饮马河	左	1350.8	62
沐石河	沐石河	左	628.1	47.2
雾开河	雾开河	左	399.1	34.5
小南河	小南河	右	311	37.4

（区水利局）

【水文】 河流水系。水系由松花江水系组成，主要有松花江、饮马河、沐石河、雾开河、小南河。境内流域面积超过20平方千米的河流49条，主要呈南北走向。

水文站网。九台区有九台、石头口门水库水文站2座，石屯、三家子水位站2座，石头口门水库、土们岭蒸发站2座，土们岭径流实验站1座，石头口门水库沙量站1座。

水库。九台区有中小型水库7座。其中，中型水库3座，即五一水库、柴福林水库和牛头山水库；小（1）型水库4座，即李家窑水库、八一水库、青山水库和张家店水库。五一水库位于卡伦湖街道，坝址以上集水面积163平方千米；柴福林水库位于沐石河街道河南村，坝址以上集水面积56平方千米；牛头山水库位于其塔木镇，坝址以上集水面积161.8平方千米；李家窑水库位于上河湾镇，坝址以上集水面积12.1平方千米；八一水库位于沐石河街道，坝址以上集水面积22.5平方千米；青山水库位于沐石河街道卢家村，坝址以上集水面积26.5平方千米；张家店水库位于波泥河街道，坝址以上集水面积16平方千米。

水资源。地表水资源量26747万立方米，地下水资源量29472万立方米，水资源总量51888万立方米，地表水与地下水之间重复计算量4330.9万立方米，地下水资源可开采量21240万立方米。松花江过境水量140亿立方米。

（郑海玖　高　颖　张立志）

建置区划

【建置沿革】 九台远古时期就有人类生息。虞、夏、商、周为肃慎之地，两汉魏晋属扶余，从南北朝到唐初年属靺鞨，后属渤海国扶余府管辖，辽为东京道黄龙府辖境。明属奴尔干都司管辖。清初，九台西境为科尔沁郭尔罗斯前旗游牧地，东部为打牲乌拉总管衙门管辖，是清指定围场。清康熙八年（1669年），设吉林省治，九台始属吉林。辛亥革命后，九台由永吉、长春、德惠三县分治。日本侵略军侵占东北后，于民国21年（1932年）在九台设县治，将永吉县二、四区，德惠县五、七区和长春县一区一部分划为九台县，隶属吉林省。民国34年（1945年）10月，隶属于吉合区行政委员会长春地区，成立九台镇政府。民国35年（1946年）1月，九台镇政府转移，国民党军队进入九台。同年2月，划归吉林省吉林分省管辖。3月，九台镇政府返回九台，5月，再次转移。同年1月、5月，国民党在九台两次设县政府。此后九台属国民党占区，归吉林省吉北专区管辖。

民国36年（1947年）10月17日，九台解放，置县政府。同年，将四家子区划双阳县管辖，双庙子区划归长春县管辖。设城关区等9个区。1948年3月，划归吉林省吉北专区管辖。增设卢家区。调整为20个区，区下设村。7月，划为吉林省直辖县。1949年，九台县政府改名为九台县人民政府。同年，将长春县双庙子区划回九台县管辖，增设升阳区，调整为22个区、198个村。

1950年，各区名重新按序数命名。1955年，九台县人民政府更名为九台县人民委员会。长春市区卡伦区划归九台县管辖，调整为23个区、212个村。1956年7月3日，设立怀德专区，九台县划归怀德专区管辖。10月6日，怀德专区更名为公主岭专区。年底，调整为4个镇、77个乡。1957年，泡子、吉家、布海、双庙子、升阳、长山6个乡划归德惠县管辖，德惠县太合、义合、城子街3个乡划归九台县管辖。1958年年初，改为2个镇、30个乡。撤销卡伦镇。此后又划分为九台镇、营城镇、沐石河、其塔木、上河湾、土们岭、龙家堡、波泥河、朝阳、城子街、卡伦11个公社。10月23日，撤销公主岭专区，九台县划归长春市管辖。1960年，增设舍岭、加工河、饮马河、西营城、放牛沟、胡家、卢家、庆阳、城郊9个公社，调整为20个公社。1961年，增设六台、苇子沟、三台、纪家、鸡鸣山、兴隆、二道沟7个公社，调整为27个公社。1964年，撤销胡家人民公社，增设胡家回族乡，调整为2个镇、1个民族乡、24个公社。1965年，增设卡伦镇。1966年2月，设立德惠专区，九台县划归德惠专区管辖。1968年，撤销九台县人民委员会，成立九台县革命委员会，撤销胡家回族乡，成立胡家人民公社。1969年7月3日，撤销德惠专区，九台县划归长春市管辖。1976年，撤销城郊、朝阳、舍岭3个公社，增设九郊、春阳、沿江3个公社。1980年，撤销九台县革命委员会，成立九台县人民政府。1981年，撤销胡家人民公社，增设胡家回族乡公社。1983年，撤销沿江乡，增设莽卡满族乡。1984年，撤销上河湾、其塔木、土们岭、沐石河、西营城、饮马河、城子街乡，增设上河湾、其塔木、土们岭、沐石河、西营城、饮马河、城子街镇。调整为10个镇，16个乡（含2个民族乡）。1985年，撤销龙家堡乡，增设龙家堡镇。1988年4月，撤销营城镇，其所辖区域并入九台镇。

1988年9月，撤销九台县，设立九台市。以原九台县的行政区域为九台市行政区域，由省直辖，长春市代管。1989年，撤销九台镇，增设团结、工农、南山、火石岭、营城街道办事处，调整为5个街、9个镇、16个乡（含2个民族乡）。1992年，撤销兴隆、苇子沟、放牛沟乡，增设兴隆、苇子沟、放牛沟镇。1998年3月，撤销卡伦镇，更名为卡伦湖镇。2000年6月，放牛沟镇更名为东湖镇。2002年12月，撤销团结、工农、南山、火石岭、营城街道办事处，增设九台、九郊、营城街道办事处。2005年6月，龙家堡镇更名为龙嘉镇。2005年7月，将卡伦湖镇、龙嘉镇、东湖镇划归长春市二道区管辖，三镇实际管辖权仍属九台。2011年，经吉林省人民政府批准，成立西营城街道办事处，撤销西营城镇，其所辖行政区域划归西营城街道办事处管辖。

2014年10月20日，经国务院批准，撤销县级九台市，设立长春市九台区。2017年5月11日，撤销城子街镇、沐石河镇，设立城子街街道和沐石河街道。

【区划】 至2019年年末，辖九台、九郊、营城、西营城（长春新区代管）、兴港（长春新区代管）、卡伦湖、东湖、土们岭、波泥河、苇子沟、兴隆、纪家、沐石河、城子街、龙嘉14个街道，上河湾、其塔木2个镇，胡家回族乡、莽卡满族乡2个民族乡，共计19个乡（镇）、街道，310个行政村。

（于　永　刘　琦　王宪春）

区位优势

【地理优势】 九台区域发展占有三大优势：是长吉之间的重要节点，东接吉林，西连长春；是长春新区空港经济区的毗邻城区，空港经济区由九台区3个街道的27个村组成，为打造长春新区服务业外延保障区奠定基础；是长吉图战略对外开放的腹地城区，长吉图战略以长春为起点，以珲春为窗口，九台正处在长吉腹地。

【自然优势】 九台域内呈现“三山一水六分田”的自然禀赋，拥有松花江、饮马河、卡伦湖等“一江三河八湖”，拥有大黑山脉、八台岭、碧水庄园等“一脉五峰十景”，是长吉都市绿肺和天然生态氧吧。石头口门水库是长春市主要水源地。森林覆盖率36%，天然林占长春市的70%；国家A级以上旅游景区22个，占长春市的48%，列吉林省第一位。

【矿产优势】 九台拥有千万吨储量以上矿产11种。原煤5亿吨，煤炭产能占长春市的78%。原煤主要分布在营城街道、东湖街道和龙嘉街道。珍珠岩为九台区优势矿种之一，产地2处，资源储量134万吨；沸石资源储量9742.2万吨，占长春地区的88.7%；膨润土资源储量2132.8万吨，大规模开采，土质可与驰名世界的美国怀俄明州膨润土媲美；饮马河两岸地下矿泉水丰富，其中兴隆街道闫家村的钙镁型矿泉水和九台城南的硅钙型矿泉水，含有多种微量元素。

【交通优势】 九台域内形成“四横三纵一空”立体化交通格局。四横：长吉高速、长吉城铁、长图铁路、长吉北线公路横贯东西；三纵：九万、九双、菜口公路纵穿南北；一空：长春龙嘉国际机场位于域内。九台具有陆空齐备的立体化交通体系，是东北交通走廊的枢纽重地。

【人文优势】 九台有着深厚的历史文化底蕴，是清代柳条边上的百年古镇，是关东文化的代表性区域，被誉为“中国萨满文化之乡”“中国满族剪纸艺术之乡”和“中国鹰猎文化之乡”，牛连和水墨画、关云德满族剪纸、王挺起民俗剪纸享誉海内外。

【历史文化】 九台发展历史悠久。在西营城街道腰岭村有一处距今6500年的新石器时代村落遗址，是吉林省最早的古村落，被称为“吉林第一村”。其中，2号房址面积近14平方米，形式独特，是国内唯一一座新石器时代地穴式大房址，初步推测，可能为该部落议事场所或宗教圣地。

4000多年前，九台进入青铜时代。现存该时代遗址30余处，以偏脸城遗址和月明楼古墓群最具代表性。此后近3000年间，九台屡经肃慎、扶余、室韦、高句丽、渤海等朝代更迭。

辽金之际，生女真部屡与辽相攻，辽遂在松花江西岸沿江修筑城堡以加强防御。伴随生女真的崛起，九台域内空前繁荣。境内发现35处辽金城池、近200处村屯遗迹，尤其是熟吉泊猛安印、撒土浑谋克印、喳母思和掘谋克印的出土，更印证这一时期的辉煌。而后，蒙古铁骑袭来，城池和村庄被摧毁，九台进入长达200余年田园荒芜、人烟稀少时期。

明洪武二十年（1387年），朱元璋以冯胜为大将军远征辽东，降伏纳哈出，最终在饮马河流域取得全胜。1974年，庆阳村出土一枚八思巴文“宗仁蒙古侍卫亲军都指挥使司百户之印”，验证这段历史。为加强对东北地区统治，明朝陆续在九台域内设置3个卫所，即奇塔穆卫、穆苏河卫和亦迷河卫，隶属于努尔干都司。

清朝迁都北京后，为保护“祖宗肇迹兴王之所”，历皇太极、顺治、康熙三朝修建全长1300余千米的柳条边。按时间先后，分为老边和新边。新边于清康熙八年（1669年）开始修建，自法特向西贯穿九台全境，直抵威远堡。九台之名便源于新边的第九座边台。

境内有蜂蜜营清真寺，位于胡家回族乡蜂蜜村三社，为宫殿式建筑，占地面积1000平方米，建筑面积350平方米。始建于清康熙初叶。1985年，被列为县级重点文物保护单位，并对主体建筑恢复维修。1987年，被列为省级文物保护单位。

康熙二十一年（1682年）三月二十六日，康熙率领由200余艘船组成的船队，自乌拉虞村沿松花江而下，在冷棚（冷棚，即今莽卡满族乡塔库村龙棚屯。）亲自张网捕鱼，赐外藩诸王、台吉、内大臣、侍卫等，并作《松花江网鱼最多颁赐从臣》诗。这是康熙第二次东巡的最后一站，是清朝历代皇帝东巡到达最远的地方。乾隆东巡时，到松花江网鱼，作《松花江捕鱼歌》。

康熙四十五年（1706年），打牲乌拉总管衙门从帮捕蜂蜜的50户牲丁中，挑选70人编为5屯，即尤家屯、张庄子、前其塔木、后其塔木屯、蜂蜜营屯，称“五官屯”，专事皇粮生产，主要有粳米、白小米、稗子米、蜂蜜、松子等。2017年6月28日，“长春市九台区五官屯贡米栽培系统”被列为中国重要农业文化遗产。

清同治七年（1868年），营城居民发现煤。吉林将军富明阿以“吉林人户日繁，柴薪难继”为由奏请开矿，清政府未予准奏。清光绪六年（1880年），吉林将军铭安再次奏请，获准开办官营煤窑。清光绪三十四年（1908年），地主钟谦、张瀛申请开矿获得批准，合资经营保丰、保吉两家公司，后转卖给官绅朱尧佐改办裕吉公司。从此，开启营城煤矿百年沧桑的历史。

清朝后期，因交通便利，九台边屯逐渐成为著名大豆集散地。民国元年（1912年）10月20日，吉长铁路全线通车，设下九台车站。各地商旅纷至沓来，以富源街为中心的商贸业日益繁荣。民国21年（1932年），在士绅董子芹、杨荫溥等建议下设立九台县，九台作为县城建制。1947年10月17日，东北民主联军与国民党九台守军经过两个半小时战斗，攻克九台县城，九台全境彻底解放。

（于永 刘琦 王宪春）

人口民族

【人口】 截至2019年年末，九台区有户籍人口294428户、787281人，其中，男性403298人，女性383983人；城镇人口203885人，乡村人口583396人。出生人口4157人，人口出生率5.28‰；死亡人口3777人，人口死亡率4.80‰。迁入1281人，人口迁入率1.63‰；迁出5000人，人口迁出率6.35‰。人口机械增长率-5.12‰，属负增长。

表4　　2019年九台区户籍人口统计表

乡（镇、街道）	户数（户）	人口数（人）		
		合　计	城镇人口	乡村人口
九台街道	39077	77514	77514	0
营城街道	31353	59338	59338	0
九郊街道	12751	34056	11296	22760
波泥河街道	12403	35448	1966	33482
城子街街道	15582	51638	3542	48096
纪家街道	12721	36233	2663	33570
沐石河街道	20258	61037	2347	58690
土们岭街道	10725	26054	2581	23473
苇子沟街道	19241	57238	2181	55057
兴隆街道	13448	39667	2128	37539
卡伦湖街道	13228	37341	5845	31496
龙嘉街道	12658	34809	5534	29275
东湖街道	7498	20360	5085	15275
西营城街道	13426	34012	11610	22402
兴港街道	8616	26829	0	26829
其塔木镇	16653	48574	4301	44273
上河湾镇	17320	51764	5954	45810
莽卡满族乡	10179	31857	0	31857
胡家回族乡	7291	23512	0	23512
合　计	294428	787281	203885	583396

（公安局九台分局）

表5　　2019年九台区少数民族人口统计表

民族	人口数（人）	民族	人口数（人）	民族	人口数（人）
满族	47135	回族	9300	朝鲜族	8555
蒙古族	818	土家族	25	苗族	22
壮族	19	锡伯族	14	瑶族	14
黎族	13	侗族	12	达斡尔族	10
维吾尔族	10	彝族	10	藏族	8
白族	7	布依族	7	水族	7
赫哲族	5	哈尼族	4	佤族	4
傣族	1	德昂族	1	鄂伦春族	1
高山族	1	哈萨克族	1	景颇族	1
拉祜族	1	仫佬族	1	羌族	1
土族	1	仡佬族	1	——	——

（公安局九台分局）

【民族】 九台区总人口以汉族为主，有满族、回族、朝鲜族等32个少数民族。人口超过千人的少数民族有满族、回族、朝鲜族。其居住特点是大分散小聚居，回族、满族大部分分布在偏远的东部山区、半山区，朝鲜族大部分分布在平原水田区，少数民族聚居区面积占全区总面积的10%左右。有3所九年一贯制民族学校，即九台朝鲜族学校、莽卡满族学校和胡家回族学校，5所少数民族小学和1所朝鲜族幼儿园。

（徐胜男　于　永）

经济社会发展

【经济建设】 2019年，地区生产总值完成229.8亿元；全口径和地方级财政收入分别完成28.8亿元和11.5亿元，城乡居民人均可支配收入分别为26832与15474元，社会消费品零售总额64.46亿元。2019年，开展“专班抓项目”“万人助万企”行动，为经济社会发展集聚强大动能。有38个项目开工建设，新建项目开工率85%；48个项目复工建设，续建项目复工率100%；24个项目投产，建成项目投产率50%。实施5000万元以上新建、续建项目86个，投资65亿元。工业企业突破1100家，规模以上工业总产值实现117亿元。总投资64亿元的11个重点服务业项目开复工，营业收入实现22.5亿元。发展高新技术企业26家、长春市级科技型“小巨人”企业19家，居长春外县（市、区）第一。获专利权151件，其中发明专利权5件，居全省前列。

【政治建设】 全区把学习宣传贯彻党的十九届四中全会精神与贯彻落实习近平总书记关于东北振兴工作的重要指示批示精神相结合，与“不忘初心、牢记使命”主题教育相结合，召开区委理论学习中心组学习会进行专题研讨，把党的领导落实到具体工作的全过程、各方面，落实好党中央决策部署的重点工作任务。开展“不忘初心、牢记使命”主题教育，各区管班子集中学习交流、研讨时间普遍在5天以上。各基层支部运用“三会一课”主题党日的形式，每月开展1次学习交流。围绕区委二届九次全会确定的目标任务，区委常委认领10个调研课题，区委常委会专题研究整治整改工作，制定1个总方案、17个具体方案，列出问题91个，提出整改措施118个。梳理问题1700余条，立行立改1090条。

【文化建设】 2019年，九台区推进九台区文体活动中心项目建设，建设“三馆两场”。“三馆”为篮球馆、游泳馆、全民健身中心，“两场”为城市文化广场和公共体育场，年底投入使用。举办第二届全民运动会和全民艺术节等文化体育赛事，标志着九台区文化基础设施建设跻身全省先进行列。按照《吉林省农村文化小广场建设三年规划（2017—2019年）的通知》，推进农村文化小广场建设。2019年，争取省市专项资金390万元，新建农村文化小广场39个，配套全民健身路径39条。至2019年年末，完成建设农村文化小广场279个，实现全覆盖。

【社会建设】 2019年，九台区投资33.6亿元，实施涵盖10个方面40件实事的“幸福九台”行动。实施13个教育基建项目。新建区医院胸痛中心，完成妇幼保健中心内部装修，区乡远程会诊系统投入使用。开展“春风行动”等招聘会11场次，开发城镇用工岗位6800个，城镇新增就业4200人。全口径劳务输出转移22万人次，零就业家庭就业援助率100%。农村危房改造353户，其中，建档立卡贫困户277户，城乡低保救助标准分别提高4.6%和2.5%。新建新华、公园、新州3个养老服务中心，推进居家、社区、服务机构一体化养老服务体系建设。社会保障卡持卡率74.3%，率先在长春地区实现综合服务窗口全覆盖。依法保护退役军人合法权益，连续9年被评为长春市“双拥模范城”。全区工矿商贸、道路交通、消防火灾三类事故死亡率比2018年下降71%，全年未发生较大以上安全生产事故，代表吉林省接受国务院考核，获得全国第三名。完成全国两会、中华人民共和国成立70周年庆祝活动等重大会事期间安全保卫维稳任务，实现零非访、零集体访、零滋事闹访“三零”目标。

【生态文明建设】 2019年，九台区推进蓝天、碧水、净土三大保卫战。推广秸秆综合利用，实现全区“无黑斑、无火点”。关停21家采石场，整改商砼站15家，整治取缔“散乱污”企业228家，淘汰燃煤锅炉554台，优良天数比例93.1%。完成275个农业面源污染点位调查，地膜覆盖面积比2018年减少45%。开展“绿满九台”行动，栽植苗木300万株，九台区被全国绿化委员会评为全国绿化模范单位。落实“河长制”，开展河湖“清四乱”专项行动，2465个河湖重点问题全部销号，清理河道垃圾500余吨。实施松花江流域、饮马河流域水污染防治工程19项，龙嘉、东湖、其塔木污水厂建成投运，土们岭、兴隆、纪家污水收集设施投入使用。铺设管网6.7千米，城市南区实现雨污分流，小南河综合治理完成广泽沟清淤、官地河河底清淤，全区水污染防治网格化监管实现全覆盖。

（于 永）

中国共产党九台区委员会

Jiutai District Committee of the Communist Party of China

综　述

【概况】 2019年，九台区落实中央、省、长春市各项决策部署，带领干部群众坚持稳中求进的工作总基调，贯彻新发展理念，强化“打先锋、站排头”的工作导向，做好稳增长、促改革、调结构、惠民生、防风险、保稳定，打造长春城市副中心，加快融入长春现代化都市圈，推动九台各项事业取得新的突破。谋划扶贫项目，全年投入资金2590万元，建设产业扶贫项目17个、基础设施项目6个。围绕巩固提升农业基础设施建设，投资1.57亿元高标准农田完成设计，投资2.2亿元的16个农田水利工程开工建设，主要农作物耕种收综合机械化水平92%，九台区被评为全国全程机械化示范县和全国县域数字农业农村发展水平评价先进县。

【党的建设】 2019年，九台区各级党组织贯彻落实党中央决策部署，树牢“四个意识”（政治意识、大局意识、核心意识、看齐意识），坚定“四个自信”（中国特色社会主义道路自信、理论自信、制度自信、文化自信），做好“两个维护”（坚决维护习近平总书记党中央的核心、全党的核心地位，坚决维护党中央权威和集中统一领导），开展“不忘初心、牢记使命”主题教育，严肃党内政治生活。撤市设区后的干部职级理顺完成。坚持“一抓双促”（抓党建工作，促脱贫攻坚，促乡村振兴）抓农村、融合共进抓城市、重点突破抓非公的工作思路，统筹推进全领域基层党建提高。强化政治功能，坚持“打基础、提质量”，优化基层党组织书记队伍。遵守党规党纪，筑牢拒腐防变的思想防线。在作风建设上，关注“四风”（形式主义、官僚主义、享乐主义、奢靡之风）新动向，落实中央八项规定，执行省、市委具体规定。常态化开展纪律教育，加大公开曝光和问责力度。深化纪检监察体制改革，加强监督力量整合，推动纪律、监察、派驻、巡察监督“四个全覆盖”，推动从严治党向基层延伸。组织学习贯彻习近平新时代中国特色社会主义思想和中共十九大精神，贯彻中央全面从严治党的要求，贯彻新时代党的路线，提升党支部的组织能力，巩固党长期执政的组织基础。

【经济发展】 九台区抢抓战略机遇，以高质量发展为主题，以发展实体经济为重点，强化忧患意识、责任意识，在转型升级中增强动力，推动经济发展。在招商引资方面围绕主导产业，结合《重点产业招商地图》和《产业链项目树》，谋划项目、洽谈项目、推进项目，做到多渠道引进项目。民营经济方面实施民营经济振兴计划，推动“双创”（大众创业、万众创新），培育民企，加快特色园区和孵化基地建设，壮大民营经济规模，全年新生成个体户5000户以上，新办企业1000家以上。

【深化改革】 九台区抢抓国家开放战略新机遇，融入“一带一路”倡议以及哈长城市群、长吉图开发开放、“一主、六双”战略，深化对口交流合作，支持长春新区发展，把九台的发展放在区域经济大融合中思考、谋划。在建设长春城市副中心的定位上，谋划“五区”建设，通过学习考察、聘请专家、组建团队等方式，借鉴先进地区经验，制定具体实施规划，将“五区”打造成全省开发开放的前沿。

培树改革品牌，在秸秆综合利用、农村集体经营性建设用地入市等试点经验的基础上，推出九台试点成果。“三块地”(城镇规划区内建设用地、农村耕地和乡村建设用地）改革试点工作取得成效，完成土地承包经营权确权登记颁证，确权面积15.7万公顷，九台区土地入市改革情况通过内参上报中央。聚焦“放管服”改革、供给侧结构性改革等重点领域和关键环节，落实减税降费政策，市场监管、税务部门对企业开办业务达到30分钟联办，为省、市重点领域改革探索路径、积累经验。

【宜居城市建设】 九台区以生态宜居、畅通和谐、整洁有序、充满活力为目标，完善城乡规划体系，推进城乡重点项目建设，强化城市治理和管理，构建布局合理、功能完善的城乡一体化发展格局。坚持高起点规划，优化城市发展布局。顺应城市发展规律，在推进“多规合一”的基础上，加快全区各类空间规划整合，推进九溪新区建设，优化城市的生产、生活和生态空间，确保城市可持续发展。坚持高标准建设，完善城市承载功能。破解城区道路建设难题，推动健康路南段、中央大街南段等工程建设，打通一批“断头路”“卡脖路”，构筑与长春城市副中心相适应的交通网络体系。完善要素保障体系，重点新建和改造南部新区污水管网，增强城市承载能力。坚持高效能管理，提高城市治理水平。结合开展的城市乱象集中整治活动，清理规范街边道路广告牌匾，整治违规占道行为，加大违法建筑拆除力度，提高环境卫生作业水平。推进智慧城市建设，提升城市管理科学化、精细化、人性化、法治化水平。

【乡村振兴】 九台区实施乡村振兴战略，构建现代乡村产业体系、生产体系、经营体系。推进农业供给侧结构性改革，发展绿色有机农业，培育乡村旅游业、休闲农业、循环农业等特色产业，延伸农业产业链条，提升农产品深加工水平，推动现代农业园区化、精品化、产业化、特色化、品牌化发展，率先实现农业现代化。以“净起来、绿起来、美起来”为目标，提升村屯品质。推进秸秆综合利用，做好秸秆禁烧管控。学习典型经验，推广先进模式，常态化治理农村生活垃圾、污水、畜禽粪便等污染，推进农村改水、改厕、道路等基础设施建设，启动实施垃圾清运购买服务模式，逐步形成长效机制。以培育文明乡风、良好家风、淳朴民风为目标，以建设新时代文明实践中心为载体，通过开展经常性、面对面、接地气的群众性文明实践志愿服务活动，创建美丽乡村、文明村屯、干净人家，推动实现农业强、农村美、农民富。

【改善民生】 2019年，九台区实施总投资33.6亿元的幸福九台行动计划。投资2.65亿元，实施城子街、鸡鸣山、加工河中心校教学楼等13个教育基建项目，改善办学条件。新建区医院胸痛中心，完成妇幼保健中心内部装修，区、乡远程会诊系统投入使用。承办第一届全国农民冰雪项目运动会，49

10月3日，区委书记李洪亮（左一）带队到土们岭街道检查乡村旅游发展工作

（区委办公室　供图）

个农村文化小广场全部建成。电视剧《鲜花盛开的山村》杀青。依托“善满家园”品牌，推动全链融合发展，打造残疾人脱贫新模式，成为全国残疾人脱贫攻坚典型。投入1700万元，设立长春市外县（区）首家工会职工经费制度。社会保障卡持卡率74.3%，率先在长春地区实现综合服务窗口全覆盖。实施新区建设和旧城改造“双核带动”推进模式，九溪新区基础设施建设启动实施，规划四道街建设项目、前进路立交桥续建工程、沿河街东段道路项目开工。加强城乡管理，以国家卫生城复审、文明城创建等为契机，推动城市管理效能提升3年行动，利用智慧城管系统平台，街区机械化清扫率达75%，改善了群众的生产生活环境。

【“平安九台”建设】 九台区开展“听民声、解民忧”大走访活动，完成全国两会、中华人民共和国成立70周年庆祝活动等重大会事期间安保任务，越级非访量下降，实现零非访、零集体访、零滋事闹访“三零”目标。全区工矿商贸、道路交通、消防火灾3类事故死亡率比2018年下降71%，全年未发生较大安全生产事故，九台区代表吉林省接受国务院考核，取得全国第三名的成绩。推进“平安九台”建设，开展扫黑除恶专项斗争，立案涉黑涉恶类（九类）刑事案件179起，破获121起，打处涉黑涉恶类罪犯335名，治安环境得到改善，人民群众安全感增强，社会大局保持和谐稳定。

【“三大攻坚战”】 防范化解重大风险攻坚战。2019年，九台区加强重点领域监管，把政治、经济、社会等领域风险隐患的底数摸清、摸透，把防控风险的各项措施做实、做细，加快建立完善风险研判、评估、防控处置等机制。提升防范化解风险能力，注意工作方法，整合各方力量，形成工作合力，守住不发生区域性、系统性风险的底线。

精准脱贫攻坚战。2019年，九台区以“年度建档立卡贫困户343户702人脱贫、1个贫困村出列”为目标，对国家和省脱贫攻坚成效考核反馈问题进行整改；对标“两不愁、三保障”（不愁吃、不愁穿，义务教育、基本医疗、住房安全有保障）要求，开展教育、健康、社会保障等重点领域专项行动，解决饮水安全、危房改造等突出问题；注重把产业扶贫摆在突出位置，发展壮大村集体经济。

污染防治攻坚战。2019年，九台区对中央、省环保督察及中央环保督察“回头看”反馈问题进行整改，加快推进小南河综合整治、饮马河水质提升工程、乡（镇、街道）污水处理等设施建设，解决畜禽散养污染问题及面源污染问题，完成国家和省断面水质考核任务。坚持绿色发展理念，发展绿色、循环、低碳经济，加快淘汰高污染、高耗能、高排放的落后产能，提高绿色发展水平。

（伊　然）

重大决策

【长春城市副中心建设】 2019年，九台区对接和融入国家重大战略，落实省、市全会精神，突破县域思维，谋划九台区的发展。提升产业基础，逐步完善城市功能，统筹推进稳增长、促改革、调结构、惠民生、保稳定等各项工作，实施“五区联动”，构建“五大板块”，培育“五大集群”，加快融入长春现代化都市圈，推动长春城市副中心建设。

【“五区联动”实施】 九台区围绕打造国家“一带一路”对外开放功能区，发挥九台区陆空齐备的立体交通优势，融入国家“一带一路”倡议，扩大与天津、杭州的对接交流，拓展对外联系；扩大“内需”，拉动“外需”，由内生型经济向开放型经济转型，实现经济发展新突破。围绕打造哈长城市群长吉发展带核心区，借助九台地处长吉经济带腹地的优势，本着产城融合、宜居宜业的理念，推进九溪新区建设；启动基础设施项目，加快棚户区改造进程，提升城市承载能力，巩固全国文明城市创建成果。围绕打造长春新区的服务业外延保障区，利用长春新区的辐射带动作用，加强与新区的沟通协调，抓住错位发展的核心要义，在新区周边规划发展物流、金融、康养及配套产业，实现与长春新区共融共生、协调发展；

利用长春新区“政策洼地”效应，引导更多优势政策落位九台。围绕打造东北亚精优农产品供给区，借助俄罗斯等国家对中国农产品的需求，发挥金锣、伊利、广泽等国内500强企业产业链条优势，创建肉制品、奶制品、玉米制品、稻米产品等特色品牌，建设精优农产品生产基地，提高农业产出效益。围绕打造创新转型发展示范区，推广九台的试点经验，抢抓东北振兴政策，承接国家和省、市各项改革试点，建设国家知识产权强县示范区，在创新中增强内生动力，在转型中激活发展潜力。

【“五大集群”构建】 九台区秉执开放、融合、发展的理念，结合现有的产业基础，针对未来的发展方向，利用5年时间，打造2个“500亿元”、3个“100亿元”产业集群，即产值分别达到500亿元的现代装备制造产业集群、农产品加工产业集群，产值分别达到100亿元的生物医药产业集群、新材料产业集群和循环经济产业集群。

【“五大板块”培育】 九台区围绕长春九台经济开发区和九台工业集中区，强化政策集成，拓展平台建设，培育工业板块；依托九台区立体化的交通优势及长春新区的辐射带动作用，培育现代服务业板块；突出特色产业，建设园区和品牌，发挥“九台贡米”等特色品牌核心优势，培育现代农业板块；发挥九台区特有的山水资源优势，打造精品景区和精品线路，推介“全域旅游示范区”金字招牌，培育旅游业板块；立足与长春同城发展的目标，提升城市功能，推进交通同网、信息同享、市场同体的基础设施建设，培育城市建设板块。

(伊　然)

重要文件

【区委重要文件】 2019年，区委执行规范性文件审查制度，对规范性文件的合法性、合理性、适当性及是否符合法定程序等事项进行严格审查。对不符合法律、法规、规章规定，或者相互抵触、依据缺失的规范性文件，予以修改或者废止。2019年，制发长九发文件10件。其中，涉及机构改革方面2件，涉及生态环境保护方面3件，涉及区委全体会议上的报告、幸福九台行动计划、重大项目专班、“万人助万企”服务等方面各1件。

表6　　2019年中共九台区委重要文件一览表

序　号	文件标题	发文字号	发文日期
1	关于印发《长春市九台区机构改革方案》的通知	长九发〔2019〕1号	1月23日
2	关于印发《长春市九台区机构改革方案的实施意见》的通知	长九发〔2019〕2号	2月15日
3	关于印发《2019年建设幸福九台行动计划》的通知	长九发〔2019〕5号	3月8日
5	关于全面加强生态环境保护坚决打好污染防治攻坚战的实施意见	长九发〔2019〕8号	4月3日
6	关于印发《长春市九台区贯彻落实吉林省生态环保督察反馈意见整改方案》的通知	长九发〔2019〕9号	4月25日
7	关于印发《长春市九台区落实〈长春市重大项目专班工作方案〉的实施方案》的通知	长九发〔2019〕10号	5月14日

续表6

序　号	文件标题	发文字号	发文日期
8	关于印发《长春市九台区落实“万名机关干部下基层助力万户企业发展三年服务行动”的工作方案》的通知	长九发〔2019〕11号	5月14日
9	关于开展农村人居环境集中整治行动的实施意见	长九发〔2019〕13号	7月16日
10	关于印发《李洪亮同志在区委二届十次全体（扩大）会议上的报告》的通知	长九发〔2019〕19号	12月3日

（区委办公室）

【区委办重要文件】 区委办公室严把文件政策关、法律关、法制关、文字关，保证所发文件符合法律法规。2019年，制发长九办发文件37件。其中，涉及机构改革各单位（部门）职能配置、内设机构和人员编制规定方面20件，涉及主题教育学习、理论学习方面3件，涉及脱贫攻坚方面2件，涉及招商引资方面2件，涉及督查考核、“绿满九台”行动、常规巡察和专项巡察、殡葬领域问题专项整治、乡村振兴、机构编制管理、公文网上传输规范管理、“枫桥经验”、中央环保督察反馈意见等方面各1件。

（伊　然）

表7　　2019年中共九台区委办公室重要文件（部分）一览表

序　号	文件标题	发文字号	发文日期
1	关于对全区建档立卡贫困户所在村进行全覆盖包保帮扶的通知	长九办发〔2019〕1号	1月15日
2	关于印发《长春市九台区政府办公室职能配置、内设机构和人员编制规定》的通知	长九办发〔2019〕12号	3月8日
3	关于印发《长春市九台区科学技术局职能配置、内设机构和人员编制规定》的通知	长九办发〔2019〕15号	3月8日
4	关于印发《长春市九台区政务服务中心职能配置、内设机构和人员编制规定》的通知	长九办发〔2019〕36号	3月8日
5	关于印发《中共长春市九台区委理论学习中心组2019年度学习计划》的通知	长九办发〔2019〕37号	3月8日
6	关于印发《2019年全区性督查检查考核计划》的通知	长九办发〔2019〕38号	3月18日
7	关于印发《长春市九台区学习宣传和贯彻落实〈中国共产党支部工作条例（试行）〉具体实施意见》的通知	长九办发〔2019〕40号	3月20日
8	关于印发《2019年“绿满九台”行动实施方案》的通知	长九办发〔2019〕41号	3月29日

续表7

序　号	文件标题	发文字号	发文日期
9	关于印发《长春市脱贫攻坚领导小组工作规则》的通知	长九办发〔2019〕42号	3月29日
10	关于印发《二届区委第七轮常规巡察“回头看”暨人防专项巡察工作方案》的通知	长九办发〔2019〕43号	3月29日
11	关于印发《长春市九台区殡葬领域突出问题专项整治工作实施方案》的通知	长九办发〔2019〕44号	4月26日
12	关于印发《长春市九台区2019年乡村振兴工作要点》的通知	长九办发〔2019〕45号	4月26日
13	关于印发《关于在全区村民委员会中设立专职治保主任岗位的实施方案》的通知	长九办发〔2019〕46号	4月29日
14	关于进一步加强机构编制管理的通知	长九办发〔2019〕49号	5月30日
15	关于印发《长春市九台区促进招商引资企业发展实施意见》的通知	长九办发〔2019〕50号	6月13日
16	关于印发《长春市九台区招商引资引荐人奖励实施办法（试行）》的通知	长九办发〔2019〕51号	6月13日
17	关于印发庆祝中华人民共和国成立70周年活动实施方案及群众性主题宣传教育活动实施方案的通知	长九办发〔2019〕52号	7月14日
18	印发《关于公文网上传输规范管理的实施细则》的通知	长九办发〔2019〕55号	9月19日
19	印发《关于坚持发展“枫桥经验”推进全区城乡社会治理体系建设的实施方案》的通知	长九办发〔2019〕56号	10月10日
20	关于印发《长春市九台区贯彻落实中央生态环境保护督察“回头看”反馈意见整改方案》的通知	长九办发〔2019〕57号	12月2日

（区委办公室）

重要会议

【区委全体会议】 2月23日，中共长春市九台区委二届八次全体（扩大）会议召开。会上，学习贯彻中共十九大精神和习近平新时代中国特色社会主义思想，落实省、市经济工作会议与市委十三届六次全会精神，总结九台区2018年工作，安排部署2019年及以后一个时期的工作任务，动员全区上下行动起来，做好各项工作。

8月2日，中共长春市九台区委二届九次全体（扩大）会议召开。会议的主要任务是深入学习贯彻习近平总书记关于东北振兴工作的重要指示精神，落实省委十一届五次全会

2月23日，中共长春市九台区委二届八次全体（扩大）会议在区委党校报告厅召开　　（区委办公室　供图）

和市委十三届七次全会精神，回顾总结各项工作，研究部署防范化解重大风险与加快融入长春现代化都市圈的相关任务，将九台打造成长春城市副中心。

12月3日，中共长春市九台区委二届十次全体（扩大）会议召开。会议的主要任务是坚持以习近平新时代中国特色社会主义思想为指引，学习贯彻党的十九届四中全会和习近平总书记关于东北振兴工作的重要指示精神，落实省委十一届六次全会与市委十三届八次全会精神，回顾总结各项工作，推动九台全面振兴发展。

【区委常委会议】4月9日，中共长春市九台区委常委会议在区委四楼会议室召开。会议听取九溪新区项目进展情况汇报、小南河综合治理项目情况汇报，审议《九台区2019年扶持村级集体经济发展壮大的实施方案》和扶持村名单，听取2018年巡察工作共性问题的汇报与2018年度纪检监察机关案件审查调查情况分析汇报。

5月14日，中共长春市九台区委常委会议在区政府四楼会议室召开。会议传达省委常委、长春市委书记王凯到九台调研的讲话精神，传达中央、省、市相关会议和文件精神。

5月30日，中共长春市九台区委常委会议在区政府四楼会议室召开。会议传达中央、省、市相关会议和文件精神；通报全省2018年脱贫攻坚成效考核相关情况，审议《长春市九台区关于国家和省脱贫攻坚成效考核反馈问题整改工作方案》；传达中央、省委和长春市委解决形式主义突出问题，为基层减负相关精神及九台区贯彻落实意见；审议《关于进一步加强我区机构编制管理的通知》等相关议题。

6月14日，中共长春市九台区委常委会议在区政府四楼会议室召开。会议要求，全区要深刻学习领会习近平总书记重要讲话精神，落实“不忘初心、牢记使命”主题教育要求。

7月4日，中共长春市九台区委常委会议在区政府四楼会议室召开。会议书面传达中央相关会议和文件精神，听取九台区上半年扫黑除恶工作情况的汇报，审议《长春市九台区关于开展农村人居环境集中整治行动实施意见（审议稿）》，审议《长春市九台区脱贫攻坚工作问责办法（审议稿）》和《长春市九台区脱贫攻坚领导小组关于评选“扎实推进脱贫攻坚先进村”的实施意见（审议稿）》，审议《长春市九台区关于庆祝中华人民共和国成立70周年活动实施方案及群众性主题宣传教育活动实施方案（审议稿）》等7项议题。

7月31日，中共长春市九台区委常委会议在区委四楼会议室召开。会议审议《九台区农村人居环境集中整治村庄清洁行动标准》和《2019年度长春市九台区农村人居环境集中整治行动考核验收办法》；听取九台区信访工作情况汇报，2019年上半年安全生产工作情况汇报，九台区经济运行、项目建设及招商引资工作情况汇报，九台区环保督察和水污染问题整改工作情况汇报；审议《关于区委议事协调机构组成人员任职的建议》；研究区委全会相关事宜；听取九台区“不忘初心、牢记使命”主题教育活动前期工作安排的汇报。

8月15日，中共长春市九台区委常委会议在区委党校综合楼会议室召开。会议传达习近平总书记在十九届中共中央政治局第十六次集体学习上的讲话，以及中央纪委、国家监委领导调研讲话及各级纪委监委工作会议精神；宣读中共长春警备区委员会对李洪亮党内任职的批复；听取九台区上半年案件查办情况分析报告及其他事项。

8月31日，中共长春市九台区委常委会议在区委四楼会议室召开。会议研究部署重点工作，听取九台区有关2019年建设幸福九台行动计划民生实事进展情况及下一步工作安排的汇报。

9月12日，中共长春市九台区委常委会议在区委党校南三楼会议室召开。会议指出，全区领导干部要学习长春市委书记王凯的讲话精神，提高政治站位，把思想与行动统一到中央、省委、市委的决策部署上来；以高度的政治站位、周密的安排部署、科学的督促指导，开展九台区主题教育活动。

9月26日，中共长春市九台区委常委会议在区委四楼会议室召开。会议要求全区各单位、各部门要重视软弱涣散村整治工作，明确下一步整改标准、目标、时限。

10月11日，中共长春市九台区委常委会议在区委四楼会议室召开。会议传达中央、省、市相关会议和文件精神，听取九台区扫黑除恶工作情况汇报，听取推进全区非公有制企业与社会组织开展“不忘初心、牢记使命”主题教育工作汇报，传达全市软弱涣散党组织专项整治调度会议精神。

11月5日，中共长春市九台区委常委（扩大）会议在区委四楼会议室召开。传达十九届四中全会精神和中央、省、市相关会议精神，研究部署建设幸福九台行动、环保督查整改及关于加强河湖清“四乱”（乱占、乱平、乱堆、乱建）等重点工作。

12月2日，中共长春市九台区委常委会议在区委四楼会议室召开，传达省、市全会会议精神，研究部署安全生产、脱贫攻坚、生态环境保护等重点工作。会议传达《中央第7巡回督导组组长薛延忠同志关于推进主题教育的指导意见》及中央相关会议精神；传达习近平总书记在中央政治局第十九次集体学习时的讲话精神及11月22日全国和吉林省安全生产视频会议精神，通报响水“3·21”事故调查情况，并学习省安委会成员单位安全生产责任清单；听取脱贫攻坚工作情况的汇报；审议《长春市九台区贯彻落实中央生态环境保护督察“回头看”反馈意见整改方案》；研究区委全会、人代会、政协会相关事宜。

12月18日，中共长春市九台区委常委会议在区委四楼会议室召开，传达中央及省、市相关会议精神，研究部署重点工作。会议听取组建长春九台城市发展投资控股有限公司有关情况的汇报，听取九台区企业家联谊会筹备工作情况的汇报，研究绩效考核相关事宜等7项议题。

12月26日，中共长春市九台区委常委会议在区委四楼会议室召开。会议传达中央和省、市相关会议精神；审议《区级领导干部包保企业的工作方案》；审议《2019年春节期间走访慰问工作方案和日程安排》；听取2020年度村集体经济发展项目申报工作汇报；研究其他事项。

【区委议事协调会议】 2月18日，全区机构改革动员大会在区委党校报告厅召开。会议要求：提高政治站位，准确把握深化党和国家机构改革的重大意义；准确把握要求，把机构改革重点任务落实到位；扛起责任，确保各项改革任务取得成效。

2月23日，九台区脱贫攻坚领导小组2019年第二次（扩大）会议在区会议中心召开。会议主要任务是落实中央第八巡视组对吉林省开展脱贫攻坚专项巡视情况反馈意见，贯彻长春市脱贫攻坚领导小组第二次全体扩大会议精神，部署九台区脱贫攻坚问题整改工作。

3月20日，九台区扫黑除恶专项斗争领导小组（扩大）会议暨迎检工作培训会议在区委党校二楼报告厅召开。会议的主要任务是研究部署九台区扫黑除恶重点工作，迎接中央督导准备工作。

9月4日，全区扫黑除恶专

项斗争领导小组（扩大）会议暨重点行业领域乱象整治工作推进会议在区委四楼会议室召开。会议对前段时间工作进行总结，对下一阶段工作进行安排部署。

9月16日，九台区“不忘初心、牢记使命”主题教育工作会议在区会议中心召开。会议对九台区“不忘初心、牢记使命”主题教育工作进行动员部署。会议要求，要学习习近平总书记讲话精神，领会开展主题教育的重大意义；要严格按照上级部署要求，以争创一流的劲头推动主题教育任务落实；要强化责任落实，加强对主题教育的组织领导。

10月24日至25日，九台区实施乡村振兴战略暨农村人居环境集中整治秋冬“百日会战”动员大会在区会议中心召开。会议分两个阶段，第一阶段对全区各乡（镇、街道）实施乡村振兴战略和农村人居环境集中整治典型现场观摩；第二阶段在区会议中心召开实施乡村振兴战略暨农村人居环境集中整治秋冬“百日会战”动员大会。

11月5日，九台区退役军人事务工作领导小组第一次会议在区委四楼会议室召开。会议主要任务是学习贯彻习近平总书记重要讲话精神，认识新时代退役军人工作的重大使命和责任担当，强化领导小组职责，发挥成员单位作用，加强对退役军人工作的组织推进与协调配合，形成工作合力，强化督促落实，推动退役军人工作领域各项工作。

（伊　然）

组　织

【概况】 截至2019年年末，全区有基层党组织1536个，中国共产党党员30736名。全年发展党员428人，其中，党政机关39人，企事业单位专业技术和管理人员51人，农民党员271人，非公企业和社会组织35人，工人7人，高知识群体5人，社区16人，其他4人。全年完成省、市组织部门干部调训161人次。其中，区级领导26人次，其他干部47人次，区管干部乡村振兴、城市管理、脱贫攻坚、招商引资、污染防治等专题培训88人次。

【基层党建】 九台区选派5841名干部包保281个村、83512户，发放宣传单2万余份，悬挂条幅600余幅，帮助解决杂物储粮仓乱放、柴草垛随意摆放、路边垃圾等问题267件。健全完善驻村干部考评制度，召开驻村干部领导小组会议2次，落实驻村干部年度考核优秀不占派出部门（单位）优秀指标等有关规定，为派出的9个驻村工作队提供81万元保障经费。全员培训61名驻村干部和15名脱贫攻坚督导组成员，对全区20个驻村工作队跟踪考核，压实工作职责。区委组织部依托《新九台》报、九台电视台、“凤舞九台”微博客户端等媒体宣传第一书记事迹及其代言产品；在区非公党建指导中心设立第一书记代言产品展示区。组织20名第一书记参加长春市组织的“产品大集”，销售额50.6万元，签订订单93.4万元。125名党员结对213户，帮助解决生产生活问题150余个。集中整顿软弱涣散村党组织20个，17名区级领导带队走访排查283个村。落实村干部“三级联审”制度，对拟任村组干部联审3次、329人，整顿2个省挂牌督办村。申报中央集体经济扶持示范村30个，争取上级扶持资金1500万元。组织志愿者团队11个、200余人，开展活动30余次。区委组织部建立区、街道、社区三级联动体系，实行街道“大党工委”社区“大党委”体制，新增兼职委员60人，召开区级党建联席会议2次，街道党建联席会议6次，社区党建联席会议90次。组织驻区单位和企业帮助社区党组织解决问题29件，4691名在职党员到社区报到，开展集中服务活动89次，完成服务承诺6526件，帮助社区居民实现“微心愿”2895个，党员志愿开展服务活动102次，服务社区居民2万余人次。15个社区办公用房面积全部达到省级示范社区标准。

【非公企业党建】 区委组织部对全区非公企业和社会组织集中走访调研，健全完善6类非公党建台账，及时调整不符合组建条件的党组织。突出民办学校、民办医院、互联网行业党建工作，实现30人以上实体性社会组织的党组织全覆盖。至2019年年末，全区有非公企业和社会组织303家（个），成立党组织186个，其中，独立党组织125个，联合党组织46个，派驻党组织15个，覆盖率100%。发挥基层党员、党务工作者作用，实施“红色轻骑兵”“双亮先锋”“红色堡垒”“红旗团队”等党建项目，选树先进个人典型46个、集体典型20个，出版先进事迹汇编2册。组织域内党组织和党员捐款捐物，慰问一线党员与困难职工190余人。推荐先进党组织2个、优秀党务工作者2人、优秀共产党员4人，受到上级表彰。完善区党建指导服务中心建设，打造以立足九台、面向企业、服务党群、促进发展为宗旨，集党史教育、党视展播、党员议事、党建展示、重温入党誓词等服务功能于一体的专业化和开放式党建服务平台，接待各类参观学习考察35次、1500余人。全区85%以上非公企业和90%以上党组织完善阵地功能。依托区党建指导服务中心、开发区党群活动服务中心、大学生创业园，组织法律、科技、金融、财税发展服务团，开展服务企业活动10次，举办各类培训25场次，培训3000余人，从技能、管理、政策等方面助推企业发展。

【党员学习活动】 九台区组织农村、社区、机关和事业单位、非公和社会组织等领域党员，开展以“学习习近平新时代中国特色社会主义思想”为主题的集中培训4期，培训党员800余人。区委常委班子举办5天集中学习读书班，学习研讨4次。区管班子、基层党组织以理论学习中心组学习会等形式开展爱国主义教育、形势政策教育、革命传统教育、先进典型教育和警示教育活动集中学习。

4月26日，区委组织部组织党员干部在卡伦湖非公企业党建中心培训学习《中国共产党支部工作条例》 （区委组织部 供图）

【干部教育培训】 6月，九台区组织207名负责扶贫工作的领导和扶贫干部参加脱贫攻坚工作专题培训班，聘请专家对习近平总书记扶贫论述进行解读，组织区发改局等8个部门对乡村振兴和产业扶贫项目进行业务辅导。8月，配合省委组织部在波泥河街道举办清华、北大等高校144名选调生参加的“同吃、同住、同劳动、同学习”生活培训班。11月，组织279名区管干部参加近1个月的习近平新时代中国特色社会主义思想党校主体班次培训，省、市委党校教授对中国特色社会主义生态文明思想、法治思想、经济思想、习近平新时代中国特色社会主义思想学习纲要等课程进行讲授，安排十九届四中全会精神、党史、宗教、保密、城市管理与规划和乡村振兴等课程的学习。区党政2名主要领导参加吉林省领导干部网络培训学院学习。市管干部、乡（镇、街道）党政主要领导、选调生等65人参加长春市干部网络学校学习，区管干部262人参加长春市干部网络学校九台分校学习。全年每名市管、区管领导干部完成网络学习50学时。

【干部监督】 5月，启动正科级理顺，实行分批分档报审存档，全年批复552名正科级干部、31名副科级干部。加强《领导干部报告个人有关事项规定》和《领导干部个人有关事项报告查核结果处理办法》2项法规的学习与执行。1月，对332名领导干部进行专题业务培训。2月，集中录入94名领导干部全体信息并上报。全年随机和重点委托8批次、164人，其中，比对一致，133人予以归档；比对不一致，给予组织处理31人（24人批评教育，7人诫勉）。从严管理因（公）私出国境，执行应收尽收、应备尽备原则。全年审批因私出国（境）20人次，变更信息72人次，撤销备案9人次。全年审批因公出国境3批次、11人。4月，组织全区60余个单位更新报备平台，组建96

人的管理工作群。规范离任审计，修改完善组织部门运用经济责任审计结果分析研判制度，委托审计7批次、56人。

【人才建设】 2019年，全区14人符合高端人才奖励政策要求并通过审批。引进省级领军人才何成斌（省工艺美术大师）。打造大学生就业创业品牌。以创新、创业、就业、培训为基准，发挥政府引导和服务创新创业的职能作用。累计孵化创业企业56家，创业企业实现产值近3亿元，上缴税金近2000万元，创业企业固定资产投入超亿元。全年参与就业、创业培训、专业购买1000余人次。先后2次组织高端人才赴浙江与深圳参加培训，提升专业能力及管理水平。培育实用人才，创建返乡创业示范区3个、示范镇8个，返乡创业人员8120人，创业带动就业9.2万人，培树返乡创业带头人115人，牵头完成全国“双创基地”申报。强化服务引才功能，助力“万人助万企”行动，开展市（区）级人才大型专场招聘会2次，在电视台、市（区）各级媒体平台发布企业用工信息3个轮次。全年深入企业走访调研50余人次，收到60个问题，办结54个，办结率90%。

11月9日，长春市九台区“万人助万企”人才市场招聘暨职业技能提升对接会在九台区大学生创业园举行

（区委组织部　供图）

【“不忘初心、牢记使命”主题教育】 9月，区委成立“不忘初心、牢记使命”主题教育活动领导小组。区委书记任组长，主要常委任副组长。下设区委主题教育领导小组办公室，区委常委、组织部部长兼任办公室主任；抽调副处级区管干部和一般干部，成立8个指导组，指导各部门开展主题教育。全区27172名党员参加主题教育活动，实现参与全覆盖、学习全覆盖。

（马立军）

宣　传

【概况】 2019年，九台区围绕城市美、生态美、乡村美、生活美、产业美、文化美，打造“发现九台之美”系列宣传品牌。推进文明城市建设，全区有国家级文明单位2个、文明村镇3个，省级文明单位、文明村镇25个，市级文明单位39个。九台区被省委宣传部、省文明办评为全省文明村屯、“干净人家”创建活动优秀县（市、区）。九台区宣传工作在长春市绩效考评中获得满分，在外县（区）排名第一。

【区新闻出版局职能划转】 根据《长春市九台区机构改革方案》的通知，将区文化广电新闻出版局的新闻出版、电影管理职责划入区委宣传部，对外加挂区新闻出版局牌子，负责对全区书店销售行业、印刷行业、电影放映单位进行监管。定期开展新闻出版、电影放映监督管理和安全检查工作，帮助电影放映企业申请中央、省级电影事业发展专项资金。

【专题专栏宣传】 2019年，九台区围绕“扫黑除恶”、脱贫攻坚、文明实践等中心工作，以及“专班抓项目”、“万人助万企”、城市乱象整治、农村人居环境整治等重点工作，策划“坚决打赢脱贫攻坚战”“治乱进行时、文明再出发”等10余个专题专栏，在中央和省直主流媒体刊播新闻报道1600余篇。在长春市委宣传部组织的“做长春时代新人”践行社会主义核心价值观主题活动中，九台区上报的52个童谣作品、17幅儿童画作品、16幅核心价值观海报作品获奖。

【宣传推介】 2019年，《长春

日报》连续发表九台区民生工程、九台贡米、乡村振兴等专题报道8期，大批主流网站转发。推出“五个一”形象宣传品，即：打造“大美九台”官方抖音账号一个，制作《魅力新城 筑梦今朝》形象宣传片一部，推出吉林电视台《美丽家乡——九台篇》60分钟宣传片一部，制作《大美九台》城市宣传册1本，打造区域形象理念系统一套。“大美九台”官方抖音发布作品36条，总浏览量200万人次。形象理念系统、宣传片、宣传册在长春市农村人居环境整治现场会、长春市新时代文明实践中心试点工作现场会上进行宣传推介。侧重“上大报、看央视”，在新华社、“朝闻天下”、“新闻直播间”、《经济日报》等中央媒体刊播九台稿件200余篇（条），主流纸媒头版上稿50余篇，“长春政事儿”“文明新长春”“看长春”等主流微信公众号上稿100余篇。

【宣传文化建设】 2019年，九台区组织建设农村文化小广场和文化中心户两大平台，举办全民艺术节与农民、市民文化节活动，通过文艺轻骑兵文明实践志愿一线行活动送演出、送文化、送服务、送培训等217场次。8月9日，吉林省第六届农民文化节长春市启动仪式在九台区土们岭马鞍山村举行。推动“村村通大喇叭”项目签约。向吉林省文明办争取农村文化小广场建设项目10个，资金100万元。为其塔木烈士陵园展陈改造提升争取省级专项资金38万元。统筹参与策划马鞍山红色文化教育基地建设，组织开展罗明星英雄事迹搜集整理工作，采访罗明星儿子罗美庭，收集图文60余份、实物100余件。推动土们岭马鞍山影视基地建设，《鲜花盛开的山村》《那山，那雪》两部影视剧完成拍摄。围绕中华人民共和国成立70周年，组织系列庆祝活动60余场，扶持文友社创作完成《边台放歌》大型音乐舞蹈史诗。

【网络安全管理】 九台区加强网上评论引导，组织域内网评员队伍通过微博话题、跟帖评论，以专题、专栏等形式为网民解疑释惑，回应公众关切问题，坚持正面引导。以图文、微视频、H5、“红色七月”网上知识竞赛互动答题等新媒体表现形式和途径，及时、全面推送权威信息，加强议题设置，创新传播方式，引导汇聚网上正能量。通过视频培训、专题展板、现场解答、防盗追踪软件排查等工作方式，加大对域内党政机关门户网站、新媒体平台、关键信息基础设施等重点单位的网络安全风险漏洞、安全隐患摸底排查。做好网络安全执法检查，庆祝中华人民共和国成立70周年网络安全保卫工作，线上、线下统筹联动，筑牢网络安全防线，构建网络安全良好生态。

【农家书屋建设】 九台区规范化管理全区建成的283个农家书屋，做到有场所、有图书、有人管理、有管理制度、有阅读活动。开展调查统计摸底工作，把农家书屋建设和文明实践站(所) 结合起来，做到建、管、用有机结合，发挥农家书屋作用。

【“边台学堂”理论学习阵地建设】 依托“边台学堂”，区委理论学习中心组组织集中学习25次，全区各部门、各单位、乡（镇、街道）党委（党组）理论学习中心组开展集中学习677次。“边台学堂”理论学习阵地被评为吉林省终身学习活

4月9日，九台区新时代文明实践农民骨干培训班在九台区特殊教育学校开班。图为开班仪式现场 （区委宣传部 供图）

11月25日，长春市九台区首届新闻发言人培训班在区委党校报告厅举行　　（区委宣传部　供图）

动品牌，区委宣传部被评为全市学习典型、学习品牌评选工作先进单位。

【“理响边台”系列宣讲活动】 7月9日至12月13日，区委宣传部组织机关干部、党校教师、思政课教师、法律工作者等走进基层、走进农户，开展“理响边台”系列宣讲活动，围绕脱贫攻坚、“扫黑除恶”、党的十九届四中全会等主题深入基层宣讲1000余场，受众3万余人次。

【“学习强国”平台使用】 拓宽党员干部学习平台“学习强国”的推广使用覆盖面，指导各乡（镇、街道）、各单位以党组织为依托，建立学习组织架构。策划实施“荐学”推广项目，通过三级组织推动、线上培训、志愿帮教、定期通报等措施，实现党员应入尽入、群众能入则入。全区注册使用人数在长春市县（市、区）排名第一。奚占玉被评为长春市特别突出的百姓学习之星。

【全国文明城市创建】 2019年，九台区争创省级和市级文明城区，通过创建全国文明城市复牌测评。创建“文明再出发”示范街圈，新增核心价值观景观小品和公益广告207处，打造“两街一路一商圈”（福临大街、南苑大街，健康路，凤凰城商圈），市直12家媒体进行集中采访报道。开展“文明村屯、干净人家”创建活动，结合农村人居环境整治，组织283个村重新修订村规民约，波泥河街道平安堡村“七要七不”（要诚信经营，不欺骗买主；要互相照应，不封闭信息；要随行就市，不抬价压价；要珍惜林地，不破坏山土；要节俭办事，不装大摆谱；要整洁干净，不乱扔乱倒；要增光添彩，不砸牌抹黑）协会公约在全区学习推广。

【“九台好人”暨寻找“最美九台人”评选】 4月26日，九台区成立九台好人公益联合会，举办“九台好人”发布厅暨寻找“最美九台人”活动启动仪式，表彰发布6类、69名“九台好人”，长春好人12人。九台区“好人讲堂”被评为全国终身学习活动品牌。

【“我和我的祖国”主题宣传教育活动】 7月，九台区启动庆祝中华人民共和国成立70周年“我和我的祖国”主题宣传教育活动，开展群众性实践活动26项。区直媒体开设“礼赞70年·奋斗新时代”专栏，推出“回望九台”系列报道，组织“中华人民共和国成立70周年——中直涉外媒体九台行活动”，中央人民广播电台、《经济日报》、《香港商报》等10余家媒体进行集中采访，发布新闻稿件110余篇。

【新时代文明实践中心升级为国家试点】 2019年，九台区推进新时代文明实践中心建设省级试点工作。作为全省唯一的城区试点，在全省率先推出文明实践三级班子“领”、志愿服务“帮”、百姓需求“引”、基层能人“带”、品牌项目“聚”、政策资源“融”、创新机制“推”、基层群众“享”的“八字工作法”，组建理论政策服务平台、教育关爱服务平台、平安法治服务平台、文化体育服务平台、科技科普服务平台、文明风尚引领平台、健康卫生服务平台“七大服务平台”，设计开发新时代文明实践网络云平台，经验成果在全省推广。突出强化中心、项目为本、知行合一、常态精准的设计理念，实施文明实践“领头雁”工程，构建中心、所、站3级培训网络，分批分级对2000余名农村骨干进行培训。形成“党建+志愿”

志愿服务管理模式，全区有注册志愿者51130人，开展各类志愿服务和文明实践活动2100余场次，服务群众20余万人次。九台区微光微公益爱心助学工作室被评为吉林省优秀志愿服务组织标兵，“情暖夕阳、爱老助残”志愿服务项目被评为吉林省优秀志愿服务项目，营城街道兴华社区被评为吉林省优秀志愿服务社区，土们岭街道马鞍山村被评为吉林省优秀志愿服务村（屯）。10月，在中央宣传部、中央文明办召开的深化拓展新时代文明实践试点工作会议上，九台区升级为国家试点。

【董宏达被中央网信办评为优秀网评员】 九台区核心网络评论员董宏达撰写的多篇网络时评文章通过中国吉林网向国内重要新闻网站推送，向中央、省、市网信部门推介董宏达网评工作事迹。2019年，董宏达被中央网信办评为优秀网评员，其事迹被拍摄成专题片《“久泰平”的故事》。

（孙立欣）

统一战线

【概况】 2019年，九台区围绕学习贯彻习近平新时代中国特色社会主义思想和习近平总书记重要指示批示精神，在全区统一战线集中开展系列学习和主题教育活动，巩固共同思想政治基础。在县、乡、村（区、街、社区）打造三级统战平台建设。在各民主党派中定期开展联合调研、党派联谊、社会服务等活动，打造民主党派“1+5”同心共建品牌。组织民主党派、工商联、无党派人士开展议政调研，开展民主党派与政府部门对口交流活动，保障民主党派的知情权、参与权、表达权和监督权。

【全区统战工作会议】 3月29日，全区统战工作会议召开。会议总结2018年全区统战工作，部署2019年全区统战工作。确定2019年统战工作总体思路：以习近平新时代中国特色社会主义思想和中共十九大精神为指导，学习贯彻习近平总书记关于加强和改进统一战线工作的重要思想，加强党对统一战线工作的集中统一领导，全面落实全国、省、市统战部长会议与区委二届七次、八次全会要求部署，把握新时代、新使命，建设新机构、新格局，运用新理念、新方法，推动统战工作实现创新发展，为实现九台全面振兴凝聚力量。会议安排6个方面的重点工作：做好民主党派工作；落实新形势下民族、宗教工作任务；推动党外知识分子，特别是新的社会阶层人士统战工作方式、方法创新；提升非公经济领域统战工作水平；做好港澳台同胞及华人华侨和海外统战工作；推进党外代表人士队伍建设。

【三级统战平台建设】 2019年，落实长春市委统战部关于《打造覆盖县、乡、村（区、街、社区）各层级和统战各领域的工作载体》的具体要求，形成《九台区三级统战平台建设方案》，把平台建设工作列为议题在区常委会上讨论通过。完成区委统战工作中心、乡（镇、街道）统战工作站和村（社区）的组织构架搭建工作。推动统战工作向基层延伸，打造大统战格局。

【大统战新格局构建】 九台区搭建交流平台，引导留学人员分享回国创新创业经验、交流研讨专业技术；支持留学人员深入创新实践基地开展科技帮扶，推动企业转型。完善区、乡（镇、街道）、村（社区）的侨务工作联运机制，建立侨务工作联席会议制度，构建侨务大统战工作新格局，推进“侨胞之家”建设。贯彻落实国台办惠台31条措施，执行长春市惠台指导性文件，为台胞在九台区投资、就业、创业、就学和生活提供居民待遇。落实国台办重点交流项目，组织相关人员参加两岸大学生文博创意（长春营）活动、2019年两岸社区交流活动和“翰墨飘香两岸情”书画交流活动，推动对台各领域融合发展。

【服务区域经济发展】 九台区发挥区域优势，突出“三抓”（抓环境、抓项目、抓落实）、“三早”（早落地、早开工、早见效）。为企业协调解决生产、用工、融资等方面困难，对重点企业实行班子成员包保责任制，为域内企业在用地和融资方面提供协调服务。推进政企直联进程。为构建“亲”“清”政商关系，推动工商联与政府有关部门的联系，建立服务民营企业、促进非公有制经济健康发展的体制、机制。从政府区直部门聘请25人为商会特聘副会长，从社会各界聘请14人为商会顾问，推动政商互动，为商会和会员提供多方位、高质量服务，促进全区非公有制经济健康发展。

【民主党派“1+5”同心共建】 区委统战部组织各民主党派定期开展联合调研、党派联谊、社会服务等活动，促进各党派之间相互沟通，互通有无、互助互补， 打造民主党派“1+5”同心共建品牌。组织各民主党派围绕重点工作任务，开展理论调研和议政调研。通过深入基层、联系实际、座谈研讨、问卷调查、蹲点调研等方式，了解和掌握真实情况，形成调研成果，及时转化为党委、政府决策参考依据。

【农村产业扶贫联盟打造】 九台区发挥各民主党派和无党派人才的优势，重点加大对贫困村“扶智”力度，为域内贫困村群众送科技、送医药、送文化。九台农村产业扶贫联盟覆盖全区20个贫困村，覆盖率100%。组织实施的农村产业扶贫联盟被省、市媒体多次报道，获得市委统战部工作创新奖。

【党外知识分子工作】 九台区加强新的社会阶层人士统战工作力度，举办新的社会阶层人士培训班和新媒体人士培训班；组建“新阶层人士之家”，与新阶层人士联谊，引导他们为经济社会发展贡献力量。完善党外知识分子工作组织建设。推进党外知识分子联谊会工作，助力各行业协会、社团组织成立、运行，发挥组织、团结党外知识分子的作用；举办座谈会、大讲堂，把知联会建成学习园地、培训基地和党外知识分子之家。

【“民族团结进步”创建】 九台区开展“民族团结进步”创建活动，宣传党的民族政策；加强对少数民族代表人士及民族干部队伍建设，通过组织培养、参观考察和经验交流等形式，提升能力素质与工作水平；加强对民族政策法规的落实和执行，强化对窗口单位及清真食品的规范管理，保障少数民族群众正当利益。

【民族乡村发展】 九台区依托胡家回族乡和莽卡满族乡的民俗与地域特色，由区民族宗教局和区旅游中心牵头，两个民族乡配合，与长春市民委、旅游局研究制定规划，谋划民族乡村振兴发展思路。委托长春师范大学编制《民族乡村经济与社会发展规划》，确定中长期发展目标，实现民族乡村可持续发展。

（江国彪）

机构编制管理

【概况】 2019年，九台区研究起草《关于进一步加强机构编制管理的通知》，经区委常委会审议通过后，于5月30日印发。区级编委发文47个，编办发文52个。严格按照机构和人员编制管理制度，为617名事业编人员办理增减手续。

【党政机构改革】 2019年2月，九台区落实党政机构改革任务，区委编办班子成员组成机构改革专班，召开座谈会、推进会，与省、市委机构改革协调小组办公室进行对接、请示汇报，确保改革按上级要求推进。组织起草机构改革方案、方案实施意见、“三定”（定主要职责、定内设机构和人员编制）规定有关事项通知等文件3个、方案说明1个，对35个区直部门和单位的“三定”规定进行审核批复，明确17个部门承担行业领域的安全生产管理职责，调整23个部门涉及的43条职责。将事业单位改革同党政机构改革同步考虑、统筹安排，调整隶属关系16个、名称调整27个、撤销1个、新设立3个。截至3月底，在全省县（区）中首个完成党政机构改革任务。

【综合执法改革】 按照中央、省、市统一安排部署，根据《关于贯彻落实市场监管等5个领域综合行政执法改革指导意见的通知》和《中共长春市委办公厅长春市人民政府办公厅关于印发〈长春市九台区机构改革方案〉的通知》要求，重点推进文化市场、交通运输、农业3个领域（市场监管、生态环境保护上划上级部门管理）综合执法改革，整合组建长春市九台区文化市场综合行政执法大队、长春市九台区交通运输综合行政执法大队、长春市九台区农业综合行政执法大队。经过摸底，涉改单位存在人员数量多、身份复杂、经费形式多样、人员转隶难等实际问题。为推进改革，领导班子反复与主管局沟通协调，查阅档案，到省委编办沟通，理清问题，找到可行的解决办法。将交通运输局所属2个自收自支事业单位调整为全额拨款事业单位，解决海事处、农业综合执法队等4个单位、35人的编制历史遗留问题。

【行政机关事业单位机构编制统计】 2019年，以省委、省政府和省编委关于加强机构编制管理的相关文件精神为统领，以“吉林省编制人事财政信息综合管理系统”数据为基准，完成全区476个行政机关和事业单位编制数、实有人数、内设机构、内设机构排序等各类基础信息的维护统计上报。

【机关、群团、事业单位统一社会信用代码赋码】 开展年度报告公开工作，办理464个事业单位相关业务，其中，变更登记177个，年度报告公示277个，证书补领3个，重新申领证书6个，设立登记1个。办理机关、群团统一社会信用代码证书业务68个，其中，初领证书10个，变更39个，证书补领7个，撤销12个。加强登记档案的管理，做好网上操作和实时汇总登记管理数据，注重纸质材料的收集与整理，做到材料齐全、内容完整、统一编号、规范存档、查阅方便。

【“吉林省机构编制综合管理系统”信息维护】 九台区加强对“吉林省机构编制综合管理系统”的维护、更新，按规定时限上传各类机构编制审批文件和人员信息审核呈报表，推进数据库的实名制管理，全年维护人员信息1867次、机构信息725次，做到平台信息的准确、完整。

（赵春月）

区直机关党建

【概况】 2019年，九台区区直机关工委包含下属党支部（党总支）47个、党员1500余人。机关工委组织开展“绿满九台”义务植树活动、“不忘初心、牢记使命”主题教育活动，加强机关思想建设，推进机关作风建设，构建和谐机关。

【机关作风建设】 九台区贯彻中央八项规定精神，落实九台区委关于纪律作风的相关要求，加强机关作风建设。组织机关党员干部观看专题纪录片《黄大年》，号召激励每个机关党员干部“从我做起，从本职岗位做起，投入到新九台的建设中”。上半年对区直部门（单位）组织两次纪律作风检查，下半年对区直部门（单位）组织一次纪律作风情况暗访。对存在问题的部门（单位）下发整改通知书。

【机关党组织服务社会】 区直机关工委推进机关党员干部“双岗双责”制度，机关党员到社区领职、领责，利用业余时间主动到社区，深入基层，贴近群众，承担起参与社区建设和联系服务群众的职责，帮助群众解决实际困难。请示区委组织部下拨党费，为区农机局、区交通局和区委编办等8个机关支部下拨党费活动经费近7万元，组织各支部利用下拨的经费到临江爱国主义教育基地、省市廉政教育基地、其塔木烈士陵园等地开展主题教育活动。

【机关党员干部义务植树活动】 4月，区直机关工委组织机关党员干部开展“绿满九台”义务植树活动。区直机关各部门

3月10日，区直机关工委组织“绿满九台”义务植树活动。图为机关干部参加植树活动现场（区直机关工委 供图）

4月27日，2019年“体彩杯”长春市九台区机关乒乓球赛在九台区第一中学体育馆举行　　（区直机关工委　供图）

上百名干部按照义务植树要求依序分组，分工协作，共植杨树2000株，涉及公路沿线长度1000米。

【机关文化活动】 4月，区直机关工委与区文化旅游局、区总工会在区第一中学体育馆联合主办2019年机关乒乓球赛。比赛历时3天，分为男子团体组、女子团体组、男子单打组、女子单打组，全区各机关、系统、乡（镇、街道）、驻区单位、各企业、自由职业以及乒乓球爱好者400余人参加比赛，其中，团体347人，单打330人。区直机关41个团体代表队、300余名干部职工参加比赛；10月，区直机关工委组织区直机关干部参观第二届全民艺术节系列展览；与区委宣传部联合举办全区庆祝中华人民共和国成立70周年“我和我的祖国”演讲比赛。

【“不忘初心、牢记使命”党性教育培训】 6月，区直机关工委、区委组织部、区委党校联合举办2019年九台区“不忘初心、牢记使命”基层党务工作者党性教育培训班。区直机关基层党组织书记、党务干部参训100人。集中学习研讨6天、48学时，党员干部每人每天自学1学时以上；区直机关工委举办支部书记学习班，拟定2个调研题目，深入基层、深入群众调研8次。列出3个问题清单，其中，班子检视问题列出1个问题清单，查找问题5条，制定整改措施7条，立行立改5个问题。党员领导干部检视问题列出2个问题清单，查找问题10条，立行立改10条。

（孙　阳）

老干部工作

【概况】 2019年，九台区有离休干部144人，平均年龄91岁，其中，行政机关32人，全额拨款事业单位38人，自收自支事业单位7人，企业离休67人。抗日战争时期参加工作4人，解放战争时期参加工作140人。其中，副厅级1人，正处级4人，副处级51人，科级及以下88人，分布在28个系统、56个单位。

【老干部支部建设】 九台区贯彻落实习近平新时代中国特色社会主义思想和习近平关于老干部工作的重要指示，加强离退休干部政治建设、思想建设、组织建设（简称“三项建设”）。按照组织全覆盖的要求，在原有基础上新组建29个离退休干部党支部，全区离退休干部党支部59个，所属离退休党员1800人。开展离退休干部党支部书记专题培训2期。离退休干部党支部班子完善“三会一课”制度、走访慰问制度、联系党员制度、党费收缴管理等系列制度，营造党员之家，开展党员民主评议、政治学习、《中国共产党党章》和《中国共产党支部工作条例》专题学习，发挥离退休干部党员的正能量，参与开展关心下一代、慰问孤幼、精准扶贫、扶危济困、植树造林、美化校园、美丽乡村建设等活动。开展“不忘初心跟党走”主题党日活动，组织老党员到社会福利院慰问孤寡老人；请眼科专家为辖区老人诊治眼疾；为建档立卡的困难学生送书本、文具和学习生活必需品；深入农村参与人居环境整治；组织志愿者服务队宣传党的方针政策；发挥老党员的先锋模范作用。九台街道民乐社区离退休干部党支部被评为全省离退休干部先进集体，民乐社区离退休干部党支部书记赵立新被评为全省离退休干部先进个人。九台区离退休干部党支部创建工作经验在长春市推广交流，区委老干部局局长何忠诚在中共长春市老干部局工作会议上做典型经验发言。

发挥离退休干部党支部平台的阵地作用。组织离退休干部学习中共十九大精神和习近平新时代中国特色社会主义思想，学习党章、宪法、支部工作条例；结合庆祝中华人民共和国成立70周年走访慰问离休干部，为老干部送纪念章，送相关学习资料；开展主题党日活动1次，召开座谈会、恳谈会2次，老干部交流思想、联络感情、陶冶情操、展示技艺，畅谈祖国及家乡的变化；组织副区级以上离退休领导到长春农博会参观考察，由区委书记陪同并向离退休老干部通报九台的政治、经济及各项事业的发展情况，听取离退休老同志意见、建议。

【老干部待遇落实】 采取精细化、便利化、个性化的服务措施精准服务，落实离休干部政治和生活待遇。通过区财政局与定点医院，解决离休干部就医出现的新问题。通过九台街道民乐社区，创建离退休干部社区服务示范点1个，成立志愿者文艺服务队，到老干部家中和社会福利院演出，送去学习书籍与生活慰问品，宣传党的关怀关爱及好政策，按照就近学习、就近活动、就近得到关心照顾、就近发挥作用的“四就近”原则开展登门入户面对面服务。

自3月开始，区委老干部局干部职工分成2个小组，进行2次全覆盖式集中兜底大走访，不落一户、不漏一人，建立服务对象数据库，完善离退休干部的大数据信息。对42位特困对象实行救助，投入救助资金16.2万元。

国庆节前夕，结合庆祝中华人民共和国成立70周年和抗战胜利74周年主题活动，对全区离休干部普遍走访慰问，为127位离休干部发放慰问金12.7万元，每人1000元。为部分老干部解决康复器材适配11台套。10月7日，九台区委常委、组织部部长赵国俊，区委组织部副部长、老干部局局长何忠诚一行，到长春慰问2名百岁离休干部，送去关怀和问候。先后3次到卡伦湖街道困难户李长福、李金国、辛文、杨井彪家中，解决冬季取暖煤7.2吨；春节前夕，为他们送去大米、白面和豆油。

【老干部文化生活】 按照年初老干部活动工作目标要求，每月月初将活动内容的安排写在揭示板上，老干部对每项活动开展的内容和时间做到心中有数，每次活动有计划、有组织地进行。在活动形式上，坚持室内活动与室外活动相结合、集中活动与分散活动相结合、友谊赛与有奖赛相结合、日常活动与大型活动相结合。开展台球、乒乓球、象棋、麻将、扑克、健身、跳舞、书画、钓鱼、扭秧歌、文艺演唱等10余项活动内容，全年各项活动累计开展100余次，老干部参加600余人次。全年举办大型书画展1次，展出绘画作品90幅、书法作品70件，出版诗集1册，举办广场演出2次。离退休党员志愿者沟通联络60多位老朋友、老邻居成立老年秧歌队，在站前广场扭大秧歌，丰富业余文化生活。

（王正贤）

党校（行政学校）教育

【概况】 中共长春市九台区委党校与九台区行政学校是区委、区政府培养干部的基地，实行“一套机构、两块牌子”。2019年，区委党校制定实施全区党员领导干部以及理论干部的培训计划；开展全区国家公务员的培训；指导各乡（镇、街道）党校业务。

【教育培训】 区委党校按照上级党校的指导和要求，规范主体班次的设置与管理，科学安排党的理论教育及党性教育单元，形成科学的主业主课体系。区委学校把讲授和学习习近平新时代中国特色社会主义思想作为党员干部坚定理想信念的根本举措，统筹安排教学时间及教学内容，探索、改进、丰富案例式教学、模拟式教学、情景式教学等教学方法，提高教学质量与教学水平。全年共举办5期党员干部培训班，培训1329人次；举办“边台学堂”6期，培训2100人次。全年共举办各种形式的培训班15期，培训3195人次，发挥干部培训主渠道作用。

表8　　2019年九台区委党校各类培训班一览表

序　号	时　间	内　容	参加人数（人）
1	5月15日至17日	全区发展对象培训班	138
2	6月13日至15日	全区脱贫攻坚专题培训班	170
3	6月26日至27日	全区“不忘初心、牢记使命”基层党务干部培训班	117
4	7月9日至12日	全区党员示范培训班	625
5	11月4日至29日	学习习近平新时代中国特色社会主义思想培训班	279

（区委党校）

【课题调研】 区委党校实现教学与科研一体化，发挥党校智库作用，为区委、区政府科学决策提供咨询服务。2019年，依据区委党校《科研工作管理规定》，本着多出精品、服务中心的原则，从3月初起，制定规划、确定课题、落实任务、限定时间，组织教师深入基层开展调查研究，撰写理论文章和调查报告。截至年末，有2篇省级调研课题结项，13篇理论文章获奖，其中，省级3篇，市级6篇，九台区4篇。

【理论宣讲】 12月3日至13日，区委党校组织张远昌、戢宏、桂卓佳、魏连艳、王海英、刘微、刘庆彪7名教师分别到九台街道公园社区、营城街道兴华社区、区融媒体中心、区政务大厅、九郊街道新州社区、土们岭街道山咀村、龙嘉街道龙家堡村宣讲十九届四中全会精神。11月24日至12月30日，发挥自身优势，应邀安排教师到区农电局、人民银行、区法院、区城市管理局、其塔木镇、环境保护局九台分局、嘉鹏公司、区税务局等10余个基层单位宣讲中共十九大精神、习近平新时代中国特色社会主义思想等专题党课15场次，教育培训党员干部2000余人次。

（张远昌）

6月26日至27日，区委党校举办“不忘初心、牢记使命”2019年度九台区街道社区和企业党员示范培训班。图为开班仪式现场

（区委党校　供图）

党史研究

【概况】 2019年，中共长春市九台区委党史办公室（以下简称九台党史办）贯彻落实中央和省、市、区委关于党史工作的方针政策，研究制定全区党史工作规划并组织实施。征集、研究、整理、出版和发行党史资料和党内人物资料；撰写九台地方党史正本。举办党史纪念活动，开展党史宣传教育。完成上级党史研究部门交办的任务，为相关单位提供党史资料。

【党史编研】 2019年，九台党史办编写《中国共产党九台历史》第二卷。该书以中共九台地方组织发展历程为主线，以历史文件和当事人材料为依据，以经考证核实的老同志回忆文章、采访笔记和基层调查数据为补充，以当时全国及东北的政治、经济、军事等方面的形势为背景，进行研究考查，记述九台各个历史时期的社会状况，阐述九台地方党组织历史发展过程。

为庆祝中华人民共和国成立70周年，九台党史办印刷出版《九台历史人物传记》《传承红色基因读本》《九台历次历届党代会、人代会、政协会会议汇编》等，为全区开展“不忘初心、牢记使命”主题教育提供地方党史学习教材，向乡（镇、街道）、区直部门及中小学发放3000余册。

4月5日，区党史办公室组织中、小学生祭扫其塔木烈士陵园

（区党史办公室　供图）

【党史资料搜集】 区党史办公室为编撰《党史大事记（2000年至2010年）》《九台党史正本》，做好前期准备工作。在坚持广征、核准、精编、严审的原则下，区党史办公室搜集整理九台2012年至2016年大事记，约9万字，记录中国共产党在九台各领域活动历史情况。

搜集整理九台口述历史资料。区党史办公室联合九台融媒体中心对目睹城子街战役、莽卡石屯战役及其塔木攻坚战的5位亲历者于世超、闫有才、王相申、王瑞才、李玉玲，进行口述资料及相关资料采访、留存，做好珍贵资料归档立卷。全年征集人物口述资料5份，约10万字。资料客观、真实还原当时战斗情景，为以后战斗记事编撰保存完整、翔实的历史资料。

【党史宣教】 九台区依托非公党建教育中心，建立九台党史教育展览馆。区党史办专人负责搜集图片、编写校对稿件，展览馆中共党史和九台党史2个部分展出照片143幅，附文字介绍1.7万字。在全区“不忘初心、牢记使命”主题教育活动中，党史展览馆自6月底开馆，接待九台区域内70余家单位、2700余名党员干部参观学习。

九台区加强党史宣传教育，推动党史工作围绕大局、服务现实、面向社会、走向大众。开展“学习党史、新中国史”宣讲活动，向75个村、10个社区、15个乡（镇、街道）、30余所学校约500人进行宣讲。

（李　响）

JIUTAI · CHINA
中国·九台

九台区人民代表大会

People's Congress of Jiutai District

重要会议

【区人民代表大会会议】9月5日，区十八届人大四次会议在区会议中心召开。会议表决通过《选举办法》《总监票人、监票人名单》《关于设立九台区人民代表大会社会建设委员会的决定》《九台区人民代表大会社会建设委员会组成人员名单》。会议补选宋长者为九台区人民政府区长，补选李伟、李殿志、孟晓冬、徐忠利为九台区第十八届人大常委会委员。出席会议代表249人。

12月18日至21日，区十八届人大五次会议在区会议中心召开。听取和审议《九台区人民政府工作报告》《九台区人大常委会工作报告》《九台区人民法院工作报告》《九台区人民检察院工作报告》，审议《九台区2019年国民经济与社会发展计划执行情况和2020年国民经济与社会发展计划（草案）》《九台区2019年预算执行情况和2020年预算（草案）》，并做出相关决议。补选孙宪波、李尧波、吴国明、沈浩为区人大常委会委员。

9月5日，长春市九台区第十八届人民代表大会第四次会议在区会议中心召开　　（区人大常委会办公室　供图）

【区十八届人大常委会会议】2019年，区十八届人大常委会召开第十七至二十七次常委会会议。会议听取和审议区政府关于《长春市九台区“十三五”规划实施情况中期评估报告（草案）》的说明、《关于2019年财政预算调整的报告》、《中华人民共和国传染病防治法》贯彻执行情况的报告、《关于2019年上半年国民经济与社会发展计划执行情况的报告》、《关于2019年上半年财政预算执行情况的报告》、《关于地方政府债务情况的报告》、《关于区十八届人大三次会议议案办理情况的报告》；人大常委会2019年工作要点；接受个别代表的辞职请求。

表9　　2019年九台区十八届人大常委会会议一览表

会　次	时　间	会议内容
第十七次	1月7日	听取和审议区政府关于《长春市九台区“十三五”规划实施情况中期评估报告（草案）》的说明；接受个别代表的辞职请求；人事任免职事项
第十八次	3月21日	传达省、长春市人代会精神；讨论通过区人大常委会2019年工作要点；人事任免职事项
第十九次	4月7日	讨论通过关于罢免个别代表长春市第十五届人大代表职务的议案；接受个别代表的辞职请求
第二十次	6月3日	听取和审议区政府关于《2018年国有资产管理情况的报告》；关于《2019年财政预算调整的报告》；人事任免职事项
第二十一次	7月30日	听取和审议区政府关于《2019年上半年国民经济与社会发展计划执行情况的报告》；关于《2019年上半年财政预算执行情况的报告》；关于《2018年财政预算执行和其他财政收支情况及国有资产管理情况的审计报告》；关于《中华人民共和国传染病防治法》贯彻执行情况的报告；人事任免职事项
第二十二次	9月3日	讨论通过九台区第十八届人民代表大会第四次会议有关事项；人事任免职事项
第二十三次	9月30日	听取和审议区政府关于《九台区2018年财政决算的报告》；区人民检察院关于《打造未成年人检察工作品牌的情况报告》；会议同意个别人大代表的辞职请求；人事任免职事项
第二十四次	10月16日	接受长春市第十五届人大代表王进的辞职请求
第二十五次	11月21日	听取和审议区政府《关于地方政府债务情况的报告》《关于区十八届人大三次会议议案办理情况的报告》；接受个别代表的辞职请求；人事任免职事项
第二十六次	12月16日	听取和审议区政府关于《调整2019年财政预算的报告》；关于《调整区人大常委会代表资格审查委员会主任委员的议案》；会议讨论通过区十八届人大五次会议有关事项；人事任免职事项
第二十七次	12月18日	讨论通过区人大常委会代表资格审查委员会关于补选区十八届人大代表的代表资格审查报告；讨论通过区十八届人大五次会议主席团和秘书长名单草案

（区人大常委会办公室）

【区十八届人大常委会主任会议】 2019年，区十八届人大常委会召开第十七至二十七次主任会议。会议内容主要有：谋划部署常委会2019年工作；听取区政府关于《中华人民共和国水法》贯彻执行情况的报告；讨论通过关于提请罢免个别市人大代表职务的议案；听取区政府关于2020年《普及高中教育工作进展情况的报告》；讨论通过第十三次至第十七次常委会会议议题；听取区政府关于《九台区与空港开发区签署代管协议后续交接事宜进展情况的报告》；听取区政府关于《水体污染防治工作情况的报告》；讨论确定第二十二次常委会议题；听取区政府关于《脱贫攻坚工作情况的报告》。

（范洪君）

表10　　2019年九台区十八届人大常委会主任会议一览表

会　次	时　间	会议内容
第十七次	1月7日	讨论确定九台区第十八届人大常委会第十七次常委会议题
第十八次	1月28日	谋划部署常委会2019年工作；讨论确定常委会第十八次会议议题
第十九次	4月17日	听取区政府关于《中华人民共和国水法》贯彻执行情况的报告；讨论通过关于《提请罢免个别市人大代表职务的议案》；讨论通过个别人大代表的辞职请求；讨论确定第十九次常委会议题
第二十次	7月9日	听取区政府关于地方政府性债务情况的报告；听取区政府关于2020年《普及高中教育工作进展情况的报告》；听取区政府关于《十八届人大三次会议代表意见建议办理情况的报告》；讨论确定第二十一次常委会议题
第二十一次	8月28日	听取区政府关于《九台区与空港开发区签署代管协议后续交接事宜进展情况的报告》；听取区政府关于《水体污染防治工作情况的报告》；讨论确定第二十二次常委会议题
第二十二次	9月3日	讨论通过九台区第十八届人民代表大会第四次会议有关事项；讨论通过第二十二次常委会会议议题
第二十三次	9月30日	讨论通过第二十三次常委会会议议题
第二十四次	10月16日	讨论通过第二十四次常委会会议议题
第二十五次	11月8日	听取区政府关于《脱贫攻坚工作情况的报告》；讨论确定区人大常委会第二十五次会议议题
第二十六次	12月16日	讨论通过第二十六次常委会会议议题
第二十七次	12月18日	讨论通过第二十七次常委会会议议题

（区人大常委会办公室）

人事任免

【概况】 2019年，区人大常委会依法任免国家机关工作人员125人（次）、人民陪审员228人（次），依法补选区十八届人民代表大会代表19人，出席长春市第十五届人民代表大会代表4人，接受辞职26人。

【任免事项】 1月7日，在区第十八届人大常委会第十七次会议上，任命区人民法院审判员职务14人；接受区级人大代表辞职1人。

7月30日，在区第十八届人大常委会第二十一次会议上，任命九台区副区长职务1人，任命区科技局局长职务1人；免去区人民法院副院长、审判委员会委员、审判员职务1人，免去区人民法院法庭庭长职务8人。

9月3日，在区第十八届人大常委会第二十二次会议上，任命区人大常委会内设机构负责人职务3人，免去区人大常委会内设机构负责人及街道人大工委主任职务5人；接受区人大常委会委员辞职1人，区级人大代表辞职6人；任命九台区人民政府副区长、代理区长职务1人，任命区政府部门负责人职务3人，免去区政府部门负责人职务4人。

9月30日，在区第十八届人大常委会第二十三次会议上，免去区人大常委会街道人大工委主任职务5人，任命区人大常委会内设机构负责人和街道人大工委主任职务10人；任命副区长职务1人，政府部门负责人职务5人，免去区政府部门负责人职务4人；任命区人民法院副院长职务1人；任命检察委员会委员1人，检察院检察员职务2人；接受区人大常委会委员辞职1人，区级人大代表辞职11人。

12月16日，在区第十八届人大常委会第二十六次会议上，接受副区长辞职1人；补选长春市第十五届人大代表职务4人；免去区人大常委会街道工作委员会主任职务2人，任命区人大常委会街道工作委员会主任和内设机构负责人职务2人。

12月18日，在九台区第十八届人大常委会第二十七次会议上，接受副区长辞职1人。

（范洪君）

人大监督

【概况】 2019年，区人大常委会重点围绕经济运行、项目建设、依法治区、民生改善的重点工作，采取听取和审议工作报告，开展调查研究，组织代表视察等方式，加强对“一府一委两院”的法律监督和工作监督。开展视察、调研16次。

【经济运行监督】 区人大常委会听取和审议区政府《关于2019年上半年财政预算执行和国民经济与社会发展计划执行情况的报告》《“十三五”规划实施情况中期评估报告》《关于2018年国有资产管理情况的报告》《关于地方政府债务情况的报告》，提出强化对国有资产的监管，避免国有资产流失，建立政府债务管理长效机制，有效化解和防范政府债务风险等意见、建议。

【项目建设意见建议】 区人大常委会听取和审议区政府《关于城市规划和建设情况的报告》《全区项目建设推进情况的报告》，实地视察九溪新区规划建设项目、小南河生态综合整治项目等10余个重大项目，提出加大对重点项目的跟踪服务，及时协调项目推进中遇到的问题等意见和建议。主任会议针对“两区”交接过程中的问题，提出加大协调工作力度、落实协议相关内容等意见和建议。

【依法治区意见建议】 区人大常委会听取和审议区政府关于《中华人民共和国水法》《中华人民共和国传染病防治法》贯彻执行情况报告和《社会治安工作情况的报告》，以及区人民检察院《关于打造未成年人检察工作品牌情况的报告》。提出高度重视农村饮水安全，解决乡（镇）污水直排问题；完善传染病联防联控机制，增强有效处置能力；加强社会治安综合治理体系建设；构建未成年人检察社会支持体系等意见和建议。

【民生改善意见建议】 区人大常委会听取区政府《关于脱贫攻坚工作情况的报告》《关于水体污染防治工作情况的报告》和《关于普及高中教育工作进展情况的报告》，视察全区安全生产与农村人居环境集中整治工作。提出加大项目扶贫工作力度，确保完成脱贫攻坚目标任务；加强城乡环境整治，突出水源地保护治理；加快推进基础设施建设，确保如期实现普及高中教育目标等意见和建议。

【开发区重点项目建设视察】 7月9日上午，区人大常委会组织部分常委会组成人员和驻九台区的长春市人大代表，深入长春九台经济开发区阜元医药项目、菲洋生物项目、博涵医疗器械项目、汽联机械项目、百思特项目、大学生创业园技师学院项目，视察重点项目建设情况。区人大常委会主任王树民，副主任李元君、徐建侠及副区长李雪峰参加视察。视察组希望区政府要继续创新举措、攻坚克难，加大项目建设力度，加快项目推进；各相关部门通力协作，九台区重点项目推进工作位于长春市前列。

【农村村屯环境整治视察】 7月30日，区人大常委会主任王树民，副主任李元君、徐建侠及区人大常委会部分组成人员，区委副书记于海山等，深入土们岭街道山咀村、马鞍山村，沐石河街道桦树村视察农村村屯环境整治工作。区人大常委会建议区政府提高思想认识，加大宣传力度，调动百姓主动参与的积极性；在资金筹措方面做到统筹兼顾，制定整体农村村屯整治规划，探索新模式，突出重点，依次推进，确保规划具有可操作性；在管理上建立长效机制，加大监督力度。

【城市规划建设视察】 10月16日上午，区人大常委会对全区城市规划和建设工作情况进行视察。区人大常委会主任王树民，副主任李元君、徐建侠，部分常委会委员及相关委办负责人，区委常委、常务副区长李国辉参加。视察组深入吉林省宇光营城矿业有限公司、新华大街中国石油加油站、小南河生态综合整治项目、公铁立交桥续建项目、九溪新区规划建设项目，听取区政府相关部门的工作汇报。区人大常委会建议区政府继续创新举措、攻坚克难，加大项目建设力度，加快项目推进；从区情实际出发，强化管理，加大对重点项目跟踪服务，及时协调项目推进中遇到的问题；各相关部门要通力协作，密切配合。

（范洪君）

代表工作

【概况】 2019年，九台区有省级人大代表5人，市级人大代表24人，区级人大代表277人，乡（镇、街道）人大代表255人。其中，区级人大代表分为19个代表团：分别为上河湾镇代表团13人，其塔木镇街道代表团12人，胡家回族乡代表团6人，莽卡满族乡代表团8人，城子街街道代表团9人，龙嘉街道代表团16人，东湖街道代表团9人，土们岭街道代表团11人，波泥河街道代表团9人，西营城街道代表团3人，卡伦湖街道代表团25人，九郊街道代表团11人，营城街道代表团20人，沐石河街道代表团14人，苇子沟街道代表团12人，兴隆街道代表团13人，纪家街道代表团11人，九台街道代表团30人，区直机关代表团45人。

【代表履职能力提升】 区人大常委会完善区人大代表联系原选区人民群众暂行办法、代表履职管理办法等制度。5月，结合“不忘初心、牢记使命”主题教育，组织部分常委会组成人员、长春市人大代表和乡（镇、街道）人大干部，赴延安及红旗渠精神培训基地进行红色路线教育与革命传统教育培训；组织部分市级代表和财经委委员参加由长春市人大常委会组织的代表履职能力提升培训班与预算审查监督专题培训班；组织部分区级代表参加长春市人大常委会举办的“人民大讲堂”培训。组织各级代表培训6次，参训代表90余人。

【议案意见建议办理】 区人大常委会采取重点建议重点督办、意见建议办理“回头看”、跨年度跟踪督办等举措，增强办理实效。区十八届人大三次会议闭幕后，将1件议案、20件意见和建议转交承办机关，承办机关全部办理完毕。第二十次主任会议、第二十五次常委会会议分别听取区政府关于区十八届人大三次会议代表意见、建议和议案办理情况的报告。

【代表活动】 区人大常委会将“代表双走进”与“代表助企助村联盟”活动结合，通过开展“党员干部代表联办大项目”“企业家代表助力人居环境整治”等行动，帮助企业、群众解决实际困难和问题。组织部分市级代表视察庙香山度假区中小学生冰雪活动和长春九台经济开发区重点项目建设；推荐7名市级代表和部分区级代表，参与市政法委、市检察院与区法院开展的“扫黑除恶”、公益诉讼监督以及庭审听证等活动。

（范洪君）

专委会工作

【财政经济委员会】 财政经济委员会围绕区政府2019年上半年财政预算执行情况和国民经济与社会发展计划执行情况、2018年财政预算和其他收支情况及国有资产管理情况、“十三五”规划实施情况进行调查研究，提出具体意见建议；围绕2018年国有资产管理情况、地方债务管理情况进行调查研究，提出初审意见，提交常委会会议审议；视察九溪新区规划建设项目、小南河生态综合整治项目、公铁立交桥续建项目、菲洋生物、博涵医疗器械、大学生创业园技师学院等10余个项目。

【法制委员会】 法制委员会围绕《中华人民共和国水法》贯彻执行情况、《中华人民共和国传染病防治法》贯彻执行情况以及对社会治安工作情况、未成年人检察工作开展调查研究，提出意见和建议；制定《规范性文件备案审查办法》，启动规范性文件报备工作。

（范洪君）

JIUTAI · CHINA
中国·九台

九台区人民政府

Jiutai District People's Government

综　述

【概况】 2019年，九台区人民政府实施“三个五”战略，统筹稳增长、促改革、调结构、惠民生、防风险、社会大局和谐稳定。区政府召开综合会议1次，常务会议10次，巩固推进“两城”联创，农村人居环境集中整治、创新发展文旅产业的经验做法在全市推广。农村低保标准由2018年的人均3840元提高到3900元，超过贫困线标准。临时救助建档立卡贫困户362户、664人次，发放补助金33.72万元。全区283户、566人脱贫，1个贫困村脱贫。投资2.17亿元，实施农村饮水安全工程，解决14万人口饮水安全问题。开展城乡治乱攻坚，拆除违章建筑2100处、3.7万平方米。棚户区改造实施8个棚改项目。区文体中心项目建成使用，举办第二届全民运动会和全民艺术节。民生10个方面行动全部兑现。开展政务督查活动39次，区级督查21次，办理省、市督办任务18次。创新“一窗受理、集成服务、一次办结”服务模式，实现“最多跑一次”的目标。初信初访办结率100%，111件信访积案全部化解。开展区长接待日工作，通过区级领导现场受理和平台预约，解决市民诉求33件，接待上访群众60人，所接待事项均办结。在2019年开展的2018年度县域综合发展水平考核中，九台区位列全省第四名、长春地区第一名。

【改革创新】 2019年，九台区巩固推进“两城”联创，通过国家卫生城、全国文明城复审。聚焦示范试点创新，“三块地”改革在全省现场会介绍经验，新华社刊登九台创新做法。推出政担银企合作新模式，解决中小企业融资难题。纵深推进农村人居环境整治，全市现场会在九台区召开。九台区农村人居环境集中整治创新发展文旅产业的经验做法在全市学习推广。九台区直党政机构改革2019年进入实际推进阶段。

12月21日，区政府开展第12次区长接待日工作。图为接待现场
（区信访局　供图）

【区长公开电话】2019年，4部区长公开电话全线开通，受理诉求件31030件，达到区长公开电话接听量历史最高，是2018年受理量的2.6倍。其中，长春市长公开电话诉求件17481件，区级诉求件13549件。人民网“领导留言板”公众留言承办件15件，国务院“互联网+督查”平台群众留言9件，九台区长信箱诉求件77件。解决11609件，解释说明、政策宣传、答疑解惑19421件，566件急办件按期办结率100%。对长春市长公开电话的承办单回复率100%。

【政务督查】2019年，在河道清洁整治、农村人居环境整治、省市扶贫反馈问题整改等督导检查活动中，对发现的问题现场反馈并跟踪整改。对区委、区政府召开的各类专题会议安排部署的阶段性重点工作和区领导交办的督查任务，按照“交必办、办必果、果必报”的原则，进行专项督查。对大棚房整治、殡葬领域整治、行业乱象整治等项工作进行跟踪督查。省市党委、政府督查任务的即时办结率达100%。围绕国务院“5+1”重点督查内容，汇总形成区自查评估材料，解决“互联网+督查”平台群众反映的5个问题。

【政务信息报送】2019年，九台区把政府工作亮点、群众关注热点以及工作中遇到的难点作为政务信息报送重点，提高信息报送质量和数量。分别向省、市政府办公厅报送政务信息500余条，被省政府采用28条，省长景俊海签批6条，其中，与副省长侯淅珉联名批示1条，与副省长李悦联名批示1条。

【集约化政府网站上线运营】九台区获得首批政府网站集约化名额。4月15日，新改版的长春市九台区人民政府网站上线试运行。截至12月底，发布政务动态信息392条，部门动态信息158条；领导信息129条；重要会议167条；上传九台新闻视频268条，在线访谈视频3条，发布政务微博193条、微信公众号163组；上报纪检监察信息43条；建立专题专栏12个，处理无效链接389条。政务内网办公平台发布网上公文100件，会议通知555条，公告通知2721条；报送文字图片信息、视频信息、专题信息、调研信息51条。承接视频会议116次。向省政府网站报送信息245条，采用75条，采用率30.6%；向市政府网站报送信息633条，采用505条，采用率79.8%。信息报送工作位列全省第四，全市第二。图片整理存档2.3万余张。

【人大代表议案、建议办理】至年底，完成14件，正在办理4件，解释说明3件。涉及旅游发展1件、城市建设2件、道路交通9件、城乡社会管理5件、农业农村2件、民生保障2件，办复率100%。议案方面，关于“加强乡镇街垃圾处理”的议案办理完成。建议方面，关于做大做强九台区冰雪产业的建议，关于推进城市一体化建设、优化九台城市管理体系的建议，关于打造九台农产品品牌战略的建议等13件。正在办理的4件建议：关于加快推进饶盖线公路改造的建议，关于升级改造新州小区周边地下排水系统的建议，关于建设莽卡满族乡污水处理厂的建议，关于把城市道路交通管理纳入城市发展建设总体规划的建议。需要解释说明的3件建议：关于协调龙嘉机场收费站为莲花村民营企业办理车辆通行证的建议，关于加强居民应急事件处理能力建设的建议，关于修建长吉北线土们岭街道山咀村至九舒公路营城街道营城村道路的建议。

【政协意见、建议办理】涉及8个方面。经济建设方面：关于实施九台品牌战略建议，关于打造品牌产品使九台大米远销国内外的建议，关于规范九台区汽车维修行业市场经营管理的建议，关于加强九台区食品安全监管工作的建议。农业农村方面：关于做大做强上河湾镇双顶村林果产业的建议，关于推进九台区农业机械化发展的建议，关于加快推进农业产业园区建设的建议。城市建设方面：关于巩固绿化造林成果的建议，关于继续加大占道经营清理整治力度的建议，关于加快九台区大数据应用、推进城市管理信息化建设的建议，关于及时维修城市破损基础设施的建议，关于在九台区建设渣土消纳场的建议，关于二次整治工商路“三乱”现象的建议，关于推进九台区智慧社区建设的建议，关于打造城南出入口提升九台新形象的建议，关于加强老城区绿化树木管护的建议，关于清理整治城区违法开垦问题，关于推进九台区建设立体停车场的建议，关于增加部分街路路灯的建议，关于完善新能源充电桩超前规划的建议，关于加快建设农村污水处理厂的建议，关于对乡镇街道（社区）住宅私搭乱建进行综合整治的建议，关于推进垃圾分类处理的建议。道路交通方面：关于实施通村公路“畅返不畅”整治的建议，关于修缮羊草矿区周边村村通道路的建议，关于推动开通城际铁路通勤班线的建议，关于开展“礼让斑马线 文明伴我行”活动的建议，关于货物运输车辆超限超载问题治理的建议，关于将龙凤路设为车辆禁停道路的建议，关于农村交通安全问题整治的建议，关于修缮土们岭街道山咀村至营城街道营城村公路的建议。城乡社会管理方面：关于加强推进老旧小区改造及物业管理的建议，关于加强高层住宅电梯管理的建议，关于在小区内设立同居民生活相关的职能部门信息公示牌的建议，关于加强乡（镇）小区物业管理规范化的提议，关于改善农村人居环境的建议，关于加强乡（镇）卫生院人才队伍建设的建议，关于规范松花江采砂企业管理的建议，关于做好基层社区矫正工作的建议，关于加强社区工作者队伍建设的建议，关于重建清真屠宰点的建议。文化建设方面：关于在三十一中操场安装路灯的建议，关于加快推进农村文化体育事业发展建设的建议，关于规范管理中小学生使用手机的建议，关于规范校外培训机构发展的建议，关于加强学校体育教育、提高学生身体素质的建议，关于开展中小学生心理健康教育导向的建议，关于整合教育资源、做好家庭教育的建议，关于持续保持高压态势、加强师德教育、有效治理中小学教师“乱办班、乱补课”行为的建议，关于加强农村小学师资队伍建设的建议，关于推进优秀传统文化进校园的建议，关于回族传统文化的传承与保护的建议，关于加强基础教育学校学生膳食营养管理的建议，关于加强中小学生文化建设的建议，关于加强中小学法治教育的建议，关于小学开设书法课的建议，关于预防和纠正幼儿园“小学化”倾向的建议，关于保留老城区图书馆的建议，关于保留营城文物历史水塔的建议，关于加强城内学校上学放学门前交通管理的建议，关于在中小学校开展“校园欺凌”专项治理行动的建议，关于禁止机动车辆进入校园、保护学生安全的建议。旅游方面：关于推动开发区工业旅游经济发展的建议，关于扶持引导农家乐健康发展的建议，关于保护开发四棱山旅游资源的建议。民生方面：关于加强社区养老服务能力的建议，关于提高城市饮用水质量安全的建议，关于加强社区养老的建议。

【因公出国（境）管理】 2019年，九台区对党政干部因公出国（境）工作实行计划量化管理，执行无特殊任务一年内不超过2次出访的规定，因公临时出国证件在规定时间上缴率100%。办理因公出国（境）团组3批、13人次，受理外国人到九台9批次、28人。

【对外友好交流】 3月17日至21日，应长春市友好城市韩国蔚山广域市政府邀请，九台区友好交流代表团赴蔚山广域市访问。5月31日至6月3日，应长春市友好城市日本千岁市政府邀请，受长春市政府委派，九台区体育交流代表团赴千岁市访问，参加2019年千岁市第39届JAL国际马拉松大赛。南山小学教师张明成以2小时58分41秒的成绩排在男子34岁以下组别的第十三名，在非日本选手中位列第一。

（于 永）

重要文件

【区政府文件】 2019年，以区政府名义制发的文件30件。其中涉及政府工作类14件、住房建设类6件、民生保障类2件、环境保护类1件、农业生产类3件、粮食安全类2件、文化教育类2件。

【区政府办公室文件】 2019年，以区政府办公室名义制发的文件39件。其中涉及政府工作类9件、粮食安全类3件、住房建设类1件、民生保障类3件、环境保护类4件、农业生产类6件、文化教育类1件、安全应急类5件、交通运输类3件、卫生健康类2件、自然资源类2件。

（于 永）

表11　　2019年九台区人民政府文件（部分）一览表

序　号	文　件　标　题	发文字号	发布日期
1	关于推行终身职业技能培训制度的实施意见	长九府发〔2019〕5号	3月8日
2	关于全面推进农村集体经营性建设用地入市改革的实施意见	长九府发〔2019〕12号	4月25日
3	关于印发《长春市九台区抗旱井建设与管理办法》的通知	长九府发〔2019〕16号	5月2日
4	关于公布长春市九台区第三批重点文物保护单位的通知	长九府发〔2019〕19号	7月1日
5	关于印发《长春市九台区人民政府常务会议工作规范》的通知	长九府发〔2019〕24号	11月12日
6	关于印发《长春市九台区“中国好粮油”行动计划三年实施方案》的通知	长九府发〔2019〕27号	12月11日
7	关于印发《长春市九台区农村饮水安全工程运行管理办法（暂行）》的通知	长九府发〔2019〕28号	12月31日
8	关于印发《九台区贯彻落实中共中央国务院关于学前教育深化改革规范发展若干意见的工作方案》的通知	长九府发〔2019〕29号	12月31日

（区政府办公室）

表12　　2019年九台区人民政府办公室文件（部分）一览表

序　号	文　件　标　题	发文字号	发布日期
1	关于印发《2019年九台区春节期间烟花爆竹安全监督管理实施方案》的通知	长九府办发〔2019〕2号	1月4日
2	关于印发《九台区2019年春节旅客运输工作方案》的通知	长九府办发〔2019〕4号	1月16日
3	关于深入推进“四好农村路”建设的实施意见	长九府办发〔2019〕6号	3月6日
4	关于进一步树立过“紧日子”思想　调整优化支出统筹支持发展的通知	长九府办发〔2019〕9号	4月26日
5	关于印发《九台区创建慢性非传染性疾病综合防控示范区工作方案》的通知	长九府办发〔2019〕13号	6月21日
6	关于印发《九台区2019年度地质灾害防治方案》的通知	长九府办发〔2019〕15号	7月8日
7	关于印发《长春市九台区打赢蓝天保卫战行动计划2019年实施方案》的通知	长九府办发〔2019〕16号	8月26日
8	关于加强九台区自然灾害灾情报送与处置工作的通知	长九府办发〔2019〕22号	9月6日
9	关于印发《长春市九台区进一步加强统计工作提高统计数据质量工作方案》的通知	长九府办发〔2019〕28号	11月18日
10	关于进一步规范领导干部会前学法制度的通知	长九府办发〔2019〕39号	12月31日

（区政府办公室）

重要会议

【区政府综合会议】2月23日下午，区政府综合工作会议在区会议中心召开。会议贯彻落实区委二届七次、八次会议精神及区人大十八届三次会议确定的各项工作任务，对2019年重点工作作出安排和部署。区长李洪亮，区委常委、常务副区长李树国，副区长杨丽敏、杨宝玉、李雪峰参加会议。会议要求：把握大势，增强九台区全面振兴发展的责任感和紧迫感。明确方向、突出重点，做好九台全面振兴发展的时代答卷。务实担当、干事创业，开创九台全面振兴发展的新局面。

【区政府常务会议】 2019年，九台区政府召开10次常务会议，集体研究审议、讨论决定区政府重大问题决策、重大项目投资决策、大额资金使用等重要事项。

（于　永）

表13　　2019年九台区人民政府常务会议一览表

会　次	时　间	主要内容
一次	2月22日	听取扫黑除恶专项斗争进展情况工作汇报；听取区政府综合工作会议情况汇报；研究通过《2019年建设幸福九台行动计划》；听取2018年长春市地区绩效考核完成情况和2019年绩效考评与经济运行工作建议的汇报；听取关于中央第八巡视组专项巡视反馈及九台区2018年脱贫攻坚工作完成情况的汇报；研究通过《长春市九台区人民政府关于深入推进“四好农村路”建设的实施意见》；听取关于解决关闭双顶山煤矿职工安置遗留问题有关情况及相关建议的汇报；听取招商引资政策兑现相关问题的情况说明
二次	3月27日	研究通过《区委、区政府关于全面加强生态环境保护　坚决打好污染防治攻坚战的实施意见》；听取文体活动中心冠名权拍卖的说明；听取九台区金融积案专题情况汇报；听取关于下调政府采购中介服务费的说明；听取关于收购长拖农业机械装备集团有限公司情况汇报；听取长春九台经济开发区“三早”项目推进情况、存在问题及建议；听取关于长春钻智生物制药有限公司、康宁杰瑞生物科技有限公司配备双回路电源配套设施的汇报
三次	4月25日	听取九台区2019年深化创建全国文明城市暨国家卫生城市复审工作筹备情况汇报；听取关于全区一季度经济运行、项目建设的汇报和讨论通过加强全区经济运行调度、确保数据真实准确的实施办法；听取土们岭影视基地项目情况汇报；听取残疾人事业“五位一体”发展模式情况汇报；听取不动产一体化大厅常态化管理情况汇报；听取关于民生大厦项目结算委托评审情况说明
四次	5月10日	审议《区委、区政府关于落实〈长春市重大项目专班工作方案〉的实施方案（审议稿）》和《长春市九台区落实“万名机关干部下基层助力万户企业发展三年服务行动”工作方案（审议稿）》；传达习近平总书记在中央全面依法治国委员会第一次、第二次会议上的重要讲话精神，省委书记巴音朝鲁在省委全面依法治省委员会第一次、第二次会议上的讲话精神和市委书记王凯在市委全面依法治市委员会第一次会议上的讲话精神
五次	5月29日	审议《长春市九台区关于国家和省脱贫攻坚成效考核反馈问题整改工作方案》
六次	6月13日	传达国家、省、市《违律别墅问题清查整治专项行动工作方案》，并听取九台区工作情况汇报；听取九台区城乡环卫一体化购买社会服务工作情况汇报；审议《九台区融媒体中心建设方案》
七次	7月4日	研究通过《长春市九台区关于金融支持特殊贫困户成立合作社发展扶贫产业实施办法》；听取九台区2015—2019年度城市棚户区改造情况的报告；研究通过《长春市九台区全民健身工作联席会议制度方案》；研究解决卫健系统基层单位聘用人员养老保险问题
八次	9月6日	听取扫黑除恶工作汇报；听取生态环境保护工作情况汇报；听取关于全区工程建设项目中介服务单位专项整治情况的建议；听取安全生产情况汇报；听取脱贫攻坚工作汇报；听取“专班抓项目”“万人助万企”“农村人居环境集中整治”工作汇报

续表13

会 议	时 间	主要内容
九次	11月1日	研究讨论《九台区人民政府常务会议工作规范》；研究讨论《长春九台经济开发区集体土地上房屋征收实施细则》中部分条款调整事宜；研究通过《长春市九台区2019年农村户用厕所改造实施意见》；研究通过《长春市九台区整县推进畜禽粪污资源化利用项目实施办法》；研究讨论《长春市九台区人民政府与华能吉林发电有限公司战略合作框架协议》；听取关于调整耕地开垦费收取标准的报告；听取关于进一步加快集体经营性建设用地入市审批进度的请示；听取关于拟对上河湾粮库竞卖情况的汇报；研究处置九台市富民蓝莓产业农民专业合作社土们岭分社资产问题
十次	12月30日	会前学法：学习《中华人民共和国安全生产法》。听取关于2020年幸福九台民生行动计划民生实事的汇报；听取关于对原林业局等国有资产处置情况汇报；研究通过《长春市九台区农村饮水安全工程运行实施方案》；听取关于全区农村集体产权制度改革阶段性工作情况汇报；研究通过《长春市九台区农村集体资产清查清收工作实施方案》；研究通过《九台区贯彻落实中共中央国务院关于学前教育深化改革规范发展的若干意见的工作方案》；审议通过《长春市九台区落实市委扶贫领域专项巡察反馈问题整改工作方案》；区长宋长者安排部署近期重点工作

（区政府办公室）

幸福九台建设

【概况】 2019年，推荐创业就业岗位350个，实施职业技能、职业农民培训3500人，投入扶贫专项资金2603.24万元、助学帮扶资金53.2万元，改造农村水冲厕所5000座，3所中心学校中学部教学楼竣工，“十三五”规划的重点项目——九台文体活动中心项目建成并投入使用。九台区分别从全民健康保障工程、社会服务兜底工程、公共体育普及工程、文化旅游提升工程、教育现代化推进工程5个方面重点指导，其中，8个项目被列入国家重大项目储备库。争取2020年中央预算内资金项目6个，进入国家重大项目储备库并加入三年滚动计划。强化扶持资金的引导功能，拟对上争取扶持资金近9000万元，其中，中央预算内资金8820万元，省级资金145万元。中央预算内资金项目申报6个（全面健康保障工程项目1个、社会服务兜底工程项目1个、公共体育普及工程项目4个）。乡镇卫生院面积不足项目申报省级资金2个（胡家卫生院和六台卫生院）。

5月12日，九台区2019年“推进转移就业 助力脱贫攻坚”春风行动农民工专场招聘会在区政务服务中心大厅举行。图为招聘会现场 （区政府办公室 供图）

【民生10个方面行动】 秸秆综合利用。中航生物质热电联产项目，投资6亿元。前期手续办理完成，表土剥离及围墙围挡搭建完成，进行部分场地回填等基础施工。

城市道路畅通工程。九台区启动规划四道街等4条道路，完善城市交通体系，提升城市承载能力。4条道路包括规划四道街西段、沿河街东段、规划C路、规划甲路，全部通车。

农村道路畅通工程。2019

年，九台区计划完成“畅返不畅”养护工程200千米，实际完成411千米，其中，大修51千米，小修360千米。其塔木红桥、纪家大桥、新开岭桥、上河湾四社桥、五家子桥5座桥梁主体及附属设施完工。

小南河生态综合治理。九台区投资1亿元，实施水生态环境修复、河底清淤、河道治理等工程，提升“美丽九台”建设水平。2019年，完成项目的立项、环评、测绘、地质勘查、初步设计、社会资本招标谈判、施工图设计等前期工作。广泽乳业门口排水沟、官地河清淤工作完成。

残疾人教育事业。区特殊教育学校竣工，建筑面积8552平方米，总投资3411万元，探索托养、教育、康复、培训、就业“五位一体”融合发展模式。

农村教育基础设施建设。城子街、鸡鸣山、加工河中心学校中学部教学楼项目竣工，改善农村教育基础设施条件。

文体活动中心建设项目。内部装修完成，交付使用，场馆开始运营。

“厕所革命”。九台区改造农村水冲厕所5000座，分布在9个乡（镇、街道）。

新型职业农民培训工程。九台区培育新型职业农民1500人，遴选5个培训机构，开班18班次。

“雪亮工程”。九台区对城区重点道路、桥梁和农村视频监控探头补点加密，推广人脸识别等高新技术，提升技防建设水平。九台区对城区“雪亮工程”进行实地踏查，在主要街路安装人脸识别前端设备，并网运行。

（王洪英）

政务服务

【概况】 2019年，九台区各级政务服务中心受理审批事项84333件，提前办结率100%。开展联动事项下放业务,在首批联动事项中，除残疾证以外的26项业务下放到乡（镇、街道）。完成慈善助学项目94项，涉及慈善资金50余万元。长春市九台区政务服务和数字化建设管理局（简称区政数局）2月28日挂牌成立，加挂区营商环境建设局牌子。年初，扩展为以区政务大厅为中心，各乡（镇、街道）公共服务中心为基本点的社保卡办理网络。

【“一门式、一张网”服务平台建设】 2019年，5家刻章企业合并进驻到综合性大厅，印章刻制及税控盘制作的全流程在90分钟内办结，全流程只需一张身份证，在30分钟内实行一窗受理完成审核，企业开办印章费用由520元减至380元。

【“放管服”改革】 2019年，涉及有行政职权单位38个，其中有审批权力的单位32个。接收关于取消和下放的国务院级、省级、市级文件各1份，承接行政审批项目2项，取消行政许可2项，事涉部门建立事中事后监管制度。清理中介服务事项。29家事涉部门开展自查自纠，对发现问题的4个单位下达整改通知。落实跟踪审计。开展“双随机一公开”抽查，包括19个区属部门、4个市直部门，制定抽查计划171项，抽查179项工作。其中，部门内“双随机一公开”抽查131次，跨部门联合抽查48次。各部门认领上级对应部门下发的检查事项目录

9月20日，区政务服务中心大厅工作人员为退休人员办理事务

（区政数局　供图）

清单724条。

【"最多跑一次"改革】 2019年，九台区机构改革后，从全区政务服务主事项中梳理出"最多跑一次"事项912项，其中，高频"最多跑一次"事项156项，"最多跑一次"事项占总政务服务事项的98.8%（不包含行政奖励、行政裁决事项），部分事项实现线上线下同步办理。

【政务公开】 4月，九台区政府网站完成集约化工作，新网站运行。设置"交流互动"栏目，开设在线访谈，定期直播重大事件开展情况，共播出48期节目。设立"信息申请"栏目，实行网上"依申请公开"，处理"依申请公开"19件，回复率100%。加强涉及民生的重点领域信息公开，公开政府信息693条，政策解读信息21条；公开食品（药品）安全信息6条等。

【"数字九台"建设】 2019年，九台区启动"数字九台"顶层规划设计、科研编制、初步设计等工作。8月12日，区政府与中国联合网络通信有限公司吉林分公司以及云粒智慧科技有限公司达成"数字九台"建设战略合作协议，在九台区通信服务、产品提供、资源贡献、智慧行业应用研发等信息化建设领域开展合作。

【政务服务优化】 各级政务服务中心设立自助填报服务区，设立学雷锋服务岗，投放电脑、打印机、查询机等办公设备。以土们岭街道马鞍山村为村级服务站试点，依据旅游特色，个性化定制办事指南，为群众提供帮办、代办服务，辅助网上申报，实现村级网格长标准化升级。设置特殊办事窗口，提供领办代办及上门服务。依据就近原则、对口原则、事项分类原则，推出上门服务、帮办协办、预约服务。

（车　月）

3月13日，"数字九台"建设方案研讨会在区政务服务中心四楼小会议室召开

（区政数局　供图）

<<名词解释

"一门式"，即进一个门办多件事，"一张网"，是行政审批和公共服务事项网上办理、全程电子化，可追溯、可留痕、可监督。

"放管服"改革，即简政放权、放管结合、优化服务改革。

"最多跑一次"改革，通过创新"一窗受理、集成服务、一次办结"服务模式，实现"最多跑一次"目标。

信　访

【概况】 2019年，九台区创新工作机制，搭建视频接访平台，争取上级信访救助资金解决信访问题。在扫黑除恶专项斗争中，把接待群众来信、来访、网络投诉登记作为线索来源，向区扫黑办移交"涉黑涉恶"线索案件53件。"长春政事儿"和长春电视台专题报道九台区将"扫黑除恶"与信访工作相结合的做法。区委书记、区长逢会强调信访工作，其他副区级领导按照"一岗双责"的要求，对分管范围的信访案件进行包保。全年召开信访案件专题会、协调会、调度会、联席会、区长办公会和常委扩大会40余次，研究解决疑难复杂信访案件。区级以上领导包案，约访、下访85次，解决73件，其中解决疑难信访案件18件。

【来信来访】 2019年，受理区级群众来访188批次、4166人次

（集体访171批、4118人次，单访17批、48人次），受理率100%，办结率95%。本级登记来信17件、本级登记来访32件，全部录入信访信息系统并办结。受理网上案件213件，其中，网上群众来信134件，网上投诉59件，领导信箱20件，未发生受理、处理超期情况。

【问题排查】 全年开展4次信访问题大排查行动，排查出122件单访、54件集体访、45件涉法涉诉问题，落实区级包案领导，明确责任部门和属地单位化解稳控责任。

【积案化解】 九台区以“事要解决”为目标，以解决信访突出问题，化解积案、难案为重点，通过召开常委扩大会、信访案件协调会等方式，研究措施，落实责任，一事一议，逐个破解。按照“两个专项攻坚”的要求，国家、省、市交办重点信访案件化解率100%，彻底息访息诉52件，完成信访终结程序59件。在7月召开的全省“两个专项攻坚”专项工作大会上，九台区成为长春地区唯一被大会表彰的县（市、区）。

【重要会事期间信访工作】 2019年，高标准完成全国两会、中华人民共和国成立70周年庆祝活动、十九届四中全会、省市“两会”等期间的信访工作。采取“四动”措施：主要领导推动，落实责任超前行动，“两组一群”协调联动，亲情感化依法触动。会事前开展大排查，梳理进京访重点群体、重点问题，并落实工作责任。组建2个工作组，建立1个微信工作群，形成“京九”联动的信访工作格局。

（孙志远）

应急管理

【概况】 2月，按照九台区机构改革方案，原九台区安全生产监督管理局职责、原九台区政府办公室的应急管理职责、原九台区科学技术局的地震灾害管理职责、原九台区民政局的救灾职责、原公安局九台分局的消防管理职责、原九台区国土资源局地质灾害防治职责、原九台区水利局水旱灾害防治职责、原林业局的森林防火职责、原九台区安全生产监察大队的安全生产执法监察行政职责以及原九台区政府安全生产委员会办公室、防汛抗旱指挥部、减灾委员会、抗震救灾指挥部、森林防火指挥部等职责整合划转，组建九台区应急管理局，加挂煤矿安全生产监督管理局（简称区煤监局）牌子。2019年，全区工矿商贸、道路交通、消防火灾3类事故发生592起，比2018年减少3起，下降0.5%；死亡14人，比2018年减少21人，下降60%。其中，工矿商贸事故0起，比2018年减少2起，下降100%；无死亡，比2018年减少3人，下降100%。营运性道路交通事故35起，比2018年减少13人，下降27%；死亡14人，比2018年减少18人，下降56%。消防火灾事故557起，比2018年增加12起，上升2%；无死亡，与2018年同期持平。全区无较大以上生产安全事故。

【隐患排查治理】 九台区开展“打非治违”行动，查处涉嫌非法经营成品油案件2件，查扣柴油9.1吨。打击非法生产经营，取缔非法醇基燃料储存经营、鼠药加工、洗涤液等日用品制造、木器生产等小作坊9家。实施冬春大会战、道路安全源头治理、夏秋百日攻坚等安全执法专项行动。全年开展安全生产检查6918次，排查生产经营单位3468家，排查各类事故隐患2044项，整改1994项，整改率98%。下达执法文书906份，罚款142.17万元，查封企业11家，约谈企业单位306家。

【重点领域安全专项整治】 九台区对危化品、煤矿、非煤矿山、城市燃气、道路交通、建筑施工、特种设备、人员密集场所、教育、医疗、养老机构等重点领域开展综合治理。对学校实验室、制药企业、油库等领域危险化学品企业开展检查，检查58家重点企业，立案4件，行政处罚2.9万元。对11家燃气企业进行排查，打击使用超期未检测钢瓶行为2处，收缴不合格钢瓶2个、非法充装设备1个。强化特种设备整治，对域内520个锅炉彻底清查。

【应急处置】 九台区修订《煤矿事故、烟花爆竹事故、危险化学品事故预案》，建立应急局与气象局《应急联动工作协

1月19日，区消防大队在区政府办公楼前开展消防演练活动

（区消防大队　供图）

议》。修订《长春市九台区减灾委员会成员单位工作职责》《长春市九台区自然灾害应急预案》。出台《九台区自然灾害灾情报送与处置办法（试行）》，调整区减灾委员会责任分工。开展防汛、防震、矿井水灾事故、消防安全等各类演练170余次，参加2.8万余人次。应对9号台风“利奇马”、10号台风“罗莎”、13号台风“玲玲”袭击，紧急转移安置受灾群众85人，受灾农作物27539公顷，成灾面积12844公顷。

【能源安全监管】 九台区整改长输管道安全隐患点2处，上报长春市发改委，申请销号；为长输油气管道13处高后果区制作警示牌，投入资金4.94万元。每月组织专家到2家煤矿和电力相关企业进行行业监管，出具检查报告，报送至长春市发改委与九台区安委会。落实九台区4个生物质热电联产项目指标，每个项目30兆瓦，每个项目投资约3亿元。九台区垃圾发电项目办理前期手续。安置14名1级至4级工伤人员，将3名工亡家属托管至九台区营城退管中心。

【安全生产主题宣传活动】 九台区开展“安全生产月”及主题咨询日活动，推出宣传栏、板报450期次；张贴标语、悬挂横幅1500余幅；发放传单近2万份；发放主题宣传扑克、扇子和布袋3000余份；接受群众咨询500人次；发放《致企业安全生产一封信》1000份；组织安全生产法律、法规知识宣讲培训10余场次。

【安全生产工作通过国家安委会考核】 4月23日，国务院安委会第一考核巡查组到九台区对安全生产工作进行考核巡查。区委常委、常务副区长李树国向考核组汇报九台区安全生产工作。考核巡查组通过听取专题汇报、查阅相关台账资料、现场询问、专题谈话、召开座谈会、实地检查等方式，考核巡查九台区安全生产工作。

（丛　月）

脱贫攻坚

【概况】 2019年，九台区出台《长春市九台区脱贫攻坚工作问责办法》《关于评选“扎实推进脱贫攻坚先进村”的实施意见》，解决脱贫攻坚“最后一公里”问题。接受国家脱贫攻坚成效考核、省市脱贫攻坚督导考核。脱贫攻坚领导小组2019年第四次全体（扩大）会议召开，贯彻落实中央、省、市有关脱贫攻坚会议精神。2019年度九台区脱贫攻坚工作专题培训班开班。

【危房改造】 改造277户危房，其中包括118户C级危房、125户D级危房，对25户彩钢房拆除重建，为9户无房户解决安全住房。

【基础设施建设】 为166户建档立卡贫困户打饮用水井，并安装净水设备；投资283万元的农村饮水安全维修工程完工，惠及11个乡（镇、街道）、74个村、2076名贫困人口；投资21771.68万元的农村饮水安全巩固提升工程和贫困人口饮水安全精准排查整改工程完成，惠及14个乡（镇、街道）、76个村、2127名贫困人口。为5个贫困村改造“畅返不畅”水泥路20.41千米。

【教育扶贫】 落实市级教育扶贫专项任务，资助建档立卡贫困家庭学生698人，发放资助金202.2万元。审核通过中高职“雨露计划”补助195人，发放资助金29.25万元。

【医疗扶贫】 组建258支区乡村三级家庭医生签约服务团队，家庭医生签约全覆盖，治疗率100%。落实大病兜底保障政策，为建档立卡贫困人口大病兜底6616人次，兜底补偿金额252.3万元。建档立卡贫困人口就医“新农合”补偿提高10646人次，提高补偿金额206.3万元。

【金融扶贫】 为167户贫困户发放小额贷款105.8万元，户贷率6.06%。

【产业扶贫】 2019年，投入财政专项扶贫资金2589.83万元，实施扶贫项目23个。发展特色种养殖业。上河湾镇特色生态蛋鸭智能化产业园项目，建设智能化大棚210栋，养殖蛋鸭61万只，带动建档立卡贫困户312户。光伏产业兴起。建设屋顶分布式光伏发电项目10个，建设功率943.275千瓦/小时，投资597万元，年底并网发电，年收益36.46万元，直接受益贫困人口2158人。坚持以旅游产业扶贫为导向，以创业、就业等形式增加贫困人群收入，帮助贫困户脱贫。

东北袜业茂林缝制分厂实施社会扶贫。图为企业生产车间（2019年7月） （区发改局 供图）

【就业扶贫】 2019年，开展就业扶贫招聘会6场次，建档立卡贫困劳动力实现稳定就业187人，其中，转移就业24人，开发“三无”（无生活来源、无劳动能力、无法定赡养人）贫困人员“就业扶贫专岗”163人。开办贫困村电子商务、养殖技术培训班2期，培训162人，其中，建档立卡贫困劳动力培训34人；对接大安就业扶贫工作，双方签订就业扶贫对口协议，大安输入就业人员15人。贫困劳动力培训34人，开发公益性就业扶贫专岗148人。

【残疾人救助】 九台区对9个乡（镇、街道）、332户贫困残疾人家庭实施无障碍改造项目，补助资金199.2万元；为105户建档立卡农村贫困残疾人购买农机服务，补助资金17.96万元；投入资金2.14万元，为27名建档立卡贫困残疾人成功申报机构托养，有47人享受居家服务；投入资金7.25万元，为96名贫困残疾人免费办理残疾证；为建档立卡贫困户培训100人次。

【社会扶贫】 2019年，九台区组织机关干部和爱心企业参与扶贫助困活动，筹集资金83.27万元，为36户、39人次特困贫困户解决项目外大病医疗救助等生产生活所需资金51.25万元。九台农商行采取“企业+合作社”扶贫模式，成立九台扶贫联盟，引进辽源袜业集团，在8个乡（镇、街道）、15个贫困村实施，贫困户月均分红416元，年均分红5000元。“善满家园”探索“企业+残疾人”的新型就业模式，开展培训58期，培训残疾人600余人次，为200名残疾人提供就业服务。

（王洪英）

中国人民政治协商会议九台区委员会

Jiutai District Committee of the Chinese People's Political Consultative Conference

重要会议

【政协全委会议】12月16日至18日，政协九台区第十五届委员会第四次会议在区会议中心召开，273名委员出席会议。会议听取和审议政协九台区第十五届委员会常务委员会工作报告；听取和审议政协九台区第十五届委员会常务委员会关于十五届三次会议以后提案工作情况的报告；听取和讨论九台区政府工作报告；协商九台区人民法院工作报告；协商九台区人民检察院工作报告；协商九台区2019年国民经济和社会发展计划执行情况与2020年国民经济和社会发展计划草案报告；协商九台区2019年财政预算执行情况和2020年财政预算草案报告；听取政协九台区第十五届委员会第四次会议提案审查委员会关于政协九台区十五届四次会议提案审查情况报告；审议通过政协九台区第十五届委员会第四次会议决议。

【政协常委会议】3月20日，第十一次会议召开。会议进行关于"推动九台区民营经济加快发展"专题协商；审议通过有关人事事项和专委会设置；传达学习习近平总书记全国两会期间重要讲话精神和全国政协十三届二次会议精神；审议通过《政协长春市九台区第十五届委员会常务委员会2019年工作要点》；通报《九台区政协2019年协商工作计划》。

7月3日，第十二次会议召开。会议讨论通过人事事项；审议通过《九台区政协常委会工作规则》，共4章、20条；视察九台区现代服务业重大项目建设情况，大学生创业园技师学院项目、中澳城铁路物流园项目、波泥河街道庙香山度假村项目、土们岭街道影视基地项目、土们岭街道嘉沃医养项目。

10月17日，第十三次会议召开。会议审议通过有关人事事项，区委统战部副部长魏玉东作《关于调整政协长春市九台区第十五届委员会委员的说明》；传达学习全国政协工作会议精神、习近平总书记重要讲话精神、全国政协主席汪洋讲话精神；听取九台区人居环境整治工作情况，结合视察情况，

12月16日，政协长春市九台区第十五届委员会第四次会议召开 （区政协办公室 供图）

常委建言献策。

12月6日，第十四次会议召开。会议审议通过人事事项，统战部副部长魏玉东作《关于调整政协长春市九台区第十五届委员会委员的说明》；审议通过区政协十五届四次会议召开时间；听取和审议《区政协常委会工作报告（审议稿）》；审议区政协提案工作情况报告（审议稿）；审议区政协十五届四次会议议程（草案）；审议通过区政协十五届四次会议秘书长、副秘书长建议名单；审议通过区政协十五届四次会议提案审查委员会建议名单；审议通过区政协十五届四次会议执行主席及主持人建议名单；审议通过区政协十五届四次会议常务主席及常务会议主持人建议名单；审议通过区政协十五届四次会议决议起草小组建议名单。会上公布区政协十五届四次会议讨论组编组办法；公布区政协十五届四次会议讨论组组长及联络员名单。

12月17日，第十五次会议召开。会议听取各组讨论情况汇报；审议通过人事事项；听取提案审查情况报告；审议大会决议（草案）。

（范星彤）

协商议政

【会议协商】 在12月16日至18日召开的政协九台区第十五届委员会第四次会议上，集中协商区政府工作报告、区人民法院工作报告、区人民检察院工作报告、区2019年国民经济和社会发展计划执行情况与2020年国民经济和社会发展计划草案报告、区2019年财政预算执行情况和2020年财政预算草案报告等，并就2020年是实施“十三五”规划、决胜全面建成小康社会的关键之年提出工作建议。

【专题协商】 区政协贯彻中共中央办公厅《关于加强人民政协协商民主建设的实施意见》精神，开展协商活动，以习近平新时代中国特色社会主义思想为指导，按照区委、区政府决策部署，聚焦转型升级、改革创新、乡村振兴、生态保护、民生改善等任务要求，围绕大事要事，由经济科技委员会、农业和农村委员会牵头，开展“推动民营经济加快发展”和“深入推进精准脱贫”专题协商。

【对口协商】 通过争取党政部门和社会各方面支持；邀请区委、区政府领导和有关部门负责人介绍情况，听取意见、建议；邀请基层工作者、群众代表参与协商，发表意见、建议，开展以农业和农村委员会牵头的“加快发展乡村特色产业”、文化教育卫生委员会牵头的“发掘和利用历史资源局部恢复柳条边遗址”、港澳台侨联络委员会牵头的“集聚优势资源推动文旅产业融合发展”等对口协商。

（范星彤）

视察调研

【概况】 2019年，区政协组织视察活动26次，提出意见、建议179条。政协常委会组织“民营经济发展情况”“现代服务业发展情况”和“人居环境整治情况”专项视察，提出意见、建议65条；与长春市政协视察九台“村村通”公路建设情况，考察农村“厕所革命”实施以及农业专业合作社、精准扶贫等工作情况。各专委会开展“扫黑除恶专项斗争”“森林防火工作”“涉农企业发展”“产业扶贫重点项目建设”

8月15日，松原市政协调研组到九台区调研休闲农业和乡村旅游工作 （魏芳芳 摄）

“人居环境卫生整治”“精准扶贫”“民营经济发展”“僵尸企业盘活”“村屯环境卫生整治”“校园周边食品安全”“河长制落实”等系列视察调研活动，提出意见、建议。2019年，优选调研报告14篇，编印《区政协2019年调研报告选编》。

【“五大功能区”课题调研】 围绕区委二届九次全会提出的“三个五”重大战略，区政协成立“五区联动”课题组。9月至10月，主席、副主席率领相关专委会和政协委员调研，形成5篇调研报告，即：打造国家“一带一路”对外开放功能区研讨材料——关于进一步提升九台对外开放功能的几点思考；打造哈长城市群长吉发展核心区研讨材料——关于加快推进九台融入长吉一体化协同发展的建议；打造长春新区服务业外延保障区研讨材料——关于做好九台区服务业发展的几点建议；打造东北亚精优农产品供给区——关于将九台建设成优质农产品供给区的几点建议；打造创新转型发展示范区研讨材料——关于推动区域科技创新的几点建议。对打造“五区联动”提出建设性意见,编印《为实施“五区联动”战略建言献策》调研报告文集。

（范星彤）

委员工作

【概况】 区政协委员把握团结和民主两大主题，提升政治协商、民主监督、参政议政水平，服务全区大局，助推产业发展，增进民生福祉，提出有针对性、有前瞻性、有价值、有分量的意见、建议。政协长春市九台区第十五届委员会有委员277人，来自13个界别，其中，经科界35人、农林界36人、工商界43人、教育界29人、宗教界5人、医药卫生界27人、文体新闻界21人、中共界9人、群团界6人、特邀界19人、司法界14人、少数民族界19人、台侨界6人。

【提案撰写安排】 在提案选题上，引导委员提出“选题准、立意高、情况明、分析透、建议实”，具有“一事一案”的高质量提案，提出深层次的意见建议。政协长春市九台区第十五届委员会第三次会议收到156件提案，审定立案70件。

【提案办理】 经提案委员会审查，70件立案提案中，66件办理完毕，4件给出解释说明，办结率94.2%。围绕经济建设，委员提出实施九台品牌战略、推动长春九台经济开发区工业旅游经济发展等建议，为产业转型升级献计献策；围绕城市建设，委员提出加快九台区大数据应用、推进城市管理信息化建设、推进智慧社区建设等建议；围绕生态建设，委员提出规范松花江采砂企业管理、黑土地玉米秸秆变废为宝、推进垃圾分类处理等建议；围绕民生事业，委员提出社区居家养老、加强食品安全监管、提高城区饮水质量安全、加强社区养老服务能力建设等建议；围绕文化教育，委员提出推进优秀传统文化进校园，加强农村小学师资队伍建设，加强师德教育，有效治理中小学教师“乱办班、乱补课”行为等建议；围绕乡村振兴，委员提出实施通村公路“畅返不畅”整治、乡（镇）小区物业管理规范化等建议；围绕社会管理，委员提出做好基层社区矫正工作、加强社区工作者队伍建设等建议；围绕道路交通，委员提出关于货物运输车辆超限超载问题治理、加强城区学校上学放学门前交通管理等建议。

（范星彤）

专门委员会工作

【经济科技委员会】 区政协组建助企工作队与所包保的企业法人对接，配合长春市政协助企工作队与企业法人对接，协调解决企业的困难；组织九台企业升级转型方向研讨会，为九台企业升级转型提出意见、建议。引进爱琴海项目并签约。引荐吉林宏麒塑胶科技项目，到位资金1200万元。在北京搭建合作交流平台，在北京九台企业商会召开助力家乡经济发展座谈会，引进阿里体育到九台洽谈体育馆运营项目，开展引进“国研智库网”助力九台发展等系列活动。借助深圳长春商会成立，搭建深圳及粤港澳大湾区合作平台。引荐洽谈投资2000万元的物流园区项目、投资30亿元的东北亚中药材交易中心建设项目、投资16亿元的新希望集团年出栏100万头育肥猪建设项目。针对九台区民营经济现存的问题和困难，组织工商联小组历时20天，走访15家民营企业，召开5次座谈会，到先进地区学习2次，形成《关于我区民营经济发展现状的调查》等专题报告，为政府决策提供依据。

【文化教育卫生委员会】8月，《九台文史资料汇编》编纂完成4册、15个栏目，收录文稿526篇，约200万字，作者188名。国庆节前夕，区政协举行“不忘初心、同心奋进”庆祝中华人民共和国成立70周年暨中国人民政治协商会议成立70周年诗书画印摄影作品展暨《九台文史资料汇编》首发式，数千人次参观。编印《“不忘初心、同心奋进”诗书画印摄影展作品选》。

【港澳台侨联络委员会】港澳台侨联络委员会带领台侨界委员活动小组、九台街道办事处活动小组等开展系列活动。4月，组织政协委员到莲花村义务植树。开展政协委员送教下乡活动10余次；开展义诊活动20次；帮扶困难户6户。联络政协委员、政协机关干部走访贫困群众146户，送米、面油、等价值3.8万元的生活用品，捐款

9月19日，《九台文史资料汇编》首发式在区文体中心举行。图为首发式现场　（吴想宇　摄）

筹资16.95万元，救济困难群众123人，办实事127件。卡伦湖政协委员活动小组为城子街街道青山村贫困户捐款5.45万元。连续第四年协调吉林省天安财险公司九台支公司筹资，为14所学校、110名困难家庭学生每人发放救助金1000元。

【社会法制委员会】4月，社会法制委员会开展关于九台区扫黑除恶专项斗争的视察，并到苇子沟街道踏查。5月，开展关于九台区森林防火情况的视察。视察中听取区自然资源局、沐石河街道、卢家林场的工作汇报，实地观看森林专业扑火队的现场演练。召开座谈会，根据实际情况，提出建设性意见。7月，通过协商方式，开展关于提升社区养老服务能力的调研，实地调研利民社区、新风社区、新州社区等，听取工作情况介绍，对九台区社区养老等问题开展讨论。

【农业和农村委员会】围绕“坚持深入实施乡村振兴战略，在东北亚精优农产品供给区建设上获得新成效”这一主线，开展专项视察，开展重点涉农企业发展情况专项视察、产业扶贫重点项目建设专项视察，参加区政协组织的人居环境卫生专项巡查、精准扶贫开展情况专项巡查。落实“万人助万企”工作，到包保企业调研3次，帮助企业解决发展难题2个，与包保企业建立长期联系机制。

（范星彤）

JIUTAI·CHINA
中国·九台

中国共产党九台区纪律检查委员会
九台区监察委员会

Jiutai District Commission for Discipline Inspection of the Communist Party of China Jiutai District Supervisory Committee

综 述

【概况】 2019年，中共九台区纪律检查委员会九台区监察委员会（简称区纪委监察委）制定相关工作机制，督促各级党组织落实“两个维护”，对“四风”问题进行整治，对党政干部进行廉政教育，对群众举报的问题核实、处理，查处腐败问题。全年下发纪检监察建议书48份，提出建议69条；受理问题线索1023件，立案425件，结案398件。区委巡察办公室开展3轮巡察，发现的各类问题全部完成整改。

【纪委监察体制改革】 区纪委监察委落实纪检、监察工作双重领导，推进双重领导体制具体化、程序化、制度化，及时向区委和长春市纪委报告重要问题线索处置、政治生态研判、重大案件查办等情况，实行“全过程领导”。设立驻区委办公室纪检监察组、驻区委政法委纪检监察组、驻区政府办公室纪检监察组、驻区教育局纪检监察组、驻区人力资源和社会保障局纪检监察组、驻区卫生健康局纪检监察组、驻区自然资源局纪检监察组和驻区农业农村局纪检监察组8个综合派驻纪检监察组，分别监督52个单位和部门。派出17个监察办公室，完成组建和挂牌。7月，留置中心开始使用，留置49人，其中，区纪委监察委本级留置21人。全年调查处理职务违法案件59件、71人，涉嫌职务犯罪案件26件、26人。

【纪检监察干部队伍建设】 区纪委监察委引导全区纪检监察干部树立“四个意识”；把纪律教育贯穿纪检监察干部学习、工作、生活全过程。采取参观警示教育基地、剖析纪检监察干部违纪典型案例、观看《打铁还需自身硬》专题片等方式，以身边人、身边事警醒纪检监察干部严于律己。监督《中国共产党纪律检查机关监督执纪工作规则》情况和执行重大事项请示报告、个人有关事项报告等制度情况的贯彻落实。关注纪检监察干部的“社交圈”“生活圈”，对苗头性问题通过谈心谈话、提醒函询等手段防偏纠错。运用监督执纪“四种形态”（经常开展批评和自我批评、约谈函询，让“红红脸、出出汗”成为常态；党纪轻处分、组织调整成为违纪处理的大多数；党纪重处分、重大职务调整的成为少数；严重违纪涉嫌违法立案审查的成为极少数），做到惩前毖后、“治病救人”。在廉政谈话、核实谈话、诫勉谈话的基础上，把提醒谈话和组织约谈运用到日常工作中，让“红脸出汗”成为常态，把执纪工作中的违纪苗头消除在萌芽状态。强化执纪审查力度，对反映纪检监察干部违纪的问题线索，优先查处、重点督办，严肃查处纪检监察干部违规、违纪问题。执行纪律审查制度，对打听泄露案情、说情打招呼、以案谋私，办人情案、关系案、金钱案的，发现一起，查处一起。加强“乡案县审”工作力度，接受基层纪委案件咨询及指导550余件次，为基层评审案件320件，下发“乡案县审”工作通报4期。

（王 力）

重要会议

【区纪委二届五次全体会议】 2月18日，中共长春市九台区第二届纪律检查委员会第五次全体会议在区委党校综合报告厅召开。会议的主要任务是学习贯彻习近平新时代中国特色社会主义思想和中共十九大精神，贯彻落实十九届中央纪委三次全会、省纪委十一届四次全会、市纪委十三届五次全会及区委二届七次全会精神，总结2018年全区纪检监察工作，部署2019年主要任务。区委常委、纪委书记、监察委主任王健主持会议，代表区纪委常委会作题为《强化责任担当不辱时代使命　为加快推动九台全面振兴发展提供坚强保证》的报告。会议表决通过《强化责任担当不辱时代使命　为加快推动九台全面振兴发展提供坚强保证》的报告、《中共长春市九台区第二届纪律检查委员会第五次全体会议公报（草案）》。

【区纪委常委会议】 4月9日，中共长春市九台区纪委常委会议在区委办公楼召开。会上，传达上级关于扫黑除恶相关会议和讲话精神，研究讨论《九台区纪委监委开展扫黑除恶专项斗争存在问题整改落实方案》。区纪委书记王健，纪委领导班子成员尹庆敏、王玉芳、黄晓波、陈亮、徐忠利、于泓泽、王剑钊、李忠国参加会议；区巡察办主任高中宝、区纪委相关科室负责人列席会议。

4月30日，中共长春市九台区纪委常委会议在区委办公楼召开。会上，学习传达《关于做好审查调查安全工作的通知》。区纪委书记王健，纪委领导班子成员尹庆敏、王玉芳、黄晓波、陈亮、徐忠利、于泓泽、王剑钊、李忠国参加会议。

5月18日，中共长春市九台区纪委常委会议在区委办公楼召开。会上，传达学习省、市人防系统腐败问题专项治理工作推进会精神。区纪委书记王健，纪委领导班子成员尹庆敏、黄晓波、陈亮、徐忠利、于泓泽、王剑钊、李忠国参加会议。

6月5日，中共长春市九台区纪委常委会议在区委办公楼召开。会上，研究“重温红色历程 弘扬红色精神主题党日”相关事宜；学习传达中央纪委、省纪委相关文件。区纪委书记王健，纪委领导班子成员尹庆敏、黄晓波、陈亮、王剑钊、李忠国参加会议。

6月17日，中共长春市九台区纪委常委会议在区委办公楼召开。会上，听取案件汇报；研究区纪委副科级干部晋升正科级理顺相关事宜；研究《关于区监察委员会向乡镇街道派出监察办公室的实施方案》。区纪委书记王健，纪委领导班子成员尹庆敏、黄晓波、陈亮、徐忠利、王剑钊参加会议。

12月13日，中共长春市九台区纪委常委会议在区委办公楼召开。会上，研究2019年党风廉政绩效考核相关事宜。区纪委副书记尹庆敏，纪委领导班子成员王玉芳、黄晓波、于泓泽、李忠国参加会议。

12月19日，中共长春市九台区纪委常委会议在区委办公楼召开。会上，研究纪检监察业务考试相关事宜；研究公务员职务职级并行相关事宜。区纪委书记王健，纪委领导班子成员尹庆敏、王玉芳、黄晓波、陈亮、于泓泽、王剑钊参加会议。

（王　力）

2月18日，中共长春市九台区第二届纪律检查委员会第五次全体会议在区委党校报告厅召开　（区纪委监察委　供图）

党风廉政建设

【惩治腐败】 区纪委监察委保持反腐败的高压态势，减存遏增，巩固反腐败成果。重点查处区住建局原副局长、区人防办原主任张某利用职权索贿、挪用公款、破坏营商环境案，从严查处一批以聂家村原党支部书记郭某为代表的与民争利方面的腐败和作风问题案件。强化扶贫领域监督执纪问责，中央巡视及“回头看”反馈的49件问题线索全部如期办结；办结省委第六巡视组交办的109件问题线索。对重点案件优先查快速办、提级查直接办、驻点查突击办、包案查深入办、追责查促改办；发挥反腐败协调小组作用，全年办理会商重点案件7次；针对疑难复杂案件建立班子成员碰头机制，及时研究解决办案过程中的难题。重新建设信访接待场所，评查案件质量，执行办案安全制度。全区纪检监察机关受理问题线索1023件，立案425件，结案398件，查处同级管干部26人，给予党纪政务处分440人，移送检察机关10人，挽回经济损失2600余万元。

【廉政宣传】 区纪委监察委制定《2019年党风廉政建设宣传工作要点》，重点围绕习近平总书记系列重要讲话精神、党风廉政建设和反腐败工作方针政策、形势任务、成效与经验进行宣传报道。2019年，向上级纪委报送稿件50篇，在长春市级以上媒体发表宣传报道稿件19篇。其中，在《浪淘沙》期刊发表6篇，在省纪委网站发表2篇，在长春纪检网站发表8篇，在《长春纪检监察工作》刊物发表3篇。更换各乡（镇）、村屯设立的廉洁文化亭宣传板面3次、184块，以图解、图画、案例等形式，把党风廉政警示教育带入基层，党风廉政宣传实现全覆盖。

【廉洁文化建设活动】 4月至5月，区纪委监察委组织全体机关干部参与中纪委举办的“新中国成立70周年，我家的影集”征稿活动，向长春市纪委选送1篇稿件《家国情怀印记》。5月至11月，区纪委监察委与区妇联联合开展“树清廉家风 创和美家庭”主题活动，发挥家庭在推动党风廉政建设中的特殊作用。5月，针对殡葬陋俗，下发致全区党员、干部的一封信和致全区人民的一封信。

（王　力）

纪律检查

【监督执纪】 区纪委监察委剖析查结案件，梳理制度和管理漏洞，推动以案促改。坚持标本兼治，下发纪检监察建议书48份，提出建议69条。结合区管领导班子调整，逐一对各乡（镇、街道）和部分区直部门领导班子集体廉政谈话；针对危房改造工作，对14个乡（镇、街道）相关领导开展集体谈话；查处责任追究案件104件，处分130人。对全区中共十八大以后1409名受处分人员的处分执行情况进行专项清查。运用“四种形态”处理869人次，其中第一种至第四种形态分别为421人次、400人次、20人次、28人次。

【专项整治行动】 区纪委监察委围绕中央、省委、市委、区委重大决策部署，开展扶贫领域、环境保护、扫黑除恶等专项整治行动，维护群众、集体和国家利益。全区纪检监察机关查处扶贫领域案件19件，处分25人；查处环保领域案件105件，处分123人；查处人民防空领域案件5件，处分5人；对涉嫌充当黑恶势力“保护伞”的6名公职人员立案审查，给予其他责任人纪律处分13人、组织处理36人；在长春市纪委监察委指定管辖的打“伞”案件中留置4人；配合长春市纪委开展大棚房改造治理工作专项检查，全区整改看护房333栋，清理建筑面积4.99公顷。在开展违反中央八项规定精神、漠视侵害群众利益、利用名贵特产特殊资源谋取私利3个专项整治中，查找问题45个，全部整改完成。对专项治理中暴露的突出问题深挖细纠、督促整改。全年通报曝光扶贫领域典型问题4个、人居环境典型问题2个；转发长春市纪委关于领导干部问责、扶贫领域责任追究、违反中央八项规定精神问题通报3期。

【“四个一”警示教育活动】 区纪委监察委开展“四个一”

（上一堂廉政教育专题课，制作一部警示教育片，制作一批警示教育展板，编写一本警示教育口袋书）警示教育活动，强化党员干部廉政意识，自觉抵制“四风”，推进“不敢腐、不能腐、不想腐”机制建设。由区委党校骨干教师围绕从严治党的总体布局和中央、省、市、区纪委全会的工作部署及党风廉政建设的形势任务、案例，对标《中国共产党章程》《中国共产党纪律处分条例》《中国共产党党员领导干部廉洁从政若干准则》与中央八项规定精神，进行专题辅导，阐明党员干部必须严守的纪律及道德底线。制作以上河湾镇福林村塔某案和苇子沟街道张某案为素材的警示教育片，安排专门时间集中组织全区领导干部观看，组织基层党员干部学习反面材料，教育党员干部知敬畏、守操守。根据省、市、区纪委监察委近两年查处曝光的典型案例，精选涵盖环保、扶贫、违反中央八项规定精神等有代表性的10个案例，制作移动宣传展板13块，对党校各级各类班次学员学习开放使用。选择发生在群众身边的腐败案例进行剖析以及《中共九台区委九台区人民政府〈关于规范村级“三重一大”事项和“三资”管理，进一步加强农村党风廉政建设的规定〉的通知》相关文件规定，汇编成册，下发到区直各部门、乡（镇、街道）、村。

（王　力）

监察管理

【政治监督】　区纪委监察委强化政治监督，加强对习近平总书记重要指示批示精神和党中央重大决策部署贯彻落实情况的监督检查，督促各级党组织落实“两个维护”。通过集中学习、集体研讨、专题党课、调查研究、检视问题、强化整改等方式，落实中央和省、市、区委主题教育部署要求。坚持边学边查边改、立查立改，全年发现领导班子成员和区管干部检视问题132个，其他党员干部检视问题199个，全部制定整改措施，逐项完成整改。

【作风建设】　区纪委监察委针对公车私用、操办敛财、公款吃喝和送节礼等问题明察暗访5批次。在元旦、春节、国庆等时间节点，下发作风建设提醒警示通知3次。对拆除违章建筑、拆迁安置、事业人员招录等进行现场监督6批次。14名区管干部报备婚丧喜庆事宜，307辆次公务用车进行节假日使用备案。专题调研村务监督情况，督促指导相关部门，重新确认村民代表，制定相关管理和培训制度。全年查处操办敛财案件47件、滥发津贴补贴案件6件、办公场所超标案件1件，通报曝光公车私用问题3个、操办敛财典型问题9个。

（王　力）

巡察工作

【巡察制度建设】　区纪委监察委制定《2019年长春市九台区委巡察工作要点》《长春市九台区委巡察组兼任组长副组长库管理办法》《关于长春市九台区委巡察工作人才库建设的实施意见》《关于建立兼职巡察干部队伍的工作方案》，将70名区管领导干部及72名相关巡察工作人

3月28日，二届区委第七轮常规巡察“回头看”暨人防专项巡察动员会在区委党校召开　（区委巡察办　供图）

员纳入巡察干部队伍，实行动态管理。

【二届区委第七轮常规巡察“回头看”暨人防专项巡察工作动员会】 3月28日，二届区委第七轮常规巡察“回头看”暨人防专项巡察工作动员会在区委党校召开。会议针对2017年区委第一轮常规巡察反馈问题整改落实情况，部署从3月29日至4月30日对胡家回族乡、莽卡满族乡、上河湾镇进行1个月的常规巡察“回头看”。按照省纪委的要求，部署对九台区人防办进行1个月的专项巡察。区纪委、区住建局、区人防办等部门的负责人员，区委巡察办、区委巡察组全体成员，被巡察的3个乡（镇）党政负责人员，区委巡察工作领导小组授权的3个专项检查组全体成员参加会议。

【二届区委第八轮常规巡察工作动员会】 7月3日，二届区委第八轮常规巡察工作动员会在区委党校报告厅召开。区委巡察工作领导小组组长王健安排部署第八轮巡察各项工作任务。区委常委、组织部部长赵国俊主持会议。区委组织部负责人员宣布区委巡察组任务分工和组长、副组长授权任职以及授权成立专项检查组的决定。区委常委、区纪委书记、区监察委主任、区委巡察工作领导小组组长王健，区委常委、组织部部长赵国俊参加会议；区委巡察工作领导小组组成人员，被巡察部门班子成员、党办主任，区委巡察办，区委4个巡察组全体成员，区委授权的3个专项检查组全体成员列席会议。会后，长春市委第一巡察组副组长杨方志对区委4个巡察组、区委授权的3个专项检查组的成员进行巡察工作专题辅导培训。

7月3日，二届区委第八轮常规巡察工作动员会在区委党校报告厅召开 （区委巡察办 供图）

【常规巡察】 3月29日至5月31日、11月1日至12月31日，九台区委组织开展二届区委第七轮和第九轮常规巡察“回头看”。组成6个巡察组，对胡家回族乡、莽卡满族乡、上河湾镇、其塔木镇、沐石河街道、城子街街道6个乡（镇、街道）进行常规巡察“回头看”。重点巡察2017年常规巡察反馈意见整改落实情况，对被巡察单位坚持问题导向，对照检查，督促整改，推动村级党组织政治巡察全覆盖。

7月4日至8月15日，九台区委组织开展二届区委第八轮常规巡察。组成4个巡察组，对区卫健局、区水利局、区人社局等16个区直部门进行常规巡察。结合被巡察单位职能特点，按照中央“六个围绕一个加强”政治巡视要求，查找和纠正政治偏差，纠治“四风”问题，净化党内政治生态。

【专项巡察】 3月29日至4月30日，九台区委组织开展一轮人防系统专项巡察。对区级人防系统从党员干部是否履行主体责任、监督责任是否到位及是否存在违纪违法突出问题进行重点巡察监督，遏制区级人防系统腐败问题的发生。

11月18日至12月18日，长春市委对九台区开展扶贫专项巡察，指出九台区扶贫领域存在的问题，九台区通过对照检查，进行整改。

【提级巡察】 8月1日至10月31日，长春市委对各县（市、区）宣传、政法、统战部门开展提级巡察，九台区抽调10名党员干部参加提级巡察工作。

（刘靖宇）

JIUTAI·CHINA
中国·九台

民主党派 工商联

Democratic Parties Federation of Industry and Commerce

中国国民党革命委员会九台区委员会

【概况】 中国国民党革命委员会长春市九台区支部委员会(简称民革九台区支部) 有党员18人，党员平均年龄44岁。其中，市政协委员1人，区政协委员8人 (常委4人)；高级专业技术职称2人，中级专业技术职称4人。2019年，民革九台区支部履行政治协商、民主监督、参政议政职能。在全省“活力示范支部”建设活动中，民革九台区支部被中国国民党革命委员会吉林省委员会评为2018至2019年度“活力示范支部”建设活动先进集体，委员张雷被中国国民党革命委员会吉林省委员会评为2018至2019年度先进个人。

【参政议政】 民革九台区支部向民革长春市委员会提交《关于大力推广秸秆综合利用先进典型的建议》，民革长春市委员会将该建议作为团体提案在政协会议上提交。新党员开展社情民意工作，提交社情民意提案5件。

【组织活动】 9月23日下午，民革九台区支部工作会议在九台区政协三楼会议室召开。会议及时调整和健全组织机构，加强自身领导班子建设。12月29日上午，组织党员到卡伦天朗科技有限公司和东湖隆达兴养牛合作社，开展“不忘合作初心，继续携手前进”主题教育访企活动，并召开座谈会。

【爱心捐助】 8月13日至18日，长春市双阳区受台风影响，遭遇罕见强降雨，出现严重洪涝灾害，给灾区人民生命财产造成重大损失。民革九台区支部率先向双阳区灾区捐赠善款，为灾区人民奉献爱心。

(孙振全)

中国民主建国会九台区委员会

【概况】 中国民主建国会长春市九台区委员会（简称民建九台区委）有会员20人，其中，综合支部6人，教育支部6人，卫生支部4人，文体支部4人。胡艳苹任民建九台区委主任委员，齐江波、王晓飞、邹连和任民建九台区委委员。2019年，民建九台区委主任委员胡艳苹被评为全国巾帼建功标兵，会员王晓飞被评为省级卓越贡献民营企业家。

【参政议政】 2019年，民建九台区委组织会员针对九台区经济社会建设的一些问题阐述见解，把意见和建议反映给区委、区政府相关部门。在区政协会议上提出《关于建立扶贫产业长效机制的建议》《关于统筹推进贫困残疾人脱贫攻坚的建议》，推动解决贫困残疾人脱贫攻坚等问题。

【会员学习】 10月11日，民建九台区委召开专题学习会，全体会员学习贯彻习近平总书记在庆祝中华人民共和国成立70周年大会上的重要讲话精神。

【会员活动】 3月20日，民建九台区委组织会员到公园社区开展“慰问残疾老人、实践初心使命”公益行活动。6月8日，民建九台区委组织会员到善满家园残障人综合服务中心开展主题活动，对九台区14个乡（镇、街道）、60名残疾人进行培训。9月10日，民建九台区委组织全体会员开展“不忘合作初心，继续携手前进”主题活动。活动分3个主题，即服务社会，关爱孤寡老人及残疾人士；学习会史，传承民建优良传统，继续携手前进；回顾入会初心，牢记责任使命。民建九台区委20名骨干会员参加活动。

（胡艳苹）

中国民主促进会九台区委员会

【概况】 中国民主促进会长春市九台区委员会（简称民进九台区委）有会员22人，其中，综合支部6人，教育支部6人，卫生支部5人，文体支部5人。孙文波任民进九台区委主任委员，张丽荣任民进九台区委副主任委员，秦鹤、华国波、谷柏林任民进九台区委委员。2019年，民进九台区委主任委员孙文波被吉林省退役军人事务厅评为退役军人创业先锋，被政协九台区委评为2019年度优秀委员。会员杨野在《吉林日报》社刊登油画《苏醒的土地》；在吉林省群众文化活动组委会组织的活动中，获得优秀奖。会员孙天山被民进吉林省委员会评为2018年度优秀会员。

【参政议政】 2019年，民进九台区委在区政协会议上提出《关于增加民主党派办公场所的建议》《关于建设回族老年公寓的建议》，推动解决民主党派办公场所和回族老年人养老问题。

【会员学习】 12月7日，民进九台区委组织全体会员在九台文波职校召开学习十九届四中全会精神座谈会。与会会员交流学习心得和体会，在贯彻落实十九届四中全会精神上达成共识。民进长春市委副主任委员王寅受邀列席会议。

【会员活动】 1月11日至13日，民进九台区委教育支部在九台文波职校对60个村妇女主任进行科学普及农村人居环境常识及理念培训。10月30日，组织会员到上河湾镇四台村进行“访谈抗美援朝英雄、践行初心使命”主题实践活动。12月7日，组织会员到九台佳隆小区开展“慰问公寓老人、实践初心使命”公益行活动。

（孙文波）

中国农工民主党九台区委员会

【概况】 中国农工民主党委员会长春市九台区委员会（简称农工党九台区委）有党员11人，其中，九郊街道2人，人社系统2人，社保系统1人，房屋产权管理中心1人，医药卫生系统4人，企业家1人。

【参政议政】 农工党九台区委坚持参政议政制度，按照“参政要在点子，议政要在害处”的原则，对九台区经济社会发展工作进行讨论，提出意见、建议，反映给区委、区政府相关部门。2019年，农工党九台区委主任委员潘玉梅作为区政协委员参加区政协会议。

【组织活动】 农工党九台区委重视理论学习，采取集体学习与个人学习相结合、理论学习与实践活动相结合的方式。学习党的方针政策、统战理论、农工党党史（党章）。开展廉政教育网课，组织党员共同观看警示片。全国两会闭幕后，农工党九台区委召开专题会议，传达全国两会精神。2019年，九台农工党之家在九郊街道文体社区挂牌。4月28日，农工党九台区委在九郊街道莲花村植树造林200株，价值500元。

【爱心捐助】 九郊街道莲花村为农工党九台区委的帮扶点，2019年，农工党九台区委开展“同心双共建”活动，为村民提供智力帮扶。2月末，到该村开展“同心送温暖，关爱孤寡老人”活动，为住院期间的建档立卡贫困户孙淑江送去2000元慰问金。

（潘玉梅）

九三学社九台区委员会

【概况】 九三学社九台区委员会有社员15人，其中，九台农商行2人，吉林省结核病医院4人，教育系统5人，区卫健局1人，区交通局1人，企业2人，波泥河街道1人。社员中有长春市人大代表1人；九台区政协委员4人，均为区政协常委。

【参政议政】 九三学社九台区委员会围绕长春市、九台区中心工作，履职尽责，建言献策，向长春市政府提出《关于取消长吉北线收费站的建议》的议案；向九台区政府提出《关于加快推进文化产业发展的建议》《关于系统推进九台区大健康产业整体发展的建议》等提案。

【会员学习】 11月20日，李畅等7名社员在区科协会议室召开学习党的十九届四中全会会议精神座谈会。会上，社员进行讨论，表示要在本职岗位上，落实十九届四中全会精神，为九台区的发展贡献力量。

【扶贫活动】 1月8日，九三学社九台区委员会组织李笑楠等7名社员到波泥河街道平安堡村开展扶贫活动，看望贫困户，送去生活必需品。

（单莹莹）

九台区工商业联合会（总商会）

【概况】 九台区工商业联合会（总商会）〔简称区工商联〕有基层商会14个，会员1687人；行业协会8个，行业协会会员近5000人。在2019年全省工商联系统组织建设工作经验交流会上，区工商联代表长春市各县（市、区）作大会发言。区工商联被全国工商联、人力资源和社会保障部评为全国基层工商联系统先进集体。

【参政议政】 区工商联组成调研组，以区民营经济发展现状为题展开调研。调研历时20余天，走访15家民营企业，召开民营企业家和基层商会座谈会议5次，组织民营企业到先进地区考察学习2次。形成《关于我区民营经济发展现状的调查》专题报告，为政府决策提供依据。

【培训工作】 区工商联组织开展服务民营经济“减税降费”政策专题培训活动。3月31日，举办服务民营经济“减税降费”政策专题培训班，200余名工商联会员参加培训。6月28日，区工商联召开主席扩大会议，宣传解读《吉林省优化营商环境条例》，与会人员针对优化营商环境进行座谈讨论。12月3日至5日，区工商联举办非公有制经济人士培训班，开展“民营企业家如何防范法律风险”“民营企业合同法律风险防范”“当前经济形势分析及民营经济发展前景展望”等培训课程，帮助非公有制经济人士提升防范法律风险意识，增强发展信心，解决企业生产经营难题。

【银企对接】 区工商联组织会员企业与九台农商银行对接，由九台农商银行工作人员介绍该行创新金融产品、服务中小微企业多元化金融需求、支持中小微企业发展的相关措施，与参会人员进行互动，回答企业提出的问题。

【会员工作】 区工商联（总商会）副主席、副会长、部分执常委到长春猛固门业有限公司观摩学习，融洽政商关系，解决实际问题，发挥商会作用。发挥会员服务中心作用，与33家特聘副会长、顾问单位联系与协作，为会员企业解决涉及土地、税务、社保、环保、消防、安全等方面的问题20余件。发布商会的会务活动情况，宣传发布政策信息，解读政府政策法规，为非公有制企业提供“零距离服务”。

【专题教育活动】 1月25日，区工商联组织开展会员企业座谈会，学习习近平总书记在民营企业座谈会上的讲话精神。10月21日至24日，组织会员企业

3月31日，长春市九台区工商业联合会（总商会）第十三届三次执委会议在区会议中心召开　（区工商联　供图）

员工到四平战役纪念馆、雷锋纪念馆、平顶山惨案纪念馆、辽沈战役纪念馆、九一八纪念馆等地进行参观，开展非公经济人士“不忘初心、牢记使命”理想信念专题教育活动。

【区工商联第十三届三次执委会议】 3月31日，区工商业联合会（总商会）第十三届三次执委会议召开。区工商联主席、总商会会长高兵作执委会议工作报告。会议选举长春市九台区工商业联合会（总商会）第十三届三次执委会主席1人、党组书记1人、秘书长1人、副主席26人、副会长12人、常务委员77人、执行委员258人。区委常委、统战部部长李国辉，区人大常委会副主任徐建侠，区政协副主席李德军参加会议。

【“光彩事业”】 流转茂林村、庙岭村土地561公顷，种植大豆、黏玉米及其他杂粮杂豆，生产黏玉米、黏豆包、小米、笨榨豆油、干豆腐等“九商茂林”系列农产品；东北袜业茂林缝制分厂二期工程新增的2000平方米钢构厂房建成，新增就业岗位300个。为茂林村、庙岭村及周边村民增收980万元，48户贫困户户均增收1万元以上。天安财产保险股份有限公司九台支公司资助九台区12所中小学、110名贫困生11万元；九台医药超市资助36名贫困大学生10万元；吉林省万和光电集团有限公司结对救助2名贫困中小学生，每人每年资助金额2000元。

【商会交流】 区工商联与山东省青岛市市北区、昌邑市、海阳市、肥城市工商联，天津市宝坻区工商联，吉林省扶余市、长白朝鲜族自治县工商联签订友好商会协议。明确加强经济、信息等方面的交流，协助对方企业寻找合作发展商机，为对方商会及企业“走出去”“引进来”提供必要和可行的帮助，对项目予以帮助，助推合作双方区域经济健康、协调发展。

4月18日至19日，区工商联以参加天津“中国·天津投资贸易洽谈会”为契机，与天津市北辰区、宝坻区开展对口合作和学习考察活动。在加强商会组织建设、服务“两个健康”方面进行交流，围绕发挥两地优势、促进两地经济合作进行探讨。

11月10日，区工商联经与上海市长春商会友好协商，双方自愿结为战略合作伙伴关系，签订战略合作协议。双方共同打造更具创新理念和服务体系的共赢模式，搭建多元化、多层次、多服务的合作平台，更好地服务于会员、会员企业。12月3日，经区工商联和北京冠衡（长春）律师事务所协商成立的民营企业法律维权基地揭牌仪式在九台举行。

（郑　超）

JIUTAI · CHINA
中国·九台

人民团体

People's Organizations

九台区总工会

【概况】 全区基层工会组织645户，其中，独立基层工会578户，联合基层工会67户。全区工会会员5.64万人。

全区企事业单位职代会建制率超过90%，厂务公开建制率超过83%，分别比2018年提升3个百分点、4个百分点。在全区开展“民主公开·聚力圆梦”活动、“公开解难题、民主促发展”主题活动。

【工会组织及会员基本信息采集】 全年办理会员服务卡3277张，采集农民工信息8000余人。落实全国总工会、省总工会、市总工会关于推进货车司机、快递员、护工护理员、家政服务员、商场信息员、网约送餐员、房产中介员、保安员“八大群体”人员入会的总体部署。4月24日，召开推进会议，成立领导小组，采取分级负责、调查摸底、突出重点、加强沟通、宣传引导、严格考核6项举措，完成八大群体行业联合会建会7户，会员信息采集1480余人。

【工会经费管理】 2019年，将工会经费列入财政年度预算，及时足额拨缴到位。拨款1700万元用于全区机关事业单位职工服务和开展工会活动支出。全区210户机关事业单位建立工会组织，开设工会专用账户，各机关事业单位按照《吉林省基层工会经费收支管理实施办法》贯彻执行。

【下岗职工、农民工再就业】 举办各种技能培训班4期，培训下岗失业人员和农民工380人；举办3场“春风行动”招聘会，为下岗失业人员和农民工提供2600余个就业岗位；与朝阳区总工会在城子街街道联合开展“送岗下乡”活动，有96家知名企业提供近2000个就业岗位，现场意向签约21人。

【送关爱、送温暖活动】 2019年，区总工会投入资金8.1万元救助困难职工10人。元旦、春节期间投入资金6000元，为困难职工送去工会组织的关爱。8月20日，开展“夏季送清凉”

8月20日，区总工会开展“夏送清凉”活动

（区总工会　供图）

活动，为新入会的八大群体人员送去500份毛巾和香皂；8月，开展“会校企”联合助学活动，资助4名困难职工、农民工的子女到学校学习。

【互助保障】 2019年，有在职职工住院医疗综合互助保障计划（住院及意外）参保职工20870人，筹集资金206.6万元；在职女职工特殊疾病互助保障计划参保女职工2391人，参保金6.1万元；长春市总工会投入5.76万元，为2249名新入会八大群体会员购买意外险和女职工险。全年二次报销受益职工1987人次，受益金额175.27万元。为一线环卫工人参保意外险778人，筹集资金20228元。工会会员住院医疗和非工伤意外补贴惠及职工789人，补贴31.48万元。

【女职工特殊权益保护】 建立省级“爱心妈咪小屋”，投入资金1.8万元完善小屋。三八节期间组织女职工观看电影。向长春市总工会推荐五一巾帼标兵2人、女职工干部1人、先进女职工组织1个、五一巾帼标兵岗1个。

【劳模工作】 推荐省劳动模范4人、省劳动模范集体1个、省工人先锋号1个、长春市五一劳动奖章4人、长春市五一劳动奖状1个、长春市工人先锋号1个；上报享受补贴金的有省级特困劳模2人、大病劳模1人、低收入劳模24人，领取补贴金26.13万元；国庆节期间慰问国家劳模和困难劳模5人，发放慰问金5000元；全年为180名劳模发放津贴29.9万元；元旦、春节期间慰问困难劳模和吉林市劳模33人，发放慰问金4.1万元。

【劳动技能竞赛】 以“当好主人翁、建功新时代”为主题，组织全区247户企事业单位开展劳动竞赛，参赛职工2.13万人；举办全区卫生系统医师技能大赛，参赛职工85人。

【集体合同签订】 2019年，搭建以工资集体协商为基础的劳资对话平台，达到企业与职工双方互利共赢，形成和谐的劳动关系。全区共签订集体合同758份，签订工资集体合同764份，签订率比2018年增加20%。

【职工文化生活】 举办庆“五一”慰问环卫工人文艺会演，为环卫工人购置价值1.5元的慰问品；参加长春市职工羽毛球赛，获得混双一等奖，团体、男双三等奖；参加长春市总工会举办的“共商共创，携手筑梦”首届集体协商竞赛，获得团体第六名；开展“不忘初心、牢记使命”主题教育活动，组织全区200余名职工到马鞍山徒步，捡拾垃圾；开展“阅读暖冬·会赠书卡”赠书卡活动，为华能九台电厂职工赠送全国工会电子职工书屋阅读卡500张。

（刘宗利　孙丽影）

中国共产主义青年团九台区委员会

【概况】 2019年，中国共产主义青年团九台区委员会（简称团区委）有基层团委、团支部989个，全区有专职团干部51名，兼职团干部320名。全区有青年254800人（14周岁至35周岁），团员12787人，有少先队员36478名。

【团区委一届六次全委扩大会议】 3月21日，共青团长春市九台区一届六次全委扩大会议召开。团区委副书记李薇宣读2018年度九台区共青团、少先队工作优秀集体和个人的决定。团区委书记王赫男作题为《不忘初心跟党走　解放思想谋振兴　为推动新时代九台全面发展贡献青春力量》的报告，总结2018年工作，安排部署2019年工作。

【主题教育实践活动开展】 4月，组织各基层团干部开展集中收听收看“纪念五四运动100周年大会”活动，参加该次活动的有乡（镇、街道)团书记、机关单位团书记代表20人。4月中旬，在第三中学开展青年大学习——清北学霸名师宣讲活动，为初三学生讲解高效学习技巧。10月，走进龙城实验学校开展“不忘初心、牢记使命”主题教育调研服务活动。10月中旬，发放《青少年助力农村人居环境整治倡议书》，号召青少年齐心协力把九台建设成为环境优美、风景宜人的美好家园，全区有65所学校参加。11月，在第一中学开展弘扬“社会主义核心价值观、争做新时代诚信青少年”主题演讲比赛，12名选手参加，设一等奖1名、二等奖2名、三等奖3名、优秀奖6名。12月，在实验高中举行入团宣誓仪式，纪念“一二·九”运动。九台实验高中24名新团员参加该次入团宣誓。

【青年志愿服务活动】 1月，团区委开展“贫困青少年关爱行动”，为贫困户提供精神上的鼓舞。8月，举办“爱在九台”“团团帮你脱单”趣味联谊活动。11月，到东湖街道双山村为贫困户送去冬季必需品。12月，到土们岭敬老院看望孤寡老人。

【青年创业就业扶持】 团区委按照“找得到、联系紧、服务实、引领好”的目标，把握新时代、新青年、新组织的特征，高效引领创业就业。3月，团区委举办“梦圆公考之路”公益讲座培训活动。3月中旬，到东湖街道双山村为10余名贫困户进行扶贫政策解读宣讲。5月，到九台区隆嘉蚯蚓养殖有限公司开展“万人助万企”活动。9月，到长春市彬宇实业有限公司开展“不忘初心、牢记使命”主题教育活动。

【新兴青年群体创业分享会召开】 11月下旬，召开新兴青年群体创业分享会，团区委书记沈浩及九台青年志愿者代表、新兴职业青年代表等20余人参加活动。会上，松鼠教育负责人、农村青年创业带头人、外卖配送人员、电商从业人员、物流配送从业青年代表等结合工作实际，分别介绍各自创业项目的发展情况。

【指导少先队活动】 加强对少先队员的爱国主义教育，培育和践行社会主义核心价值观，弘扬红色精神。4月，组织城区小学少先队员在清明节期间到南山公园进行扫墓活动，2000余名少先队员参加祭扫活动。

（石榅琪）

九台区妇女联合会

【概况】 全区有17个乡（镇）级妇联组织，42个区直妇委会，282个村妇代会。2019年，九台区妇女联合会（简称区妇联）走出机关、走向基层、走进妇女群众，增强妇联工作的针对性，开展“不忘初心、牢记使命”主题教育、主题党日、党员志愿服务等活动。开展巾帼志愿服务活动8次，服务时长50小时。

【区妇联换届】 2019年，17个乡（镇、街道）妇联和15个社区全部完成换届工作。健全43个区直妇委会，成立5个非公企业妇联组织。全区新增兼职副主席2人，挂职副主席1人，执委12人。新增各乡（镇、街道）兼职副主席102名，社区执委225人，村级执委4334人，一线执委比例76%。

【“巾帼心向党·建功新时代”主题活动】 全区三级妇联组织依托新时代文明实践站所，围绕中共十九大精神、妇联十二大精神、家风建设、“最美家庭”评选、“干净人家”评选、妇女维权、妇女创业创新等内容，开展各类宣讲活动314场，

8月9日，区妇联组织巾帼志愿者在土们岭街道马鞍山村开展巾帼志愿服务活动。（李　镁　摄）

覆盖妇女群众3万余人。发挥组织独特优势，在全区各领域妇女中开展典型示范评比活动。打造“网上妇女之家”。发挥妇联“e家园”和妇联微信公众号的宣传作用，引领广大妇女群众争做巾帼好网民，发布倡议书，转发微视频，在网上弘扬正能量，在促进清朗网络空间建设中彰显女性作用。2019年，发布信息107条，被省妇联采用3条。浏览量3万余人次，编辑印发“巾帼创客、巾帼创业风采”宣传书2000册。

【妇女创业就业】 开展就业创业培训班14期，培训妇女1000余人，灵活就业600余人。其中，举办家政培训班5期，培训300余人；举办“网姐培训班”1期，培训60人；“边台巧姐”草编技能班7期，培训460余人；举办“边台乐姐”农家乐乡村旅游项目1期，培训60人。在春风送岗专场招聘会、大学生专场招聘会各类活动中，为妇女提供就业咨询、信息对接，发放宣传资料5000余份，达成意向324人。巾帼创业带头人通过培训送技能、送种苗、送温暖等方式，帮助40名贫困妇女增收。

【家庭文明建设】 开展“最美家庭”创建工作。选树全国“最美家庭”2户，省级“最美家庭”4户，市级“最美家庭”80余户，区级“最美家庭”300余户。创建家风家训示范村8个。利用妇女节、母亲节、端午节等节日，开展家风故事诵读、给母亲的一封信、家教进万家、中小学生古诗词大赛等系列活动16次；在全区党员干部中开展“树家风·促党风·带民风”主题教育活动。开展“相伴六一、快乐成长”主题系列活动30余场次。2019年，长春“幸福家庭360”公益大讲堂启动仪式在九台召开。全区开展“家教360”进社区、学校50余场次。在区实验幼儿园等4个单位开展爱心捐赠，在各“儿童之家”开展与贫困留守儿童共度儿童节活动。

【妇女儿童权益维护】 举办“建设法治长春，巾帼在行动”、家庭暴力干预与处置、“三八”巾帼法律宣传进社区、进村屯等法律宣传12场次，发放《平安家庭》宣传手册、《妇女儿童相关法律法规》资料3万余份。引导村（社区）妇联加强法治宣传栏、宣传园地建设，拓展法治宣传平台。整合社会资源，协调社会力量，推动相关部门及时解决新形势下维权工作。年接待各类上访人员45人次，电话咨询68次，调解率98%。成立九台区家事纠纷调解中心，选聘各级家事调解员300余人。

（李　镁）

九台区科学技术协会

【概况】 长春市九台区科学技术协会（简称九台区科协）是长春市九台区科技工作者的群众组织。内设科学技术部、办公室，下属单位长春市九台区科学技术馆。2019年，围绕礼赞中华人民共和国成立100周年、智慧新生活等主题，组织开展各类科普宣传活动。开展2019—2020年吉林省“科技之冬”集中展示活动，为百姓提供了科普宣传咨询服务。

【送科技下乡】 利用农闲时间，邀请长春市科协、长春市博士联合会的专家、学者，通过“科技之冬”科技下乡活动、“博士专家服务基层一线行”活动、新型农民培训等形式，对全区农村科普带头人和农民进行培训。举办大鹅养殖技术、马铃薯种植及病虫害防治新技术、优质高产玉米栽培、苗木花卉栽培等各类培训20场，有800余名科普带头人和农民参加培训。“科普大篷车”开到村屯、开到田间地头，为农民答疑解惑，排忧解难。

【科技咨询】 组织科技专家深入村、屯开展技术咨询和技术指导。备耕生产期间，为农民提供新技术、新品种、新肥料、新信息等服务，发放实用技术书籍4000余册、实用技术光盘1500张。举办图文并茂的食品安全和健康知识2个专题图片展，为农民群众解决生产中遇到的技术难题。

【科普进社区】 区科协与区科技局、吉林省同方知网分公司共同组织科普进社区活动，热心为群众解答在生产生活中遇到的问题，免费为群众量血压、看病，发放科普资料2000余份，解答1200余名群众所提出的问题。

9月18日，区科协、区科技局、区卫健局在九台街道南山公园广场举办科普大篷车进社区活动。活动现场采取设立科技咨询、悬挂横幅、科普大篷车播放科普视频、科普中国APP注册、科普知识展板展示、发放科普宣传资料、义诊服务、秧歌表演等多种方式，向居民群众宣传“礼赞共和国、智慧新生活”科普周主题及科普健康知识、知识产权等与生活密切相关的科普知识，活动期间发放各类技术宣传资料5000余份，现场解答群众咨询20人次。

9月27日，在三十一中举行以“我和我的祖国”为主题的科普文艺会演庆祝中华人民共和国成立70周年，开展“科普中国”手机APP落地应用推广注册和科普宣传图片展活动，发放《社区科学素质读本》等科普图书和科普资料3000余份。

【科普进校园】 贯彻实施《全民科学素质行动计划纲要》，弘扬科学精神，普及科学知识，促进科技创新和科学普及协调发展，进行科普宣传展板展示、机器人体验展示、无人机表演、科普大篷车展教设备互动及科普中国视频播放等活动。参加活动学生3000余人。5月21日，长春市九台区2019年新时代文明实践“科普大篷车”进校园暨科技周系列活动启动仪式在区工农小学军民校区举行。

12月27日，2019年至2020年吉林省“科技之冬”集中展示活动在九台区启动。图为活动现场 （张津玮 摄）

【科普报告会】 3月4日，邀请长春中医药大学基础医学院伤寒教研室讲师郭迪医师和鸿厚堂集团光明中医馆主任刘晓伟医师，在九台区新华社区与公园社区举办“博士专家服务基层一线行”科普报告会。向社区居民传播新的健康理念与女性健康养生知识，重点讲解心血管、糖尿病等疾病的形成原因及其预防知识。

【全国科普日活动】 9月16日，在九台区金穗国防青少年科普教育基地举行以“礼赞共和国、智慧新生活”为主题的2019年全国科普日暨长春市九台区科普周活动。开展科技咨询、科普大篷车播放科普视频、科普展教设备、科普中国APP注册、科普知识展板展示、发放科普宣传资料、义诊服务等活动，参加活动5000余人次，发放各类科普宣传资料2.58万余份。

【“科技之冬”展示活动】 12月27日，2019年至2020年吉林省“科技之冬”集中展示活动在九台区启动。省科协副主席穆晓东宣布活动启动，区长宋长者致辞。与会领导赠送科普图书和科普年画；省农技协与梅林禾润专业技术协会苗木基地签订帮扶协议。省科协副主席穆晓东与区委常委、宣传部部长王萍为东湖街道新时代文明实践所“科普中国”社区e站揭幕，将“吉林省科普工作示范基地”牌匾授予梅林禾润专业技术协会苗木基地；省科协副主席李启云作贯彻党的十九届四中全会精神科技宣讲报告。活动中，省科协组织医疗团队到东湖街道双山村为百姓进行科普宣传咨询服务。

（刘连庆）

法　治

Rule of Law

政法委工作

【概况】 2019年，九台区开展扫黑除恶专项斗争活动，维护社会大局稳定，推进平安九台、法治九台及政法队伍建设。区委政法委和各乡（镇、街道）政法委发挥统筹、协调、落实的职能作用，完成既定的工作目标。区法院优化营商环境，为民营企业提供优质法律支持，保障民营经济发展。区检察院创新开展未成年人检察工作，强化举措、灵活办案，被评为吉林省优秀青少年维权岗。公安局九台分局全年刑事案件立案1335起，破获458起；经济犯罪案件立案29起，侦破26起，打处经济案件犯罪嫌疑人45人；清理经济、金融积案10起；抓获各类网上犯罪嫌疑人98人，受理治安案件1978起。区司法局打造新时代“枫桥经验”九台新样板，探索访调对接、诉调对接、调裁对接的工作机制，将涉访、涉诉、涉裁矛盾纠纷案件导入人民调解工作，推进司法所就地化解矛盾纠纷。

10月23日，九台区落实区委全面依法治区委员会工作任务部署会议在区委四楼会议室召开　　（区政府办公室　供图）

【全区政法工作会议】 2月21日，全区政法工作会议召开。会议传达中央、省、市政法工作会议精神和区委主要领导批示；总结部署全区政法工作，提出“全力维护国家安全和社会稳定，开展扫黑除恶专项斗争，推进平安九台、法治九台建设，强化政法队伍建设，提升政法工作水平和群众安全感、满意度，助推九台经济社会稳步发展”的工作要求。

【维护社会稳定】 九台区发挥各级人民调解组织职能作用，各级各类调解组织排查调处各类矛盾纠纷3247件，成功调解3150件，调解成功率97%，无一起因调解不当而导致民转刑和其他群体性事件发生。对互联网进行监控和引导，及时发现、处置有害信息，积极引导，保障网络安全。组织全区各部门开展隐患排查，完善化解方案和措施。加强重点人员的稳控，面对突发情况，做到早发现、早化解。完成全国两会、庆祝中华人民共和国成立70周年等重要时期的维护稳定、安全保卫工作。全区在重要会事期间未发生越级访、进京访事件，社会平稳有序。

【“智慧政法”打造】 九台区打造“智慧法院”“智慧检察院”“智慧公安”，将现代科技和司法工作融合，打造网络信息时代司法运行新模式。区法院坚持“抓应用、填空白、补短板、深融合”的工作方针，巩固电子卷宗的同步生成和深度应用，发挥网络功能，诉讼全流程在线流转；以“互联网+执行”为支撑，发挥电子化、数据化、留痕化的优势，提升执行效率。区检察院通过电子检务工程构建信息感知、网络传输、知识服务、检务应用、运行管理“五位一体”的检察信息化应用体系；通过“12309”检察服务中心，向社会提供“一站式”检察服务。公安局九台分局完善视频监控系统，在城区火车站、汽车站、人员密集场所及重要路口安装人脸识别前端摄像机，全区探头均调整为高清视频监控，达到重点部位监控无死角、乡村道路无盲区，为案件的侦破提供现代技术支持，各类犯罪总量呈下降趋势。

【服务域内经济发展】 九台区推进“放管服”改革，精简行政审批事项，规范司法行为，推出便民举措，服务群众。建立健全企业金融风险隐患预警防范机制，及时提示风险，防范化解风险，增强民营经济保护力度，依法平等保护民营企业合法权益。依法、依规处置企业不规范运营行为，优先运用提醒、教育、责令整改等行政措施，引导企业主动遵守法规，慎重查封、扣押、冻结企业资产资金。建立健全涉民营企业执法司法平等保护机制，形成涉企冤错案件依法甄别纠正的常态机制。依法打击侵犯知识产权、破坏金融秩序、侵害企业利益等违法犯罪活动，维护正常的市场经济秩序。依法处置企业员工劳动纠纷案件，保护企业和劳动者合法权益。依法防范打击脱贫攻坚领域违法犯罪活动，严厉惩处虚报冒领、截留私分、挤占挪用扶贫资金的各类违法行为。

【国家安全教育日活动】 4月15日，九台区以国家安全教育日为契机开展宣传活动。为群众解答咨询问题40余个，悬挂条幅50余幅，设立咨询台30个、宣传栏20个。提高群众的爱国热情，帮助群众树立正确的国家安全观。

【区公共法律中心成立】 9月26日，九台区公共法律中心成立。区公共法律中心整合法律咨询、法律宣传、法律援助、公证服务、社区矫正、人民调解等事项，形成设施完备、职责明确、制度健全、服务规范的公共法律服务体系实体平台，以“一站式”办理的方式为群众提供法律服务。2019年，为2268人提供法律服务，其中，办理公证事项192件，办理非诉讼案件37件，代理诉讼26件。

（刘博达）

法治政府建设

【概况】 5月，根据《九台区机构改革实施方案》，区司法局与原区政府法制办公室完成工作交接和职能划转，区司法局成立法制科。工作划转后，按照司法体制改革任务要求，落实“三项制度”（行政执法公示制度、执法全过程记录制度、重大执法决定法制审核制度），组织开展行政执法主体资格确认、行政执法监督和行政复议应诉等工作，完成规范性文件审查备案45份，出具规范性文件草案审查意见书45份，参加政府听证会22次，为政府依法行政提出合理化建议22件，发挥政府法治职能作用。

【行政执法“三项制度”改革】 九台区制定《九台区全面推行行政执法“三项制度”工作实施方案》，成立“三项制度”领导小组，落实改革任务。实施执法公示制，通过政府网站及时公示公开行政审批、权责清单、行政执法以及“双随机一公开”事项清单、依据、程序等，规范执法事前公示；公开行政执法人员资格，在行政服务中心窗口公示行政许可事项、流程、资料和工作人员岗位工作信息，实施执法人员持证上岗、亮证执法工作要求，规范执法事中公示；通过政府网定期公示行政许可事项和行政处罚情况，接受群众监督，规范事后公示。推进执法全过程记录制，执法人员通过文字、音像记录等方式对执法程序、调查取证、审查决定、送达执行、归档管理等行政执法过程全程记录，各执法部门按照执法程序统一执法文书，明确执法文书制作规范和要求，确保每件行政执法案件有记录、有案卷，保障执法全过程文字记录完整、执法文书规范、案卷完整齐全。遵守重大行政执法决定法治审核制，在《九台区“三项制度”工作实施方案》中，明确重大执法案件范围、审理程序、法制审核要求，落实法治审核制度，规范执法行为，提高执法质量，保障行政执法决定的合法性、合理性。

【行政执法主体资格确认】 5月中旬，九台区落实《国务院办公厅关于加强行政规范性文件制定和监督管理工作的通知》文件精神，对全区70个行政机构和乡（镇、街道）进行规范性文件主体资格认定，确认26个（家）部门、单位具有制定规范性文件主体资格。落实《国务院办公厅关于全面推行行政执法公示制度、执法全过程记录制度、重大执法决定法制审核制度的指导意见》文件精神，摸清机构改革后九台区行政执法主体和行政执法人员基本情况，规范执法行为，加强行政执法人员管理，对全区行政执法主体和行政执法人员进行清理，全区33个单位具备执法资格，确认行政执法人员2149人。

【行政执法监督】 10月11日至11月29日，九台区对全区33家具备执法资格的单位开展行政执法监督检查暨案卷评查工作。采取定向检查和随机抽查相结合的方式，重点检查生态环境局九台分局、市场监督管理局九台分局执法情况，对其他执法单位进行随机抽查。对各单位进行案卷评查，检查结果作为年度考评的重要依据，对评查中发现的问题在全区进行通报。

【行政复议应诉】 九台区按照《中华人民共和国行政复议法》及省、市的相关规定，履行行政复议职责，规范行政应诉程序，加强对相关部门和乡（镇、街道）行政应诉的指导及协调，完善行政复议与行政诉讼的衔接。全年受理行政复议案件8件、行政诉讼18件，无败诉案件。

【九台区全面依法治区委员会成立】 9月19日，区全面依法治区委员会第一次会议审议通过《中共长春市九台区委全面依法治区委员会委员名单》，主任由区委书记李洪亮担任，副主任由区人大常委会主任王树民、区长宋长者、区政协主席徐林、区委政法委书记祁桂东担任，成员由区直相关部门负责人担任。全面依法治区委员会办公室设在司法局，主任由区委政法委书记祁桂东兼任，副主任由司法局党组书记、局长孙俊清担任。全面依法治区委员会办公室研究法治优良城区建设的内涵、标准、任务、措施和办法，形成推进九台区法治建设的工作要点，确保任务目标明确、推进措施有力、社会各界认可、依法治理效果明显。

（王公宇）

扫黑除恶专项斗争

【概况】 2019年，扫黑除恶专项斗争领导小组制定工作要点，安排部署年度工作任务。各乡（镇、街道）和成员单位开展各类宣传互动与线索排查行动。全年涉黑、涉恶类（九类）刑事案件立案179起，破获121起；打处涉黑、涉恶类（九类）犯罪嫌疑人351名。整治域内金融领域小额贷市场乱象，加强对小额贷公司不规范经营的管理力度，净化九台金融市场环境。对域内中小学周边环境进行专项整治，加强校园周边治安防控，强化学生法治意识，域内各中小学周边无社会不良人员游荡，杜绝收取保护费、打架斗殴现象，学生学习环境得到改善。

【扫黑除恶体系建设】 九台区调整完善扫黑除恶专项斗争领导小组，统筹推进全区扫黑除恶专项斗争工作，各乡（镇、街道）、成员单位完善组织领导机构，区级领导包保乡（镇、街道），行业部门主管领导负责督导扫黑除恶专项斗争工作。区委、区政府召开专项会议，听取关于扫黑除恶专项斗争的汇报，研究九台区开展扫黑除恶专项斗争的措施办法。2019年，区扫黑除恶专项斗争领导小组共组织召开16次专题会议、14次案件会商会议，部署各项任务。制定出台《九台区重点行业领域乱象整治百日行动工作方案》《九台区涉黑涉恶案件“一案一整治”工作方案》等22项机制类文件。区扫黑办联合相关部门对全区各单位、各部门开展5轮扫黑除恶专项督查。

【扫黑除恶宣传活动】 九台区通过电视媒体和“两微一端”（微博、微信、新闻客户端）等新媒体开展宣传，发放扫黑除恶图文宣传单30余万张，在城区主次干道、各乡（镇、街道）、村屯显著位置悬挂条幅、刀旗，设立长期固定宣传板、擎天柱广告牌，张贴主题宣传画、宣传海报等。在九台广播电台、《新九台》报、九台区政府网站开设“扫黑除恶 吉林亮剑”专栏，刊播相关新闻报道，播放公益广告以及举报电话和宣传字幕。定期对城区、学校、村屯等主要场所扫黑除恶宣传标语、宣传展板进行排查，对过多过滥、张贴不当的纠正撤换，对出现损坏的宣传展板进行维修、更换。

【线索摸排行动】 九台区出台《九台区扫黑除恶专项斗争线索摸排机制》，明确工作措施和职责，排查涉黑、涉恶问题线索。利用镇、村、社三级干部，实施滚动式摸排，逐家逐户收集线索。各成员单位在所负责的领域开展地毯式摸排，把重点行业、重点领域作为重点打击范围，明确重点人排查、重点案件排查、群众举报线索排查、案件回访排查4项重点工作法，搜集涉黑、涉恶线索。

【重点行业领域乱象综合治理】 九台区制定下发《全区重点行业重点领域扫黑除恶主要任务分工方案》，将全区重点行业、重点领域扫黑除恶主要任务分解落实到相关部门，明确重点行业、重点领域监管部门的主体责任，突出重点，整体推进。区扫黑办将41项重点工作任务落实到14个部门单位，遏制重点行业、重点领域涉黑、涉恶问题。4月23日至7月31日，开展重点行业领域乱象整治百日行动，成立领导小组，制定下发工作方案，列出15项乱象问题，逐一确定牵头部门和配合部门责任，明确责任人、阶段性工作时间节点、工作目标，初步建立长效管理机制。对全区各类乱象进行暗拍，采集298个问题，整改257项，整改率86%以上。

（刘博达）

10月9日，区委书记李洪亮（前排左三）到客运中心站实地调研重点行业乱象整治工作 （区政府办公室 供图）

公 安

【概况】 2019年，九台区接受群众各类报警电话58122起，及时出警率100%。各类刑事案件立案1335起，破获458起；破获涉黑、涉恶类（九类）刑事案件121起，打处涉黑、涉恶类（九类）犯罪嫌疑人351人。经济犯罪案件立案29起，侦破26起，打处经济案件犯罪嫌疑人45人。开展金融风险隐患排查，清理经济、金融积案10起。抓获各类网上犯罪嫌疑人98人，其中历年犯罪嫌疑人69人。全年受理治安案件1978起，治安拘留433人，罚款490人，警告3人；破获涉黄刑事案件9起，行政案件8起；破获制造假药案件3起，行政处罚1人；破获非法采矿案件10起，打击处理10人。检查消防非重点单位及一般单位2368个，检查高层建筑168栋，发现消防隐患135处，整改135处，全区未发生重特大火灾事故。

【打击刑事犯罪】 全年打掉2个涉恶团伙、2个涉恶犯罪集团、1个涉黑犯罪集团，为群众挽回经济损失8000余万元。5月10日，公安局九台分局专案组将工农、团结派出所管辖内相继发生3起临街饭店被撬盗案件告破，打掉流窜作案团伙1个，犯罪嫌疑人5人全部落网，连带破获盗窃长春、四平、辽源、沈阳等地肯德基餐厅及临街商铺案件33起。8月，刑警大队利用研判小组提供的信息，2次远赴黑龙江省，抓获电信诈骗犯罪嫌疑人2人。加大对涉毒违法犯罪的打击力度，排查吸毒人员。国庆前夕，破获1起以邮寄方式贩卖毒品的案件，抓获犯罪嫌疑人3人、违法行为人1人。8月31日，在“云剑”行动中，公安局九台分局抓获潜逃15年的部督犯罪嫌疑人1人。9月，历时3个月侦查，打掉1个外省“套路贷”团伙，抓获犯罪嫌疑人4人，涉案金额50余万元。

【安全保卫】 公安局九台分局组织开展常态化武装备勤，针对暴恐袭击的武装备勤拉动演练，保证快速反应。做好各项警卫工作，保证警卫对象的绝对安全。全年完成第一届全国农民冰雪项目运动会、九台区第二届全民艺术节、九台区第二届全民运动会、庆祝中华人民共和国成立70周年安保维稳等大型勤务7次，出动警力300余人次，保证大型活动安全有序开展。

【治安管理】 2018年至2019年，九台区开展为期2年的打击整治枪支爆炸物品违法犯罪专项行动。清查涉枪、涉爆重点区域、重点部位、重点渠道、重点单位、重点人员，及时发现清查收缴流散社会的非法枪爆物品，推进“缉枪治爆”专项行动。坚持“打早打小”“露头就打”“不停地打”，保持严打“黄赌”违法犯罪的高压态势，压制“黄赌”违法犯罪的生存空间。对存在“黄赌”问题的娱乐场所责令停业整顿，对涉嫌犯罪的人员依法采取强制措施，对“黄赌”问题突出的地区实行倒查，追究相关人员的责任。以食药、农资、烟酒、环保等关系国计民生的重点领域为重点，以打团伙、端窝点、捣网络、除源头为方向，打击各类涉假违法犯罪。对涉嫌食品、药品、环境、卫生违法犯罪的案件逐案盯办、逐案查处。破获非法捕捞水产品刑事案件18起，刑拘13人，取保候审19人；侦破生产、销售有毒有害食品案件1起，取保候审1人。全年通过组织治安大队、属地派出所对域内176家旅馆业、19家娱乐场所召开治安管理工作会议，开展不间断地检查、暗访等多种方式，强化阵地管控。落实旅馆业实名制登记制度，对旅馆业前台登记员进行考试；打击行业场所内的“黄赌毒”违法犯罪行为，保证全区行业场所规范守法经营。实施交警大队街面巡逻，巡特警大队和派出所重点部位与路段的日巡及夜巡常态化，巡特警大队与属地派出所巡逻防控全天候无缝对接，加强对域内重点部位巡逻防控。现场处理各类案件105起，盘查嫌疑人67人，嫌疑车辆53辆，救助群众21人。

6月15日，区市政工作人员安装交通信号灯

（区住建局　供图）

【交通安全管理】 2019年，交警大队九台支队开展道路交通安全排查隐患整治行动，对辖区内县乡道路隐患路段进行地毯式排查，踏查993千米，排查隐患120余处，加以整改。对8处危险路段逐一排查，采取安装信号灯和路灯、改善夜

间照明条件、整改道路指示标志、安装中心隔离护栏、设立减速带和禁停标志、安装抓拍不礼让斑马线的“电子警察”等措施进行整改。在金港大街路口、龙嘉街道小区道口、长春龙嘉国际机场路口3处安装信号灯。在长吉北线隐患路段安装警示桩135个、标志牌43个、频闪灯138个、防撞沙筒138个，端头黏贴一级反光膜138个，完成7处、50组震荡标线和全线交通警示标志等设施建设。在5座重点桥梁设置双向限重标志和超载、超限警示标志，在施工路段与路面不平整路段设置警示标志。对九德公路、四舒公路、九开公路的3条县级公路3处隐患路段进行交通标线施划，安装补齐警示桩100根，维修更换标志牌27处。新增设20处违停抓拍系统和6000余米护栏，施划标线1.1万余平方米，清除错误重复标线1000余平方米，施划停车泊位6500余个，42处县乡道路监控设备启用。

全年查处各类违法行为67973起，检查各类货运车辆4035辆次，依法查扣违法车辆罚款228.24万元，对交通违法驾驶员扣5955分，实施卸载车辆1010辆次，违规车辆卸载货物4777.33万千克。龙嘉收费站执法站检查登记车辆13067辆。其中，公路客车10186辆，旅游客车610辆，营转非客车36辆，危化品运输车辆2121辆，校车43辆，小型面包车71辆。

全年完成新车注册登记4163辆，车辆转入1743辆，核发检验合格标志13847个，补换领牌照检验合格表2134张，驾驶证申领受理9983人，驾驶证补换证8529个，违章处理107271笔。

【服务域内经济发展】 公安机关班子成员和基层单位响应长春市“万人助万企行动”号召，到辖区企业了解情况，听取企业需求愿望，为企业出谋划策。落实“河湖警长制”，对域内“一江三河”四大水系高标准启动水环境保护治理，预防涉嫌涉水环境违法犯罪案件的发生。户籍、出入境、治安、行政审批等业务进驻区政务服务中心大厅，落实“只跑一次”制度。完成“一村一警”工程建设，构建党委政府领导、公安机关主导、相关部门共建的农村警务新格局，全区283个乡（镇、街道）全部完成专职治保主任选举。

【监所管理】 拘留所坚持依法办事原则，严格管控被拘留人员进出。坚持每周一次监区安全大检查。加强食品安全，保证食品原材料的新鲜度；每日对厨具及餐具进行消毒。与长春市九台区仁善医院协作，医生随叫随到，保障被监管人员的基本医疗需求。

看守所邀请在押人员家属和律师以及各团体单位到看守所参观，接待人数50余人次。违法犯罪人员信息采集入库率100%。在重大节日和敏感时期，开展处置突发事件预案演练。连续8年被公安部评为一级看守所。

【扫黑除恶专项斗争宣传活动】 3月29日上午10时，由公安九台分局牵头发动，协调长春市电视台、九台区电视台等媒体，组织50名精干警力，在南山公园开展扫黑除恶专项斗争集中宣传活动。14个农村派出所抽调100余名警力，到各辖区学校、商贸集市、金融网点等人员密集场所同步开展宣传活动。活动期间发放宣传单3万份、宣传册1000份，悬挂条幅100幅，解答群众问题200人次。

【“清网”行动】 公安局九台分局、区水利局、区环保局、区农业局、兴隆街道办事处等职能单位联合开展“清网”行动，打击通过非法手段盗捕鱼类、采砂的违法犯罪活动。6月初，兴隆派出所民警发现有人于休渔期在饮马河流域多处设置地笼、挂网等禁用渔具非法捕鱼。6月11日，公安九台分局协同区水利局、区环保局、区农业局、兴隆街道办事处负责领导到饮马河流域实地督导“清网”行动案件。到饮马河流域3处河段，在河中现场起获捕鱼设备。其中，电鱼工具1套，拦河网1套，网箱2个，地笼2个，挂网2张，旋网5套，“迷魂阵”7套，装鱼工具若干。同日，民警发现九德公路9千米饮马河大坝上，有人用铲车和翻斗车非法采砂，立即将此线索上报。6月30日，民警将非法采砂团伙捣毁，其中1名主犯被采取刑事强制措施。

（徐胜男 董 辉）

检　察

【概况】 2019年，九台区强化法律监督，打造检察品牌，推进检察改革，加强执法规范化、队伍专业化、管理科学化建设。严守金融安全司法防线，打击各种非法吸收公众存款、票据诈骗、信用卡诈骗等破坏社会主义市场经济秩序的犯罪行为。搭建社会矛盾纠纷多元化解平台，畅通群众信访渠道，化解社会矛盾，依法妥善处理来信来访107件，检察长接待16次。以优化责任检察品牌为主线，以开展专项监督为载体，办理行政公益诉讼案18件，起诉2件，诉讼请求均得到区法院支持。2019年，区检察院被评为吉林省优秀青少年维权岗、长春市信息工作检察机关优秀单位、长春市先进基层院。

【刑事犯罪检察】 九台区依法打击重大刑事犯罪，批准逮捕259件、328人，提起公诉474件、628人，无错捕、错诉案件。提升执法办案的透明度和公正性，召开审查逮捕案件公开听证会，邀请人大代表、人民监督员、侦查人员、值班律师等多方参加，推动逮捕案件由静态封闭审查向动态公开审查过渡。开展扫黑除恶专项斗争，建立信息共享、提前介入、案件会商、线索排查等机制，形成打击合力。依法从快批捕起诉2件恶势力集团犯罪案件。扫黑除恶专项斗争阶段工作成果被吉林卫视、长春电视台、九台电视台等媒体播报。

【未成年人检察】 全年审查起诉未成年人犯罪案13件、40人，不起诉1件、11人。采取个性化帮教、集中式宣告的方式，对未成年人进行行为训诫、思想疏导和法治教育。9名受聘法治副校长走进校园，开展15场宣讲活动，上万名未成年人接受法治教育。联合文化市场综合执法大队开展“扫黄打非·护苗2019”专项行动，营造保护未成年人健康成长的社会氛围。未成年人检察工作专项报告获区人大常委会全票通过，区检察院被评为吉林省优秀青少年维权岗。

【刑事诉讼监督】 全年决定不批捕55件、76人，相对不起诉22件、36人，监督立案2件、2人，纠正移送起诉遗漏犯罪事实3件、10人，提出抗诉4件。发挥审前主导权，防止直诉案件“带病”进入检察和审判环节。整治涉黑、涉恶案件暴露出的行业监管不力问题，向有关行政机关发出检察建议书4份，督促其限时整改。监督刑事执行活动，加强羁押必要性审查，保护在押人员合法权益，提出变更强制措施建议33件，纠正超期羁押6件。办理强制医疗监督案件5件，保证刑罚公正执行。开展暂予监外执行同步审查1件。对全区17个司法所进行社区矫正工作监督，发现违法问题11个，全部整改。办理1起解除强制医疗监督案件，典型经验被《吉林日报》《北方法制报》刊发推广。

【行政诉讼监督】 以专项活动为切入点，办理行政诉讼监督案件1件，行政违法行为监督案件5件，向行政机关发出检察建议5份，均回函采纳。办理行政非诉执行案3件，向行政机关发出检察建议3份。办理民事生效判决监督案件2件，发出再审检察建议1份，提请抗诉1件；办理民事审判程序违法行为监督案件3件，发出3份检察建议，均被采纳。推进综合整治，以优化责任检察品牌为主线，以开展专项监督为载体，办理行政公益诉讼案18件，起诉2件，诉讼请求得到区法院支持。向行政机关发出诉前检察建议7份，均采纳整改。针对2018年发出的所有行政公益诉讼诉前检察建议逐一“回头看”，区检察院到石头口门水库水源地，对周边环境整治情况实地踏查，巩固公益诉讼成效。

【检察责任制改革】 全年办理认罪认罚从宽案件78件、86人，单月最高适用率71.4%；依法提出精准量刑建议，均得到采纳，取得强化人权司法保障、节约司法资源的双重效果。执行入额领导直接办案制度，办理重大疑难复杂案件42件。落实检察长出席法庭支持公诉和列席同级法院审判委员会制度，检察长出庭公诉2件，列席审判委员会3次。根据检察业务的现实需求，组建涉黑涉恶犯罪、未成年人犯罪办案组等专业化的检察官办案团队，通过类案的专业化办理，提升办案质量。出台加强和规范检察建议工作的落实办法，促进检察建议工作规范化。坚持依法办案与制约监督并重，常态化评查案件质量，清理积案382件，公开程序性信息813条，公开法律文书317份，公开率100%。接待当事人及家属223次，接待律师114次。

【服务域内经济社会发展】 九台区坚持打击与保护并重，为经济社会发展提供检察服务。严守金融安全司法防线，打击各种非法吸收公众存款、票据诈骗、信用卡诈骗等破坏社会主义市场经济秩序的犯罪行为，批准逮捕16件、27人，提起公诉15件、26人。区检察院与区金融办联合组织打击防范非法集资专项宣传行动，将工作领域向预防犯罪拓展。举办“检察护航民企发展”检察开放日活动，邀请企业家代表走进检察机关，面对面了解司法需求，破解发展难题。

【矛盾纠纷多元化解平台搭建】 九台区搭建社会矛盾纠纷多元化解平台，畅通群众信访渠道，化解社会矛盾。依法妥善处理来信来访107件，检察长接待16次。坚持司法办案与司法救助同步推进，8月21日，区检察院在九台区上河湾镇南甸子村委会举行国家司法救助金发放仪式，为服刑人员子女争取司法救助金6万元，帮助其重返校园，经验做法被《检察日报》、人民网、正义网等主流媒体宣传报道。

【“阳光雨露润边台”未成年人检察品牌打造】 区检察院配强未成年人检察专业化团队，坚持事前预防、事中维权、事后帮扶相衔接，做到执法有力度、流程有温度、保护有深度，推动构建未成年人检察社会支持体系等方面建设，打造“阳光雨露润边台”未成年人检察工作品牌。贯彻教育、感化、挽救方针，落实“一号检察建议”，送法进校园向教育系统延伸，个性化帮教、社会化关护向综合施策延伸，司法救助、心理疏导向损害修复延伸。9月30日，区检察院检察长吕芃向九台区第十八届人大常委会第二十三次会议作《关于打造未成年人检察工作品牌的情况报告》，经审议，获得全票通过。

5月29日，区检察院开展“携手关爱，共护明天”主题检察开放日活动 （孟繁昌 摄）

【“携手关爱，共护明天”检察开放日活动】 5月28日上午，区检察院开展以“携手关爱、共护明天”为主题的检察开放日活动，邀请部分少年儿童及教育、共青团、妇联等部门相关负责人员走进检察机关，推进校园安全建设。参加活动人员参观案管大厅、“12309”检务公开大厅等场所，并召开座谈会。会上，区检察院第二检察部主任钱岩介绍未成年人检察工作，重点讲述多起典型案例。区检察院检察长吕芃讲述最高人民检察院向教育部发出“一号检察建议”的重要意义，代表们为检察机关提升和完善未成年人检察工作提出意见、建议，检察机关向学生代表赠送书刊。

（刘小楠）

法 院

【概况】 2019年，九台区人民法院办理各类案件11226件，审执结10836件，结案率96.53%，员额法官人均结案231件。其中，办理诉讼案件6664件，审结6444件，结案率96.70%，息诉服判率92.56%。《九台区人民法院工作报告》连续3年在区人代会上全票通过。对涉企诉讼案件设立诉讼服务“绿色通道”，对涉案企业审慎适用强制措施。通过“绿色通道”调审涉企民商案件358件，平均审理天数少于普通审理天数30%以上。延伸审判职能，对审判过程中发现的行业监管漏洞，依法向相关部门发送司法建议5条，促进行业乱象整治。开展新时代文明实践活动，组织法官进入学校、社区等场所开展民用工业法律宣讲15场，在长春电台新闻综合广播“889新说法”栏目进行反家暴宣传，实现“零距离”普法。发挥“两微一端”宣传优势，发布各类原创宣传文章158篇。

【刑事案件审理】 2019年，受理各类刑事案件539件，审结493件，结案率91.47%。受理涉黑、涉恶案件6件，审结4件。发挥平安九台建设主力军作用，维护辖区社会安全，依法严惩故意杀人、故意伤害、抢劫、盗窃等侵犯人身财产安全类犯罪案件182件，审结交通肇事、危险驾驶等危害公共安全类犯罪案件153件。

【民商事案件审理】 九台区发挥民商事审判、定纷、止争功能，受理民商事案件6040件，审结5867件，结案率97.14%。对接涉民生领域司法需求，审结涉民生案件566件，维护人民群众在劳动就业、社会保障等领域权益，以司法手段保障民生。依法办理合同纠纷等商事案件904件，发挥司法裁判对市场行为的规范、引导、评价作用，推动形成平等开放、竞争有序的市场环境。

【行政案件审理】 九台区坚持监督、支持行政机关依法行政与保护公民合法权益并重，受理行政案件133件，审结120件，结案率90.23%。推动行政争议实质性化解，对征地拆迁、行政执法等案件进行协调，经和解原告撤诉案件5件。落实行政机关负责人出庭制度，行政机关负责人出庭应诉38人次。制作行政审判白皮书，及时向相关行政机关反馈审判工作中发现的行政执法突出问题。受邀为行政执法人员指导培训，规范行政执法行为，促进司法与行政执法良性互动。

4月18日，区法院刑事庭干警到九台区第三中学开展扫黑除恶专项斗争专题宣讲活动 （区法院　供图）

【案件执行】 2019年，九台区组织开展“春雷”“夏日闪电”“秋猎”“冬季风暴”等专项执行行动，受理执行案件3679件，执结3453件，结案率93.86%，执结标的额8.82亿元。提升失信惩戒力度，发布失信被执行人名单640人，限制高消费2457人，对140人拒不申报财产、拒不履行判决的被执行人处以司法拘留。打击拒不执行判决行为，依法向公安机关移送涉嫌拒不执行判决罪案件4起、4人。

【法院体制改革】 区人民法院健全监督管理体系，对审判流程节点加强重点监控。实行发改案件逐案评查、裁判文书定期评查和责任倒查制度，建立健全法官个人质效考评制度。选任6名员额法官，完成员额法官递进增补工作。选任228名人民陪审员，推动公正司法、民主司法。推进以审判为中心的刑事诉讼制度改革，聚焦庭审实质化，严把案件质量关。召开庭前会议19次，传唤侦查人员、鉴定人、证人出庭作证23人次，申请法律援助案件11件，受理速裁程序案件14件。

【司法服务】 九台区开展“万人助万企”法律服务活动，实地走访调研，帮助企业分析、评估法律风险，提高企业风险防范能力。加强“一站式”诉讼服务建设，完成诉讼服务中心提档升级。推进诉讼服务中心信息化建设，提供网上查询、网上立案、网上缴费等诉讼服务。全年推送案件公开信息2381条，公布生效裁判文书6263件，开展庭审网络直播1090次。网上立案4363件，占比88.68%，在线调解案件127件，调解成功率100%。邀请市（区）人大代表、政协委员40余人次，参与旁听、座谈、听证16次，向代表发出走访联络反馈表14份，向区级代表、政协委员和社会各界群众发出“加强管理年”征求意见表500余份，听取各方意见、建议。

【“送法进军营”活动】 1月17日，区人民法院党组副书记、副院长才巨伟，党组成员、政治处主任孙继龙到吉林省军区综合训练队走访慰问，开展“送法进军营”活动。为部队官兵赠送法律知识书籍153册，并进行法律知识专题宣讲。活动从4个方面讲解军人及家属权益维护的相关法律知识，解读有关公民特别是与军人相关的人身权利、政治权利、财产权利、婚姻家庭等方面的法律规定，提高官兵的法治观念、法律意识和法律素质，为强军、兴军提供法治保障。

【“防范化解金融风险”专题讲座】 6月27日，九台区开展以“防范化解金融风险”为主题的专题讲座。区人民法院沐石河法庭法官林旷结合实际案例对金融风险提出的背景、金融风险防范化解的必要性及成因分析、金融风险的具体表现类型等方面进行阐述，针对增强抵御金融风险能力提出具体对策。区委政法委协调组织相关机关干部50人听取讲座。

【法官做客“889新说法”直播间】 12月4日，区人民法院法官张铃捷做客长春新闻综合广播电台“889新说法”直播间，进行以“面对家暴零容忍，向家暴行为说‘不’”为主题的直播访谈。张铃捷对家庭暴力的界定、哪些人受《中华人民共和国反家庭暴力法》保护进行说明，对家庭暴力的范畴、精神暴力相关问题的具体特征及表现形式进行阐述，讲解取证方式。通过专业视角，引领百姓了解家庭暴力相关内容，结合日常审理案件过程中的依据和实时相关案例，帮助群众学法、知法、懂法、用法。

【安检专区建成】 12月9日，区人民法院安检专区建成并投入使用。专区内设立安检门，添置金属探测器，安装高清摄像头、行包X射线安检设备和储物柜，由4名男性法警与2名女性法警值守，负责对进入法院办公及审判区域的人员进行安检，杜绝危险品、违禁品进入办公、审判区域。投入使用当日，6名司法警察在安检专区接待当事人近600人。安检专区的建成，方便了群众参加诉讼，保障了当事人、诉讼参与人和法院干警的人身安全及庭审安全。

（刘起君）

司法行政

【概况】 2019年，根据九台区机构改革方案要求。改革后，九台区司法局（简称区司法局）工作职能调整为统筹全面依法治区工作，承担行政执法、刑罚执行和公共法律服务职能，增设法制科，裁撤安全生产监督管理科。区司法局、土们岭司法所在长春市“百先培树工程”中，被长春市司法局评为长春市百先培树工程工作先进集体，记集体三等功一次；土们岭司法所被吉林省司法厅、吉林省人力资源和社会保障厅评为“全省司法行政系统先进集体”。至年末，九台区有久泰公证处、法律援助中心、乡镇法律服务所3个事业单位，法航律师事务所、常春律师事务所和霁荣律师事务所3个律师事务所，正诚司法鉴定所1个司法鉴定中介机构。

【公共法律服务】 全年公共法律团队参加政府组织的涉法专题会议18次，出具法律咨询意见书11件，审查规范性文件9件，参与信访听证15次，参与政府重大项目论证7次，对6起重大疑难信访案（事）件依法出具化解和处理工作意见；接待群众法律咨询3168人次，代写各种法律文书432件。在“万人助万企”行动中，组织机关干部、律师、公证员到东湖、卡伦湖、龙嘉3个街道，对民营企业进行上门服务，其中，开展法律体检84家，审查经济合同

18份，提出法律建议13条，法律答疑释惑52人次，履行司法行政工作服务经济发展的职责。

【矛盾纠纷排查化解】九台区以公共法律服务平台建设为载体，开展矛盾纠纷大排查、大调解活动，提高纠纷预防和化解机制的实用性；发挥人民调解在公共法律服务供给中的“通道”作用，解决群众实际问题；前移调解工作重心，变事后化解为事前预防，把矛盾纠纷解决在萌芽状态，化解在最基层；注重运用大数据，强化民情社情和矛盾纠纷的分析研判预警，为开展法治宣传、纠纷预防提供方向。全年指导全区各级各类调解组织排查、调处各类矛盾纠纷3247件，调解成功3150件，调解成功率97.01%，无一起因调解不当而导致民转刑和其他群体性事件发生。

【公证服务】在九台区棚户区改造“百日攻坚战”行动中，公证员为区重点工程建设、国有土地挂牌出让、棚户区改造、环境治理、征地证据保全等项目开展公证服务。为卡伦湖棚户区改造项目办理公证900件，为营城、苇子沟等地棚户区居民回迁摇号抽取楼房现场公证785件，为波泥河、九台、卡伦湖等地危房改造证据保全32件。为企业、群众办理各项公证业务，设置专职调查员，开启便民助企直通车，方便企业和群众办事。

【法律援助】九台区聚集民生实事，开辟法律援助“绿色通道”。在区公共法律服务中心设立法律援助接待窗口，在区人社局成立“农民工法律援助工作站”，为受援人申请法律援助提供便利；在苇子沟街道东兴村等贫困村开展“法律扶贫”行动，通过讲法治课、解答法律咨询、调解矛盾纠纷等方式，为贫困户脱贫提供法律保障；配合长春市法律援助中心与盈科律师事务所在贫困村推行“一村一律师”，引导贫困村村民与盈科律师事务所律师建立联系。全年解答群众法律咨询600余人次，办理法律援助案件84件，做到应援尽援、速援优援。

12月4日，区司法局开展“12·4”国家宪法日集体宣誓活动

（区司法局　供图）

【刑满释放人员帮教安置】全年衔接585名刑满释放人员，衔接率100%。坚持教育、感化、帮扶相结合，促使刑满释放人员融入社会有人关爱、有人帮扶、有人监督。帮扶刑满释放重点人员、“三无”（无家可归、无业可就、无亲可投）人员，帮助刑满释放“三无”人员9人找到家人、安排住处及临时工作，帮助刑满释放人员6人重新恢复户口，重新融入社会。

【社区矫正人员监管】九台区落实监管措施，规范执法行为，依法依规对监所的假释和暂予监外执行情况进行社会评估调查，建立调查评估档案，规范社区矫正人员交付接收、监管审批、考核奖惩、执行变更、解除矫正、死亡通知等环节，建档率100%。在庆祝中华人民共和国成立70周年之际，对11名符合特赦标准的社区矫正人员通过报请上级批准方式进行特赦。截至12月31日，接收社区矫正对象3222人，解除2778人；正在矫正的社区矫正人员444人，其中缓刑436人、监外执行7人、假释1人。

【社区戒毒人员管理】九台区借助吉林省九台戒毒康复所地域优势，协调吉林省九台戒毒康复所，建立九台区社区戒毒康复基地，把九台区自愿戒毒人员全部免费送入戒毒康复基地戒毒治疗，每月按时派人到戒毒康复基地为社区戒毒人员进行尿检。3月和8月，在戒毒基地开展2次法律知识讲座。截至12月31日，有146名吸毒人员在戒毒康复基地接受戒毒治疗。

【普法宣传教育活动】 九台区依托依法治区领导小组印发文件，通过督导检查、建立考评机制等具体措施，明确刑事司法、行政执法部门、单位的普法主体责任、任务目标，形成全区部门、单位联动的普法格局。开展多元化法治宣传教育，抓住“关键少数”学法，通过区委理论学习中心组学习会和区政府常务会，组织区领导和区直各单位、各乡（镇、街道）主要领导学习《重大行政决策程序暂行条例》《法治政府建设与责任落实督察工作规定》等法律法规，提高依法治区、依法行政意识。利用“3·8”“3·15”“4·15”“6·26”“12·4”等节日、节点，以及广播电视、“两微一端”、LED显示屏、《新九台》报等传媒开展普法宣传教育；利用法治文化广场、法治农家院、法律图书角和百姓说事点等场地开展普法宣传教育。将传统文化、革命文化、先进文化融入“七五”普法，将依法治区、以德治区和“七五”普法融合。发放各种法治宣传读本6万册，到机关、学校、企事业单位开设法治课25场次，开展大型法治宣传28场次，建立“法治农家院”10个、村级法律图书角100个。

【人民陪审员任命】 九台区启动人民陪审员选任工作。通过随机抽选、个人申请和组织推荐3种方式，选任人民陪审员228人，其中，随机抽选式选任182人，个人申请23人，组织推荐23人。3月21日，九台区人大常委会任命周少彬等228人为九台区人民陪审员，发放人民陪审员证书。3月24日，全体人民陪审员在区人民法院进行就职集体宣誓。

【公共法律服务平台建设】 九台区将法律咨询、法律宣传、法律援助、公证服务、社区矫正、人民调解6项涉及人民群众法律需求的事项整合进入政务服务中心，形成设施完备、职责明确、制度健全、服务规范的公共法律服务体系实体平台，以“一站式”办理的方式为群众提供法律服务。依托司法所，在全区乡（镇、街道）设立公共法律服务站，整合司法所人员、律师、公证员、人民调解员及基层法律服务工作者等法律服务资源，建立17个公共法律服务团队，打造乡（镇、街道）一小时法律服务圈。推行岗位责任制、首问责任制等服务制度，公开工作人员信息、服务项目、工作流程、监督电话等，采取集中受理、分类办理、限时办结的便民服务措施，方便群众办事，提升办事效率。

【“枫桥经验”新样板打造】 2019年，九台区把“党政动手，依靠群众，预防纠纷，化解矛盾，维护稳定，促进发展”的枫桥新经验做法作为新时代人民调解工作的指导思路，打造新时代“枫桥经验”九台新样板，探索访调对接、诉调对接、调裁对接的工作机制，将涉访、涉诉、涉裁矛盾纠纷案件导入人民调解工作，推进司法就地化解矛盾纠纷。自8月起，各司法所成功调解涉访案件87件、涉诉案件11件。

（王公宇）

JIUTAI·CHINA
中国·九台

军　　事

Military

人民武装部

【概况】 2019年，九台区人民武装部（简称区人武部）强化党委统揽，践行习近平强军思想，维护军委主席负责制，贯彻落实各级党委的决策部署。坚持每月一课，开展“不忘初心、牢记使命”“传承红色基因、担当强军重任”主题教育活动，挖掘辖区红色教育资源，筹备罗明星抗战纪念馆，在公园、街道等场地开展国防主题教育活动，提升全民国防意识。2019年，区人武部被吉林省军区评为基层建设先进团级单位、民兵调整改革工作先进单位。九台街道武装部被长春警备区评为基层建设标兵单位；应急一连被长春警备区评为基础训练先进连；区人武部助理员张益博被长春警备区评为抗洪抢险先进个人。

【应急能力建设】 区人武部结合民兵调整改革完善应急行动预案，会同区应急管理局、防汛办等相关部门建立应急联动机制，实现指挥互通、信息共享。加强基层武装部规范化建设，提高迅即反应、快速出动能力。组织应急、工程抢修等军种分队、分批、分期训练；在集中驻训期间，采取外聘教员教、业务骨干练、专武干部评等方式，完成年度训练任务，提升民兵队伍军事素质；与驻地空军部队联合组织民兵分队训练，在没有借鉴经验、参训人数多、保障条件差、管理难度大等不利条件下，探索出混编合训、实编实训、联考联评的方法，训练成果被省军区《要讯》《吉林国防》转发。防汛期间，坚持人员定准、给养定足、车辆定位，各乡（镇、街道）专武干部24小时保持通信畅通，做好出动准备。8月，石头口门水库汛情告急，区人武部指挥出动应急分队民兵，连续3天完成堤坝加高、加固任务，调动指挥各乡（镇、街道）民兵应急排，保障居民出行和民众安全，避免人民财产遭受损失。

1月10日，区人武部出动民兵进行应急拉练

（区人武部　供图）

【国防动员】 区人武部加强战时必用、平时急用的应急、防

化救援力量，建立具有应急力量、专业力量、特殊力量的基干民兵队伍。根据地域特点和担负的实际任务，在重要交通沿线与自然灾害频发地区加强编兵、训练及保障，增强遂行支援保障作战与多样化任务能力。根据区机构改革进程，及时调整国防动员委员会领导机构，明确职责，区分任务，发挥交通战备、人民防空、信息动员等职能作用。协调全区20余个机关部门，采取上门调查、电话咨询、发放调查表等形式，完成国防教育、国防动员、双拥共建等机构以及民兵预备役实力等支前潜力统计、录入、上报等工作，准确掌握地方支前潜力情况，为做好动员支前、保障军地协同提供数据支持。

【征兵工作】 区人武部开展兵役登记，登记率100%。各乡（镇、街道）开展宣传发动，采取发放传单、印制海报、悬挂条幅、微信推送等方式，动员适龄青年主动报名；严把体检、政审、走访、役前训练、定兵等重要环节，廉洁征兵，设立举报信箱、公布监督电话、组织入伍新兵访谈，严防违规、违纪问题发生；区教育局协调体检场地，提供相关数据，区卫健局、区医院严把体检关口，公安局九台分局对政治条件兵进行专项审查，完成新兵征集任务。

【“双拥共建”】 区委、区政府保障双拥共建经费，协调解决驻军部队建设中的问题。将武装工作考评纳入绩效考评范畴，推动武装工作的落实。在春节、建军节等重要节日期间，慰问军人军属、困难老兵和老党员。区人武部开展精准扶贫，科学制定扶贫计划，与其塔木镇冯家村建立帮扶对子，帮助发展小米深加工特色产业，助力9户、27人脱贫。开展“办实事、解难题、送温暖”活动，创造拥政爱民良好环境。

【省军区深化民兵调整改革检查组到九台区检查验收】 11月13日，省军区深化民兵调整改革检查组到九台区，对民兵调整改革工作进行检查验收。检查组依照《深化民兵调整改革检查考评标准》，重点围绕党管武装、组织建设、政治工作、练兵备战、保障措施5个方面内容，察看区人武部软硬件、库室建设，拉动点验民兵分队，现场检查灭火排的相关器具，抽点人员现场询问官兵互识情况，依照检查考评标准逐项打分。

（马激光）

武警九台中队

【概况】 武警长春支队执勤五大队九台中队（简称武警九台中队）组建于1975年12月，主要担负九台区看守所的外围武装警戒任务。2019年，完成13起武装押解任务。武警九台中队在长春武警支队应急班比武比赛中取得B组第二名的成绩。

【执勤工作】 武警九台中队结合驻地周边形势，增强战备观念，强化防袭击和应急出动意识，落实每月战备教育，在重大节日、特殊时期进行专题教育，强化官兵战备意识。在每半个月按纲建队形势分析中，对战备形势和执勤工作进行具体分析，针对分析中存在的突出问题，定人、定时限、定标准，逐项进行整改。定期拉动应急小组、应急班，完成两会、中华人民共和国成立70周年等关键时间节点的战备任务。加强临时勤务组织指挥，落实临时勤务相关规定，做好枪弹管理，全程跟踪动态管控，完成临时押解任务。

【军事训练】 武警九台中队落实军事训练要求，每天安排基础体能训练，适时组织测试，及时通报考核成绩。从实战需要出发，科学制定计划，提高执勤分队和执勤官兵的实际处置能力。学习教练员规范要求，健全教练员队伍，采取以老带新、以强带弱的方式，提高教练员能力素质。

【安全管理】 武警九台中队坚持以制度、内务、秩序等软件建设促整体规范，结合“条令年”“‘治违法、严纪律’专项整顿”“执勤、作风纪律教育整顿”等活动，强化专项教育，树牢官兵正规化意识。落实各项安全工作制度，每周听取1次安全员汇报，定期对人、车、酒、水、火、电、毒和保密等重点环节进行检查，指定责任人限期进行整改。在考学人员、技术兵选拔、在外人员、军事训练、临时押解勤务等重点环节的管理上提前科学研判形势，保持严管态势。建立安全检查制度，每周进行1次安全隐患大排查，及时定人、定时限、定责任进行整改。每月进行1次安全教育和安全训练，增强安全防范和应急处置的意识与能力，确保不发生重大安全问题。

【后勤保障】 武警九台中队针对多样执勤形势和多发的自然灾害，按照不同预案组织开展战勤编组演练，协调九台区政府建造车库，对楼外损坏墙体进行修缮，增强应急抢险能力。结合后勤比武活动，锤炼炊事人员技能，满足官兵餐饮需求。对照被装、公用经费、固定资产、粮秣等方面进行问题排查和整改。在公用经费使用中严格把关，检查每一项票据的真伪和报销程序，工作透明、有序。在日常工作中，对符合集中采购条件的事项，按照集中采购程序执行。

（刘景元）

人民防空

【概况】 7月，经区机构编制委员会批复，成立区住建局人防科和区人防宣教中心，原区人民防空办公室工作职能分别由人防科和人防宣教中心承担。2019年，完成省、市组织的集中训练16次，训练210余人次，其中省外集中拉练1次。通过3G、卫星图传输方式与长春市人防办互联互通30次；利用“5·12” “9·18”等时间节点开展活动，举行安全疏散演练和知识宣传，500余人参与活动。

【人防知识宣传】 九台区利用新建人防宣传屏幕，对人防知识、避险减灾等知识宣传近2300小时，宣传扫黑除恶、创建全国文明城市等工作1000余小时。利用社区、人防教育基地等应急避难场所宣传栏进行全方位人防知识宣传。

【防空警报器管理】 九台区对防空警报器进行检查、维护，未发生误鸣现象。落实警报器管理工作制度，做到无丢失、无损害、无锈蚀、无责任事故。按计划完成人防警报器地址定位、人防综合信息管理系统相关数据录入工作，新增警报器3台，维修更换2台，区域布局合理。9月18日9时18分，九台区警报器按规定和程序鸣响，警报器鸣响率100%。

【人防工程管理】 2019年，批准建设工程项目5项，审批收费工作全部完成。成立人防安全工作领导小组，建立健全各项安全生产工作制度和战备值班制度，每天对人防地下防空洞等人防工程场所进行安全检查，建立安全台账和巡察记录。查出安全隐患，全部按期整改，人防工程安全、稳定运行。

【铭记“九一八”防空警报紧急疏散掩蔽演练活动】 9月18日，九台区在站前广场、人防金街举行铭记“九一八”防空警报紧急疏散掩蔽演练活动。工作人员现场向群众发放宣传单4000份，宣传人防知识，增强人民群众的国防观念、防空意识和应对重大灾害的防范意识。

（张　磊）

JIUTAI · CHINA
中国·九台

经济管理

Economic Management

经济发展调控

【经济发展规划】 2019年，九台区制定《长春市九台区政担银企对接合作实施方案》，构建政府、担保公司、银行和企业共同合作、多方共赢的合作平台，创新企业融资平台，合理配置信贷资源，支持全区实体经济，为企业发展提供资金保障。制定《长春市九台区落实〈长春市重大项目专班工作方案〉的实施方案》，细化工作组织、工作机制，明确职责分工、保障措施，确定重大项目3年工作目标。制定《长春市九台区促进招商引资企业发展实施意见》，增强招商引资实效性，对招商引资企业在土地、厂房租赁、收费、产业扶持、总部经济5个方面出台具体支持政策。出台《长春市九台区招商引资引荐人奖励实施办法》，设立招商引资引荐人专项资金1000万元。

【经济运行监测】 2019年，九台区地区生产总值完成229.8亿元，比2018年下降0.9%。服务业增加值完成121.5亿元，比2018年增长0.1%。规模以上工业总产值完成122.7亿元，比2018年下降12%。全社会固定资产投资完成69.6亿元，比2018年下降46.9%，总量位居县域板块第一。社会消费品零售总额完成161.9亿元，比2018年增长7.2%。全口径财政收入28.8亿元，比2018年增长17.2%。地方级财政收入11.5亿元，比2018年增长45.7%。总用电量12.2亿千瓦时，其中工业用电量6.5亿千瓦时。

【价格调控】 九台区贯彻落实各项价格调控政策，对供暖联动机制进行调研，对九台区华能电厂进行调研及测算。按照《关于进一步加大宣传转供电环节收费政策的通知》文件要求，出台宣传转供电降价公告，委托第三方（长春恒达会计师事务所有限责任公司）对九台市大地燃气有限公司2018年度管道燃气配气成本进行审计，通过参照第三方审计报告出台成本监审报告。重要商品通过政府内网和九台电视台告知各相应单位与群众。启动价格联动机制，对优抚对象、低保户、特困人员发放临时救助补贴4710631元。针对政府回迁安置工程，根据价格管理权限及开发企业提供建筑过程中涉及的各项费用数据，对晟世家园等商品楼的建筑成本进行测算，出具相关文件为棚户区回迁安置工程提供参考依据。10月20日至11月5日，组织人员赴农安县、德惠市、榆树市及双阳区4个县（市、区）对公办幼儿园收费标准问题进行调研，结合邻县情况，通过汇总上报区政府，确定九台区公办幼儿园收费价格。全年开展九台区副食品平价商店惠民活动，进行奖补监督。

【资源枯竭城市转型发展】 2019年，九台区总结资源枯竭城市转型工作，编制《九台区2018年资源枯竭城市自评报告》，获得专项资金4700万元；申报2020年度九台区重点采煤沉陷区项目3个，计划总投资7.5亿元。从源头限制钢铁产能增加，帮助相关企业退出或转型。建立长效监督管理机制，逐月排查总结“地条钢”再生产情况，对全区违法、违规落后钢铁产能企业进行调度排查，全年迎接国家、省、市相关部门5次联合检查。组织属地政府，帮助企业联系市场、改进技术、强化管理，争取国家、省、市的支持资金，企业逐步恢复生产，通过整体出租、整体转让、合作重组等方式盘活43家企业。落实改革，形成关于支持实体经济发展政策的任务分解表；实行项目领导包保制和秘书服务制，完善降低要素成本的相关路径措施与价格风险评估。

【“三涉”物品价格认证管理】 九台区做好“三涉”（涉刑事案件、涉行政案件、涉交通肇事车损案件）案件涉案物品价格认定，为公检法等部门办理案件提供价格参考依据。全年完成涉案物品价格认定284件，认定标的额1730.18万元。其中，涉刑事案件259件，认定标的额1398.7万元；涉行政案件14件，认定标的额274.96万元；涉交通肇事车损案件11件，认定标的额56.52万元。

【助企工作】 2019年，九台区制定“‘万人助万企行动’工作流程图”“‘万人助万企行动’专项考核办法”“‘万人助万企行动’日程安排表”《助企干部工作职责及纪律要求》等规范性文件。通过与26家企业对接，梳理问题18类，其中共性问题5类，分别是融资、场地、人才、技术、市场问题。筛选规模以上工业企业、高新技术企业、现代农业企业、成长型科技型企业，以及服务业、商贸业、建筑业等各行业重点企业657家，其中，长春市联系帮扶253家，区级联系帮扶404家。建立重点帮扶企业库，选派800名助企干部建立助企服务干部库。

（王洪英）

经济体制改革

【财政监管体系建设】 九台区贯彻落实中央《党政机关厉行节约反对浪费条例》，加大“三公经费”[政府部门人员因公出国（境）经费、公务车购置及运行费、公务招待费]控制力度，降低行政成本。加强财政财务日常监管、政府采购、投资评审等专项监管，完善财政监督机制，把监督管理链延伸到财政资金使用最基层和项目建设最末端。推进财政信息公开，完善以财政总预（决）算公开、部门预（决）算公开、“三公经费”预（决）算公开的财政财务信息公开体系，扩大公开范围，细化公开内容。

6月20日，九台区召开“万人助万企行动”暨重大项目专班培训会议

（区工信局 供图）

【税收执法“三项制度”改革】 九台区审议通过“三项制度”(行政执法公示制度、执法全过程记录制度、重大执法决定法制审核制度)工作方案，制定任务分解表，梳理3个事项清单。对全局近200名干部进行讲解培训。结合省、市税务局“三项制度”相关文件及《现场执法语言行为指引（试行）》，开展九台区税务局税务人员现场执法语言行为指引与执法记录仪使用培训，对执法亮证、文书送达、税务行政处罚、税务行政强制执行、执法记录仪的使用等内容进行讲解，印制《税务人员现场执法语言行为指引》260册。组织行政执法“三项制度”知识测试；将“三项制度”有关工作内容在区政府网站公示，将一般处罚信息每周在政府网站公示。在办税服务厅设置岗位信息公示牌，通过大屏幕滚动播放“三项制度”相关

文件内容。印制《纳税人防范税务风险指引》5000册，发放给一般纳税人和存在虚开发票风险的纳税人。全年公示信息23215条，其中，事前公示41条，事中公示11165条，事后公示12009条。

【商事制度改革】 九台区通过制定改革实施方案、成立改革领导小组、分阶段分步骤落实举措、“回头看”督察整改落实4个步骤，形成商事制度改革。“证照分离”改革事项办理226件，认领率94%。“多证合一”改革落实54家涉企证照信息，颁发“多证合一”营业执照1926份。“个转企”改革涉企95家，超额完成年度目标任务。巩固“只跑一次”改革成果，在办理业务从申请到办结的全过程“只跑一次”基础上，推动惠企强区招商引资项目、重大项目办理业务“一次不用跑”服务。压缩企业开办审批时间。改革后，按照审批时限要求，全部准入审批事项实现即来即办，均在30分钟内办结。

【登记便利化改革】 九台区转变职能服务方式，降低转入门槛，简化流程手续，依托“互联网+政务服务”的技术手段，进行登记注册、为商立企。各类市场主体准入全程电子化无纸化登记，企业名称登记自主申报。推进食品、药品、产品、医疗器械许可审批简化改革，提升特种设备使用登记审批效能，提速知识产权注册。在按照法律法规和政策指导文件规定办理行政审批业务基础上，履行“一次告知”义务，执行“首办负责”“首问负责”制度，为缺少办事材料的群众提供承诺制“容缺受理”服务，提高行政审批效率。设置导办服务窗口，全程指导服务办事群众，网上审核键对键、与办事群众心贴心。办事群众提交的申请材料减少90%，办事效率提高60%。

（张建东　张　帆　张晓宇）

国有资产监督管理

【概况】 2019年，九台区行政事业单位划拨资产88笔，涉及金额161.625万元；报废资产45笔，金额1500.84万元；评估资产72笔，拍卖金额10226.423万元。实现非税收入5817.561万元。

【国有资产监管体系建设】 九台区建立经营性国有资产统一监管体系，优化国有资产配置，提高国有资产经营效益。做好国有资产的处置及收入缴库工作，研究制定国有资产管理与预算管理相结合的方法，保证各单位资产与决算衔接。

【公车管理】 2019年，九台区对行政事业单位公务用车进行统一收缴，收缴车辆200余辆。对各单位及政府公车平台车辆进行调剂，督促相关车改单位及时办理车辆转籍。至2019年年末，车辆全部拍卖完毕。

（张建东）

土地资源管理

【概况】 3月，按照九台区机构改革方案，撤并整合原区国土局、区林业局和区住建局规划处，成立区自然资源局，加挂区林业局牌子。2019年，九台区在吉林省“三块地”改革现场会作经验介绍，新华社刊登九台区的创新做法。九台区承担第三次全国国土调查成果通过省级核查，成为全省唯一一家不用“清零整改”直接上报国家的单位。编制完成《九台区建筑石料矿产资源开发利用专项规划》《九台区露天采石场综合整治暨绿色矿山建设实施方案》。完成基本农田储备区的划定。

【耕地保护管理】 2019年，九台区落实耕地保护责任目标，实行耕地保护工作政府行政首长负责制，实现耕地保护监测全覆盖。完成基本农田划定。制定区片综合地价，解决九台区在征地补偿上存在的不平均、不一致等弊端。对中古医药产业园、区污水处理厂项目用地等19个城市批次用地进行报批，总面积398公顷。完成九台区储备补充耕地项目新增耕地核查，核查土地整理项目10个，涉及13个乡（镇、街道）、101个行政村。

【土地利用】 九台区开展土地动态监测、批后监管、土地资源评价和评估工作。全区总供应土地71宗，面积123.65公顷，成交额96319.3万元，政府土地纯收益44945.02万元。其中，经营性用地挂牌出让25宗，面积55.43公顷，成交额86734.35万元，纯收益41741.01万元；工业用地挂牌出让17宗，面积26.18公顷，成交额7069.04万元，纯收益2233.91万元；协议出让土地7宗，面积1.64公顷，成交额2515.91万元，纯收益970.1万元；划拨用地22宗，面积40.4公顷。完成信合小区、原市医院家属楼、石头口门家属楼、新州1号至6号楼4宗无籍房用地审批手续办理和187户个人无籍房用地手续办理。

【土地资源总体规划】 九台区完成九台区土地利用总体规划定期评估。按照“多规合一”“划管结合”的总体思路，统筹划定生态保护红线，对九台区生态保护红线划定情况进行评估，将形成的生态保护红线自查报告和数据库按时上报长春市自然资源局。解决开发区大学生创业园、开发区2020年“三早”（早落地、早开工、早见效）项目、九溪新区和九台区污水处理厂用地布局调整，完成宅基地有效利用规划调整。入市项目初审184个，经土地制度改革办公室审查，通过15个。

【矿产资源管理】 九台区编制完成《矿山地质环境综合治理工程实施方案》《九台区建筑石料矿产资源开发利用专项规划》和《九台区露天采石场综合整治暨绿色矿山建设实施方案》。推进九台区采石场综合整治，提高矿山年设计生产规模，鼓励组建符合省级、国家级标准的大型绿色矿山建设。年内，完成15家采石场生态修复工程，21家采石场被停产整顿。

【村庄建设规划】 九台区将15个乡（镇、街道）乡镇建设管理所的审批职能移交至各自然资源所管理，接收50个行政村的村庄规划文本及批复件；开展村庄规划编制工作，100个行政村规划编制开标。116个村庄规划、17个村庄人居环境整治规划及九台区（县、市）域村庄建设规划编制计划开展招标工作。

【土地资源执法监察】 国家下发九台区图斑687个，核实确认违法用地82宗，按非立案处理完成整改23宗，剩余59宗违法用地立案查处。清查辖区内2处违建别墅，依法进行查处和整改。查办涉林刑事案件3件，行政案件9件。查处非法运输木材案件4起，办结率100%。对城市主要街路两侧违建门脸集中整治拆除34处；对群众反映强烈的违法建筑依法查处，履行催告程序完毕的违法建筑19处、296户、4105.22平方米，其中，高空违建5处、14户、301.2平方米。

【参与第三次全国国土调查工作成果位居全省第一】 2019年，九台区进行第三次全国国土调查。集中整改183150块图斑，其中，外业举证49886块，数据库中的图斑勾绘精度、地类认定正确性均符合调查标准。9月28日，省第三次全国国土调查领导小组办公室通知，九台区调查成果通过省级核查，成为吉林省唯一一家不用“清零整改”、直接上报国家的单位。10月15日，国家核查九台区第三次全国国土调查成果，差错率0.04%，位居全省第一。九台区自然资源局代表吉林省到沈阳督察局进行经验交流，长春市自然资源局将九台区第三次国土调查工作作为典型进行宣传。

【“三块地”改革】 2019年，九台区推进“三块地”（农村集体经营性建设用地入市改革、土地征收制度改革、农村宅基地制度改革）改革。3月19日，新华社驻长春分社记者在新华社客户端“中国聚焦”栏目发表《中国加快农村土地改革为乡村振兴增添活力》文章，报道九台区“三块地”改革取得的成果，将采访内容通过内参上报中央。年内，完成集体经营性建设用地入市地块198宗，总用地面积94.4公顷。接收农村土地征收制度改革报批征地卷宗46批次，批复土地面积813公顷。其塔木镇11个村、408户实现宅基地自愿有偿退出。

【拆违治乱攻坚月行动】 7月至12月，九台区制定《九台区2019年集中拆违治乱攻坚月行动实施方案》，普查拆除城区范围内违法建筑，集中开展拆除违法建筑专项行动8次，拆除违法建筑196处，总拆除面积5134.7平方米；发现并制止、拆除违法建设9处，总建筑面积1891平方米。

（郑海玖）

财 政

【概况】 2019年，九台区树立“过紧日子”思想，实施“有保有压”的财政措施，实现收支平衡，全区经济和社会健康发展。年内，全区预算执行总体情况在长春地区“二市一县两区”（德惠市、榆树市、农安县、双阳区、九台区）全口径财政收入总量排名第一，增幅排名第一；地方级财政收入总量排名第一，增速排名第一。全区一般公共预算全口径财政收入实现28.8亿元，完成预算的112.7%，比2018年增长17.2%。其中，地方级财政收入实现11.5亿元，完成预算的139%，比2018年增长45.7%。一般公共预算支出实现75.9亿元，比2018年增长16.7%。

【债务风险防范化解】 2019年，九台区重点防范化解政府债务风险，拓宽融资渠道。争取5平方千米中古医药产业园区基础建设专项债券15亿元，为打造九台生物医药产业集群奠定基础。加强PPP项目管理，拉长还款期限，减轻财政还款压力。量力而行、适度举债，利用发行的土地储备债券资金优势，高位统筹，事涉相关部门优先出让土地储备债券地块，增加区本级可用财力。

【财政预算绩效管理】 九台区实施财政预算绩效管理，强化绩效目标考核，分类制定和完善预算绩效评价指标体系，理顺绩效评价机制，推进绩效评价。对7个区级财政重点支出项目开展绩效评价，涉及资金7694万元。

【保工资、保运转、保民生政策落实】 2019年，九台区克服财力不足、资金短缺等实际困难，控制一般性支出，重点保障刚性支出。年内，全区保工资、保运转、保民生“三保”支出321261万元，“三保”支出占比2019年支出预算的69.65%。其中，保工资支出140000万元，保运转支出24500万元，保民生支出156761万元。

【保护生态环境项目资金支持】 九台区投资2.8亿元，实施饮马河流域劣五类水体水质提升工程11项，龙嘉、其塔木污水厂通水运行，苇子沟、兴隆、纪家污水调蓄设施投入使用。投资1000万元，启动石头口门水源地河流治理工程。投资496万元，实施其塔木镇和上河湾镇桥涵工程。投入1267万元，用于九台垃圾填埋场建设运营。投入300万元，用于乡（镇）垃圾转运站建设。投入400万元，用于环保淘汰燃煤锅炉改造。

【脱贫攻坚资金支持】 九台区精准研判、准确把握相关政策，加大涉农资金整合力度，为全区脱贫攻坚提供资金支持。筹集资金5007万元，用于九台区贫困村基础设施建设。投入5577万元，实施产业化项目10个、光伏项目13个、农村饮水安全工程2个。加大危房改造、教育、健康扶贫等方面的投入，促进农村经济发展。

【助力域内产业项目】 九台区落实项目建设、招商引资优惠政策，支持人才兴区战略，支持现代物流发展、传统产业改造、新兴产业发展。投入15510万元，购买补充耕地指标166公顷。全年到位中央和省农业发展资金11240万元，主要用于农机购置补贴、农业产业化发展、棚模经济、农业产业强镇、农业生产社会化服务等项目。投入4245万元，设立县域经济振兴发展奖励专项资金。

【村容村貌改造资金支持】 九台区投资2.2亿元，打造省、市、区三级美丽乡村17个、“一村一品”示范村14个，创建“美丽庭院”3000个、“干净人家”6000户。计划投资15684万元，建设标准农田项目8000公顷，实际到位资金3995万元。投资4566万元建立户分类、村收集、镇转运、区处理的垃圾处理运行机制。投资3026万元，用于粪污资源化综合利用。投资7500万元，改造农村户用厕所25000户。投资1000万元，用于“四好”(农村公路建好、管好、护好、运营好)农村路建设。投资2650万元，用于美丽乡村和村集体经济建设。

【政府采购】 九台区坚持公平、公开、公正、诚实信用的原则，规范采购程序，增加办事透明度，提高服务效率。年内，区政府采购办进行货物类招标、采购212次，完成183项，其中，公开招标48项，邀请招标1项，竞争性谈判15项，询价采购147项，单一来源1项；完成采购金额13110.5万元，节约资金704.76万元，资金节约率5.10%。工程类开标121项，其中，公开招标119项，邀请招标1项，竞争性谈判1项；完成采购金额88624.17万元，节约资金1106.11万元，资金节约率1.23%。

【财政评审】 九台区完成基建评审项目863项，审定金额16.94亿元，节约建设资金1.01亿元。其中，审结算696项，工程提报值8.28亿元,审定值7.68亿元，审减值5923.73万元，审减比例7.16%；编制清单及控制价128项，工程审定值8.71亿元；审定项目前期服务费（政府购买社会中介组织服务费）39项，提报值9678.46万元，审定值5464.37万元，审减值4214.09万元，审减比例43.54%。

（张建东）

税 务

【概况】 2019年，九台区全口径税费收入23.50亿元，比2018年增收1.02亿元，增长4.5%。其中，2019年税收收入22.59亿元，比2018年增收1.01亿元，增长4.8%；非税收入9131万元，比2018年增收155万元，增长1.73%；2019年出口退税1872万元，比2018年增加705万元。2019年，区税务局受到省、市、区级领导表扬性批示3次；获得省、市税务系统集体荣誉7次、个人荣誉25次；被评为2019年省级精神文明单位。

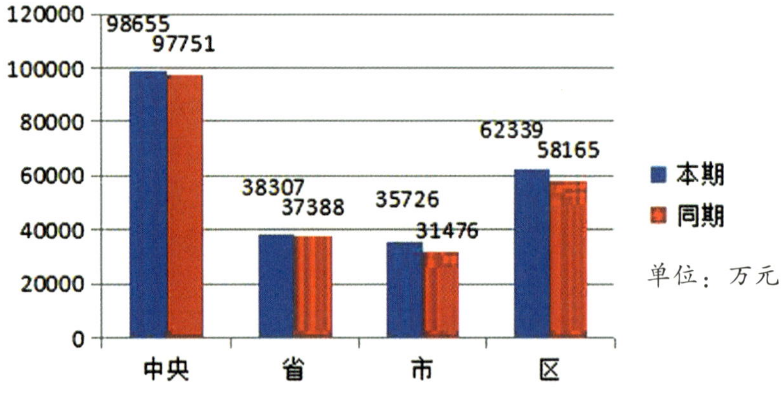

图1 2019年九台区税收收入分级次情况示意图

（区税务局 供图）

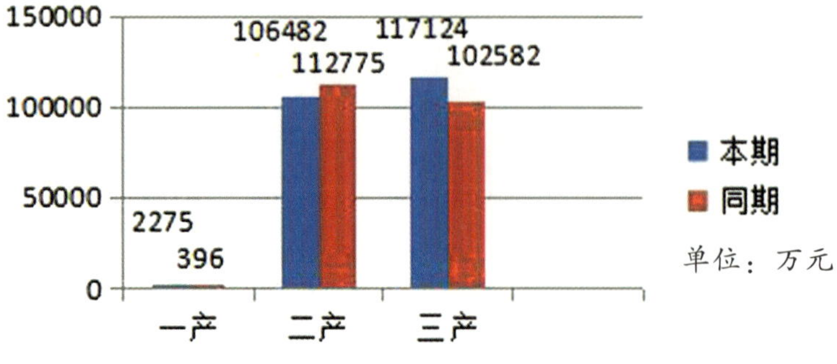

图2 2019年九台区税收收入分行业情况示意图

（区税务局 供图）

【依法治税】 九台区成立宣讲团，开展2次“减税降费”法制政策讲解，聘用法律顾问，组织学习培训工作。落实省、市税务局对行政处罚裁量基准相关文件要求，执行“首违不罚”的政策，依据《中华人民共和国行政处罚法》及省税务局新的行政处罚量化标准，完成税务行政处罚1696家次。其中，简易处罚1643家次，一般处罚53家次。

【税收征管】 九台区对确定为黑恶势力的5个团伙、34人进行系统筛查，5人涉及经商办企业7家。对588家重点行业企业进行系统排查，对欠税50万元以上的企业进行实地与系统排查。抽调专职人员对金税三期系统进行数据清理，全年接收省、市局下达的清理数据涉及28个指标、25个批次、18380条，处理率100%。1月至11月，陈欠入库金额315.04万元，新欠入库金额2427.50万元。

【税法宣传活动】 九台区在长春龙嘉国际机场设立3块电子显示屏，在九台政务中心、办税服务厅大屏幕循环播放减税降费宣传图画。在主要街道设立咨询台，悬挂宣传横幅，张贴宣传海报，发放宣传手册1万余份。在九台电视台、政府网站刊发各类公告6次，在朋友圈、微信群转发减税降费新政策。推行上门辅导，向纳税人发放《致全省纳税人的一封信》，送达率100%。以纳税人学堂、座谈会等为载体，分期开展减税降费专题宣讲5次。开展大型辅导5次，培训纳税人2260人次，上门一对一辅导5486户次，电话辅导5233户次。

3月8日，九台区税务局减税降费工作推进会召开

（区税务局　供图）

【减税降费政策落实】 九台区召开减税降费纳税人政策辅导会，对辖区200余家企业负责人、财务人员及税务局相关业务部门负责人进行培训。举办九台区税务局深化增值税、企业所得税改革政策等辅导大会，对纳税人开展7次培训。联合九台电视台《法纪在线》栏目组录制5期讲解减税降费政策知识的电视节目，剪辑制作成减税降费知识普及视频，发放至税源管理科室供纳税人学习。组织减税降费相关政策知识考试。印制、发放减税降费宣传手册2万余册。

【城乡居民养老保险征收】 2019年是城乡居民基本养老保险划转税务征收的第一年。九台区建立税务局、乡（镇、街道）、社区（村组）的三级管理模式，明确各级征缴管理负责人，落实城乡居民养老保险征收责任。由社保局九台分局提供参保对象名单，乡（镇）、社区每天跟踪缴费信息，更新最新缴费数据，按乡（镇）、村组进行全区排名，将未缴费名单按照税务科所、乡（镇）、社区、村组所管辖范围筛选，发放给各税务所、乡（镇）社区村组，及时通知未缴费人员缴费。不定期公布通报各所管辖范围内社保费征收率情况；会同九台区督查局，将各乡（镇、街道）城乡居民养老保险费征缴情况进行跟踪调度，实时下发督查通报征缴情况。在客运站、商业街人群密集处开展社保费集中宣传，在宣传区悬挂横幅、设立服务咨询台和发放宣传单、宣传册；发放4万份彩印城乡居民缴纳养老保险有关事项宣传单；利用九台电视台在黄金时段播放城乡居民基本养老保险有关事项通告；利用养老保险工作群和微信朋友圈推送社保费相关政策；走进园区企业、大学生创业园、乡（镇）社区，主动送服务、送政策；开展社保费最新政策辅导、咨询服务，解答缴费人关切的问题。2019年，区税务局城乡居民基本养老保险征收率104.23%，在全省县（区）级排名第六。

【绿色通道堵点、难点典型办理事件】 4月10日，纳税人长春羊草煤业股份有限公司到九台区税务局办税服务大厅，反映其公司4000余名员工3月工资未超过免征额，却全部产生个人所得税欠缴的情况。办税服务大厅安排业务能手专人负责处理，查找问题、更正申报，辅导纳税人正确操作方法，避免该纳税人延期申报。11月10日，纳税人吉林省宇光热点有限公司空港热电分公司到办税服务大厅申请补充备案，减免其2016年至2018年度房产税和城镇土地使用税，办税服务大厅派业务能手专人负责处理，为纳税人追回损失。

【绿色通道分类集中典型办理事件】 5月，通过绿色办税通道，集中受理长春莱德科技有限公司等纳税人因经营困难符合减免房产税和城镇土地使用税的申请，该类纳税人以最快速度享受到国家的税收优惠政策。12月，通过绿色办税通道，集中受理吉林省京福房地产开发有限公司、吉林省中凯房地产开发有限公司、吉林鹏宏房地产开发有限公司、长春市昕宇房地产开发有限公司土地增值税申报。

【绿色通道非工作日全天候典型办理事件】 7月13日，纳税人吉林省健腾房地产开发有限公司致电九台区税务局对外公开值班电话，请求紧急修改其2018年至2019年7月的所有纳税申报表，区税务局安排大厅工作人员前往为其全量更正，避免纳税人因错误申报而影响当月属期申报。11月22日至27日，纳税人北京首都机场餐饮发展有限公司吉林分公司到九台区税务局办税服务大厅办理税控设备注销业务，由于该纳税人开票行为正好发生在新发票管理系统2.0新上线过渡期，导致其开具的70余份发票信息没有成功上传，无法正常注销。经研究，采取手工录入方式，办税服务大厅安排注销专员历时5天，帮助纳税人完成注销业务。

（张　帆）

金融监管

【概况】 2019年，九台区成立长春市九台区地方法人金融机构风险防范处置化解工作领导小组。5月，吉林银监局九台监管办事处更名为吉林银保监局九台监管组，隶属吉林银保监局，是吉林银保监局的派出机构，没有独立的办案权和执法权。成立九台区防范和打击金融诈骗工作领导小组，九台区金融办联合公安、市场监管、人民银行等部门开展4轮为期5个月的非法集资风险专项排查，并及时处理所发现的问题。

【监管执纪】 根据吉林银保监局授权，吉林银保监局九台监管组对辖区内金融机构现场检查，对可能出现疑点问题的风险情况现场核查。每月对辖区内九台农村商业银行和龙嘉村镇银行进行非现场数据审核与分析。在非现场数据审核与分析的基础上，根据风险状况对九台农村商业银行与龙嘉村镇银行的高管人员进行半年、年度审慎监管会谈与约见谈话。对辖区内金融机构的高管人员变动和机构变化进行初审，及时上报吉林银保监局相关的监管处室。

【金融支持实体经济】 九台区建立以九台农村商业银行为主体，农业银行、邮储银行、村镇银行、小额贷款公司、农业保险公司等为补充的农村金融体系。辖内各金融机构增设网点，扩大金融服务范围，为九台农村商业银行申请160万元金融业发展专项资金。通过“万人助万企”活动，建立企业与银行之间的联系。由于企业缺少抵押物，经与吉林省信用担保投资集团有限公司、吉林省农业担保公司洽谈，完成《长春市九台区政银担企对接合作实施方案》及《长春市九台区政担合作协议》。举办政担银企对接合作会议，帮助企业解决融资难问题。

【金融风险防范】 九台区制定《长春市九台区地方法人金融机构风险防范处置工作方案》，完成《长春市九台区金融突发事件应急预案》，建立“疏堵、防治结合”的综合治理长效机制、齐抓共管的监测预警体系以及稳妥的风险处置体系，防范和治理金融乱象。宣传非法集资的危害性及特点，提高全区人民的风险防范和识别能力，自觉远离非法集资。

【征信监管】 全年受理个人信用报告查询18999人次（包括农商行自助机查询），查询企业信用报告478家。新配自助查询机1台，方便客户查询。运用非现场监测手段监测金融机构征信系统异常查询核查情况，通过征信中心反馈的各行异常查询数据，督导金融机构核查，减少查询违规行为。开展信用企业评定、诚信企业教育、农村青年示范户评选等工作。完善和更新农户电子信用档案，对信用评级好、符合农商行信贷支持条件的农民专业合作社给予贷款支持。支持与中小企业信用担保公司合作，不定期召开银企座谈签约会、项目推介会等，多渠道、多层次推进银企“对话”。

【人民币管理】 2019年，执行“不宜流通人民币”等行业标准，完善人民币收付业务评估指标体系，加大假币收缴力度，全年收缴假币13万元。做好2019年新版人民币发行前各项工作，跟踪督促金融机构机具升级工作，进行社会商用现金机具摸底调查，确保社会商用机具对新版人民币识别。

【反洗钱工作】 年初，人民银行九台支行召开全区金融机构反洗钱工作会议，传达人民银行长春中心支行反洗钱工作会议精神，增强金融机构对反洗钱工作的认识。根据《反洗钱非现场监督管理办法》要求，每季度末及时收集各金融机构反洗钱非现场监管季度报表，对其准确性、完整性进行审核。及时收集辖内各金融机构反洗钱组织机构建设情况、反洗钱内控制度建设情况、反洗钱宣传培训情况等非现场监管信息。调查金融机构反洗钱工作相关规章制度执行情况。指导金融机构提高可疑交易识别能力和报告质量。组织辖内金融机构召开扫黑除恶工作推进会2次，开展线索排查5次。完成8家银行业金融机构和1家证券机构2018年度的反洗钱分类评级工作。

【国库资金管理】 9月11日，人民银行九台支行组织辖内3家涉农金融机构于九台区上河湾镇集市开展对支付工具、支付系统以及取消企业账户核准等内容的集中宣传，提升民众对支付系统及工具的认知度。全年开展国债宣传活动2次，咨询超过500人次，发放宣传资料1000余份。办理国库日常核算业务，保证库款支拨和国库资金的快捷、安全、完整。预算收入入库44.63亿元，预算支出100.58亿元。启动国库核算标准化建设工作，建立财税库银协调联动机制，推动国库核算标准化建设。开展国库业务系统异地应急演练，提高应急处置能力。

【征信知识宣传】 “6·14”信用记录关爱日，人民银行九台支行组织8家金融机构开展“积攒点滴信用,创造无限财富”主题宣传活动，摆放宣传板75块、电子宣传板28块，悬挂各种宣传条幅100余幅，发放各类宣传品5000余份，并现场解答市民群众提出的问题。开展“弘扬社会主义核心价值观、争做新时代诚信好青年”征信知识进校园活动，九台电视台给予报道。

【龙嘉村镇银行信用风险化解】 5月24日，中国人民银行和中国银保监会联合发布内蒙古包商银行由于出现严重的信用风险，由建设银行负责接管的信息。内蒙古包商银行是九台龙嘉村镇银行的发起行，受此影响，九台龙嘉村镇银行引发储户大量支取存款问题。九台监管组协同人民银行九台支行启动应急预案，组织召开辖内各金融机构主管领导会议，各金融机构召开本单位全员工作会议，要求所有员工从正向宣传，避免出现负面、不当的言论和信息。九台监管组组长到九台龙嘉银行指挥，与九台区公安部门和网监部门及时沟通，进行正能量宣传，减少负面影响。至8月15日，储户大量支取存款的问题得到解决，资金的流动性得到保障，遏制挤兑事件的发生。

【政担银企合作签约仪式】 10月22日，九台区政担银企合作签约仪式在区委党校综合楼报告厅举行。在签约仪式上，省信用担保投资集团有限公司、九台区人民政府、九台农村商业银行股份有限公司签订政担银企业务三方合作协议；九台区人民政府与兴业银行长春分行签订战略合作构架协议；九台农村商业银行股份有限公司与贷款企业长春市九台区东师农牧业有限公司、吉林兴达食品有限公司现场签订贷款协议。区委常委、常务副区长李国辉主持签约仪式。区发改局局长、金融办主任祖东航宣读《长春市九台区人民政府金融工作办

10月22日，长春市九台区政担银企合作签约仪式在区委党校综合楼报告厅举行　　（区政府办　供图）

公室关于印发长春市九台区政担银企对接合作实施方案的通知》。区财政局、发改局、审计局、工信局、长春九台经济开发区等重点部门主要领导及180名九台域内企业负责人参加合作签约仪式。

（王洪英　曲守军　杨松青）

审　计

【概况】 2019年，九台区对重点部门、重点资金和重点投资项目进行审计监督。年内，完成审计项目47个，查出主要问题涉及金额11590.5万元，上缴财政审计罚没收入145.2万元，审计促进整改入库资金4851.6万元，向纪检监察等有关部门移送案件线索和事项1起，提出审计建议16条。代表区政府向区人大作年度预算执行审计报告。配合参与长春市审计局对“一卡通”、扶贫工作进行审计。

【同级财政预算执行审计】 九台区重点关注政府性债务、财政资金的存量和增量、财政资金在安排使用环节上存在的问题，重点关注部门预算执行的真实性、合法性，以及政府采购、国库集中支付、结余资金管理、资产管理等制度的执行情况。针对发现的问题，提出审计建议，督促被审计单位整改，全部整改完成。

【重大政策措施落实跟踪审计】 全年围绕“最多跑一次”政务改革、教育附加、地方教育附加、现代农业发展专项资金以及“双随机一公开”等重大政策措施落实情况开展审计，重点将审计渗透到预算执行、经济责任审计。全年发现审计问题1个，提出审计建议1条，督促被审计单位完成整改。

【领导干部自然资源资产离任审计】 九台区开展对原土们岭街道党工委书记、主任任职期间，履行自然资源资产管理与生态环境保护责任情况进行审计，摸清被审计领导干部任职期间自然资源资产的实物量与生态环境质量状况的变化情况，揭示被审计领导干部在履行自然资源管理和生态环境保护责任中存在的主要问题3个，提出审计建议2条，存在问题全部整改。

【党政领导干部经济责任审计】 九台区重点审计领导干部执行财经法规、重大经济决策、内部管理以及遵守廉政规定等情况，关注贯彻中央八项规定、“厉行节约、反对浪费”有关要求情况。实施经济责任审计项目38个，发现各类违规问题8个，查处违规金额467.91万元。向区委组织部报送审计结果报告38篇，提出审计建议10条，为干部使用提供重要参考。

【审计委员会筹备】 按照九台区机构改革方案要求，区委审计委员会办公室设在审计局。组织筹备审计委员会会议，起草《中共长春市九台区委审计委员会组成名单》《中共长春市九台区委审计委员会工作规则（送审稿）》《中共长春市九台区委审计委员会办公室工作细则（送审稿）》。规定中共长春市九台区审计委员会是九台区委议事协调机构，直接受九台区委及其常务委员会领导。9月19日，召开中共长春市九台区委审计委员会第一次会议。

（姜继超）

统　计

【概况】 2019年，九台区完成第四次全国经济普查承担的任务，筹备参与第七次全国人口普查。对“四上”企业（规模以上工业企业、资质等级建筑业企业、限额以上批零住餐企业、限额以上服务业企业）数据进行修正和核查，维护“四上”企业名录库。参加各级统计执法检查，迎接国家统计督察。经过数据核查和经济普查数据比对，对地区生产总值、规模以上工业总产值、固定资产投资和贸易业营业额数据指标进行修正。

【统计服务】 统计局九台分局每月向政府提供1次重点经济指标预测，上报1次经济指标实际完成情况，对苗头性、倾向性、趋势性问题加强监测预警分析，及时反映统计信息，形成有理论、有观点、有分析、有建议、针对性较强的统计分析报告，为区委、区政府掌握经济运行动态，开展有效决策提供重要依据。为社会提供各类统计成果，通过各种渠道及时发布全区经济工作动态、统计信息、统计分析等。为各部门、单位及公众提供权威、准确的统计数据，做到统计成果服务社会、服务人民。

【统计法治建设】 九台区贯彻和学习《中华人民共和国统计法》《中华人民共和国统计法实施条例》《关于深化统计管理体制改革提高统计数据真实性的意见》《统计违纪违法责任人处分处理建议办法》《防范和惩治统计造假、弄虚作假督察工作规定》，提高统计数据真实性，防范和惩治统计造假。每季度上报领导干部干预统计工作台账，坚持依法统计、求真务实。利用“9·20”全国统计工作日和“12·4”全国普法日，集中开展统计法治宣传教育2次，利用广告宣传车上街宣传4天，张贴宣传条幅20幅，发放口罩、手套、手提包、购物袋等宣传纪念品600余件。结合省、市双随机执法检查，对域内企业进行执法检查。3名执法骨干参加长春市统计局组织对30家国家统计督察问题企业，以及50余家省、市双随机检查企业的执法检查。在国务院首次统计督察工作中，九台区按照督察规定和办法落实各项工作，制定整改措施，建立数据核查制度、企业入库负责制、本机统计执法双随机制度、法规学习进党校课堂等制度。

【基层统计工作站建设】 九台区加强和完善各乡（镇、街道）统计工作站建设，为17个统计工作站配备台式电脑、笔记本、打印机各1台。申请专项资金25.84万元，铺设17条点对点内网，购置专网电脑17台，将统计内网专线延伸到各乡（镇、街道）统计工作站，实现乡（镇、街道）统计站利用网络打造数据共享平台。建立健全基层统计制度，统一制作展板，张贴上墙。为每个工作站配备档案柜1台，规范档案数据管理，对档案收集分类管理、电子录入、归档入柜等进行统一要求。充实乡（镇、街道）统计工作站队伍，每个统计工作站至少配备2名专业统计人员。

12月18日，统计局九台分局组织开展统计法宣传活动

（统计局九台分局 供图）

【承担第四次全国经济普查工作】 九台区完成第四次全国经济普查入户调查、数据审核、数据验收、资料开发等工作。普查法人和产业单位6735家，个体工商户18455户。辖区内划分339个普查区、473个普查小区，选配普查指导员406人、普查员468人，在区会议中心和天伦宾馆举行7次业务培训。通过印发宣传资料、制作标语、张贴墙报、派出流动宣传车、微信平台转发等方式，对经济普查进行宣传。全区填报录入企业3024家，其中，“一套表”平台录入企业439家，PDA终端录入企业2585家。

【“四上”企业基础数据修正核查】 九台区在全区范围内对规模以上工业、贸易业、固定资产投资和重点服务业进行不同程度的修正。修正后，规模以上工业总产值完成150亿元，固定资产投资完成109.6亿元。对全区“四上”企业数据进行核查，将不达标企业及注销、停产、停业等“僵尸”企业清退出名录库。通过数据比对、实地核查，223家不达标企业退出“四上”企业名录库。其中，工业96家，贸易业47家，服务业71家，房地产8家，建筑业1家。年末，实有“四上”企业217家。其中，工业103家，贸易业38家，规模以上服务业18家，房地产21家，建筑业37家。

（孙洪刚）

市场监督管理

【概况】 7月12日，按照九台区机构改革方案，原长春市工商行政管理局九台分局、原长春市食品药品监督管理局九台分局、原长春市质量技术监督管理局九台分局以及原物价局价格监察部分、原科技局知识产权部分职能划转、整合，组建长春市市场监督管理局九台分局。2019年，九台区市场主体总量60156家，比2018年增长14.88%。其中，企业类市场主体新增1024家，比2018年比增长13.22%；各类食品、药品行政许可办理2614件，新增食品生产、餐饮、流通许可1728件，新增药品经营许可13件；特种设备使用登记事项办理200件。其中，电梯112件，锅炉17件，起重机械28件，叉车5件，游乐设施2件，压力容器36件。通过消费者维权通道和投诉举报平台接待咨询153人次，受理投诉举报42件，调解成功42件，调解成功率100%，为消费者挽回经济损失213038元。

【价格监管】 九台区围绕节假日等重要时段、转供电环节电价治理以及行政事业性收费3个重点领域开展价格监管。在节假日或特殊时段期间，制定节假日重大价格波动监管方案，关注消费集中商品的价格变化，推进明码标价，惩处价格欺诈等价格违法行为。制定《关于开展全区转供电主体收费行为专项整治的实施方案》。主要以火车站、产业园区等特殊区域供电主体落实电价情况为重点，查处不按规定退还多收电费、不执行政府定价以及在电费中违规加收其他费用等行为。排查大型转供电主体30家，立案22件，结案3件，其余指导退费整改，涉及商户1000余户。召开转供电主体收费行政约谈会，向九台区各银行、供水、供电、供气等14家行政事业单位解读各个行业涉企收费违规的表现形式，引导企业进行自查自纠，保证九台区公平公正的价格环境。

9月30日，市场监督管理局九台分局在同仁堂药店检查辖区药品安全情况 （市场监督管理局九台分局 供图）

【计量标准化监管】 九台区对集贸市场、大型商场、加油站、出租车等市场经营场所使用的计量器具进行监督检查，出动223人次，检查1526个次，保障计量市场秩序规范。督导指导长春市北方特种电线电缆制造有限公司、吉林中财管道有限公司采用国际标准。九台区6大行业、23家企业、66个标准在网上公开备案。

【食品安全监管】 九台区食品监管执法覆盖辖区内餐饮服务业户2444家。辖区全部食品生产、经营和餐饮服务单位完成风险等级评定，推进“阳光厨房”建设512家，创建餐饮示范街3条。2019年，开展校园及周边“五毛”食品、农村假冒伪劣食品、小作坊食品生产加工、网络餐饮服务、保健食品市场乱象等国家和省、市级专项整治行动21项，保障“双节”等4个特殊时期的食品安全。全年立案17件，罚没款179517元；责令整改106件，收缴各类“三无”（无生产日期、无质量合格证、无生产厂家）食品、过期食品300余千克；受理食品安全投诉举报案件31件，办结31件，办结率100%。

【药械安全监管】 九台区加强药品、化妆品、医疗器械的安全监管。对辖区10%以上企业抽查检查，对药品中存在危险化学品隐患排查3次。对中药饮片、生物制品、国家有专门管理要求的药品监管，重点抽查有关药品的购进渠道、冷链药品购进、保存等方面违法行为。全年开展春节期间药械监管整治、保“双节”百日会战行动、药品生产企业危险化学品隐患排查、化妆品经营使用单位监督检查等6项专项整治行动，检查药品、医疗器械、化妆品企业438家，出动执法人员423人次，监督抽检175批次，立案6件，罚没款164463.60元，责令改正11件。

【特种设备安全监管】 围绕特种设备安全，九台区综合运用日常监督、集中整治、联合执法等手段，执行分类监管、重点监督检查制度。2019年，组织开展特种设备安全和工业产品质量安全教育，在特种设备集中区设立宣传板，督促遵法守法、按章操作、安全生产。推进监管执法，开展特种设备隐患排查治理，加大电梯、锅炉安全监管巡查力度。在常压锅炉承压使用问题专项整治中，排查锅炉213台，发现有问题锅炉5台，下达特种设备安全监察指令书，要求其限期整改，锅炉停止使用。

【产品质量安全监管】 九台区着重开展农产品质量安全监管，针对化肥等农资产品进行排查，做好定量检测、常规检测、速测，全年监督抽检1276个样品。对煤炭、液化气、压力容器等完成监督抽检任务。

【信用监管】 九台区实施“双随机、一公开”监管，重新整合随机抽查事项清单，在日常检查监管全覆盖基础上，对金融、教育培训重点领域开展定向抽查。全年开展23次“双随机、一公开”抽查，生成抽查事项清单497条，检查市场主体1737家，随机抽取检查人员161人，随机生成抽查小组73组。推进企业年报和信息公示，公示率91.5%，为企业公示涉企信息1132条。开展跨部门联合抽查1次，指导各部门跨部门联合抽查，检查市场主体15家，联合抽查率100%。

【国际商标申请】 九台区从把握辖区国际商标实际情况入手，了解到辖区企业经营项目涉及国际贸易的有132家。向宇农副产品有限公司提交国际商标申请，后备资源充足，国际商标业务可以扩大。市场监督管理局九台分局对所有涉及进出口贸易的市场主体进行摸底和走访，采取电话调研实地考察的方式发掘国际商标后备企业，组织有意向的企业与分局建立联系纽带，开展指导工作。全年办理国际商标申请2件。

【地理标志培育】 九台区发挥农副产品产业历史悠久的地域优势，培育地理标志商标。提交申请“城子街桃山梨”“九台晚李”2件地理标志商标，将“纪家土豆粉”“卡伦大酱”2件地理标志商标作为重点地理标志资源推进，盘活九台区的地理标志资源。

【品牌示范企业培育】 九台区落实“名牌”战略，开展质量提升行动，组织队伍深入庙香山等名牌申报企业现场指导，引导企业树立“品牌强企”理念，培育吉林省绿森林环保科技有限公司等3家企业为质量品牌示范企业。

【反不正当竞争整治行动】 九

3月4日，市场监督管理局九台分局工作人员现场指导办理“俏味堂”国际商标　　（市场监督管理局九台分局　供图）

台区对假冒伪劣、虚假宣传、霸王条款、哄抬物价等市场不正当竞争行为，开展20余项整治行动，排查各类市场主体16175家，出动执法人员3623人次，立案14件，行政指导4件，罚没款13.5万元。在进行涉企收费专项检查过程中，为辖区63家（户）企业和商户退费200余万元。

【直销、传销专项整治】 九台区开展“打击传销规范直销”系列专项整治，重点开展4个方面整治行动。整治假借“微商”“电商”名义实施的传销行为和以“虚拟货币”“电子商务”“金融互助”“爱心慈善”“旅游互助”等为幌子实施的网络传销活动；整治以“介绍工作”“创业就业”“婚恋交友”等名义，诱骗学生、农民、下岗职工参与的“拉人头”聚集型传销行为，以及打着“国家试点”等旗号，利用“资本运作”“阳光工程”等名义从事的传销活动；整治直销企业或其挂靠的公司、销售团队、经销商以直销经营许可证为幌子、以开展“直销经营”为借口，许以高额回报，引诱、哄骗相关人员参与的传销行为；整治为传销行为提供经营场所、培训场所、货源、保管、仓储等条件和为网络传销提供互联网信息服务的违法行为。经排查，全区无一起直销、传销违法案件发生。

7月21日，区发改局、市场监督管理局九台分局联合开展“稳物价、保民生”联合大检查

（高 勇 摄）

【知识产权监管格局创建】 九台区形成通过执法形成震慑、通过宣教形成保护的知识产权监管格局。重点开展“铁拳行动”，整治商标、专利侵权行为，立案5件，没收侵犯注册商标专用权服装137件、酒类144瓶、五金件110件、油漆11桶，涉案7.4万元，罚款2.05万元。开展“4·26”知识产权日系列活动，通过悬挂条幅、设置宣传展板、发放宣传资料、展示假冒伪劣商品等形式，向群众重点宣传《中华人民共和国商标法》、知识产权基础知识和消费者如何鉴别商标等内容，让群众知晓商标法律知识，学习自我维权，提高识假辨假的能力。

【“放心消费”创建】 九台区创建“放心消费”，覆盖辖区内所有经营主体。制定“放心消费”创建工作计划，推进消费集中行业7日无理由退货承诺制度。采取经营主体自愿申报和“放心消费”各成员单位推荐相结合的方式，培育2019年度“放心消费”示范主体56家，建立线下无理由退货的门店35家、“放心消费”示范街区1个。

（张晓宇）

JIUTAI · CHINA
中国·九台

农 业

Agriculture

综 述

【概况】 2019年，全区粮食产量比2018年增长12.9%。其中，玉米产量比2018年增长17.1%，水稻产量比2018年下降3.9%。农林牧渔业总产值96.6亿元，比2018年增长8.3%。其中，农业产值27.2亿元，增长14.8%；林业产值2000万元，下降37.8%；畜牧业产值66亿元，增长5.9%；渔业产值1.2亿元，增长3.9%。农林牧渔服务业产值2亿元，增长1.9%。农林牧渔业实现增加值49.5亿元，比2018年增长8.2%。其中，农业增加值16.6亿元，增长13.7%；林业增加值1000万元，下降37.4%；牧业增加值31.1亿元，增长5.8%；渔业增加值7000万元，增长3.3%；农林牧渔服务业增加值1亿元，增长1.6%。年末，生猪出栏44.6万头，牛出栏17.8万头，羊出栏2.2万只，禽类出栏3710.3万只。肉类总产量约1.57亿千克，其中猪肉产量3600万千克，牛肉产量3200万千克，羊肉产量25万千克，禽肉产量8830万千克。禽蛋产量4000万千克，其中鸡蛋产量3600万千克。奶类产量1400万千克。

【国家惠农政策落实】 中央级支持农业保护补贴粮食适度规模经营建设项目。2018年中央安排财政转移支付扶持资金2192万元，用于支持粮食适度规模经营、畜牧业规模养殖。按照“集中力量、重点突破、优势优先”原则，确定支持开展粮食适度规模经营项目1392万元，支持开展畜牧业规模养殖项目800万元。粮食适度规模经营项目资金中用于支持粮食适度规模经营的1008万元，用于政府购买服务的384万元。粮食适度规模经营项目支持农业新型经营主体216个，支持资金786.12万元。玉米螟防治项目采购赤眼蜂8万帘（采购资金383.2万元）。支持开展畜牧业规模养殖项目800万元，完成审核540万元。

【农用耕地产地环境划分】 九台区与吉林大学签订协议，开展土壤环境质量类别划分工作。耕地土壤环境质量类别划分工作是《土壤污染防治行动计划》重点考核内容，九台是2019年吉林省耕地环境质量类别划分先行试点县。九台区已经形成分类结果，完成工作报告，建立试点县耕地分类清单，列表制图入册，提交省政府。

【中央级农业生产发展新项目】 2019年，九台区有中央财政农业生产发展项目3个，其中，家庭农场发展建设经营项目支持资金136万元，农民专业合作社发展项目支持资金270万元，农业生产社会化服务项目支持资金143万元。支持13个农民专业合作社资金130万元（每个10万元），支持12个家庭农场资金95.7万元（1个7.7万元，其余每个8万元）。

【中央级生产发展资金适度规模经营资金项目】 2019年，九台区共获得中央财政转移支付扶持资金1742万元，其中，支持开展粮食适度规模经营项目900万元，支持开展畜牧业规模养殖项目500万元，支持开展特色农业产业规模经营342

万元。

【国家减肥增效示范补贴项目】制定减肥增效示范区建设方案。在九台电视台播放电视讲座，编印7000册培训教材。补贴配方肥工程完成招标，邮寄2058个测土配方施肥指导卡。

【省级农民专业合作社发展项目】扶持促进农民合作社能力提升项目资金56万元，支持8个农业新型经营主体，每个经营主体扶持资金7万元。

【农产品质量安全检测】2019年，九台区速测筛查样品2000个，随机定量检测样品100个，出具内部参考检测报告20份，检测重点是秋季蔬菜和棚室蔬菜。通过农产品质量安全检测体系认证复评，工作重点由重检测轻管理向全方面达标发展。

【农产品质量安全监督】九台区成立农产品质量安全监管工作领导小组，下设办公室。6月18日至7月18日，开展“尚德守法食品安全让生活更美好”食品安全宣传月活动。设立宣传点2个，现场接受咨询200余人次，摆放宣传展板10块，发放宣传资料4000余份，悬挂标语横幅9幅。对规模较大的农产品生产经营主体建立农产品生产记录、农业投入品购销台账产地准出、质量安全监测等制度。推广和应用国家追溯平台21家、省级平台21家。建设九台区绿色有机农业示范园区7个（种植业4个，养殖业3个），其中5个示范园区获得“绿色有机农业示范园区”称号。开展为期3个月的全区农村假冒伪劣食品专项整治行动，出动执法人员3308（人）次，检查食品生产主体227个。检查食品经营主体1611个，检查批发市场、集贸市场等45个，收缴假冒伪劣食品367千克，货值3128元。查处商标侵权假冒案件2件，案值13569元，罚没金额3万元，受理和处理消费者申诉与举报28件。开展食品生产经营者培训10次、宣传活动17次。

【秸秆综合利用】2019年，全区秸秆总产量129万吨（玉米秸秆113万吨、水稻秸秆16万吨）。有秸秆能源化、饲料化、燃料化加工产业园区12个，推广清洁炉灶具5000台（套）。2019年，秸秆综合利用率提高5个百分点，达到92%。区政府与长春长拖农业科技开发有限公司签订战略协议，项目总投入210万元，在长春龙嘉国际机场周围，长吉北线、高速公路两侧的黑林子、甘家等10个村，建设15个综合利用产业园，每个园区加工能力均在1000公顷以上。通过秸秆综合利用专项资金，企业1.5亿元社会资本参与到秸秆综合利用。支持11家秸秆综合利用企业开展秸秆肥料化、饲料化、燃料化利用。

【高标准农田建设】根据九台区机构改革方案，将原自然资源局、农发办、发展改革局和水利局的农田整治项目于5月7日划转到农业农村局。2019年，高标准农田项目建设规模8541.24公顷，批复资金18899.93万元，建成高标准农田8118.31公顷。灌溉与排水工程和田间道路工程项目区涵盖苇子沟街道富民村、龙泉村，兴隆街道和新村、姜家炉村，土们岭街道马鞍山村、土们岭村、山咀村，纪家街道鸡鸣山村、盛家村、双杖子村、尹家村、太平村、大榆村、姜家村、分水村、盛水泉村、纪家村、腰窝堡村、永增福村。灌溉与排水工程包括配套农用井227眼、农桥14座、漫水桥7座、箱涵39个、圆管118个、直埋管393个、进地管26个、排水沟4574米。田间道路工程包括4.5米宽水泥路7713.48米、4米宽水泥路72142.22米、4米宽冲刷段8676.24米、4米宽过水段1020米、3米宽水泥路58811.23米、3米宽冲刷段18699.41米、3米宽过水段1485.02米；砂石路198508.81米，其中，4米宽砂石路76816.53米，3米宽生产路121692.28米。

【率先实现农业现代化示范县建设】“十三五”期间，九台为全省14个率先实现农业现代化示范县之一。2019年，创建市级现代农业产业园3个；“九台贡米”获得“2019年中国区域公共品牌”称号；实现农药、化肥负增长；被评为全国县域数字农业农村发展水平评价先进县。绿野家源种植家庭农场被农业农村部评为第一批家庭农场全国典型，其塔木金盛种植业家庭农场被评为长春市十大家庭农场。

（张　启）

种植业

【概况】 2019年，九台区应对灾害，调优种植结构，粮食作物播种面积18.63万公顷。其中，玉米14.9万公顷、水稻2.6万公顷、大豆2300公顷、马铃薯6000公顷、杂粮杂豆3000公顷。全区粮食产量18.145亿千克，其中，玉米15.39亿千克，水稻2.08亿千克，大豆、杂粮和薯类等其他粮食作物0.675亿千克。通过优化粮食品种结构，籽粒玉米种植面积比2018年调减1.1万公顷。突出粮豆轮作，种植优质大豆2300公顷。

【种植结构优化】 粮食生产功能区和重要农产品生产保护区"两区"划定16.07万公顷。突出苗木花卉、马铃薯等经济作物，种植优质大豆2300公顷，种植甜黏玉米1000公顷，种植绿色优质水稻2.6万公顷。

【玉米种植】 2019年，九台区遭遇春旱、台风等农业气象灾害，九台区组织专家和技术人员帮助农户采取抗旱保苗、加强田间管理等措施抗灾保收。全区玉米播种面积14.9万公顷，比2018年增加2000万公顷；玉米总产量15.39亿千克，比2018年增加1.48亿千克。

【水稻种植】 九台区引导种植户发展优质水稻，推广水稻侧深施肥、生物防治病虫害等生产技术，提升水稻栽培技术水平。水稻播种面积2.6万公顷，与2018年种植面积持平；新增绿色有机水稻种植面积7000公顷，占水稻种植面积的27%。

【大豆种植】 九台区响应国家大豆振兴计划，制定出台大豆生产者补贴政策，引导农户增加大豆种植面积。2019年，九台区大豆种植面积2300公顷，比2018年减少800公顷，大豆总产量0.75亿千克。

【蔬菜种植】 全区棚膜面积1150公顷，总栋数10149栋。2019年，新建标准温室89栋、7.51公顷，新建标准大棚1123栋、142.4公顷。蔬菜总产量11.7亿千克，蔬菜生产占据长春市市场65%。

【园艺特色产业】 2019年，累计建设棚室1900公顷，新建棚室1502栋、158.26公顷，完成300栋大棚5.25万元投保和8家园艺特产企业420盏植物补光灯安装试点示范，整改"大棚房"中看护房333栋，推进园艺特产示范县建设。园艺特产业总产值62.86亿元。

【绿色食品认证】 2019年，新认证"三品一标"（无公害农产品、绿色食品、有机食品和农产品地理标志）企业10家、13个品种，分别是龙嘉镇众达种植农民专业合作社（西红柿品种1个，种植面积7公顷）、苇子沟街道华禹种植家庭农场（绿色大米品种2个，种植面积300公顷）、兴隆街道德善兴种植业家庭农场（绿色大米品种1个，种植面积200公顷）、九台区君德米业专业合作社（绿色大米品种2个，种植面积200公顷）、龙嘉农乐种植家庭农场（绿色大米品种2个，种植面积70公顷）、莽卡满族乡殿伟种植农民专业合作社（绿色大米品种1个，种植面积108公顷）、莽卡乡易丰种植专业合作社（绿色大米品种1个，种植面积100公顷）、九台区宏昇米业有限公司（绿色大米品种1个，种植面积150公顷）、其塔木镇先鹏种植业家庭农场（绿色大米品种1个，种植面积200公顷）、九台区依富米业有限公司（绿色大米品种1个，种植面积126公顷）。至2019年年底，九台区有绿色有机产品48个，其中，绿色产品44个，种植面积4800公顷；有机产品4个，种植面积213公顷。

【国家水稻绿色食品基地建设】 在松花江流域3个乡镇（其塔木、上河湾、莽卡）申请创建1万公顷水稻绿色食品基地，经中国绿色食品发展中心批准，2019年实施创建。

（张 启）

林 业

【概况】 2019年，九台区完成国有林场改革的主要任务，通过省级验收，被评为优秀。区林业局被国家林业和草原局评为保护森林和野生动植物资源先进集体，九台区被全国绿化委员会评为全国绿化模范单位。

【"绿满九台"行动】 推进"绿满九台"行动，绿化村屯110

绿化后的村屯道路（2019年7月） （区自然资源局 供图）

个，清收林地造林和补植433.33公顷，采伐迹地更新93.33公顷，农田林网修复完善工程148.2公顷，乡村道路绿化3万米，新建绿化小区2个，城市增加绿地19公顷，义务植树基地11个，栽植苗木300万株。完成2018年度“林地变更一张图”更新修订和农防林更新改造、危险木清理等采伐工作。

【林业科技产业】 加强林业产业基地建设。平欧杂交大榛子种植、樟子松嫁接红松分别达到500公顷和400公顷，发展经济林150公顷。林业产业扶贫造林面积1355.33公顷，带动贫困人口79人，累计带动贫困人口109人，人均增加收入898元，帮扶贫困村2个，帮扶资金49.5万元。

【森林资源保护】 受理环保督察案件57件，办结55件。查办涉林刑事案件3件，行政案件9件，行政处罚9人次。立案查处非法运输木材案件4件，办结案件4件。配合殡葬领域突出问题整治工作。加强林木病虫防治，对野生动物和鸟类迁徙进行保护，营林工程通过省、市验收。对全区的63块湿地逐块定期排查。森林火灾受害率控制在0.1‰以下，森林火灾控制在每次5公顷以下，森林火灾案件查处率85%，九台区连续39年无重大森林火灾。

（郑海玖）

畜牧业

【概况】 2019年，屠宰生猪约34万头，其中，长春金锣肉制品有限公司32万头，大宏屠宰场约1.5万头，乡（镇）5000头；屠宰牛6000头，其中，城区4000头，乡（镇）2000头；羊年屠宰量约9000只；肉食鸡年屠宰量约35万只。

【动物防疫】 成立防控非洲猪瘟领导小组，从6月中旬到10月底，深入生猪养殖场（小区、户）、屠宰场、运输环节、饲料商店、农贸市场等场所，进行非洲猪瘟防控知识宣传。发放传单3000份，宣传手册2000册，宣传资料1500份，悬挂条幅100幅。全年审批对外引动物及产品10份并实施落地制度。九台区有屠宰厂（点）23个，根据《吉林省生猪屠宰环节非洲猪瘟检测实施方案（试行）》对13家小型生猪屠宰场进行停业整改，责令执行非洲猪瘟自检制度和办理“排污许可证”，其中，因环保不达标被停业整改6家。全年产地检疫生猪17.38万头、牛2895头、羊24只、家禽856.93万只；屠宰检疫生猪42.94万头、牛594头、羊21只、家禽197.21万只。接受外埠报检肉8.5万千克。动物“五大疫病”（猪瘟、口蹄疫、蓝耳病、鸡新城疫、禽流感）免疫率100%，其他动物疫病免疫率95%以上。对重大动物疫病全方位进行监测，口蹄疫抗体监测样品1080份，监测猪瘟样品400份，禽流感样品400份，鸡新城疫样品400份，开展奶牛结核病、布病检疫，检疫奶牛4000头。

【无害化处理】 2019年，屠宰环节无害化处理生猪1210头，均由长春金锣肉制品有限公司操作。养殖环节无害化处理均发生在生猪养殖场，监督处理150余起，处理1千克以下仔猪6万头，主要以生物降解、化制、焚烧深埋等形式进行并填写无害化处理文书。全区有标准化无害化处理池10座，全年无害化处理动物产品4万千克。在苇子沟街道官地村修建省级病死动物无害化处理厂。

【畜禽粪污资源化利用】2019年，九台区政府出台《长春市九台区整县推进畜禽粪污资源化利用项目实施方案》。粪污产生量约11.4亿千克，约10.2亿千克实现资源化利用，畜禽粪污综合利用率90%以上。九台区在云平台备案规模养殖场404家，其中，339家规模养殖场粪污处理设施配套已通过区级农业、生态环境部门联合验收合格，49家与种植业合作社签订粪污处理合同，规模养殖场设施配套率达96%以上。全区大型规模养殖场147家，已通过县级畜牧、生态环境部门验收的大型规模养殖场粪污处理设施装备配套率达100%。

【畜产品质量安全监督】2019年，出动监督执法人员20人次，对畜禽屠宰厂（点），尤其是对生猪屠宰厂（点）的非洲猪瘟自检制度、官方兽医派驻制度落实情况及相关证照是否齐全等问题进行监督；对16家规模养殖场（户）的动物防疫条件和养殖档案及排污许可证等进行监督检查，发放宣传资料3000余份，悬挂宣传条幅136幅。

【兽药饲料监督】为75家兽药经营企业建立九台区兽药经营企业微信工作群信息平台。发送宣传材料1000余份，悬挂条幅50余幅，重点宣传养殖技术、兽药饲料法律法规、禁用药物种类、兽药标签和说明书等兽药饲料知识。抽检110个饲料品样。其中，抽检饲料生产企业成品饲料2次、20个品样，配合省畜牧业管理局抽检成品饲料2次、50个品样，抽检饲料经营企业2个批次、40个品样。依据《饲料和饲料添加剂管理条例》对1家不合格品样的经营企业进行处罚。出动执法人员210人次，对兽药经营、使用单位进行违禁药物和过期产品清查。审批、换发“兽药经营许可证”75家。对养殖户进行规范化管理，发放制度板800块，监管指导养殖户200余家次。配合渔政部门查处无证生产经营行为，重点查处销售呋喃唑酮、氯霉素、孔雀石绿等禁用药物和有毒有害化学物质的行为。配合省畜牧业管理局抽检30个兽药品样。

【动物卫生监督】出动执法人员366人次，执法车辆161辆次，立案12起，结案12起。没收销毁不合格动物产品650千克，罚款2.6万元。连续23年实现违法案件处罚零投诉。出厂肉品“两章”（定点屠宰章、检验检疫章）、“两证”（定点屠宰证、检验检疫合格证）齐全，与各屠宰厂签订《肉品质量安全承诺书》，实行肉品质量安全召回制度。

【畜牧业项目建设】开心农业长春有限公司生态蛋鸭智能化产业园区续建项目，占地面积110公顷的200万只蛋鸭项目二期开工建设，新建设鸭舍、孵化舍，年度投资7000万元，饲养产蛋鸭60万只。九翔亿只肉鸡全产业链农产品加工园区项目选址以上河湾镇为主，其中肉品深加工和冷链物流项目选址在龙嘉街道。全产业链农产品加工园区项目包括50万吨饲料厂、50万套种鸡场、亿羽鸡雏孵化场、年出栏亿只肉鸡养殖场、亿只鸡屠宰厂、4万吨肉品深加工厂、20万吨有机肥厂、万吨畜禽无害化处理工厂、30公顷林果基地、百栋有机棚膜蔬菜园区、5万吨农产品仓储冷链物流11个项目。全部项目占地面积约405公顷，其中，建设用地40公顷，设施农用地365公顷，总投资约33.8亿元，建设期5年。已完成16栋，每栋1740平方米肉种鸡舍建设，投资3600万元。九台区丹凤园牧业养殖场续建项目完成，有存栏肉鸡40万只，投资2000万元。

（张　启）

渔　业

【概况】九台河流属黑龙江流域，松花江水系，境内主要有“一江三河”，东北部有松花江，中部有饮马河、沐石河，西部有雾开河，有较大支流30余条。水域组成有河流、湖泊、水库、池（泡）塘、沼泽五大类型，总水域滩涂面积2.27万公顷，有渔业可利用价值的水域滩涂面积4740公顷。2019年，九台区总养殖水域面积2212公顷，其中，淡水池塘养殖面积2085公顷；渔业总产量1253万千克，其中，淡水养殖产量1199.4万千克，淡水捕捞产量53.6万千克。发放2018年渔船油价补贴资金8.13万元，涉及养殖捕捞渔船32条。

【水产养殖绿色发展】 制定《九台区水产养殖水域滩涂规划》，严格落实禁养区，控制限养区养殖规模，稳定基本养殖水域，加强水产养殖区域、品种结构和总量规模的科学布局。禁止在饮用水水源地一级保护区、自然保护区核心区和缓冲区及国家级水产种质资源保护区核心区等重点生态功能区开展水产养殖。禁止在行洪区、河道堤防安全保护区等公共设施安全区域开展水产养殖。禁止在有毒有害物质超过规定标准的水体开展水产养殖。限制在饮用水水源二级保护区、自然保护区实验区和外围保护地带、国家级水产种质资源保护区实验区、风景名胜区等生态功能区开展水产养殖，在以上区域内进行水产养殖的应采取污染防治措施，污染物排放不得超过国家及地方规定的污染物排放标准。限制在重点湖泊水库等公共自然水域开展网箱围栏养殖。

【渔业水域生态修复】 实施以松花江、饮马河九台段为重点的水生生物养护行动，保护生物多样性。按照农业农村部《关于实施海河、辽河、松花江和钱塘江等4个流域禁渔期制度的通告》和省农业农村厅《吉林省2019年禁渔通告》要求，推进松花江与饮马河流域的禁捕工作。禁渔范围包括饮马河九台区域内干流及其支流，松花江干流以及江段所属的支流、水库、湖泊、水泡等水域，禁渔时间为5月16日12时至7月31日12时，禁止作业类型为除娱乐性垂钓之外的作业方式。在重点水域张贴禁渔期通告，5月14日在九台电视台进行宣传。禁渔期间，宣传10次，发放宣传单200份。出动执法人员135人次、执法车辆35辆次，在九台区饮马河流域及松花江流域进行禁渔期专项执法行动。至6月30日，发现11件涉嫌犯罪案件，采取强制措施人员19人，缴获非法网具20余套、2000米，非法渔获物50余千克。

【水产品质量安全监管】 全年接待技术咨询60余人次，发放宣传资料1000余份。出动执法人员60人次对30余家养殖单位（鱼池、饲料兽药商户）进行违禁药物的使用、销售检查，没有发生使用、销售违禁药物的情况。配合农业农村部、省、市进行水产养殖企业抽样检查，抽检21个样品，合格率100%。快检筛查20个样品，合格率100%。

（张　启）

农　机

【农业机械购置补贴】 2019年，全区农业机械购机补贴投入资金约1.18亿元，其中，补贴资金3792.16万元，农民自筹8000万元。购置农业机械1744台套，其中，拖拉机715台（50马力以上大型拖拉机690台）；种植施肥机械547台；耕整地机械34台；收获机械390台；田间管理机械55台；其他机械3台。购机补贴办理继续采用“一站式”服务。

【农机惠农资金使用】 2019年，使用惠农资金5073.84万元，其中，农业机械购置补贴资金3792.16万元，秸秆还田保护性耕作作业补贴资金457万元，省级新型农业经营主体农机装备建设资金715万元，深松整地作业补贴资金34.56万元，保护性耕作机具累加补贴资金75.12万元。

4月17日，纪家街道太平村进行秸秆还田免耕作业

（区政府办公室　供图）

【农机化技术推广】 召开区级大型现场会2次，乡、村级现场会20次，举办农机化技术培训班50期，培训8200人，发放技术资料9670份，推广先进农业机械1744台套，推广农机化作业远程电子监测设备35套。重点推广秸秆还田保护性耕作、水稻机械钵苗移栽、机械深松整地、机械收获4项农机化技术。技术实施面积198134公顷，其中，秸秆还田保护性耕作免耕播种2.32万公顷，水稻机械钵苗移栽机械134公顷，深松整地2.46万公顷，机械收获15.02万公顷。

【农机安全监理】 2019年，清理“非正常驾驶”635人，新车落籍1052台，拖拉机年检审检3125台。农机事故率、农机事故死亡率分别控制在农业农村部提出的1‰与0.8‰以内。粘贴反光贴1.8万余条，张贴宣传挂图300余张，发放《农机安全宣传图画册》《农机事故典型案例》等8000余份；开展安全教育培训1500余人次，排查发现一般隐患785项并整改；下发《致广大农机驾驶员一封信》近2万封。开展安全生产月等农机安全宣传教育活动。

【入选全国第三批率先基本实现主要农作物生产全程机械化示范县】 截至年末，全区主要农作物耕、种、收综合机械化水平达93%。有农机专业合作社423个，重点建设新型农业生产经营主体8个（全区累计38个），逐步由集约经营向综合服务转变。农业机械总动力130万千瓦，拖拉机保有量35051台，配套农具77732台套。收获机械3198台，其中，玉米收获机2347台，水稻联合收割机851台。1月3日，农业农村部办公厅公布全国第三批率先基本实现主要农作物生产全程机械化示范县，九台是其中之一。

（赵晨曦）

水　利

【概况】 九台境内较大的河流有松花江、饮马河、沐石河、雾开河，有大中型灌区6处，涝区4处，9座中小型水库。江河堤防总长190.72千米，保护耕地36320公顷。2019年，发放补助资金269.52万元，争取上级移民扶持资金77万元。沐石河街道4个村道路工程及波泥河、其塔木、沐石河3个乡（镇、街道）、6个村的农道桥工程完工。

【工程项目建设】 全年实施项目建设13个，项目投资2.03亿元。其中，4个续建项目全部完工，分别是五一水库塌岸治理、小南河污水厂段治理、饮马河灌区现代化改造示范片区、2018年省级水利发展资金农田水利维护，累计完成投资3256万元。新建项目9个，分别是莽卡锦州灌区应急抗旱泵站改造工程完工，投资85万元。中小河流三岔河九台区重点段治理工程（二期）完成80%，投资1600万元。上河湾镇4处水利建设项目受气候影响，未开工。其塔木镇北山村防洪桥工程于12月17日招投标。饮马河灌区农业综合水价改革项目完成80%，投资200万元。石头口门水库水源地保护九台区重点河流治理工程年底完成，投资1000万元。实施农村建档立卡贫困户饮水安全改造工程，解决饮水不安全贫困户166户，贫困人口316人，投资170万元。实施农村饮水安全巩固提升2期工程，其中，一期新建纪家街道、波泥河街道共5个村、48个社的饮水安全工程，解决了

小南河污水处理厂段治理工程建成（2019年6月）

（区水利局　供图）

11203人饮水不安全问题（包括贫困人口91人），11月底完成；二期工程新建农村集中式饮水安全工程5处，涉及4个乡（镇、街道）、5个村、31个社，受益5893人，11月底完成。实施长春市九台区落实建档立卡贫困人口饮水安全精准排查整改2期工程。其中，一期涉及8个乡（镇、街道）、18个村、147个社，受益33466人，11月底完工。二期涉及48个村，受益89046人，11月开工。

【防汛抗旱】 维修2000余眼抗旱水源井，新建松其灌区锦州临时提水泵站，检修深井潜水泵、柴油发电机组等40余套。完成山洪灾害预警监测站点和区级监测预警平台、防汛会商视频系统的设备维护、预案修订、学习培训等基础工作。投入区级资金78万元，抢护险工险段4处，更换山洪预警设备16处，检修储备的防汛抗旱设备50余套。面对洪涝灾害，坚持抗灾自救，出动预备役民兵290人次，转移人口85人，投入抗洪救灾资金350万元，全年无堤防决口、无人员伤亡。

【农田灌溉】 4月初，各灌区开展春季维修养护，投资6.8万余元。5月8日起，各灌区陆续为水田供水，6月2日水田农事活动结束。

【水资源管理】 对30家用水企事业单位执行年度用水计划，征收水资源费420万元，加大在册140家取用水户管理。配合做好石头口门水库水源地一级保护区综合治理工作。实施水资源管理信息系统一期项目建设，增加计量设施44台。做好《九台区率先实现农业现代化》相关工作要求，宣传《中华人民共和国水法》。

【河道堤防管理】 2019年，结合“清四乱”整治行动，出动巡逻执法车辆100余辆次，执法人员近200人次，清理砂场暂设管理房90处、无合法资质采砂船110余条。在松花江附近马场村设立工作点，24小时动态监管、巡查。

【水土保持】 2019年，审批水土保持方案3个，实施九台区2017、2018年度侵蚀沟治理工程，治理侵蚀沟35条，其中，小型侵蚀沟21条，中型侵蚀沟14条，投资984万元。开展九台区水土保持规划编制工作。

（张立志）

农业科技教育与服务

【农业科技推广】 2019年，农业主推技术有：玉米秸秆覆盖保护性耕作技术、玉米化肥减量增效技术、玉米缓控释肥料一次性施用技术、玉米秸秆直接还田技术、玉米宽窄行交替休闲种植技术、玉米螟生物防治技术、水稻钵型毯状苗育插秧技术、水稻提质增效生产技术、水稻机插秧同步侧深施肥技术、生物防治水稻二化螟技术、昆虫性信息素诱控水稻二化螟技术、稻田综合种养技术、大豆优质安全丰产高效生产技术、米豆轮作条件下大豆高产栽培技术、脱毒马铃薯栽培技术、谷子栽培技术、高淀粉酿造高粱生产技术、棚室蔬菜标准化生产技术。培训农技人员200余人，农民2.5万余人次。举办田间学校培训班30场次，培训学员773人，发放技术资料1000余份。

【土肥技术推广】 国家“耕地质量保护与化肥减量增效示范补贴项目”完成，在15个乡（镇、街道）分别建设1个面积50公顷至125公顷的玉米减肥增效示范区，共1500公顷，并建设水稻、玉米新型肥料示范区。采取测土配方施肥，深整地、深施肥20厘米以上，增施有机肥，秸秆还田等技术措施，每公顷节约化肥50千克至15千克，节约成本135元至400元。测试分析土样1355个，采集土样2058个。完成“3414”试验6个、化肥利用率试验4个、减肥增效试验6个、配方效验试验8个、玉米核心母粒试验1个、玉米不同播期试验1个。科学施肥指导意见宣传卡到户率98%以上。新建土壤墒情自动监测点1个，建设“三区四情”（三区：自动监测功能区、常规监测功能区、培肥改良试验检测功能区；四情：农田水分情况、农田地力情况、肥料施用情况、种植环境情况）监测站。全区有耕地质量监测点6个（国家监测点4个、省级监测点2个），土壤墒情自动监测站4个，编发土壤墒情简报18期。开展科技培训，集中办班20场次，发放培训教材7000册、宣传单2万份，面对面培训农民6000余人。玉米减肥增效示范区召开秋季现场会8场，培训农民1500人次。农业站通过“触摸屏”为农民提供技术咨询服务，在村屯设置测土配方施肥公示牌1000个。

【植物保护技术推广】 投入农田灭鼠资金286万元，购买毒饵47万千克，实施面积19万公顷，灭鼠效果90%以上。农田鼠密度下降到1.6%以下，农舍鼠密度下降到1%以下，挽回粮食7250万千克。利用省级现代农业防灾减灾资金290万元，实施应用性信息素诱捕器防治水稻二化螟6666.7公顷，投入资金260万元；购买补充2018年诱芯5万个，投入资金30万元。应用赤眼蜂防治玉米螟15.1万公顷，其中，长春市补贴面积4.4万公顷，九台区整合专项资金支持面积10.7万公顷。利用省级现代农业防灾减灾资金开展应用混合赤眼蜂防治水稻二化螟。开展玉米促早熟航化作业2万公顷。出动检疫人员85人次、车辆30辆次，检查种子市场10个，检查经营单位80个、种子105万千克、苗木35万株、植物产品2000千克。

【畜牧技术推广】 2019年，畜牧主推技术有：粪污资源化利用技术、畜禽改良技术、青黄贮技术和畜禽无抗养殖技术。九台区第二次畜禽污染源普查完成，畜禽规模养殖场558个，其中，生猪养殖场178个，奶牛养殖场3个，肉牛养殖场43个，蛋鸡养殖场160个，肉鸡养殖场174个。运行状态532个、关闭状态26个。监测710个养殖户，抽取尿样2130批次。长春市畜牧总站对九台区200个养殖场（户）进行瘦肉精检测，抽取尿样600批次。全年自检150个养殖场（户），抽取尿样450批次。

【水产技术推广】 省级健康养殖技术推广项目40公顷，公顷产量6000千克，公顷利润7500元；产品抽检合格率98%。完成1333公顷稻渔综合种养，采用稻田养蟹、稻田养鱼（蟹、泥鳅、虾）混合种养方式，实现综合增效1000元、稻谷增收7%。选择适宜稻田，建设防逃工程，采用“大垄双行”或“分箱式”稻蟹（鱼）种养模式。测报鱼病害面积100公顷，设测报点4个，监测品种为鲤鱼、草鱼、鲢鱼、鳙鱼、鲫鱼，病害种类主要有烂鳃病、肠炎病、赤皮病、出血病、车轮虫、指环虫等。

【新型职业农民培训】 2019年，争取中央财政资金490万元，培育新型职业农民2500人。其中，培育新型经营主体带头人1200人（含现代青年农场主16人和现代创业创新青年10人），专业型职业农民1300人。全区5家涉农公办培训机构开展培训，举办培训班19期。每个班均开设云上智农手机APP应用课程，带头人培训机构与隆平高科信息技术（北京）有限公司签订线上线下合作协议。

【农业信息化进村入户】 2019年，争取中央财政资金220万元，用于建设益农信息社187个，升级完善原有益农信息社100个。采用统一平台、统一制度、统一编号、统一服务内容、统一标牌的方式，按照有场所、有人员、有设备、有宽带、有网页、有持续运营能力标准建设益农信息社。至年末，建成益农信息社287个，实现行政村全覆盖。

【入选全国县域数字农业农村发展水平评价先进县】 4月20日，在《农业农村部信息中心关于2018年度全国县域数字农业农村发展水平评价先进县及创新项目和优秀组织奖单位的通报》中，九台区被农业农村部信息中心确定为全国县域数字农业农村发展水平评价先进县。

（张　启）

农业产业化

【龙头企业】 2019年，全区农业产业化龙头企业实现销售收入240亿元。龙头企业53家，其中，国家级2家、省级18家、市级33家。长春金锣肉制品有限公司申请国家500强产业化加工企业，长春朱老六食品有限公司、吉林省雍达食品有限公司等农产品物流体系建设加快，有农产品交易市场31家。

【重大项目专班】 确定联系项目21个，梳理企业需求问题15大类、33个问题，破解率

100%。项目总投资83.94亿元。续建项目7个，总投资23.3亿元，分别是九台区新建200万羽光伏大棚生态蛋鸭智能化产业园区项目、吉林广泽现代农业产业有限公司现代农业产业园建设项目、林氏现代农业有限公司大樱桃产业园项目、九台疆宁肉业有限公司现代化养鸡项目、吉林三晋老陈醋醋业食品有限公司年产2万吨食品醋及醋文化产业园项目、九台区东湖街道办事处隆达兴养殖农民专业合作社农业循环经济示范项目、金色家园续建项目。新建项目4个，总投资1.64亿元，分别是吉林广泽现代农业产业有限公司3万吨有机肥建设项目、吉林省梅林禾润苗木种植项目、吉林和利食品有限公司项目、长春市五福星农业发展有限公司大棚建设项目。推进项目3个，总投资2.1亿元，分别是吉林省德祥牧业有限公司2000万只肉鸡及配套项目、年产5万吨酱菜项目、吉林省苏尔额尼生态农业园项目。在谈项目4个，总投资51.3亿元，分别是九台大健康田园综合体建设项目、吉林省达牧农牧科技有限公司产业一体化农牧型项目、长春福义德食品有限公司食品加工项目、熟食制品生产项目。“僵尸”项目3个，总投资5.6亿元，分别是长春济民生物质新材料有限公司万吨级秸秆生物质综合循环利用项目、方便米饭及玉米面条食品加工项目、钢结构制造项目。续建、新建、推进项目开工率100%，完成项目投资22.4亿元。

【“一村一品”示范村建设】 2019年，认定“一村一品”示范村4个。其中，其塔木镇新鲜村、戢家村被评为省级“一村一品”示范村；波泥河街道清水村、龙嘉街道草城子村被评为市级“一村一品”示范村。

【农村三产融合发展】 配置农业和现代产业要素，促进产业深度交叉融合，形成“农业+”多业态发展态势。至年底，共有农业产业化融合体20家，融合业态多元呈现，发展综合种养等循环型农业，稻渔综合种养面积1333余公顷；发展中央厨房、直供直销等延伸型农业，2019年，主食加工营业收入120万元；发展“农业+”文化、教育、旅游、康养、信息等产业，上河湾镇被农业农村部评为“2019年农业产业强镇”。

【休闲农业发展】 实施休闲农业和乡村旅游精品工程，建设休闲观光、乡村民宿、健康养生等园区景点。2019年，香泉乡村旅游公司、秀水庄园被认定为“长春市乡村旅游示范点”。全年接待游客10万人次，营业收入4000余万元。乡村服务业创新发展，九台区东师牧业、北大山电商2019年申请创建国家级农村双创基地。全年农村生产性服务业营业收入2000余万元，农村网络销售额突破100万元，其中农产品网络销售额20万元。

【农业产业园建设】 推进总投资30亿元的广泽现代农业产业园区、投资4亿元的开心农业200万只光伏生态养殖项目。推进东北亚苗木文化产业园、中国北方大樱桃产业园、吉林省梅林禾润绿色基地等超亿元现代农业园区新（续）建项目。总投资20万元、推广3460公顷的重大技术协同推广试点项目——大豆优质安全生产技术，完成种植面积3600公顷，完成增产增效5%的年度目标。总投资400万元、面积2万公顷（11个示范片）的粮食绿色高质高效创建项目带动农户增收6366万元，节本增效5%，化肥使用量较2018年减少3%，农药使用量较2018年减少5%。总投资422万元的现代农业防灾减灾项目落实赤眼蜂防治水稻二化螟5300公顷，田间防治效果达85%。11月，申报创建长春市水稻现代农业产业园。

【农产品品牌建设】 2019年，九台区拥有中国驰名商标的企业2家，分别为长春金锣肉制品有限公司、长春朱老六食品有限公司；拥有吉林省著名商标的企业15家，吉林省名牌产品的企业4家，有机食品认证的企业8家，拥有长春市著名商标的企业20家，绿色食品认证的企业59家。在2019年第六届上海国际现代农业品牌国际博览会上，九台精优农产品进入三亚、杭州、贵州、北京等吉林农产品展馆。组织企业参加第十八届长春农博会，以“多彩山水、醉美九台，皇粮贡米、香飘万里”为主题，展示大米、酱菜、果仁深加工、山野菜食品、酿酒和特色农产品6大系列、200余个品种，并现场签约现代化肉鸡全产业链项目和年生产5万吨稻米加工项目，签约总额6.26亿元。

【“九台贡米”品牌走向国际】“九台贡米”栽培上溯至清朝顺治时期。在其塔木镇出土的文物——“皇粮碑”，证明其“皇粮”身份。“九台贡米”被国家工商总局授予地理标志商标称号。11月6日，“九台贡米”被中国农产品协会评为中国农产品区域公共品牌。“九台贡米”品牌被纳入国家申报评选全球重要农业文化遗产名录。

【绿野家源农场成为国家级示范典型】2019年，农场有经营土地57.5公顷，其中，52公顷用于粮食生产，5.5公顷用于渔业养殖。拥有农业机械和运输车辆21台（辆），机械库房1000平方米、仓储库房800平方米、办公楼350平方米；生产经营农副产品60余种。

（张　启）

农村经济管理

【农村新型经营主体建设】全区有发展农业专业种植大户5036户，发展农民专业合作社3221家（联合社14家）。其中，种植玉米、大豆、杂粮1516家，种植水稻472家，种植马铃薯165家，养殖业59家，种植蔬菜297家，种植药材79家，种植苗木花卉289家，种植水果45家，种植菌类12家，种子化肥经营34家，粮食烘干20家，其他233家。发展家庭农场1747家，农产品加工企业350家(规模以上农产品加工企业73家)。示范主体等级评定、监测、认定286家。其中，乡级典型社17家，县级典型社17家，全区核心社26家，区级示范合作社81家，市级示范合作社42家，省级示范合作社9家，国家级示范合作社6家，区级示范家庭农场88家。新型农业经营主体土地规模经营面积10.12万公顷，其中，专业种植大户经营耕地面积2.1万公顷，合作社经营耕地面积5.26万公顷，家庭农场经营土地面积2.76万公顷。家庭农场人均纯收入2.65万元。

【农村土地承包经营权确权登记】2015年至2019年，完成全区14.5万户农村土地确权登记颁证工作，为14.2万农户颁发承包经营权证书，发证率98.2%，确权面积15240公顷。

【农村集体产权制度改革】全区集体土地总面积29.84万公顷，其中，农用地28.22万公顷，建设用地1.36万公顷，未利用地2600公顷。全区资产账面9.2亿元，其中，经营性资产1.2亿元，非经营性资产8亿元。全区资产核实9.5亿元，其中，经营性资产1.4亿元，非经营性资产8.1亿元。通过核查清理，纠治承包合同3572份，其中，程序不完善的161份，超出法定期限的586份，显失公平的13份，其他违规的50份；核销债权480笔，金额357万元；核销债务609笔，金额274万元；盘盈固定资产4152万元，核销固定资产1352万元。确认农村集体经济组织成员身份154180户、596462人，自愿放弃集体经济组织成员身份8960户、41331人，未予确认集体经济组织成员身份的5462户、38082人。

【农村“三资”管理】清查收回资源性资产总面积1721.3公顷，其中，机动地990.6公顷、林带151.1公顷、山林371.9公顷、水面62.8公顷、荒山2.3公顷、荒地64.3公顷、校田地56.9公顷、河滩8.3公顷、石场1.5公顷、其他11.6公顷；清收回资金1176.65万元，其中，闲置资产盘活725.7万元、资源性资产重新发包收入317.5万元、其他133.45万元；理顺合同2699份；清理债权2.41亿元，其中，应收款1.51亿元、内部往来9100万元；账外实物性资产2502万元，账物处理全部进入账内核算，对于有账无物的资产676.5万元，经核查为丢失或者报废，进行核销账物处理。

【农业保险】2019年，安华农业保险公司、中航安盟财产公司、中国人民财产保险公司承接九台区政策性农业保险。全区参保面积123059公顷，收缴农户自缴保费1062.34万元，理赔受灾农户2365.68万元。2019年，九台发生历史罕见的二代黏虫灾害，3家保险公司捐献价值110余万元的农药。安华农业保险公司出动15架无人机、中航安盟财产公司租用1架专用直升机进行农药喷洒，缓解和遏止灾情。

（张　启）

JIUTAI·CHINA
中国·九台

工　业

Industry

综　述

【概况】 2019年，九台区围绕“一城提升、两区联动、五大发展”战略，构建现代化经济体系，加快产业优化升级。全区有规模以上工业企业103家，实现工业总产值122.7亿元，比2018年下降12%；实现工业增加值51.8亿元，比2018年下降7.3%。坚持“立足煤、延伸煤、超越煤”，支持羊草煤田、宇光能源，引进煤化工企业，鼓励中泽煤层气项目扩大产能，实现资源的可持续利用。扶持金锣肉制品、朱老六食品等企业拓展深加工能力，培育全国知名品牌，构建以粮食、畜禽、乳品、果蔬等为支柱的现代化农产品加工产业体系。支持中誉集团、正多科技等企业加大科研投入，推动技术升级，加快装备制造业向智能制造、航空航天等“高精尖”领域迈进。利用汽车零部件产业优势及硅藻土特色资源，支持兰舍硅藻泥和吉钢集团等企业拓展产品功能，升级产业链条，逐步构建非金属材料产业集群和高强轻型合金材料产业集群。设立医药产业专项基金，支持生物医药企业加快技术创新，推进成果转化，抢占医药产业制高点。钻智制药吉芝元注射剂及新药研发中心、康宁杰瑞单克隆抗体等重大项目达产运营。菲洋生物科技单克隆抗体药物、东北金属交易中心等“三早”项目开工。

【项目建设】 投资5亿元的阜元医药、投资2亿元的博涵医疗器械等38个项目开工，新建项目开工率85%。投资2亿元的吉林华奥汽车配件制造、投资2亿元的新诺达轨道客车配件制造等48个项目复工建设，续建项目复工率100%。投资2亿元的吉林泰禾装配式建筑等24个项目投产,建成项目投产率50%。全年实施5000万元以上新建、续建项目86个，投资65亿元。

【产业转型】 构建装备制造、农产品加工、生物医药、新材料、矿产能源等产业集群，至2019年年底，全区有工业企业1100家。大学生创业园在孵企业36家。吉林省中工技师学院一期项目建成，中央重大项目专项2栋实训中心投入使用。发展高新技术企业26户、长春市级科技型“小巨人”企业19户，位居长春外县(市、区)第一。获专利权151件，其中，发明专利权5件。

【工业企业智能改造】 2019年，布拉德除雪机械、隆泰汽车部件、泰浩轨道客车等4家企业被评为长春市级企业技术研发中心。正多科技、恒拓模具、瑞科汉斯电气、楚天华通医疗设备等7家企业被评为省级技术研发中心。万和光电集团有限公司、兰舍硅藻新材料有限公司被评为国家级绿色工厂。

【“万人助万企”行动】 2019年，九台区落实长春市委、市政府“万名机关干部下基层助力万户企业发展三年服务行动”的部署和要求，坚持无事不扰、有求必应、定期走访、组团服务、兑现承诺的原则，与企业建立长效沟通联系机制。2019年，全区656件企业反映问题解决517件，解决率78.8%。其中，长春市助企单位反映企业问题337件，解决261件；九台区级助企单位反映企业问题319件，解决256件。

（韩　俊）

现代装备制造产业

【概况】 2019年，九台区现代装备制造产业规模以上企业总产值37.62亿元。长春中誉集团有限公司作为一汽整车轻量化定点企业，与一汽共同成功研发中国第一台全铝壳重型车变速箱。正多科技、新思路汽车部件、建邦汽车零部件等企业均拥有专利。建邦汽车零部件、楚天华通医疗设备、布拉德除雪机械、恒拓模具、瑞科汉斯电气等企业拥有省级企业技术中心，正多科技、泰浩轨道客车、大唐自动焊割、隆泰汽车部件、瑞科汉斯电气等企业拥有长春市级企业技术中心。

【长春中誉集团有限公司】 公司位于长春九台经济开发区，建筑面积约10万平方米，总资产10亿元。集团有长春中誉汽车部件科技有限公司、长春市中誉齿轮有限公司、吉林省飞马汽车零部件制造有限公司、长春中誉集团研发中心有限公司4家控股子公司。年产20万套J6/J7全铝变速箱壳体及其他轿车等铝合金压铸件，年产汽车钢锻件300万件、装配卡车换挡机构分总成20万套。集团以发展汽车轻量化产品为核心，产品覆盖南北大众汽车、沈阳宝马、北京奔驰等品牌；拓展新的汽车部件领域，研发生产商用车汽车缓速器项目。2019年，总产值71339万元，税收1345.13万元。

【长春恒拓模具有限公司】 公司位于长春九台经济开发区，专业从事模具研发制造、汽车注塑件生产装配、非标检夹具设计制造。公司跻身省内一流模具企业行列，通过省级、市级企业技术中心认定，为吉林省科技“小巨人”企业。有专业设备200余台（套），配备有数控龙门式五轴加工中心、高速数控铣、慢直丝、合模机、双头大台面镜面火花成型机、影像测量仪、大型电脑温控注塑机（直线机器人取件）、三坐标测量仪、三坐标激光检测仪等近百台加工检测设备，公司承接订单扩大到渤海湾、长三角地区。2019年，总产值10500万元，税收526.5万元。

【吉林省华奥汽车部件有限公司】 公司是东北地区较早生产汽车配套部件的专业工厂，年产100万套汽车零部件，投入批生产27个项目，正在开发项目9个。主要有：新宝来MVS2、X80F、MQB、途观NF、R020（江森）、R020（旭阳）、D090、D181等。2019年，总产值24520万元，税收2325.68万元。

【吉林省泰浩轨道客车装备有限公司】 公司是轨道客车部件专业生产厂，主要生产轨道客车车体结构件和车体配件等产品，集科研开发、生产制造于一体，主要为中车长春客车有限公司、唐山客车有限公司等大型生产企业配套产品。拥有国内先进的金属件焊接、机加生产线，设备自动化程度高，有国内先进的搅拌摩擦焊设备、MIG和TIG焊自动化焊接设备、自动化数控铣床、数控机床以及水刀、线切割等生产设备，具有先进的拉力试验、金相检验、焊接无损探伤（UT、PT、RT）等检测设备及检测手段，具备年产60列轨道客车部件的生产能力。为降低车体重量，新一代标准动车组的高压箱底部组成改为无支撑筋的闭式型材，公司和长春工业大学合作突破该项技术，焊缝的成型及静载强度和疲劳强度均高于MIG焊技术，解决了新一代标准动车组车钩座超厚板的焊接问题。2019年，总产值13410万元，税收1144.71万元。

【长春聚德龙铁塔集团有限公司】 公司前身是长春铁塔厂，主导产品是10千伏至750千伏输电线路铁塔、变电所构架、广播通信铁塔及桅杆产品、高铁设施，产品远销东南亚、非洲等10个国家。主导产品输电线路铁塔被吉林省政府命名为“吉林省名牌产品”。在全国铁塔加工行业首家获得750千伏输电线路铁塔产品生产许可证。公司曾荣膺国家电力公司“电力多经优秀企业”“双文明单位”称号；被中华全国总工会授予“全国五一劳动奖状”；被中国民营科技实业家协会评为“中国优秀民营科技企业”；被吉林省政府评为“吉林省最具成长性中型企业50强”；“聚德龙”商标被评为吉林省“著名商标”；被吉林省工商局评为“重合同、守信用”单位。2019年，产值14770万元，税收81.71万元。

（韩　俊）

建筑新材料产业

【概况】 2019年，九台区建筑新材料产业规模以上工业企业总产值19.97亿元。吉林省兰舍硅藻新材料有限公司、吉林中财管道有限公司等拥有自主知识产权的企业为九台构建新型建材产业集群奠定产业基础。兰舍硅藻泥、中财管道拥有省级企业技术中心，猛固门业拥有长春市级企业技术中心。

【杰森石膏板（长春）有限公司】 公司是香港特坚有限公司在内地新投资的第4家以生产纸面石膏板及其系列建材产品为主的港资企业。占地面积12.7万平方米，建筑面积6.5万平方米。年产能8000万平方米，拥有石膏板系统配套产品龙骨、辅料生产线。2019年，总产值8008万元，税收344.79万元。

【兰舍硅藻新材料有限公司】 企业性质为有限责任公司，注册资本5000万元，占地面积7万平方米。获得“高新技术企业”“吉林省名牌产品”“省级企业技术中心”“吉林省服务名牌”“科技小巨人”等荣誉称号。获得国家专利32项，主要产品为硅藻泥系列产品。在全国拥有1300余家经销商、2000余家标准专卖店，建立了涵盖专卖店、建材连锁、电商、工程等全渠道销售通路系统。2019年，总产值14492万元。

（韩　俊）

精优农产品加工业代表性企业长春市朱老六食品股份有限公司。图为公司外景（2019年7月）

（区政府办公室　供图）

精优农产品加工业

【概况】 2019年，九台区精优农产品加工业规模以上企业总产值24.3亿元。长春朱老六食品有限公司成为中国腐乳界排名第二的食品加工企业，在“新三板”上市。田野泉酿造建有国家大豆产业技术研发中心加工研究室科研基地。

【长春市朱老六食品股份有限公司】 公司成立于2002年，产品产销量位居中国腐乳行业前两名。公司有6条腐乳生产线，拥有16400平方米腐乳生产车间与7900平方米腐乳发酵车间，年生产能力3000万千克。有2.26万平方米酸菜生产车间，酸菜年生产能力3000万千克。产品覆盖吉林、辽宁、黑龙江、内蒙古、山东、山西、河北、河南，80%集中在东北，在东北占据腐乳市场份额的65%左右。2014年年底，在“新三板”挂牌，股票代码：831726。2019年，总产值22501万元，税收1919.77万元。

【长春伊利冷冻食品有限责任公司】 公司总投资5亿元，是伊利集团生产基地战略布局的关键项目。配备47种国内外先进的检测设备。2019年，总产值19889万元，税收2059.71万元。

（韩　俊）

矿产能源产业

【概况】 2019年，九台区矿产能源产业规模以上企业总产值29.1亿元。华能九台电厂、长春羊草煤业股份有限公司2家大企业，为九台工业发展提供充足的能源保障。华能九台电厂最大发电能力117.38亿千瓦时，2019年发电量57.57亿千瓦时；2019年至2020年供热季，供热量356万吉焦，单台机组的采暖供热能力522.5兆瓦，总供热面积950万平方米，实际供热面积800万平方米。2019年，长春羊草煤业股份有限公司煤炭总产量达8.6亿千克。

【华能吉林发电有限公司九台电厂】 由华能吉林发电有限公司全资建设，是吉林省“十一五”期间重点电源建设项目，被国家列入东北地区电力工业中长期发展规划和吉林省电网“十一五”建设规划，是吉林省单机容量最大、运行参数最高的国产超临界燃煤电厂。锅炉是国内首台自主研发、自主知识产权燃烧褐煤的超临界塔式炉，DCS采用西门子全厂总线控制系统。华能九台电厂地处长吉图开发先导区的战略核心位置，满足了东北地区经济发展的需要，促进了东北电网电源结构的优化升级。

【长春羊草煤业股份有限公司】 公司属于民营股份制企业。下属两个矿，分别为羊草沟煤矿一矿、羊草沟煤矿二矿。公司位于羊草沟煤田东南，地处东湖街道境内。截至年末，一矿保有储量298.4亿千克、可采储量128.6亿千克，二矿保有储量390.7亿千克、可采储量146.7亿千克。

（韩 俊）

生物医药产业

【概况】 2019年，九台区生物医药产业规模以上企业总产值5.2亿元。有康宁杰瑞、钻智制药等制药类14家企业，爱康、大成等医疗器械类5家企业，新华通、天立等医用设备等关联企业9家。医药企业注册医药品种354个，主导产品16个，其中，生物药品9个，疫苗产品3个。拥有专利305个。出口美国、日本、印度、加拿大、古巴和朝鲜等国家。康宁杰瑞、楚天华通建有省级企业技术中心。九台区依托康宁杰瑞、钻智制药等生物医药企业，在长春九台经济开发区建设中古（长春）生物产业国际合作区。

【长春钻智制药有限公司】 公司为上海钻智生物科技有限公司法人出资设立，是国家创新药物产业化基地。公司生产的钻智生物重组灵芝免疫调节蛋白——吉芝元注射液项目，获得21项国家发明专利。注射液为用于治疗肿瘤及癌症放化疗白细胞减少症的国家一类创新药物。“吉芝元注射液”的开发研究得到国家自然基金委、科技部“十二五”重大新药创制专项基金和吉林省科技厅“双十”工程项目的资助。公司占地面积65483平方米，总建筑面积60886平方米。

【康宁杰瑞（吉林）生物科技有限公司】 公司成立于2009年，注册资金1000万元，位于长春九台经济开发区机场路1888号，主要从事单克隆抗体和重组蛋白药物的研发、生产及销售，是吉林省抗体生物药中试中心及省级技术中心。公司主要产品为重组人促卵泡激素Fc融合蛋白注射液和重组人促卵泡激素注射液，产品主要用于辅助生殖试管婴儿中控制性超促排卵，其中重组人促卵泡激素Fc融合蛋白注射液是国家一类创新药，具有国内外发明专利，是长效促排卵药物。

（韩 俊）

JIUTAI · CHINA
中国·九台

商贸服务业

Business and Trade Service

综　述

【对外贸易】 2019年，九台区外贸进出口金额2961万美元，比2018年增长27.36%。其中，外贸出口总额2654万美元，增长25.24%；外贸进口总额307万美元，增长49.07%；增速位列长春市外县（市、区）第一。

【展会活动】 组织向宇农副产品有限公司、田野泉酿造有限公司、开顺新材料有限公司、佳兴家居有限公司等企业，赴省外参加系列商品展会。组织参加第十三届江苏春季食品商品展览会、第十四届东亚国际食品交易博览会、第十六届中国国际中小企业博览会、第十九届中国国际食品和饮料展览会及第二届国际进口博览会等展销会，为企业拓展国内外市场、培育品牌与增强产品竞争力提供务实合作交流平台。

【促消费活动】 2019年，九台区采取政府引导、市场运作的方式，制定《2019年九台区促消费活动方案》，为企业搭建多样化促消费平台，引导企业开展促销让利活动，做到“月月有活动，节节有促销”，满足各类群体对服务体验和消费目标的不同需求。家电销售商开展特惠酬宾、豪礼派送“家电内购会”活动，直接让消费者“礼”“利”双收；餐饮企业推出形式多样的年夜饭套餐，刺激餐饮消费；各商超对各类生活必需品进行让利促销，开展赠品抽奖活动；各加油站在节庆假日开展油价直降活动。

【市场管理】 研究收支计划，与经营部（所）签订经营管理目标责任书。执行财务管理工作制度，履行财务审批手续，对基层经营部摊位进行清理，建立收费台账，全年完成经营收入530万元。

【安全管理】 投资48万元，改造营城建材市场消防安全设施，增设场内监控设备40处、场内路灯80盏，广场照明灯2盏。投资40余万元，改造商贸市场大楼消防安全控制系统，更换消防控制柜、报警系统、防火卷帘等消防设施。投资30万元，为商贸大楼做防水工程，面积2500平方米。开展安全大检查，要求用电线路不合格的福星市场11户业户全部进行整改。

（李鑫源　温洪林）

供销合作

【供销社综合改革】 九台区供销社党组理事会召开专题会议，贯彻落实《中共中央国务院关于深化供销合作社综合改革的决定》《中共吉林省委、吉林省人民政府关于深化供销合作社综合改革的实施意见》《中共长春市委、长春市人民政府关于深化供销合作社综合改革的实施意见》文件精神，依托《中共长春市九台区委、长春市九台区人民政府关于深化供销合作社综合改革的实施意见》，深化供销合作社综合改革工作的3种模式，即以智慧农资物联网运用为切入点，形成“龙头企业+农民专业合作社+生产基地+农户”的全产业链农化服务模式，有效扶持九台区新供销种植农民专业合作社联合社的业务开展；以新型农业经营主体为依托，开展土地流转、土地托管的农业适度规模经营，推进农业社会化服务模式，引领创办适合当前农村经济发展的农民专业合作社组织；以基层服务体系建设为统领，夯实为农服务基础模式，对获得全国供销社“基层社标杆社”称号的其塔木供销社进行改造升级，拓展经营范围，恢复传统经营项目，提升社会生产服务能力和水平。

【新网工程建设】 2019年，九台区供销社完善农业生产资料配送中心、烟花爆竹配送中心、再生资源配送中心建设，增加基层配送网点3个，即：城子街烟花爆竹经营网点、鸡鸣山再生资源经营网点、纪家农资经营网点。创办领办农民专业合作社3个，即长春市九台区莽卡满族乡春双种植专业合作社，从事农作物种植、农业机械化服务等业务；长春市九台区宏图种植农民专业合作社，从事大豆、马铃薯、水果蔬菜等经济作物种植、经营等；长春市九台区智彤秸秆综合利用专业合作社，从事秸秆打包、回收，秸秆粉碎还田等项服务。

【新型农民社员培训】 9月11日至12日，在纪家街道举办2019年新型农民社员培训班，采用授课与观摩实践相结合的培训方式，聘请吉林农业大学教授、“12316”首席专家胡文河，为社员培训玉米超高产栽培技术。同时，聘请一批经验丰富的农艺师、法律专家给农民社员培训最新的农业知识、科普法律常识。

（张景祥）

电子商务

【概况】 2019年，培育电商企业25家。成立13个村级服务站，有13名村淘合伙人，15名淘帮手。村级服务站营业总额突破98.1万元。菜鸟物流为企业物流发挥城市物流对农村物流的辐射与带动作用，促进城乡物流一体化发展。

【电商扶贫】 2019年，根据实际情况，编制完成《长春市九台区电子商务扶贫工作方案》。整合产品资源，促进企业扶贫。鼓励电商企业优先收购贫困群众农产品，支持电商企业扩大网络销售规模，鼓励电商企业吸纳贫困户就业。

（韩　俊）

粮食流通

【落实收储政策】 2019年，区粮食和物资储备局出动宣传车50余次，发放宣传材料1万余份，悬挂宣传条幅360余幅，旨在让农民了解收购政策。严格审批制度，按照“清理一批、关停一批、新办一批”的原则，对全区所有涉粮企业的“粮食收购许可证”进行重新办理核发。经材料初审、实地踏查，全区重新发证的企业和个体工商户103家（户），淘汰不合格企业及个体工商户80余家（户）。

【“网格化”监管】 打造“政府—部门—企业—农户—经理人”的“五位一体”粮食收购工作“网格化”管理体系，在区粮食和物资储备局内部实施局级领导包片，科室、站、所包乡（镇、街道），工作人员包企业的三级包保制度，杜绝违法违规经营行为。

【国家临储粮检验清查】 集中人员完成样品采集、备制、登记、编号、整理、汇总和上传以及样品检验与收获粮食质量调查报告的编写等各项工作，采集样品102份，其中，稻谷56份，玉米46份（以农户样品为主）。样品覆盖全区6个乡（镇、街道）、18个行政村。

【应急粮油储备建设项目】 按照《长春市九台区人民政府办公室关于印发九台区应急储备成品粮油管理办法的通知》规定，制定九台区城区2019年粮油应急储备预购计划，与吉林省良泽米业农民专业合作社、幸福之佳超市分别签订2019年预购大米（稻谷）和食用油合同。

【粮食产后服务中心建设】 2019年，推进九台区源茂粮食收储有限公司粮食产后服务中心项目、长春市九台区宜品米业有限公司粮食产后服务中心项目、九台市龙德粮食收储有限公司粮食产后服务中心项目3个项目，总投资997.8万元，有偿为种粮农民提供“代清理、代烘干、代储存、代加工、代销售”的“五代”服务。

【"中国好粮油示范县"项目】 5月，启动"中国好粮油"行动计划，申报吉林省林江农业科技发展有限公司、吉林省良泽米业农民专业合作社2家示范企业。2018年至2019年度投资规模1607.9万元，2019年至2020年度投资规模1577.9万元，打造"九台贡米"白金名片。企业粮油优质品率提升30%以上。

【粮食安全检查】 落实安全生产主体责任，管控安全风险。组建检查工作小组，集中排查24家重点涉粮企业，整改安全隐患15条，立即整改12条，限期整改3条，至年底，全部整改完毕。

（韩希辉）

石油购销

【概况】 2019年，中国石油天然气股份有限公司吉林长春销售分公司九台经营处（以下简称九台经营处）管理九台域内29座加油站，分布在九台城区和各乡（镇、街道），各网点实行统一管理、统一标识、统一着装、统一配置，保证汽油、柴油、润滑油市场供应。全年实现纯销售4833.4万千克，为计划的90%，增长3%。直批销售526.5万千克，为计划的75.2%，比2018年增长200%。非油销售收入629.56万元，为计划的76.6%；非油利润实现164.1万元，为计划的83.7%。IC卡发卡4902张，沉淀资金7200万元，超2018年同期1300万元。对安全隐患及软件记录进行指导，实现全年"零事故"的目标。在国庆、春节等重点节日前夕，加大检查力度，组织安全培训，开展应急防火、防暴演练。完成19座加油站的双层罐改造。

【加油站管理】 2019年，九台经营处严格执行《合规管理检查实施方案》，每月开展不定期、不定站点检查，对加油机主板、编码器、计量器、各类铅封等进行抽检，做到奖罚结合。成立专项考评整治小组，定期对所属加油站进行环境计分考核。

【《安全环保责任书》签订】 九台经营处按照"属地管理，直线责任"的原则，组织29座加油站签订《安全环保责任书》。

（王九龙）

烟草专卖

【产品销售】 至2019年年底，卷烟销售量23077箱，比2018年下降2.57%，其中，一类卷烟销售1699箱，比2018年增长9.68%；二类卷烟销售5291箱，比2018年增长9.51%；单条值92.68元，比2018年增长3.53%；实现毛利润1.32亿元，比2018年增长3.29%；含税销售额5.35亿元，比2018年增长0.87%。

【品牌培育】 2019年，依据历史销售数据、结合辖区市场实际情况统筹分析，提升"长白山"品牌卷烟结构。结合市场情况，及时了解市场需求、卷烟价格波动、消费者口味变化等因素，根据市场反馈有针对性的调整卷烟投放政策，有效释放货源，差异化指导客户卷烟经营，提高客户经理工作的时效性、高效性。提升零售客户的经营理念，加强品牌培育指导，提升零售客户卷烟经营盈利水平。树立培育品牌，"长白山"单条值78元，比2018年增长4.42%。

【专项整顿】 九台区有效商户有2404户，2019年增加商户347户、延续2户、停业131户、恢复经营54户、歇业179户、审批注销30户。全年办理案件15件，其中，超千万元烟叶案件1件，2万元案件1件。查获违法烟叶8万千克，违法烟丝7240千克，违法卷烟723.8条，其中，真烟450条，假烟197.1条，走私烟76.7条。涉案金额1079万余元，批捕3人。

完善高价位卷烟长效机制，掌握高价卷烟的市场零售价格情况，确保卷烟零售价格执行规范、稳定。成立三员互动执行小组，夯实以价格管理部门为主导，营销、专卖、内管等部门齐抓共管的工作机制。加大对疑似问题商户、销售大户、高价烟销售大户等商户的跟踪力度，将职工"亲属户"列入重点监管组群，对其从事卷烟经营工作情况进行公示，签订不参与、不干预卷烟经营行为承诺书，严禁违规销售。

（张天鸽）

盐务管理

【概况】 2019年度销售指标4650万千克，截至年末累计销售各类商品盐4680万千克，完成计划任务指标的101%。根据不同消费人群需求开发民用食盐新品种15个，填补市场空白，满足不同消费层次的需求。

【食盐储备】 根据人口外流较多状况，制定食盐储备指标300万千克目标，应对不可抗自然灾害，补充商品盐市场需求。结合库容水平，累计储备301.3万千克。制定科学合理储备制度，及时轮入和轮出，实行专人、专账、专垛保管。

【市场营销】 辖区分8个片区，有专业营销队伍8人，每人负责1片，有送销车辆2辆，常年为客户无偿送货补货。每年送货量占全年销量的80%，实行I到位管理，碘盐覆盖率100%，产品合格率100%。

【产品质量检测】 2019年，九台区实施三级网络检测系统体系，由专业检测人员科学、准确检测白度、粒度、碘含量，保证产品入口关、出口关。经上级检测部门抽检，产品合格率100%。

5月15日，九台区开展“碘缺乏日”宣传活动

（区盐务管理局　供图）

【食盐市场大排查行动】 1月20日，九台区开展食盐市场大排查行动，重点检查未取得食盐批发许可证经营食盐的行为；对各大商超或卖场进行检查，查明是否为定点生产企业或定点批发企业供货，查清其他商品经营商户是否存在以盐厂代理商名义实施批发、经营食盐的违法违规行为，检查食盐终端零售商的购盐来源是否合规。针对餐饮食用盐量大的特点，将食品加工小作坊、小摊床、小餐饮店的食品用盐情况列为重点检查事项。查获涉盐违法案件40件，没收各类违法盐类产品1670千克，出动274人次、车辆48辆次，发放宣传单200余份。

【宣传教育】 2019年，九台区结合辖区特点采取电台专题报道、板报、横幅等措施，宣传劣质盐和不合格盐的危害，以及鉴别合格碘盐的方法，市民知晓率100%。变监督为服务，在“3·15”消费者宣传日和“5·15”碘缺乏病宣传日，联合当地行政主管部门走访商超、农贸市场与城乡大户进行宣传与监督检查。

（陈光宇）

JIUTAI·CHINA
中国·九台

旅游业

Tourism

综 述

【概况】2019年，九台区重点打造庙香山滑雪场、马鞍山田园综合体、长吉游客服务中心、三下江南战役纪念馆、如美乡村特色民宿等大型文旅项目10余个。开发“红色教育、关东民俗、乡村民宿、冰雪运动、山水生态”五大系列特色旅游产品，域内有景区（点）40余个，其中，国家A级旅游景区15个（庙香山滑雪度假区为国家AAAA级旅游景区，八台岭古驿村落、金穗山庄为国家AAA级旅游景区），省级乡村旅游经营单位13个，各类家庭农场、采摘园12个，旅行社及营业部9个。九台区是国家全域旅游示范区创建单位之一，被评为全国休闲农业与乡村旅游示范县（市、区）、吉林省东部生态旅游示范区、吉林省旅游标准化试点示范单位。全年接待游客345万人次，旅游综合收入20亿元。

【旅游业发展重点】2019年，九台区围绕“多彩山水 醉美九台”主题品牌，确定“一廊一脉两带四区”的空间结构布局，打造“国际多彩文旅城，中国北方四季山地玩都”。“一廊”即“小长白山百里山水画廊”，“一脉”即“柳条边人文古脉”，“两带”即“松花江滨江自然旅游带”和“饮马河都市景观旅游带”，“四区”即“城市门户旅游区”“国际生态慢城旅游区”“滨江多彩人文旅游区”和“旅游发展拓展区”。

【乡村旅游】九台区以土们岭街道为核心，以波泥河街道、沐石河街道为南、东两翼顺延拓展，发展乡村旅游业。建设土们岭街道马鞍山村、波泥河街道平安堡村、城子街街道大贝村、上河湾镇双顶村等美丽乡村，形成“一核带两翼”的乡村旅游发展格局。按春夏秋冬特色，推出杜鹃花旅游节、山野菜美食节、消夏文化旅游节、金红苹果采摘节、冰雪文化旅游节等著名节庆赛事活动，形成“锦绣波泥河”“魅力土们岭”“吉祥其塔木”“大美上河湾”等乡村特色旅游品牌。依托域内最新旅游资源，在西部、南部、东部打造3条乡村旅游精品线路。西部乡村游精品线路：马鞍山田园综合体—龙福缘度假村—乡情采摘园—卡伦湖。南部乡村游精品线路：马鞍山田园综合体—碧水庄园度假村—庙香山滑雪度假区。东部乡村游精品线路：马鞍山田园综合体—八台岭古驿村落—牛头山水库—上河湾双顶村林果采摘园—大贝花海。

【景区景点建设】2019年，争取政策和资金扶持，推进九台域内的景区景点建设。波泥河街道庙香山滑雪场获得省级冰雪旅游接待人次奖48万元，获得市级冰雪旅游产品建设补助资金150万元。庙香山滑雪度假区开展雪道平整、索道维修、园区灯光亮化、设备维护与保养等基础设施建设同时，新建森林游步道、森林小木屋、滑沙、滑草及七彩滑道等基础工程。城子街街道大贝花海观光景点栽植百日草、醉蝶花、千日紫等10余个品种的精品花卉，建设七彩滑道、小吃街、儿童游乐场等设施，2019年被评为AAA省级乡村旅游经营单位。土们岭街道马鞍山村建设新村部、新广场、新民宿、新道路、新院墙，被长春市文化广播电视和旅游局评为“长春市特色乡村旅游民宿”。

【旅游宣传营销】 2019年，九台区通过传统媒体和现代媒体两个平台，重点推出“五个一”营销载体，即制作一个全域旅游形象宣传片、设计一本九台旅游宣传册、搭建一个“智慧旅游”App服务平台、组建一个旅游线路推广联盟、举办一批影响力较大的旅游节庆活动。与吉林卫视合作，在土们岭街道马鞍山村拍摄40集电视连续剧《鲜花盛开的山村》；依托庙香山冰雪美景，拍摄电影《那山，那雪》。举办中直、省市直媒体记者进九台采风活动、冰雪徒步大会活动、“中国旅游日”宣传推广活动，以展区形式参加吉林省第四届冰雪博览会，向外界宣传九台的旅游产品和旅游特色。

【安全运营监管】 2019年，区旅游服务中心与九台域内25家涉旅企业签订安全生产目标管理责任书，层层落实安全生产责任制。配合长春市文化广播电视和旅游局重点抽查庙香山、碧水庄园等运营企业，对部分旅行社进行抽检。开展安全监督检查，九台域内旅游业实现“零事故”的目标。

（罗　丹）

沐石河街道八台岭山门（2019年7月）　　（区委宣传部　供图）

旅游资源

【八台岭古驿村落自然景观】 位于九台区沐石河街道东南21千米处，山峦险峻，海拔668米，是九台区内的第一高峰，是国家AAA级旅游景区。上端以自然林为主，下部大部为人工松林，覆盖率80%，因由山底到山顶800级台阶，故名八台岭。园区主要分为文化艺术产业园、野外露营基地、悦湖水文化区、登山观光区、艺术写生、摄影基地、戏雪基地、关东民俗作坊体验基地、原生态餐饮文化区。

【庙香山冰雪旅游资源】 庙香山滑雪场位于长、吉两市之间，是长白山大黑山山脉在九台区域的缓坡带，庙香山主峰海拔479米，最大落差248米，是距长春最近、海拔最高的山峰，域内冰雪、温泉资源富集，自然生态与田园风光巧美融合，与毗邻的国家级风景区长春石头口门水库隔山相望、山水相依。项目规划生态面积70平方千米，起步区面积7平方千米，是长吉一体化建设的重要节点，长春新区空港开发区发展规划的重要组成部分。区域内长吉高速、长吉公路横贯东西，九万公路、九加公路直通南北，景区西距长春龙嘉国际机场17千米，西距长春市39千米，东距吉林市55千米，是开发建设滑雪运动、温泉养生，延伸乡村旅游，推进城镇化建设，构筑长春旅游新格局等多业态综合发展之地。截至年末，完成滑雪场及相关基础设施配套建设，总铺雪面积35万平方米。建成初中高级雪道13条、越野雪道12千米，建成国内最先进的6人脱挂式高速架空索道1条、双人吊椅索道1条、拖索1条、魔毯5条，造雪系统覆盖6千米；建成配套蓄水库2座，面积1万平方米，可满足造雪和冰上旅游项目的双重需求。建成游客接待中心2271平方米、阳光餐厅7124平方米、文化会所600平方米。建成吉林省首家汽车运动公园，完成越野汽车赛道、山地自行车道、森林穿越赛道

19千米。山上树种有核桃、黄花梨、三角枫、五角枫、紫玉花楸等20余种、170万余株。

【温泉旅游资源】九台区拥有世界稀有碳酸氢钠温泉，富含锶、锂、锰、锌、氟、硒等微量元素，pH值8.39，温泉出水温度在71℃~80℃，被誉为"东北美人汤"。钠离子含量254.9毫克/升，碳酸氢根含量692.72毫克/升，偏硅酸含量56.58毫克/升，可溶性总固体1015.74毫克/升，属于优质寒地高温温泉。

（罗　丹）

旅游开发项目

【马鞍山田园综合体项目】位于九台区土们岭街道马鞍山村四社，由吉林亚汶旅游发展有限公司计划投资50亿元开发建设。项目占地面积3.4平方千米，主要打造影视基地、高科技农业采摘区、养老及商业区、花海及野外婚礼区、水上运动区、广场健身区、康养乐园区、居住区、红色旅游区等。该项目于4月开始规划设计，6月1日开工建设。一期建设内容为汎遇山居民宿和乡村振兴培训中心。汎遇山居民宿区包括主题民宿、接待中心、餐厅、咖啡厅等，建筑面积10388平方米，主要提供特色餐饮、休闲住宿、会议会展、商务接待等综合服务。乡村振兴培训中心建筑面积1960平方米，为有需求的企事业单位提供专业知识、岗位技能培训，为农民普及新农业技术、生产方法，为青少年开展爱国主义教育。10月中旬，一期基础设施配套工程、民宿建筑工程及主要功能性区域装修工程全部完工，部分建筑投入使用。

【长吉游客服务中心项目】位于九台区土们岭街道101省道45千米处。总占地面积8公顷，其中，游客集散中心（含停车场）占地面积1.2公顷，房车营地（含小型木屋）占地面积0.8公顷，其他为景区租赁土地面积6公顷。整个项目总投资1800万元，长吉游客集散中心为二层楼建筑，配备有游客休息区、游客咨询处、旅游导览、土特产销售、餐饮服务、医务室、保安室、办公室、小型会议室、A级厕所、充电桩等。2019年，投资635万元，完成室内装饰、室外停车场道路沥青铺装、停车位方砖铺装、室外绿化照明及配套附属设施。6月末，长吉游客服务中心项目竣工。

【三下江南战役纪念馆项目】位于土们岭街道马鞍山村，6月启动建设，是集爱国主义教育、国防教育、党性教育、文明实践于一体的综合性展馆。主体建筑设计一楼为红色印迹展厅，主要包含纪念馆主题浮雕墙、圆雕和飘扬的党旗雕塑，其他场景配合展板、浮雕、半景画等方式展现"三下江南、四保临江"战役期间发生的历史事件。布置三下江南战役将帅名录、九台历史文化墙、九台名人墙。二楼主要为抗日烈士罗明星事迹展览馆。利用图片、背景浮雕、声光电等方式，描述罗明星的一生。纪念馆外部规划两个体验区域——东北抗联精神主题体验区和国防教育军事体验区。纪念馆前有东北抗联吉林著名将领塑像，纪念馆西侧设有英烈墙及事迹简介；军事物品展区陈设部分国防兵器，供游客近距离参观。10月，纪念馆主体建筑完工。

【中国北方寒冷地区大樱桃项目】项目是集果树种植、科技示范、生产加工、采摘观光、休闲度假于一体的三产融合项

土们岭街道汎遇山居（2019年8月）　（区委宣传部　供图）

目和乡村旅游综合体项目，是实现九台区乡村振兴战略的示范项目。由吉林省林氏绿洲现代农业有限公司投资建设，位于土们岭街道山咀村，计划投资6亿元，占地面积120公顷，建设期为5年，计划建设智能温室400栋，种植以大樱桃为主的各类果树3万株，通过智能控制，错季产果，可常年采摘。截至年底，完成投资1.2亿元，建设温室大棚52栋，办公楼主体完工。

【碧水庄园度假村项目】 由吉林省隆达集团开发建设，占地面积120万平方米，水域面积约5万平方米，计划投资2亿元。截至年末，完成投资1.5亿元。完成建筑面积近10万平方米的集生态农业、观光农业、食宿娱乐、全民健身、教学实践等功能于一体的大型综合休闲度假村。

（罗 丹）

特色美食

【土们岭山野菜包子】 吉林省盛达农业发展有限公司在九台区土们岭街道民主村开设店铺，投资对厂房及基础设施进行建设升级，购置国内先进的生产设备，获得SC生产许可。根据土们岭包子传统工艺，通过探索改良，将土们岭盛产的野菜（山芹菜、荠荠菜、蒲公英、柳蒿芽、猴腿、刺五加、山糜子、等）与肉馅进行搭配，加工制作出的包子，野菜芳香浓郁，肉馅鲜嫩多汁，味道独特，受到消费者喜爱，门店铺设至全国多个城市。

吉林省田野泉酿造有限公司生产车间（2019年6月）

（吉林省田野泉酿造有限公司 供图）

【九台区“田野泉”大豆酱】 “田野泉”牌大豆酱秉承东北传统制酱工艺，以东北非转基因优质大豆、卡伦湖地下深井水、精制盐为主要原料，经天然晾晒、自然发酵，以大缸为容器酿造而成，因其工艺与传统制酱方式无二，被载入吉林省非物质文化遗产名册。2019年，吉林省田野泉酿造有限公司作为省内唯一一家拥有经过国家认证绿色食品标识的调味品企业，产品通过ISO9001质量管理体系认证、ISO22000食品安全管理体系认证，“田野泉”牌大酱获得吉林省著名商标、吉林省名牌产品等荣誉。

【九台贡米】 色泽青白有光泽，米粒半透明或透明，表面质感晶莹光滑；长度5.0毫米至5.5毫米。颗粒均匀，米粒饱满，质地坚硬，直链淀粉含量16%至19%，胶稠度≥78毫米，碱消值7级，蛋白质含量7.0%至8.5%。蒸煮过程中吸水适中，具有稻米清香；煮熟后米粒松软油亮，鲜嫩润滑，弹性十足，颗粒分明，柔韧细腻，口感软绵，软糯筋道，凉饭不回生。被评为全国优质大米地理标志品牌。

【九台热面】 “闯关东”的部分山东人在九台定居繁衍生息，带来的面食技艺与九台当地的汉族热汤面、满族馇条面、朝鲜族冷面的传统做法重新融合，被称为九台热面。九台热面面劲道，汤生津，味鲜香，从民间家常面发展为饭店特色餐，从特色小吃变为大众快餐。域内专业经营九台热面的大小餐馆有500余家。8月28日，九台区九台热面协会成立，标志着九台区热面行业步入制度化、规范化轨道。

（罗 丹 杨佳英）

JIUTAI · CHINA
中国·九台

金　融

Finance

综　述

【概况】 截至2019年年末，九台区有银行业金融机构8家，保险公司16家，证券营业部1家，小额贷款公司5家。

2019年，银行业金融机构存款余额939.25亿元，贷款余额7765808万元。全区保险业保费收入40460万元，其中，寿险保费收入22508万元，财产险保费收入17006万元。证券（含基金）交易额951058万元，证券交易账户25791个。小额贷款公司注册资金7000万元，贷款余额6504万元。全区银行业金融机构实现利润净额122927万元。全年累计发放银行卡216.58万张，布放ATM机（自动柜员机）262台，POS机4775台。

【优化信贷结构】 2019年，人民银行九台支行向吉林九台农村商业银行发放支小再贷款9.5亿元，惠及企业151家，利率下调0.14个百分点。对小微企业采取提高抵押率和担保倍数、提供利率优惠、无还本续贷等措施，有效解决企业融资难、融资贵问题，为域内小微企业节省成本近2100万元。年末，中小微企业贷款余额428亿元，比年初增加115亿元，增长37%。

【打击非法集资】 2019年，九台区开展为期5个月的4轮非法集资风险专项排查工作，排查117家金融领域企业，发现风险线索3条，移交公安机关审查3家，注销营业执照11家，对公司注册地址不符、超范围经营的机构，当场予以诫勉谈话或下达整改通知书。宣传非法集资的危害性及特点，印发宣传单2万份、宣传手册5000份。6月6日，公安、工商、人民银行、检察院等部门在政府门前开展大型集中宣传活动，在人流密集地设置宣传展板80余块，与电信运营商合作发送短信20万条，并设置举报电话。

【金融机构惠民惠企政策】 年初，人民银行九台支行制定《小微企业贷款利率定价管理办法》，为辖区成长性强、诚信度高的小微企业提供利率优惠，降低小微企业的融资成本。提高抵押率和担保倍数，增加小微企业的信贷投放额度，与九台区中小企业信用担保公司签订合作协议，为小微企业解决资金近10亿元。

【农村金融改革】 2019年，建立以九台农商行为主体，农行、邮储银行、村镇银行、小额贷款公司、农业保险公司等为补充的农村金融体系。增加辖区金融机构网点至100个，其中乡（镇、街道）网点52个，每个村设立自助银行服务机具，填补村级农村金融服务的空白。开展以支农惠农为代表的“林权”抵押贷款、“社区通”贷款、“银行+合作社+农户”模式的合作社贷款等。

【农村承包土地经营权抵押贷款试点工作】 2019年，成立九台区农村承包土地经营权抵押贷款试点工作领导小组，下设办公室。确定胡家、沐石河、莽卡、上河湾、其塔木等乡（镇、街道）为试点乡（镇、街道），九台农商行为试点银行。按照依法有序、自主自愿、稳妥推进、风险可控的原则推动试点工作。召开2次经营权抵押贷款试点工作推进会。发放农民住房财产权抵押贷款51笔、869万元，发放农村集体经营性建设用地抵押贷款3800万元。

(杨松青　王洪英)

银　行

【中国工商银行股份有限公司九台支行】 截至12月末，各项存款余额20亿元，增长2.90亿元，超额完成全年计划。其中，储蓄存款18.20亿元，比2018年增长2.81亿元；对公存款1.80亿元，比2018年增长1621万元。各项贷款余额11.50亿元。其中，公司贷款8.40亿元，比2018年增长1.82亿元；个人贷款3.10亿元，比2018年下降3595万元。不良个贷余额298万元，与2018年同期持平，个贷不良率0.97%，比2018年上升0.07个百分点。个金专业借记卡发卡13229张，较2018年减少162张；个人理财产品销售2.17亿元；代理保险销售257.26万元；代理基金销售2212.14万元；融e行手机银行客户增加15336户(e支付客户净增15336户)；信用卡发卡10970张；信用卡e分期增加1010.05万元；私人银行存量客户27户，增加签约客户2户。账面中间业务收入640万元，比2018年下降63万元；拨备前利润3499万元，比2018年增长219万元。

2019年，制定“公私联动营销”策略，采取优化服务环境，提高服务质量，增加服务品种，强化宣传力度等措施，开展存款营销工作。将贷款营销工作重点放在法人（普惠金融）信贷业务上，根据九台域内经济发展态势、社会金融生态环境和信贷资源社会需求状况，确定“以支持地方大、中、小科技创新型企业客户为信贷投放重点”的全方位、多渠道营销策略。利用对公、个贷、结算、e品牌“三融”产品优势，发挥各项业务和新产品的内在功能，通过网上银行、各项代理业务、银行卡、卡分期业务、金融理财等业务，提升经营收入。

(王世强)

【中国建设银行股份有限公司九台支行】 2019年，一般性存款时点余额41.83亿元，年度新增7.37亿元。其中，企业存款余额5.98亿元，年度增加1.80亿元；个人存款余额35.84亿元，年度增加5.57亿元。各项贷款（含信用卡）余额14亿元，年度增加1.67亿元。其中，对公贷款余额2.45亿元，年度新增3099万元；对私贷款余额11.55亿元，年度增加1.37亿元。

开启金智惠民工程，在乡（镇、街道）283个行政村建立300个裕农通普惠便民服务点，村民不出村就能缴纳社保。在兴隆街道创办全省首家裕农通退役军人创业服务站，为退役军人创业提供金融服务。服务地方实体经济，支持小微企业、个体工商业主和涉农企业发展，推出小微快贷、“云义贷”、个体工商户经营快贷、乡村农担贷、抵押快贷、税易贷、云税贷等金融产品。

(张久春)

【中国农业银行股份有限公司九台支行】 2019年，参加省分行组织的“春天行动”“激情仲夏”“秋之祝福”等阶段性综合营销活动，实现个人核心存款的大幅、稳定增长。通过扩户提质等营销活动，对进入重点客户名单的客户进行逐户营销，采取联动营销、产品组合营销、落实营销人员维护责任、举办客户节、加大营销调度等措施，增加对公客户存款。

通过与农业担保公司合作加大贷款投放力度，为县域“三农”经济发展提供有力的资金支持。资产业务在“四行”的余额和增量占比分别为36%、40%，余额和增量占比均保持第一。优化调整信贷结构，全年个人住房贷款计划完成率及个人贷款全年累计放款金额在长春分行排名第三。

推进互联网金融服务“三农”的战略布局。至年末，个人掌上银行月均活跃客户完成计划的75.01%，增加微信银行完成计划的152.74%，ETC业务完成计划的70.54%，收单商户指标完成计划的80%，有效收单交易额完成计划的77.1%。

(王若愚)

【中国银行股份有限公司九台支行】 2019年，各项存款余额14.64亿元，较年初增长1.69亿元；各项贷款余额3.69亿元；中间业务净收入590万元，增长90万元；拨备前利润1188万元，增长109万元；净利润889万元，增长252万元。个人存款实行全员营销，全辖排名第三；直属县行中，时点新增排名第二、日均排名第二；“开门红”活动期间，获得省金融条线机构优胜奖（直属县行第一名）、个人金融条线集体组织奖（第三组第一名）、手机银行最佳倍增奖一等奖、手机银行最佳贡献奖三等奖、站前支行获得“万马奔腾重点突围奖”、客户基础及手机银行拓展等6项奖项。在省行机构等级评价及KPI绩效指标考核中，连续11个月在一类行及同组中排名第一。

争取到九台区所有行政事业单位工会账户行开户的资格，营销账户220户，增加存款2000余万元。全行员工开展ETC营销工作，到单位、乡（镇、街道）上门办理，提前完成ETC任务指标，完成率125.26%。

（拱润涛）

【中国农业发展银行九台支行】至12月末，支行各项贷款余额为57.82亿元，较年初增长3.66亿元，增长6.76%；日均存款余额9.68亿元，较2018年增长5.41亿元，增长127%；账面利润7395万元，较2018年增长3293万元，增长80%。2019年，中国农业发展银行九台支行获得吉林金融系统五一劳动奖状、创新发展攻坚百日劳动竞赛县级支行第一名，有2人分别获得“省分行创新攻坚标兵”称号和省分行“劳动竞赛明星”称号。

落实扫黑除恶和贷款“三查”及相关风险要求，确保信贷资金使用符合约定用途，防止信贷资金通过各种渠道违规进入黑恶集团或人员手中。加大员工异常行为排查及管理力度，组织员工填写扫黑除恶摸排表，畅通举报通道。与当地派出所沟通，对22名职工进行逐一查询，没有涉及违法犯罪情况发生。对71家开户企业核对客户及代理人真实身份，杜绝不法分子使用假名或冒用他人开立账户。对系统提出的可疑交易采取人工分析识别核对。

落实反洗钱工作职责和要求，采取合理措施，了解客户的业务性质与股权或者控制权结构，了解客户交易目的及交易性质，了解实际控制客户的受益所有人信息以及交易的实际受益人信息。上半年对所有客户进行受益人识别。开展案件防控教育，强化信息反馈，及时沟通，对于条线交叉问题做到信息透明、连贯，保持互相督导、指导的案防工作态度。

（王浩然）

【吉林九台农村商业银行股份有限公司】截至年末，资产总额1251.57亿元，实现利润总额10.85亿元。各项存款778.52亿元，较2018年增加81.84亿元，增长11.75%。实施组织架构调整，新设19家分支机构。深化银企、银校、银医和银银合作关系，巩固业务基础。九台农商行成为全省首批“互联网+不动产登记”工作合作单位；理财业务位列全国农村金融机构前10强，外汇交易连续6年入围全国银行间人民币外汇市场100强。

2019年，坚持回归本源的战略导向和支农、支小的市场定位，创新产品、完善机制，加大信贷供给，支持民营经济、中小微企业发展和“三农”领域。全年涉农贷款194.76亿元，较年初增加36.46亿元，增幅23.03%；小微企业贷款446.06亿元，较年初增加111.44亿元，增幅33.30%。

结合区域经济实际，继续

九台农村商业银行引入智能机器人开展业务服务（2019年8月）

（九台农商行股份有限公司　供图）

开展农民住房财产权抵押贷款、农村集体经营性建设用地使用权抵押贷款、商标专用权质押贷款等新业务，推出“网融易”网贷产品和“久e贷”个贷产品。通过创新服务模式、创新信贷产品、搭建各类对接平台等手段，提升对中小微企业的服务能力。

加强资本管理，资本充足率、核心一级资本充足率分别达到11.13%、8.76%。

(何景阳)

【中国邮政储蓄银行股份有限公司九台支行】 2019年，实现收入3908万元，完成计划的101.51%，比2018年增长13.36%。实现利润1972万元，完成计划的148.26%，比2018年增长165.14%。金储蓄余额4.1亿元，净增5530万元；理财保有量6257万元；手机银行注册2626户；信用卡结存7785张，发卡2129张，激活1412张，激活率66%；ETC加办348户；公司余额2.27亿元，净增7600万元；各类贷款结余13.98亿元，其中，个人经营性贷款2.41亿元、净增894万元，消费贷款结余金额11.57亿元、净增3.83亿元，合作平台贷款结余2570万元、净增2144万元。

开展扫黑除恶工作，强化不良资产处置能力，全年收回不良贷款428万元，核销不良资产20.5万元；移交后收回407.5万元。组织“3·15”消费者权益保护宣传活动和反假币宣传活动。开展“平安邮储”创建工作，每月定期开展安全保卫检查，特别是对安全重点部位进行重点排查，对存在安全隐患的部门下发通知单，对整改不到位、不属实的责令二次整改并给予处罚。

(朱云峰)

保险　证券

【中国人民财产保险股份有限公司九台支公司】 2019年，保费收入6743万元，赔付支出5153万元。

2019年，开展经营政策性农险业务，农业专家全程参与理赔查勘定损过程，做到应赔尽赔。承保兴隆、纪家、东湖、波泥河、土们岭、沐石河6个乡(镇、街道)的政策性农险业务，在6个乡（镇、街道）收取政策性农险保费2441万元。

2019年，开办精准扶贫保险业务，为全区7386人、3658户建档立卡，为贫困户提供意外、家庭财产保险保障，累计承担保险责任3.2亿元。

协同九台区交警大队办理“四无”（无号牌、无行驶证、无保险、无检验合格标志）车辆号牌及保险业务，助力全区交通集中改造治理整顿，为全区“四无”车辆提供保险保障，业务规模340万元。

(曹桂华)

【中国人寿保险股份有限公司九台支公司】 2019年，大个险渠道实现首年期交保费2287.67万元，完成计划的82.29%，绝对值排名第三位；标准保费完成1187.63万元，完成计划的78.86%，绝对值排名第二位；十年期及以上保费完成1299.45万元，完成计划的90.81%，绝对值排名第二位；短险保费完成352.29万元，完成计划的128.11%。

团险渠道全年总保费253.5万元，完成年计划56.60%，其中，老年人乘车险保费41万元，学平险保费81.46万元，老年人意外保险保费24.63万元。

银保渠道全年期交保费345.72万元，其中，三年期自营期交保费134.75万元，渠道三年期保费29.26万元；十年期自营期交保费181.72万元，比2018年增长73.84%，其中，十年期保障型保费完成77.48万元，比2018年增长17.61%；标准保费完成149.01万元，比2018年增长17.61%；短险保费完成48.80万元，增长29.58%。

(韩在柱)

【东北证券股份有限公司九台站前路证券营业部】 全年受理A股、B股、基金、固定收益产品、网上交易、手机炒股、电话委托、开放式基金代销、国债、企债、可转换债券、国债回购、质押式回购、约定购回业务；开通多家商业银行的三方存管业务；受理个人客户及机构客户股票质押、融资融券、委托贷款、项目直投、企业上市等工作，为企业提供并购重组等资本运作。截至2019年年末，有客户12627户，金融资产7.74亿元，实现利润221万元。

(冯新然)

JIUTAI · CHINA
中国·九台

交通运输

Transportation

公路运输

【概况】 至2019年年末，全区公路总长4655千米。县道公路等级为三级以上，乡道公路等级为四级以上。有二级公路客运站2座，四级公路客运站2座。

2019年，原四舒公路九台至其塔木段养护工程开工建设，道路全长42.69千米，投资7200万元，工期2019年9月25日至2020年9月15日。完成“畅返不畅”整治任务。九台区被省政府评为“四好农村路”建设示范县区。

【“畅返不畅”养护工程】 2019年，九台区结合秋季公路整修和人居环境集中整治，投资6000万元，完成“畅返不畅”整治工程443千米，超额完成省厅下达的411.6千米的任务指标。

【危桥改造】 2019年，九台区改造农村公路危桥4座，即其塔木红桥、纪家大桥、上河湾四社桥、新开岭桥，全长211米，总投资1373万元，其中上级补贴1028万元。年内全部建成通车。

【4条乡道建成通车】 乡道卢家至莽卡养护工程，全长22.38千米，路面宽5.5米，7月15日竣工通车，投资883万元。长春市人大常委会包保的波泥河茂林村村屯路项目全长2.5千米，涵洞9座，工程于8月15日竣工通车，投资200万元。9月20日，完成九开公路至太平庄，二道沟至罗群、锦绣村、罗群村、庙香山12千米沥青路面铺装，施工规划道路标线31千米，投资523万元。长春市公安局包保的沐石河桦树村至碾子沟村水泥路项目，全长2.33千米，11月5日竣工通车，投资158万元。

【生命防护工程项目实施】 2019年，完成生命防护工程55.2千米，设置各种警示标志131个、禁令标志16个、道口标注468根、轮廓标70个，整治校车行驶路线安全隐患6处。投资111.2万元，其中上级补贴36万元。

【公路养护】 九台区有专养公路225.22千米，专养干线公路40.77千米。

干线公路养护。清理垃圾604立方米，整修路肩3.8万米，打草1312614平方米，种植波斯菊2.4万米，路面灌缝160698米，投入保养资金140万元。更新示警桩194根，维修水毁路肩38立方米，修补坑槽1027.45平方米，投入小修资金19.4万元。

县级公路养护。清理垃圾6279立方米，刷新示警桩2672根，整修路肩205千米，打草2744366平方米，桥涵清淤154.8立方米，种植波斯菊30.74千米，油路灌缝40.26千米,完成投资544万元。完成四舒线保通段白色养护山皮石垫坑2396立方米，修复填筑水毁路肩山皮石214立方米，处理修补经济圈（九德线）、农兴线、其太线、九王线、长石线路面病害坑槽15176.42平方米，完成投资345万元。

【安全生产】 开展安全生产月等专项行动，在公共场所悬挂横幅、张贴标语和宣传展板。悬挂横幅8幅，制作安全生产宣传栏板4块，散发宣传材料300余份。全年召开安全生产调度例会10次，安全生产专项会议2次，组织安全演练2次，下发文件18份。节假日期间，严格领导干部带班和24小时值班制度，安排人员全天候应急值守，确保信息报送及时，应急处置有力。

开展冬春安全专项整治、防风险保平安迎大庆消防安全执法检查专项行动。深入施工现场、运输企业、站场渡口等重点区域，发现问题及时整改。全年出动检查人员189人次，排查出的6起安全隐患全部整改完毕。完善汛期应急预案，重点加强公路桥梁、涵洞、排水沟等排水设施的针对性养护，确保公路和排水设施安全度汛。完成5条乡级公路、55.2千米安全生命防护工程建设。组织实施校车行驶路线安全隐患治理5处。

【客运服务】 2019年，优化城乡群众出行环境，全区客运班线243条，实现村村通客车；有新能源公交车139辆，占比78.8%，出租车1567辆。

【交通运输管理】 以响水“3·21”特大爆炸事故为警钟，开展对危险货物运输企业的检查督查，查扣非法营运车辆5辆。开展全区乱象整治百日攻坚，日检、夜检、值班、巡检、路检、抽检、城市检查、乡镇检查、着装检查、便装摸排全覆盖，遏制“黑车”和“黑车队”的不法经营行为。查扣非法营运车辆97辆，其中，专项行动查扣54辆，处罚60辆，罚款60万元，取缔“黑车队”3个。

（孙　伟）

铁路运输

【九台站】 九台站隶属于沈阳铁路局吉林车务段，位于吉林省长春市与吉林市之间，地处吉林省长春市九台区政府所在地，位于沈阳铁路局长图线51千米处。九台站集旅客运输、货物运输、装卸作业等各项业务于一体，是办理客货运业务的三等中间站。

九台站主要担负列车接发、会让和专用线取送车任务，并办理长春、吉林方向的旅客与货物的运输任务，承担着北京、上海、浙江、山东、福建、江苏、河北和东北三省一区等地区的旅客运输以及发往国内及亚洲、欧洲等地区的国际货物运输任务。站内主要行车设备包括上下行正线各1条、到发线3条、货物线3条、专用线1条，驻地区小运转机车2辆。另有隶属于各主营单位的工务工区、信号工区、通信工区、电力工区、货运中心及公安派出所各1个，担当相互配合、维护的工作任务。

九台站担负九台区及周边榆树市、德惠市、永吉县、舒兰市等地区的群众到北京、上海、浙江、山东、福建、江苏、河北、辽宁、黑龙江和吉林旅客运送任务以及全国各地的行李、包裹运输任务。日均办理接发车列车68列，其中，固定列车47列（客车18列、货车29列），小运转列车5列至6列。主要任务是安全、迅速地为旅客提供方便、周到的运输服务。日均运送旅客2745人，高峰时运送旅客6021人，全年运送旅客100.53万人。办理行李、包裹运输941件。

九台站主要货物运输品类有粮食、煤炭、化肥、少量矿物材料、建筑材料，日均装车11.8辆。全年发送货物4325车、2.79亿千克，卸车151车。全年运输收入6611.3万元。截至12月31日，九台站安全行车11383天。

【九台南站】 九台南站隶属于沈阳铁路局吉林车务段，位于沈阳铁路局集团公司长珲城际线43千米处。九台南站是办理客运业务的四等中间站，主要担负动车组列车接发、会让工作，并办理长春、吉林方向的旅客运输任务。站内主要行车设备包括上下行正线各1条、到发线2条。担负九台区及周边空港新区等地区的群众至吉林、长春等地的旅客运送任务。日均办理接发列车172列，其中，办理客运业务的列车9列。日均发送旅客450人，高峰时运送旅客967人，运送旅客16.42万人。全年运输收入334.86万元。截至12月31日，九台南站安全行车2192天。

【卡伦站】 卡伦站隶属于沈阳铁路局吉林车务段，位于沈阳铁路局长图线24千米处。卡伦站集货物运输、装卸作业等各项业务于一体，是办理客货运业务的四等中间站。主要担负列车接发、会让和专用线送车任务，承担着发往全国各地的货物运输任务。站内主要行车设备包括上下行正线各1条、到发线2条、专用线1条。卡伦站主要运输货物是粮食，日均装车0.47辆。全年发送货物174车、1130万千克。运输收入187.9万元。截至12月31日，卡伦站安全行车5985天。

【龙家堡站】 龙家堡站隶属于沈阳铁路局吉林车务段，位于沈阳铁路局长图线33千米处。龙家堡站集货物运输、装卸作业等各项业务于一体，是办理货运业务的四等中间站。主要担负列车接发、会让和专用线取送车任务，承担着发往全国各地的货物运输任务。站内主要行车设备包括上下行正线各1条、到发线4条、专用线2条、专用铁路1条。龙家堡站主要运输货物是煤和粮食，日均装车23.3辆，卸车21.8辆。全年发送货物8489车、5.69亿千克，卸车7961车。全年运输收入2341.3万元。截至12月31日，龙家堡站安全行车9684天。

【营城站】 营城站隶属于沈阳铁路局吉林车务段，位于沈阳铁路局长图线58千米处。营城站集货物运输、装卸作业等各项业务于一体，是办理货运业务的三等中间站。营城站主要担负列车接发、会让和专用线取送车任务，承担着发往全国各地的货物运输任务。站内主要行车设备包括上下行正线各1条、到发线7条，调车线1条、专用线2条、专用铁路1条。营城站主要运输货物是粮食，日均装车12.7辆，卸车166.4辆。全年发送货物4623车，卸车60742车，发送货物2.9万千克。全年运输收入4181.5万元。截至12月31日，营城站安全行车10743天。

【土们岭站】 土们岭站隶属于沈阳铁路局吉林车务段，位于沈阳铁路局长图线71千米处。土们岭站是办理列车接发、会让业务的四等中间站。主要担负列车接发、会让工作。站内主要行车设备包括上下行正线各1条、到发线2条、专用线1条。截至12月31日，土们岭站安全行车8558天。

（姜　超）

水路运输

【水上交通安全】 2019年，修订完善并组织签订《2019年九台区水上交通安全管理责任书》，从区政府、交通局、乡（镇、街道）政府到村委会、浮桥企业各渡口、渡船负责人逐级签订，层层落实，签订率100%。

3月4日，举办“长春市九台区2019年渡船船员暨乡镇船舶管理员安全培训班”，参加培训的船员27人、乡（镇、街道）船舶管理员4人。

以“零事故，零伤亡”为目标，制定现场监督检查计划，加大检查力度与检查密度，完善并实施隐患排查和隐患跟踪机制，突出“重点水域、重点渡口、重点船舶、重点时段”的现场监管，对其重点危险水域确保每周至少2次跟踪检查、暗访检查、现场督查。适时开展汛期水上交通安全大检查。全年安全检查120余次，检查船舶约1200条次，现场下达整改通知书3份，发放安全宣传册600余份，发放宣传单2000余份。

【九舒松花江浮桥管理】 9月30日，浮桥引路九台段4千米砂石路面修整完毕，浮桥拖轮配套完毕。结合汛情，完善各项安全应急预案，并实施应急拆解演练。

开展船舶档案、船员登记、进出航登记、搜救预案、水运调查、渡口管理等工作。配合长春市海事局开展全区的船舶检验工作，全年检验渡船21条，其中，技术指标合格20条，不合格1条。与水利渔政部门沟通协调，率先完成长春市地区渔业船舶检验工作，对九台辖区水域内32条渔业船舶进行检验，检验率100%，并对渔船负责人、船主登记。

（孙　伟）

JIUTAI·CHINA
中国·九台

邮政 通信

Post and Communication

中国邮政集团公司九台区分公司

【概况】 2019年，中国邮政集团公司九台区分公司城区设6个储蓄网点、4个邮政营业网点，乡（镇、街道）设立14个储蓄、邮政营业、乡邮投递综合网点和4个委托代办邮政网点。有邮路4条，单程573千米。有机动汽车10辆（自有9辆，租赁1辆）、电瓶车15辆，房屋建筑面积17710.34平方米。固定资产4293.16万元。2019年，中国邮政集团公司长春市九台区分公司被评为省级精神文明单位。

【业务发展】 2019年，中国邮政集团公司九台区分公司代理金融业务重点发展储蓄余额，代理保险业务加强渠道建设，合规管理，寄递业务聚焦经营发展，持续攻坚重点市场。全年业务收入8217万元，收支差额2559万元，代理金融业务收入6408万元，邮务类业务收入1702万元（寄递类业务收入284万元）。

【通信建设】 2019年，中国邮政集团公司九台区分公司所有代理金融网点前台终端统一柜面，实行无纸化办公，年末开通所有网点ITM设备。

【经营管理】 2019年，中国邮政集团公司九台区分公司实行以零基预算为主体，利润为导向的管理办法，加强成本管理，责任到岗到人，损益核算，注重结果应用。年内调整优化用工结构，加大教育培训力度。加强安全管理制度建设，执行安全检查制度。签订安全生产责任书，定期进行安全巡视、检查，保障生产安全作业以及人身安全，加强营业场所日常安全防范管理，保障全年生产无责任性事故。根据省分公司提出的“三个一流提升年”以及全区邮政工作座谈会的工作部署，将2019年作为“提升服务管理年”。全区22个邮政营业室图表和标示统一上墙，规范邮筒的开桶时间，划分功能分区，统一标准。

（王　丹）

中国移动公司九台分公司

【概况】 中国移动通信集团吉林有限公司九台分公司（简称中国移动九台分公司）是中国移动在九台设立的分支机构。设市场运营部、集团客户部、网络运维和综合部。有自办营业厅3个，核发级渠道76个，末梢渠道271个。4G基站553个、2G基站383个。2019年，中国移动九台分公司被评为中国移动吉林公司长春分公司先进单位。

【市场拓展】 2019年，中国移动九台分公司加快4G用户规模发展，夯实4G领先优势，通信服务收入1.1亿元，把握终端销售入口，5G终端、5G套餐同步营销，提升社会渠道建设质量，以官方微信、手机营业厅业务办理宣传加快电子渠道的推广。拓宽有线宽带发展渠道，进入家庭宽带市场，全年有线宽带净增1.7万户。提质提速定向发展，新增用户“50兆起步，100兆主打，200兆为方向”，以融

9月4日，中国移动九台分公司在吉林工商学院开展营销活动

（中国移动九台分公司　供图）

合套餐、魔百和、家庭网关、和目等产品拓展家庭信息化市场。强化集团客户数量、质量和信息化增收能力的规模增长。优化产品结构，加强行业普查，立足需求驱动，推动集团客户和信息化产品的规模发展。抓住“互联网+”、大连接机遇，加强重点行业信息化项目合作，提升信息化项目运营能力，分行业引入合作伙伴，重点突破专线、IDC、物联网等业务领域。优化渠道布局，构建支撑全业务运营的全渠道营销服务体系。9月4日，在吉林工商学院开展营销活动。

【网络建设】 2019年，完成37个基站电池老旧替换及11个基站的大修改造，新开通4G基站21个、室分5个、室分扩容8个；完成自由基站中45条电路替换申请。以VOLTE标准为指引，重点推进4G网络向“更广、更深、更厚”方向迈进，以“架构超前、带宽充足、灵活智能、安全可靠”为目标，构建覆盖全面、接入迅速、性能优异、客管可控的传输网络，满足全业务发展需要。关注客户感知，推进网络管理转型。完善网络运维管理体系，提升网络管理水平，建立属地化网络考评体系，提升基础维护效率。

（冯　莹）

中国联合网络通信有限公司九台区分公司

【概况】 2019年，中国联合网络通信有限公司九台区分公司（简称中国联通九台分公司）设综合部、公众客户营销中心、政企客户营销中心、网络中心。其中，公众客户营销中心下设城区网格3个，乡（镇、街道）网格7个，城区核心营业厅2个，社区服务厅2个，服务网点遍布乡（镇、街道）、村屯。

【市场经营】 2019年，中国联通九台分公司通信服务收入完成1.21亿元，全年发展4G用户72888户，宽带净增7416户。完成上级公司制定的发展任务指标。中国联通九台分公司利用物联网、云计算、大数据、ICT等服务技术，让数据转化成生产力，为政企客户提供科学的企业经营依据和手段，通过持续创新与合作创新，向客户提供更具智慧的服务内容及方式。中国联通九台分公司与区城市管理行政执法局建设九台区智慧化城市管理平台，构筑“大城管”工作格局。配合区政府、

9月2日，中国联通九台分公司开展秋季校园营销活动

（中国联通九台分公司　供图）

区政数局，加快推进“数字九台”的建设，为区政府提高政府决策能力和管理水平，为百姓生活提供丰富的资讯，推进城市信息化进程。发挥公众客户融合政策优势，加大业务宣传力度，推进全业务的营销，利用长春市分公司营销政策，开展“沃盟友”“异业合作”“招联金融”“花呗分期”“全家福”“沃终端”等活动。

【网络通信能力】 中国联通九台分公司坚持以打造两张精品网为首任，增强网络安全保障能力，重点推进4G网络、宽带网络的建设完善工作，简化优化网络结构，精准高效建设精品网，为业务发展提供坚实保障。全年建设3G/4G基站66个，累计建设3G/4G基站327个。村屯覆盖率93%，主要干线覆盖率96%。新建驻地网项目120栋、8500户，光纤改造110栋、8000户，新增端口515个，农村新建空白点建设3项、交警监控点100处。新增AD数据端口1150线、数据端口总容量96800线，行政村光缆覆盖率95.5%，自然屯光缆覆盖率85.5%，行政村宽带覆盖率92.5%，自然屯宽带覆盖率79.9%。各项运维关键指标均达到或优于省市公司考核标准。

（何慧洁）

中国电信股份有限公司九台分公司

【概况】 中国电信股份有限公司九台分公司（简称中国电信九台分公司）位于九台曙光大街2号。2019年，设综合支撑中心、城区网格、政企客户网格、乡镇网格。其中，下辖6个自有营业厅、14个农村支局，服务网点遍布乡（镇、街道）、村屯。

【市场经营】 2019年，中国电信九台分公司通信服务收入完成2800万元，在长春市县域通信发展中各项指标均列第二。

【网络通信能力】 2019年，中国电信九台分公司建4G站址30个，市区覆盖率97%，新增驻地网项目60栋、4000余户。截至年末，建成乡（镇、街道）下沉机房11个，移动网及固网用户6.5万余户，各项运维关键指标均达到或优于省、长春市公司考核标准，在省公司的季度巡检和集团公司的安全检查工作中，作为地区县域维护标杆接受检查。

【客户服务】 2019年，中国电信九台分公司营业厅为客户提供通信服务的窗口，发挥业务受理、交费、现场营销、业务演示、客户体验、客户关怀、品牌形象传播、咨询和投诉等多种客户服务功能。2019年，开展通信服务零距离下社区的活动，为群众普及通信知识，为用户量身选择切合实际的通信产品套餐，解决家中的各种网络问题，参与该项服务活动的人员超过4000人次。全年维护九台区内移动网、固网用户90386户，无重大通信事故。

（邢 栋）

招商引资

Investment Promotion

综　述

【概况】 2019年，九台区以园区为平台，以产业为依托，以资源为吸引，立足产业“增链、补链、强链”，构建持续增力的服务体系，营造平台承载的“温室效应”，政策扶持的“引擎效应”，机制联动的“催化效应”。全年洽谈项目104个，签约24个，吸引内资125亿元。

【建立健全工作制度】 根据九台区招商产业发展方向，围绕九台区“五大产业”发展情况，筛选与之配套的上下游生产企业或服务性企业，制定《九台区2019年招商引资“百日会战”活动实施方案》，编制《长春市九台区招商引资产业链项目树》，改版编制《长春市九台区重点产业招商地图》及“世界、中国、民营五百强企业信息库”。制定《长春市九台区重大项目专班招商引资工作机制》《长春市九台区战略性新兴产业链招商地图》《长春市九台区先进制造产业链招商地图》。

（韩　俊）

专项会议

【招商引资推进大会】 5月15日，九台区2019年招商引资和项目建设推进大会在公安局九台分局警体馆召开。区长李洪亮，区人大常委会主任王树民，区领导于海山、李国辉、祁桂东、王萍、王健、赵国俊、李元君、徐建侠、李雪峰、逯占元、李德军、王宝石参加会议。会议贯彻落实长春市项目推进大会精神，分析九台区招商引资和项目建设的形势，对招商引资和项目建设工作做出安排部署。

【招商引资工作动员部署大会】 7月12日，九台区招商引资工作动员部署大会在区会议中心召开。区委副书记、区长李洪亮，区人大常委会主任王树民及副区级以上领导参加会议。会议动员全区统一思想、抢抓机遇，加压鼓劲、创新举措，掀起新一轮招商引资热潮，为率先全面建成小康社会、加快建设长春东部新城区提供强大动力。

（韩　俊）

招商路径

【“走出去”招商】 2019年，九台区招商引资考察团赴广东、浙江、江苏、北京、湖南、上海、河北、湖北、安徽开展招商引资活动。重点与华粤创展实业有限公司洽谈引进绿色矿山恢复治理项目，与巴登新城投资有限公司洽谈九台大健康产业园项目，与吉利铭泰集团赛道管理（宁波）有限公司洽谈九台国际赛车场项目。

【政策招商】 九台区在长春地区率先出台《促进招商引资企业发展实施意见》和《招商引资引荐人奖励办法》2个政策性文件，加大招商引资的力度，拓宽引资渠道，鼓励社会各界参与招商引资工作。

【平台招商】 利用省、市组织召开的吉商大会、东博会等招商活动，寻求投资者，洽谈招商项目，对招商信息跟踪推进。开展“请进来”活动，邀请域外企业到九台区考察洽谈项目，用资源、产业、区位等优势吸引投资者。

【以商招商】九台区在北京九台商会、天津吉林商会、深圳长春商会分别设立九台区招商引资中介点，与其签署委托招商框架协议，发挥商会企业资源优势，为九台引进优质招商引资项目。通过拜访当地优秀企业家、聘请各地经济界精英等多种形式，更多商界成功人士成为九台招商引资顾问，发挥以商招商作用。

10月28日，九台区党政代表团在浙江省考察

（区发改局　供图）

【项目招商】将中国500强、民营500强企业进行梳理，按照战略投资、产业布局及产业关联度等情况，分门别类，选择重点。正在洽谈的有天津北创控股集团计划投资256亿元的东北亚国际旅游综合体、北京新华联集团计划投资50亿元的生态新城文旅综合体、上海广微控股特种车制造等项目。

（韩　俊）

表14　　2019年九台区重点招商引资活动一览表

时　间	地　点	拜访对象
1月	天津市	天津吉林商会
6月	广东省惠州市	华粤创展实业有限公司
6月	广东省河源市	巴登新城投资有限公司
6月	浙江省宁波市	吉利铭泰集团赛道管理（宁波）有限公司
6月	江苏省苏州市	吴中地产集团
8月	北京市	上海东方龙商务咨询有限公司北京分公司
8月	北京市	汉能移动能源控股集团有限公司
8月	北京市	北京九台企业商会
8月	湖南省长沙市	棕榈生态城镇发展股份有限公司
8月	上海市	景域国际旅游运营集团
8月	河北省唐山市	红星美凯龙家居集团股份有限公司
8月	江苏省徐州市	恒大地产集团吉林公司
9月	北京市	新农利合控股集团有限公司
11月	浙江省丽水市	良工阀门集团有限公司
11月	浙江省衢州市	大连环嘉集团（浙江通恒环保科技有限公司）

续表14

时　间	地　点	拜访对象
11月	湖北省武汉市	盛隆电气公司
11月	安徽省蚌埠市	丰原集团
11月	安徽省合肥市	安徽朗坤农业有限公司

（区工信局）

表15　2019年九台区招商引资签约项目一览表

单位：亿元

项目名称	所属行业	投资总额	投资方
兽药建设	生物医药业	5.5	长春市中保牧生物科技有限公司
大容量注射剂生产	生物医药业	3.5	吉林省都邦药业有限公司
汽车冲压件	先进制造业	2.5	吉林省万龙汽车零部件有限公司
医疗器械生产	先进制造业	1.5	吉林馥歌医疗电子技术开发有限公司
机电设备生产及安装	先进制造业	1	吉林省世圆机电设备安装有限公司
钢结构加工及安装	先进制造业	1.5	吉林省朗巍装配式钢结构建筑工程有限公司
医疗器械生产	先进制造业	5	吉林长盈生物医药有限公司
医疗器械生产	装备制造业	2	吉林惠利现代轻工装备有限公司
工程机械加工	装备制造业	0.58	长春一联工程机械有限公司
轨道客车零部件生产	装备制造业	1	长春市轨道客车有限公司
屋顶分布式光伏发电	能源业	7.2	江苏盛达微电网科技有限公司
生物质沼气+5.9兆瓦热电联产+有机肥	能源业	4	长春市九台区禾鑫新能源有限公司国家秸秆控股集团
伊利石深加工	能源业	1.5	长春华煜伊利石有限公司
垃圾回收利用分拣中心建设	能源业	4.2	九台供销社再生资源回收利用有限公司
洁净煤生产销售	冶金建材业	2	龙嘉万翔国际贸易有限公司
医疗包装制品生产	冶金建材业	3	吉林省尼普洛嘉恒药用包装有限公司
新型医疗护理器械生产	冶金建材业	2	吉林省鑫航不锈钢销售有限公司
高端酒店及高档商服商住	现代服务业	50	复星地产
路面废弃材料循环利用	现代服务业	2.58	吉林省嘉鹏集团有限公司
生态农业开发	现代服务业	0.3	吉林省苏尔额尼生态农业开发有限公司
封闭式菜市场	现代服务业	2.2	天津市多兴庄园农业科技开发有限公司
泉禾现代农业	现代服务业	5	泉禾现代农业
康养基地建设	现代服务业	0.48	君安健康管理服务公司
100万只白羽鸡养殖及配套	农业	2	吉林九翔农业发展有限公司

（区工信局）

开发区

Development Zones

长春九台经济开发区

【概况】 长春九台经济开发区（简称开发区）是国家发改委审核批准的省级经济开发区，区域面积128平方千米，总人口12万人。基础设施覆盖面积20平方千米，入区企业422家。全区有高新企业12家，“小巨人”企业37家，上市企业8家。开发区地处东北亚腹地核心区，是国家“一带一路”倡议向北沿边开放的重要窗口，是东北亚区域地理几何中心。开发区位于长春城区与龙嘉国际机场之间，G12高速（珲乌高速）、S101省道（长吉北线）、G102国道（北京至哈尔滨）、长吉高铁、长图铁路、机场大路、兴福大路横贯东西，卡伦湖大街、山水大道、九双公路纵穿南北，与龙嘉国际机场构筑成“七横三纵一空”立体交通网络。修路78条、90千米，面积122万平方米。建成日供水3.5万立方米的净水厂，日处理2.2万立方米的污水处理厂，集中供热、管道天然气全面覆盖，通信网络、数字电视敷设完成。开发区坚持产城融合、突出特色的发展理念，编制完成50平方千米的总体规划、19平方千米的控制性详细规划，启动5平方千米的城市设计和1.4平方千米分区规划。形成以中誉集团、吉柴集团为代表的装备制造业；以康宁杰瑞、钻智制药为代表的生物制药业；以吉林工商学院、九台大学生创业园为代表的科教文化产业；以中澳城为代表的现代物流业；以伊利冷饮、朱老六食品为代表的食品加工业。2019年，开发区实现地区生产总值86亿元，工业总产值175亿元，固定资产投资30亿元。

中弘铝业轨道客车、百思特科技、汽联机械等11个“三早”项目开工。通过租赁、收购、合作等方式盘活特一食品、国泰人防等6家企业。组织恒拓模具、银诺克药业等20家企业申报国家高新技术企业认证，组织华奥汽车、盛大电缆等14家企业申报长春市科技“小巨人”企业认证，协助50余家企

长春九台经济开发区“三早”项目开工现场（2019年4月）

（长春九台经济开发区　供图）

长春九台经济开发区代表性企业长春钻智制药有限公司（2019年5月）（长春钻智制药有限公司　供图）

业申报传统产业升级、绿色制造、首台首套等各类政策性扶持。组织钻智制药、康宁杰瑞等10余家企业申报2000余万元招商引资政策扶持资金。组织中科电缆、泽发家具等10余家企业参加第二届中国国际进口博览会。

【项目储备】储备项目有三大类，有以上海复星集团地产、力旺集团城市综合体、吴中集团吴桐小镇等为代表的5个高端商服类项目，意向投资超过400亿元；以吉林省万龙汽车部件、吉林省世圆机电设备、吉林省泉南智能装备、环嘉集团资源再生循环利用等为代表的11个工业类项目，总投资15亿元；以吉林省嘉恒医疗器械、吉林惠利现代装备、长春市永恒医药包装项目为代表的3个生物医药类项目，总投资5亿元。

8月28日，长春九台经济开发区与力旺集团洽谈城市综合体项目（长春九台经济开发区　供图）

【卡伦湖国际生态新城建设】卡伦湖国际生态新城总用地面积1575公顷，达到亲水娱乐、生态宜居、产业支撑的有机融合。分3期建设：一期选址在卡伦湖西岸，用地面积1.4平方千米，建设康复养老、国际学校、商务酒店及商务配套项目；二期选址在卡伦湖北岸，建设高端商业、五星级酒店等新兴服务业；三期选址在卡伦湖南岸和东岸，打造休闲商业、文化旅游等现代服务业。8月，土地摘牌，占地面积36万平方米，成交额5.4亿元。

【中古生物技术国际合作区建设】中古生物技术国际合作区规划面积5平方千米，打造集聚能力突出、发展空间巨大、综合效益凸显的生物技术产业基地。2019年，入驻工业企业19家，研发企业2家，三产项目2个，占地面积1平方千米，总投资100亿元。康宁杰瑞、钻智制药公司等高端研发型药企带动园区产业升级，博涵医疗、徐氏医疗、晟隆生物、阜元医药、菲洋生物等动工建设。

【基础设施建设】2019年，开发区共开工基础设施项目28个，投资8031万元。规模较大的项目包括投资1037万元的老镇区污水管线工程、投资238万元的体育公园景观及附属设施配套工程、投资381万元的东风村给水管线工程、投资886万元的污水处理厂道路基础设施配套工程、投资1736万元的福利中心建设工程、投资3025万元的南北区给水管线连接工程等。

【园区管理】 统筹管理商混运输车与渣土车，增加13个钩臂式垃圾箱，安装“中国结”184对、洗墙灯150余米、各类亮化用品2000余件，绿化3000平方米，种花15万棵。规范天然气、热力公司、通信公司、电力等公司施工，开展雨污混流清查，勘查雾开河拦河闸1#附属设施损坏情况。对3家绿化养护公司进行常态化监管。

【土地征拆“百日攻坚”专项行动】 成立3个攻坚工作组、4个一线指挥部，对28项重点任务进行量化，推进“百日攻坚”专项行动。兴福大路项目征收完成；双泉村一、三、七社协议征收237户；三、五社完成“129”土地征收；“332”棚改项日完成188户村民选房及地上物、土地“两费”补偿协议签订，12公顷、1852个棚室完成认定；魏家村一、十社完成8800平方米用地完成征收；辽矿集团通风井项目完成协议签订和补偿款发放；镇郊村88公顷拟征土地完成数据保全、测量登记和棚室鉴定工作；镇郊二、五、六社398户集体土地房屋完成数据保全和勘查测绘工作；和气一、十社119户完成“一户一档”；对李家店屯6户法院裁决的地上房屋依法强制拆除；解决484棚改项目后期遗留问题；完成88公顷与长春经济技术开发区置换土地边界测绘以及老街污水管线、河道治理项目的数据测绘评估；完成回迁户的房照灭籍工作；启动干雾海河环保治理、甲二路跨铁路桥基础设施以及中古生物医药产业园4条道路土地征收工作。

（白青力）

九台工业集中区

【概况】 九台工业集中区是省级工业集中区，辖营城街道、土们岭街道和九郊街道头道村，控制面积242.66平方千米，规划面积15平方千米。2019年，完成地区生产总值14.45亿元，实现工业总产值32.78亿元。其中，规模以上工业总产值28.4亿元，工业增加值7.23亿元，规模以上工业增加值5.63亿元。一般全口径财政收入8800万元，其中，税收收入900万元。固定资产投资2亿元。

【项目建设】 2019年，分别赴武汉、南宁、营口等地招商，拜访客商30余家，洽谈项目34个，意向性投资项目5个，跟踪项目7个。在谈项目4个：总投资10亿元的人福医药项目，总投资5亿元的威立雅危废处理项目，为技术落后和“僵尸”企业提供解决方案的盛隆电气项目，生态农药及配套机械的田园生化项目。新建项目3个：总投资1.6亿元的科工碳业项目，总投资2000万元的君隆物流项目，总投资1500万元的越达物流项目。续建项目1个：总投资4.37亿元的现代农业产业园一期项目。

【区域绿化】 利用对外发包1平方千米土地租金40万元，对搬迁后整理出的闲置土地，分期绿化、美化。春季首期分别在601地块栽种柳树9万平方米；西窑地栽种山杏11万平方米、茶条槭8000万平方米，其他区域栽种女贞、珍珠绣线菊4万平方米。

【国有土地集中整治】 收回承包土地及零星私自耕种土地15万平方米。对搬迁区内私搭乱建、乱堆乱放等私自占用国有土地违法行为进行集中清理整治，清理私搭乱建、乱堆乱放行为30处，清理土地13万平方米。

（王占波）

城乡建设

Urban and Rural Development

城乡规划

【概况】 截至2019年年末，九台区完成总体城市设计及《九台区战略发展规划》《九台区分区规划》《全域旅游专项规划》《九台区加油加气站专项规划》《海绵城市专项规划》5项规划；《九台区控制性详细规划》完成最后调整；《绿地系统专项规划》完成专家论证，形成最终成果等待上报。完成商贸城北地块、县医院南地块、罗明星抗战纪念馆、土们岭电影城等63个地块条件图。全年开展8次城市规划监管联合执法行动，拆除违法建筑176处、5481平方米。

【规划许可】 依据《中华人民共和国城乡规划法》，健全规划审批机制，规范规划管理行为，按照城市总体规划进行项目审批，加强规划审批后的规划管理。截至2019年年末，城区内核发“建设项目选址意见书”9份，核发“建设用地规划许可证”16份，核发“建设工程规划许可证”19份。

【城市棚户区改造规划】 2019年，九台城区新开工城市棚户区改造地块2个，改造总建筑面积32.92万平方米，改造总户数3026户，总投资约11.5亿元；卡伦湖开发区完成5个批次棚户区土地报批，土地面积合计170.93公顷。

【村镇规划】 2019年，九台区完成15个乡（镇、街道）、266个行政村村庄规划编制的招标。完成公建审批核发建设项目选址意见书8份、建设工程规划许可证2份、建设工程规划核实通知书1份；个人建房审批182户，其中，新建68户，翻建51户，无照翻建63户。协助其塔木镇、城子街街道修改街区总体规划。完成对第二次规委会确定的184个集体土地入市项目的统计整理，对入市项目初步审核，拟通过第三次规委会入市的320个（不含卡伦湖25个）集体土地入市项目的前期统计及初审。

【基础测绘】 2019年，完成长春九台经济开发区南区给水项目2.5千米测绘工作、鹏瑞制药厂周边2公顷地形图、逸品湖畔放线23栋、污水处理厂验收11栋、新庭雅居放线3栋、新庭雅居周边及小区道路放线4条。国庆节期间，对机场大路拓宽项目进行土方测量，测量2.7千米。

完成九溪新区金港大街等11条道路征地边界放线工作。其中包括乐园路至四道街延伸段、英伦国际东侧至加油站、东升嘉园至东环路等道路放线工作，健康路、中央大街延伸段地形图测量，盛兴家园20栋放线工作，沿河豪庭、天成庄园放线工作，罗明星抗战纪念馆及道路放线工作。

完成7个乡（镇、街道）卫生院地形图测绘、石油公司加油站19个地形图测绘、城子街街道大贝村花海5公顷地形图测绘、九台工业集中区4千米污水管线放线工作，完成龙嘉工业园区3平方千米地形图测绘工作。

配合房屋征收中心完成房屋征收测绘17户，入户登记面积约1060平方米。

【九溪新区规划】 九溪新区规划包括文旅综合配套、健康颐养、创智服务3个小镇，规划总用地约800公顷。其中，文旅综合配套、健康颐养小镇为规划期内发展用地，约600公顷；创智服务小镇为远景发展空间，约200公顷。

九溪新区基础设施规划。规划城市道路分3个等级，包括主干路3条、次干路5条、支路17条，总长度约33千米，总用地面积约112.4万平方米。一期规划建设10条道路，即福临大街延伸段、南苑大街延伸段、文体大街、湿地公园北路、九溪东路、九溪西路、金溪街、吉利大街、九吉东路、九吉西路。项目总投资16.16亿元，其中，道路工程及雨污水管线工程投资11.83亿元。

其中，工会职工活动服务中心建设项目用地面积0.93公顷，拟建规模5300平方米，项目总投资3400万元，资金来源为申请资金及自筹资金。档案馆建设项目用地面积0.45公顷，拟建规模4821平方米，项目总投资2882.89万元，资金来源为自筹。中医院建设项目总用地面积5.64公顷，拟建规模3.97万平方米（地上3.64万平方米，地下0.33万平方米），项目计划总投资2.2亿元，资金来源为专项申请和地方配套。广泽2号地块建设项目规划用地面积3.06公顷，拟建筑面积6.09万平方米，项目计划总投资3亿元，资金来源为自筹。

【卡伦湖开发区规划】 2019年3月，经《长春市九台区卡伦湖街道总体规划》修编以及卡伦湖街道20平方千米的控制性详细规划修编专家论证会研讨，确定卡伦湖街道总体规划、控制性详细规划编制情况。九台区与天津大学设计院联系，综合考虑卡伦湖街道总体规划与“一区四园”的关系，进行整体构思。

8月，委托吉林省城乡规划设计院编制全区各乡（镇、街道）村庄规划，卡伦湖街道利民、孙家、王家、十里、大泉、红星、任家7个行政村被纳入统一编制。

核发“建设用地规划许可证”14个，用地面积14.6万平方米；“建设工程规划许可证”26个，建筑面积35.8万平方米；定位验线合格通知书11个；竣工规划核实通知书10个，建筑面积2.8万平方米。以控制性详细规划为依据，组织编制各地块规划设计条件、设计要点11个，总用地面积24万平方米。

（郑海玖）

城乡房屋管理

【概况】 2019年，受理各项产权登记16054件，开展“无籍房”清理，完成16个居民小区、260栋住宅楼、1107865.32平方米，为16549户“无籍房”确权。完成纸质档案库改扩建、纸质档案数字化整理等工作，整理完成13.7万份纸质档案，26万笔业务。抵押卷10万笔，产权卷3.2万笔，灭籍5000笔。整理完毕后，全部归档至档案室上架封存。

【房屋权属登记】 截至2019年12月，受理各项产权登记16345件，其中，首次登记869件，转移登记9491件，他项权登记2012件，限制登记869件，预告登记2518件，预售登记58件，注销登记189件，撤销登记5件，变更登记86件，更正登记139件，补证登记109件。全年完成测绘审核22个项目小区、106栋、614848.1平方米。核实廉租房及低收入9350人，为房屋征收中心核实7323户，为长春市委组织部及建设厅查询389人，接待各地公、检、法，政府机关，律师，查询1447人次。库存产籍档案336879件，其中，区房管中心发出房屋交易和产权确认书212931份，乡建档案111087件，库存财会档案2200件，文书档案2608件，动迁档案6846件，声像档案66件，科技档案1141件。

【工程档案接收】 2019年，接收47个建设单位移交的311个工程档案资料，出具档案专项验收意见书311份，出具档案接收证明书47份，建设工程档案立卷4834件。其中，空港工程为国家重点工程，接收23份工程档案资料，立卷260件（其中，住宅小区工程18个，立卷238件；小区外网工程5个，立卷22卷）。全年著录311个工程电子档案，接收数字化处理283个工程的档案4834件。区档案馆对在建的全区各建设工程声像档案进行采集整理，采集照片1040张、录像570分钟。全年接待查阅者360人，调卷档案1810件。

【消防审批验收】 根据《中华人民共和国消防法》《住房和城乡建设部应急管理部关于做好移交承接建设工程消防设计审查验收职责的通知》及吉林省住房和城乡建设厅相关文件精神，将消防设计备案、审批、验收工作职能划转到住房和城乡建设部门。5月1日，区住房和城乡建设局成立消防审批验收办公室，有工作人员6名。至12月31日，受理九台域内建筑工程审批验收项目127个。其中，受理线上联合审图审批项目67个，受理线下历史遗留项目（消防设计审核、备案）14个，受理线下历史遗留（施工许可）项目8个，受理消防验收项目38个。

（张　磊）

房地产开发

【概况】 2019年，全区有房地产开发企业30家，其中，二级资质1家，三级资质7家，四级资质10家，暂定级资质12家。开工建筑面积775984.79平方米，总投资24.6亿元。完成房屋征收4933户，其中，货币调换2349户，产权调换2584户，面积34.92万平方米，所有征收项目签约率95.6%。房屋交易面积65.94万平方米，其中，住宅面积63.53万平方米，商业营业用房面积2.41万平方米。房屋销售金额26.99亿元，其中，住宅销售金额25.51亿元，商业营业用房销售金额1.48亿元。新批准预售许可证商品房面积462555平方米，非商品房面积59489平方米。

【房地产去库存】 截至12月底，商品房库存面积689947平方米，非商品房库存面积289655平方米，合计面积979602平方米。

【物业专项维修资金】 年初，全区归集物业专项维修资金3901万元，交存12871户。截至年末，全区归集物业专项维修资金1.90亿元，交存74168户。办理物业专项维修资金更名2658件，受理物业专项维修资金查询业务162件，办理物业专项维修资金返还（房屋灭失、交重或退房）86件，返还金额20.91万元。拨付申请使用维修资金13.92万元，申请拨付的物业项目主要有车辆厂家属楼屋面防水维修工程，计量局住宅南楼、经营公司住宅楼、林业局住宅楼下水维修工程，春光花园小区单元门更换工程，丽景家园18号楼屋面防水维修工程等，受益业主180户。

（张　磊）

保障性住房

【概况】 2019年，全区发放廉租住房租赁补贴2061户，其中，低保家庭1893户，低收入家庭168户，发放总金额361万元。实施国家棚改政策贷款，配合国开行、农发行完成财务审计和公司评级工作，发放贷款资金35.7亿元，支付贷款资金35.7亿元。

【公租房管理】 按照“三审两公示”程序（办事处社区初审并公示，民政部门收入审核，住房保障与产权管理中心住房情况审核，住房保障管理中心复审并公示的流程，最终确定保障对象），对租赁住房补贴保障及住房保障所有家庭进行审核，确定2019年保障对象。采取不定期抽查、定期核查的方式，对所有保障家庭实行动态管理，在政府网、公共场所设立公开举报电话、信息比对服务等，清除不符合保障条件的家庭。建立应急维修队，提供24小时上门维修服务；建立消防安全管理制度；调整租金，将特殊低保（AB类分类施保）租金价格由1元/月·平方米调整为0.5元/月·平方米；一般低保租金价格由3元/月·平方米调整为1元/月·平方米。

【回迁安置】 2019年，省住建厅下达九台区城市棚户区改造任务1836套，改造项目地块9个，改造总面积22.65万平方米，总投资12.67亿元。九台区城市棚户区实际开工套数1836套，开工率100%，完成投资约10亿元。其中，政府自建安置1527套，政府购买存量商品房219套，直接货币安置90套。

【房屋经营管理】 2019年，房屋经营管理与经济市场进行对接，适时掌握市场变化动态，按不同地段继续调节租赁房屋的租金标准。签订和续签房屋出租合同42份，房屋租金收缴134万元，8个地段，房屋租金收缴及房屋维护100%。

【农村危房改造】 2019年，农

村危房改造353户（D级危房172户，C级120户，彩钢户49户，无房户12户）。其中，建档立卡277户（D级危房125，C级118，彩钢户25户，无房户9户），五保户、低保户、贫困残疾人家庭76户。全部竣工验收。

（张　磊）

市政公用设施建设

【基础设施建设】 规划四道街建设项目，总投资1.67亿元，全长4320米，红线宽50米，双向六车道，排水主管线13千米。干渠涵和排水箱涵完成投资约2000万元。前进路公铁立交桥建设项目续建工程，总投资3.7亿元，为PPP项目，2018年路桥通车，2019年完成绿化、人行步道和辅路施工，完成投资约3.5亿元。嘉鹏及新州周边道路项目，总投资4500万元，为PPP项目，涉及7条道路，已完工6条道路（实验幼儿园东路、嘉鹏西路、嘉鹏东路、嘉鹏南路、逸品新州北路、逸品新州西路），完成投资约3500万元，剩余新州东路由于征拆问题暂未施工。师范周边等建设项目，总投资2000万元，是2016年保障性安居工程，4条路分别为师范西路、师范南路、师范东路和乐园路南段，2019年全部竣工通车。南山公园和花溪公园建设项目，总投资3500万元，绿化面积17.3万平方米，年末竣工。小南河生态综合整治项目，总投资10亿元，是PPP项目，对小南河进行污染治理和生态修复，项目建设期为3年，2019年对小南河进行河底清淤，完成清淤4千米，清淤量5000立方米。南区雨污水建设项目，总投资4600万元，主要建设雨水管网4.2千米、污水管网2.5千米，建设雨水、污水泵站各1座。净水厂扩建项目，总投资4900万元，将净水厂规模2.5万立方米/日扩建至5.5万立方米/日。完成新建排泥浓缩间、脱水间及加氯间的土建工程和工艺管道工程，完成净化间主体封闭。

7月23日，区市设施政维护中心对城市道路进行维修养护。图为工作人员维修隔离设施　（区住建局　供图）

【城市道路、桥梁维修养护】 区市政设施维护中心对城区及营城的116条街路（含巷路）的破损路面、边石、人行方砖步道和31座大小市政桥梁进行养护。维修破损沥青路面9700平方米、边界石1352米，铺筑人行步道方砖3239平方米、火烧板340平方米，道路灌缝13万米。翻建因荣祥供热管道沟挖掘造成破坏的结核医院西侧道3500余平方米。完成园丁园小区外1220平方米道路维修，新华小区1号和2号楼间1475平方米道路改造工作。巡查养护桥梁31座，专业检测桥梁3座，判定封闭危桥1座。

【排水设施维修养护】 对市区内主路上2626座检查井、3297座雨水井和人行道上的1253座检查井定期进行清掏，出动管线疏通车145台次、吸污车762台次，疏通排水管线7438米。维修主路检查井276座，维修雨水井289座，填埋废弃检查井7座，完成小南河排水管线堵漏2处；新建雨水井5座，新建排水管线11米，更换破损、丢失各类检查井井盖132套，雨水井井盖和井座67个，清理长通路地下通道积水13次，维护杨家河管线护坡1次。对城区内127个弃管小区的污水井进行清掏养护；疏通淤堵污水管线2650米，维修塌陷检查井33座，更换破损、丢失井盖57套、井座66个；对东、西公铁立交桥、新立、北门街4座排水泵站进行日常检修、看护。对区政府“社区工作日”活动单独部署的涉及利民、沿河、光明等社区18个老旧住宅小区、287座检查井进行清掏、疏通和改造。

【路灯维修养护】 对城区3074盏各类路灯、58个控制箱、48台变压器进行检修和养护。排除线路故障80余次，维修更换LED路灯320盏、高压钠灯516盏，更换各种型号电缆390余米、附属电器原件若干，昼夜出动维修车辆830车次。春节期间，安装亮化网灯2万余张，串灯6000余串，各种型号射灯110盏，单个红色灯笼600余个，三串灯笼138对，白钢骨架灯笼151对，铺设亮化专用塑铜线7760余米。

【交通设施巡查、维护】 对城区及乡（镇、街道）公路上230处交通警示标志牌、45处交警信号灯、79处“电子警察”监控和市区街路上的5000余米隔离护栏进行日常巡视维修；全年维修护栏800米，新规划停车泊位150个，城区内新安装护栏1100米。清洗维护交通护栏23次。整改交通安全隐患2处（沿河街健康路、新华大街宏声路）。维修信号灯故障150余次，维修“电子警察”故障6次，新装二道沟“电子警察”1处。清除道路标线700余平方米。按照区政府及交警大队的建议，更换交通路口护栏约270米。对全区交通标识进行排查检修30余次。施划道路标线1300平方米。

【城市污水处理】 2019年，检查维修污水处理设备100余次，处理水量80.24亿千克，出水COD减排总量260.23万千克，氨氮174.88万千克。处理污泥1048.10万千克。提标改造工程运行稳定，脱水污泥含水率在60%以下，经环保局监控检测各项指标均符合《城镇污水处理厂污染物排放标准》（GB18918—2002）国家一级A标准的规定。

（张　磊）

城区绿化

【概况】 7月，园林绿化管理处更名为园林管理中心，负责城区内9座公园、30条街路绿化带、3个街路广场及生产绿地等绿化工作。全区绿地覆盖面积610.15公顷，绿地面积526.96公顷。

【公园绿化】 花溪公园景观建设工程绿化面积6公顷，投资额1041万元。彼岸公园工程绿化面积11.3公顷，投资额2500万元。工商路栽植金叶榆106株，公园南路栽植梓树97株，前进路栽植小青杨190株。春季，在南山公园、福临大街、福星大街、长通路等11条街路补栽乔木602株、灌木球192株、灌木篱6100平方米，栽植宿根花卉1892平方米，铺方砖路278平方米，嵌草砖268平方米，铺种草坪900平方米，换填种植土542立方米。在中央路播种野花组合7402平方米，在各公园景点及街路栽植草花66.3万株，在福临大街、长通路及南山公园正门栽植五色草小品造型882平方米及45平方米小松鼠造型骨架与基础更新。对东、西立交桥、溪桥公园、南山公园、曙光广场、福临小区北门、福临大街五色草小品等13处进行亮化。南山公园景石彩绘面积322平方米，新州公园景石彩绘面积151.2平方米，彩绘景观石56块。南山公园、新州公园安装景观围栏677米。

【街路绿化】 绿化营城街道街路两侧树木1.16万米、面积4.64万平方米，清理绿地杂草5次，清运杂草垃圾32车。对营城管护区域及营城街道等8处景点、8331.21平方米草坪进行修剪、整形7次，对990.6米绿篱进行修剪、整形7次，清运杂草及树枝垃圾27车。全年处理管护区域死树288株，处理街路两侧绿化树木枯枝、修剪徒长枝681株，清运树枝垃圾85车。对营城街道街路两侧绿化树木894株进行涂白处理1次。对营城矿区内绿化树木及景观进行病虫害防治喷药处理4次。清理苗圃路口至立井铁道口5800平方米绿地杂草及野生榆树5次，清运杂草及树枝垃圾56车。查处损害城市绿化及设施的行为，全年查处损害绿化树木案件3件，排查出街路两侧绿化树木触电隐患9处，枯萎死树及枯枝坠落伤人隐患321处，全部整改完毕。

【养护管理】 拆除亮化设施13处，拆除3条街路灌木防寒布隔离带。春季修剪公园内绿化树木、街路行道树、果树7000余株；剪除病虫枝、下垂枝横长枝、枯枝及徒长枝，保持树冠结构合理，树形优美；全年修剪灌木球3800株，修剪绿篱7.1万平方米，修剪草坪19.4万平方米。

【植物保护】 坚持“预防为主、综合防治”的原则，推进植物保护。4月，对斑雅尺蛾、榆紫叶甲进行防治；5月，对天幕毛虫、落叶松鞘蛾、白蜡蚧进行防治。采取物理防治和化学防治相结合的方法，对街路山杏、女贞喷洒农药，喷洒苦参碱180瓶；对糖槭树使用毒签进行防治，使用氯氰菊酯30千克，苯醚甲环唑5千克，农用霉素26袋。各公园、街路涂白树木约2.6万株；对4条主要街路分车带进行围挡，安装防寒布1.5米、护栏板8000米。

【设施设备维修、维护】 维修各公园人行便道约50平方米、音乐喷泉广场上的音频线300余米，更换云帆灯6盏、园灯40余盏、健身器材5件。维修福临大街和长通路喷灌设备，维修供井口1个，更换喷头90个。

【执法宣传】 治理公园内的小商小贩、随便安装吊床等乱象，管理各种社会团体在公园内演出。加强街路树木、绿地巡查，处理违规开挖、占绿毁绿等违规行为8件。在公园醒目处悬挂条幅23幅，摆放展示板15个、安全警示牌3个。

（张　磊）

城市管理

【清理占道经营】 2019年，清理占道经营、店外作业、流动摊贩3700余处。查处违规占道设置宣传拱门543处，制止店庆及商业宣传活动200余起。联合执法清理占用停车位物品30余车，清理“僵尸车”21辆。对7个市场进行规范管理，控制市场外溢，早晚市场及时退市。组织联合执法治理平安市场强占摊位问题，清除抢占面积200余平方米，清运杂物2万千克。清理校园周边流动摊贩130余人次，暂扣食品经营摊床40余个。踏查走访城区48家废品回收站，逐户下达加强再生行业管理的告知书，规范治理30余家废品回收站乱堆乱放等脏乱差问题。

【露天烧烤整治】 露天烧烤重点整治路段为益民路、党校桥头、建设路、二号路（福星北门）、民乐路、七号地、乐园路等。白天日常巡查管理，夜间不定期开展集中治理行动。将党校桥头近百个小吃业户疏导至泰亨商贸市场内规范管理。全年签订保证书380余份，整治304处。

【户外牌匾整治】 拆除未经批准、陈旧破损、存在安全隐患的户外广告牌匾、楼顶字490余个。对南部城区6个居民小区14处临街门市进行实地测量，确定牌匾规格，印制张贴临街牌匾标准通知书900余份，逐户通知门市业主和小区物业规范设置管理，督促不合格牌匾及时整改。对全区主次街路牌匾进行高标准规划设计。

【渣土车治理】 向城区基建工地下达通告30余份，下达整改通知24次，治理违规基建工地8处、带泥上路污染路面车辆40台次。

【环境保洁】 完成68条主街路，50条巷路清扫保洁任务，不间断洒水降尘，机械化清扫率90%。将150余个弃管小区纳入清扫管理范围，集中清除卫生死角。完善除雪防滑预案，做好清雪工作。成立专业清刷队伍，集中治理野广告。

【垃圾清收清运】 更换垃圾箱（桶）1000个，设置分类垃圾箱300个。生活垃圾随产随清，增加清运次数，解决城乡接合部、拆迁工地附近及露天市场垃圾治理难题，清收清运城区生活垃圾8970亿千克。

【公厕管理】 拆除旱厕9座，采购5座装配式和4座移动水冲厕所。每座水冲厕所配专职保洁人员1人，24小时管理，旱厕落实保洁责任人。全年处理公厕垃圾2700亿千克。

【“智慧城管”体系建设】 “智慧城管”面积约900平方米，完成整个系统的20个平台支撑软件，整合公安、交警视频监控资源579个。7月，进入前期小城管调试运营模式。对工作人员进行操作技巧、相关法律

市级美丽乡村示范村马鞍山村（2019年8月）

（区政府办公室　供图）

法规、常规问题处置、流程演练等培训。

（王立志　唐一晶）

美丽乡村建设

【农村人居环境整治】 2019年，列支2000万元将农村人居环境改善及美丽乡村建设列入全区幸福九台民生行动计划。283个行政村每村从村集体收入或转移支付中列支2万元，用于人居环境整治。对清水村等10个农村人居环境整治先进村给予20万元奖励。

2019年，绿化美化50个示范村，绿化美化230个村屯，绿化面积280万平方米，栽植各类树木49万株，绿化公路95千米。全年清理村头屯边、林带壕沟、农贸市场等卫生死角965处，清理垃圾3257万千克，清理病媒生物滋生地462处，拆除违章建筑、危旧房屋2000余处，建成49个农村文化小广场。

【垃圾收集转运处置】 乡（镇、街道）采取定点、定数、定人的方式，进行垃圾收运处置。截至年底，新建垃圾中转站10座，总数24座，镇级垃圾中转站实现全覆盖；新购置垃圾压缩转运箱15个，总数40个；新购置垃圾转运车20辆。村级以承包或村民自治方式配备垃圾清运车804辆；新购置密闭式垃圾箱350个，累计1820个；新购置农户塑料垃圾桶4500个，累计2.4万个。

【美丽乡村创建】 2019年，投资2.2亿元，打造省、市、区三级美丽乡村17个，“一村一品”示范村14个，创建“美丽庭院”3000个、“干净人家”6000个。沐石河街道桦树村、上河湾镇焦家村、波泥河街道锦绣村被评为省级美丽乡村示范村；沐石河街道桦树村、波泥河街道清水村、土们岭街道马鞍山村被评为市级美丽乡村示范村。

【村镇建设】 2019年，农村危房改造353户，其中，建档立卡277户。投资7500万元。按照“五统一”(统一设计、统一招标、统一施工、统一验收、统一监管)原则，推进“厕所革命”。全年改造农村户用厕所2.5万户，开工10823户，安装完成2262户。投资1267万元，在饮马河流域的4个街道、23个村和水源地2个街道、11个村建设储粪场54个，配备污水储存罐473个。改造“畅返不畅”农村公路443千米、公路桥4座。

【“森林九台”行动】 2019年，开展“森林九台”行动，进行绿色生态屏障建设。栽植苗木300万株，完成清收还林433.3公顷，农田林网修复148.2公顷。完成“三北”防护林102.2公顷，森林覆盖率27%以上，构建城乡一体绿色生态网络体系。

（张　启）

省级美丽乡村波泥河街道平安堡村文化广场（2019年9月）

（杨佳英 摄）

公用事业

Public Utilities

公共交通

【公交车营运】 2019年，全区有2家公交企业，即九台区公路客运有限公司和九台区宏运公路客运有限公司。九台区公路客运有限公司有公交车153辆，公交线路18条；九台区宏运客运公路有限公司有公交车71辆，公交线路9条。建成区面积约18平方千米，公交站点98个，公交车停车场3个，公交车进场率100%，充电场站3个，充电桩49个。全年运营里程1312万千米，客运量2880万人次。公交车日发班次1320个。城区公交站点200米覆盖率100%。

【出租汽车管理】 2019年，处理各类投诉案件1334件、区长电话转办件461件，接待来电来访840件，收到遗失物品35件。全年受理行政许可和非行政许可事项3213件次，满意率100%。年度审验全区出租车1567辆，更新车辆198辆，办理服务监督卡3300余人。按照诚信考核标准，考核从业人员3300人，加分奖励3名拾金不昧、助人为乐的驾驶员，处罚47名违规服务驾驶员，考核合格率98.6%。

5月28日，九台至长春399路公交车启动运行

（区交通局　供图）

【399路城际公交车开通运营】 4月，长客集团和九台区公路客运有限公司向长春市交通运输局提出将九台至长春（长春至九台）客运班线改造为城际线路。经长春市交通运输局审批，5月28日，开通399路城际公交线路。投入新能源公交车56辆，车辆配置空调、语音报站、GPS监控等设施。8分钟至10分钟一班，日发116个班次，营运里程55千米，日客运量4500人左右，票价按照城际公交票价执行，全程9元。

【九台至龙嘉机场客运直达班线开通】 4月12日，九台区公路客运有限公司申请开通九台至龙嘉机场线路，经运管所线路踏查、起讫占地及途经地勘验，于4月29日审批开通，为直达班车，日发班次4个，营运里程39千米，从九台客运中心站始发，途经四家子，终点到达龙嘉机场，营运车辆为1辆中型高一级

22座客车。

（孙　伟）

供　水

【概况】 2019年，全区供水928.3万立方米，供水管道铺装9504米，安装改造二次供水设备，对新建小区进行接管改造和智能表周期转换，启动越冬防寒工程，加强维修受理服务与违章用水查处力度，保障安全供水。

【供水保障】 2019年，长春市九台区给排水有限责任公司进行二次供水设备改造5处，新建小区二次供水设备安装3处。净水厂新增PAC设备报警系统1套，保障水厂生产安全。全年对净水厂、一水厂、原水泵站、福星泵站机电设备维修维护260次。主管道故障抢修4次，拆迁区域铺设临时供水管线5处。完成管道井防寒3460个，水表箱体防寒2340个，地沟口防寒508个，安装门帘780个，阀门井防寒30个。

【经营服务】 2019年，长春市九台区给排水有限责任公司升级公众微信平台，增加“用户水费欠费提醒”业务。新建档立卡5454户，维修受理服务3165件次；完成逸品新州、百郡二期等6个小区、26栋、2206户接管工作；完成植物油厂、中国移动九台分公司家属楼的103户水表出户改造工作。完成九郊农饮区域物联网水表转换2160块，完成超期使用的智能表转换6777块。

【水费价格调整】 2019年，执行长春市九台区发展和改革局《关于调整城区供水价格有关问题的通知》规定的收费标准，对采取二次供水设施供水的水价由现行的3.05元/立方米调整到4.50元/立方米。对没有采用二次供水设施供水的水价由现行的水价2.35元/立方米调整到3.80元/立方米，待采用二次供水后，执行全区统一的居民生活用水价格，即4.50元/立方米。执行居民用水价格的非居民用户价格，按照居民阶梯水价平均价格确定，即为5.00元/立方米。执行居民用水价格的范围：居民生活用水，住宅小区内的物业服务用水（不含单独收费的活动场所），学校教学及学生生活用水，社区生活用水、社会福利机构生活用水、盲人按摩、宗教场所生活用水。未安装水表的居民生活用水户水费，平房按每人每月5.70元（每人每月按1.5立方米计算）标准收费。非居民用水价格调整为7.20元/立方米。执行非居民水价的范围：除执行居民生活用水和特业用水价格范围外，其他行业均执行非居民水价格。美发、基建工程、洗车行业调整到9.00元/立方米。桑拿冲浪洗浴、歌厅、嬉水、浴足、带洗浴设施的健身会馆、休闲会所、按摩、美容、美体、水疗SPA、洗浴热水销售、游泳、饮料类（含酒类、纯净水）等用水调整到11.00元/立方米。以上用水价格均不含污水处理费，污水处理费暂按九发改联字〔2007〕6号文件规定价格执行。

（张　磊）

8月3日，区给排水有限责任公司工作人员抢修供水管道

（区住建局　供图）

供　热

【概况】 长春市九台区城区供热由吉林华商建设集团公司下属企业九台荣祥供热有限公司独家经营，承担着九台城区供热工作，热源由吉林华能九台电厂提供。2019年，九台荣祥供热有限公司总供热面积912.5万平方米，开栓面积730万平方米，入网面积33万平方米，居

民供热106212户，公建供热1633户，有一次管网114千米，二次管网252千米。截至2019年年末，有换热站72个，地下换热站8个（嘉鹏一、二期，南部新城，碧水，阳光苑，香墅湾一、二期，嘉鹏城，广电，文体中心），有1个备用热源（道北热源厂）。

【供热质量专项整治】 2019年，九台物业管理办公室聘请专家对九台荣祥供热有限公司在线监测数据及各供热所设备运行情况进行实地踏查，分析企业运行及管理存在的问题，要求供热企业加大投资力度，大面积检修更换老旧管网，为平衡问题严重的小区安装热平衡调节阀，加大固定测温点投入力度，聘请专业的团队进行调节试验，解决热平衡问题。

【供热投诉办理】 全年收到热用户区长热线投诉电话172件，群众投诉处理率98%。九台荣祥供热有限公司工作人员免费为供热用户清洗过滤网，提高用户室内温度。供热公司安装人工智能客服平台，提升供热服务质量。

（张 磊）

燃 气

【概况】 2019年，长春市九台区有燃气企业12家，其中，天然气经营企业3家，分别为九台大地燃气有限公司、九台明望燃气有限公司、九台鑫兴管道燃气有限公司；加气站4家，分别为九台衡龙加油加气站、九台大地石油销售有限公司（大地燃气分公司）、九台顺利石油销售有限公司、九台雅洋能源投资有限公司；液化石油气经营企业5家，分别为九台春雨液化气站、九台营城液化气站、九台东湖镇建群液化气站、九台其塔木镇诚信液化气站、鼎庆液化石油气站。分城市管道燃气、瓶组站、钢瓶灌装站3种形式，范围分布在九台区城区、卡伦湖街道、东湖街道、营城街道、其塔木镇等。

【燃气质量专项整治】 2019年，物业办3次聘请专家对区域内12家燃气企业进行专项检查，发现安全隐患54处，全部整改。4家瓶装液化气站企业与用户和合法运输车辆签订使用、运输协议，完善液化气站装监控系统。物业办定期检查液化气企业是否有违法、违规行为，从源头杜绝非法经营液化气源。打击液化气非法经营和灌装行为，联合质监局、交通局、属地政府等部门联合查处非法充装、非法经营、储存行为5起，没收超期钢瓶156个、转充设备8套。

【燃气安全宣传】 全年完成燃气入户安检41340户，燃气企业进社区10个，发放宣传单2万余份，物业办制作宣传板110块，悬挂在各个小区明显位置，普及全区居民安全用气常识。

（张 磊）

供 电

【概况】 国网吉林省电力有限公司长春市九台区供电公司（简称区供电公司）担负全区生产、生活供电服务任务，管辖66千伏变电站24座，主变39台，容量562.35兆伏安；66千伏送电线路38条，亘长399.135千米；10千伏配电线路107条，亘长3052.5千米，配电变压器6485台，容量531.275兆伏安；

11月1日，区供电公司为用户提供优质服务。图为工作人员作业现场

（区供电公司 供图）

0.4千伏线路5436千米。

国网长春供电公司九台区供电中心（简称区供电中心）担负城区供电及乡（镇、街道）转趸售供电任务，拥有10千伏配电线路17条，亘长192.28千米；0.4千伏线路，亘长386.5千米；配电变压器639台，总容量288.61兆伏安。2019年，有电力客户10.88万户，综合累计售电量2.58亿千瓦时。

【农网建设】 2019年，分两批次申请改造资金9983万元，投资规模位居省内第二。变电站自动化信息D5000系统接入率100%，4座变电站实现无人值守。10千伏波石线、东黑线项目被评为国家电网吉林省供电有限公司配电网“百佳工程”。

【用电安全管理】 分级签订《目标责任书》596份。安全工器具集中管理校验，做到零超期、零损坏。深化消防及“三跨”线路（跨越铁路、高速公路和重要输电通道的电力线路）隐患排查，整改问题42项。明确产权归属，重新签订高低压供用电合同1.2万余份，消除现场安全隐患138处。开展大面积停电应急演练，“农网管理典型经验”“两清单一平台”管理方法被纳入国家电网吉林省供电有限公司安全质量月报宣传推广。

执行配网巡视制度，及时发现并处理线路、设备缺陷。完成10千伏弹簧线、建材线、环联甲线、环联乙线综合治理工作，提升电网运行水平，保证九台城区客户的可靠用电。强化内业基础资料管理，对系统图进行重新核对、整理，确保与现场情况保持一致。建立安全培训常态化机制，定期开展安全规程、防误操作、应急技能培训活动，引导职工参与学习讨论。建立智能锁与安全环境告警一体化系统，完善客户工程管理流程，强化用户报装、现场勘查、设备选型、安装、竣工验收、送电等全过程管控。

4月20日，区供电中心开展春季大检修工作

（区供电中心　供图）

【用电服务】 区供电中心贯彻落实“一次都不跑”专项工作实施方案，坚持首问负责、亲情化服务模式，建立快速反应机制，及时化解服务风险。开展优质服务案例分析会，加快费控签订与信息核实，制定工作方案，建立“一对一”结对工作模式，合理设置考核的时间节点及计划，超额完成各项指标。关注冬季重点客户用电情况，及时调度电费收缴情况。做好客户报修服务，规范服务行为，严格责任考核，杜绝发生责任投诉事件。居民日电费回收率保持99.26%以上，预收电费余额比年初增加297万元。开展“同期线损销号治理”行动，消除异损台区103个，同期线损合格率99.42%。停电信息分析到户，83.5%停电信息实现结构化报送。

（王安琪　王　媛）

生态环境

Ecological Environment

综 述

【概况】 2019年，九台区开展“蓝天、碧水、青山、净土”保卫战，推进城乡人居环境整治、“河长制”实施、饮用水源保护、砂厂石场关闭后生态修复、燃煤锅炉治理、土壤生态修复、绿满九台、城镇污染防治工程项目建设等行动，解决环境突出问题，整改环保督察反馈问题。开展“4·22”地球日、“6·25”环境日暨生态环境宣传月、“环保十进”、“创建文明卫生城市”等主题宣传活动，发布环保类政务信息73篇。

【工程建设】 2019年，九台区完成营城街道、龙嘉街道、波泥河街道、东湖街道、其塔木镇的污水处理厂工程项目建设，设备经调试后投入运行，各项指标达到设计要求。九台区污水处理厂、长春九台经济开发区污水处理厂出水水质达到《城镇污水处理厂污染物排放标准》一级A标准。九台区垃圾填埋场渗滤液处置达到国家相关规定标准要求。推进小南河生态治理和污水管线改建工程建设，完成小南河广泽沟、官地河河底清淤。

6月14日，长春市生态环境局检查九台区水污染防治项目建设
（生态环境局九台分局　供图）

【中央、省环保督察问题整改】 全区承接中央环保督察督办信访案件221件，全部结案销号。认领中央环保督察反馈问题24项，其中22项完成整改并销号。承接中央环保督察“回头看”督办信访案件102件，全部结案销号。认领中央环保督察“回头看”反馈问题9项，其中8项完成整改并销号。承接吉林省环保督察督办信访案件12件，全部结案销号。认领吉林省环保督察反馈问题24项，19项完成整改并销号。

【环境准入】 九台区严格执行建设项目环境影响评价制度和“三线一单”（生态保护红线、环境质量底线、资源利用上线和生态环境准入清单）控制要求，对全区新、扩、改建设项目进行现场核查，审定后符合要求的及时网上公开，接受社会监督。按照省生态环境厅关于对九台区实施的区域限批要求，暂停除环保基础设施类和民生类项目所有新增排放水污染物的建设项目审批。

【服务优化】 2019年，深化“放管服”，推进“只跑一次”，落实“一门式一张网”，明确审批权责，规范审批程序，提高审批效率，优化营商环境。对符合国家产业政策和环保要求的建设项目开通“绿色通道”，超前介入，全程服务。审批建设项目147个，审核网上备案项目325个。为131家企业提供环保技术服务，督促并指导企业落实环保“三同时”，即建设项目中防治污染的设施，应当与主体工程同时设计、同时施工、同时投产使用，完成建设项目环保验收92个。

【排污许可】 完成全区汽车制造、磷肥生产、锅炉使用等行业应申报排污许可企业的排查工作，共261家。对106家企业排污许可申报材料进行初审，其中88家企业通过上级生态环境部门审核。

（刘　涛）

环境质量监测

【水环境质量监测】 九台区对域内江河及主要湖库、沟渠设置的116个监测断面水质定期采样监测。全年获得化学耗氧量、氨氮、总磷等监测项目有效监测数据3420个。松花江水质达到年度水污染防治考核目标要求；饮马河削减断面（出境断面），波泥河入石头口门断面，干雾海河、雾开河、小南河、沐石河削减断面（出境断面）水质有不同程度超标。

【声环境质量监测】 9月，对城市建成区环境噪声标准适用区进行调整。划分一类标准适用区3个，二类标准适用区3个，三类标准适用区1个，10条道路交通干线两侧区域为四类标准适用区，总区划面积24.2平方千米。按照环境噪声功能区划，开展区域环境噪声、功能区噪声、道路交通噪声等监测工作，获取有效监测数据2800个。监测结果显示，年度城市区域环境噪声均值为昼间51.4分贝、夜间40.8分贝，达到《城市区域环境噪声标准》1类标准。

【环境空气质量监测】 5月，2个空气自动监测站6项参数监测仪器及附属监测设备安装并调试完成。6月，进入试运行阶段。10月11日，完成仪器及站房验收。至12月，空气自动监测数据平台尚未完善。

【监督性监测】 对全区48家涉水企业进行监督性监测，出具报告199份，获取有效监测数据1055个；监测锅炉65台次，出具报告65份，获取有效监测数据374个；建筑工地、工业企业厂界噪声监测22家次，出具报告22份，获取有效监测数据74个；监测涉及环境信访案件的企业23家，出具报告23份，获取有效监测数据87个。

【监测站建设】 1月，饮马河胜利大桥水自动监测站正式运行，并与省数据平台联网。12月，

6月21日，生态环境局九台分局工作人员进行水质化验

（生态环境局九台分局　供图）

该站迁至长春新区新址。新开村、柳溪村、纪家桥水自动监测站完成站房及配套设施建设。九台区空气自动站升级改造项目完成，监测能力由原来的3个参数（SO_2、NO_2、PM_{10}）升为6个参数（SO_2、NO_2、CO、O_3、$PM_{2.5}$、PM_{10}）。

3月，九台区环境监测站通过省质量技术监督局对实验室检测能力扩项、内审及管理评审的审核和认定。

（刘　涛）

大气污染防治

【燃煤锅炉治理】 2019年，九台区完成554台燃煤锅炉的治理（淘汰）任务，环保、财政及属地政府联合进行验收，对符合治理要求的119台燃煤锅炉落实奖补政策；5台工业窑炉按要求全部完成提标改造；强化对国控、省市控10台大型燃煤锅炉污染防治设施运行的环境监管和监督性监测。

【涉气企业管理】 九台区采取昼巡夜查、交叉执法等方式，对华能九台电厂等重点排污单位的污染防治设施运行、污染物排放等情况进行随机检查；有机化工、表面涂装、包装印刷等产生挥发性有机污染物的9家重点企业完成治理；68家加油站安装或配置了油气回收装置。

【油烟污染治理】 九台区完成城区内17家餐饮服务业的高效油烟净化处理设施安装和专门烟道设置，并投入使用。生态环境、市容、工商等部门联合开展露天烧烤专项整治行动。

【尾气检测管理】 九台区加强对全区6家汽车尾气检测机构的日常环境管理，严格尾气检测程序，依法保证报告质量；开展全区非道路移动机械摸底调查和编码登记工作；开展柴油车道路抽检工作，对尾气排放不合格的由公安交通管理部门依法处理；配合长春市机动车排气污染管理中心，开展对全区机动车环检机构的环保检验能力比对实验，6家机动车环检机构通过比对。

【扬尘污染防治】 九台区对7家物料堆场、4家建筑工地、15家商业混凝土生产经营企业进行日常环境监管，各企业采取设置围挡、蓬蔽或覆盖等有效措施，防止扬尘污染；生态环境局九台分局、区自然资源局联合对域内21个采石场执行停产整治情况执法检查，未发生擅自采石作业行为；督促城市环卫部门加强城区街路清扫和洒水降尘工作。

【秸秆禁燃】 九台区制定印发《九台区2019年秋冬季至2020年春季秸秆禁烧管控工作方案》《九台区2019年秋冬季至2020年春季秸秆禁烧管控执法联动工作方案》等文件，各乡（镇、街道）签订秸秆禁烧目标责任书。区禁烧办、各包保单位和乡（镇、街道）细化责任分工、正向宣传引导、严密巡防联控、强化督导检查、严肃考核问责，狠抓秸秆禁烧工作。2019年秋冬季，全区未发生擅自露天焚烧秸秆行为，实现“零火点”禁烧工作目标。

【环境应急管控】 全区开展环境安全隐患大排查大整改行动，

11月12日，生态环境局九台分局开展秋冬季秸秆禁烧工作巡查　（生态环境局九台分局　供图）

对存在环境安全隐患的责令立行立改，不能立行立改的，责令制定整改措施并严格落实；对9家重大、较大环境风险企业和7家重污染天气管控企业实施重点管理，防范环境安全事故发生。联合开展“倡导绿色殡葬，推行文明祭祀”，清明节、中元节等传统祭祀日“禁烧”联合执法行动。

（刘　涛）

水污染防治

【清源查污行动】　九台区对辖区内松花江、雾开河、饮马河、小南河、沐石河等流域入河排污口以及石头口门水库入库河流进行拉网式排查，全面检查各流域内工业源、农业源、生活源等分布及水污染物排放情况，并对各入河排污口水质、特异性断面水质及流域内排污单位水污染物排放情况进行现场采样监测。实地排查入河排污口166个，其中，雨水排口107个，生活污水排口48个，涉水企业及污水处理厂排口11个。涉水排污企业48家，规模化畜禽养殖场405个，获取水质监测有效数据1682个。梳理汇总现场排查结果，综合分析，绘图制表，建立台账。

【“河长制”落实】　九台区落实“河长制”建立健全区、乡（镇、街道）、村、社（组）四级河长管理机制，开展河道清淤及沿岸环境综合整治专项行动。累计清理河道垃圾50余万千克，针对巡察发现的76个问题及时督办，立查立改。推进河湖清“四乱”专项行动，全区规模以上河流“四乱”问题2465个、规模以下“四乱”问题1297个全部销号。针对新增和漏报的新“四乱”问题，推进整治销号工作。针对饮马河流域劣五类水体进行调研，规划总投资2.5亿元的11个水质提升治理工程，年内完成4个。完成松花江、饮马河、雾开河、沐石河、干雾海河及饮马河一级支流河湖岸线划定工作，并完成蓝桩设立。通过电视台、网站、条幅、传单、出租车广告位、电子屏等方式多渠道加大“河长制”工作宣传力度。

【饮用水源管理】　九台区推进石头口门饮用水水源地周边13个已关闭采石场的生态修复和一级保护区内土地休耕及征拆补偿工作。开展饮用水水源地环境治理专项行动和“回头看”，整治二级保护区内入河排污口、交通穿越、农业面源污染、生活污染、餐饮业污染等问题，确保饮用水水源水质安全，水质达标率100%。

【畜禽污染治理】　九台区有规模化畜禽养殖场（户）423个（户），实际需要建设粪污处理设施的405个（户），均按环保相关要求完成建设并投入使用，粪污发酵后被农田综合利用。按照《长春市九台区畜禽养殖禁养区规模养殖户关闭方案》，与属地政府、环保等部门配合，完成禁养区内104户规模养殖户的排查、复查工作，禁养区内规模养殖场户没有出现复养的反弹现象。

【涉水企业监管】　九台区开展水环境专项整治行动，对7家城镇污水处理厂采取驻厂式重点监管，强化对域内48家涉水企业的日常环境管理，增加监管监测频次，规范企业环境行为。企业水污染防治设施正常运行，污染物稳定，达标排放。

【油罐防渗改造】　九台区推进加油站地下储油罐双层或防渗漏改造，列入年度整改计划的23个加油站共有82个储油罐，其中，22个按整改要求完成改造任务，1个加油站因在城市规划拆迁范围内，未实施改造，自行停业。

【流域水质监测】　九台区对域内70条河流及主要湖库、48家涉水企业定期或随机开展监视性及监督性监测，饮马河胜利桥水自动监测站投入联网运行。年内建立覆盖全区的水环境质量监测网络，掌握流域水环境质量状况。

（刘　涛）

土壤污染防治

【土壤污染调查】　九台区开展以重点行业企业用地及重点区域为范围的土壤污染调查工

作。委托第三方对重点行业企业用地、疑似污染地块、重点区域农业用地开展土壤勘查、样品采集、项目检测、信息录入等工作。

【土壤污染防控】 九台区对经排查出的重点行业企业和重点区域进行分析筛选，确定4家涉重金属企业（在产3家，停产1家）、4个重点区域建立土壤污染防控清单，实施重点监管。在产的3家涉重金属企业制定减排方案与危险废物管理规范，委托安全处置。签订《土壤污染防治责任书》的7家企业，2家停产，5家按要求完成土壤环境监测并公示。

【防治体系建设】 九台区制定印发《九台区土壤环境保护方案》，成立九台区土壤污染防治工作领导小组，定期部署调度各相关部门土壤污染防治相关工作。建立健全“政府统筹、部门联动、企业承责、社会参与”的土壤污染防治体系。在全国污染地块管理系统创建九台区管理员账号并录入相关信息，建立生态环境、自然资源、住建3个部门的数据共享账户。

（刘　涛）

固体废物处置

【工业固体废物管理】 开展工业固体废物清理专项行动，涉及工业固体废物的4家企业在固体废物申报、贮存、处置以及内部环境管理上，符合环保相关规定，做到无害化、减量化、资源化。

【危险废物处置】 全区有涉及重金属、工业危险废物产生单位41个，工业危险废物年产生量447.32万千克；利用量110.80万千克，利用率24.77%；处置量331.37万千克，处置率74.08%；年末贮存量5.15万千克，贮存率1.15%。全区医疗卫生机构（包括医院、门诊、乡镇街卫生院、个体诊所）均与长春市环卫医用废弃物处理有限公司签订医疗废物委托处置协议。医疗废物年产生量293.08万千克，安全处置覆盖率100%。

（刘　涛）

环境执法监察

【概况】 2019年，开展“春季攻势”“夏季攻势”“环境安全隐患大排查大整改”“行业乱象整治”“双随机一公开”等行动。整改各类环境问题73个；全年行政处罚案件50件，缴纳罚款118.7万元；查封（扣押）环境违法案件1件。在“生态环境部环境监察系统”录入环境行政处罚信息50件；在“吉林省生态环境厅环境信用评价系统”录入绿标企业49家、蓝标企业14家、黄标企业2家、红标企业1家。

【“散乱污”整治】 开展“散乱污”企业集中整治行动。全区228家“散乱污”企业，关停取缔59家，治理改造168家，搬迁整改1家，完成全部整治任务。并对上述企业开展“回头看”执法检查，防止反弹。

【信访案件办理】 九台区以解决突出环境问题、维护群众环境权益为出发点和落脚点，将投诉举报作为打击环境违法行为的有效手段。畅通信访渠道、高效办结环境信访案件，及时化解社会矛盾。全年处理环境信访案件515件，处理率100%，结案率100%，满意率95%以上。

（刘　涛）

科 技

Science and Technology

科技创新

【概况】 2019年，九台区在加强科技项目建设、促进科技成果转化的基础上，提升企业研发、成果认定、试点示范、科技平台和大项目等工作。5月，根据机构改革的总体要求，知识产权管理工作和地震工作由科技部门划出。7月，九台区地震办公室更名为九台区科技信息中心，为科技局直属事业单位。2019年年初，实施《国家级知识产权强县工程实施方案》，开展“知识产权企业行”“知识产权校园行”“知识产权农村行”“走访发明人”等活动，利用“4·26”世界知识产权日、“中国专利周”发放知识产权工作资料5万份，悬挂宣传条幅50幅。到上河湾镇焦家村结对共建打造知识产权宣传长廊、科普宣传阵地，配备科技图书500册。2019年，九台区被列为全省县区级唯一的国家可持续发展实验区、国家知识产权试点市，成为全省唯一的国家知识产权强县工程示范区。

【科技创新引领】 全区科技成果本地转化程度高，转化发明专利95件，科技成果本地转化率75%。截至2019年，连续3次被国家评为科技进步考核先进县（市、区）。争取国家、省、市各类科技项目96个，为企业争取各类科技扶持资金3885万元。九台区引导企业自主建设研发中心、技术中心，全区271家规模以上企业多数通过自建或依靠院校建设科研、技术机构，做到自主研发、自主创新、自主发展。全区有楚天华通、天景、建邦、兰舍、康宁杰瑞、恒拓模具、中财管道、海伯尔8家企业被认定为省级技术中心。

12月11日，九台区举办科技创新暨科研诚信体系建设培训班

（区科技局　供图）

【科技型企业培育】 2019年，九台区采取对企业一对一辅导的方式服务企业75家。召开企业大型培训会，培训280人。重点开展科技型企业的培育工作，组织申报国家高新技术企业20家；申报省级“小巨人”企业15家，获得“小巨人”补贴资金300万元；申报长春市级“小巨人”企业19家。上述3项指标在长春市外县（市、区）均排名第一。

（侯海霞）

表16　　2019年九台区国家高新技术企业一览表

序号	企业名称
1	吉林省金鹏制药机械成套设备有限公司
2	长春众汇和医疗技术有限公司
3	长春百思特聚氨酯科技有限公司
4	吉林天朗新能源科技有限公司
5	长春新思路汽车部件有限公司
6	吉林省泰浩轨道汽车装备有限公司
7	吉林省新诺达交通设备有限公司
8	吉林航盛宏宇塑胶有限公司
9	吉林正多科技股份有限公司
10	长春瑞泰博尔科技有限公司
11	长春市北方特种电线电缆制造有限公司
12	长春恒拓模具有限公司
13	吉林省田野泉酿造有限公司
14	吉林省华鸿机电输送设备有限公司
15	吉林科工碳业有限公司
16	长春丰硕农业有限公司
17	吉林省雍达食品有限公司
18	吉林龙航无人机科技服务有限公司
19	吉林省华奥汽车部件有限公司
20	吉林省徐氏生物医药有限公司

（区科技局）

表17　　2019年长春市级“小巨人”企业一览表

序号	企业名称
1	吉林科工碳业有限公司
2	开心农业长春有限公司
3	吉林华奥汽车部件有限公司
4	长春市美程包装制品有限公司
5	长春市北方特种电线电缆制造有限公司
6	吉林省全民健食品有限公司
7	吉林天朗新能源科技有限公司

续表17

序号	企业名称
8	吉林吉岩实业有限公司
9	九台广源牧业有限公司
10	吉林省禹王生物医药有限公司
11	吉林省金穗米业集团有限公司
12	吉林省依正塑料中空板有限公司
13	新发展汽车自控系统有限公司
14	吉林盛大电缆有限公司
15	吉林省金铭朗巍彩镀科技有限公司
16	长春华拓汽车零部件有限公司
17	吉林省昌宏办公家具有限公司
18	长春市九台区宏昇米业有限公司
19	长春乡泉农业新能源发展有限公司

（区科技局）

科技普及

【科普学堂】 九台区科普学堂学习品牌为全国终身学习品牌。2019年，科普学堂坚持科技宣传进乡村、进企业、进学校(社区)的“三进”活动，多形式、多系列、多层次提供群众性科普宣传及科技服务。

9月16日，区科技局工作人员现场发放科普资料

（区科技局　供图）

【科普学堂进乡村】 2019年，通过“科技之冬”“科技之春”“科技活动周”等活动送科技知识进乡村。走遍九台区各乡（镇、街道），举行“赶科技大集”20余次，发放《健康生活》《大豆种植技术》《养殖技术》《玉米栽培技术》等科普资料1万余份；组织科技专家到田间地头、面对面答疑指导，培育黄牛养殖、大棚种植、生猪养殖、榛子种植等科技致富带头人5人。6月20日，举办2019年长春市九台区农业科技知识（扶贫攻坚）培训班，全区81名致富带头人学习国家农业新政策、前沿科技、畜牧养殖前景和经济分析、蔬菜大棚新技术等科技知识，发挥带动辐射作用。

【科普学堂进企业】 通过培训、宣传、“面对面　一对一”辅导等形式送科技政策进企业。深入企业“零距离”指导，区科技工作者走访科技企业50余家，进行科技政策解读、科技项目挖掘及申报指导，开展专业培训辅导。1月10日，在大学生创业园为入园企业举办高新技术企业培育及科技项目申报培训班，专家对高新技术企业的相关知识进行详细解读。3月11日，举办九台区2019年专利申请及科技项目申报培训班，200余家企业负责人参加培训，聘请长春市专家详细解读科技创新主体培育工作、高新技术企业优惠政策、长春市科技型“小巨人”企业申报条件及注意事项、专利挖掘与申请实务、普惠金融政策及各类贷款品种等方面；12月11日，举办2019年九台区科技创新及科研诚信体系建设培训班，为高新技术企业、“小巨人”企业颁发牌匾和证书；邀请长春信息金融中心主任于小雅及辽宁博士科技有限公司技术顾问刘少敏，重点讲解科技创新指标及认定方法、项目支持方向与申报流程、高新技术企业税收政策、科研诚信体系建设等内容。

【科普学堂进社区】 5月6日至12日，开展以“提高灾害防治能力，构筑生命安全防线”为主题的防灾减灾宣传周活动。营造科学防灾、主动减灾、有效避灾的氛围。进行广场、街头宣传活动，展出防震减灾科普展板、发放防震减灾科普宣传资料300余册。走进波泥河街道、九郊街道，为社区群众举办内容为地震基础知识、地震灾害预防、科学应急逃生方法的防震减灾知识专题培训。

【科普学堂进学校】 5月6日至12日，九台区走进学校开展防灾减灾宣传、演练活动，分别走进九台师范高中、纪家中心学校、加工河中心学校为师生开展地震科普培训，举行地震应急综合演练，丰富师生们的防震减灾意识，提高防震避险能力。

【科技活动周举办】 5月18日至26日，九台区举办以“科技强国、科普惠民”为主题的九台区科技活动周活动。各部门根据各自的实际情况，突出行业优势和区域特色，结合群众需求，举办科技展览、科技下乡、科技咨询、科技讲座、科技服务、开放科技场馆等主题科技活动。5月18日，参加吉林省主场启动式，九台推选入住卡伦大学生创业园孵化企业吉林省加菲科技有限公司“VR虚拟现实在多领域中的应用”进行科技惠民展示。5月21日，举办科技活动周启动仪式，科技知识进校园在区工农小学军民校区举行，区委宣传部、区科技局、区科协、区教育局、区卫健局、区粮食局、区文化广播和旅游局7家成员单位，围绕新时代文明实践志愿服务、知识产权、防震减灾、大众保健、食品安全、粮食安全等主题，进行无人机科普讲座及飞行表演、流动科普大篷车科普知识播放、各类科普展板展示、赠送科普书籍等活动。活动中，举行为科技科普服务队授旗、志愿者代表宣读《致全区科普志愿者的倡议书》仪式。举办工农小学学生才艺表演，学生通过展演、观看、动手参与等形式，在参与互动体验中感受科学的神奇与奥妙，培养青少年的科学兴趣，提高青少年的科学文化素质。

【科技知识进广场】 5月20日，九台区在南山公园广场联合开展知识产权、地震知识、气象知识、健康生活科普知识图片展。对社区居民进行健康义诊；发放科普书籍及宣传册2000余册；发放杀虫剂、灭蟑药、灭鼠药100余件；摆放各类科普知识展板100余块；利用科普大篷车播放科普教育片。

【科技知识进社区】 5月22日，走进兴华社区，以“科技亲体验，科普展未来”为主题，通过科普展教设备互动体验、科普知识宣传展、智能科普机器人展演、文艺表演等展现形式，为社区家长与孩子们宣传科学知识，孩子们零距离感受到科技，开阔眼界，激发他们学科学、爱科学、用科学的兴趣。

【科技知识进乡村】 5月23日，区科技工作者到上河湾镇焦家村新时代文明实践站举办讲座，焦家村党员、群众及合作社负责人、种植大户30余人参加。通过开展讲座、赶科技大集等形式为党员、种植大户普及科学知识、倡导科学方法、传授实用技术，提高全民科技意识、树立科技致富、健康生活理念。

【科技知识进企业】 5月24日，九台区举办培训会，为九台区大学生创业园园区的50余家企业、100余人进行知识产权及科技惠企政策培训；走访2家

4月17日，九台区秸秆还田免耕保墒现场会在纪家街道太平村召开　　（区农业机械管理服务总站　供图）

重点培育企业，指导专利申请及项目申报。

（侯海霞）

科技成果推广

【秸秆研发利用】九台区推广秸秆利用，以科学创新技术，开发研究秸秆还田和秸秆打捆、秸秆加工饲料等综合利用创新发展项目。长拖农业科技开发有限公司组成50台（套）机组作业队，由分散捡拾打捆变为作业队集中捡、打、运、加，填补长春乃至全省成套机械大规模作业的空白。九台区举行全区秸秆还田现场演示会、秸秆综合利用推进会8次，现场演示秸秆燃具炉、秸秆还田机械使用，推进秸秆综合利用技术。培育秸秆综合利用企业11家、秸秆专业合作社21家，秸秆收购经纪人680人。推广秸秆养畜360万头、养禽1150万只，人均增收4150元。培育秸秆编织专业村45个、专业大户720个，人均增收2150元。专门设立秸秆肥料化、饲料化、能源化补贴，投入资金1.5亿元，整合各类资金24亿元用于秸秆综合利用。通过秸秆综合利用技术创新，蓝天优良指数连年在284天以上，优良率87.9%，被国务院办公厅通报表扬，成为“全国秸秆综合利用新样板”。

【九台大学生创业园打造“吉林匠谷”】九台大学生创业园把创新创业人才培养和鼓励技能创业联系起来，将具备实训及孵化能力的智能制造创业资源进行优化整合，打造“聚力兴教、兴教聚产、产教共育、大匠辈出”的“吉林匠谷”试验区。与哈工大机器人、广东智通、上海景格等10余家企业和高校共建工业机器人工程训练中心；与华为共建ICT（信息与通信技术）技能人才培训基地；与北京交控共建城市轨道交通实训中心；与京东物流共建公共实训中心。九台大学生创业园通过校企联合，搭建产业集聚、人才集聚、资源集聚的“产教融合”型综合服务共享平台，打造知识型、技能型、创新型的“吉林·匠谷”。九台大学生创业园打造“中国

2019年，九台大学生创业园打造“吉林匠谷”。图为创业园大学生进行无人机操作

（郭志辉　摄）

制造2025+互联网+双创”深度融合的智能制造双创共享服务平台，探索“共享平台+专业化服务”“创业培训进校园，创业实训进园区”、真实工厂型实训等工作新模式。搭建“实训+孵化”共享平台，与22所高校签订合作协议，共建共享技术技能实训设施，借助大型企业的技术研发及上下游产业资源，为创业企业提供发展方向与产业对接资源。借助区位优势和紧邻多个国家级园区的便利资源条件，大学生创业园吸引吉林省职业能力训练院项目落位。九台区推动科技创新与传统产业转型升级紧密结合，培养“双创”型人才。中科院长春光机所7名专家教授入驻创业园创客工厂智能研发区，帮助在孵企业建立科研中心，研发新型产品。创业园拥有创业企业62家，其中，毕业出园25家，现有创业企业37家，带动大学生创业就业424人，实现产值3亿元。9月17日，九台大学生创业园被人力资源和社会保障部继续评为国家级高技能人才培训基地。

【五官屯贡米栽培】 九台五官屯贡米栽培系统，是以高寒地区种植贡米为特色的稻作文化系统。该栽培系统由九台区其塔木镇刘家满族村罗关家族传承。五官屯具有300多年的水稻栽培历史。五官屯的粳稻是特有的稻米品系，其米重如沙、亮如玉、汤如乳、溢浓香。罗关家族的传人在继承古法的基础上，探索出结合土法制料、炒制、发酵等复杂工艺的“五官屯育秧苗秘法”，提升五官屯贡米的品质。7月，五官屯贡米栽培系统被列为第四批中国农业文化遗产。

其塔木镇五官屯皇粮贡米栽培（2019年7月）

（其塔木镇 供图）

【减肥增效现场观摩活动】 10月15日，九台区在上河湾镇三道村一社士军家庭农场举办测土配方施肥暨减肥增效示范区现场观摩会。区土壤肥料工作站展示秸秆还田方法及正确使用农肥方法。上河湾镇士军家庭农场展示示范田的操作与管理。上河湾农业站展示正确利用测土配方施肥技术实现减肥增效技术方法。通过活动，农民重视环保，提升土壤有机质，培肥地力，推进人居环境建设。

【设施园艺建设】 九台区以实施乡村振兴战略为统领，以农业供给侧农业结构改革为主线，把发展设施园艺作为促进农业转型升级、推进农业现代化的重要抓手。截至年末，九台区标准棚膜生产面积发展到1893.3公顷，有各类园区120个；冬季能正常生产的日光温室60公顷、400栋，生产产值0.85亿元；冬季品种主要以苗木花卉、大樱桃、蓝莓、草莓、豆角、黄瓜、西红柿和叶菜类为主，重点分布在卡伦、东湖、土们岭、九郊、城子街等街道。

（侯海霞）

气象服务

【概况】 九台区坚持专题与专栏服务、分类与分区服务、传统手段与现代化手段服务、信息收集与信息发布相结合，增强气象服务的科技性、多样性和针对性，满足政府决策及公众生产生活的需求，发布重要气象信息5期、专题气象服务47期、气象信息169期。

【气象保障】 九台区开展气象科技宣传周活动，与林氏绿洲大樱桃栽培基地建立直通式服务，在该基地安装的小气候仪

5月28日，气象局九台分局在兴隆街道开展人工增雨

（气象局九台分局　供图）

运行稳定。全区建立联防机制，实现信息互通。完成高考、中考、其塔木四棱山杜鹃花节、土们岭山野菜节、庙香山马拉松赛事等专题气象保障服务。

【灾害防御】　全年发布各类预警信号148个，启动应急响应5次。完成基层中小河流洪水、山洪和地质灾害气象风险的预警工作。完成人工影响天气各项规定动作。年内人工赠雨作业4次，发射炮弹28枚；人工防雹作业11次，发射炮弹282枚。年内人工影响天气财政到位资金53万元。开展突发气象灾害应急演练，开展1次大气重污染天气演练。

【气象设施现代化】　按照国家和省气象局地面气象观测自动化改革的要求，完成业务软件的升级工作；多普勒雷达和风云四号卫星吉林省地面接收站运行稳定；九台气象微信公众号完成改版升级，有粉丝1000人。

（高　颖）

防震减灾

【概况】　2019年，九台区贯彻执行《中华人民共和国防震减灾法》，落实国家及省、长春市防震减灾工作的各项措施和任务，提高应急能力。5月27日，地震监测、应急救援职能由区科技局划转到区应急管理局，由区应急局承担区抗震救灾指挥部办公室日常工作。九台街道民乐社区被评选为“全国综合减灾示范社区”。

【地震监测预报】　3月至5月，对宏观观测点进行走访登记，加强地震监测设施和观测环境保护工作。利用大型养殖场所、渔场搜集动物异常反应，作为宏观观测数据，利用水位变化观测进行数据分析。及时接收和传达长春市地震局的地震速测速报信息。

【地震应急演练】　5月10日，九台区在区工农小学开展大型师生地震应急疏散演练活动，1500余名师生参加。通过地震应急演练，师生掌握应急避难的正确方法，熟悉紧急疏散程序和路线，培养学生应急逃生自救技能。

【防震减灾宣传】　5月10日和10月13日，九台区分别以“提高灾害防治能力，构筑生命安全防线”和“加强韧性能力建设，提高灾害防治水平”为主题，开展多部门、多层次、多形式的线上线下宣传活动。出动人员400余人次，悬挂条幅200余幅，制作展板100余块，发放宣传单5万余份，设咨询台50台，接待群众咨询3000余人次。

（李冬梅）

JIUTAI · CHINA
中国·九台

教　育

Education

综　述

【概况】 2019年，九台区有各级各类学校161所，其中，幼儿园39所（公办26所，民办13所），小学86所（村小72所，独立小学14所），普通初中27所（九年一贯制学校21所，独立初中6所），普通高中6所（独立高中4所，设高中部的九年一贯制学校1所，完全中学高中1所），职业中学1所，特殊教育学校1所，教师进修学校1所。在校学生66178人，教职工8016人，其中专任教师5876人。

【教育治理督导】 2019年，九台区完成2019年度长春市“十项督政”，省幼儿园办园行为督导评估自查、自评及表册、材料的上报和迎检工作。对全区26所公办园、13所民办有证幼儿园进行挂牌督导，检查2次，把握学校和幼儿园的工作开展情况，及时指导、纠正学校及幼儿园办学中存在的问题。治理“三乱”（乱补课、乱收资料材料费、乱收费），采取调研督导、驻点督办、随机抽检和明察暗访等方式对全区中小学校、幼儿园、民办学校开展专项检查，查实有偿补课2起。全年受理上级交办、自接来访案件线索27件，其中，查否16件，查实11件。对10名党员干部进行提醒谈话和批评教育，对13名党员干部及教师进行行政处分。

【基础设施建设】 2019年，九台区教育经费总投入136025.5万元，其中，国家财政性教育经费133178万元，安排教育附加投入2847.5万元。教育系统重点基建项目17个，其中，续建项目6个，改造项目1个，新建项目10个。总投资3.03亿元，其中，申请上级资金2.43亿元，地方配套资金6000万元。总建筑面积9.82万平方米。6个续建项目有九台区青少年活动中心土建工程、九台区实验小学项目、九台区特殊教育学校项目、九台区第二幼儿园项目、九台区职教中心实训厂房项目、九台区第二十二中学综合楼项目，全部竣工。10个新建项目中，九台区鸡鸣山中心学校中学教学楼、九台区加工河中心学校中学部教学楼、九台区城子街中心学校中

5月7日，九台区特殊教育资源中心成立大会召开

（区教育局　供图）

学教学楼3个项目竣工。区第一中学运动场改造项目已竣工并交付使用。

【学校卫生健康管理】九台区落实《长春市教育局关于进一步加强学校饮用水卫生管理工作的通知》《九台区2019年春季爱国卫生月活动实施方案》及饮用水卫生许可证制度，全区各级各类学校全部取得饮用水卫生许可证。加强学校食堂环境卫生管理，完善食堂采购索证索票、烹饪加工、餐具清洗消毒、食物留样、库房管理、食品添加剂使用等制度，强化食品安全宣传预防。在2019年创建全国文明城市暨全国卫生城市复审迎检中，九台区第二实验小学代表九台区迎接检查。

【平安校园建设】九台区各级各类学校建立健全安全管理责任体系，落实各类责任制和各项安全措施，完善各项安全管理体制与安全预案，形成长效机制。利用“5·12”等重要时间节点开展安全宣传教育，印发《九台区教育系统“安全生产月”和“白山松水安全行”活动方案》，制作宣传展板60余块，发放宣传单8000余份。实施《九台区教育系统“防风险保平安迎大庆”消防安全专项整治行动方案》，学校“微型消防站”建设率100%。组织各校学习校车安全管理条例，与全区115名校车驾驶员签订安全责任书，通过长春市学校安全工作综合监管系统上报安全隐患440处，整改率100%。整治校园周边乱象，集中整治33次，整治流动摊贩15个，整治驱离学校门口违停车辆30辆，检查校园周边网吧307家。布置扫黑除恶宣传板92块、宣传条幅148条，发放宣传单10万份，上报扫黑除恶线索21条，协助公安机关破获案件2件。

【教师队伍建设】九台区贯彻落实《长春市师道师德师风建设主题教育实践活动三年行动计划》，全年评选出国家级优秀教师1人，省级先进集体1个，优秀教育工作者1人，优秀教师4人；长春市级先进集体4个，长春市优秀教育工作者7人，优秀教师23人，有2名教师被评为“长春市我身边的好教师”。全年补充教师207人。改善教师队伍结构，其中，从教育部直属6所师范高校招聘高素质人才6人，从省属重点师范大学招聘高素质人才85人，录用省免费师范生17人，本级事业编招聘99人。“国培计划”“省培计划”等各项培训任务落实，“一师一优课、一课一名师”活动中，推荐558节优课参加市级评选。

【民办教育机构管理】九台区印发《长春市九台区关于规范民办学校办学行为促进民办教育健康发展专项治理行动实施方案》《关于进一步规范民办学校办学行为的实施意见》等相关文件，建立覆盖全区的校外培训机构黑白名单制及台账，确定白名单36家，在全国校外培训机构管理服务平台记录。开展校外培训机构治理和“回头看”工作，年内组织开展2次联合检查行动，对88所无证民办幼儿园下达限期整改意见书，对19所无证民办幼儿园进行封园处理。依据《长春市实施吉林省校外培训机构设置标准细则》，全年审批合格民办培训机构36家。

【教育资助】九台区贯彻落实国家、省、市、区各项扶贫资助政策，各类资助项目涉及低保贫困家庭2065户，帮扶低保贫困家庭及家庭经济困难学生11423人次，发放资助金1339.79万元；涉及建档立卡贫困家庭634户，帮扶建档立卡贫困家庭学生818人次，发放资助金215.6万元。实现学生不因贫辍学的目标。

【“互联网+教育”2.0行动计划实施】九台区实施“互联网+教育”2.0行动计划，加快新时代教育信息化发展。投入资金700万元，购置电脑1400台，全区学校“三通、两平台”建设完成，实现宽带网络“校校通”、多媒体教学设备和优质资源“班班通”全覆盖，智慧课堂覆盖率100%，80%的教师与40%的学生实现网络空间“人人通”。

【“雨露计划”实施】九台区开展中、高职段“雨露计划”受助学生认定工作，建立受助学生信息档案管理系统。春季，审核通过“雨露计划”93人，申请资助金13.95万元；秋季，审核通过“雨露计划”104人，申请资助金15.6万元。资助资金由区扶贫办统一发放至受助学生家庭“一卡通”，实现应助尽助、不落一人。

（李沭欣）

学前教育

【概况】 2019年，九台区有各类幼儿园39所，其中，公办幼儿园26所，在园幼儿2638人，教职工490人；民办幼儿园13所，在园幼儿1951人，教职工276人。

【民办幼儿园审批】 九台区依据《长春市九台区民办幼儿园设置审批标准》，经材料审核、实地查看，认定所核园舍面积、房屋质量、消防安全、师资力量、举办者资质、教学活动、办学章程符合办学基本要求，为长春市九台区王老师幼儿园、长春市九台区爱加倍幼儿园2所民办幼儿园颁发办学许可证。推进民办普惠性幼儿园（政府指导价收取保育费和住宿费的幼儿园）建设，全年审批普惠性民办幼儿园2所，普惠奖励补助资金及时足额发放。

【幼儿园建设】 九台区落实《吉林省幼儿园设置标准（试行）》，推进幼儿园标准化建设。投入资金2200万元，新建九台区第二幼儿园，可提供学位360个。采取增加生均经费补贴、加强教师队伍建设、发放教师补助等举措，提升乡（镇）中心园办学水平。依据长春市教育局委托编制的《长春市规划区幼儿园布局专项规划（2017—2035）》，结合《长春市中小学校布局专项规划》中村级中小学布局要求，推进村级幼儿园建设。构建布局合理的公办学前教育服务体系，逐步解决就学半径超限问题，保障适龄儿童接受基本的、有质量的、方便就近的学前教育。

【幼儿教师集中培训】 全区各类幼儿园参加线下国家培训、省级培训项目6个，参加培训34人，其中，参加幼儿园教师师德培训2人，参加幼儿园新入职教师规范化培训6人，参加幼儿园骨干教师访名校浸润式培训2人，参加园长资格任职培训23人，参加学前教育教研指导责任区试点培训1人。组织全区各类幼儿园教师参加长春市教研室组织的园长教师业务培训项目1个，参加培训10人。组织各幼儿园参加九台区区域活动培训项目1个，参加培训40人。

（李沭欣）

义务教育

【概况】 2019年，九台区有义务教育学校114所，其中，村小72所，独立小学14所，独立初中6所，九年一贯制学校21所，特殊教育学校1所。有学生48274人、教师6410人。2019年，新招入学生9361人，其中，小学新招入学生4373人，初中新招入学生4988人。

【素质教育活动】 九台区将社会主义核心价值观教育融入中小学教育全过程，围绕“不忘初心、牢记使命”主题教育，在全区中小学校开展“传承红色基因，争做时代新人”主题教育活动、“腾飞中国，辉煌70年”主题教育活动。组织开展清明节“缅怀革命先烈”实践活动。加强家长委员会和家长学校建设，探索家校共育最佳途径。开展长春市文明城市创建，九台区第一中学、九台区第三中学、九台区第三十一中学3所学校被评为长春市文明校园。在全区各级各类学校开展体育大课间、阳光体育运动等活动，保证学生每天体育锻炼1小时以上。完成2019年体育中考现场考试。落实“体艺2+1”项目，普及校园足球活动，组织九台区第二届中小学足球比赛。

【学科设置】 2019年，九台区印发《长春市九台区教育局关于进一步推进高中阶段学校考试招生制度改革实施方案》，为全区中考改革提供依据。加强学科配置力度，强化薄弱学科教学，全区28所初中全部配齐地理、生物、体育、英语等学科专业教师；加强设备设施建设，全区初中有理化生实验室109间，配备率100%；体育与健康训练设备配备率100%；搭建听力考试平台与系统，29间外语听力与口语考试教室全部具备基础条件和硬件标准。

【教育科研成果】 2019年，申报省、市“十三五”规划课题101项，其中省规划课题36项。组织全区教师参加吉林省信息技术与学科深度融合优质课大赛活动，上报示范课680余节，获省级奖项534人，其中，一等奖47人，二等奖113人，三等奖154人，优秀奖220人。全区确立生本教育校级子课题85项、学科子课题363项，其中有23项课题入选长春市二期质量提升工程子课题。

【教育教学开放活动】 5月，区教育局组织全区各校开展教学开放日、开放周活动。近万名家长参加学校开放活动，通过组织家长听课，参观学校办学条件和办学成果，了解学校，促进学校教育与家庭教育有机结合。全区近千名教师参加学区内、外学校听课、研讨，开展校际业务交流，推动教师业务素养的提升。

【控辍保学】 九台区印发《关于进一步做好义务教育控辍保学工作的实施方案的通知》等文件，完善辍学学生报告机制、辍学学生劝返机制等多项工作机制，强化依法控辍、制度控辍、情感控辍、扶贫控辍等方面具体措施。全区小学段巩固率100%，初中段巩固率98.57%，劝返初中段辍学生98人，其中12名建档立卡家庭辍学生全部返校。

【温馨村小学校创建】 九台区坚持“创温馨，求发展，促均衡，保公平”的创建目标，推进温馨村小学校创建“四个一体化工程”（村小建设一体化，资金投入一体化，师资配备一体化，村小管理一体化），投入资金2199万元，改扩建校舍总面积约9500平方米，补充村小教师97名。2019年，创建温馨村小学校6所，全区温馨村小学校创建率100%。

【“一校一品”格局创建】 秉承“快乐学习，健康成长”理念，把艺术教育作为实施素质教育、提升学生核心素养的重要内容，全区形成“一校一品”格局。截至2019年，九台区有长春市“三星级”素质教育特色校16所，区级艺术教育特色校39所；建立乡村学校少年宫19个、少年宫艺术社团618个，参与学生11460人。

【九台区中小学第二届校园足球比赛】 4月20日，九台区中小学第二届校园足球比赛开赛。九台区小学23支代表队、初中16支代表队、高中5支代表队近1000人参加比赛，九台区第四中学、九台区第八中学、九台区卡伦中心校分别获得高中组、初中组、小学组冠军。

【“手拉手公益课程进校园”宣讲团活动】 11月8日，区委宣传部“手拉手公益课程进校园”宣讲团在区第二实验小学开展以“美丽吉林，我是行动者”为主题的垃圾分类专场宣讲活动。区委宣传部副部长张影、区教育局副局长李忠发及全区各级各类学校（幼儿园）德育副校长、区第二实验小学班主任和五年级、六年级学生200余人参加活动。省环保教育中心教师周轩伊以“美丽吉林，我是行动者”为题，从垃圾如何分类、水污染及食品卫生安全、菌群传染病的预防3个方面与现场的孩子们互动交流，通过列举生活实例引导未成年人自觉提升环保意识。

【“赏冰乐雪　健康九台”九台区中小学冰雪主题日活动】 12月27日，“赏冰乐雪　健康九台”九台区中小学冰雪主题日活动在庙香山滑雪场开展。活动设置雪地拔河、雪地足球争霸赛、雪地踢毽子、滑雪圈、冰雪主题绘画及手抄报展示等多项活动，区教育局的相关负责人、全区各学区学区长及九年一贯制学校南区学生代表1000余人参加该次活动。九台区具备条件的中小学校以该次活动为契机，结合本校实际，把冰雪运动纳入体育课教学，开发建设冰雪运动校本课程，丰富冰雪活动的内容，创新冬季体育课程的方法途径。

（李沭欣）

高中教育

【概况】 2019年，九台区有高中6所，学生11328人，教师865人。2019年，新招入学生4675人，其中，统招录取3761人，自主录取914人。全区中考报名6617人，设置8个考点、222个考场；第一批次最低录取分数线565.1分，第二批次最低录取分数线333分，第三批次最低录取分数线293分，职教中心最低录取分数线100分。

【教学联盟活动】 “九台一中、营城一中、龙成学校教学联盟体”“实验高中、师范高中、九台四中教学联盟体”分别于5月10日和11月14日举行教学研讨活动。参与教师40人，涵盖9个学科，以同课异构的形式开展学科教学交流活动，发挥教学联盟和学科联盟的辐射、引领、帮扶功能，提升高中教师队伍的整体素质。

【高考工作】 全区各高中学校根据国家高考改革工作的要求，结合学校实际开展改革准备工作，对班级设置、教师配备及缺口、教学设备设施、课程计划等进行分析和预测，在部分年级开展选课走班尝试，加强对新教材的研究与解读。2019年，九台区高考报名3046人，设3个考点、102个考场。高考成绩取得新突破，理工类考生最高分685分，文史类考生最高分621分，分别获得长春外县（市、区）理科第一名、文科第四名的成绩，高考各批次上线率位居长春外县（市、区）首位。

【重点高中简介】 九台区第一中学始建于1938年，位于九台区曙光大街1667号，占地面积5.5万平方米，是全省首批重点高中、全省首批39所示范性中学之一。先后被评为全国后勤工作先进学校、吉林省军（警）民共建先进单位、吉林省绿色校园示范校、吉林省规范化食堂示范校、吉林省规范化宿舍示范校、长春市文明校园、长春市心理健康教育先进校。在校学生3300人，其中住宿生523人；教职工281人，其中专任教师223人；有省级专家型校长1人，省级骨干校长2人；有49人获得东北师大研究生课程进修班结业证书，有38人获得硕士学位；有高级教师158人、特级教师1人。设有翟彦辉名校长工作室和数学、语文2个学科名师工作室。2019年，九台区第一中学高考成绩：理科最高分685分（裸分），居长春外县（市、区）第一名；文科最高分621分，居长春外县（市、区）文科第四名；全校有356人（含艺、体类12人）成绩超过一本线，一本上线率31.17%，比2018年提升5.52%。

九台区实验高中始建于1960年，位于九台区民康路274号。先后被评为长春市精神文明建设先进单位、长春市素质教育特色学校、“三星级”特色校。学校设置教学班47个，有在籍学生2657人、教职工265人，占地面积11.95万平方米。学校有专任教师200余人，获得硕士学位和研究生课程班结业教师56人，高级教师50人，省级优秀教师8人，省级学科带头人、骨干教师4人，长春市级骨干教师34人，长春市级科研骨干教师6人。2019年，九台区实验高中高考成绩：理科最高分601分，一本上线7人，比2018年增加4人。

（李沭欣）

成人教育

【概况】 2019年，九台区有1031人参加各类成人教育考试，参考人数比2018年减少80人。其中，参加高等教育自学考试490人，设17个考场，录取率94%；参加成人高考541人，设19个考场，录取率60%。

【长春全民终身学习品牌打造】 九台区落实《长春市师道师德师风建设主题教育实践活动三年行动计划》。1月2日至3月19日和12月1日至12月20日，分阶段在全区教育系统开展“我有同道，书香校园”读书分享活动。以教师岗位练功读书分享、“好书分享”“为你读诗”“最美古诗词赏析”、师幼读书分享等形式开展读书分享活动，通过各种媒体和平台，推送130名教师与90名学生的读书分享作品。2019年，在长春市委宣传部、长春市教育局对2018年全民终身学习活动评比中，区教育局被评为长春终身学习活动品牌单位。

【“扶贫学习超市”项目被评为国家终身学习品牌项目】 九台区开展“扶贫学习超市——以技能培训促进农村脱贫”项目，通过集中培训、送课下乡、流动课堂等形式，聘请相关专家、讲师，开展中草药栽培与管理培训，手工制作培训，风味食品制作培训，电工、焊工上岗操作证培训，营养早餐培训，家政服务培训，残疾人实用技术培训7类职业技能培训。有1500余人通过培训考取相关职业技能证书。2019年，“扶贫学习超市”项目被中国成人教育协会授予“国家终身学习品牌项目”称号。

（李沭欣）

特殊教育

【未入学残疾儿童少年普查】 2019年，九台区对未入学残疾儿童少年进行普查，全区有6周岁至14周岁残疾学生413人，其中，在九台域内接受教育的有365人，在域外接受教育的有29人，残疾儿童入学率95.4%。全区适龄残疾儿童少年全部纳入学籍管理，按照“一校一案”“一人一案”要求，采取特教学校就学、随班就读、送教上门等方式进行教育安置，实现全覆盖、零拒绝。

【残疾儿童随班学习安置体系建设】 九台区构建以随班就读为主体的特殊学生安置教育体系，实行“三残”（智残、体残、肢残）儿童入学零拒绝政策。全区安置残疾儿童166人，到33所普通学校随班就读。发挥九台区南山小学和九台区胡家回族中心学校2个资源教室的作用，为各普通学校提供教师培训、教材、教具、心理健康教育、康复训练方法等教育资源，建立随班就读残疾学生档案，做到一生一档，促进普通教育与特殊教育融合。

【送教上门服务】 九台区印发《进一步加快特殊教育事业发展的实施意见》，制定《九台区残疾儿童少年送教上门工作制度》，特殊教育学校为因生活自理能力等客观原因暂不适宜到学校接受教育的特殊儿童少年送教上门，根据“一人一案”要求，为每个特殊儿童少年制定知识教育和康复训练等可行的送教计划。全年对24所学校的适龄残疾学生116人送教上门，送教近800课时。

【教育部领导到九台区调研特殊教育工作】 10月17日，中国残联教育就业部原副主任、中国教育学会特教分会原理事长唐淑芬，教育部基础教育司处长陈东升一行到九台区调研特殊教育工作。调研组成员到九台区特殊教育学校新址，参观学校展厅、烘焙室、学生教室、工艺品实训教室、学生食堂等学校软硬件设施。在座谈会上，长春市政府、九台区政府分别汇报特殊教育工作发展情况。九台区委、区政府把特殊教育纳入基础教育发展总体规划统一部署、重点建设，逐步构建以普通学校随班就读为主体、以公办特殊教育学校为骨干、以送教上门为补充、以特殊教育资源中心为支撑、公民办融合发展的特殊教育格局。调研组成员在实地调研和听取汇报后，对九台区特殊教育工作给予肯定和好评。

【中央、省直媒体“记者走基层”活动走进九台区】 11月12日，中央、省直媒体“记者走基层”活动走进九台区特殊教育学校新校区，集中对善满家园残疾人就业服务中心进行采访，宣传报道扶贫助残创业成果。在九台区特殊教育学校新校区，媒体记者参观烘焙室、学生教室和工艺品展示区，对接受烘焙、柳编、工艺品创作技术培训和实际操作的残障学员进行采访，了解善满家园残疾人就业服务中心扶贫助残全链条融合发展模式。九台区委、区政府通过体制机制创新，整合社会资源，以“公民结合、产权明晰、功能完善、运营有序、务求实效”的原则，通过以购买服务形式与善满家园有机结合，打造集康复、教育、培训、就业、托养于一体的残疾人扶贫助残全链条融合发展模式。

【特殊教育资源中心成立】 5月，九台区特殊教育资源中心成立。特殊教育资源中心设在九台区特殊教育学校南校区，位于长春新区西营城街道烧锅村善满家园园区内，面积8992.27平方米，有教师9人、学生23人。在特殊教育资源中心，成立由教育、心理、康复（医院）等方面专家组成的特殊教育专家委员会，为全区特殊教育发展规划、政策制定、机制创新、质量提升、热点难点问题破解等方面提供专业支撑与科学建议，为特殊教育学校及普通学校随班就读、送教上门、医教结合、教学评价、师资培训等方面提供服务。

【善满家园残疾人特殊教育】 善满家园残疾人就业服务中心位于长春新区西营城街道烧锅村，由胡艳苹于2001年以自有资金创办。九台区依托特殊教育学校南校区，与善满家园形成校舍资源互享、教学资源互利、文体活动互联、师生生活互助、出口入口互接的公办民办融合发展新模式。全区残疾青少年完成义务教育后，根据家长意愿，可将学生送到善满家园接受1年至2年的职业培训，实现残疾人义务教育阶段和职业教育阶段的有效衔接。5月30日，九台区在全省残联脱贫攻坚工作推进会议上，作善满家园残疾人就业服务典型经验介绍。

【特殊教育学校简介】 九台区特殊教育学校成立于1958年，位于九台区曙光大街3号。3月，特殊教育学校南校区投入使用。学校有教职工49人；学籍在校生143人，其中，82人到校学习，61人通过送教上门学习。学校先后被评为吉林省实验学校、九台市人民满意学校、九台市基层党组织创先争优活动先进单位、长春市特殊教育先进集体评选活动二等奖、长春市校长目标责任管理优秀学校、九台区年度推进中心工作实干先锋、长春市九台区妇女联合会"三八"红旗集体等。

（李沭欣）

职业教育

【教师职业技能提升】 九台区组织职业技术教育教师参加各项教师技能赛事，提升教师职业技能。有50名教师在长春市中等职业学校优质课评选、"超星杯"教学能力大赛、优秀教案评选活动、"创新杯"信息化说课、班主任基本功等赛项中获奖，其中，一等奖5人，二等奖14人，三等奖31人。有17名教师在吉林省职业院校教师教学能力大赛、"创新杯"教师说课竞赛活动中获奖，其中，二等奖10人，三等奖1人，另有6人获指导教师奖。

【社会职业培训】 九台区职业技术教育中心与区财政局、人社局、教育局、民政局、畜牧局、农业局、水利局、人武部、退役军人事务局、残联、学前教育协会、仁爱残疾人协会、荣祥物业等30余家企事业单位建立培训业务；与长春金瑞安全生产培训中心、长春恒泰培训学校、京华职业培训学校、瑞邦家政培训公司联合开展培训项目。2019年，职教中心完成退役士兵职业技能培训45人次，电工与焊工培训、家政服务培训、中草药栽培与管理培训、营养早餐培训等"扶贫超市"项目培训317人次。协助九台区各单位开展各项职业技能培训近3000人次。

【"中高职衔接"教育体系建设】 九台区利用中、高职一体化的有利政策，打造中、高等职业教育体系，构建适合学生成长、发展的桥梁。重点实行"3+2"和"3+3"模式。招收的初中生在完成3年中职教育后再接受2年或3年高职教育，中、高职院校直接对接，学生不用参加高考，直接进入教育机构指定认可的高职院校继续学习，毕业后取得相应高等职业教育学历证书及相关职业等级资格证书。学校数控加工技术应用专业与长春市汽车工业高等专科学校、汽车修理专业与长春市职业技术学院、航空服务专业与吉林交通职业技术学院、电子商务专业与长春市金融高等专科学校分别建立"3+2"合作育人模式；学前教育专业与吉林师范大学学前教育分院建立"3+3"合作模式。

【校企合作"学徒制"打造产教融合新名片】 九台区职业技术教育中心与长春中誉集团实行一体化办学，设"中誉班"冠名招生，开展校企合作。学校负责招生，把教学班设到企业，学生实习在企业，就业安置在企业，实现订单培养，拓展办学空间，优化办学机制，学生就业率100%。在长春中誉集团开展的学徒制试点项目成为长春市第一批验收合格项目。

【九台区职业技术教育中心简介】 九台区职业技术教育中心成立于1994年8月，是九台区域内唯一一所公办的集职业高中教育、中专学历教育、成人函授教育、订单就业教育、短期职业技能培训于一体的中等职业学校。学校位于九台区南苑大街1666号，占地面积7.38万平方米，建筑面积2.87万平方米，有学前教育、数控技术应用、汽车运用与维修、计算机平面设计、计算机应用、医学、航空服务、电子商务、宠物养护与经营9个专业，其中，学前教育、牧医专业为长春市特色专业。有在校学生731人，教职工160人，专任教师112人。学校被评为吉林省重点职业学校、吉林省职业教育先进单位、吉林人民口碑金奖单位、长春市骨干示范实训基地、长春市精神文明单位、长春市民满意职业学校、九台区剩余劳动力转移培训基地等。

（李沭欣）

JIUTAI · CHINA
中国·九台

文　化

Culture

综　述

【概况】 2月28日，九台区文化广电新闻出版局更名为九台区文化广播电视和旅游局，原属九台区文化广电新闻出版局新闻出版职能划归区委宣传部。截至年底，九台区文化设施有大型综合性文体活动中心1个，图书馆1个，文化馆1个，博物馆1个，乡镇综合文化站17个，社区文化活动中心19个，农村文化活动室283个，农村文化小广场279个。文体活动中心项目于10月建成并投入使用，39个农村文化小广场如期完工，承办第一届全国农民冰雪运动会、CBA联赛吉林队2个主场比赛，举办九台区第二届全民运动会和全民艺术节等活动。

【文体活动中心项目】 九台区文化体育活动中心项目是九台区“十三五”期间的重点民生工程，位于九台区南苑大街以南，规划C路以东，规划甲路以西，规划路以北，总用地12.29公顷，总建筑面积61249.87平方米，总投资7.25亿元，建设内容为“三馆”“两场”。“三馆”为综合馆、篮球馆、游泳馆，“两场”为城市文化广场和公共体育场。该项目于2017年4月开工建设，历时3年，于2019年10月竣工；12月3日，进入运营期。

【农村文化小广场建设】 按照《吉林省农村文化小广场建设三年规划（2017—2019年）的通知》文件要求，九台区推进农村文化小广场建设，争取省、市专项资金390万元，新建农村文化小广场39个，完成“幸福九台行动计划”任务。5月，根据各乡（镇、街道）的申请，区文化广播电视和旅游局组织专人对拟建设地址进行实地察看；7月，进行公开招标；至10月中旬，39个农村文化小广场全部建设完毕，投入使用。截至10月，九台区农村文化小广场全覆盖。

【文化惠民工程】 “两馆一站”（图书馆、文化馆和文化站）呈常态化、制度化免费开放，完善免费开放服务项目、服务水平和服务功能。区文化馆、乡（镇、街道）文化站每周免费开放48小时，区图书馆每周开馆56小时。举办相约春季农民画展、基层文艺骨干广场舞培训、庆“五一”广场文艺演出、“品诗词之美　承中华文化”诗词知识与创作系列讲座，在省戒毒康复所举办“最为隽永是书香”主题读书沙龙等各类文化活动60场次。全年开展送戏下乡35场次，受益群众5万余人；免费播放电影3720场次，举办九台彩墨画培训、少儿器乐培训、新诗创作讲座、美术爱好者培训、农民画培训、贫困村文艺骨干培训等各类培训20场次，培训文艺骨干3000余名。

【文联活动】 2019年，出版《柳风》书法专刊1期，刊登45位作者的107幅书法作品。组织送春联下乡6次，为百姓书写春联1000余幅。举办“松风荷韵　丹墨飘香”主题文化艺术节1次。开展“不忘初心、牢记使命，传承红色经典、共抒爱国情怀”自创诗歌朗诵大会1次。举办“不忘初心　同心奋进”

诗书画印摄影作品展1次。举办诗歌沙龙1次。开展文化惠民活动3次，为社区捐赠图书100余册。举办新诗培训2次，邀请吉林省新诗学会老师免费给会员传授新诗创作技巧。举办“美丽乡村”摄影展1次，展出优秀作品120余幅。

（刘 琦 塔晓丽）

文化活动

【“松风荷韵 丹墨飘香”主题文化艺术节】 7月29日，区委宣传部、区文联等部门联合主办“松风荷韵 丹墨飘香”主题文化艺术节，区音乐家协会、区民间艺术家协会、区美术家协会、区书法家协会的会员以新时代精品力作向中华人民共和国成立70周年献礼。

【第二届全民艺术节系列活动】 9月27日，九台区第二届全民艺术节在区文体活动中心开幕。艺术节以打造城市品牌、丰富市民生活为出发点，提升城市品位、扩大文化交流、壮大文旅产业。系列展览分七大板块，分别为著名画家牛连和个人画展、诗书画印展、农民画展、剪纸展、民间艺术展、图片展、历史文物展，展出千余件展品。上午9时30分，第二届全民艺术节启动仪式开始，长春市副市长贾丽娜、九台区委书记李洪亮分别致辞，省、市、区领导共同为九台区文化体育活动中心、九台农商银行体育馆揭牌。开幕式后，庆祝中华人民共和国成立70周年“我和我的祖国”系列活动之一——九台区第二届全民艺术节文艺演出开始，展示了原创歌曲《美在九台》《我在九台你在哪儿》《九台久久的爱》等系列优秀作品。九台区艺术团体、社区居民等各界群众2000余人观看演出。

【音乐舞蹈史诗《边台放歌》上演】 9月30日，音乐舞蹈史诗《边台放歌》在九台广播电视台演播大厅演出，向庆祝中华人民共和国成立70周年献礼。该原创节目由九台区文友社和九台区文化馆联合主办，把历史题材与现实题材相融合，有主旋律音乐，有配乐诗朗诵，有歌曲，有舞蹈，有历史情景再现。全剧分序曲和五个乐章，歌颂九台从历史走向未来的精神风貌，展示长达6500余年的人文历史，讴歌可歌可泣、勤劳进取的九台精神，从而打造九台城市文化品牌，提升九台知名度。《边台放歌》填补了九台没有编创歌颂九台本土的大型歌舞剧目的历史空白。演出历时1小时，200余名观众观看演出。

【九台区新诗沙龙活动】 6月16日，由区文联主办、区新诗学会承办的九台区新诗沙龙在区文化馆举办。吉林省新诗学会的专家、50余名九台区诗人、诗评家参加。区新诗学会会员在各级报刊、媒体发表作品1100余首，为九台诗歌繁荣做出贡献。在沙龙上，与会专家、诗人就新诗创作和新诗理论进行研讨交流。

【自创诗歌朗诵大会】 9月17日，由区文联和区文化馆联合举办主题为“不忘初心、牢记使命传承红色经典、共抒爱国情怀”自创诗歌朗诵大会。诗歌爱好者们朗诵原创诗歌30余首，抒发广大人民群众理想信念和爱国主义情怀。

【第三届“优学派”杯古诗词大赛】 11月8日，由九台区妇女

9月27日，长春市九台区第二届全民艺术节在区文体活动中心开幕。图为开幕式现场 （孙 悦 摄）

联合会、九台区教育局、九台区文化广播电视和旅游局主办，九台区图书馆和全民阅读协会承办的九台区第三届“优学派”杯古诗词大赛在区进修学校附属小学举办，全区各行业的50余名选手参加比赛。九台区兴隆中心校学生杨欢夺得该次大赛冠军。

【“正脉传承　彩墨九台”牛连和师生美术作品展】 10月28日，由九台区委、九台区人民政府主办，九台区文化广播电视和旅游局与吉林省水木泓元文化艺术有限公司联合承办的“正脉传承　彩墨九台”牛连和师生美术作品展在九台区文体活动中心开幕。日本、韩国的艺术界国际友人，中国亚洲非遗工作委员会领导，国内著名艺术家，省内部分高校艺术院系专家、学者，以及长春市九台区领导和社会各界人士200余人参加开幕式。

【九台彩墨画参加世博会】 12月5日至8日，第三届中国（福州）世界遗产主题文化博览会（简称福州世博会）在福建福州海峡国际会展中心举办。该届文化博览会由中国中外名人文化研究会、福建省轻工业联合会、福建省工艺美术学会、福建省陶瓷行业协会、中国世界遗产主题文化博览会组委会联合主办。应主办方邀请，牛连和与区文化馆相关人员携带60幅九台彩墨画作品参加该届文化博览会的展览，中央电视台对牛连和及九台彩墨画进行报道。

【九台彩墨画国际研讨会】 10月28日下午，九台彩墨画国际研讨会在区委党校召开。国内外的专家、学者与九台彩墨画培训班学员及相关人员进行座谈研讨，与会专家、学者对九台彩墨画创作给予肯定，提出意见和建议，全国各地近200家各类新闻媒体对该次活动进行报道。

【九台区农民画参展】 5月18日，九台农民画作品参加“美丽乡村　白桦相约”全国农民画大赛，有7人作品入展，1人获得二等奖，区文化馆获得最佳组织奖；8月21日，参加吉林省现代农民画展，有20幅作品获奖，其中，一等奖4名，二等奖4名，三等奖4名，优秀奖8名；9月27日，参加江西万安“壮丽七十年　阔步新时代”全国农民画展，有3幅作品入围，并被收藏，区文化馆获得最佳组织奖。

【“不忘初心　同心奋进”书画展】 9月19日，九台区举办“不忘初心　同心奋进”诗书画印摄影作品展暨《九台文史资料汇编》首发式。由区硬笔书法家协会、区摄影家协会、区美术家协会、区诗社、区新诗学会等会员提供的100余幅作品参展。

【美丽乡村摄影展】 12月5日，由区委宣传部、区文联主办，区摄影家协会承办，主题为“五美服务乡村行”美丽乡村摄影展启动。该次展览收到摄影作品800余幅，经过组委会评审，入选优秀作品120余幅，制作80个展框，展示了九台区生态文明及美丽乡村建设成果。

【非物质文化遗产满族丰收祭活动】 9月22日，九台区在其塔木镇关云德满族民俗博物馆举

9月22日，九台区非物质文化遗产满族丰收祭活动在其塔木镇举办。图为活动现场　（陈　卓　摄）

办以“丰收的喜悦——我的丰收我的节　满风满韵行秋祭贡米之乡贺丰年”为主题的非物质文化遗产满族丰收祭活动。在2019年“中国农民丰收节”100个乡村文化活动中，“满族丰收祭”上榜。活动由九台区其塔木镇刘家村关云德满族民俗博物馆、其塔木镇五官屯农场承办，九台区农业农村局、长春市满族文化促进会、长春市满语部落协办。长春、舒兰、吉林等地的萨满文化爱好者以及当地的村民200余人参加活动。“丰收祭”仪式分为6个部分，由省级非物质文化遗产关氏满族剪纸传承人关云德现场剪制丰收景象，由瓜尔佳氏萨满举行“震米”仪式，由满族族人制作打糕作为贡品，由省级非物质文化遗产项目传承人瓜尔佳萨满关连富、关长继进行萨满祭祀（跳肉神），将新收割的稻谷、高粱、谷穗及五谷杂粮放到供桌上祭祀丰收，参观中国重要农业文化遗产“吉林九台五官屯贡米栽培系统”种植的当季新稻谷收割、脱粒、磨制过程。通过九台“五官屯”粮丁后裔罗关家族世代相传、沿袭数百年的“秋祭”活动、民俗展演及系列“莧勒真”体育赛事，展现传统悠久的萨满文化和“皇粮贡地”的农耕、渔猎文化。

【“我们的中国梦——文化进万家”活动】 1月24日，区文联、其塔木镇、区妇联、区科协、区科技局组成“我们的中国梦——文化进万家”志愿小分队，走进其塔木镇商贸中心，在春节前夕为群众开展形式多样的文化志愿服务活动，营造春节氛围。

8月9日，第六届吉林省农民文化节长春系列活动暨文艺志愿者走进新时代文明实践中心启动仪式在土们岭街道马鞍山村举行

（区文联　供图）

【“文化服务基层行”活动】 1月25日，区文明办、区文联硬笔书法家协会、九台区第一中学、区文化馆在九台区第一中学新时代文明实践站联合主办“九台区文化服务基层行暨万福送万家　书法家送春联进校园”活动。贯彻落实习近平总书记关于基层文化建设的要求，让艺术贴近人民，服务群众。书法家们为群众书写春联、福字100余幅。

【“文化志愿走基层，助力乡村在行动”活动】 9月9日，九台区举办“文化志愿走基层，助力乡村在行动”活动。九台作家协会、九台诗社、九台新诗学会、九台楹联协会等社团组织骨干精英参加活动，助推乡村振兴，为九台注入优秀传统文化元素。

（刘　琦　塔晓丽）

文化遗产保护

【非物质文化遗产保护】 2019年，九台区有5个“非遗”项目被列入第四批长春市级非物质文化遗产代表性保护项目，即满族尼鲁干绘画技艺、蔡氏纸葫芦制作技艺、蜂蜜营张氏传统养蜂技艺、关氏满族年息香习俗、九台戢家村满族驯鹰习俗。截至2019年年末，九台区有“非遗”项目22项，其中，国家级1项，省级9项，市级12项，数量和质量均位居全省前列。国家级项目有中医传统制剂方法（平氏浸膏制作技艺），传承人吴淑琴、刘宸隆。省级项目有关氏满族剪纸，传承人关云德；魏氏外科祖传秘方，传承人魏前程；满族杨氏家族祭祖习俗；满族关氏家族祭祖习俗；满族石氏家族祭祖习俗；满族赵氏家族祭祖习俗；乌拉神鼓制作技艺，传承人关长宝；满族大豆酱酿造技艺，传承人刘国彦；石氏家族萨满传说。长春市级项目有九台农民画，传承人邢国海等；王氏剪纸，传承人王挺起；姜氏彩塑，传承人姜兴淼；满族尼鲁干绘画，传承人关星宇；蔡氏纸葫芦扎制，传承人蔡兰亭；九台地名传说，传承人陈希国；哈达山传说，传承人常维范；罗关家族萨满神话传说，传承人关长儒；罗古村驯鹰习俗，传承人滕忠南；关氏满族年息香习俗，传承人关长春；九台戢家村满族驯鹰习俗，传承人刘井海；蜂蜜营张氏传统养蜂技艺，传承人张坤。

【非遗展览馆投入使用】 10月，九台区非物质文化遗产展览馆投入使用。位于区文体中心综合馆一楼，建筑面积784平方米，实用面积1000余平方米。室内装修采用复古风格，部分还原九台“富源街”古朴原貌，通过文字、图片、实物和复制品，展出九台区的国家、省、市、区级22个“非遗”项目。

（刘　琦）

地方志编纂

【概况】 2019年，九台区贯彻落实国务院《地方志工作条例》，探索用志途径，主动为九台地区提供相应的用志查询工作。《九台年鉴（2019）》依据规定标准编纂、出版发行，达到国家、省、市“一年一卷、公开出版”的要求。参加吉林省地方志工作培训2次，参加长春市地方志工作培训1次。完善区级地情资料基础设施建设，新建1个资料长编资料室。制定《九台区续志资料长编实施方案》等文件，为推进全区地方志工作提供指导。先后与河北省涿州市、吉林省榆树市等地交流地情资料。分别为九台第一家村史馆——波泥河街道清水村村史馆建设、九台热面品牌建设、区委组织部编写组织史提供志鉴资料查询服务。为市场监督管理局九台分局、区融媒体中心、上河湾镇、城子街街道等部门提供资料查询20余次，发挥资政作用。按照《长春年鉴》编辑部要求，通过搜集、归纳、整理，完成《长春年鉴（2019）》九台区部分供稿任务，全文1.5万余字，记述九台区政治、经济、文化、社会、生态文明建设等内容。7月25日，九台区代表吉林省县级地方志单位迎接中国地方志指导小组的检查指导。

7月25日，中国地方志指导小组办公室党组书记高京斋（左二）带队到九台区调研指导地方志工作　　（区政府办公室　供图）

【《九台年鉴（2019）》编纂】 3月25日，区政府办公室将《关于报送〈九台年鉴（2019）〉稿件的通知》下发全区各单位、各部门，明确编纂分工，明确交稿时限，明确撰写要求，组织完成2019卷《九台年鉴》编纂工作。针对部分单位、部门没有按规定时间上交稿件的状况，通过线上催稿、电话催稿、与单位部门领导沟通催稿等方式，保证上稿率100%。坚持“精心编写，慎重出版”的原则，加快编纂进度，保质保量，完成编纂。全文32万字，系统记述2018年九台区政治、经济、文化、社会、生态文明建设等方面的基本面貌和年度发展状况。12月，《九台年鉴（2019）》出版发行。

【续志资料长编编辑工作】 2019年，九台区资料长编工作进入收尾阶段，将全部资料长编资料进行分类整理，并装档留存统一放入资料室保存。

截至年末，100余家单位完成资料长编工作，累计完成300余万字。

（于　永　郭淑华）

文化市场监管

【文化市场日常监管】 九台区做好文化市场的常态化管理。以集中专项行动和部门联合行动为重要整治手段，打击各类违法经营行为，巩固日常监管成果。全年开展日常检查1500余次，其中，集中专项行动20余次，联合行动3次，规范全区文化市场。

【“扫黄打非”专项活动】 “两节”期间和中高考期间，九台区文化市场综合执法大队加大校园周边文化市场专项整治力度，打击侵权盗版和非法复制印刷品等违法、违规行为。发放“扫黄打非”宣传条幅100余幅、宣传单3000余份，收缴盗版音像制品2000余张，违禁书刊100余册，非法复制印刷品20余份，净化校园周边环境。

【文化法治教育活动】 2019年，九台区与各文化娱乐场所签订《安全四防责任书》70余份。集中开展安全生产大检查专项行动，全年排查隐患300余处，整改300余处。开展文化经营场所业主安全生产培训和演练2次。以“3·15”等重要节点为契机，设立文化市场法律法规咨询台，发放普法宣传单2000余份，在校园周边发放以保护知识产权为内容的书籍手册500余册。

（刘　琦）

档案管理

【机构改革】 1月23日，根据区委、区政府关于《长春市九台区机构改革方案》通知精神，区档案局的行政职能纳入区委办公室，对外加挂区档案局牌子。将原区档案局更名为区档案馆，为区委直属事业单位。6月，经省委组织部批准，区档案局（馆）为参照公务员管理的事业单位（正处级）。负责接收和保管区委、区政府及直属机关、群众团体与部分企事业单位、乡（镇、街道）及撤并单位具有永久和长期（或30年）保存价值的各类档案资料，负责档案编研、档案信息开发工作。

【档案资源建设】 2019年，区档案馆馆藏各种门类和载体的档案资料23种、127个卷宗，其中，馆藏以卷为单位保管的档案84897卷，以件为单位保管的档案215457件，档案总排架长度1575米；保有光盘档案70张、照片档案170张、资料5880册。全年接收各单位档案557件。档案门类从原来单一的以文书档案为主，扩展到文书、会计、声像、照片、实物等形式和婚姻、监察、人事、死亡干部、日伪档案、人口普查、污染源普查、土地批件等多种档案种类。全年利用档案2123人次、2184卷（件）。馆藏档案全部实现文件级检索，有本级文件级目录80.09万条，长春市交流档案数据115.4万余条，区档案馆实现现代化管理。

【档案数字化管理】 截至12月末，区档案馆扫描文书档案120万页，完成15个全宗档案的数字化加工。新增档案（移交进馆档案）实行纸质与电子档案同时移交。2019年，进馆557件档案全部实行纸质、电子档案同步保管。区档案馆有文件级数据80.09万条，全文扫描367万页，全部实现脱机备份，备份数据与软件数据相符。

【综合档案馆建设】 2019年，区档案馆建设项目纳入国家《中西部地区县级综合档案馆建设规划》。区档案馆需求建筑面积4563平方米，其中库房面积1682平方米，申请中央投资609万元；区档案馆协调土地、规划、住建等相关部门办理建馆前期的手续；选址在九溪新区，方案效果图由天津大学设计院设计，7月初完成立项，年内完成各项开工手续。

【档案保护与开发利用】 2019年，区档案馆执行国家档案局8号、9号、10号令精神，对机关、企业、事业单位形成的档案依法归档、立卷，接收档案3491卷。加强档案安全管理，建立健全各项安全管理制度，责任落实到人，安全无死角。档案库房建成集安防、消防、温度、湿度、门禁于一体的智能管理系统，达到国家标准；库房账务相符。将东部6个乡（镇、街道）的确权档案进行数字化加工，为九台农商银行土地抵押贷款提供数据信息，为乡村振兴提供优质服务。编制馆藏档案开放计划，完成1989年、1990年5213件档案开放工作，对档案保存价值依法进行鉴定。

【档案执法检查】 2019年，开展2次档案自查自纠、整改活动，查出的问题统一上报。根据各单位自查情况，利用半个月的时间对全区70余个部门进行1次档案工作指法检查，检查过程中，听取部门主管领导汇报，实地勘查档案保管内容、期限是否规范、齐全，档案安全防范是否到位，检查出的问题当时反馈给各部门，要求及时整改。

【档案服务】 2019年，九台区开展档案政务服务事项梳理工作，对标省、市权责清单标准，梳理区档案政务服务事项，认领梳理“互联网+监管”“双随机一公开”事项清单5项内容，历时一个多月，完成全区2018年度档案事业年报，统计案卷20余万卷、案件30余万卷。坚持窗口服务中午轮流值班制度，方便群众查档用档。截至12月末，接待档案利用者2123人次、2184卷（件）。长春市向九台区提供档案证明5份，九台区向长春市提供档案证明1份。

（伊　然　冯克红）

广播　电视

【概况】 11月15日，九台区融媒体中心挂牌成立。区委副书记于海山，区委常委、宣传部部长王萍为区融媒体中心揭牌。原九台广播电视台更名为九台区融媒体中心，为政府直属公益二类事业单位（正处级），归口区委宣传部领导，主要职能不变。对外保留“长春市九台广播电视台”牌子。2019年，全区有县（市）级广播电视台1座，调频、电视转播发射台1座，电视转播台1座。

11月15日，区委副书记于海山（右二）、区委宣传部部长王萍（右三）参加九台区融媒体中心挂牌仪式

（区融媒体中心　供图）

吉视传媒股份有限公司九台分公司隶属省吉视传媒股份有限公司。主要经营九台城区范围内广播电视信息网络传输及大客户专网、数字付费电视、互动吉林等增值业务。城网、农网划分5个服务站，根据网格覆盖用户和在网用户合理配备营业员、网格员，让每个用户都有包保的网格员，做到首问负责制，达到“一站式”服务，形成市场营销、业务产品安装、后期维修服务一体化市场营销服务模式。

【新闻主题宣传】 2019年，《九台新闻》栏目坚持正确的舆论导向，服务大局，服务群众。围绕学习宣传贯彻中共十九大精神、扫黑除恶专项斗争、脱贫攻坚、环境保护、万名机关干部下基层助力万户企业发展等热点话题，开辟《扫黑除恶　吉林亮剑》《安全生产在行动》《坚决打赢脱贫攻坚战》《环保进行时》《专班抓项目　万人助万企》《治乱进行时　文明再出发》等10余个专栏，聚焦九台时政，全年播出新闻稿件1720余条。

创新《民情速递》栏目，对事关民生和百姓关注的新闻事件，在第一时间深入了解情况，跟踪报道，反映民意，服务百姓，全年播出新闻稿件1200余条。

广播电台节目加强舆论引导，为听众传递正能量，转播中央人民广播电台《新闻和报纸摘要》365期。自办节目有《先听为快》《欢乐调频》《密语》《老歌情未了》《都市越动听》；新引进节目有《快车道》《生活e时代》《爱车天天汇》。策划制作“三八”节、劳动节、母亲节、青年节、儿童节等节日宣传片，营造节日气氛。制作播出26条、840次安全生产、精准扶贫、“扫黑除恶”等公益宣传片。

全年完成省电视台上稿118篇，其中，卫视频道66条，乡村频道52条；完成长春台上稿110篇。

【精品节目创作】 围绕庆祝中华人民共和国成立70周年，设计制作大型系列纪录片《我和我的祖国》30个系列专题片，播出减税降费系列访谈6期，采访制作播出专题片34个。制作扫黑除恶、农村人居环境、农村改革、警示教育、助残等专题汇报片6个；《小城故事》以政府满意、观众喜欢为出发点，全年播出20期。在大演播室录制4场庆祝中华人民共和国成立70周年文艺演出。

专题节目围绕全区中心工作，有针对性进行宣传报道。完成2018年度“九台好人”系列展播。采访“好人”20名，制作20个专题片；完成2018年“九台好人”发布厅暨“2019寻找最美九台人”主题活动启动仪式的设计、策划、采访、制作等；录制并播出减税降费系列访谈6期。采访制作播出《敢立潮头唱大风》《托起明天的希望》等专题片26个，播出专题52期。

【电台节目】 全年转播中央人民广播电台《新闻和报纸摘要》365期。自办节目6档；引进节目3档。结合区委、区政府重要工作，在广播电台制作播出安全生产、精准扶贫、扫黑除恶、禁烧秸秆等公益宣传片。

【融媒体中心大厅及制作室建成】 2019年，区融媒体中心官方微博、微信公众号、手机客户端App名称确定为“九台融媒”，“两微一端”完成建设、开发和正式运营。融媒体中心指挥调度平台建设通过技术分享，建成一个集移动采编、内容管理、终端分发、传播效果分析等多功能系统于一体的智能工作平台，实现“一次采集、多种产品、多媒体传播”的工作格局。推进县级媒体融合，为区委、区政府工作搭建新时代宣传平台。

【公众号推送】 九台区融媒体中心完成九台融媒App的测试，于11月上线，实现新老媒体的融合。“长春市九台广播电视台”微信公众号全年刊发365期，单条推文2555条，总关注量3.5万余人。

【广播电视信息网络传输】 发展农村数字有线电视网络，尤其是对有线电视的空白村屯、贫困村屯的发展和老旧线路的改造，加大资金投入与技术支持。2019年，完成农网民生工作任务，改造数字有线电视老旧主干线路150千米，全区安装农村数字有线电视用户1000户。

有线电视工作实施大运维工作思路，对辖区3条省干线路实地踏查，查找安全隐患，对存在安全隐患的部位及时上报整改方案，进行整改。完成日常机房设备的巡检维护保养，主干线路、支干线路重点地段的巡护和管护，机房安全检查记录、安全月报表和日常报表，各故障点的抢修恢复，用户投诉，接单返单，以及各项图纸资料完善更新，配合省公司相关部门完成各种业务操作，处理

4月26日，“九台好人发布厅”暨2019年“寻找最美九台人”主题活动启动仪式在九台广播电视台举行 （区融媒体中心 供图）

各类技术故障，配合一线工作人员处理数字电视业务及各种数据业务等技术故障，及时为市场营销人员提供后台技术支撑服务；确保重大节日和重要会议期间及重点保障期的安全传输。

【吉视传媒九台分公司】 吉视传媒股份有限公司九台分公司完善市场营销“营装维”一体化网格式管理模式，调整优化网格人员，强化员工的服务意识，提高服务质量，做到“一点诉求，多点联动”，打造“零距离”的服务模式，体现以市场经营为中心的经营模式。按照集团公司下发的2019年市场营销策略，结合当地实际情况，制定以保有在网用户，发展高清化、双向化、光纤化业务为主的市场营销方案，以提高“三率一值”（基本有效用户率、宽带渗透率、点播渗透率，全业务ARPU值）为阶段性工作目标。节约各项支出，减少投资拉动，树立以利润为中心的导向，科学分解全年各项经营预算指标，截至12月末，实现经营收入1600万元。其中，基本业务收入1053万元，增值业务收入410万元，集团客户业务收入17万元，新建工程配套收入120万元。推广智慧社区、智慧乡村等信息化建设，主动与大客户专网用户对接，做好优质服务，第一时间为客户解决问题，实现零事故，保障属地大客户业务平稳运行。及时与当地各科局机关进行项目对接，跟踪老用户，发展属地新用户，开辟新业务，为九台社会经济建设服务。

（袁　野　付铁成）

5月1日，吉视传媒九台分公司在新洲公园开展促销活动

（吉视传媒九台分公司　供图）

卫生 体育

Health and Physical Education

医疗机构建设

【概况】 2月28日，根据九台区机构改革方案，将区卫生和计划生育局职责、区食品安全委员会办公室职责、区安全生产监督管理局的职业安全健康监督管理职责、区老龄工作委员会办公室的行政职责等整合，组建九台区卫生健康局（简称区卫健局），加挂九台区中医药管理局牌子。2019年，全区有各级各类医疗卫生机构978家，其中，区级公共卫生单位7家；医疗机构971家（区直二级医院3所；省级医院1所；乡镇卫生及街道社区卫生服务中心26所；城区内民营医院10所；门诊部32所；个体诊所129所；驻区卫生所8所；村级卫生室及村卫生所共762所）。全区有开放病床2876张。全区有卫生技术人员2706人，平均千人拥有卫生技术人员3.38人，平均千人拥有床位数3.60张。

【卫生应急能力建设】 九台区完善卫生突发应急工作领导小组、工作组、专家组，设立指定科室负责突发应急管理和协调，针对不同类型的突发事件组建应急机动队。对“突发公共卫生事件报告管理信息系统”设专人进行动态监测。执行突发事件月、季、年报告制度，按时撰写、上报突发季报，报送至长春市疾控中心和区卫生计生行政部门。做好突发公共卫生事件风险评估，按月开展日常风险评估，撰写评估报告。

【信息化系统建设】 九台辖区26家基层医疗机构全部启动信息化系统，依托信息系统，通过标准化流程、规范化电子处方和病历模板等应用，实现基层医疗卫生机构在线开展医疗卫生服务，实行业务管理，提升基层医疗卫生机构规范化服务水平。通过公共卫生服务与基本医疗服务的信息联动，建立动态互联的居民电子健康档案；借助信息系统实时生成的记录和统计分析数据，对医疗卫生机构与人员进行绩效考核，加强基层医疗卫生机构的管理能力。完成远程医疗会诊项目，全区26家基层医疗机构通过网络预约与区人民医院及上级医院之间实现互联互通，患者在家就能享受到上级医疗专家的医疗服务，达到分级诊疗的目的。

（武　君）

医疗救助

【健康扶贫工程建设】 全区建档立卡农村贫困人口7126人，其中患病人员3356人，占比47%。对贫困患病人员采取先诊疗后付费与“一站式”结算服务，在九台区县域内定点医院住院不再收取住院押金。落实大病兜底保障政策，与保险公司签订“扶贫保”，在基本医疗保险（新农合）、大病保险、医疗救助的基础上，设立大病兜底补偿政策，将贫困人口住院医疗费用实际报销比例提高到90%，慢性病门诊医疗费用实际报销比例提高到80%。设立“一事一议”兜底防线，解决贫困患者负担个人自付医疗费用有困难的问题。为3657户贫困户张贴健康扶贫政策展示

12月10日，2019年度全区公共卫生服务工作骨干人员业务培训班在花展酒店举办　　（区卫健局　供图）

板；每个贫困户建立1个健康扶贫档案包；为每户发放3轮健康扶贫宣传画。组建252支三级家庭医生团队，为建档立卡贫困人口建立“一人一策”诊疗方案，每月进行1次入户随访，进行家庭医生签约服务。组织4次大规模入户排查，查缺补漏，完善贫困人口健康信息。

【尿毒症患者医疗救助】　九台区对全区尿毒症患者实施医疗救助，血液透析时，每月可免除13次血液透析和13支促红细胞生长素费用；腹膜透析时，每月可免除100袋腹膜透析液、100支碘帽和12支促红细胞生长素费用。其费用通过新农村合作医疗或医疗保险报销及民政医疗救助，其余费用由财政承担。区医院、中医院2所医院承担透析工作，全年接诊尿毒症患者295人，其中，区医院接诊尿毒症患者186人，中医院接诊尿毒症患者109人。

【艾滋病患者医疗救助】　全年有2名艾滋病住院患者在九台区人民医院住院治疗，治疗费用通过新农村合作医疗或医疗保险报销及民政医疗救助，其余费用由财政承担。

（武　君）

医疗卫生体制改革

【公立医院改革】　3月9日，九台区调整以区长为组长的九台区深化医药卫生体制改革领导小组，统筹推进九台区医改工作，推动公立医院综合改革，提升基层医疗卫生机构诊疗服务能力，提高医疗卫生保障的公平性和可及性，破解群众看病难、就医成本高问题。破除“以药养医”机制，全区所有公立医疗机构实施基本药物制度，所有公立医院药品均从吉林省医药采购平台上采购，除中药饮片外，取消药品加成，所有药品100%实行零差率销售。调整医疗服务收费项目价格1130项。自12月20日起，全部取消医用耗材加成收入，实现全部公立医疗机构医用耗材“零差率”销售。

【医疗联合体建设】　九台区由区人民医院和区中医院定期下派专家，根据下级医院的需求，每周派医生至少工作2天，每天至少派1名至2名中级职称以上的医生，每月保证一周有专家（科主任）出诊。1月至9月，二级医院派出支援医生250余人次，支援80天，开展专题讲座30次，指导查房110次，接诊患者700余人次，对健康扶贫患者进行诊断、治疗、指导140余人次，解决基层医务人员不足的实际困难，基层群众不出乡（镇）就能享受到区级医疗技术。2019年，有7家乡（镇）卫生院和社区卫生服务中心向二级医院派出12人进修，有2人完成进修任务。

【家庭医生签约服务】　九台区下发《关于印发九台区推进家庭医生签约服务实施方案的通知》，转发《关于印发推进家庭医生签约服务工作实施方案的通知》等文件，通过下发文件、组织培训和开展“世界家庭医生日”主题宣传活动等举措推动家庭医生签约服务，提升服务质量效果与居民满意度。辖区家庭医生总签约270279人，签约率36%；重点人群签约144202人，签约率70%；农村贫困人口及特殊家庭分别签约8242人和1061人，除户在人不在人群外，签约率100%。

（武　君）

基本公共卫生服务

【概况】 2019年，九台区制定基本公共卫生服务项目绩效考核方案、实施方案，明确基本公共卫生服务工作对象、内容、要求、考核指标和各项目执行单位以及专业基本公共卫生服务机构的职责，规范项目管理。加强项目培训、督导、考核，提升服务能力及管理质量。截至12月末，建立电子健康档案555202份，电子档案建档率75.9%；为辖区65岁以上老年人免费体检46112人，管理率53.9%；管理高血压患者49680人；管理糖尿病患者16876人；管理严重精神障碍患者3498人；管理孕产妇2853人；管理0岁至6岁儿童26394人。

【基本公共卫生服务业务培训】 12月10日至13日，九台区举办基本公共卫生服务工作骨干人员业务培训班，邀请相关专家对九台区各乡（镇、街道）卫生院、社区卫生服务中心的院长(主任)、分管院长(副主任)、基本公共卫生服务项目各项具体工作人员以及部分村医进行现场培训，培训1800余人次。

【食品安全管理】 2019年，九台区食品安全委员会工作职能划到区卫健局，区卫健局成立食品安全科，由食品安全科具体负责九台区食品安全委员会工作职能。全区有食品安全委员会成员单位43个。乡（镇、街道）食安办与乡（镇、街道）市场监督管理所合署办公，各村(社区)设食品安全协管员、信息员、监督员，食品安全监管达到全覆盖。全区食品安全工作以政府为主导，部门监管，企业自律，强化宣传教育培训，全民参与，形成社会共治格局。

【计划生育服务】 九台区计划生育证件全部网上办理，按规定做到简化办证手续。简化计划生育奖励扶助生育证、独生子女证办理程序，实现“只跑一次”。再生育审批95例，发放“一孩生育服务证”1169例、“二孩生育服务证”807例，为独生子女家庭补发独生子女证1347例。全年确认农村部分计划生育家庭奖励扶助对象15960人，特别扶助对象1634人，完成计划生育特殊家庭的在线录入和17594人的生物认证。确认城镇无职业独生子女父母388人，城镇有工作单位退休独生子女父母342人。奖励扶助资金均发放到位。强化数据信息审核，完成流动人口卫生计生动态监测，流动人口服务管理全覆盖。截至12月末，全区有流入人口1186人，流出人口47461人；发送协查信息5532条，信息反馈率100%；流入已婚育龄妇女服务率95%以上。

【医疗保障】 全年承担全国第一届农民冰雪项目运动会、碧水庄园冰上龙舟、庙香山乡村国际马拉松暨第三届山地音乐节、九台区第二届全民运动会等大型活动医疗保障任务约40起，派急救车辆30余次，派医务人员600余人次，救治各种伤病患者60余人次。

【爱国卫生集中清洁日活动】 4月19日，全区各单位和个人开展爱国卫生集中清洁日活动。有30个清理活动地点，清运各类垃圾50车，清理堆放物及楼外占道物等各类杂物30车，清除卫生死角30处，清理、粉刷

6月4日，区中医院与鸡鸣山社区卫生服务中心举行医疗联合体服务百姓大型义诊活动 （谢文光 摄）

覆盖张贴物15000处，出动专业车辆20辆，擦拭沿街公用设施165处。活动月期间，全区印制宣传条幅16幅，发放各类宣传单3600余份，发放鼠药640包、蟑螂胶饵10箱、蚊蝇杀虫剂10箱，出动工作人员300余人次，全区参与群众约1万人。

(武　君)

医疗技术

【抗菌药物整治】 九台区规范抗菌药物权限审批，通过下发视频资料的方式对全区各级各类医疗机构医药人员进行培训。采取不定期抽查的方式监督检查医疗机构抗菌药物使用情况，发现问题进行通报，要求其及时整改。区卫生监督所对医疗机构使用抗菌药物和预防院内感染工作进行日常监督，对违法使用抗菌药物的医疗机构及医生进行处罚。2019年，查处村级卫生室（所）超范围使用限制级抗菌药物32家，责令改正6家，处罚3家，罚款9000元。

【医疗机构预防感染】 九台区加强医疗机构院内感染管理，对医务人员院内感染知识进行培训。利用医疗机构年检校验的时机，从组织管理、技术规范、规章制度、院内感染监测、医院感染病例登记报告、一次性医疗用品管理、医疗废物管理、医疗废物运送等方面开展检查，发现有医疗废物分类不清21家、消毒记录不规范14家、门诊登记不全31家。对存在的问题进行指导改正。

【医疗技术培训】 全年组织骨干乡村医生、临床医师、基层卫生管理人员，基层护士人员、乡村全科医生等培训172人次。邀请二级以上医院专家人员作为辅导老师，以基层医疗基本知识和农村常见病多发病处理和护士基本技能为培训内容，提升基层医生的技术水平。

【九台区人民医院胸痛中心通过中国基层胸痛中心认证】 2017年12月4日，区人民医院成立胸痛中心委员会，启动胸痛中心建设。区人民医院同域内6家卫生机构建立网络医院，通过微信群心电图传输进行远程会诊，为急性心梗患者绕行急诊，直达区人民医院溶栓场所，提供技术和时间的保障。与上级医院签订救治协议，保证区人民医院转运到上级医院的患者通过绿色通道直达导管室。区人民医院急诊科、心血管科、胸外科、CT科、电诊科、检验科等各科室间相互协作，优化诊治流程，建立绿色通道，设立先诊疗后付费制度，在最短时间内获得患者心电图、肌钙蛋白等数据，明确患者病因，降低患者病死率，缩短急性心梗危急患者的抢救时间。2019年10月31日，区人民医院胸痛中心通过中国胸痛中心认证委员认证。12月，区人民医院导管室投入使用。

【九台区人民医院被评为国家PCCM科规范化建设二级医院优秀单位】 2019年，区人民医院陆续发展肺通气功能检查、无创通气、纤维支气管镜等技术。6月，区人民医院PCCM科被中国医师协会呼吸医师分会、中华医学会呼吸病学分会、全国呼吸专科医联体、国家呼吸疾病医疗质控中心评为国家PCCM科规范化建设二级医院优秀单位。

(武　君)

疾病预防控制

【疾病防控体系建设】 九台区完善疫情防控体系，重新建立健全三级疫情报告网，撰写《2019年传染病年度趋势分析》及《2019年疾病监测信息报告管理系统数据分析方案》。加强全区疫情管理，重点对霍乱防治、手足口病防治、埃博拉出血热防控、病毒性肝炎防治、流行性出血热防治等传染病加强防控、救治、管理，全区没有发生重大疫情。

【传染病防治】 九台区加强综合医院结核病人归口管理，建立院内结核病人发现、登记的报告制度及工作流程，规范非结核病定点诊治医院制度，定期组织检查结核病漏报、漏转情况，医疗机构肺结核病人报告率、转诊率100%。采取网络直报，对病人进行追访，追踪率100%，转诊和追踪总体到位率85%以上。对九台区艾滋病感染者进行跟踪随访，建立通信联系，随时掌握他们的健康状况。由九台区人民医院每月为其请领、发放药物，对药物服用情况、依从性进行监督，服药期间如发生副反应可及时处理。完成2019年国家考核指标方案。其中，个案流调率100%，网络直报报告及时率100%，艾滋病病毒感染者、艾滋病人配偶、固定性伴检测率100%，艾滋病检测实验室质控考评合格率100%。

【地方病防治】 九台区按照《吉林省地方病防治专项三年攻坚行动方案》要求，在建档立卡贫困人员中筛选出Ⅱ度及以上甲状腺肿大和克汀病11人，实行个案管理，对现症病人进行随访。

【疫苗接种】 九台区预防接种管理规范，专人负责疫苗领发，有疫苗专账及领发登记专簿。预防接种做到一人、一针、一管、一用、一消毒，冷链系统全部建立档案。常规免疫接种做到表、卡、证、单统一。将流动儿童纳入计划免疫日常管理，建立流动儿童专项档案，与常住人口儿童共同服务管理。九台辖区内接种率报告覆盖率100%。1月至12月，麻腮风、脊灰疫苗基础常规免疫全程接种率分别为97.67%和98.93%。其他各类免疫规划疫苗全程接种率分别为卡介苗99.67%、乙肝98.80%、乙肝首针及时率92.07%、百白破97.58%、白破96.81%、流脑98.59%、乙脑97.60%、甲肝97.08%，报告接种率均达到考核指标。

【饮用水水质卫生监测】 九台区对辖区的城市供水（3个出厂水、9个末梢水）、二次供水（末梢水）及农村饮水安全工程（枯、丰水期）和集中供水进行监测,科学选取监测点及检测件数，每季度进行1次，结果均合格，监测结果每季度在政府网站公开。

【贫困妇女“两癌”筛查】 5月至8月，区妇幼保健计划生育服务中心组织开展贫困妇女“两癌”（乳腺癌、宫颈癌）筛查工作。筛查6066人，确诊乳腺癌1例、乳腺癌前病变1例、宫颈癌1例、宫颈癌前病变2例，筛查出妇科疾病2968例。

【全国儿童预防接种日宣传活动】 4月25日是第33个全国儿童预防接种日，区疾病控制中心及部分社区卫生服务中心在区卫健局门前开展集中宣传活动，各乡镇卫生院在各自辖区内进行宣传活动。活动期间，全区出动宣传工作人员100余人次，设置宣传展板30块，悬挂宣传条幅27幅，发放《儿童预防接种须知》、宣传手册6000余册，开展健康教育咨询300余人次，受教育2500余人。

【省级慢性病综合防控示范区创建】 加强高血压、2型糖尿病慢病患者、严重精神障碍患者的健康管理，建立健全居民健康档案，对高血压、糖尿病、严重精神障碍等慢性病患者进行筛查、报告、干预。全年为严重精神障碍患者1806人发放药品，九台区与长春市精神病防治所完成2轮严重精神障碍患者的筛查和1轮精准扶贫患者的再次确认。12月18日，吉林省慢性病综合防控示范区复审专家组到九台区对慢性非传染性疾病综合防控示范区创建工作进行省级复核，专家组对九台区省级慢性病综合防控示范区工作开展情况给予肯定，并提出指导性意见。

（武　君）

妇幼保健

【母婴安全保障】 加强助产机构管理，落实母婴安全质量提升年系列活动。助产机构开展孕产妇妊娠风险筛查和评估，推进孕产妇健康管理。助产机构执行孕产妇2次至5次孕检，加强高危孕产妇专案管理，做到“发现一例、登记一例、报告一例、管理一例、救治一例”。畅通危急重症转诊救治绿色通道。按时报送孕检及高危孕产妇管理监测信息。

【出生缺陷防治】 九台区通过开展人员培训、宣传倡导、叶酸发放、服药随访、项目督导、信息报送等方式，提高妇女孕前及孕早期免费增补叶酸预防神经管缺陷项目执行力。2019年，辖区孕期妇女服用叶酸3000人，占应服人数的100%。随访叶酸服用人员10672人次，依从2245人。落实国家免费孕前优生健康检查项目，截至9月末，通过免费孕前优生健康检查项目检查1260对。

【全国避孕药具不良反应监测工作先进监测点创建】 九台区成立领导小组，将避孕药具不良反应监测工作作为妇幼保健计

10月30日，区卫生监督所办公楼建成

（区卫健局　供图）

划生育服务中心重点工作。由专人具体负责，及时、准确收集并上报相关信息。制定《九台区药具不良反应监测工作实施方案》，完善避孕药具不良反应的监测体系和工作机制，明确区、乡镇街两级医疗卫生机构一线妇科医生作为信息报告员。制定避孕药具不良反应监测报告制度、管理制度。按照可疑即报原则，对怀疑可能发生严重不良反应事件的，按要求填写“报告单”，及时上报区妇幼保健计划生育服务中心。10月22日至25日，国家计划生育药具不良反应监测中心对九台区进行相关质量控制，从机制建设、阵地建设、经费及人员、在线报告等方面进行考核，九台区被评为全国避孕药具不良反应监测工作先进监测点。

（武　君）

卫生监督

【医疗机构监督管理】　全年查处各类医疗机构286家。查处消毒产品生产企业8家，经营使用单位6家。查处保健用品生产企业6家，经营单位56家。查处无证诊所32所，其中，养生理疗馆涉嫌开展医疗活动4家，药店涉嫌开展医疗活动1家。没收药品12盒（件），没收医疗器械32件，当场封存牙科综合治疗椅34台。简易处罚142家，立案26起，结案25起。罚款24万元。完成“双随机”（建立随机抽取被检查对象、随机选派检查人员）任务，专项检查医疗污水、医疗废物、医疗美容、消毒产品、保健产品、餐饮具消毒、传染病防治等方面问题，检查191家。

【医疗机构年检校验】　2月，九台区对全区医疗机构进行年检校验，检查校验医疗机构988家（所），其中，医院31所，门诊部9家，个体诊所127家，卫生室256家，卫生所556家，驻区诊所9家。

【医疗机构行风建设】　年初，区卫健局与全区44余家公立医疗卫生单位和部分民营医疗机构签订《行风工作目标责任书》。开展行风专项督查，全年检查医疗机构50余次、590余家，对查出的药品和收费价格公开不全、医务人员佩戴名不规范、对患者咨询不耐心、服务态度不好、投诉举报不方便等问题及时进行纠正，对存在问题严重的单位进行约谈，对情节严重的单位给予处罚。对全区民营综合医疗机构进行监督检查，发现问题当场指出，各医疗机构针对问题立即整改，制作问题整改台账，整改全部完成。

【公共卫生监督】　全年对城区350家公共场所单位监督检查，下达卫生监督意见书175份。对生活饮用水进行监督检查，下达卫生监督意见书，责令其做好水质监测，落实水质消毒及安全防护制度，城区3家自来水厂按要求每季度进行1次监督检查。

【学校卫生监督】　全年检查辖区内小学34所、中学29所、高中6所、大学1所。下达卫生监督意见书70余份，出动执法人员40余人次、车辆20余辆次。对检查中发现的问题下达卫生监督意见书，提出限期整改意见10份，限期内均整改完成。

【放射卫生监督】　6月至10月，九台区在辖区内对设有放射诊疗科室的所有医疗机构进行放射卫生监督检查，有43家诊疗单位设有放射诊疗科室，有放射诊疗设备51台、大型医用设备3台。43家放射诊疗单位全部进行作业场所职业病危害项目申报，取得”放射诊疗许可证”；102人参加放射防护知识培训，取得“放射工作人员证”，建立个人健康档案。放射诊疗单位均委托有资质的计量测试机构对放射诊疗仪器进行防护性能检测、评价，检测结果全部合格。43家单位制定事故应急预案，在放射科室明显位置设有符合要求的辐射警示标志。

（武　君）

中医药管理

【中药饮片质量检查】 8月17日，在全区开展中药饮片质量检查，各中医医疗机构进行自查，上交中药饮片采购验收专项检查工作自查表。按照不低于20%比例开展中药饮片专项检查复查行动，对检查中发现的2家医疗机构饮片贮存不规范、未对中药饮片验收人员进行专业培训的问题，下达责令整改通知，限期整改，上交整改报告，整改时限为半个月，整改全部完成。

【中医药健康管理服务】 5月5日至13日，九台区对2019年基本公共卫生中医药健康管理65岁以上老年人中医体质辨识和0岁至3岁儿童中医药健康指导档案的填写进行项目指导，掌握基层单位工作开展情况，及时发现项目实施中存在65岁以上老年人中医体质辨识登记本内容不规范、服务记录表有漏项、未达到55%的规定服务率，0岁至3岁儿童中医保健指导存在到月末做中医指导等问题。当场提出解决问题的建议、意见，下达技术指导意见书，各单位按照意见书立即整改，在规定时限内上交整改报告，全部整改合格。

【中医行业乱象整治百日行动】 3月22日，区卫健局、中医药管理局联合区工商局、区食药监局等部门开展整治中医养生保健服务及保健用品生产销售乱象百日行动。重点查处以中医药预防、保健、养生、治百病为名，或假借医学理论和术语欺骗、诱使、强迫消费者接受非法诊疗，谋取不正当利益的行为，依法查处各种假借健康讲座、免费体检名义进行非法诊疗、无证行医等行为。处罚1家以理疗为名开展中医诊疗活动的理疗馆，罚款2000元。对2家涉嫌有开展医疗诊疗行为、发布医疗广告的理疗馆，当场予以警告。

（武　君）

体　育

【群众体育】 截至年末，九台区有登记注册的区级体育协会、体育俱乐部46个；各级各类体育健身辅导站339个；社会体育指导员1389余人，其中，国家级17人，一级65人，二级873人，三级434人；民间体育组织会员2.7万余人；体育人口32万人；全年举办各级各类全民健身活动及赛事60余场，参与者超过50万人次。

2019年，举办九台区第二届农民冰上龙舟大赛、春季徒步大会、冬季徒步大会、九台区“体彩杯”第一届速度滑冰大赛、“全民健身日”系列活动、健身操健身舞大赛、“篮协杯”县区篮球俱乐部邀请赛九台赛区比赛、九台区第二届全民运动会等大型活动60场次以上。

2月27日，第一届全国农民冰雪项目运动会在庙香山滑雪度假区举行　　（区文化广播电视和旅游局　供图）

【竞技体育】 九台区少年儿童业余体校成立于1962年，培养出3位世界冠军和7位全国冠军。开设速滑、田径、柔道、射箭、举重和自行车6个训练项目，其中速滑、田径和射箭为重点项目。在吉林省2019年度各项比赛中，有26名运动员进入跆拳道、柔道、举重、射箭、速度滑冰、短道速滑6个项目的前三名。

5月，九台区运动员魏绍轩取得射箭世界杯土耳其站冠军。6月，取得荷兰射箭世锦赛冠军。长春市体育局下发《关于表彰九台区为长春市体育事业发展做出突出贡献的通报》对九台区通报表彰。

【第一届全国农民冰雪项目运动会在九台区召开】 2月27日至28日，全国农民冰雪文化交流——第一届全国农民冰雪项目运动会在九台区庙香山温泉滑雪度假村举办。该届运动会以“农民上冰雪 展示新风采 健身奔小康”为主题，由中国农民体育协会主办，吉林省农业农村厅、吉林省农民体育协会、长春市农业委员会、九台区人民政府承办，长春庙香山温泉滑雪度假村协办，全国各地23支队伍、170名运动员参加雪上拔河、雪球打靶、雪地足球过障碍射门接力、雪上拖人接力4项比赛。

12月25日，2019至2020赛季CBA联赛第二十一轮在九台区文体中心篮球馆举行 （区文化广播电视和旅游局 供图）

【九台区第二届全民运动会召开】 9月28日至29日，九台区第二届全民运动会在区文体活动中心体育场举办。全区各行各业91支代表队，2000余名运动员参加田径、趣味性等14个项目的比赛。最终，区财政局和区法院、区教育局、卡伦湖街道、医药超市分别获得机关组、系统组、乡（镇）组、企业组团体总分第一名。

【CBA联赛九台分赛区比赛首次举办】 根据九台区人民政府与吉林九台农商行东北虎篮球俱乐部有限公司达成的《中国男子篮球职业联赛2019至2020赛季吉林九台农商行东北虎篮球俱乐部九台区分赛场合作协议》，12月25日、28日，九台区在区文体活动中心篮球馆分别承办吉林东北虎对阵青岛国信双星与吉林东北虎对阵山东西王队的2场比赛。2场比赛现场观众均在6000人左右。吉林东北虎对阵山东西王队的比赛在中央电视台5套进行现场直播。赛前，九台区非物质文化遗产传承人关云德祖孙三代展示共同创作的CBA剪纸海报，得到CBA官方组委会的肯定。这是九台区首次承办CBA赛事，也是区文体活动中心落成后首次承接的国家一级赛事。

（刘 琦）

社会生活

Social Life

收入与消费

【人均收入】2019年，九台区城镇常住居民人均可支配收入26841元，比2018年增长8.8%，其中，工资性收入增长12.2%，经营净收入下降6%，财产净收入增长1.6%，转移净收入增长2.6%；城镇居民人均消费性支出18105元，比2018年增长4.4%。农村常住居民人均可支配收入15474元，比2018年增长8.7%，其中，工资性收入增长10.9%，经营净收入增长9.6%，财产净收入增长14.2%，转移净收入下降2.3%；农村居民人均消费性支出13087元，比2018年增长15.2%。城乡居民储蓄存款余额242.2亿元，比2018年增长13.9%。

【城镇消费水平】2019年，城镇居民人均消费支出18105元，比2018年增长4.4%。其中，食品烟酒类人均消费4859元，比2018年增长7.6%；衣着类人均消费1963元，比2018年增长13.4%；居住类人均消费3730元，比2018年下降22%；生活用品及服务类人均消费766元，比2018年下降24.1%；交通、通信类人均消费2010元，比

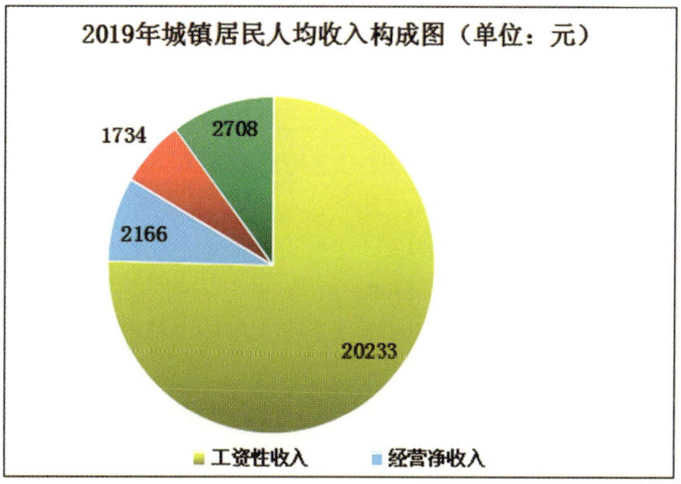

图3　2019年九台区城镇居民人均收入构成图

（统计局九台分局　供图）

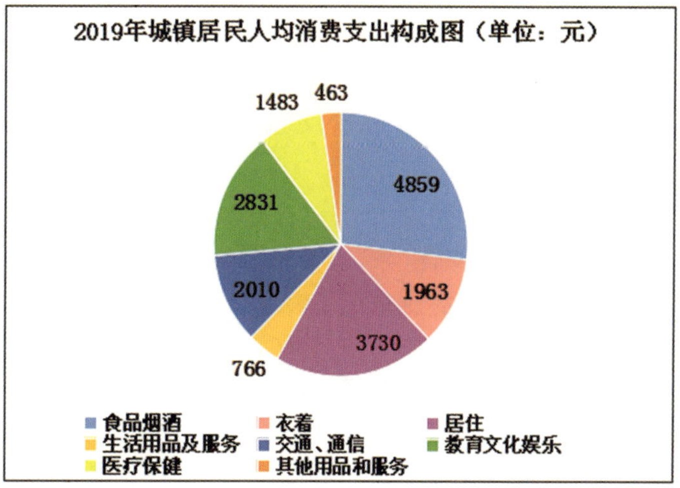

图4　2019年九台区城镇居民人均消费支出构成图

（统计局九台分局　供图）

2018年增长23%；教育、文化、娱乐类人均消费2831元，比2018年增长60.8%；医疗保健类人均消费1483元，比2018年下降1.5%；其他用品和服务人均消费463元，比2018年增长15.8%。

【农村消费水平】 2019年，农村居民人均消费支出13089元，比2018年增长15.2%。其中，食品烟酒类人均消费3763元，比2018年增长25.4%；衣着类人均消费946元，比2018年增长39.9%；居住类人均消费2546元，比2018年下降3.5%；生活用品及服务类人均消费592元，比2018年增长27.3%；交通、通信类人均消费1786元，比2018年增长22.4%；教育、文化、娱乐类人均消费1489元，比2018年下降4.9%；医疗保健类人均消费1679元，比2018年增长32.5%；其他用品和服务人均消费288元，比2018年下降1.1%。

【消费结构】 2019年，城镇居民恩格尔系数26.8%，比2018年增长0.8个百分点；农村居民恩格尔系数28.8%，比2018年增长2.4个百分点。城镇居民人均消费支出中，衣着消费比重10.8%，居住消费比重20.6%，生活用品及服务消费比重4.2%，交通、通信消费比重11.1%，教育、文化、娱乐消费比重15.6%，医疗保健消费比重8.2%，其他用品和服务消费比重2.6%。农村居民人均消费支出中，衣着消费比重7.2%，居住消费比重19.5%，生活用品及服务消费比重4.5%，交通、通信消费比重13.6%，教育、文化、娱乐消费比重11.4%，医疗保健消费比重12.8%，其他用品和服务消费比重2.2%。

（孙洪刚）

社会保障

【养老保险】 全年享受城乡居民养老保险待遇109071人，支付养老金15207万元。被征地农民享受待遇2381人，支付待遇1019万元。

2019年，城镇职工基本养老保险及机关事业单位养老保险新增4770人，累计参保37600人。年基金征缴计划3.9亿元，实际征缴额4.4万元。享受城镇企业职工基本养老保险待遇的离、退休人员47230人，支付养老金和丧葬抚恤金11.5亿元。机关事业单位参保17780人，发放养老金4.3亿元。

【失业保险】 失业保险参保36769人；失业保险费征缴年计划510万元，实际完成1237万元。享受失业待遇105人，发放失业金236万元。

【医疗保险】 全年城镇职工医疗保险参保6.3万人，城镇居民参保8.7万人，大额医疗保险参保6.2万人，公务员补充医疗保险参保2.6万人。

九台区有450750人参加新农村合作医疗，参合人数占常住农业人口45.4万人的99.3%，其中政府出资为困难群体参合18841人。全年有参合基金35095.8万元，提取大病保险金和意外伤害保险金4056.8万元后，年度可支配基金总额31039万元。参合农民中，有135933人在各级定点医疗机构就诊并受益。全年支出参合基金28118.7万元，占年度可支配基金总额的90.6%。

九台区医疗保险定点医疗机构392家，其中，定点零售药店101家，定点医院291家。到年底，整改定点零售药店9家；处罚医疗机构27所，其中，公立医院20所，民营医院7所，扣除本金73.26万元。定点医院的违规行为体现在：过度医疗，无指征检查；临床用药不合理：重复用药，抗生素使用不规范，辅助用药过度使用，中草药用药时间过长；无指征住院；病例书写不规范；使用中草药未论证，用药无医嘱；甲乙丙目录对照错误；药店医师不在岗；药店进销存在量差。

【工伤保险】 财政全额拨款机关、事业单位在职人员全都单独缴纳工伤保险，建筑业新开工项目工伤保险参保率90%，工伤保险参保5.1万人。社会保障卡申请59万人，有效人数56万人；发卡55万张，激活47万张，持卡率70.31%，激活率85.5%。

【生育保险】 生育保险参保4.9万人，全年生育保险收入13695889.95元，生育保险支出6457668.36元，其中，男职工生育津贴598618.28元，女职工生育津贴4775919.62元，生育医疗费支出1083130.46元。

（张　宇　潘明辉）

红十字会活动

【无偿献血】 8月26日至9月8日，九台区组织集体无偿献血活动。参加献血单位106家，参加献血2990人，献血合格1053人，献血406200毫升。

【贫困病患人员救助】 春节前，开展“博爱送万家”活动，九台区红十字会分别对土们岭街道办事处福利中心，30户贫困户、低保户送米、面、油等物资，价值2.96万余元。11月4日至8日、12月13日至14日，分两阶段为肺癌、肝癌患者22人发放“参一胶囊”。2019年，在册登记家庭贫困患有先天性心脏病0岁至14岁儿童1人。肿瘤救助基金的申请初审在册登记157人。

【红十字志愿者服务】 聘任二道沟中心学校主任金汉民担任红十字志愿者主讲老师，教师石小朋、李成业、郝瑞莲等为应急救护培训兼职教师。金汉民被评为吉林省红十字优秀志愿者。工农小学、实验小学、二道沟中心学校获《中华人民共和国红十字会法》暨红十字青少年自救互救知识竞赛单位组织三等奖，3所学校共同完成中国红十字会总会红十字青少年自救互救知识答题1500份。

【宣传活动】 5月8日是第七十二个“世界红十字日”，九台区组织以“爱心相伴，‘救’在身边”为主题的活动周活动。在二道沟中心学校进行红十字精神宣讲，开展“我是小小红十字人”培训等活动。

5月12日是第十一个“防灾减灾日”，九台区组织“提高灾害防治能力，构筑生命安全防线”主题活动。在兴华小学和二道沟中心学校，结合防灾减灾主题，对地震、火灾、交通、人身意外伤害的发生范围、急救目的、方法步骤、注意事项等进行讲解和具体演示。

6月14日是第十六个世界献血者日，九台区开展以“人人享有安全血液”为主题的宣传活动。悬挂条幅9幅，出动宣传人员50余人，发放宣传册2种、宣传单500余份。

9月14日是第二十个“世界急救日”，九台区开展以“急救、关注易受损群体”为主题的活动。在二道沟中心学校，对学生怎样防范危险以及发生伤害后的急救目的、方法步骤、注意事项等进行讲解和具体演示，重点对心肺复苏急救操作进行培训，现场指导师生操作练习。

12月1日是第三十三个“世界艾滋病日”，九台区开展以“社区动员同防艾，健康中国我行动”的主题宣传活动。组织疾控中心、妇幼保健和计划生育服务中心、2所二级医院、3家社区卫生服务中心及区仁爱志愿者协会共同开展宣传活动，悬挂条幅，设立咨询台，讲解艾滋病防治知识。各乡（镇）卫生院在辖区人员密集地段开展宣传活动。发放宣传资料3500余张，派发安全套1000余只，悬挂宣传条幅30幅，设立咨询台29个，出宣传板29余块。

（王剑秋）

人力资源

【人事人才管理】 2019年，为区人民医院、区中医院、第三人民医院、社会服务中心、运输管理所等单位办理聘用人员档案工资核准。完成2019年“三支一扶”（支农、支教、支医及扶贫）岗位征集工作，征集支教岗位40个，实际上岗27人。推进人才新政奖励政策落实。为第一批申报的10名高端人才和24名住房保障人员发放长春市政府奖励资金326007元、区级奖励资金566607元；招聘教师100名，中小学教师职称制度改革完成。

【大学生创业园被评为国家级高技能人才培训基地】 东北亚物流博物馆建成，7月8日举行开馆仪式。9月，国家专项2个实训中心（智能制造创客、工业机器人工程训练中心）建设完成。10月，经省政府批准，吉林中工技师学院成立，成为九台第一所技师学院，有900名新生入学。创业孵化园区在孵企业36家，就业424人。举办科技项目申报、涉税新政中小企业风险培训等7场专业化服务，培训企业员工350人次；2家企业申报高新技术企业。与长春工业大学人文信息学院联合开展网络创业培训5期，培训150人次。完成吉林大学、长春大学、长春理工大学约1000

2月17日，九台区举行“促进转移就业　助力脱贫攻坚”春风行动农民工专场招聘会　（区人社局　供图）

人次的专业见习。2019年，大学生创业园被评为国家级高技能人才培训基地。

【“暖流计划”行动】 全年推出40项优惠政策。投入资金约16.34亿元，其中，各级财政投入资金约13.84亿元（中央资金约8100万元、省级资金约9000万元、市级资金约4300万元、区级配套资金约11.70亿元），占总投入资金的85%；社保基金约2900万元，占总投入资金的2%；带动社会投入资金约2.19亿元，占总投入资金的13%。增收和减负金额约21.16亿元，惠及31.83万人。

【就业扶贫】 全年开展就业扶贫招聘会6场次，建档立卡贫困劳动力实现稳定就业187人，其中，转移就业24人，开发“三无”贫困人员“就业扶贫专岗”163人。开办贫困村电子商务、养殖技术培训班2期，培训162人，其中建档立卡贫困劳动力培训34人。对接白城市大安市就业扶贫工作，双方签订就业扶贫对口协议，大安市输入就业人员15人。

【劳动就业】 全年开发城镇就业岗位6800个，城镇新增就业4200人，城镇零就业家庭援助率100%；全口径劳务输出转移22万人次，举办就业招聘现场会10场次，承办长春市以“推动创业就业　促进增收致富　助力脱贫攻坚”为主题的岗位对接及项目推介现场会。组织300余家企业，提供30余个创业项目，提供岗位1.2万余个，接待求职人员近万人，推荐1800人次与企业达成意向性协议。创建规模型返乡创业基地22个，其中新建返乡创业基地8个，引领创业667户，带动就业1.26万余人。

【劳动监察】 2019年，协调案件21起，涉及430人，涉及金额780万元。收缴农民工保证金65户2535万元，返还农民工保证金78户、1632万元，余额5149万元。建设领域实名制管理工地农民工当期支付率100%。接待来电来访2000余人次。

（张　宇）

社会事务管理

【社区建设】 2019年，九台区落实省委、省政府《关于加强和完善城乡社区治理的实施意见》，解决社区场所、社工队伍建设等问题。推进“幸福社区工程”建设，培育打造九台幸福社区的品牌。探索以党组织为核心的社区治理模式，开展农村社区建设。采取新建配建、改建扩建、资产划转、购置租赁等方式，服务用房面积200平方米以上的农村社区276个，占比98%。通过社区协商方式帮助群众解决困难12个。参与市级优秀社区工作法评选，以优秀社区工作法作为推进社区治理现代化的重要手段，九台区具有鲜明特色的优秀社区工作法9例，即：福星社区、公园社区、光明社区、嘉鹏社区、利民社区、西城社区、新风社区、兴华社区及沿河社区工作法。

【社会组织管理】 九台区将社会组织登记事项、依据、条件、程序、时限、相关范本等在政府政务公开栏公示。2019年，新登记社会团体7家，民办非企业单位2家。年末，有登记社会组织326家，其中，社会团体248家，民办非企业单位78家。社会团体和民办非企业单位年检工作是依法强化社会组织管理的重要手段，3月，开展社会组织年检工作，年检合格52家，约占16%。出台《九台区社会组织清理整顿实施方案》，组织业务主管单位对社会组织进行检查，对1年不参加年检或年检不合格的，给予警告；对连续2年以上不参加年检或2年年检不合格的，分批给予撤销。备案社区社会组织862家，农村社区平均3家，城市社区平均5家。

8月9日，九台区2019年圆梦大学慈善救助金发放仪式在区民政局会议室举行。图为救助金发放现场　　（区民政局　供图）

【社会救助】 2019年，九台区围绕农村低保专项治理及脱贫攻坚低保兜底专项行动，开展社会救助。对第三方机构评估确定“三核查”具体工作，围绕救助对象是否符合条件进行准入核查，围绕补差式救助、分类施保等进行政策核查，围绕办理流程公开公示等进行程序核查。核查结果由第三方评估机构形成核查报告，提出核查意见，建立核查台账。截至12月末，有城市低保4886户、7673人，保障标准为435元/月；农村低保4600户、8514人，保障标准为3900元/年；全年发放城乡低保金5825万元。城乡特困供养人员3570人，其中，集中供养611人。发放特困人员供养基本生活费、护理费2975万元。

【慈善救助】 全年救助金额97.7万元，救助困难群众97人次。春节期间慰问建档立卡贫困户68户，每户送大米2袋、面粉1袋、豆油1桶；“圆梦大学”活动资助高考生65人；“我心飞翔”活动资助中考生7人。临时救助17人次，使用善款81000元。接受定向助学金3000元，全部转交贫困学生。

【殡葬管理】 2019年，九台区制定《九台区殡葬领域突出问题专项整治工作实施方案》，突出整治违规建设经营性公墓行为，违法违规从事殡葬中介服务行为，违法违规从事殡葬用品经营、销售行为，散埋乱葬行为。发出《致全区人民一封信》《致全区党员干部一封信》，九台电视台播出《关于殡葬领域突出问题专项整治工作的通告》。制定《九台区殡葬惠民实施办法》，落实长春市殡葬惠民政策。推进区公益公墓建设，制定《九台区乡镇（街道）公益性公墓建设规划》。取缔非法运尸车辆3辆，取缔私设停尸间场所3个，终止大型非法经营殡葬用品3家、销售点33个。

【婚姻登记】 全年办理登记5013对，补发结婚登记证3852册，办理离婚登记3360对，登记合格率100%。在5月21日特殊登记日，提前做好预案并制定工作方案。

（王宪春）

消防安全管理

【概况】 2019年，九台区消防救援大队下辖迎宾路消防救援站、卡伦湖大街消防救援站和新华大街小型消防站，负责14支政府专制消防队的业务指导。区消防大队有执勤车辆17辆，乡（镇）政府专职消防队有水罐消防车23辆。总载水163吨、泡沫14.3吨。灭火救援器材有8大类120种。购置1辆进口底盘抢险车、2辆国产短轴距水罐车。组织演练121次，修订预案39份，维修消防水鹤16个、消火栓27个。全年完成CBA、马拉松等37次重大活动的消防安保任务。

【消防宣传】 区消防大队借助“119”宣传月载体,组织243家

9月3日，区消防大队在塔吊上进行救援　　　　（吴昆明　摄）

重点单位、328名消防安全责任人和管理人，实地参观“11·4”英硕特种管道材料公司火灾现场，以案说法。在城区主要街道发放消防宣传挂图、手册8000份；利用户外广告、楼宇电视、电子显示屏滚动播放公益短片及宣传标语5万条。开展消防赶大集活动，在13个乡（镇、街道）设立宣传点，开展宣传700余次，参与群众10万人。

【火灾隐患整治】 区消防大队部署开展冬春火灾防控、“防风险保平安迎大庆”消防安全专项行动，对全区商场、市场、养老机构、学校、幼儿园、医疗机构等场所进行全面排查。针对风险隐患突出、情况复杂、整改难度大的企业和单位，开展会商13次，上门服务指导42次，研究解决整改措施104条，为23家企业节约整改资金400余万。全年检查单位2582家，发现隐患1394处，整改1300处，查封23家，“三停”（停止施工、停止使用、停产停业）2家，罚款25.7万元，拘留5人。11月，重大火灾隐患卡伦社会福利中心经整改完成摘牌。

【执勤训练】 在消防力量联勤、联动上，加强乡（镇）队联防体系建设，树立“打早灭小、以快制胜、群众满意”的工作目标，组织合同制队员常态化开展应对处置敏感复杂情况、预防信访舆情和安全作战常识的培训与研讨活动，坚持视频点名拉动，开展电台测试，通过微信群汇报交接班和火灾前期到场情况，定期组织明察暗访、开会培训，确保乡（镇）队的救援能力。

【抢险救援】 2019年，区消防大队出警1485起，火灾救援1469起，抢险救援16起。其中，5月8日18时10分，苇子沟富赛交通公司发生火灾，一辆装载27吨甲基甲苯槽罐车与一个30吨固体罐在倒罐过程中发生火灾并爆炸，过火面积约200平方米，区消防大队采取相应的灭火措施成功扑灭。8月21日7时31分，广泽乳业有限公司1名员工掉入一处废弃煤井，区消防大队调派特勤一中队成功救援。9月3日15时57分，九台区一工地有一孕妇因与建筑方发生经济纠纷，欲跳塔吊，区消防大队立即赶赴现场完成救援。

（吴昆明）

退役军人事务

【概况】 2月28日，九台区退役军人事务局挂牌成立。4月12日，为烈属、军属和退役军人等家庭悬挂光荣牌工作启动，应悬挂光荣牌21800块，悬挂19850块。5月30日，九台区退役军人服务中心挂牌成立。7月11日，乡（镇、街道）退役军人服务站批复成立。315个退役军人服务站挂牌，其中，乡（镇、街道）17个、社区15个、村283个，社区、村分别在“两委”指定1人负责退役军人服务站工作。

【退役军人安置】 2019年，九台区退役士兵安置工作按照《退役士兵安置条例》《关于进一步加强退役士兵就业安置工作的意见》及退役军人事务部和中央军委政治工作部印发的《符合政府安排工作条件退役士兵服役表现量化评分暂行办法》执行。对《退役士兵安置条例》施行前（2011年11月1日）入伍，退役后本人自愿选择入伍时安置政策的城镇退役士兵，采取政府“安排就业与自谋职业相结合”的办法安置。安置到事业单位的退役士兵比例不低于80%。

【退役士兵接续保险】 9月6日，召开长春市九台区解决部分退役士兵社会保险接续工作部署会。受理4223名退役士兵提交的社会保险接续申请，通过审核的社会保险申请4030人，通过医疗保险申请3888人。

【退役军人信息采集】 制作宣传单5万余份、宣传海报3万余张，出动工作人员300余人，采购固定采集设备21套、移动采集设备71台，设立固定信息采集点18个、移动信息采集点71个，采集并通过省厅审核22081人。9月，对4403名享受优抚待遇的人员进行核查。

【"双拥"工作】 为实现长春市"双拥模范城"九连冠目标，在车站、医院等公共场所设立现役军人、优抚对象优先标识。在区迎宾大路悬挂"双拥"标语108块，"擎天柱"宣传牌2块。春节前慰问驻军部队、重点优抚对象和部分退役人员，经费支出95.85万元。"八一"前夕，在土们岭航材库召开九台区"双拥共建相约军营"庆祝"八一"活动，发放价值8万余元的纪念品。

【烈士陵园管理】 九台区有九台烈士陵园、其塔木烈士陵园和上河湾烈士陵园，其中，其塔木烈士陵园被纳入2020年省级烈士陵园管理。9月30日，在九台烈士陵园举行烈士纪念日活动。

【九台区被定为退役军人事务部政策的"试验田"】 2019年，退役军人岗前培训由省民政厅等部门指定培训机构——区职业技术教育中心和九台区万兴驾驶员培训有限公司承办。2019年，有237名退役军人参加11个专业培训，培训3个月，为全日制授课，理实一体化教学。7月5日，退役军人事务部领导到吉林省调研，确定九台为退役军人事务部政策的"试验田"和退役士兵就业创业的培训典型基地。

（刘成海）

残疾人事业

【精准扶贫】 以全面脱贫为目标，做好善满家园全链条融合项目，全口径做好建档立卡贫困户扶贫工作，杜绝"二次返贫"。根据残疾贫困人口需求，实现康复辅助器具适配全覆盖；对符合标准的贫困残疾户，落实家庭无障碍改造任务；对智力残疾、精神残疾等符合条件的贫困户，实行托养服务；免费为残疾人提供农村实用技术培训；依托农机合作社和农机大户，为残疾贫困户购买农机服务，解决生产难题。

【善满家园残障人综合服务中心建设】 九台区依托善满家园"康复、教育、培训、就业、托养"全链条融合服务模式，开展符合九台地域特点的培训项目，重点开展柳编、草编、彩绘、烘焙等培训。对接爱心企业，联合为培训学员搭建就业平台，从根源上让残疾学员"易学习、易掌握、易就业"。推进善满家园新时代文明实践典型试点建设，以志愿服务为基本形式，聚焦残疾人事业，整合人员队伍、资金资源、平台载体、项目活动。

【残疾人信访接待】 树立"残疾人利益无小事"的服务宗旨，坚持领导包联制度。拓宽残疾人信访渠道，引导残疾人以正确形式反映诉求，完善残疾人管理制度。用"六心"（接待来访要热心，听取反映要诚心，

5月14日，善满家园残障人综合服务中心成立。图为服务中心外景

（王绍禹　摄）

了解情况要细心，说明解释要耐心，排忧解难要真心，处理问题不偏心）对待上访群众。

【“零距离”服务】为贫困残疾人解决生产、生活实际困难，开展以九台区宝华康复医院为依托的“扶老托养”工作。资助低保残疾人家庭学生，高中生一次性救助1000元，中专生一次性救助2000元，专科生一次性救助3000元，本科生一次性救助6000元。残疾人机动三轮车燃油补贴按每人每台每年260元标准一次性予以补贴。

（刘　旺）

老龄事业

【概况】根据《关于长春市九台区部分事业单位调整事宜的批复》，长春市九台区老龄工作委员会办公室更名为长春市九台区老龄工作服务中心，系九台区人民政府直属事业单位，内设机构行政审批办公室更名为老龄事务服务科。

区老年文化体育协会直属有健身操、健步行、大秧歌、太极拳、腰鼓、乒乓球、门球、台球、象棋、风筝、空竹、文艺、模特13个分会。活动场所有南山公园、福星社区广场、福临社区广场、站前广场、客运站广场、影剧院广场、溪桥公园、营城活动中心、九台师范校园、九台一中体育场、九台师范体育场、九台三十一中体育场。9月28日，新增九台区文化体育活动中心等14个较大活动场所。有门球场地17块，城区有50余张乒乓球台。全区130余个活动站点每天有1万余人参加晨晚锻炼。

【老年人生活津贴发放】上半年应享老年人生活津贴1383人，其中，为百岁老人14人发放津贴305.52万元；为80周岁至89周岁低保特困老年人4873人发放津贴97.46万元，于7月15日前全部发放。下半年应享老年人生活津贴1377人，其中，为百岁老人18人发放津贴310.06万元；为80周岁至89周岁低保特困老年人4196人，发放津贴83.92万元。

【养老服务能力建设】采取调查摸底、试点试验的办法开展应急救援、出行跟踪定位等居家养老服务。采取居民选项、社区定项的办法，城市社区开展文体活动、日间照料、便民办理等社区养老服务。对公办养老机构实施整合提升工程，对民营养老机构实施联合执法监管。制定《九台区农村邻里救助实施办法》，推进农村居家养老，完善农村养老大院建设和管理，探索养老大院发挥作用的新模式，开展养老服务“助浴”工程。落实养老机构综合责任保险和监管办法。制定《九台区社会工作师人才培育计划》，推进公办民营的新模式。参照国家养老服务改革试点，筹建九台区居家养老服务指导中心。指导社区强化养老服务硬件建设，提升“日间照料间”“养老服务超市”等建设水平和服务能力。引导社会服务资源和经济实体进入居家养老服务领域，创新社区“三级联动”。

【医养结合】九台区有社区服务中心17家、乡（镇）中心医院9所、二级以上医院3所；公办养老机构17家，有床位1373张，入住1117人；民办养老机构28家，有床位1456张，入住613人；居家养老服务中心1家。全区26家一级医疗机构与其他46家养老机构均完成服务合作协议签约，明确双方责任和义务。卫生院、社区服务中心全部开通老年人就医绿色通道。60岁以上老年人享有就医、挂号、取药、交费、化验等优先待遇。

【老年人健康管理】落实老年人健康管理国家基本公共卫生服务项目，开展65岁以上老年人体检工作，以社区卫生服务机构为中心，提供医疗保健服务。基层社区卫生服务中心为老年人建立家庭病床和健康档案，定期对老年人进行体检、健康咨询服务和健康检查，为行动不便老年人提供上门服务。全区有65岁以上老年人93083人，建立健康档案71834份。各级医疗卫生机构开展以“懂健康知识，做健康老人”为主题的宣传活动。各乡（镇、街道）卫生院和社区卫生服务中心深入敬老院，为老人提供量血压、测血糖、心肺听诊、讲解签约政策等查体咨询服务。

【老年人优待】 九台区下放老年优待证办证权限，政务大厅增加19个办证窗口，免费办理、换发老年人优待证2万个。为65周岁以上老年人办理免费乘坐区内公交车卡，办理2.9万张。为九台区客运公司和宏运公司补贴资金500万元，比2018年增加30万元。

【老年人文体活动】 4月26日、27日，九台区举办4场广场音乐会。6月29日，在九台一中体育馆举办“不忘初心、牢记使命”主题教育活动，通过管乐合奏、群口快板、模特秀、空竹舞、舞蹈、健身操(舞)、戏曲表演展示节目19个。9月28日，组织50人的方队参加九台区第二届全民运动会。

【老年人意外伤害保险】 2019年，九台区老年人意外伤害保险业务由人保寿险和中国人寿2家公司共同开展。有3万余名老年人参保，其中政府统包19202人，保险金24.6万元。

【走访慰问高龄困难老人】 春节期间，走访慰问困难老年人、高龄老年人150人，送慰问金7.5万元。老年节期间，走访慰问10名高龄困难老年人，送慰问金5000元。元旦期间，为土们岭街道、莽卡满族乡高龄困难老年人送慰问品各20份，为37名高龄困难老年人送慰问金1.85万元。

2月1日，区老龄工作服务中心工作人员走访慰问贫困老人

（区老龄工作服务中心　供图）

表18　　2019年九台区老年文体活动（部分）一览表

序号	举办活动	举办时间	地点	举办单位
1	中老年乒乓球团体比赛	4月21日	九台一中体育馆	乒乓球分会
2	“五一”国际劳动节太极拳展示活动	4月26日	九台一中体育馆	太极拳分会
3	2019年城乡中老年台球比赛	5月29日	金河桌球城	台球分会
4	迎国庆七十周年“晚霞更精彩”模特展示活动	6月23日	南山公园	模特分会
5	庆“七一”文艺演出展示活动	6月27日	嘉鹏公司	健步行分会
6	健身日太极拳展示活动	8月8日	福星广场	太极拳分会
7	迎国庆七十周年展演活动	9月11日	溪桥公园	健身操分会
8	迎国庆大秧歌展演	9月20日	福星广场	大秧歌分会
9	迎国庆中老年门球比赛	9月21日	九郊街道新立活动站	门球分会
10	迎国庆七十周年联欢会	9月26日	南山公园	腰鼓分会
11	九台区艺术节和开幕式演出	9月27日	区文体中心	腰鼓分会

（区老年文化体育协会）

7月25日，九台区在沐石河街道举办“月月‘3·15’”宣传月活动。图为活动现场　　（区消费者协会　供图）

【老年人维权】 发挥各级法律援助机构和基层法律援助工作站点以及“老年维权示范岗”“老年优待服务窗口”作用，开展老年人法治宣传教育、法律服务和法律援助服务及志愿者活动。9月至10月敬老月期间，印制新修订的《中华人民共和国老年人权益保障法》和《吉林省保护老年人权益条例》手册6000册，《老年人防诈骗手册》及彩色宣传画册各3000册。全年接待老年人咨询，来信来访案件5起，案件处理率100%。

（张洪军　邵忠文）

消费者权益保护

【消费者权益保护网络直报】 通过“全国消协组织综合信息管理系统”“全国消费者协会投诉与咨询信息系统”实现消费者权益保护网络直报。根据中消协《投诉信息统计工作规范的通知》精神，将当天受理的咨询、投诉案件及时录入软件系统，加强软件录入质量，提高分析的准确性，实行资料、信息跟踪查对，保证投诉信息准确性。截至年末，九台区消费者权益保护网络直报64件，调解成功64件，调解成功率100%；为消费者挽回经济损失26万余元；接待咨询83人次。

【消费者权益宣传活动】 1月22日，九台区在九台广播电视台发布春节旅游消费警示，提醒消费者提高自我保护意识。2月28日，在好又多连锁超市开展“信用让消费更放心”消费维权年主题宣传活动。3月13日，为贯彻《中华人民共和国消费者权益保护法》，营造安全放心的消费环境，开展送法下乡到东湖活动。4月8日，春耕备耕时期，发布消费警示，提醒农户在购买农资时注意消费维权。4月11日，为落实　“放心消费在长春”工作部署，在沐石河街道开展农资消费教育活动。5月16日，在东湖街道开展“信用让消费更放心”宣传教育活动。5月31日，针对净水器下乡“惠民”活动骗局，发布消费警示。7月25日、8月6日，为推进诚信经营示范创建活动，在沐石河街道、东湖街道举办“月月‘3·15’”宣传月活动。9月25日，开展老年消费教育进幸福老年公寓活动，引导老年人科学理性消费，维护老年人合法权益。10月29日，在福星社区开展“月月‘3·15’消费教育”宣传活动，帮助社区居民提升消费维权意识和能力。

【消费者协会联合检查】 2月15日，九台区开展文具市场专项检查，检查学生常用文具有无产品合格证明，是否销售“三无”产品及安全隐患。3月12日，九台区消费者协会同工商执法人员针对名烟名酒、皮包箱包、日用百货销售情况进行联合检查。3月28日，针对央视“3·15”晚会曝光的以机器人寻呼系统拨打骚扰电话、自动获取用户电话、收入等信息的黑科技“探针盒子”的情况，在大型超市进行排查。

【线下七日无理由退货制度推进】 2019年，九台区推进辖区线下七日无理由退货制度。与57户商家签订《建立线下销售商品七日无理由退换货承诺书》，督促商家完善并落实线下七日无理由退货规则及配套的消费者权益保护的有关制度。

（赵连玉）

关心下一代工作

【概况】 2019年，九台区对青少年开展红色基因教育、法治教育和中华民族优秀传统文化教育，对农村青年开展科技项目帮扶，关爱帮扶留守儿童和弱智儿童。全区设立23个基层关工委组织，有在册登记的“五老”（老干部、老战士、老专家、老教师、老劳模）志愿者5000人，骨干1200人。

5月21日，区关工委举办“传承红色基因　争做时代新人”主题报告会　　（区关心下一代工作委员会　供图）

【党建带动关工委建设】 2019年，九台区各级党委主要领导由对关工委的原则领导转变为具体领导。区教育局在全区46所中小学建立退休教师党支部，479名退休党员加入关工委，由支部书记担任学校关工委主任。在九台街道10个社区离退休党组织中，协调支部书记担任社区关工委主任，完成5个社区工作。推广莽卡满族乡、胡家回族乡、波泥河街道在关工委建立临时党支部的做法。在区农业农村局建立关工委，组织退休科技人员帮扶青年致富。

【专题教育】 2019年，发挥关工委讲师团作用，采取“一人讲课、众人评说”的方式，授课36场，听众2.2万人。编写教材《传承红色基因读本》，9万余字，图片436幅，印刷1000册，作为辅导教师的教材。在清明节组织中小学生祭扫3个烈士陵园，参加学生超过4万人。整理和宣传九台的红色教材，在《九台关工委工作通讯》连载九台的“红色记忆”，与九台电视台合作，创办红色基因专题节目。参与罗明星烈士事迹整理，对青少年进行爱国主义教育。开展“腾飞中国，辉煌70周年”系列活动和“致敬祖国，筑梦同心”活动，4万余名学生参与活动。关工委协同区政法委、团委、教育局、司法局共同制定“关爱明天，普法先行”——青少年普法教育活动方案，评选100名孝老爱亲好青少年。

【帮扶关爱行动】 2019年，发展农村致富带头人1000名。扶持谢屯村冬瓜项目，20户青年农民种植15公顷冬瓜，创产值180万元，每公顷纯收入9.6万元。扶持七家子村草编项目，20名妇女创办草编合作社，创产值15万元。草编工艺作品“两头猪”，在第十八届中国长春农博会展出，省农委奖励10万元。为110名留守儿童和贫困儿童建档，区工商联关工委组织12名企业家捐款32万元，帮助110名困难儿童。九台街道育才社区组织“五老”志愿者为11名自闭症和脑瘫儿童进行康复训练。帮扶社区服刑人员和戒毒人员，150名“五老”志愿者帮助150个帮教对象。

（巩庆春）

乡镇　街道

Towns, Townships and Sub-districts

九台街道

【概况】 九台街道办事处位于长通北路1788号，驻公园社区。总面积27平方千米，其中耕地面积742公顷。下辖10个社区、5个行政村。总人口约11.3万人。

经济发展。街道有规模以上工业企业4家，实现工业总产值2.25亿元；规模以上服务业企业9家，完成销售收入2.81亿元；有企业15家、个体31家，完成销售收入3.49亿元。总投资1400万元的长春市鼎庆燃气经销有限公司液化气项目完工；总投资1.33亿元的吉林省结核病医院新建门诊及住院部建设项目，总投资2.5亿元的雁翔欧园项目和总投资2.24亿元的天成庄园A区一期项目在建。全年固定资产投资1.56亿元。

环境建设。开展“河长制”工作，设立河长8人，巡河员11人,建立长效管护机制。开展小南河和杨家河环境整治专项行动，清运垃圾650处。38家“散乱污”企业和18个燃煤锅炉及规模养殖户禁养关停完成。对九苇公路城区出城中段、九舒公路后小屯村段公路、四通路两侧等重点部位604处违章建筑、柴草垛、非正规垃圾点等进行整治，清理边沟53500米，整修村道10500米，设置宣传围挡10处、墙体文化77处。

民生工作。2019年，临时救助1004户、1511人，救助金额505840元。应急困难救助136户、204人，救助金额289090元。对73名1级至5级残疾军人发放住院补助、交通补助，救助金额157829元。享受残疾人双向补贴1994人，其中，享受生活补贴877人，护理补贴1585人，发放盲表、盲杖、助听器、助视器。城市低保清退276户、491人，新增59户、144人。农村低保清退26户、43人，新增1户、4人。分散特困户39人，集中供养9人，新增特困户8户、8人。廉租房补贴1158户，享受廉租实物房待遇668户。定期走访12名孤儿，建立47名特困儿童数据库。建立10个社区居家养老服务站及后小屯集体福利服务中心。全年为233名90岁以上老人发放生活补贴50.08万元。

就业保障。举办8期就业培训，其中，失业人员技能培训740人，农村劳动力技能培训100人。扶持成功创业85人。举办“吉林大姐”电子商务培训班2期，80人参训。2月，组织400余人参加“春风行动”招聘会。3月，1000余人参加政务大厅招聘活动，签约135人。

平安建设。开展全国第十八个安全生产月、夏秋百日攻坚安全整治和“迎大庆、保安全、严监管、促平安”大决战等行动，制作、展示安全生产宣传展板40块、条幅50幅，张贴宣传画100余张，发放宣传单6000余份。两会期间，排查48家企业，整改17家企业的安全隐患40处。

【“两城”联创】 成立街道“两城”（即国家卫生城、全国文明城）联创迎检指挥部，部署“两城”联创工作。集中对长通路私设旱厕等七类城市乱象进行整治，清理158个小区、2691个单元内小广告和乱堆杂物清理，拆除师范街30余户商户违章建筑。

【前进村、东风村土地征收】 前进村五、六、八社征收项目，征收100户，征地14.86公顷。前进村一、二社征收项目，征收100户，征地16.36公顷。四舒线以南前进村八社征收项目，征收34户，征地4.25公顷。南部新城前进村八社征收项目，征收61户，征地6.16公顷。东山村三社征收项目，签订协议26户，征地3.73公顷。

【政府为社区购买服务治理小区】 福星小区和福临小区是营城煤矿沉陷区迁移居民区，其中，福星小区6450户、1.8万人，福临小区4380户、1.2万人。九台区政府尝试购买服务治理小区，解决小区管理问题。长春恋家物业公司为福临小区服务，长春兆业物业公司为福星小区服务。年度费用90万元，物业对小区巷路、绿地、环境整洁等方面进行管理，并安排20名保安管理小区日常秩序。

【民乐社区打造全国综合减灾示范社区】 2019年，民乐社区无安全生产责任事故。社区及时处理3起楼房墙皮脱落问题。沟通社会名人出资3万元，为凤凰城一期小区80户居民解决下水管道堵塞问题，更换全部管道。2019年，民乐社区获得全国综合减灾示范社区称号。

【“吉林大姐”培训】 九台街道组织妇女参加九台区妇联“吉林大姐”技能培训，提高创业致富技能。组织60人参加2期月嫂育婴班培训，有9人培训后被长春母婴家政公司聘用。组织40人参加农村电子商务培训班，有14人开网店。

（吴身义）

九郊街道

【概况】 九郊街道位于九台区近郊，西距长春市50千米，东距吉林市80千米，南距长春龙嘉国际机场25千米，与龙嘉、兴隆、苇子沟、土们岭、西营城街道交界。面积112.7平方千米，其中，耕地面积5721公顷（旱田4177公顷、水田1544公顷），水域1460公顷，林地350公顷。2019年，农防林更新改造2.5公顷。辖2个社区（新州社区、文体社区）、14个村、120个生产小组、62个自然屯。总人口约5.5万人。

经济发展。街道社会总产值19.5亿元，年人均纯收入1.8万元。新建项目2个，续建项目5个，总投资额11.13亿元。招商引资2.03亿元，完成年计划101%；固定资产投资1.48亿元，完成年计划102%；限额以上批发企业销售总额1260万元，完成计划的97%；重点服务业收入780万元，完成年计划的105%。在农业经济发展上，扩大蔬菜种植面积150公顷，建立聂家村21公顷绿色有机水稻项目基地。

环境建设。秸秆离田1400公顷，淘汰燃煤锅炉32台。制定土壤污染治理与修复计划，23个农业面源污染点位调查完成，地膜覆盖面积比2018年减少28%。4条主河流域垃圾中转站完成清仓，主河流域拆除违章建筑31处，清理河道垃圾850吨。4家规模养殖户粪污处理设施建设完成。清理小区建筑废料及垃圾40余吨，清理户外杂乱商业牌匾34处，清理占道经营、店外作业、流动商贩、露天烧烤68处。

民生工作。建立贫困户台账，121户、199人脱贫。为12户贫困户安装净水设施，为5户危房户租房。免费为60岁以上老年人和残疾人进行公益体检，受益420人。新州社区联合九郊卫生院免费为居民检查身体，为期4天，检查300余人。全年完成12个征收项目，其中，“3260”棚户区改造项目涉及农户528户，签订协议442户；“智慧云谷”项目涉及25户，发放补偿款2034万元；政府债券项目涉及63户，已完成公示；长通路扩建项目涉及19户，已签订协议18户；长通路三角地景观项目涉及22户，已签订协议4户；小南河护坡项目涉及136户；安居工程配套设施项目，涉及9户；220千伏技改项目、纪委留置室项目、变电站项目及宇光能源下排水项目完成。农家书屋免费开放，开展“送书下乡”活动。在杨家村和马家村新建800平方米文化广场，配齐健身器材。村（社区）建有文化活动室，设有图书室、乒乓球室、活动室、棋牌室等。有文化骨干50余名，文艺团队6支。

就业保障。劳务输出全口

九郊街道唐家村“微雨众惠”家庭农场温室大棚（2019年4月）　　（九郊街道　供图）

径1.2万人，转移劳动力1520人，其中省外输出960人；失业人员再就业120人，职业技能培训50人；召开2019年度“春风行动”招聘会，共计200人次参加，签约32人。

平安建设。开展为期6个月的安全生产“冬春安全整治大战”，检查190人次，检查单位90家次，排查隐患4项，整改隐患4项。在“防灾减灾宣传周”活动中，开展对人员密集场所、有限空间作业、粉尘沙暴等领域的专项检查。文体、新州社区通过发放宣传单、现场咨询等方式宣传地震、火灾等防灾减灾知识。在“夏秋百日攻坚”专项行动中，与50余家企业签订《安全生产承诺书》。开展“迎大庆、保安全、严监管、促平安”30天大决战。

【美丽乡村建设典型】 聂家村位于饮马河东岸，长吉北线37千米路段北。投资110万元，建设透视围墙134米，原有围墙刷漆5405平方米，实体围墙抹面、刷涂料、勾缝1008平方米，建卫生厕所30座，修荷花景观池1094平方米，种植云杉52株、丁香球260株、四季玫瑰206株、金叶榆387株、红瑞木球200株、丛生白桦4株等，设6平方米景观石1块。新建面积为3050平方米的文体广场，安装健身器材7套。安装水泥路两侧路灯45盏。

吴家店村。投资800万元，在二、三、四、五、六、七号路两侧进行砖砌边沟工程，施工长度4665.2米。一号路西侧拆除实体围墙287米，建设透视围墙1491.9米，原实体围墙抹面、刷涂料、勾缝2264.4平方米，建卫生厕所85座，绿化村屯路6034米，其中种植云杉240株、金叶榆580株、四季玫瑰580株。设5平方米的景观石1块。打造占地面积5万平方米的农家乐生态园1个，免费向村民开放。吴家店村是九郊街道第一家“农村电商”试点村，与京东商城合作，探索农村网上销售、采购新模式。

【“微雨众惠”家庭农场】 唐家村“微雨众惠”家庭农场，占地47.8公顷，有78栋温室大棚，仓储库面积近10万平方米，建有7大功能产业区：无公害蔬菜种植园区、无公害香瓜园区、有机葡萄园区、有机草莓园区、有机蓝莓园区、花卉苗木园区、多功能服务区。无公害香瓜园区年产香瓜20余万千克；花卉苗木园区有杏树、晚李、海棠及其他绿化苗木20余种。发展订单模式，与内蒙古蒙珍林产品有限公司签订价值200万元的小苗合同；与吉林松原乾安县大布苏镇9个村签订50万元果树合同。固定资产600余万元，年销售收入370余万元，有员工72人，农业专业技术人员8人，季节性临时用工80余人，带动劳动力就业100余人。

【适度规模经营】 发展适度规模经营，突出农民主体地位，引导农户土地经营权向种养大户、家庭农场、农民合作社等新型经营主体流转，推广土地托管、土地入股、代耕代收等规模经营模式。街道有大型农产品加工企业8家，特色产业园11个，特色种植面积618公顷，其中苗木120公顷。有大中小型合作社148家，家庭农场65家。

【机乡三宝米业项目】 长春机乡三宝米业有限公司，总投资300万元，项目在聂家村五、六社，发展水稻种植及深加工。引进黑龙江五常稻花香品种，绿色种植，年生产稻花香有机精米10余万千克，获绿色食品证书及有机产品认证证书。街道与该公司开展扶贫项目合作，投入财政专项扶贫资金200万元，返还红利40万元用于帮扶专项使用资金。

（梁立和）

营城街道

【概况】 营城街道位于九台区主城区东南部。东侧和南侧与土们岭街道相邻，西南和西北与九台街道接壤，北面与苇子沟街道毗邻。盛产煤炭、膨润土、纳基膨润土、沸石。有长图铁路、九舒公路经过，设有营城火车站。九台工业集中区坐落在街道，大型企业有长春金锣肉制品有限公司、吉林省宇光能源股份有限公司九台营城矿业分公司。下辖3个社区、2个行政村，总人口约4.9万人。

经济发展。营城街道全口径财政收入5300万元，其中税收800万元；完成地区生产总值14.45亿元；工业总产值32.78亿元，其中规模以上工业总产值12.5亿元；工业增加值7.23亿元，其中规模以上工业增加值5.1亿元；固定资产投资2.26亿元。发放惠农资金3873416元，其中农业支持补贴1436216元、农机购置补贴2437200元。协助广泽牧硕养殖场引进生产有机肥项目，投资5000万元；将洪鑫木材加工厂纳入建筑市场，解决企业环评、用地难题。

环境建设。清理49个小区、134栋楼房小广告100余万条，清理楼道堆放物50车，楼院堆放物100余车；整改七路公交车站点垃圾回收站乱堆乱放现象。开展九台东部城区出入口乱象整治，集中清理整顿4次，拆除违章建筑4处，规范燃煤销售点12个、汽车修理部18家。淘汰33台燃煤锅炉，其中，16台拆除，14台去功能化，3台改生物质。清理河道垃圾1189吨、村屯垃圾20立方米、建筑垃圾35吨、畜禽粪便12立方米。建设曙光桥南侧河岸绿化带，面积5750平方米；在营城第一中学桥两侧栽植樟子松500株、云杉150株、连翘400株，面积2475平方米。

民生工作。营城社区棚户区改造，搬迁安置原车站委居民790户，安置居民634户。为67户提前交房居民发放租房款177800元，为506户空号居民发放租房款2428800元。落实关爱保护农村留守和困境儿童保障工作，成立领导小组，配备街道儿童督导员、联络员，社区(村)各配备1名儿童主任。救助流浪乞讨人员1名。特困供养人员17人，其中，集中供养11人，分散供养6人（1人在农安健鑫医院托管）。发放农村集中五保生活护理费12894元，城市集中五保生活护理费1443元。为312人提供残疾人康复体育进家庭项目；发放残疾人康复体育器械进家庭器材器具150套；完成入户残疾人动态更新4519人；为101名残疾人发放轮椅、盲杖、盲人手表、助听器等器械；残疾人就业培训100人；为30名残疾人家庭办理扶残助学。

就业保障。对公益性岗位人员跟踪管理考核，组织就业培训3次，完善社会统筹与个人账户相结合的制度模式。组织失业居民参加“春风行动”招聘，18人实现再就业。组织企业管理者20余人在区经济干部管理中心参加培训会。输出劳动力1500人。建立基础养老金正常调整机制，健全服务网络，提高管理水平。为就业困难人员办理灵活就业补贴2000余人次。

平安建设。受理信访案件40余件，集体访案件4件。发放扫黑除恶宣传单、问卷调查4万份，张贴公告20份，入户填写线索排查表2万份，在主要路口和重点位置悬挂条幅50幅，粉刷标语20条，张贴宣传画50张，设立“擎天柱”1块，固定扫黑除恶宣传板20块，书写扫黑除恶宣传板报12次，书写墙体美术字4处，在营城社区利用LED显示屏全天滚动宣传。集中治理校园周边放学拥堵、食品安全隐患及平安市场占道经营。成立消防领导小组、配备消防用品，制作消防疏散图；借助“5·12”全国防灾减灾日为民众普及安全知识，制作条幅30幅、展板4块，发放500余份宣传单。

【营城村标准村屯建设】 投入13.8万元，对营城村垃圾清运实施购买服务。新购置垃圾箱30个，维修、新建垃圾池13个，建5000平方米垃圾中转站1处。营城村三、七社标准屯绿化面积15000平方米，补植樟松500株、糖李1000株。西窑地植树面积30公顷，栽植三角枫、五角枫等19.5万株。

【“安全生产月”咨询日活动】 6月16日“安全生产月”咨询日，营城街道以“防风险、除隐患、遏事故”为主题，在平安市场开展活动。发放涉及雷电、火灾、液化气泄漏、雷雨大风、龙卷风等内容的安全知识宣传手册，安全生产法律、法规常识彩页单等200余份，普及“如何规范用电”“发现流动液化气罐车要及时举报”“燃气泄漏如何处理”等安全生产知识，解答“家里是否应该配备消防器材”“高速路上汽车突然起火怎么办”“雷暴天气如何使用手机”等问题。

【“中国梦　劳动美”文艺演出】 4月30日，兴华社区与九台区委宣传部、区政务服务中心在九台区第三十一中学体育场联合举办主题为“中国梦　劳动美”的文艺演出。节目有歌伴舞《祖国万岁》，民乐合奏《打虎上山》《大寨红花遍地开》，男声独唱《就这把热土》，模特舞蹈《花开中国》，女生表演唱《夸夸咱们的好社区》等20余个。

（巩　雪）

卡伦湖街道

【概况】 卡伦湖街道为吉林省城镇化示范镇，东距九台区30千米，西距长春市二道区13千米，面积135平方千米。辖14个行政村、2个社区，总人口约6.3万人。

经济发展。2019年,卡伦湖街道全口径财政收入6977万元，比2018年增长15.9%;规模以上工业总产值实现76亿元，比2018年增长6.8%;完成固定资产投资23.7亿元，比2018年增长5.4%。新增高新技术企业16家，省级科技“小巨人”企业15家，市级科技“小巨人”企业11家。

环境建设。清理河堤河岸75.6千米，转运垃圾6000余吨。开展“今冬明春”水利专项行动，对龙江水务实行驻厂式监管，对13家企业进行日常监管。改造7家加油站防渗漏设施和双层罐。核查2条河流排污口，采取一体化设施和建设储池转运方式解决污水直排问题。联合检查“散乱污”企业，对40家进行关停取缔，其中，清空16家，其余断电处理；对7家进行治理改造，其中，1家申请永久性停产，待拆迁2家手工制作企业完成整改，2家取得批复，2家长期停产待整改；搬迁入园1家，取得环评批复。开展涉挥发性有机物排查，6家企业完成治理。检查23家规模化养殖场，其中，22家建有粪污处理设施，1家停养。对2018年度20吨以下燃煤锅炉改造治理验收，通过43家、54台。开展涉尘企业检查，下发商混企业6条环保标准，对5家沙场下达整改通知，并启动处罚程序。检查涉危废物企业16家、放射源企业2家，无违法行为。

民生工作。成立街道社会救助服务中心，设立社会救助“一门受理、协同办理”综合服务窗口。解决扶贫公益岗位16个，改造14户D级危房。临时救助179户，救助金额23.2万元。有五保老人73人，其中，分散供养63人，集中供养10人。福利中心拆迁新建，在东风村设立养老大院。免费做白内障手术2人次，送精神病人入院13人次，发放残疾人轮椅28辆。发放90岁高龄老人补贴65人、14.4万元。

就业保障。举办劳动用工招聘会14场，求职人员8156人次，达成意向性协议就业2855人。为136家企业发布招工信息，日常接待求职者176人，推荐就业134人。为180名下岗失业人员申请办理灵活就业补贴资金915578.4元。向15家企业收缴农民工工资保障金，涉及金额10593843元；返还农民工工资保障金10户，涉及金额1210526元。

平安建设。安全生产排查235家，整改隐患678处。召开区街安委会全体（扩大）会议3次，区街安全生产专题会议3次，区街大型安全生产专题会议1次。网格化监管平台自报隐患4661条。落实企业隐患查报法定代表人签字制度，生产经营单位基本信息完善率100%。免费发放安全生产工作记录本500本、《企业安全生产主体责任“五个必须落实”》宣传手册300本，解决企业安全责任落实“最后一公里”问题。开展安全生产专项检查，排查生产经营建设单位539家，隐患876处，整改845处。

【城市“菜篮子”工程】 卡伦湖街道立足长春城区的地缘优势，打造城市“菜篮子”工程。城市“菜篮子”工程集中在东风、王家、红星等村，建设棚室3000余栋，种植蔬菜900余公顷，带动12000余人就业，逐步向现代观光农业、采摘农业发展。其中，东风村有蔬菜大棚1100余栋，220余户农户从事蔬菜种植，面积120公顷；王家村有蔬菜大棚300余栋，200余户农户从事蔬菜种植，面积60公顷。

【生物菌型复合肥代替传统型复合肥施用】 街道在任家村落实使用生物菌型复合肥，增强土壤地力，提升有机质，减少化肥使用量。在任家村一、二、三、四社建设使用有机肥增效技术示范区，面积120公顷，发放有机肥180吨。

【新时代文明实践成果】 街道设立街道文明实践所1个、村（社区）文明实践站16个、村民小组文明实践点59个、非公企业文明实践基地17个。按照“有固定场所、有专人管理、有活动内容、有鲜明主题、有制度机制”5项要求投入资金80余万元打造文明实践基地，有35名宣讲员。与科技局、税务局、法院以及工商学院、大学生创业园联合举办科普讲座、农民工岗前培训19场次；将卡伦湖老街废弃地改造成6万平方米文体公园，各村建设1个至2个村级文化广场。通过“下点上派”“点餐志愿”的形式，开展“小手拉大手”“法律大讲堂”“村企联盟”等130余次文明实践服务活动。12月11日，长春市新时代文明实践中心建设推进工作现场会在卡伦湖街道召开。

【农村人居环境集中整治工作】 编制街道乡村振兴总体规划，做到“七统一、一整合”：统一道路，铺设通村柏油路1200米；统一边沟，砖砌边沟2300米；统一围墙，对村屯主路、支路两侧民居院墙进行修葺，整体刷涂，完成13500米；统一大门，287户农户大门按同一规格进行定制采购；统一绿化，栽植风景树、行道树3万余株；统一亮化，安装新型节能路灯；统一改水改厕，完成一期220户农户自来水接入及130户水冲厕所改造；整合电视、通信、网络等线路。10月12日，长春市实施乡村振兴战略暨农村人居环境集中整治现场推进会在卡伦湖街道召开

（白青力）

东湖街道

【概况】 东湖街道位于九台区西南35千米处，东与长春新区兴港街道小岭村、荆家村接壤，与长春新区西营城街道、九台区波泥河街道隔河相望；南与长春市莲花山旅游度假区劝农山镇、泉眼镇毗邻；西与长春市二道区三道镇、九台区卡伦街道相邻；北与长春新区兴港街道、九台区龙嘉街道接壤。面积97.3平方千米，其中，耕地面积4593公顷；水域面积1700公顷，水储量7.5亿立方米；山地面积1857公顷，林木蓄积量27亿立方米。石材储量30亿立方米，煤炭储量3.2亿吨。辖9个行政村、1个社区、86个社。总人口约2.92万人。

经济发展。2019年，街道全口径财政收入1.33亿元，地区生产总值60.38亿元，农民人均收入1.81万元。新引进项目15个，引资总额15.3亿元，其中固定资产投资13.5亿元，完成工业固定资产投资2.52亿元。

环境建设。12月，污水处理厂建成运行；采石场生态恢复通过验收；金雨牧业小区占林地完成生态恢复；团山村违建别墅依法没收和拆除；腰站村取土场恢复原貌。健全三级“河长”治水责任链，落实“河长”7天、5天、3天巡河1次制度，清理杂物和垃圾19处、2900立方米。关闭排污企业5家，清除面源污染物8堆。开展30次集中治理行动，清运垃圾2.56万立方米。清运柴草垛120个，迁移简易玉米储粮仓10个，拆除路边旱厕48座、废弃房屋16栋、圈舍65个，清除杂物堆113个。完善街村两支保洁队伍，107人从事保洁和监管，实现网格化管理。完成团山村美丽乡村示范村建设及甘家村十三社和放牛沟村七社美丽乡村示范社建设试点工作；开展甘家村沿长石路4个社院墙等设施改造提升工程，硬化路边沟完成工程4160米；改造农户院墙3200米、大门50个，实现围墙高度、样式、颜色“三统一”。开展重点行业领域乱象整治百日行动，清除路边摊及占道经营业户31户、清运沙堆石堆36处、更换垃圾箱13个、维修道路5处。

民生工作。6户建档立卡贫困户住上安全住房，9户建档立卡贫困户喝上安全饮用水，90人享受到健康扶贫政策，16名学生享受到每人2000元义务教育补助，5名学生享受到每学期每人补助1500元的“雨露计划”

政策，7名大学生享受每人5000元教育资助。煤炭采掘经营扶贫产业项目年纯收入14.28万元，年人均增收700元；有1户、2人脱贫。

就业保障。全年输出和转移农民工1.45万余人，组织农民参加大型招聘活动3次，有组织输出700人，转移190人，下岗再就业输出50人。办理拖欠农民工工资案件1件，通过法律途径解决东湖玫瑰园建设项目拖欠农民工工资案件。组织苗木花卉种植与栽培技术培训1次，50人参加。

平安建设。街道做到安全责任、管理、投入、培训、应急救援“五个落实”；签订责任书120份，开展安全生产业务培训3期，培训300人次。举办安全应急演练3次，开展安全生产大排查大整治行动，查处安全隐患61处，其中，现场整改47处，下达限期整改通知书14份。全年接访42件，解决信访32件。开展信访攻坚月活动，集中解决甘家村5件信访积案。

【农业结构调整】 新增大豆种植面积39.8公顷，新增瓜果蔬菜种植面积50公顷；战胜旱灾虫灾，2019年粮食总产量达4.2万吨；黑林村棚室蔬菜产业园种植面积突破82公顷；双山村鑫政新菜田项目占地面积30公顷；新建占地面积50公顷，集新菜田、果园、生态肉牛养殖、生态渔养殖、花卉园于一体的现代农业项目——伯宇田园综合体项目；投资8000万元的双山村梅林禾润苗木花卉基地达产。

【街区整治工程】 绿化美化团山村水泥路10.3千米，新修水泥路6.4千米。实施街区十字路口整治工程，安装信号灯3处，新敷设水泥方砖甬路1280米，敷设沥青路面20850米，建设绿化景观2处。开展62栋超面积大棚房集中整治工作，其中集中拆除8栋、业户自行拆除54处。

【吉林省“科技之冬”集中示范活动在东湖街道启动】 12月27日，2019年至2020年全省打赢脱贫攻坚战、助力乡村振兴“科技之冬”集中示范活动在东湖街道启动。省农技协与梅林禾润农技协签订帮扶协议，建立长期帮扶关系。省科协在现场开展“科普中国”信息员实名注册工作。

(陶建功)

12月27日，2019至2020年全省打赢脱贫攻坚战、助力乡村振兴“科技之冬”集中示范活动在东湖街道启动　　(东湖街道　供图)

波泥河街道

【概况】 波泥河街道位于九台区南35千米，东与吉林市船营区的太平镇、左家镇相邻，南与吉林市永吉万昌镇接壤，西与石头口门水库毗邻，北与长春新区相接。是长吉一体化战略重要节点城镇和长春新区外延服务保障区。面积280平方千米，其中，耕地面积11890公顷，林地面积12000公顷。辖24个行政村、199个社。至年末，总人口约3.56万人。域内有波泥河、加工河及张家店水库，地下温泉资源丰富，有2500米深温泉井1眼。地下水1500万立方米，占全区的11%。矿产资源有沸石、花岗岩和建筑石料等。西北部峰岭相连，有野生植物434种、野生动物25种。盛产细辛、柴胡等中药材，是“中国北方苗木花卉之乡”。波泥河具有典型的“三山一水六分田”的资源禀赋，森林覆盖率43%，7个村毗邻长春市水源地——石头口门水库。域内有庙香山度假区和碧水庄园度假区2个AAAA国家级旅游景区，AAAAA省级乡村旅游经营单位10家，特色农家乐百余家，是吉林省生态旅游示范区的核心区。

经济发展。全年入库项目4个，固定资产投资约5000万元。续建项目4个，其中，庙香山续建项目总投资2.5亿元，建设冰雪训练基地、共享林居和滑沙滑草项目；碧水庄园续建项目，建设青少年户外教学基地、康养中心等项目，总投资8500万元；百叶园新增百香果种植10万株；金色家园栽植不老梅、蓝靛果等10余公顷。

环境建设。开展村屯卫生整治百日会战，水源地周边村建立"户分离、村收集、街转运、区处理"的垃圾处理长效机制。按照每人每年12元向村民收取环境卫生资金，加强波泥河和加工河2座垃圾中转站的运行与管理。打造示范村7个，示范户586户，美化绿化村屯12个，修建排水沟2.2万米，修建围墙栅栏1.6万米，整修道路60千米，粉刷院墙8500平方米，拆除旱厕196座，改造厕所352座，清除简易玉米储粮仓309个、柴草垛710个，拆除危房18户。

民生工作。为765名退役老兵采集信息，为军属家庭发放光荣牌。在24个村选举专职治安员，为14个村补齐村民委员会及监督委员会。帮助15户城乡低保通过就业帮扶及家庭生产增收脱离低保。临时救助5户，发放救助金5500元。新增特困人员4人。开展殡葬制度改革，清理耕地、林地、荒地、水源地及公路两侧散埋乱葬现象，在主要路口设立18个殡葬政策宣传牌。举办妇女巧手草编培训。参加全区第二届全民运动会，获乡镇组第七名。建设新时代文明实践中心1个，实践站24个，打造平安堡八家子社会主义核心价值观、锦绣村红色文化、清水村乡村振兴等文化小巷，建设清水村村史馆。

就业保障。组织大型农业科技培训班2场，小规模培训班8场，培训农民科技示范户60户，下乡技术指导和业务咨询活动惠及350余人次。培训优秀青年农民和后备人才450余人次。有组织转移劳动力1866人，输出劳动力4540人，促进就业项目16个。

平安建设。汛前清理堵塞桥涵7座，河段1200余米，对张家店水库、平安堡小塘坝、王家瓦房小塘坝进行检查。开展春节、两会、"五一"黄金周、中高考等重点时段食品安全整治，对校园住宿生"小饭桌"登记备案，对无证生产、经营食品行为进行专项执法，对农村食品市场、学校食堂及校园周边、儿童食品等重点区域、重点品种开展专项整治，无食品安全事故发生。出动食品执法人员48人次，检查业户124家次。

【大健康产业园项目建设】 项目规划总面积20平方千米，涵盖大顶子村、黄家店村、张家店村，总投资约256亿元。一期项目规划用地面积1.2平方千米。规划温泉酒店娱乐综合体、温泉养老大健康产业园、温泉研发中心、绿色生态产业示范区、北方影视职业教育学院、天下名吃城、红色记忆爱国主义教育基地、苗木花卉销售中心八大板块。开展一期项目详规设计和土地测绘，签订框架协议，推进供水、供热、温泉管线相关配套设施建设。

【庙香山度假区建设】 庙香山度假区总规划建设冰雪运动度假区、山地体育运动公园、水上运动公园、雪村民俗文化园、现代生态植物园、溪游季主题灯光秀、温泉度假小镇、佛教文化区八大板块，控制区面积70平方千米，核心区面积7平方千米，投资8亿元。全年接待游客12万人次。1月，长春市冰雪冬令营在庙香山滑雪场举办第三期。2月22日至23日，承办长春市大众趣味滑雪比赛；27日，承办第一届全国农民冰雪项目运动会。10月14日至15日，在第二届滑雪产业大会暨第五届滑雪产业发展论坛上，庙香山滑雪场获"雪友最喜爱的滑雪奖"和"最佳自媒体奖"。在10月19日第四届WSTOPS冬鼎奖颁奖暨冰雪产业大会上，庙香山滑雪场获"2019年度最佳四季运营雪场"称号及"冰雪运动社会公益杰出奖"。12月9日，庙香山滑雪场被国家体育总局评为"2019中国体育旅游精品"。12月15日，承办2019年"九台农商行"扶贫杯庙香山乡村国际雪地马拉松赛。

【污水厂一体化建设】 街道污水处理厂设计日处理污水3300吨，位置在三道岭村四社和尚窝屯，提泵站位置是波泥河街道九万公路大桥东，收集管线长度11.26千米，主要收集波泥河街区污水。1月10日调试，5月生物菌培养达到要求，6月出水达到排放标准。

【苗木花卉产业】 2019年，苗木花卉种植5200公顷，占耕地总面积的50%，有八大类别180余个品种，从事苗木花卉种植6000余户，占全部农户的60%。苗木花卉种植形成以波泥河为中心的苗木花卉产业群，主要销往东北、华北和西北等地区,占据全省70%以上的苗木花卉产品份额。有苗木经济人1800人，合作社127家，其中，绿化资质47家，常年在外承揽绿化工程20余家。销售总产值6.4亿元，每公顷收入是传统玉米种植的2倍。苗木花卉种植带动劳务经济发展，种植旺季（3月至6月），日用工4000人次以上，日工资平均每人200元；淡季7月至9月，日用工2000人次以上，日工资平均每人150元；年用工1.5万人次，人均收入1.7万元。以东北亚苗木文化产业园和金色家园苗木园区为引领，提高苗木花卉的规模与档次，百叶园流转土地120公顷，投资1.3亿元；金色家园流转土地160公顷，投资6000万元。培育打造“平安堡村—锦绣村—波兴村—清水村”沿九万公路由北向南的休闲农业和乡村旅游产业带。

【人居环境精品线路】 确定九万公路、地景公路沿线的清水、波泥河、锦绣、平安堡、大顶子、黄家店、张家店7个村为人居环境改造示范村。整体提升清水、平安堡2个美丽乡村建设，打造锦绣标准化美丽村屯，规范化治理大顶子、黄家店、张家店公路沿线居民点。投入2600万元，建设基础设施，改善公路沿线人居环境。

（刘晓娟）

城子街街道

【概况】 城子街街道位于九台区东北部，距离城区27千米。东邻上河湾镇，北与长春市德惠市五台乡相望，西与苇子沟街道为界，南与沐石河街道接壤，面积238平方千米。九大线、菜口线在街道中心穿过。辖30个行政村和1个街道居委会，有238个社，190个自然屯。至年末，总人口约4.96万人。主要农作物为玉米、水稻，经济作物有马铃薯、黄烟、黏玉米、瓜果。

经济发展。街道全口径财政收入7600万元。生产总值31.8亿元，比2018年增长5%；第一产业增加值6000万元，比2018年增加5%；工业增加值16.5亿元，比2018年增长7%；服务业增加值3785万元，比2018年增加12%；规模以上工业产值7500万元，规模以上企业增加值4000万元；社会消费品零售总额增长率9%；民营经济主营业务收入28亿元；法人企业167家，比2018年增加6家；个体工商户1676户，比2018年减少1%。

环境建设。成立169支保洁队伍，对市场占道经营、村屯环境卫生、河道卫生等进行常态监管和卫生清理。开展“花海观光带　绿色环保路”综合整治工程，打造以大贝村为引领的5个示范村，打造30个样板屯。村屯垃圾全部清理完成，清理河流交汇点及240千米河道；完成58千米大堤停耕还堤工作；专项整治养殖户748户；清理2个街区、197个村屯内柴草垛等私搭乱建；建设朱家、百合、青山、烧锅、团结5个高标准示范村，村村建设1个高标准示范屯。

民生工作。全年救助老弱病残人员385人，发放救助金298000元；残疾人补贴人员104人，享受资金8320元。完成退役士兵信息录入。街道有建档立卡贫困户263户、586人，其中脱贫261户、582人。烧锅村建档立卡贫困户20户、44人全部脱贫，青山村建档立卡贫困户14户、34人全部脱贫。2月，组织100余名建档立卡贫困户参加九台区招聘会。

就业保障。举办技能培训班1次，培训50人次，劳务输出12000人次。3月，设置“三无”人员公益性岗位，在2018年基础上，公益性就业岗位增至16个。农户参加养老保险1430人，享受待遇12800人，信息采集1500人次。

平安建设。加强安监员队伍建设，完善网格化管理体系。开展突出行业领域涉黑涉恶专项打击整治行动，排查石场3家、粮食收购15家、食药品监管16家。司法所接收社区服刑人员155人，解除135人，矫正20人，在矫期间，没有重新犯罪或脱离监管的情况发生。清理15名有前科劣迹的村干部，各村“两委”空缺选齐，村民代表重新确认完成。以“强村带弱村”，发挥大贝村的引领示范作用，带动软弱涣散村提升晋位。

【产业扶贫项目】 烧锅村天麻种植项目。天麻基地面积2500平方米，2019年产湿天麻近2500千克，烧锅村村集体收益125985元，为烧锅村建档立卡贫困户每人分红400元。

光伏发电项目。利用公共资源屋顶建设光伏发电项目，总装机容量83千瓦，安装光伏板303块。

辽源袜业制衣车间项目。青山、烧锅2个贫困村、35户贫困户组建合作社，九台农商行购买设备，租赁给辽源袜业制衣车间，贫困户每户年均分红5000元。

长岭村农机项目。投入财政专项资金32.8万元购买收割机1台，作为长岭村集体资产，对外公开发包，发包款项用于长岭村建档立卡贫困户分红和长岭村集体资产积累，每年为长岭村贫困户每人分红500元。

【电商培训】 2019年，街道召开2期“网络创业培训班”，每期1周，100余名学员参训，其中半数以上学员开设网店，每月纯利润2000余元。合作社搭建微公众平台进行线上营销，拓宽农产品销售渠道。

【七台村农业产业园区建设】 园区由吉林富程农牧发展有限公司投资建设，固定资产投资4200万元。总占地面积10公顷，建设年出栏约150万只的标准化肉鸡养殖小区1个；年出栏约2万头的现代化生猪养殖园区1个；绿色有机大樱桃采摘园区1个；无土栽培种植园区1个及无害化粪污处理中心1个。

城子街街道大贝花海（2019年9月） （张 楠 摄）

【30兆瓦生物质热电厂建设】 由吉林省新能源开发有限公司投资建设，项目计划总投资3.5亿元，占地面积10公顷，年消耗秸秆30万吨，年发电量约2.2亿千瓦时，年供热量约25万吉焦。选址在西甸子村，经吉林省新能源开发有限公司与九台区签订框架协议，由街道提供地形图、水文、电力等相关资料。

【大贝花海被评为全国森林康养基地试点建设单位】 大贝花海占地面积28公顷，观光区种植面积20公顷，种植酥蝶花、百日草等15个品种。绿色蔬菜采摘区种植面积10公顷，种植西红柿、豆角、黄瓜等12个蔬菜品种，发展农家乐15户，建设七彩滑道、小吃街、儿童游乐场。接待游客30万人。大贝村村民参与经营管理，2019年营业性收入达110万元，集体经济创收达25万元。成立大贝村办企业大贝花海乡村旅游有限公司。筹建大贝花海森林康养基地项目，建设康养设施、医疗设施、健身森林步道及旅游、度假设施等。大贝花海被国家林业和草原局批准为2019年全国森林康养基地试点建设单位。

（陈 红）

土们岭街道

【概况】 土们岭街道地处九台区东南部，位于长春和吉林两大城市中间，长图铁路、长吉公路北线纵贯街道。街道距九台区25千米、距长春市59千米、距吉林市50千米、距长春龙嘉国际机场40千米。面积214平方千米，其中林地面积9896公顷。全境森林覆盖率46%，街区森林覆盖率85%。辖16个行政村、1个街道居委会，总人口约2.79万人。

经济发展。街道全口径财政收入5600万元，完成全年计划的105%，固定资产投资7.8

亿元，完成全年计划的112%，人均纯收入13600元。推进新建、续建项目13个，招商总额12.54亿元。其中，投资超亿元以上的项目有吉林省亚汶旅游发展有限公司项目、林氏绿洲现代农业有限公司大樱桃基地项目、土们岭街道嘉沃医养项目、吉林省鸿源新型建筑材料有限公司项目、吉林省奇展新型建材开发有限公司项目，投资3000万元以上的项目有长吉游客服务中心项目、吉林省华运仓储有限公司项目、土们岭街道山咀村新菜地项目、土们岭街道新街区治理工程、吉林颐悦阳光新能源农业科技有限公司项目、吉林和利视频有限公司建设项目、土们岭66千伏变电站改造工程和吉林省南苇度假山庄乡村旅游观光项目。

环境建设。街道建设230个垃圾池、2座垃圾中转站，村村有保洁员和清运设备，生活垃圾日产日清。整治长吉北线、九二加公路、地景公路沿途村屯及2个街区。清理柴草垛560个，拆除占用公共空间的简易玉米储粮仓520个，拆除闲置危房46户，收回公共用地近20公顷。

民生工作。新型农村合作医疗新参保513人，特殊参保人员482人。全街道有农村低保475户、892人，城镇低保35户、46人。改造6户贫困户危房。投资200万元改造二道沟老街区基础设施，进行边沟、步行街面下水改造，开展绿化、美化和亮化街区工程。建设总长11.9千米的污水管线工程，改善生活污水和工业污水对生态环境的污染。

就业保障。农民工返乡创业60人，带动就业227人，创业带头人20人，劳务经济人20人，新增劳动力100人，创业、转移劳动力就业13000人。

平安建设。成立扫黑除恶专项斗争小组，制作大型宣传牌8块，中型宣传牌20块，宣传条幅、条旗300幅，宣传单2万份。召开专门会议部署秋季防火和秸秆焚烧工作，印发近万份《致农民的一封信》，与农户签订承诺书，建立网格化信息管理体系。

12月1日，“九台区·2019冬季冰雪徒步大会”在土们岭街道马鞍山村举行（刘悦均　摄）

【人居环境示范村建设】　土们岭街道以产业兴、农民富、乡村美为目标，发展具有土们岭特色的乡村振兴之路。推进吉林省亚汶旅游发展有限公司投资50亿元的九台大健康田园综合体项目。占地面积12公顷，分2期建设，一期计划投资2.15亿元，建设21栋现代农民住宅、旅游餐厅；二期建设采摘温室娱乐设施、养老及旅游商品市场。发展棚膜蔬菜、有机杂粮、林下参和山野菜等特色农业。打造荒山、山咀、土们岭、罗群、南林子、石龙等7个环境整治示范村，新修水泥道路1100米，植树800余株，栽花12000平方米。马鞍山村被评为长春市级人居环境整治示范村。10月12日，长春市农村人居环境集中整治现场会在马鞍山村召开。

【长吉经济带全域旅游核心区建设】　街道发挥区位、交通和资源优势，通过整合优势资源、强化基础设施、打造特色品牌、开发旅游产品，初步实现由景点旅游模式向全域旅游模式的转变，把土们岭街道建设成为长吉经济带全域旅游核心区。重点打造马鞍山、马虎头山徒步路线基础设施，重点整治生活垃圾、乱堆乱放、池塘沟渠，提升公共设施配套水平、绿化美化水平、道路通达水平和村庄管理水平。马鞍山村AAA级旅游景点有金穗山庄和绿岛训练营；开设农家乐15家，其中川鲁饭店的山野菜包子、羊村饭店的烤全羊远近闻名。

【电视剧《鲜花盛开的山村》拍摄】 由吉林电视台制作的40集电视连续剧《鲜花盛开的山村》，于5月21日在马鞍山村开机，8月28日杀青。这部电视剧反映出北方农民的真实生活，展现出农民老有所依、老有所养的幸福生活，在创业奔向幸福生活路上的艰辛、苦辣、幸福、喜悦，提升街道乡村旅游知名度。

【马鞍山“三产”整合】 马鞍山村实施“三产”融合战略，利用马鞍山区域特色资源，紧扣农业供给侧结构性改革，探索培育现代农业经营新模式、新业态，拓展农业多种功能,构建以现代化智慧农业、休闲农业为重点，循环农业、绿色农业、创意农业、会展农业、扶贫农业协同发展的农业产业体系,打造产业明确、文旅融合和功能齐全的综合开发项目,实现生产、生活、生态效益“三生共赢”。项目计划分3年实施，总投资50亿元，围绕马鞍山及小南河马鞍山段规划“一轴六区”的功能布局。“一轴”：即沿小南河两侧打造休闲漫养路，与马鞍山徒步路线相连，利用原生态资源，缔造森林与流水相绕的景观，连接项目观光、游玩、住宿、餐饮、康养等各功能区；“六区”：即现代农业创意产业区、拓展体验区、休闲游乐区、生态深加工区、综合服务区和田园康养区。

【沆遇山居影视基地建成】 12月，沆遇山居影视基地在马鞍山建成，总投资2.15亿元，建筑面积2万平方米。影视基地是推动美丽乡村建设与民俗文化旅游融合的典型，该项目的开发建设，为开展生态、民俗、观光旅游和农民通过生态建设就业奠定基础。

沆遇山居影视基地外景（2019年12月）　　（刘悦均　摄）

（黄宇凌）

兴隆街道

【概况】 兴隆街道位于九台区西北部，距九台18千米，北靠长春市德惠市布海镇，西与纪家街道毗邻，南与龙嘉街道接壤，东与苇子沟街道、九郊街道隔饮马河相望。面积187.26平方千米。辖20个行政村、168个社、103个自然屯。总人口约3.97万人，有耕地13765公顷，其中，旱田面积9850公顷，水田面积3915公顷、基本农田13076公顷，主要农作物为玉米和水稻。饮马河流经8个村，自然水系灌溉水稻约500公顷。

经济发展。街道全口径财政收入6720.12万元，完成年计划的105%。固定资产投资2800万元，完成年计划的100%；规模以上工业产值2000万元，完成年计划的107%；主营业务收入9亿元，完成年计划的110%。

环境建设。清理生产生活垃圾3629吨，全部沉积垃圾清理完成；清理村屯柴草垛678个；拆除简易玉米储粮仓392个；清理公共用地2234公顷；为各村配备482个垃圾箱，垃圾定点投放，日产日清。以兴隆村和马鞍村人居环境整治为典型，投入40.8万元，为18个村、17.03公顷农电防护林网修复工程植树4万株。投入75万元，绿化前岗、头道、兴隆、金川4个村、15个屯；投入120万元，为韩家、头道、兴隆村建设边沟、改造围墙；投入5.3万元，绿化头道村道路500米。推进畜禽“两池”建设，建储粪池39个，储尿池9个。在重点河段的23座桥涵设立586米拦护网，并定期维护，防止生活垃圾流入河道；对农药瓶等污染物进行集中无害化处理。

民生工作。建成投产扶贫项目3个:兴隆村秸秆颗粒项目、

兴隆街道香瓜种植大棚（2019年6月） （兴隆街道 供图）

头道村蔬菜大棚项目和头道村秸秆颗粒项目。建成未投产扶贫项目2个：白家村肉食鸡养殖项目和福利院光伏发电项目。在建扶贫项目1个：兴隆村温室大棚、地下冷藏项目。建档立卡贫困户中有7户D级危房完成改造，19户C级危房完成维修加固工程。街道为韩家村、大荒村、龙凤村、金川村10户贫困户打深水井10座。兴隆街道污水收集工程建成，总投资294.21万元，有效容积150立方米，长度1280米。

就业保障。全年输出劳动力7853人次，遍布吉林、黑龙江、辽宁等省市。邀请技工学校教师到街道进行技能培训，举办劳动技能培训2次，培训160余人。汇总农村劳动力创业就业及劳务经济人信息，录入吉林省就业信息管理系统，录入人员信息12000余人次。

平安建设。街道落实安全生产监管责任，以排查治理各类事故隐患为核心，落实“党政同责，一岗双责”工作要求，深入37家企业开展安全生产检查340余次，发现一般隐患及问题47项。其中，立整立改的问题27项，限期整改问题20项，全部整改完成。全年组织企业、学校、各村开展安全生产、消防、防汛等各类安全演练18次。化解信访案件35起，解决信访积案3件。

【“两园一带”种植】 “两园一带”即香瓜园、葡萄园与马铃薯带。头道香瓜产业园，发展两茬种植，头茬种香瓜，二茬种蔬菜，123个大棚增加收入约160万元；朝阳葡萄园，由10公顷发展到14公顷。以马鞍村为核心，辐射闫家、龙凤、和新等村的马铃薯种植带，2019年种植面积430公顷。

【农机具规模化经营】 兴隆街道地处平原地区，街道有农村合作社55个，家庭农场15个，规模经营土地50公顷以上大户24个，其中200公顷以上6户。水稻钵苗机械移栽技术获省级农业技术推广二等奖。农机保有量和使用率居于全区首位，有农机具1万余台套，农机大户16户，省级农业机械化规模经营主体5户。玉米普通免耕播种面积6000公顷，玉米秸秆全覆盖保护性耕作面积3100公顷。

【中沼生物质气化热电联产项目建设】 兴隆街道立足农业资源优势，与河北省沧州市中沼生物质发电有限公司洽谈，引进投资3.5亿元、占地面积8万平方米的生物质气化热电联产项目。选址在兴隆村，预留土地11公顷，该项目围绕项目产生的热源开发建设温室蔬菜果品产业，打造集生态、采摘、休闲于一体的特色园区。

【“鸿粲” “万华”大米品牌】 兴隆街道地处饮马河流域，稻米莹白如玉、口感香醇，有大米生产企业6家。“鸿粲”“万华”牌大米远销四川、海南等省外市场,“鸿粲”牌大米2019年获得绿色食品认证。2019年，两家企业共销售大米6000吨。

（刘欣悦）

纪家街道

【概况】 纪家街道地处九台区西北30千米，西北临长春市德惠市哈拉哈镇，东北临长春市德惠市布海镇，东临兴隆街道，南临龙嘉街道，西临卡伦湖街道。地势平坦开阔，平均海拔100米。西北通102国道，南入吉长北线，东连九德公路。南北长，东西窄，面积184

平方千米。雾开河从南到北贯穿。耕地面积1.1万公顷，林地面积710公顷。辖19个行政村、171个社。总人口约3.66万人。农作物以玉米、马铃薯为主。

经济发展。街道全口径财政收入6007.63万元，招商引资2.1亿元，固定资产投资7000万元。推进重点项目建设，丹凤园牧业养殖场10栋现代化鸡舍建成，疆宁肉业有限公司有机肥厂设备调试完毕。街道有规模养殖户75户，规模养殖逐渐形成。

环境建设。投入210余万元用于卫生清理，拆除危旧房屋19户，清理违章建筑及拆除沿街占用公共空间门市房81处，清理公共空间违法种植1973处，清理屯内粪堆344处、柴草垛2482处。街道采取组织专项队伍检查，每月2次评分排名的方式，对卫生保洁队伍进行管理，罚款143500元，对相关村罚款8000元，工作效果与各承保队伍合同金额挂钩，各村评分排名与村干部绩效工作挂钩。以“家乡有求·我来帮”“县乡村三级干部包村到户”等活动为载体，推进农村人居环境整治工作。

民生工作。街道培养树立以二十家子村为代表的群众自治样板村，以石家村为代表的美丽庭院样板村，以尹家村为代表的文明实践样板村。街道投入本级资金180余万元购买原鸡鸣山供销社院内土地5600余平方米，建成垃圾中转站1座。协调上级资金158万元，新建鸡鸣山至太平3.5千米水泥路；协调资金371万元，新建陶家村屯内砂石路17千米；对16.8千米“畅返不畅”公路及部分坑洼田间路进行整修。协调项目资金168万元，新建纪家街道中心路污水管线及150立方米污水蓄水池。安装盛水泉村、二十家子村自来水管线40千米，实现两个村百姓安全饮水全覆盖。完成17户C、D级危房改造，21名学生享受“雨露计划”，1名学生享受教育扶贫。

就业保障。全年开发就业岗位1500个，完成计划的101%，城镇增加就业1600个，完成年计划的100%。为下岗就业人员22人办理灵活就业补贴。农村贫困劳动力台账108人，农村劳动力就业12000人，创业70人。培训农村劳务经纪人20人，经纪人组织外出务工人员105人，农民工返乡创业人员10人，带动农民就业100人。

平安建设。全年办结集体访2件，个体访135件；化解突出矛盾纠纷130件，化解率100%。街道与企业签订安全生产责任书及消防安全责任书，对企业进行厂房、安全等方面检查50余次，整改安全隐患，全年无安全事故发生。

【免耕播种】纪家街道免耕播种面积3058公顷，其中秸秆还田面积546.4公顷，高效植保作业4000公顷。承办全区春季、秋季秸秆还田免耕保墒现场会，承接长春市农委组织各县（区）农机推广检查调研活动，迎接农业农村部专家组考察调研活动。农民自用秸秆约2800公顷，引进打包作业企业个人犁田5000公顷，实施保护性耕作秸秆还田3500公顷。

【扶贫项目】2019年，纪家街道扶贫项目分红42万元，惠及272户、473人。凤财农机合作社项目产生扶贫资金4万元。尹家棚膜经济园区项目投资182.6万元，占地面积4公顷，建设20栋大棚，种植蔬菜、香瓜，产生分红资金10万元。二十家子村丹凤园牧业养殖场项目属省、市、区三级财政注资项目，1月建成投产，投入资金400万元，建鸡舍10栋，购买现代化养鸡设备10套，产生分红资金28万元。

【马铃薯之乡建设】2019年，街道栽培马铃薯1500公顷左右，其中，50公顷以上种植户1户，30公顷以上种植户2户，10公顷以上种植户5户。形成3个马铃薯种植基地——南部基地（西挖村、石家村、盛家村）、中部主产区基地（太平村、坐山村、腰房村、大于村、尹家村、双杖村、分水村）、北部基地（盛水泉村、纪家村、腰窝村、永增福村）。南部基地栽培面积1000公顷，中部主产区基地栽培面积4000公顷，北部基地栽培面积2000公顷，产量28万吨至35万吨。有规模加工企业15家，年加工马铃薯10万吨。种植户每公顷纯收入1.8万元，是玉米收入的2倍。

【绿野家源家庭农场被评为全国家庭农场典型】尹家村绿野家源家庭农场采取多元化经营，形成“粮食种植—畜禽饲养—渔业养殖—粪肥还田”循环种

纪家街道马铃薯种植基地（2019年6月）　（纪家街道　供图）

养模式，实现资源循环利用，提升生态效益。截至年末，绿野家源家庭农场拥有农业机械和运输车辆21辆，机械库房1000平方米、仓储库房800平方米、办公楼350平方米；生产经营农副产品60余种。年产大米15万千克、杂粮1.5万千克、豆油2250千克及猪240头、肉鹅1万只、鸡1000只、鸭1000只、鱼2000千克，禽蛋4.5万枚。实现经营净收入70万元。2019年，被农业农村部评为全国家庭农场典型。

【疆宁肉业绿色循环项目】 截至年末，疆宁肉业有限公司建成3400平方米的公司总部，1.7万平方米的饲料厂（生产能力1万吨），6400平方米的屠宰冷冻生产线。建成5000平方米的粪污秸秆有机菌肥厂，年利用秸秆4000吨、粪污7000吨，生产有机菌肥1.2万吨，液态肥3000吨。流转土地600公顷，施用有机肥生产有机绿色玉米。街道以疆宁肉业公司为龙头带动，以现代肉鸡饲养场为市场化引领，以生物有机菌肥深加工为补充，与农户联营生产绿色玉米原料，加工成精优饲料，进行绿色养殖，生产绿色有机产品，构成闭合循环体系，实现农业绿色循环发展。通过“公司+基地+农户”的方式，带动村民致富增收。

（马艳楠）

龙嘉街道

【概况】 龙嘉街道位于九台城区西南部22千米，西距长春市18千米，东距吉林市65千米，距长春龙嘉国际机场10千米。东与九郊街道隔河相望，西与卡伦湖街道相连，南与东湖街道接壤，北与纪家街道、兴隆街道毗邻。面积152.3平方千米，耕地面积10300公顷。下辖17个行政村，3个社区。至年末，总人口约3.7万人。

经济发展。街道全口径财政收入1.16亿元，地区生产总值17.4亿元，社会消费品零售总额23.2亿元，规模以上工业企业总产值4.6亿元。续建项目4个：南街村宏源食品项目、三晋老陈醋食品项目、龙嘉供暖工程项目、龙嘉污水处理厂项目。在谈项目4个：福义德食品加工项目、德翔集团项目、华凯热浸镀锌项目、辉盛建筑项目。

环境建设。2019年，龙嘉街道深化农村垃圾治理、厕所革命及污水治理，完善垃圾中转站建设。以街区主干道、房前屋后、公共区域为重点，清运垃圾800余吨，清理私占公共区域1.4万平方米，拆除违建65处，取缔沿街2个废品收购站；规范整治沿街3个煤炭销售点；对街区进行规划，实现4294米道路硬化、8210米道路绿化工程，完成自来水改造、排污管网铺设、集中供暖等集中整合工程。清理柴草垛336处，拆除占道简易玉米储粮仓224个，清理边沟120千米、垃圾220吨，清除乱搭违建165处。开展清理私占公共用地、规范家禽散养行动，规模以下养殖户发放储尿罐106个。

民生工作。街道结合贫困户生产生活条件，建设阳光大棚6栋、温室大棚1栋。重修30千米“畅返不畅”水泥路，新建桥涵8座，完成1000户泥草房卫星定位，农业保险参保率80%。发放临时救助资金5万余元，救助26户、55人。办理诉讼法律援助案件41件，为农民工挽回损失61万元。污水厂项目总投资近4000万元，规划总面积6700平方米，日处理污水1500吨，主要解决龙嘉街道生活污水，12月末运行通水,出水达到国家一级A标准。

社会保障。全年受理群众办理事项34763件，社会保障卡申领405件，发放405张，各类证件办理91个，办结率100%。与广源牧业合作发展奶牛养殖项目，收益10.5万元，提供就业岗位12个，带动种植青储饲料3.5公顷。免费开展草编培训。

平安建设。阻断非洲猪瘟疫情传播和蔓延，未发现非洲猪瘟疫情。接待现场、电话来访380余次，化解率95%,群众满意率90%。排查纠纷矛盾并及时化解132件，调解率100%。开展扫黑除恶专项斗争，发放宣传材料2万余份，摸排线索6条，均规范移交办理。常态化、网格化开展安全生产排查，全年无重大安全生产事故发生。

【农业产业发展】 陆家、饮马河、红光、沿河等村优质稻米连片种植，种植绿色水稻1650公顷，提升饮马河品系大米品牌竞争力。突出“调结构”，调减籽粒玉米种植1320公顷，新建棚室15公顷，种植大豆42公顷，新增蔬菜、香瓜种植1250公顷。建设玉米、水稻高产示范片2个，新成立农民专业合作社5个、家庭农场8个，新购置农机123台。突出“科技化”，开展化肥减量增效、测土配方施肥、保护性耕作技术培训，培训820人次。玉米保护性耕作面积2213公顷，免耕播种面积1700公顷，测土施肥面积6500公顷，减少化肥970吨、农药4吨，回收农药废弃物2.1吨。

【品牌建设】 街道依托“一村一品”示范带动乡土特色产业发展，水乡村和泉眼村获评为2019年长春市级一村一品示范村镇。泉眼村形成以蛋鸡养殖为主导的品系屯，村党总支书记方士勇带头打造“泉源牌”鸡蛋品牌。水乡村以水稻种植为主，“松优”牌水稻取得绿色食品认证。

【集中供热项目投入使用】 集中供热项目总投资1.26亿元，占地面积3.7万平方米，2019年取暖期投入使用，主要在龙嘉街区集中供热，供热能力100万平方米，供热面积40万平方米，包含政府、5个小区3500余户，及驻镇单位10余家。

【龙嘉街道与高校合作交流】 11月20日，街道与长春职业技术学院现代农学院开展“不忘初心、牢记使命”主题教育之美丽乡村行活动，就乡村旅游、现代农业发展、乡村振兴、农民学历提升、职业化农民培训等方面与村党员代表、村民代表进行座谈。12月21日，街道与长春职业技术学院现代农学院召开校地校企合作交流会,达成合作协议并签约，共同打造现代农业产业园。

【新时代文明实践所创建】 2019年，打造龙嘉街道文明实践所1个，村、社区新时代文明实践站18个，其中红光村、龙翔社区成为全区示范点；依托新时代文明实践所、站开展送春联、猜灯谜、普法日、庆祝建党98周年、庆祝中华人民共和国成立70周年系列活动，开展“美丽庭院”“干净人家”“最美家庭”等系列评选活动，评选“美丽庭院”“干净人家”280户，“最美家庭”17户。新建村级文化广场1个。

（赵　荃）

苇子沟街道

【概况】 苇子沟街道距九台城区6千米，东与城子街、沐石河街道接壤，西以饮马河主河道中心线为界毗邻兴隆街道，南与九台、营城、土们岭街道相邻，北与长春市德惠市大青咀镇相接。面积253.29平方千米，耕地1.5万公顷，其中，水田面积1872公顷。有九台至大坡、四家子至舒兰、九台至德惠3条县级公路穿过。地势由东向西倾斜，平地和坡地各占50%。至年末，有26个行政村，总人口约5.47万人。

街道经济。街道全口径财政收入89565734.6元。落实重点项目包保责任制，按照“签约项目抓开工，开工项目抓投产”的目标，对晴天科技、垃圾焚烧发电厂的开工建设进行服务。

民生工作。街道有建档立卡贫困户363户、682人，改造危房3户，解决建档立卡贫困户饮水问题10户、38人。对农村低保户、五保户实行动态管理，按照“个人申请—入户调查—村民代表评议—村务公开栏公示”的统一评定程序。街道有低保299户、

576人；五保户335人，其中，集中供养36人，院外五保299人。规范管理扶贫项目资金，成立包片领导牵头、包村干部监管、村班子负责的管理体系。新建石咀种猪繁育、小苇光伏发电、庙沟蛋鸡养殖项目。

就业保障。2019年，输出和转移农民工12000余人，其中，省内9000余人，省外3000余人，每人月平均收入4000元左右。城镇新增就业110余人，其中，自行创业10人，自行就业100余人。创业人均年收入15万元左右，就业人均年收入3万至4万元。组织就业培训1次，培训150人。组织参加招聘会3次，200余人参与，其中10余人签订用工合同。解决小苇村农民在官地2处、靠山1处的危房改造欠薪问题。12月，解决大院天源食品用工欠薪问题。

平安建设。街道落实安全生产“党政同责，一岗双责”机制，推进工业企业安全、食品药品、道路交通消防等重点行业领域专项整治行动。组织“安全生产月”系列活动，启动安全生产大排查活动。召开扫黑除恶专项会议20次，印发宣传单24000余份，发放调查问卷15000余张，移交扫黑办线索3件，解决农民纠纷8件。开展乱象整治百日攻坚战，针对农贸市场等展开集中整治清理，清查小额贷款。受理信访案件131起，受理区长公开电话384起。结合“美丽村部”和“村淘”平台建设，推进“智慧村部”建设。

【环境整治“1350”工程】“1350”工程，即在每个行政村打造1个示范屯、3条标准道路、50户干净人家。按照“户分离、村收集、镇转运、区处理”的机制，有效治理农村生产、生活垃圾，一村一策、一社一策；妥善运用整治专项资金，打造环境卫生整治示范屯、示范户；开展以农村垃圾污水处理、厕所革命和村容村貌提升为重点的农村人居环境整治工作，动用垃圾车3000余辆，铲车、钩机1000余台次，清理垃圾1.5万吨左右，拆除旱厕800余座，改变“脏乱差”固有现象。开展清河护河行动，清理9条河流及沟塘，拆除私搭乱建27处，清理、拆除柴草垛、简易玉米储粮仓450余个，拆除危旧房屋133户，设置垃圾箱550个，清理边沟32600米，村道整修9200米，修建排水沟6000米。

苇子沟街道西地村田园综合体项目（2019年9月）

（董金芳　摄）

【村屯基础设施建设】 翻建大庆路、新开大桥，各村对路桥进行维护，推动农村基础设施提档升级，促进城乡基础设施互联互通。新建庆阳村至东兴村水泥路，秋季公路整修8.5千米，维修水毁水泥路桥涵16处。新建庆阳文体中心、庆阳中心学校足球场，新建村级文化小广场7个。

【西地村田园综合体项目建设】 项目采取“市场+公司+集体经济组织+农户”的运作模式，由吉林省御府旅游度假有限公司投资，总投资2200万元，开工建设。占地面积40公顷，打造集旅游观光、休闲娱乐、农事体验、科普研学、文化交流于一体的田园综合体，属国家政策重点支持范围。倡导“特色化、差异化、高端化、品牌化”理念，突出“回归田园，绿色生活，静心养身”主题，通过“三生”（生产、生活、生态）、“三产”（农业、加工业、服务业）的有机结合与关联共生，形成产村相融、三产互动、城乡统筹的综合示范效应。

【晴天环保科技项目建设】 项目采用国内最先进的回收处理设备，如固废焚烧炉、蒸馏塔，经处理的工业垃圾及医疗垃圾没有二次污染，对一些工业垃圾可以回收再利用，如废机油、废硫酸等。占地面积5万平方米，建筑面积3万平方米，总投资3亿元，建设仓库、厂房及停车场、职工宿舍等设施，年处理1万吨资源再生。

（张印哲）

沐石河街道

【概况】 沐石河街道位于九台区东23千米，距离长春市60千米，距离吉林市70千米，九舒公路横贯东西。南邻土们岭与吉长北线公路相接，北邻城子街与九榆公路相连。面积404平方千米，耕地面积15214公顷（在册），林地面积8084公顷，是长春地区面积最大的乡镇。辖27个行政村，1个社区。至年末，总人口约6.31万人。

资源丰富。沐石河街道有4条河流——康家河、沐石河、八家子河、卢家河，4座大中小型水库——八一水库、青山水库、柴福林子水库、牛头山水库，八一水库和青山水库由沐石河街道管理。林地面积8084公顷，有近300种木本植物，草本植物上千种。主要木本植物有柞树、椴树、桦树、黄柏树（俗称黄玻璃树）、黄榆、桦曲柳、水曲柳、小叶樟、落叶松等；主要草本植物中药系列的有白芷、半夏、五味子、地榆、防风、当归、柴湖、天南星等100余种。地产水果有九台晚李、南果梨、“123”苹果、小香水梨等。以普通玉米种植为主，依托天景集团以桦树村为中心形成一个约1000公顷的黏玉米种植基地。沐石河街道是万头牛养殖乡镇之一，年存栏黄牛8500头，生猪年出栏32500头，羊年出栏4000只，家禽存栏15.3万只。

街道经济。沐石河街道项目投资总额2.42亿元，涉及项目15个，投资额均500万元以上。重点推进的长春市五福星农业发展有限公司，在八家子村建设，主要种植西红柿和豆角，供应广东、福建等南方省市，年利润160万元。

环境建设。街道设立人居环境改善办公室，召开10余次调度会。研究制定村规民约，悬挂宣传条幅500余幅，建立微信群32个，召开群众代表大会80余次。筹集资金300余万元用于农村环境集中整治，在公路沿线的主要路段砌筑垃圾池，配备垃圾收集车，成立30人的环卫队，发动群众6000余人次，车辆2800余辆次，对各村主要路段、河道积存垃圾进行清理；推行“镇级河长每周一巡，村级河长每日一巡”的巡河制度，完善“户分离，村收集，镇中转，区处理”垃圾处理体系。打造美丽乡村示范村桦树村和前梨村，整村推进硬化、绿化、亮化、净化，在村主要街路两侧栽种优良树种及鲜花，在桦树村打造一片花海。全年迁出陈旧性柴草垛840个，拆除私搭乱建和简易玉米储粮仓892个，清理河岸生活垃圾6000吨、建筑垃圾70吨，清理路边沟2850米。

民生工作。2019年，脱贫32户、65人。11月，贫困村碾子沟村脱贫。培育农村致富带头人54人，重点打造桦树村温室大棚、八家子蔬菜大棚和碾子沟村生猪养殖等项目。落实“家乡有求·我来帮”、县乡村三级干部包村到户等工作，帮助解决实际问题36件。危房改造32户。

就业保障。街道根据特困群体年龄培训，提高就业技能，举办创业培训15场，覆盖劳动力450人。推进全民参保，至2019年年末，有29779人参加农村新型养老保险，其中45周

美丽乡村示范村——沐石河街道桦树村（2019年7月）

（沐石河街道 供图）

岁以上参保25565人。

平安建设。街道编制《沐石河街道2019年突发事件应急救援预案》，与27个行政村签订安全生产责任书，与域内企业签订安全生产目标责任状6份。在人员密集场所专项整治中,排查出一般隐患8起，均整改完毕。排查农业机械安全隐患3起，均整改完毕。全年未发生重大安全生产责任事故。

【扶贫项目建设】 桦树村玉米秸秆打捆机项目，年末每人分红200元。桦树村温室大棚项目，由长春市交通局协调建设，年末桦树村贫困户每人分红300元。沐石河黑土地农民农机合作社项目，年末每人分红200元。东北袜业项目，由九台农商行为贫困户每户贷款5万元，投入到东北袜业茂林缝制分厂，年分红每户5000元（属于九台区全体贫困村集体覆盖的区级项目）。光伏产业项目，街道向区扶贫办申请235万元的光伏产业项目，用于对非贫困村全体建档立卡贫困人口进行分红，贫困人口每人增收254元。

【五福星公司棚膜经济】 长春市五福星农业发展有限公司注册资本1000万元，每年向广东、福建、浙江、河北等省输送蔬菜4000万吨。位于八家子村十社，总投资400万元，园区占地面积20公顷，有大棚80栋，棚室占地面积16.7公顷，种植西红柿、豆角等，主要针对南方蔬菜供应不足的季节进行销售，可带动周边百姓500人就业。2019年，西红柿总发货量98.5万千克。

【八台岭旅游区建设】 域内八台岭是长春地区最高峰，由美籍华人艺术家牛连和承包。吉林省水木泓元艺术传媒有限公司、浙江省吕氏进出口有限公司共同组建吉林省八台岭玖合云尚旅游发展有限公司，投资3亿元，以文化旅游、艺术体验、亲山亲水、亲人亲情、全家娱乐、团队娱乐、全民娱乐为主题，将景区打造成为11个区块：怀旧民宿区、绿色生态养殖区、水文化区、水果采摘区、大型花卉种植区、戏雪乐园、禅修养生区、房车营地、登山区、牛连和艺术馆、大型户外宿营区。项目定位是登山、游水、戏雪、赏花、特色民宿。

（孔繁一）

上河湾镇

【概况】 上河湾镇位于九台区东北49千米，北邻长春市德惠市，地处九台区、德惠市、吉林市舒兰市、长春市榆树市四地交界。长春至榆树公路、吉林至德惠公路横穿境内。上河湾镇地处半山区，面积204.8平方千米，下辖22个行政村、187个社、153个自然屯。至年末，总人口约5.26万人。耕地19130公顷（旱田面积11320公顷、水田面积7810公顷），山地1266公顷，林地6125公顷（有自然生态林1500公顷，木本植物300余种，草本植物上千种），是九台主要的果树、马铃薯、大蒜种植基地。矿产有黄金、沸石、黑耀岩、硅石、民用石等。上河湾镇有200余年传统的“上河湾大集”，是九台区最大的农贸市场，是国家农贸价格预测点之一。上河湾镇是第二批省级生态示范区、“金红苹果之乡”、“全国一村一品示范村镇”，吉林省“金红苹果”最大的集散地。

经济发展。固定资产投资项目4个，全年完成投资3.52亿元。续建项目2个，完成投资2.43亿元。规模以上工业企业2家，总产值4500万元，比2018年增长3.2%，；限上个体和企业共2家（户），总产值7000万元，比2018年增长0.05%；规模以上服务业企业4家，年主营业务收入6000万元，比2018年增长9.2%。

环境建设。上河湾镇宣传人居环境整治政策，发放《致广大村民的一封信》1万余份、《党员带头支持改善农村人居环境倡议书》2000余份，设立村规民约，与村民签订“门前三包”。按照先集体后私有、先干部后个人、先党员后群众的治理模式，杜绝违章违法行为。出动车辆3500辆次、4580人次，清运垃圾1万余吨，新建垃圾池200余个，清理柴草垛2600余处、粪堆500余处、沟塘河道80余处，规范安置简易玉米储粮仓1900余个。拆除违章建筑117处、围墙5000余米，仓房、圈舍40余个。新建标准化围墙8000余米，安装路灯100余盏。

民生工作。新增养老保险参保人员1685人。组织参加“春风行动”招聘会，劳动力输出100余人。“雨露计划”

资助贫困学生9人，每学期每生1500元。D级危房改造20户，置换1户，维修C级危房33户。贫困户家建立健康扶贫展示板和健康档案，实现村医签约服务全覆盖。建档立卡贫困人口城乡居民基本医疗保险参保率100%。为17户贫困户打井并安装净水设备，对15名“三无”建档立卡贫困劳动力安置就业岗位。帮助村级组织谋划贫困户参与度高的扶贫产业项目，贫困人口每人每年增收500余元。落实《九台区关于三级党政主要领导遍访贫困户行动的工作方案》，镇、村党政主要领导逐户走访贫困户362户。村村通水泥路通达22个村，总长300余千米。各村实现饮水安全，镇区排水管道5000米，农贸市场占地面积2万平方米。全镇有水田灌溉泵站3个，水库3个，松花江渡口机动船4艘。域内有电视转播塔1座、联通塔10座、移动塔15座，有线电视和宽带网络全域覆盖。建设村级文化广场18个。

就业保障。街道开发就业岗位1702个，城镇新增就业1500人，失业人员再就业500人，就业困难人员再就业140人。征集创业项目12个，大学生创业项目1个。组织就业宣传活动3次，发放资料1000份，提供就业岗位40个。

平安建设。街道建设农村社区警务室22个，覆盖率100%。组建专职治安巡逻队和4支义务巡逻队，疑难纠纷34起，调解处理34起。结合“全区法治乡镇”创建活动，创建平安校园3个、平安网吧2个、平安村屯22个、平安市场1个。社会治安满意率96%，平安建设知晓率78%。建成标准化新时代文明实践站23个。

【“四个一”工程创建】 街道依据地域优势、产业特色和文化形态，打造“四个一”工程，即打造一个示范村、创建一个典型屯、树立一个样板社、建设一条特色街。在支部能力强、环境基础好的石羊村打造1个示范村；在林果业为特色的双顶村创建1个林果产业园典型屯；在以棚膜经济为主的上河湾村二社建立1个样板社；在焦家岭战役遗址的焦家村建设1条以红色教育为主的街道。

【九翔肉鸡全产业链加工项目建设】 2019年，吉林九翔农业发展有限公司投资15亿元，建设年产36万吨配合饲料厂，规模12万套的种鸡饲养场，年产10万吨的生物有机肥厂，年屠宰5000万只肉鸡的屠宰厂，年产2000万只肉鸡的养殖场。占地面积5公顷的种鸡场于11月投入运营。公司采取“企业+村集体+农户”运营模式，鼓励农民和返乡人员入园创业就业，发展订单农业等多种方式，带动地方农业增效、农民增收、村集体经济壮大。

【“金红苹果”吉林省特色农产品优势区建设】 7月29日，吉林省农业农村厅下发《关于第二批“吉林省特色农产品优势区”拟认定名单公示》，上河湾镇在名单中。林果种植面积1600余公顷，品种以金红“123”苹果为主，另有开酒苹果、南国梨、秋海棠等10余个品种，人均林果种植年收入万元以上。果树苗木种植面积400余公顷、1500万株，是东北地区最大的果树苗木基地。全镇果品年产约2万余吨，年产值1.2亿元；果树苗木年销售1000万株，年产值1500万元。水果主要销往吉林、黑龙江、辽宁和内蒙古。以“金红苹果”为代表的优质果品主要产自双顶村，该村是吉林省利用荒山植林造果的典型，是省级新农村建设试点村。双顶村成龄果园面积220公顷，双顶村村民年人均收入3万元以上。镇政府以每公顷补贴2000元的政策帮扶贫困果农。

【全国农业产业强镇建设】 7月20日，农业农村部下发《关于批准开展2019年农业产业强镇建设的通知》，上河湾镇位列其中。五台、福林、榆树、黄花、石羊、焦家、四台、焦家和上河湾等村为北部农业发展区，重点发展优质玉米种植；三台、西沟、三道、玉丰、南甸子、大窝堡村以绿色水稻种植生产为主；双合、黄花、干沟等村重点发展畜牧业养殖；处于半山区的双顶、桦林等村重点发展林果产业。上河湾镇有农业企业9家、家庭农场142个、农民专业合作社232个，林果种植、苗木种植、畜禽养殖及相关生产服务的家庭农场和合作社占70%以上。落户于干沟村的开心农业长春有限公司建设完成养殖日光温室大棚190栋、蔬菜棚膜20栋、年产20万吨饲

7月20日，上河湾镇被农业农村部、财政部评为全国农业产业强镇

（李雨萌 摄）

料厂、休闲采摘生态园、鸭蛋腌制车间、鸭蛋深加工车间、供水车间、粪污无害化处理沼气池和有机肥车间。蛋鸭存栏量80万只，日产鸭蛋50万枚，年销售额超2.5亿元。

（李志韬）

其塔木镇

【概况】 其塔木镇位于九台区东北部54千米处，东与吉林市舒兰市隔松花江相望，北与上河湾镇相接，西临沐石河街道，南接莽卡满族乡、胡家回族乡。面积208平方千米，耕地面积11510公顷，其中，水田面积5024公顷，旱田面积6486公顷，林地1652公顷。东有松花江，西有牛头山水库，有“一山二水七分田”之称。辖17个村、1个社区、174个村民小组、118个自然屯。至年末，总人口约5.4万人，有满、回、朝鲜等少数民族。其塔木镇是九台东部最大的农贸、粮食营销集散地，素有中国民间文化艺术之乡、中国皇粮贡米之乡、松花江畔鱼米之乡、萨满文化之乡、北方剪纸艺术之乡、全国重点镇、长春东部门户重镇等美誉。

经济发展。其塔木镇全口径财政收入1.1亿元，比2018年增长8%；规模以上工业总产值2174.2万元，增长3%；规模以上服务业营业收入3147.1万元，增长7%，其中，重点服务业营业收入102.1万元，增长12%；招商引资4.6亿元，增长12%；固定资产投资2.291亿元，增长9%。推进中航新能源九台生物质热电联产项目、五洲汽车产业园项目、污水处理厂项目、“忆江南”温泉度假村暨“三下江南”战役纪念馆建设。依托九台贡米栽培系统，其塔木大米实现品牌和产业升级。签约落位项目3个，计划总投资7.6亿元。电厂项目场地回填完成，君安健康公司康养基地项目基础工程完成。

环境建设。投入150万元，绿化美化21个村屯，停耕补植造林30公顷，植树造林26.6公顷。新栽植树木6万株，栽种花卉5万株。全国文明村解放村投入200万元，建设围墙1800米、大门60个，实施绿化美化工程2500平方米。投资1000万元的双城等5个村人居环境整治工程设计完成。清理占道经营15处，清理露天烧烤3处，改造锅炉17家，拆除违建38处、780平方米，街区道路全部被纳入环卫清理范围。

民生工作。2019年，实施临时救助275户、628人；为90岁以上老年人发放高龄补贴35.64万元；为残疾人办理两项补贴400人次。全镇建档立卡贫困户脱贫464户、1057人。改造危房60户，新建泵房15个，建档立卡贫困户饮水安全全部解决。产业项目实现全覆盖，有17个扶贫项目。投资1000万元的社会福利中心实现入住，新增床位70张；垃圾转运站实现村收集、镇转运、区处理。投资240万元，新建镇区道路，9月末建成通车；投资240万元的公共足球场建成并对外开放。建立九台区第一家人大代表工作站及政协委员联络站；在北山村幸福院成立全区第一家村级老年活动中心；马场村城子屯和北山村代家窝铺屯建设成为全区样板。

社会保障。全年开发就业岗位168个，完成年计划的100%；城镇增加就业195个，完成全年计划的100%。居民医疗保险参保14752人，完成计划的100%。城乡居民养老保险新参保录入1128人，办理城乡居民养老保险21086人次，为下岗再就业人员办理灵活就业补贴58人。

平安建设。街道开展扫黑恶宣传36次，悬挂条幅、刀旗1500幅，设置宣传牌66块，粉刷墙体标语56条，张贴公告1000份，发放扫黑除恶宣传单、海报17200份，出动宣传车160辆次，并对村“三委”人员开展多轮联审。

【“一河带六长”工作制】 其塔木镇位于松花江西岸，是典型的河湖形态区域，有江、河、水库、泡塘48个。实行“一河一策”，编制全镇河长制任务分工图，为每条河流配备镇级河长、副河长，根据流经村屯情况，配备17名村级路长、174名社级桥长、36名池长，聘请200名驻村老干部、无职党员和有能力低保贫困户为河流环保巡查员及信息员，创新推行“一河带六长”模式（河长，镇长、村长、社长、路长、桥长、池长），打通治河“最后一公里”。

【五官屯皇粮贡米】 五官屯皇粮贡米主产地在刘家村、后其塔木尤家屯、张庄子、蜂蜜营屯。五官屯农场是绿色水稻基地。2019年，五官屯地域的绿色优质水稻产量2200余吨，其中，一部分为订单品种，通过网络销售30余万元。

【污水厂一体化建设】 其塔木镇污水处理厂规划占地面积7200平方米，总投资2500万元。建设日处理污水1300吨的污水处理厂及其配套附属工程，以及污水收集管线1万米，选址被纳入镇区规划。年底，污水收集管网的测绘和现状图标注工作及新址征地补偿工作完成。

其塔木镇五官屯绿色水稻基地（2019年9月）

（区政府办公室　供图）

【其塔木烈士陵园】 位于其塔木西南1千米的南岭，占地面积9600平方米，南北长120米，东西长80米。陵园建筑采用钢筋、水泥和花岗岩为原料。园内植201株松树，象征着在其塔木攻坚战中牺牲的201名官兵。陵园由烈士纪念碑、爱国主义教育馆、“三下江南”战役纪念馆构成。烈士纪念碑高19.47米，象征着东北民主联军1947年在其塔木、张麻子沟、焦家岭与国民党军队战斗的时间。纪念碑正面镌刻着毛泽东主席手迹“革命烈士永垂不朽”。碑底座四周刻有“‘三下江南’战役简介”“其塔木攻坚战”“张麻子沟伏击战”“焦家岭围歼战”碑文。碑底座里的红木棺椁承装着10余位烈士的遗骨，碑的四周石栏中间镶嵌着“战前动员”“雪地宿营”“激战五天”“人民支前”“庆祝胜利”等25幅浮雕。

【四棱山省级森林公园】 其塔木镇投入68万元，打造20公顷花海，栽植油菜花、蒲公英、千日紫等植物花卉，建3.8千米杏花大道、20公顷苗圃，山上杜鹃花、梨花、冰凌花、杏花与山下花海交替展现。新造、重造林43公顷，以四棱山绿色生态长廊，牛头山水库湿地绿化改造，3个山区村退耕还林，7个绿化村屯建设，4条村路绿化和街区绿化为重点，打造环屯林、宅旁林、经济林。

（郭凤敏）

莽卡满族乡

【概况】 莽卡满族乡地处九台区东南65千米。东隔松花江与吉林市舒兰市相望，南与吉林市昌邑区土城子镇接壤，西邻胡家回族乡，北连其塔木镇。南北最长21千米，东西宽10千米，面积152.74平方千米。西南部三道、七家子、邱家3个村为山区，松江、石屯、塔库、谢屯、江西、东哈6个村为沿江平原区。域内有两条较大季节性河流——石屯南大河和张庄北大河。乡政府驻舍岭村，辖12个村、1个乡辖社区、110个农业社、45个自然屯。莽卡、石屯、松江、谢屯、三道、东哈、塔库为满族村。至年末，总人口约3.17万人，其中，满族人口11326人。满族姓氏佟佳氏（佟），尼玛察氏(杨）主要分布在莽卡村，瓜尔佳氏(关)主要分布在三道村，那拉氏（那）主要分布在石屯村，钮祜禄氏（郎）、希克特里氏（石）主要分布在东哈村，伊尔根觉罗氏（赵）主要分布在塔库村。有耕地7100公顷，农作物以水稻、玉米为主。

经济发展。街道全口径财政收入4924万元。农业总产值3亿元，农民人均收入1.2万元，较2018年增长4.5%。落位家具全屋定制项目1个(长春市甸果家具有限公司)，计划投资4500万元。储备在谈项目2个（莽卡满族乡贝勒府满族文化一条街、田园综合体项目），计划投资总额2亿元。开复工项目1个（华拓汽车零部件有限公司），位于长春九台经济开发区南区，完成固定资产投资4500万元。全乡有个体工商户836户，小微企业53家，营业额13亿元，吸纳乡内劳动力2247人，有规模以上企业1家（长春市誉德利机械设备有限公司）。全乡民营经济主营业务收入7.5亿元，规模以上企业总产值6000万元。

环境建设。完成街区亮化工程，安装太阳能路灯55盏。整合资金60万元整顿村屯环境，打造示范村1个（松江村）、示范屯12个（三道村苇子沟屯、石屯村石屯、松江村小锦州屯、塔库村塔库屯、莽卡村下洼子屯、谢屯村谢屯、舍岭村六队、张庄村西尤屯、东哈村东哈屯、邱家村邱家屯、七家子村七家子屯、江西村江西屯）。开展集中检查2次，清理垃圾1889吨。拆除危旧房屋136户、私搭乱建门市9个、残垣断壁112处、简易玉米储粮仓2079个，清理柴草垛2531个、畜禽粪污堆放点882处，打造“干净人家”“美丽庭院”615户，整治散乱污企业8家。自筹资金30万元用于小区污水处理，打造绿化屯2个、绿化道路4800米，清收林带3公顷、林地42公顷，栽树20万株。根据“一江两河”污染源分布、水岸线管控等情况，设立乡级河长3名、村级河长（巡查员）12名。投入资金30万元，清理河道100千米、垃圾1320吨。

民生工作。申报“雨露计划”补贴对象10人次，申报“三无贫困劳动力”就业专岗9人。改造危房6座，水井44座。对164户低保户、304人发放补助金200万元，发放临时救助金179万元，为297户特困供养户、306人发放补助1920万元。申请资金200万元实施光伏扶贫产业项目4个，扶持资金18万元，扩建农机扶贫项目2个，全乡产业项目覆盖率100%，贫困户人均分红500元。深化结对帮扶，开展集中性入户走访4次，为建档立卡贫困户送米面油等物资价值6万余元，解决生产生活难题31件。城乡居民养老保险参保11500人，新申请低保15户。

就业保障。全年劳动力输出7041人，收入6600余万元，举行招聘会4次，其中，市（区）级3次，乡级1次，招聘会输出劳动力180人。劳动力培训3次，其中，技能培训1次，引导性培训2次，参训321人。

平安建设。摸排扫黑除恶线索16条，清理村社干部9名，选聘专职治保主任12名。开展殡葬领域突出问题专项治理，整治1700处，占总数56.7%。开展信访积案化解，化解进京访3起、集体访1起。乡政府与企业及商户签订安全生产责任状86份,举行2次消防演练和消防知识宣传活动，对4户从事液化气灌装的商户派专人专门管理。整改有安全隐患的企业及商户15家（户），对人员密集场所每月2次定点排查。

【农业园区建设】 街道围绕九台区提出的“五型农业”（都市型农业、基地型农业、品牌型农业、休闲型农业、生态型农业）发展要求，持续推进张庄村、江西村高标准农田建设，建立水稻高产示范区1个，面积50公顷；绿色有机水稻示范区2个，面积300公顷；粮食高产创建活动核心示范区1个，面积100公顷；蔬菜产业园1个，面积120公顷；食用菌产业园1个，面积2公顷，年产黑木耳50万段。

【冬瓜、马铃薯种植】 谢屯村郭亚丰成立蔬菜种植合作社，种植冬瓜15公顷，产量200余万千克，产值140万元。莽卡村种植马铃薯31.8公顷，年产63.6万

8月17日，莽卡满族中心学校学生进行满族腰鼓表演

（郎守邑　摄）

千克，创产值100余万元。

【莽卡满族中心学校被评为国家优秀传统文化传承校】 小学部开设“满族风情”校本课程，初中部开设“走进满族”校本课程。小学部教学楼走廊文化以介绍满族风情的图片和文字为主。开展的满族民间活动包括珍珠球、满族腰鼓、剪纸、舞蹈等。教师王荣伍带领学生利用松花江浪木制作的根雕作品200余件，另有师生的剪纸作品157件陈列于根雕展室。9月，莽卡满族中心学校被评为国家优秀传统文化传承校。

【满族文化旅游资源】 境内有松江山城遗址和北山遗址，康熙古渡为康熙帝东巡时登岸之地，马达山净乐寺工程动工修建。松江村小锦州屯萨满文化建设项目完成绿化和路面铺设。

（郎守邑）

莽卡满族乡谢屯村冬瓜种植园（2019年7月）　（郎守邑　摄）

胡家回族乡

【概况】 胡家回族乡位于九台区东北部，距区政府驻地54千米。东与莽卡满族乡为邻，北与其塔木镇为界，西与沐石河街道隔山相望，南与吉林市昌邑区两家子乡接壤。面积168.82平方千米，西高东低，属半山区丘陵地带。耕地面积9343公顷，林地面积5910.51公顷。全乡辖9个行政村、66个自然屯、83个居民小组。其中，蜂蜜村、红石村为回族聚居村，有17个回族聚集社。至年末，总人口约2.36万人。经济结构单一，是传统的半山区农业乡，粮食作物以玉米为主，有少部分大豆、水稻、高粱和其他杂粮，粮食总产量8.8万吨。

经济发展。2019年，全口径财政收入3700万元，固定资产投资1560万元。社会总产值18.1亿元，比2018年增长6%。其中，农业总产值3.1亿元，畜牧业产值1.9亿元，林果业产值1500万元，个体工商服务业产值13.05亿元。农村人均收入实现9780元，比2018年增长10%。有规模性企业5家，即吉林省富程农牧有限责任公司、九台区红大粮食有限公司、九台区日昇昌粮贸有限责任公司、九台区志成农机合作社、长春市百翠园有限责任公司。

环境建设。投资47.85万元，清理禽畜粪污、河塘沟渠等垃圾2194吨，清理道路边沟150千米、沟塘37处，清理柴草垛75个、简易玉米储粮仓874个，清理砂石、废弃建筑等840处。实施贫困户动态管理，对2018年度考核整改建档立卡数据信息进行调整和补录，新识别贫困户13户、29人。截至年底，有建档立卡贫困户202户、410人，未脱贫17户、37人，行政村脱贫产业实现全覆盖。红石村在天麻种植项目基础上投资8万元增加滑子蘑栽培扶贫项目，小韩贫困村在大榛子产业项目基础上投资10万元增加辽源袜业扶贫项目。投资100万元完成乡政府和养老服务中心的光伏发电扶贫项目建设。经过产业扶贫，每户贫困户获得分红资金约5000元。完成18户C、D级危房维修改造，组织残疾群众体检13人，解决11户无水问题，资助43名贫困学生上学。

民生工作。落实大病医疗救助政策，救助64户、155人次，发放大病救助款10.02万元。对因病、因残、因贫等特殊原因造成基本生活出现暂时困难家庭，给予应急临时救助，救助454户、1068人，发放应急救助金18.34万元。对春旱、夏秋涝造成的灾害，发放救助款17.9万元，救助困难户570户、1870人。发放优抚救助金3.67万元，发放义务兵优待金36.9万元。春节期间，慰问优抚对象34人，发放慰问金1.7万元。举办1期残疾人技能培训班。发放90岁高龄老人生活补贴38人、4.2万元。投资300万元完成葛家、蜂蜜、宝山3个村饮用水工程建设，投资890万元完成22.38千米卢谢线胡家段水泥面铺设柏油建设项目，投资130万元完成胡家回族乡至其塔木镇线路（蜂蜜双泉段）3.5千米水泥路建设项目，投资47万元完成老年福利中心暖气和变压器改造项目。

就业保障。拓宽就业渠道，输出剩余劳动力8100余人，从事建筑、餐饮、家政、种植和养殖等，劳务收入约1.62亿元。新增就业100余人，其中，自行创业10人，自行就业90人，创业人均年收入10万元左右，就业人均年收入2万余元。组织就业培训3次，培训200余人。组织创业培训1次，培训40人，其中10人创业，兴办养牛场、养鸡场，发展中药材种植、果树栽培等。

平安建设。2019年，查出涉及前科劣迹人员6名，免职4名问题村干部，清退2名护林员。实施网格化管理，监督检查生产经营单位15次，查出安全隐患30余处，均整改。落实乡长接待日制度，建立跟踪负责制，调解纠纷48人次。

【红石村美丽乡村示范村建设】 打造红石村美丽乡村示范村。争取资金104万元，修水泥路2.35千米，投资54万元修排水沟1250米，改造3座漫水桥。自筹资金1.5万元，清理道路边沟12千米、垃圾200余吨，清理简易玉米储粮仓、柴草垛、废弃建筑等160余处。协调乡村建设资金120万元，为红石村四社农户修建统一标准的水泥砖墙和不锈钢大门，安装水冲厕所，栽植绿化树与花木2600余株。

【科技农业产业示范区建设】 邀请农业专家进乡讲课2场，组织农业站、农机站专业技术人员逐村开展科技培训20人次，开放农民学校，收看全国著名专家远程农业技术培训讲座1620人次；发放农业技术资料3000份。在周家、小韩、稗子、红石、二泉、蜂蜜、葛家、锣鼓、宝山9个村建立玉米粮油高产创建示范项目，种植面积2000公顷。在稗子村、宝山村、小韩村、葛家村种植香瓜8公顷，涉及农户30户，统一技术、统一供种、统一施肥用药。建立高产攻关田2个，其中，宝山村一社10公顷，葛家村五社10公顷；建立科技施肥示范田3个，其中，锣鼓村五社玉米肥料利用率技术示范田12公顷，宝山村五社“3414”示范田13公顷，葛家村五、九社增施有机肥、深施控释肥增效对比技术示范田100公顷。

【扶贫项目建设】 红石村种植天麻1.6公顷，其中，村集体种植0.6公顷，农户种植约1公顷，由国药药材公司指导种植技术并回收。2019年，生产干天麻500余千克，创造价值近20万元。投资8万元增加滑子蘑扶贫生产项目，生产鲜蘑2300千克，干蘑220千克，创造价值约4万元。周家村种植蒲公英20公顷，每公顷产鲜蒲公英2500千克，产值5万元。葛家村种植苗木3.6公顷，有云杉、杨树、龙须柳、金叶柳等15个品种。

【“一山两馆三寺”】 2019年，乡政府提出“开发鸡冠山自然景观，打造田园休闲度假村；开发清真古寺民俗游，打造民风民族民情区；开发牛羊肉清真食品，打造购物游绿色品牌，建设‘民俗旅游型乡镇’”发展目标。胡家回族乡山田各半，东北部四村丘陵起伏，四岗三川、地势平稳、土质肥沃；西部五村山岭连绵、峰峦叠嶂。拥有“八山两河”(石湖山、五顶山、双顶山、宝山、鸡冠山、鹅头山、角瓜山、马达山，蜂蜜河、红石河)，卢谢公路横穿全乡。依托自然资源优势，打造“一山两馆三寺”文化旅游品牌。2019年，吸引旅游观光游客5600余人次。

“一山”即鸡冠山，位于周家村，海拔约558米，因山峰酷似鸡冠而得名。由3座山峰组成，山顶有一洞，相传为“周公洞”，亦说“狐仙洞”。山下有一座人工水库，山上遍布杜鹃花树。

“两馆”即回族民俗文化展示馆、满族萨满文化展示馆。回族民俗展示馆位于红石村委会与清真寺之间，占地面积400平方米，设有8个展厅，建有回族由来、节日、服装、农耕、婚礼、生产生活、文化艺术、宗教、丧葬、名人业绩等12个展区近1000余件展品；萨满文化展示馆（石氏祠堂）坐落于小韩村，是长春师范大学满族文化教学基地。

胡家回族乡鸡冠山风光（2019年6月） （陈广军 摄）

“三寺”即蜂蜜营清真寺、宝山清真寺、红石清真寺。蜂蜜营清真寺位于蜂蜜村二社，建于清康熙年间，是吉林省最早的清真寺，属长春市二级保护文物，占地面积900平方米，有大殿5间，南北讲堂对称各5间，殿后与望月楼相通，楼高15米，大殿为七檩接架，前廊檐后出厦，殿脊高高隆起，飞檐四出。大殿内可容纳近400人开会、礼拜。殿檐下有一座石碑，上面刻有云龙纹，刻着“万善同归”，碑文记载着清真寺方位四至、捐款和施舍土地者姓名等。

（刘孟昌）

吉林回族民俗文化展示馆外景(2019年10月) （麻然昌 摄）

JIUTAI · CHINA
中国·九台

人物与荣誉

Characters and Honorary Titles

先进个人

国家级先进个人

全国优秀网评员

董宏达　九台区民政局

全国职工互助保障工作先进个人

张艳文　九台区职工服务中心

省级先进个人

吉林省优秀网评员

董宏达　九台区民政局

吉林省优秀志愿者

奚占玉　九台区莽卡满族乡塔库村

张若愚　九台区委宣传部

全省法院个人二等功

张大伟　九台区人民法院执行局

全省事业单位脱贫攻坚工作嘉奖

齐忠海　九台区教育局学校后勤管理中心

全省优秀驻看守所检察室主任

王　巍　九台区人民检察院驻看守所检察室

吉林省检察机关案件管理业务能手

李　扬　九台区人民检察院综合业务部

全省检察办案能手

李　扬　九台区人民检察院综合业务部

全省税务系统优秀共产党员

曲海燕　九台区税务局财务管理科

王晓东　九台区税务局纪检组

毛立成　九台区税务局信息中心

全省税务系统优秀税务退役军人

韩丽华　九台区税务局第一税务所

全省税务系统优秀党务工作者

张明波　九台区税务局

孟　蕾　九台区税务局

全省税务系统国税、地税征管体制改革嘉奖

齐晓娜　九台区税务局人事教育科

全省“第二届我最喜爱的人民调解员”

于　莹　九台区司法局

吉林省“安康杯”竞赛组织工作优秀个人

臧艳华　九台区总工会

吉林省劳动模范

宫艳波　长春恒拓模具有限公司

周明礼　九台区波泥河街道办事处锦绣村

牛杰茹　九台区第三十一中学

刘庆山　九台区四台村庆山农业机械化专业合作社

市级先进个人

长春市优秀网评员

董宏达　九台区民政局

史　冶　九台区互联网信息中心

长春“好网民”

董宏达　九台区民政局

长春市创城工作突出贡献先进个人

张若愚　九台区委宣传部

长春市税务系统优秀共产党员

齐晓娜　九台区税务局人事教育科

张乃国　九台区税务局兴隆税务所

王仲儒　九台区税务局龙嘉税务所

侯树森　九台区税务局税源管理四科

长春市税务系统优秀党务工作者
张明昕　九台区税务局第二税务所
张维民　九台区税务局税源管理一科
朱传海　九台区税务局其塔木税务所
刘洪金　九台区税务局税收风险管理科
赵海国　九台区税务局税源管理三科
郭永亮　九台区税务局东湖税务所
长春市“税务系统2019年业务大比武”一等奖
杜景学　九台区税务局第二税务所
刘佰平　九台区税务局货物和劳务税科
李亚波　九台区税务局第一税务所
长春市“税务系统2019年业务大比武”二等奖
赵然然　九台区税务局征收管理科
刘洪金　九台区税务局税收风险管理科
孟　蕾　九台区税务局机关党委（党建工作科）
长春市“税务系统2019年业务大比武”三等奖
徐金芳　九台区税务局第二税务所
长春市授予检察系统个人三等功
孙振科　九台区人民检察院第一检察部
钱　岩　九台区人民检察院第二检察部
聂靖柏　九台区人民检察院机关党支部
刘传禹　九台区人民检察院第一检察部
长春市授予检察系统个人嘉奖
王晓梅　九台区人民检察院第五检察部
李　扬　九台区人民检察院综合业务部
张钰伟　九台区人民检察院第四检察部
刘易思　九台区人民检察院第一检察部
徐　畅　九台区人民检察院办公室
冯国妍　九台区人民检察院第二检察部
第一届长春市检察机关案件管理业务标兵
李　扬　九台区人民检察院综合业务部
长春市检察机关优秀信息员
张　倩　九台区人民检察院办公室
长春市“百先培树工程”工作标兵个人、记个人三等功一次
王公宇　九台区司法局
长春市“百先培树工程”工作先进个人
刘金山　九台区司法局
郑万亿　九台区司法局
陈　君　九台区司法局
郭　锐　九台区司法局
长春警备区抗洪抢险先进个人
张益博　九台区人民武装部
长春好人·最美警官
李海峰　长春市公安局九台区分局
长春市中级人民法院“双百计划”领军人才
李玲玲　九台区人民法院民事审判庭
长春市中级人民法院“双百计划”卓越人才
张铃捷　九台区人民法院行政审判庭
陆英豪　九台区人民法院研究室
房思彤　九台区人民法院宣教科
长春市公安局记个人三等功
李凌远　长春市公安局九台区分局
董巨作　长春市公安局九台区分局
杨德先　长春市公安局九台区分局
王文杰　长春市公安局九台区分局
于天磊　长春市公安局九台区分局
李博识　长春市公安局九台区分局
长春市公安局个人嘉奖
赵忠标　长春市公安局九台区分局
于海洋　长春市公安局九台区分局
解武波　长春市公安局九台区分局
寇成祥　长春市公安局九台区分局
张景武　长春市公安局九台区分局
邹立新　长春市公安局九台区分局
王振龙　长春市公安局九台区分局
孔祥磊　长春市公安局九台区分局
王俊彬　长春市公安局九台区分局
于越乔　长春市公安局九台区分局
吴金龙　长春市公安局九台区分局
魏承文　长春市公安局九台区分局
潘雪峰　长春市公安局九台区分局
刘　威　长春市公安局九台区分局
徐　达　长春市公安局九台区分局
王玉祥　长春市公安局九台区分局
董凤金　长春市公安局九台区分局
刘　音　长春市公安局九台区分局
付海波　长春市公安局九台区分局
长春市公安局“巾帼建功”先进个人
徐慧梅　长春市公安局九台区分局
胡　严　长春市公安局九台区分局
长春市“五一巾帼标兵”
黄淑梅　九台区二实验小学
林　敏　九台区南山小学
宋　微　吉林省宇光能源集团股份有限公司
长春市先进女职工干部
许　宁　华能九台电厂

长春市“五一劳动奖章”

关　英　吉林省华奥汽车部件有限公司

王中保　长春市佰优家具有限公司

王泽旭　中国邮政储蓄银行股份有限公司长春市九台区支行

李　伟　九台区实验幼儿园

长春市“安康杯竞赛”优秀组织者

张建学　吉林中财管道有限公司

刘宝堂　华能吉林发电有限公司九台电厂监察部

苏秀艳　九台区特殊教育学校

许曼丽　九台区中医院

长春市厂务公开民主管理先进个人

孙建强　长春伊利冷冻食品有限责任公司

长春市厂务公开民主管理示范单位

吉林省万和光电集团有限公司

长春市“最美家庭”

王春梅家庭　王殿荣家庭　冯云峰家庭

吕静华家庭　关长宝家庭　李清江家庭

陈耕新家庭

长春市“十佳”少先队大队辅导员

连家兴　九台区实验小学

长春市优秀少先队大队辅导员

张　静　九台区东湖中心学校

长春市优秀少先队中队辅导员

祖立萍　九台区工农小学

李林喆　九台区师范附属小学

赵向辉　九台区莽卡满族中心学校

张洁平　九台区沐石河中心学校

长春市少先队优秀志愿辅导员

蒋　柱　长春市公安局九台分局南山派出所

杨　雪　无工作单位

“长春好人”名单

孝老爱亲

张立杰　九台区苇子沟街道靠山村

张喜梅　九台区卡伦湖街道任家村

助人为乐

奚占玉　九台区莽卡满族乡塔库村

敬业奉献

张兰广　九台区人民医院肿瘤乳腺科

诚实守信

李明伍　九台区上河湾镇玉丰村

最美网格长

彭　雷　营城街道兴华社区

段旭伟　九台街道西城社区

张兴丽　九郊街道新州社区

陈　娜　九台街道沿河社区

马可新　九台街道福临社区

孟　捷　九台街道福星社区

先进集体

国家级先进集体

国家“城乡融合发展试验区”

九台区

新时代文明实践中心建设国家级试点

九台区

全国绿化模范单位

九台区

全国第六届中小学生艺术展演活动优秀组织奖

九台区教育局

国家PCCM科规范化建设二级医院优秀单位

九台区人民医院

全国避孕药具不良反应监测工作先进监测点

九台区监测点

中国基层胸痛中心认证

九台区人民医院胸痛中心

国家保护森林和野生动植物资源先进集体

九台区林业局

国家电网公司工人先锋号

九台区供电公司

国家级文明单位

九台区供电公司

九台区气象局

国家级文明村镇

九台区九郊街道新立村

九台区其塔木镇解放村

九台区卡伦湖街道任家村

省级先进集体

吉林省文明县（市）区

九台区

吉林省“文明村屯、干净人家”创建活动优秀县(市)区

九台区

吉林省党委信息系统标兵单位
九台区委办公室信息科
吉林省文明单位
九台区委宣传部
中国邮政集团公司九台区分公司
华能吉林发电有限公司九台电厂
九台区公路管理段
九台区房屋产权管理中心
九台区税务局
省级文明村镇
九台区上河湾镇干沟村
九台区九郊街道吴家店村
九台区九郊街道聂家村
九台区卡伦湖街道王家村
九台区莽卡满族乡张庄子村
九台区波泥河街道平安堡村
九台区其塔木镇北山村
九台区龙嘉街道
九台区东湖街
九台区九郊街道
九台区土们岭街道马鞍山村
九台区龙嘉街道龙家堡村
九台区其塔木镇
九台区上河湾镇焦家村
九台区九郊街道唐家村
吉林省舆情信息工作先进单位
九台区委宣传部
吉林省优秀志愿服务村（屯）
九台区土们岭街道马鞍山村
九台区卡伦湖街道东风村
吉林省优秀志愿服务社区
九台区营城街道兴华社区
吉林省优秀青少年维权岗
九台区人民检察院
全省司法行政系统先进集体
九台区司法局土们岭司法所
全省税务系统先进基层党组织
九台区税务局第七党支部
省军区基层建设先进团级单位
九台区人民武装部
省军区民兵调整改革工作先进单位
九台区人民武装部
吉林省工人先锋号
长春恒拓模具有限公司工程部
吉林省"吉林巧姐"草编大赛优秀组织奖
九台区妇女联合会
吉林省“巾帼建功”先进集体
长春市香泉休闲旅游有限责任公司
吉林省模范集体
九台区供电公司
九台区政务服务中心
长春市食品药品监督管理局九台分局
九台区九台街道福临社区
九台区税务局
省级文明校园
九台区师范附属小学
九台区实验小学

市级先进集体

长春市保密先进单位
九台区委办公室保密科
长春市党委信息系统标兵单位
九台区委办公室信息科
长春市宣传思想文化工作创新奖
九台区委宣传部
长春市网信工作先进单位
九台区互联网信息中心
长春市终身学习活动品牌
九台区新时代文明实践骨干培训班
长春市“百先培树工程”工作先进集体
九台区司法局
九台区土们岭司法所
长春市“百先培树工程”工作集体三等功
九台区司法局
长春市公安局集体嘉奖
长春市公安局九台区分局网安大队
长春市公安局九台区分局上河湾派出所
长春市公安局九台区分局龙家堡派出所
长春市公安局“巾帼建功”先进集体
长春市公安局九台区分局出入境管理大队
长春市公安局“最硬所队”称号
长春市公安局九台区分局刑警大队
长春市检察机关信息工作优秀单位
九台区人民检察院

长春市先进基层院

九台区人民检察院

长春警备区基层建设标兵单位

九台区九台街道武装部

长春警备区基础训练先进连

九台区人民武装部应急一连

长春市“吉林巧姐”草编大赛优秀组织奖

九台区妇女联合会

长春市级文明校园

九台区第一中学

九台区第三中学

九台区第三十一中学

长春市工人先锋号

吉林省宇光营城矿业有限公司采煤一队

长春市“五一劳动奖状”

九台区总工会

九台区供电公司

长春市“五一巾帼标兵岗”

吉林省宇光能源集团股份有限公司人力资源部

长春市先进女职工组织

九台区实验小学

长春市“安康杯竞赛”优胜单位

九台区第三十一中学

华能吉林发电有限公司九台电厂

杰森石膏板（长春）有限公司

长春市“安康杯竞赛”优胜班组

长春恒拓机械模具制造有限公司

九台区人民医院

九台区供电公司卡伦供电所

长春市“安康杯竞赛”优秀组织单位

九台区总工会

长春市少先队红旗大队

九台区第三十一中学

九台区六台中心学校

长春市少先队红旗中队

九台区第四中学二年八班少先队中队

九台区南山小学六年七班少先队中队

九台区进修附属小学四年四班少先队中队

长春市特色乡村旅游民宿

九台区波泥河街道平安堡村

九台区土们岭街道马鞍山村

长春市级文明单位

中国移动通信集团吉林有限公司九台分公司

九台区中医院

九台区人民医院

九台区住房和城乡建设局

吉林省嘉鹏集团有限公司

长春恒拓模具有限公司

长春九台经济开发区

九台区交通运输局

中国电信股份有限公司九台分公司

九台区城市管理行政执法局

九台区市场经营开发有限公司

九台区农业农村局

九台区粮食和物资储备局

九台区科学技术协会

九台区文学艺术界联合会

长春市级文明村镇

九台区卡伦湖街道

九台区土们岭街道

九台区波泥河街道

九台区卡伦湖街道东风村

九台区卡伦湖街道双泉村

九台区波泥河街道清水村

九台区波泥河街道波泥河村

九台区土们岭街道山咀村

九台区龙嘉街道红光村

九台区城子街街道大贝村

九台区城子街街道烧锅村

长春市级文明窗口

长春市公安局交通警察支队车辆管理所九台区分所

九台区政务服务和数字化建设管理局发改委审批服务窗口

长春市公安局九台区分局出入境管理大队

长春市级文明社区

九台区九台街道新风社区

九台区九台街道沿河社区

九台区九台街道公园社区

九台区九台街道育才社区

九台区营城街道兴华社区

九台区营城街道利民社区

九台区九郊街道新州社区

附 录

Appendix

2019年九台区国民经济和社会发展统计公报

2019年，九台区坚持以习近平新时代中国特色社会主义思想为指导，在长春市委、市政府坚强领导下，全面实施“三个五”战略，统筹稳增长、促改革、调结构、惠民生、防风险，经济持续健康发展，社会大局和谐稳定,全区综合实力显著增强。

一、综合

初步核算，全区实现地区生产总值229.8亿元，按可比价格计算，比上年下降0.9%。其中，第一产业增加值48.5亿元，同比增长8.3%；第二产业增加值59.8亿元，同比下降8.5%；第三产业增加值121.5亿元，同比增长0.1%。三次产业结构调整为21.1：26.0：52.9。

全年实现全口径财政收入28.8亿元，比上年增长17.2%；地方级财政收入11.5亿元，比上年增长45.7%。全年一般预算财政支出75.9亿元，比上年增长16.7%。

全区金融机构各项存款余额310.1亿元，比上年增长14.0%，其中，居民储蓄存款余额242.2亿元，比上年增长13.9%；各项贷款余额264.7亿元，比上年下降1.3%。

二、农林牧渔业

全年农林牧渔业完成总产值96.6亿元，按可比价格计算，比上年增长8.3%。其中，农业产值27.2亿元，增长14.8%；林业产值0.2亿元，下降37.8%；畜牧业产值66.0亿元，增长5.9%；渔业产值1.2亿元，增长3.9%；农林牧渔服务业产值2.0亿元，增长1.9%

全年农林牧渔业实现增加值49.7亿元，按可比价格计算，比上年增长8.2%。其中，农业增加值16.6亿元，增长13.7%；林业增加值0.1亿元，下降37.4%；牧业增加值31.1亿元，增长5.8%；渔业增加值0.7亿元，增长3.3%；农林牧渔服务业增加值1.2亿元，增长1.6%。

至2019年年末，生猪出栏44.6万头，牛出栏17.8万头，羊出栏2.2万只，禽类出栏3710.3万只。肉类总产量为15.705万吨，其中，猪肉产量3.6万吨，牛肉产量3.25万吨，羊肉产量0.025万吨，禽肉产量8.83万吨；禽蛋产量4.0万吨，其中鸡蛋产量3.6万吨；奶类产量1.4万吨。

三、工业和建筑业

至2019年年末，全区共有规模以上工业企业103家，实现工业总产值122.7亿元，比上年下降12.0%；实现工业增加值51.8亿元，按可比价格计算，比上年下降7.3%。全区有资质建筑业企业36家，全年建筑业实现增加值8.1亿元，比上年下降16.7%。

四、固定资产投资

2019年，全社会固定资产投资完成69.6亿元，同比下降46.9%，全区投资5000万元以上的新建、续建项目84个，其中亿元以上项目63个。

五、国内贸易、对外经济和旅游

全年实现社会消费品零售总额64.46亿元，比上年增长3.1%。实现出口总额2213万美元，比上年增长5.1%，引进外资860万美元。全年接待游客突破345万人次，旅游综合收入实现20亿元，同比增长10%。

六、交通、通信与能源

至2019年年末，全区公路总里程达4655千米，当年新建公路842千米。年末，共有公交车路数19路，实有公共汽车营运车辆182辆，年末实有出租汽车数1567辆。

年末，全区共有固定电话用户191905，移动电话用户703909户，互联网宽带接入用户79915户。

年末，全社会用电量12.2亿千瓦时，同比下降7.8%，其中，工业用电量6.5亿千瓦时，同比下降17.9%；居民生活用电量3.8亿千瓦时，同比增长5.9%。

七、教育、科技、文化与卫生

2019年，九台区有各级各类学校161所，其中，幼儿园39所（教育部门办26所，民办13所），小学86所（村小72所，独立小学14所），普通初中27所（九年一贯制学校21所，独立初中6所），普通高中6所（独立高中4所，设高中部的九年一贯制学校1所，完全中学高中1所），职业中学1所，特殊教育1所，教师进修学校1所。在校学生总数66178人，教职工总数8016人，其中专任教师5876人。

全年专利授权数181件，同比增长15.3%。

九台图书馆藏书总量17.2万册，九台境内国有可移动文物有49件套。其中二级文物1件、三级文物7件。年末，拥有影院3个，体育场馆4个。

2019年，全区有各级各类医疗卫生机构978家，其中，区级公共卫生单位7家;医疗机构971家（区直二级医院3所；省级医院1所；乡镇卫生及街道社区卫生服务中心26所；城区内民营医院10所；门诊部32所；个体诊所129所；驻区卫生所8所；村级卫生室及村卫生所共762所）。全区共有开放病床2876张。全区共有卫生技术人员2706人，平均千人拥有卫生技术人员3.38人，平均千人拥有床位数3.60张。

八、人口、居民收入和社会保障

至2019年年末，全区户籍总人口为78.7万人。其中，城镇人口20.4万人，占总人口的25.9%；农村人口58.3万人，占总人口的74.0%。2019年，全区非私营单位从业人员平均工资为70007元，比上年增长19.2%；全区城镇常住居民人均可支配收入为26832元，比上年增长8.8%；农村常住居民人均可支配收入为15474元，比上年增长8.7%。

至2019年年末，全区居民基本医疗保险参保人数602085人，其中城乡居民基本医疗保险参保人数538942人。城乡居民基本养老保险参保人数289619人。

至2019年年末，全区共有社会福利收养单位18个，拥有床位数3700张。全区城乡居民最低生活保障人数16118人，其中，城镇居民最低生活保障人数7603人，农村居民最低生活保障人数8515人。

九、环境保护

2019年，全区空气质量优良率为87.9%。环境空气质量达到国家二级标准。

工业废水排放量71.8万吨，工业废水中化学需氧量排放量为90.6吨，氨氮排放量8.3吨。工业废气总二氧化硫排放量2612吨，氮氧化物排放量2999吨，烟（粉）尘排放量671.7吨。区域环境噪声、功能区噪声、道路交通噪声均符合相关标准要求，声环境质量总体较好。

（统计局九台分局）

2019年九台区组织机构及负责人名录

中国共产党九台区委员会

书　记　李洪亮(8月任)
副书记　宋长者(9月任)
　　　　　于海山
常　委　吴　威(7月任)
　　　　　李国辉
　　　　　李树国(6月免)
　　　　　祁桂东
　　　　　王　萍(女)
　　　　　王　健(达斡尔族)
　　　　　赵国俊
　　　　　唐　明(土家族)
　　　　　夏　新(挂职)

区委办公室
主　任　刘　伟(7月免)
　　　　　王晓东(8月任)
副主任　陈海峰
　　　　　鲁海涛
　　　　　寇靖淼(12月任)

区委保密委员会
专职副主任　陈海峰

区委机要局
局　长　寇靖淼

组织部
部　长　赵国俊
副部长　李殿志(8月任,兼任区公务员局局长)
　　　　　何忠诚(兼任区委老干部局局长)
　　　　　焦明亮

非公有制企业和社会组织工作委员会
专职书记　焦明亮(12月兼任)
专职副书记　徐世通(12月免)

党史办公室
主　任　王红霞(女)

干部档案室
主　任　王　清(女)

宣传部
部　长　王　萍(女)
副部长　周　皞
　　　　　张　影(女)

互联网信息中心
主　任　吕海峰

统战部
部　长　李国辉(9月免)
副部长　于　波(回族,8月免)
　　　　　魏玉东(回族,8月任)
　　　　　刘庆臣(12月任)

民族宗教局
局　长　魏玉东(回族)
副局长　赵雅梅(女)

政法委
书　记　祁桂东
副书记　秦治明
　　　　　万凤桐(12月任)
　　　　　王　重

机构编制委员会办公室
主　任　殷来喜(机构改革,2月任)
副主任　刘　利(机构改革,12月任)

信访局
局　长　佟　利(满族)

副局长　杨绍安
王希刚

老干部局
局　长　何忠诚
副局长　朱　彪(8月免)
徐世通(12月任)

老干部活动室
主　任　刘忠霞　(女,7月免)

机关党工委
书　记　王庶民(8月免)
王丽娜(女,8月任)
副书记　王国良

党校(行政学校)
校　长　于海山(兼)
党委书记　常务副校长　战荫河
副校长　韩永昌(8月免)
丁志阔(12月任)
王忠红(女)

档案馆
党组书记　馆长　卢国祥
副馆长　吴秀贤(女)
于洪伟

关心下一代工作委员会
主　任　曹　义
副主任　吕文亚
王继学
巩庆春
吴绍文
巡察办
主　任　高中宝
副主任　赵元锋

第一巡察组
组　长　徐忠利(兼,8月免)
副组长　赵宇红(女)

第二巡察组
组　长　陈　亮(兼)
副组长　王初峦(女)

九台区人民代表大会常务委员会

主　任　王树民
副主任　李元君
肖志华(12月免)
徐建侠
李　金(12月任)

办公室主任　付庆华(9月免)
徐忠利(9月任)
副主任　孙胜利
冯家佐(2月任)

财经委主任　吴国明(9月任)
副主任　李　响(12月任)

农经委主任　刘克玉

人代委主任　陈兴标(9月免)
李尧波(9月任)
法制委主任　陈相海

副主任　李　杰(女)

科教委主任　李殿军(9月免)
杜文涛(9月任)

社会建设委主任　孟晓冬(8月任)

信访室主任　杜文涛(9月免)
李殿军(9月任)

九台区人民政府

区　长　李洪亮(8月5日提议免,9月3日辞去职务)
宋长者(9月任)
副区长　李国辉(9月任)
吴　威(7月任)
李树国(7月辞去职务)
杨丽敏(女,蒙古族)

杨宝玉
李　金(12月辞去职务)
李雪峰(12月辞去职务)
夏　新(挂职)

政府办公室
主　任　汪家伟(9月免)
张新天(12月任)
副主任　张新天(12月免)
白　超(12月任)
王春才
白明双(12月任)

地方志办公室
主　任　白明双(12月免)

发展和改革局
党组书记　局长　祖东航
副局长　杨贵山
孙德勇
赵宏宇
纪检组长　董春生(12月免)

价格监督检查局(机构改革取消)
局　长　刘庆臣(12月免)

工业和信息化局
党组书记　局长　王泰峰(机构改革,2月任)
副局长　刘贵双(9月免)
焦明玉(机构改革,12月任)

教育局
党组书记　局长　李尧波(9月免)
汪家伟(9月任)
副局长　李忠发
张　龙(12月任)
李玉顺(8月免)
沈洪刚(12月免)
纪检组长　张　龙(12月免)

科学技术局
党组书记　局长　刘勇睿(6月免)
王炳成(8月任)

副局长　于文涛

民政局
党组书记　局长　李成友
副局长　董宏达(12月免)
盛洪君(12月任)
韩立群(12月任)
纪检组长　张海昌(2月免)

司法局
党组书记　局长　孙俊清
副局长　焦明国
车宝全
政治处主任　刘金山(4月任)

社区释解人员安置帮教工作领导小组办公室(机构改革取消)
主　任　刘金山(4月免)

财政局
党组书记　局长　李玉福
副局长　李志清
才巨江(9月免)

农发办
主　任　高景程(12月免)

政府采购中心
主　任　谭雪飞(12月任)

城市管理行政执法局
局　长　孙立峰(2月任)
副局长　吕长虹(12月任)
张永波(6月任)

环境卫生管理处
处　长　刘光辉(8月免)
胡　立(9月任)

城市管理执法大队
大队长　唐文杰(8月免)
吕长虹(12月任)

机关事务管理中心

主　任　李殿志(8月免)
　　　　李洪胜(8月任)

副主任　李　灏(12月免)
　　　　姜桂昌

政务服务中心

主　任　宋　影(8月免)

老龄工作服务中心

主　任　王德惠(8月免)
　　　　李　青(8月任)

副主任　杨殿华(7月任)

人力资源和社会保障局

党组书记　局　长　孙立忠(2月免)
　　　　　　　　　孙文斌(2月任)

副局长　郜长才
　　　　赵喜军
　　　　王晓刚
　　　　辛继刚
　　　　王玉宏

人才交流中心

主　任　李海英(女,12月免)

就业服务局

局　长　徐　蕊(女)

医疗保险经办中心(机构改革取消)

主　任　祝占兴(未重新任职)

住房和城乡建设局

党组书记　局长　娄维忠(8月免)
　　　　　　　　郑　权(8月任)

副局长　李凤岐(8月免)
　　　　何洪博(9月任)
　　　　邵　将(12月任)

城市市政公用设施管理处

处　长　王红军

园林绿化管理处

处　长　刘桂英(女)

交通运输局

党组书记　局长　赵振江

副局长　赫德君(12月免)
　　　　沈洪刚(12月任)
　　　　杨金辉(12月任)

纪检组长　杨金辉(12月免)

公路管理段

段　长　贲立辉

运输管理所

所　长　王义国

农业农村局

党组书记　局长　尚洪秋(8月免)
　　　　　　　　巩志强(8月任)

副局长　李金和(8月免)
　　　　韩世伟(12月任)
　　　　张永昌(12月任)
　　　　赵树文(4月任)
　　　　张学勇(12月任)

纪检组长　韩世伟(12月免)

农业技术推广中心

主　任　邱信臣

农村经济管理总站

站　长　魏　鑫(9月免)

农机监理站

站　长　刘　伟

自然资源局

党组书记　局长
　王炳成(2月任,机构改革8月免)
　王文元(9月任)

副局长　郝景春(8月免)
　　　　马志君(12月任)

崔成杰(7月任)
孙大宝(12月任)
赵晓明(12月任)
纪检组长 孙大宝(12月免)

国有林总场
场 长 王 萍(女)

林业工作总站
站 长 周英锐(9月免)

水利局
党组书记 局长 王雪峰(9月免)
副局长 王 伟 吴运航
纪检组长 于东民

水政水资源管理中心
主 任 齐兆伟

饮马河灌涝区管理局
局 长 冯占国

畜牧业管理局(机构改革取消)
党组书记 局长 曲洪军(2月免)
副局长 夏海东(12月免)
张学勇(12月免)

文化广播电视和旅游局
党组书记 局长 孟晓冬(2月任,9月免)
付庆华(9月任)
副局长 彭铁民(4月免)
费 省(机构改革,4月任)
纪检组长 张永昌(12月免)

旅游服务中心
主 任 贾俊林

卫生健康局
党组书记 局长 郭全义(2月任)
副局长 赵殿东(4月任,8月免)
张 静(女,退休返聘,11月离职)
张志贤(4月任)
刘伦理(12月任)
纪检组长 黄 钊(12月免)

审计局
党组书记 局长 宋天富(8月免)
才巨江(11月任)
副局长 曹纯波(8月免)
刘克业

粮食和物资储备局
党组书记 局长 孙大民(2月免)
曲洪军(2月任)
纪检组长 钱志东(12月免)
副局长 吕延辉(12月免)
钱志东(12月任)
关 开(4月任)

应急管理局
党组书记 局长 王东光(2月任)
副局长 马庆丰(4月任)

安全生产监察大队
大队长 李 平

食品安全委员会办公室(机构改革取消)
主 任 贾雨时(9月免)
副主任 刘伦理(12月免)

退役军人事务局
党组书记 局长 贾雨时(9月任)
副局长 侯晓东(12月任)
张海昌(2月任)

政务服务和数字化建设局
局 长 聂英良(9月任)
副局长 谭雪飞(12月任)

九台广播电视台(融媒体中心)
党组书记 台长(主任) 李文东(11月任)
副台长(副主任) 张国清(11月任)
袁 丽(女,11月任)
孙文广(11月任)

供销合作社联合社
党组书记 理事会主任 杨建立
监事会主任 张福江(8月免)
朱德宝(8月任)
副主任 王东兴

农业机械管理服务总站
党组书记　站　长　高　野
副站长　王丙孚
　　韩德富(满族,8月免)
　　夏海东(12月任)
农业机械化学校
校　长　梁　健

工商贸发展服务中心
主　任　杨得雨

市场公司
党委书记　总经理　马贵臣(9月10日退休)
　　朱德宝(9月10日主持工作)
副总经理　李沛良
　　姜树槐
　　许　飞
　　吴　昊

政协九台区委员会

主　席　徐　林(12月免)
　　于海山(12月任)
副主席　逯占元
　　李德军
　　王宝石

办公室主任　王丽娜(女,8月免)
副主任　程延侠(女,12月免)
　　董宏达(12月任)

文教委主任　张会民(4月免)
　　赵长久(8月任)

社会法制委主任　李中山(8月免)
　　娄维忠(8月任)

经科委主任　卢　宁(女)

港澳台侨联络委主任　许彦文

提案委主任　张君华(女)

农业和农村委主任　孙大民(2月任)

中共九台区纪律检查委员会

书　记　王　健(达斡尔族)
副书记　尹庆敏
　　王玉芳(女)
常　委　黄晓波
　　徐忠利(8月免)
　　于泓泽
　　李忠国

办公室主任　苑克建

组织部部长　康英魁

宣传部部长　焦晓娇(女)

党风政风监督室主任　杜新文(9月退休)
副主任　董玉奇(10月起主持工作)

信访室副主任　吴红汝(女,主持工作)

案件审理室主任　魏　鑫(10月任)

案件监督管理室副主任　张向东(3月起主持工作)

第一纪检监察室主任　李　荣

第二纪检监察室主任　张　迪(女)

第三纪检监察室主任　田洪贵

第四纪检监察室副主任　王　坤(3月起主持工作)

第五纪检监察室主任　吕玉波

第六纪检监察室副主任　李洪彪(主持工作)

第七纪检监察室副主任　王　刚(主持工作)

第八纪检监察室副主任　田亚男(主持工作)

第九纪检监察室副主任　孙仁洲(主持工作)

第十纪检监察室副主任　吴运举(主持工作)

派驻区委办公室纪检监察组组长
高文斌(12月任)

派驻区委政法委纪检监察组组长
姜　冰(女,12月任)

派驻政府办公室纪检监察组组长
王秋颖(女,12月任)

派驻农业农村局纪检监察组组长
李海英(女,12月任)

派驻教育局纪检监察组组长
钟　华(女,12月任)

派驻卫生健康局纪检监察组组长
相天星(12月任)

九台区监察委员会

主　任　王　健(达斡尔族)
副主任　尹庆敏
　　　　王玉芳(女)
委　员　黄晓波
　　　　陈　亮
　　　　于泓泽
　　　　王剑钊

民主党派

中国国民党革命委员会长春市九台区支部委员会
主任委员　李德军
副主任委员　周亚宽

中国民主建国会长春市九台区委员会
主任委员　胡艳苹(女)
副主任委员　邹连和

中国民主促进会长春市九台区委员会
主任委员　孙文波(朝鲜族)
副主任委员　张丽荣(女)

中国农工民主党委员会长春市九台区委员会
主任委员　潘玉梅(女)
副主任委员　张国胜

九三学社长春市九台区委员会
主任委员　单莹莹(女)
副主任委员　沈洪刚

群众团体

总工会
党组书记　副主席　臧艳华(女)
副主席　迟延安
　　　　赵　明

团区委
书　记　王赫男(9月免)
副书记　沈　浩(9月任)

妇女联合会
党组书记　主席　杨丹丽(女)
副主席　陈　光(女)

科学技术协会
主　席　单莹莹(女,8月免)
　　　　胡青春(8月任)
副主席　吕京东(女)

文学艺术界联合会
党组书记　主席　宋国权(8月任)
　　　　　　　　王雪峰(9月任)
副主席　丁志阔(12月免)

残疾人联合会
党组书记　理事长　王宏君
副理事长　李清顺(12月免)
　　　　　刘　旺(12月免)

工商业联合会(总商会)
党组书记　副主席　王伟春
秘书长　副主席　姜文举

红十字会
副会长　刘振维

九台区人民法院

院　长　张纹阁
副院长　才巨伟(7月免)
　　　　谷海波(6月免)
　　　　房国华(12月免)
　　　　曹晶峰
　　　　赵辛明(9月任)
政治部主任　孙继龙

九台区人民检察院

检察长　吕　芃
副检察长　张春雨(2月任)
　　　　　隋东方(4月免)
　　　　　陈彦奇
　　　　　韩笑翁
　　　　　韩东明
政治部主任　呼显志
党组成员　宋显忠(4月任)
检察委员会专职委员　陆　宁

市直驻区机关

公安局九台分局
党委书记　局长　李　金(12月免)
政　委　姜　亮
副局长　王玉祥
　　　　戚长明
　　　　焦　龙
政工监督室　王诗扬
警务保障室　艾玉喜

公安局交通警察支队九台区大队
大队长　刘利民
副大队长　刘建民
　　　　　李国贵
　　　　　刘　峰
　　　　　董　辉
　　　　　宋宏志

区税务局
党委书记　局长　王文礼
党委副书记　副局长　李崇庆
党委委员　副局长　杜　峰
　　　　　　　　　范士春
　　　　　　　　　孙向文
　　　　　　　　　刘少荣
　　　　　　　　　王玉帅
　　　　　　　　　孙文武
　　　　　　　　　张志光(4月调转)
　　　　　　　　　李吉祥
　　　　　　　　　刘旭伟(12月调转)
　　　　　　　　　张明波
党委委员　纪检组长　高凤娟(女)
党委委员　刘大新

生态环境局九台分局
局　长　刘仁龙(6月19日免)
　　　　阚东哲(8月22日任)
副局长　李鸿军
　　　　李英武(5月28日免)
　　　　姜　杉(9月11日任)

市场监督管理局九台分局(7月组建)
局　长　祝文明(7月任)
副局长　陈清武(7月任)
　　　　韩　光(7月任)
　　　　李长春(7月任)
　　　　吕庆民(7月任)
　　　　洪国夫(7月任)

统计局九台分局
局　长　隋洪亮
副局长　王文铎

医疗保障局九台分局
局　长　刘勇睿(6月任)
副局长　穆延平(9月任)

区气象局
局　长　赵秉霖

副局长　吴新泽　李玉环（女）

社会保险事业管理局九台分局
局　长　刘智哲
副局长　丁季夫
郭　昕（12月免）
王德富（12月任）

区消防救援大队
大队长　成　龙
教导员　宫　健
副大队长　李梓桥

开发区、工业集中区、乡（镇、街道）

长春九台经济开发区
党工委书记　主任　王晓东（8月免）
宋　影（8月任）
副主任　王文元（8月免）
孙庆余（12月免）
乔　墩（8月免）
罗彦兴（12月免）
刘　月（12月任）

九台工业集中区
党工委书记　主任　程延辉（9月退休）
宋　涵（12月任）
副主任　刘　月（12月免）
孙庆余（12月任）
史艳龙

九台街道
党工委书记　人大工作委员会主任　苑德祥
党工委副书记　办事处主任　别延庆（9月免）
刘贵双（9月任）
党工委副书记　纪工委书记　谭雪飞（12月免）
办事处副主任　刘德才
张延明
武装部部长　钱洪彬（满族）

营城街道
党工委书记　人大工作委员会主任
李凤岐（8月任）
党工委副书记　办事处主任
朱德宝（8月免）
刘光辉（8月任）
党工委副书记　纪工委书记
林荣久（12月免）
李　全（12月任）
办事处副主任　毛俊杰
王景福
武装部部长　刘廷清（12月免）

九郊街道
党工委书记　人大工作委员会主任
李　青（满族，8月免）
李传彪（8月任）
党工委副书记　办事处主任　李传彪（8月免）
乔　墩（8月任）
党工委副书记　纪工委书记　姜兰启（12月免）
办事处副主任　杜文秀
潘玉梅（女）
武装部部长　张忠明（回族，2月免）
周英锐（9月任）

龙嘉街道
党工委书记　人大工作委员会主任
赵长久（8月免）
林　海（8月任）
党工委副书记　主任　张志国（8月免）
石小波（9月任）
党工委副书记　纪工委书记　孙洪举
副主任　任立新
刘　艳（女）
黄大良
武装部部长　孟繁玉

东湖街道
党工委书记　人大工作委员会主任
胡青春（8月免）
孙宪怀（8月任）
党工委副书记　办事处主任　孙宪怀（8月免）
刘竟阳（9月任）
党工委副书记　纪工委书记　刘竟阳（9月免）

办事处副主任　白　超(12月免)　郝百慧(女)
武装部部长　陈明光

卡伦湖街道
党工委书记　人大工作委员会主任
王文元(8月免)
宋　影(8月任)
党工委副书记　办事处主任　王占平
党工委副书记　纪工委书记　谭振华(9月免)
孙德福(12月任)
办事处副主任　李　全(12月免)
李　洋(女)
武装部部长　乔　龙(8月免)

波泥河街道
党工委书记　人大工作委员会主任　刘　国
党工委副书记　办事处主任　孙志超(8月免)
单莹莹(女,8月任)
党工委副书记　纪工委书记　朱培源
办事处副主任　孔宪龙(满族)
杨　帆
武装部部长　宋希春

土们岭街道
党工委书记　人大工作委员会主任
孙文斌(2月免)
于　波(8月任)
党工委副书记　办事处主任　张洪山(8月免)
谭振华(9月任)
党工委副书记　纪工委书记　于　浩
办事处副主任　刘文会
皮洪生
武装部部长　刘树章

纪家街道
党工委书记　人大工作委员会主任
郑　权(8月免)
张志国(8月任)
党工委副书记　办事处主任　张洪清
党工委副书记　纪工委书记　侯晓东(12月免)
办事处副主任　马文凤
张　帆
武装部部长　李春明

兴隆街道
党工委书记　人大工作委员会主任
宋　涵(12月免)
庞　伟(12月任)
党工委副书记　办事处主任　庞　伟(12月免)
党工委副书记　纪工委书记　高文斌(12月免)
李　灏(12月任)
办事处副主任　胡纯泽
李莹莹(女,满族)
赫成舜
武装部部长　刘凤成

苇子沟街道
党工委书记　人大工作委员会主任
李洪胜(8月免)
别延庆(9月任)
党工委副书记　办事处主任　吴国明(女,9月免)
范显峰(9月任)
党工委副书记　纪工委书记　范显峰(9月免)
罗彦兴(12月任)
办事处副主任　王胤皓
王红兵
武装部部长　贾孟军

城子街街道
党工委书记　人大工作委员会主任　王庶民(8月任)
党工委副书记　办事处主任　孟凡琪(8月免)
王春光(8月任)
党工委副书记　纪工委书记　姜永彬
办事处副职　刘　炜
侯海英
区管副职　邵　将(12月免)
付德民
武装部部长　刘　锐

沐石河街道
党工委书记　人大工作委员会主任
赵世辉(8月任)
党工委副书记　办事处主任　王赫男(9月任)
党工委副书记　纪工委书记　张德富
办事处副职　李晓忠
李　响(女,满族,12月免)
区管正职　赵世辉(8月免)
石小波(8月免)

区管副职 王秋颖（女，12月免）
张广禄（12月免）
刘 旺（12月免）
武装部长长 马 光

上河湾镇
党委书记 聂英良（8月免）
孙宪波（8月任）
党委副书记 镇长 孙宪波（8月免）
谷春生（10月任）
人大主席 张玉岐（12月免）
纪委书记 姜 冰（女，12月免）
副镇长 吴文邦
刘成刚
董玉山
武装部长长 陈 聪

其塔木镇
党委书记 巩志强(8月免）
张玉民（8月任）
党委副书记 镇长 严文宪（10月任）
人大主席 吕长虹（12月免）
党委副书记 韩 颖（女）
王铁强
纪委书记 白文和
副镇长 刘德辉
刘 洋（9月免）
武装部部长 张晓利

胡家回族乡
党委书记 张晓宇（女）
党委副书记 乡长 韩 彪（10月任）
人大主席 盛洪君（12月免）
党委副书记 李忠亮
纪委书记 于洪海
副乡长 韩 彪（10月免）
赵春江
赵井龙
武装部部长 赵立军

莽卡满族乡
党委书记 林 海（8月免）
孙志超（8月任）
党委副书记 乡长 赵俊光（女，满族）
人大主席 韩立群（回族，12月免）
党委副书记 李冰民（满族）
索文涛（蒙古族）
纪委书记 胡馨予
副乡长 郜东辉（12月免）
关连平
高大成
武装部长长 刘景和

企 业

人民银行九台支行
副行长 王 昀
苏元礼
刘晓明（至5月）
滕安翔（5月任）

工商银行九台支行
行 长 王喜忠
副行长 张喜山
杨 光
行长助理 万 博

农业银行九台支行
党委书记 行长 刘 刚
党委委员 纪委书记 肖 峰
党委委员 副处长 李良彪
邢志强
赵 乐

中国银行九台支行
行 长 李志明
副行长 王兴军
姚大铭

农发行九台支行
行 长 刘凤臣
副行长 陈 涛
孙文斐

九台农商行
党委书记 董事长 高 兵
行 长 梁向民

监事长　罗　辉
副行长　朱卫东
　　　　李国强
　　　　宋晓萍(女)
　　　　高中华
　　　　陈新哲
董事会秘书　袁春雨

邮储银行九台支行
行　长　王泽旭
副行长　王健宇

人民保险公司九台支公司
经　理　吕　国
副经理　任树强
　　　　姜国志

人寿保险公司九台支公司
经　理　邵　焱
副经理　刘志龙
　　　　刘艳娟(女)
　　　　韩在柱
　　　　于　森
　　　　胡玉凤(女)
　　　　贾丽娜(女)
　　　　王秋月(女)

东北证券九台营业部
负责人　孙　雷

九台区邮政局
总经理　王晓飞
副总经理　毕国庆
　　　　　耿卓辰
寄递事业部常务副总经理　谢　龙

中国联合网络通信有限公司九台区分公司
经　理　王荣辉(女)
副经理　张冬梅(女)
　　　　于世江

移动九台分公司
经　理　池　寒(3月18日调离)
　　　　高　望(3月18日任职)
副经理　商国伟

中国电信九台分公司
总　监　刘赛鹤

九台区供电公司
经　理　李再峰
党委书记　孟　辉
纪委书记　李明印
副经理　王玉林
　　　　张　彬

九台区供电中心
主　任　张秋来
书记兼副主任　王鹏宇
副主任　焦百方
副主任　韩咏笑

九台区烟草专卖局
局长(经理)　李洪星
副局长(副经理)　刘　丰
　　　　　　　　田宇航
　　　　　　　　宋海丰

吉林盐业集团九台有限公司
经　理　靖国富
副经理　陈光宇
　　　　辛英伟

中国石油九台经营处
经　理　杨　宏(1月任)
副经理　张殿宏
　　　　王大伟(1月任)

九台火车站
站　长　尹国刚
支部书记　杨永富
副站长　王玉喜

吉视传媒有限公司九台分公司
党支部书记(经理)　曹风春
党支部副书记　罗井志
副经理　付铁成

(九台区委组织部及各承编单位)

JIUTAI·CHINA
中国·九台

索 引

Index

说 明

本索引采用主体分析方法，按主题词汉语拼音顺序排列，首字相同按第二字音序排列，依此类推。

本卷年鉴中特载、专文、附录等未作索引。

索引主题词后面数字表示内容所在页码，数字后面字母（a、b、c）表示栏目（即版面1、2、3栏）；通栏主题词数字后没有英文字母。

正文中多次出现的同一主题内容，在索引中按页码顺序依次列出。

为便于检索，去掉特有名词双引号、书名号。

文字索引

A

艾滋病患者医疗救助 194a
爱国卫生集中清洁日 195c
安检专区 95b
安全保卫 90a
安全生产主题宣传 66b
案件执行 94c

B

八台岭古驿村落自然景观 135b
八台岭旅游区 230b
帮教安置 96c
保工资、保运转、保民生政策落实 105b
保护生态环境项目资金支持 105b
保险 141b
保障性住房 156b
碧水庄园度假村 137a
边台放歌 185b
边台学堂 43c
殡葬管理 205b
波泥河街道 218c
不忘初心 同心奋进书画展 186c

C

财政 105a
财政监管体系建设 102b
财政经济委员会 56c
财政评审 106a
财政预算绩效管理 105a
彩墨画参加世博会 186a
残疾儿童随班学习安置体系 182a
残疾人救助 67b
残疾人事业 207b
拆违治乱攻坚月 104c
产品质量安全监管 113a
产业扶贫 67a
产业转型 126b
常规巡察 76b
畅返不畅养护工程 142a
成人教育 181b
城区绿化 158b
城市菜篮子 216c
城市道路、桥梁维修养护 157c

城市管理 159b
城市规划建设视察 55c
城市污水处理 158a
城乡房屋管理 155b
城乡规划 154a
城乡居民养老保险征收 107a
城镇消费水平 201a
城子街街道 220b
惩治腐败 74a
出生缺陷防治 197c
出租汽车管理 161b
畜产品质量安全 119a
畜禽粪污资源化 119a
畜禽污染治理 168b
传染病防治 196c
慈善救助 205a
促消费活动 130a
村容村貌改造资金支持 105c
村镇规划 154b
村镇建设 160c
村庄建设规划 104b
长春城市副中心建设 34c
长春好人 240a
长春九台经济开发区 151a
长春全民终身学习品牌 181b
长吉经济带全域旅游核心区 222c
长吉游客服务中心 136b
CBA联赛 200b

D

打击非法集资 138b
打击刑事犯罪 90a
大贝花海 221b
大豆种植 117b
大健康产业园 219b
大气污染防治 167a
大事记 18
大统战新格局 45c
代表工作 56a
代表活动 56a
代表履职能力 56b
档案保护与开发利用 189c
档案服务 190a
档案管理 189b
档案数字化 189c
档案执法 190a
档案资源建设 189b
党的建设 32a
党风廉政建设 74a
党史编研 50c
党史宣教 51b
党史研究 50c
党史资料搜集 51a
党外知识分子 46a
党校教育 49c
党员学习活动 41a
党政机构改革 46c
党政领导干部经济责任审计 110b
登记便利化改革 103a
地方病防治 197a
地方志编纂 188b
地理标志培育 113c
地理优势 27c
地形地貌 25a
地震监测预报 176c
地震应急演练 176c
第二届全民艺术节 185a
第三次全国国土调查 104b
第三届优学派杯古诗词大赛 185c
第四次全国经济普查 111b
电商扶贫 131b
电商培训 221a
电台节目 191b
电子商务 131b
东湖街道 217b
冬瓜、马铃薯种植 234c
董宏达 45a
动物防疫 118b
动物卫生监督 119b
对口协商 69b
对外贸易 130a
对外友好交流 59c

E

二届区委第八轮常规巡察 76a
二届区委第七轮常规巡察 76a

F

法官做客889新说法直播间 95b
法律援助 96b
法院 93c
法院体制改革 94c
法制委员会 56c
法治 86
法治政府建设 87c
反不正当竞争 113c
反洗钱工作 109a
防范化解金融风险专题讲座 95a
防空警报器管理 100b
防汛抗旱 122a
防震减灾 176b
防治体系建设 169a
房地产开发 156a
房地产去库存 156b
房屋经营管理 156c
房屋权属登记 155c
放管服 63c
放射卫生监督 198c
放心消费 114c
非公党建 40c
非物质文化遗产保护 187c
非遗展览馆 188a
枫桥经验 97c
扶贫学习超市被评为国家终身学习品牌 181c
妇女创业就业 84a
妇女儿童权益维护 84b
妇幼保健 197c

G

改革创新 57b
改善民生 33c
干部监督 41c
干部教育培训 41b
港澳台侨联络委员会 71a
高标准农田建设 116b
高考 181a
高中教育 180c
耕地保护管理 103c
工业 126
工程档案接收 155c
工会经费管理 81b
工会组织及会员基本信息 81a
工伤保险 202c
工商联 77
工业固体废物管理 169b
工业企业智能改造 126c
公安 89c
公厕管理 159c
公车管理 103b
公共法律服务 95c
公共法律服务平台 97b
公共交通 161a
公共卫生监督 198c
公交车营运 161a
公立医院改革 194b
公路养护 142b
公路运输 142a
公用事业 161
公园绿化 158b
公证服务 96a
公众号推送 191b
公租房管理 156b
供电 163c
供热 162c
供热投诉办理 163a
供热质量专项整治 163a
供水 162a
供水保障 162a
供销合作 130c
供销社综合改革 130c
固体废物处置 169b
关心下一代 211a
光彩事业 80a
广播电视 190b
广播电视信息网络传输 191c
规划许可 154a
国防动员 98c
国际商标申请 113b
国家安全教育日 87b
国家惠农政策 115b
国家级先进个人 238a
国家级先进集体 240b
国家减肥增效示范补贴项目 116a
国家临储粮检验清查 131c
国家水稻绿色食品基地 117c
国家优秀传统文化传承校 235a
国库管理 109a
国有资产监督管理 103b
国有资产监管体系建设 103b

H

行政案件审理 94b
行政复议应诉 88b
行政机关事业单位机构编制 47a
行政诉讼监督 92b
行政执法监督 88a
行政执法三项制度改革 87c
行政执法主体资格 88a
河道堤防管理 122b
河长制落实 168a
恒拓模具公司 127b
红十字会活动 203a
红十字志愿者 203a
红石村美丽乡村示范村 236b
鸿燊万华大米 224c
胡家回族乡 235c
互联网+教育2.0 178c
互助保障 82a
户外牌匾整治 159b
华奥汽车部件公司 127b
华能电厂 129a
环保督察问题整改 165c
环境保洁 159c
环境空气质量监测 166a
环境应急管控 167c
环境整治1350工程 228b
环境执法监察 169b
环境质量监测 166a
环境准入 165c
回迁安置 156c
会议协商 69a
婚姻登记 205b
火灾隐患整治 206a

J

氿遇山居影视基地 223a
机构编制管理 46c
机关党员干部义务植树 47c
机关党组织服务社会 47c
机关文化活动 48a
机关作风建设 47b
机乡三宝米业 214c
积案化解 65a
基本公共卫生 195a
基层党建 40b
基层统计工作站 111a
基础测绘 154b
基础设施建设 66c
吉林大姐培训 213a
吉林匠谷 174c
吉林省科技之冬 218b
吉视传媒九台分公司 192a
疾病防控体系 196c
疾病预防控制 196c
集体合同签订 82b
集约化政府网站 58b
计划生育 195b

计量标准化监管 112c
纪家街道 224c
纪检监察干部队伍 72b
纪律检查 74b
纪委监察体制改革 72a
加油站管理 132b
家庭文明建设 84a
家庭医生签约 194c
价格监管 112b
价格调控 101b
监测站建设 166c
监察管理 75b
监察委员会 72
监督执纪 74b
监管执纪 108b
监所管理 91b
检察 92a
检察责任制改革 92c
减肥增效现场 175b
减税降费政策落实 107a
建置区划 26b
建置沿革 26b
建筑新材料产业 128a
健康扶贫工程 193c
疆宁肉业 226a
交通安全管理 90c
交通设施巡查、维护 158a
交通优势 28a
交通运输 142
教育 177
教师队伍 178b
教师职业技能 183a
教学联盟 180c
教育扶贫 67a
教育教学开放活动 180a
教育科研成果 179c
教育培训 49c
教育治理督导 177b
教育资助 178c
秸秆研发利用 174a
秸秆禁燃 167c
秸秆综合利用 116b
街道 212
街路绿化 158c
杰森石膏板公司 128b
金融 138
金红苹果吉林省特色农产品优势区 231b
金融风险防范 108c
金融扶贫 67a
金融机构惠民惠企政策 138b
金融监管 108a
金融支持实体经济 108b
经济发展 32c
经济发展规划 101a
经济发展调控 101a
经济管理 101
经济建设 30a
经济科技委员会 70c
经济社会发展 30a
经济体制改革 102b
经济运行监测 101a
经济运行监督 55a
精品节目创作 191a
精优农产品加工业 128c
精准扶贫 207b
景区景点建设 134c
竞技体育 200a
九郊街道 213b
九三学社九台区委员会 79a
九舒松花江浮桥 144c
九台工业集中区 153b
九台贡米 125a、137b
九台好人 44b
九台街道 212a
九台南站 143c
九台年鉴 188c
九台区委员会 68
九台热面 137c
九台站 143b
九台至龙嘉机场客运直达班线 161c
九溪新区规划 154c
九翔肉鸡全产业链 231b
就业扶贫 67a、204a
聚德龙铁塔公司 127c
军事 98

K

卡伦湖国际生态新城 152c
卡伦湖街道 216a
卡伦湖开发区规划 155a
卡伦站 143c
开发区 151
开发区重点项目建设视察 55c
康宁杰瑞生物科技公司 129c
抗菌药物整治 196a
科技 170
科技成果推广 173c
科技创新 170a
科技创新引领 170b
科技活动周 173b
科技普及 172a
科技型企业 170c
科技之冬活动 85c
科技知识进广场 173c
科技知识进企业 173c
科技知识进社区 173c
科技知识进乡村 173c
科技咨询 84c
科普报告会 85b
科普进社区 84c
科普进校园 85a
科普学堂 172a
科普学堂进企业 172c
科普学堂进社区 173a
科普学堂进乡村 171b
科普学堂进学校 173a
客运服务 143a
课题调研 50a
空气监督性监测 166c
控辍保学 180a
矿产能源产业 129a

矿产优势 27c
矿产资源管理 104a

L

垃圾清收清运 159c
垃圾收集转运处置 160b
来信来访 64c
兰舍硅藻公司 128b
劳动技能竞赛 82b
劳动监察 204b
劳动就业 204b
劳模工作 82a
老干部待遇 49a
老干部工作 48b
老干部文化生活 49b
老干部支部建设 48c
老龄事业 208a
老年人健康管理 208c
老年人生活津贴 208b
老年人维权 210a
老年人文体活动 209a
老年人意外伤害保险 209a
老年人优待 209a
理论宣讲 50b
理响边台 44a
历史文化 28a
廉洁文化建设 74b
廉政宣传 74a
粮食安全检查 132a
粮食产后服务中心 131c
粮食流通 131b
两园一带 224b
烈士陵园管理 207a
林业 117c
林业科技产业 118a
零距离服务 208a
领导干部自然资源资产离任审计 110b
流域水质监测 168c
龙家堡站 144a
龙嘉村镇银行信用风险化解 109b
龙嘉街道 226b
龙嘉街道与高校合作交流 227b
龙头企业 123c
路灯维修养护 158a
露天烧烤整治 159b
旅游开发项目 136a
旅游业 134
旅游业发展重点 134a
旅游资源 135b
绿满九台行动 117c
绿色食品认证 117b
绿色通道堵点、难点典型办理事件 107b
绿色通道非工作日全天候典型办理事件 107c
绿色通道分类集中典型办理事件 108a
绿野家源农场 125a

M

马鞍山三产整合 223a
马鞍山田园综合体 136a
马铃薯之乡建设 225c
满族丰收祭 186c
满族文化旅游资源 235b
莽卡满族乡 233c
矛盾纠纷多元化解平台 93a
矛盾纠纷排查化解 96a
美丽吉林，我是行动者垃圾分类宣讲 180b
美丽乡村创建 160c
美丽乡村建设 160a
美丽乡村建设典型 214a
美丽乡村摄影展 187c
苗木花卉产业 220a
庙香山冰雪旅游资源 135b
庙香山度假区 219c
民办教育机构 178b
民办幼儿园审批 179a
民乐社区全国综合减灾示范社区打造 213a
民商事案件审理 94b
民生改善意见建议 55b
民生行动 62c
民主党派1+5同心共建 46a
民主党派 77
民族 30a
民族团结进步 46b
民族乡村 46b
母婴安全保障 197c
沐石河街道 229a

N

能源安全监管 66a
尿毒症患者救助 194a
牛连和师生美术作品展 186a
农业 115
农产品品牌建设 124c
农产品质量安全 116a
农村产业扶贫联盟 46a
农村村屯环境整治视察 55c
农村集体产权制度改革 125b
农村金融改革 138c
农村经济管理 125a
农村人居环境集中整治 217a
农村人居环境整治 160a
农村三资管理 125c
农村土地承包经营权确权登记 125b
农村土地的经营权抵押贷款试点 138c
农村危房改造 156c
农村文化小广场 184b
农村消费水平 202a
农村新型经营主体建设 125a
农村三产融合发展 124b
农机 120c

农机安全监理 121a
农机化技术推广 121a
农机惠农资金使用 120c
农家书屋建设 43c
农民画参展 186b
农田灌溉 122a
农网建设 164a
农业保险 125c
农业产业发展 227a
农业产业化 123c
农业产业园建设 124b
农业和农村委员会 71c
农业机械购置补贴 120c
农业结构调整 218b
农业科技教育与服务 122b
农业科技推广 122b
农业现代化示范县 116c
农业信息化进村入户 123c
农用耕地产地环境划分 115b
暖流计划行动 204a
女职工特殊权益保护 82a

P

排水设施维修养护 157c
排污许可 166a
贫困病患人员救助 203a
贫困妇女两癌筛查 197b
品牌示范企业培育 113c
平安九台建设 34a
平安校园 178a
平台招商 148c
普法宣传教育 97a

Q

七台村农业产业园区 221a
其塔木烈士陵园 233b
其塔木镇 232a
气候条件 25c
气象保障 175c
气象服务 175c
气象设施现代化 176a
前进村、东风村土地征收 213a
抢险救援 206b
青年创业就业扶持 83a
青年志愿服务活动 83a
清理占道经营 159b
清网行动 91c
清源查污行动 168a
晴天环保科技 228c
区妇联换届 83c
区公共法律中心成立 87b
区划 27c
区纪委常委会议 73b
区纪委二届五次全体会议 73a
区情概览 25
区人民代表大会会议 52a
区十八届人大常委会会议 52c
区十八届人大常委会主任会议 53b
区委办重要文件 36a
区委常委会议 38a
区委全体会议 37a
区委议事协调会议 39c
区委重要文件 35c
区位优势 27c
区新闻出版局职能划转 42a
区长公开电话 58a
区政府办公室文件 59c
区政府常务会议 61b
区政府文件 59c
区政府综合会议 60a
区直机关党建 47b
区第二届全民运动会 200b
区妇女联合会 83b
区工商业联合会 79b
区科学技术协会 84b
区人民代表大会 52
区人民政府 57
区总工会 81a
全国第一届农民冰雪项目运动会 200a
全国儿童预防接种日宣传 197b
全国科普日活动 85b
全国农业产业强镇 231c
全国文明城市创建 44b
全面依法治区委员会成立 88b
全区统战工作会议 45b
全区政法工作会议 86c
群众体育 199c

R

燃煤锅炉治理 167a
燃气 163a
燃气安全宣传 163c
燃气质量专项整治 163b
人才建设 42a
人大代表议案、建议 58b
人大监督 55a
人防工程管理 100c
人防专项巡察 76a
人居环境精品线路 220a
人居环境示范村建设 222c
人均收入 201a
人口 29b
人口民族 29b
人力资源 203c
人民币管理 108c
人民防空 100b
人民陪审员任命 97b
人民团体 81
人民武装部 98a
人事人才管理 203c
人事任免 54a
人文优势 28a
人物 238
任免事项 54a
荣誉 238
融媒体中心大厅及制作室 191b

S

三大攻坚战 34b

三级统战平台建设　45b
三块地改革　104c
三涉物品价格认证管理　102a
三下江南战役纪念馆　136c
散乱污整治　169c
扫黑除恶体系建设　88c
扫黑除恶宣传活动　89a
扫黑除恶专项斗争　88c
扫黄打非　189a
森林九台　160c
森林资源保护　118a
善满家园残疾人特殊教育　182c
善满家园残障人综合服务中心建设　207c
商会交流　80b
商贸服务业　130
商事制度改革　103a
赏冰乐雪　健康九台冰雪主题日　180c
上河湾镇　230b
少先队活动　83b
设施设备的维修、维护　159a
设施园艺建设　175b
社会保障　202b
社会法制委员会　71b
社会扶贫　67c
社会建设　31a
社会救助　205a
社会生活　201
社会事务　204c
社会职业培训　183a
社会组织管理　204c
社区建设　204c
社区矫正人员　96c
社区戒毒人员　96c
涉气企业管理　167a
涉水企业监管　168c
深化改革　32c
审计　110a
审计委员会筹备　110b
生命防护工程项目　142b
生态环境　165
生态文明建设　31c
生物菌型复合肥代替传统型复合肥施用　217a
生物医药产业　129b
生物质热电厂　221b
生育保险　202c
声环境质量监测　166b
省级慢性病综合防控示范区　197b
省级农民专业合作社发展项目　116a
省级先进个人　238a
省级先进集体　240b
失业保险　202b
石油购销　132a
食品安全管理　195b
食品安全监管　112c
食盐储备　133a
食盐市场大排查行动　133b
市场管理　130b
市场监督管理　112a
市级先进个人　238b
市级先进集体　241b
市政公用设施建设　157a
市政基础设施建设　157a
视察调研　69c
收储政策　131b
收入与消费　201a
兽药饲料监督　119a
蔬菜种植　117b
数字九台建设　64b
双拥工作　207a
双拥共建　99a
水产技术推广　123b
水产品质量安全　120b
水产养殖　120a
水稻种植　117a
水费价格调整　162b
水环境质量监测　166a
水利　121b
水路运输　144b
水上交通安全　144b
水文　26a
水污染防治　168a
水资源管理　122a
税法宣传活动　106c
税收征管　106c
税收执法三项制度改革　102c
税务　106b
司法服务　94c
司法行政　95c
四个一警示教育　94c
四个一工程　231b
四棱山省级森林公园　233c
四上企业数据修正核查　111c
松风荷韵　丹墨飘香艺术节　185a
送法进军营活动　95a
送教上门　182a
送科技下乡　84c
素质教育　179b

T

泰浩轨道客车装备公司　127c
特色美食　137a
特殊教育　181c
特殊教育学校　183a
特殊教育资源中心　182c
特种设备安全监管　113a
提案办理　70b
提案撰写　70b
提级巡察　76c
体育　199c
田野泉大豆酱　137b
铁路运输　143b
同级财政预算执行审计　110a
统计　110c
统一战线　45a
土地利用　103c
土地资源管理　103c
土地资源执法监察　104b
土地资源总体规划　104a
土肥技术推广　122c
土们岭街道　221c
土们岭山野菜包子　137a
土们岭站　144b
土壤污染防控　168c
土壤污染防治　168c

土壤污染调查　168c
团区委一届六次全委扩大会议　82c
退役军人安置　206c
退役军人事务　206c
退役军人信息采集　207a
退役士兵接续保险　207a
脱贫攻坚　66c
脱贫攻坚资金支持　105b
万人助万企　126c
网格化监管　131c
网络安全管理　43c
危房改造　66c
危桥改造　142a
危险废物处置　169b

W

微雨众惠家庭农场　214b
维护社会稳定　86c
苇子沟街道　227c
尾气检测管理　167b
卫生　193
卫生监督　198a
卫生应急能力　193a
未成年人检察　92b
未入学残疾儿童少年普查　181c
位置面积　25a
温泉旅游资源　136a
温馨村小学校创建　180a
文化　184
文化法治教育　189a
文化服务基层行　187b
文化惠民工程　184b
文化活动　185a
文化建设　31a
文化教育卫生委员会　71a
文化市场监管　189a
文化市场日常监管　189a
文化遗产保护　187c
文化志愿走基层　187b
文化进万家　187a
文联活动　184c
文体活动中心　184a
无偿献血　203a
无害化处理　118c
五大板块培育　35b
五大集群构建　35a
五福星公司棚膜经济　230a
五官屯贡米栽培　175a
五官屯皇粮贡米　233a
五区课题调研　70a
五区联动”实施　34c
武警九台中队　99b
物业专项维修资金　156b

X

西地村田园综合体项目　228c
下岗职工、农民工再就业　81b
先进个人　238a
先进集体　240b
鲜花盛开的山村　223a
现代装备制造产业　127a
线索摸排行动　89b
线下七日无理由退货制度　210c
乡村旅游　134b
乡村振兴　33b
乡道建成通车　142b
乡镇　212
项目建设　126b
项目建设意见建议　55b
项目招商　149a
消除安全管理　205c
消防审批验收　156a
消防宣传　205c
消费结构　202a
消费者权益保护　210a
消费者权益保护网络直报　210a
消费者权益宣传　210b
消费者协会联合检查　210c
校企合作学徒制　183c
协商议政　69a
新诗沙龙活动　185c
新时代文明实践成果　217a
新时代文明实践所创建　227b
新时代文明实践中心　44c
新网工程建设　131a
新闻主题宣传　190c
新型农民社员培训　131a
新型职业农民培训　123b
信访　64c
信用监管　113a
刑事案件审理　94a
刑事犯罪检察　92a
刑事诉讼监督　92b
兴隆街道　223b
幸福九台建设　62a
休闲农业发展　124b
续志资料长编　188c
宣传　42b
宣传推介　42c
宣传文化建设　43a
学科设置　179c
学前教育　179a
学习强国　44a
学校卫生监督　198c
学校卫生健康管理　178a
巡察工作　75c
巡察制度建设　75c
畜牧技术推广　123a
畜牧业　118b
畜牧业项目建设　119b

Y

烟草专卖　132b
盐务管理　133a
扬尘污染防治　167c
羊草煤业　129b
养护管理　158c
养老保险　202b

养老服务能力 208b
药械安全监管 112c
一村一品 124b
一河带六长工作制 233a
一门式、一张网 63b
一山两馆三寺 236c
一校一品格局 180b
伊利冷冻食品公司 128c
医疗保险 202b
医疗保障 195c
医疗扶贫 67a
医疗机构行风 198b
医疗机构监督管理 198a
医疗机构建设 193a
医疗机构年检校验 198b
医疗机构预防感染 196a
医疗技术 196a
医疗技术培训 196b
医疗救助 193c
医疗联合体 194c
医疗卫生体制改革 194b
医养结合 208c
依法治区意见建议 55b
依法治税 106c
宜居城市 33a
以商招商 149a
义务教育 179b
议案意见建议 56b
疫苗接种 197a
因公出国 59b
银行 139a
饮用水水质卫生监测 197a
饮用水源管理 168b
隐患排查治理 65c
营城村标准村屯建设 215c
营城街道 215a
营城站 144a
应急处置 65c
应急管理 65b
应急粮油储备 131c
应急能力建设 98b
用电安全管理 164b
用电服务 164c
优化信贷结构 138a
邮政通信 145
油罐防渗改造 168c
油烟污染治理 167a
幼儿教师培训 179b
幼儿园 179a
渔业 119c
渔业水域生态修复 120a
雨露计划 178c
玉米种植 117a
园艺特色产业 117b
灾害防御 176a
渣土车治理 159c
展会活动 130a

Z

招商路径 148c
招商引资 148
招商引资工作动员部署大会 148b
招商引资推进大会 148b
征兵 99a
征信监管 108c
证券 141b
政策招商 148c
政担银企合作签约仪式 109c
政法委 86a
政府采购 105c
政府为社区购买服务 213a
政务督查 58a
政务服务 63b
政务服务优化 64b
政务公开 64a
政务信息报送 58a
政协常委会议 68a
政协全委会议 68a
政协意见、建议 58c
政治监督 75b
政治建设 30c
知识产权监管格局 114c
直销、传销专项整治 114a
职工文化生活 82b
职业技术教育中心 183c
职业教育 183a
植物保护 159a
植物保护技术推广 123a
治安管理 90b
智慧城管 159c
智慧政法 87a
中高职衔接”教育体系 183b
中古生物技术国际合作区 152c
中国北方寒冷地区大樱桃 136c
中国共产党九台区纪律检查委员会 72
中国共产党九台区委员会 32
中国共产主义青年团九台区委员会 82c
中国国民党革命委员会九台区委员会 77a
中国好粮油示范县 132a
中国民主促进会九台区委员会 78a
中国民主建国会九台区委员会 77b
中国农工民主党九台区委员会 78b
中国人民政治协商会议 68
中小学第二届校园足球比赛 180b
中央、省直媒体“记者走基层” 182b
中央级农业生产发展新项目 115c
中药饮片检查 199a
中医行业整治 199b
中医药管理 199a
中医药健康管理 199a
中誉集团公司 127a
中沼生物质气化热电联产 224c
种植结构优化 117a
种植业 117a
重大决策 34c
重大项目专班 123c
重大政策措施落实跟踪审计

110a
重点高中　181a
重点行业领域乱象综合治理　89b
重点领域安全　65c
重要会议　37a、52a、60a、68a、73a
重要文件　35c、59c
朱老六食品公司　128c
助力域内产业项目　105c
专门委员会　70c
专题协商　69b
专题专栏宣传　42c
专委会　56c
专项巡察　76c
专项整治行动　74c
资源枯竭城市转型发展　101c
自创诗歌朗诵大会　185c
自然地理　25a
自然优势　27c
自然资源　25b
综合档案馆　189c
综合执法改革　46c
总商会　79b
走出去招商　148c
组织　40b
组织机构及负责人名录　245
钻智制药公司　129c
最多跑一次　64a
最美九台人　44b
作风建设　75b

图表索引

图1　2019年九台区税收收入分级次情况示意图　106
图2　2019年九台区税收收入分行业情况示意图　106
图3　2019年九台区城镇居民人均收入构成图　201
图4　2019年九台区城镇居民人均消费支出构成图　201
表1　2019年九台区党政机构改革后九台区委机构设置一览表　17
表2　2019年九台区党政机构改革后九台区人民政府机构设置一览表　17
表3　2019年九台区主要河流特征值一览表　26
表4　2019年九台区户籍人口统计表　29
表5　2019年九台区少数民族人口统计表　30
表6　2019年中共九台区委重要文件一览表　35
表7　2019年中共九台区委办公室重要文件（部分）一览表　36
表8　2019年九台区委党校各类培训班一览表　50
表9　2019年九台区十八届人大常委会会议一览表　53
表10　2019年九台区十八届人大常委会主任会议一览表　54
表11　2019年九台区人民政府文件(部分）一览表　60
表12　2019年九台区人民政府办公室文件(部分)一览表　60
表13　2019年九台区人民政府常务会议一览表　61
表14　2019年九台区重点招商引资活动一览表　149
表15　2019年九台区招商引资签约项目一览表　150
表16　2019年九台区国家高新技术企业一览表　171
表17　2019年长春市级“小巨人”企业一览表　171
表18　2019年九台区老年文体活动（部分）一览表　209